中文社会科学引文索引（CSSCI）来源集刊

人文论丛

2019年

第1辑（总第31卷）

冯天瑜　主编

教育部人文社会科学重点研究基地
武汉大学中国传统文化研究中心　主办

WUHAN UNIVERSITY PRESS
武汉大学出版社

KEY RESEARCH INSTITUTE IN UNIVERSITY

图书在版编目(CIP)数据

人文论丛.2019年.第1辑:总第31卷/教育部人文社会科学重点研究基
地,武汉大学中国传统文化研究中心主办.—武汉:武汉大学出版社,2019.5
ISBN 978-7-307-20897-1

Ⅰ.人…　Ⅱ.①教…　②武…　Ⅲ.社会科学—2019—丛刊　Ⅳ.C55

中国版本图书馆 CIP 数据核字(2019)第 090169 号

责任编辑:李　程　　　责任校对:李孟潇　　　版式设计:马　佳

出版发行:**武汉大学出版社**　　(430072　武昌　珞珈山)
　　　　　(电子邮箱:cbs22@whu.edu.cn 网址:www.wdp.com.cn)
印刷:湖北金海印务有限公司
开本:787×1092　1/16　印张:24.75　字数:599 千字　　插页:2
版次:2019 年 5 月第 1 版　　2019 年 5 月第 1 次印刷
ISBN 978-7-307-20897-1　　　定价:86.00 元

《人文论丛》2019年第1辑（总第31卷）

目　　录

人文探寻

文史考证

文献与版本

文学·语言

书评·札记

会议综述

人文探寻

日本近世的儒教丧祭礼仪*
——《家礼》与日本

□ 吾妻重二著　古宏韬译

【摘要】日本近世时期（17—19世纪），日本儒学者对以儒教为本的丧祭礼仪，即"葬仪、服丧"和"祖先祭祀"怀有很大的兴趣。其中，特别是由于朱熹的《家礼》对"冠婚丧祭"进行了简约化，提出了更为简便的构想，所以他们热衷于对此书进行研究的同时，也实际举行了基于《家礼》的儒教式丧祭。

根据以上认识，儒教礼仪对日本没有影响这一通行至今的说法，或许有重新反思的余地。可以通过具体有特色的例子来看日本接受《家礼》的具体情况，并尝试对日本与儒教礼仪的关系展开新的探讨。尤其应该重视的是，在日本，不仅朱子学派的学者，阳明学派、古学派或考证学派等学者也都关注《家礼》，并尝试实践儒教丧祭礼仪。这些事实显示出，《家礼》一书对日本思想界发生过重大的影响，在考察东亚地区儒教的吸取和展开过程中也是一个很重要的因素。

【关键词】儒教；礼仪；朱熹；《家礼》；日本

一、序　言

儒教与日本的关系，至今已有诸多讨论。关于儒教对日本的思想、学问、文化与生活带来了多大程度的影响——或者换一种说法，儒教对日本而言究竟是什么？可以认为，这一问题会因为当下研究者个人解释的不同，而存在相当大的分歧。像津田左右吉那样认为儒教仅仅是一种知识、对日本人生活几乎没有影响的看法，虽然过于极端，但对于"儒教究竟被日本接受到何种程度"这种儒教对日本的影响和评价，应当说依然没有明确的共识。

造成这种情况的其中一个因素，是因为"日本儒教的实际形态为何"这一点上还留有许多不明之处。如此一来，也就存在这样一种思考倾向，认为日本儒教的内容恐

* 本文是国家社会科学基金重大项目"中国传统礼仪文化通史研究"（项目编号：18ZDA021）阶段性成果。

怕还未调查充分。即便将考察的时间段限定在明治时代以降，从井上哲次郎的三部著作——《日本阳明学派之哲学》《日本古学派之哲学》《日本朱子学派之哲学》（1900—1905）——问世以来，已有诸多成绩。日本思想史研究在战后也尤为兴盛，成果不胜枚举。尽管如此，就儒教整体而言，仍有不少尚待开发的领域。特别是，对日本儒教中"礼乐"的研究，应该说才刚刚展开而已。

本文探讨的"儒教丧祭礼仪"，就是还未开发的研究领域之一。该领域属于"礼仪"的范畴，是儒教中的本质性部分，日本的儒者对其也表现出了很大程度的关心，留下了不少相关著作，并且也有不少进行礼仪实践的案例。然而至今为止，不仅日本思想史界，连日本丧葬制度史中也几乎没怎么讨论过这方面的内容。对于"礼仪"方面的研究兴趣不足是一大原因，对此问题有待其他场合讨论。本文尝试对日本近世的儒教丧葬礼仪作一概览，以期提供一个大致的参考。

二、三礼的文献与《家礼》

众所周知，儒教经典中有关于礼的三种典籍，是所谓"三礼"，即《仪礼》《周礼》《礼记》。这些经典在后世是中国礼学、礼制据以定型的基本文献。特别像《仪礼》，是以冠婚丧祭、相见礼、乡饮酒礼、射礼、聘礼等，强调士阶层身份定位为主的礼仪实践范本，地位很重要。一般而言，《礼记》作为礼书比较有名，但其属于"与礼相关的札记"，除了和《仪礼》有关的解读，还包含有其他各种文献的篇章。《周礼》则是对官僚组织体系进行整理的文书，因此保存有关于国家礼仪的记载。不过若就"记录仪式程序的礼书"这一点来看，《仪礼》的意义最为重要。

南宋朱熹（1130—1200）根据《仪礼》编著了新式的礼仪范本——《家礼》五卷。[1]《仪礼》和《礼记》是先秦时期的古代文献（一部分内容可上溯至周代），并且其书写方式相当繁琐，在朱熹生活的 12 世纪时，要照搬其中的内容来实践礼仪比较困难。《家礼》，如题所述应当是在家（宗族）中推行的礼仪之意，在通礼之后有冠礼、婚礼、丧礼、祭礼，构成"冠婚丧祭"体系，该书伴随着朱子学的普及，在近世以降发挥了很大的影响力。

说到日本的礼学，儒教在近世时期广泛普及，并涌现出了众多的儒学者。不过与其他儒教文献相比而言，对三礼文献的研究并不那么普遍，而且对礼学文献的兴趣也都集中在朱熹的《家礼》上。[2]《家礼》中特别强调作为日常礼仪的"冠婚丧祭"，而且这是士人和庶民都能利用的内容。"学即可成圣"是朱子学标榜的有名的理念，朱熹在《家礼》里构建了不问地位、身份、财产，"人皆可行"的日常礼仪范本。随着朱子学自身权威性的

---

① 曾有认为《家礼》是假托朱熹之名的伪作，但根据近年研究，尽管它是未完成的著述，这无疑仍是朱熹本人的著作。此外，日本近世的相关书籍对其作者为朱熹一事没有怀疑，完全尊《家礼》为朱熹自著。

② 吾妻重二：《江戸時代における儒教儀礼研究——書誌を中心に》，《アジア文化交流研究》第 2 号，日本関西大学アジア文化交流研究センター，2007 年。

确立，该书中存在的这种普遍理念也展现在日本知识阶层面前，并得到接受。此外，《家礼》对朝鲜、越南、琉球等东亚地区的冠婚丧祭礼仪也造成了广泛影响，这同样也是《家礼》本身的特性所导致的。① 顺便一提，我们日语中平时使用的"冠婚丧（葬）祭"的语汇，可以认为也是来自《家礼》的。

近世日本与《家礼》相关的著述数量非常多。现取其中几种加以讨论，由此陈述儒教的一些丧祭案例，并尝试思考其特征。② 另外预先阐明，在日语中"葬祭"的说法比较容易理解，但按照儒教式的说法则是"丧祭"，也就是代表了丧礼与祭礼。"丧礼"包括葬礼仪式以及服丧的内容，"祭礼"则是指祖先祭祀（佛教的称法是祖先供养），这两种礼通常是并称的。仅仅从葬仪或祖先祭祀的单方面切入都不合适，所以在此将两者同时加以考量。

三、林鵞峰

1. 林鵞峰与葬礼——《泣血余滴》

林鵞峰（1619—1680）是林罗山的第三个儿子，参与了幕府的政治事务，同时留下了《本朝通鉴》等多部著作。与丧祭相关的著作，是《泣血余滴》2 卷。

《泣血余滴》是对明历二年（1656）三月以儒礼举行的林鵞峰母亲荒川龟（即林罗山之妻）的葬礼的记录，用汉文写成，三年后在京都的书肆刊行。③

原本林鵞峰的父亲林罗山（1583—1657），早在宽永六年（1629）为长子叔胜（鵞峰长兄）举行的葬礼就是按照儒教礼仪实行的。叔胜留下了"吾死勿用浮屠礼仪"（林左门墓志铭，《林罗山文集》卷 43）的遗言，非浮屠（佛教）式的儒教式葬礼，要而言之就是基于《家礼》的儒教范式。根据《家礼》进行的葬礼，土佐的野中兼山（1615—1663）被认为是最早的例子，实际上叔胜这边较之更早 20 年左右。而且，兼山的儒葬虽然规模很大，但仅举行了一次，而林罗山使用儒葬之后，便成了林家的传统。

继承了林罗山传统的林鵞峰，在其母亲的葬礼上就采用了儒礼。本来林鵞峰的母亲是佛教净土宗的信徒，但比起被他人下葬她更希望经由子女之手，于是儒葬的形式得到了允许。《泣血余滴》详细记录了从她去世到埋葬的五日之间的礼仪，展示了林家的儒葬形式。关于该书的基本方针，书中序文如此写道：

> 昔朱文公遭其母祝孺人之丧，折衷《仪礼·士丧》而制作家礼，后学无不由之。

① 关于《家礼》在东亚地区的接受度状况，参照吾妻重二、朴元在编：《朱子家礼と東アジアの文化交涉》，日本汲古书院，2012 年。

② 在吾妻重二《家礼文献集成：日本篇》1~7（日本关西大学出版部，2010—2018 年）中收有本文稿所提及的主要相关文献的影印版。另，本文所述内容，主要都基于笔者至今为止发表的各种论文。详细内容在注释中引出，请参阅拙作。

③ 吾妻重二：《日本における『家礼』の受容——林鵞峰『泣血余滴』『祭奠私儀』を中心に》，吾妻重二、朴元在编：《朱子家礼と東アジアの文化交涉》，日本汲古书院，2012 年。

本朝释教流布阖国，为彼被惑，无知儒礼者。故无贵贱，皆葬事无不倩浮屠。呜呼，痛哉！近世有志之人虽偶注心于家礼，然拘于俗风，而虽欲为之而不能行者亦有之。今余丁母之忧，而其葬悉从儒礼行之。

可见，他对当时习俗中的佛教式葬礼加以排斥，并按朱熹《家礼》"悉从儒礼"来举办葬礼。书名中的"泣血"，指的是《礼记·檀弓（上）》中父母死后三年间泣血哀悼的典故，应当认为，这是儒式葬礼中"孝"的重要表现。

此外，关于该书刊行的旨趣，出版前一年的万治元年（1658），林鹅峰寄给京都的石川丈山的书简（《答石丈山》，《鹅峰先生林学士文集》卷28）中说道：

闻先年所借《泣血余滴》，可刻梓以行于世，使人知儒礼葬法。

他将自己葬母礼仪的详细记录出版问世的行为，有点奇异，不过这是为了推广"儒礼葬法"的做法。这其中包含了他希望朱子学礼仪在日本普及，并成为普世文化的意图。

2. 林鹅峰与祭礼——《祭奠私仪》

《泣血余滴》是关于葬礼的书籍，对祖先祭祀之事基本没有记述。此外他还著有为实践祭礼而作的《祭奠私仪》1卷。

《祭奠私仪》用汉文写成，现有鹅峰手稿本，藏于日本国立公文书馆（内阁文库）。林鹅峰在母亲葬礼的第二年，即明历三年（1657）一月，遭逢父亲罗山的逝世，这次他将祭祖的仪式记录了下来。该书记述的内容依据了朱子《家礼》，他在序文中这样提道：

其仪专宗朱文公《家礼》，且参考丘氏《仪节》，以聊损益而从时宜。

此处说到的《仪节》是指明代丘濬的《文公家礼仪节》，这是将《家礼》的做法改造得更为简易并附上了解释的书。鹅峰同样按照《家礼》，制作让祖先灵魂凭依的木制神主（相当于佛教中用于魂灵凭依的位牌）和安放神主的祠堂。祠堂是与住房相邻的建筑物，又称家庙，在此进行祭祀活动，而这在日本尚属于早期的案例。从此以后，林家就依照《祭奠私仪》来进行祖先祭祀。

图1所载的是《泣血余滴》中记录的墓石之图，图2是现存的墓石的照片。可见原本的式样保存得比较完好。

另外，此处应当注意墓碑的形状和大小。大小方面，图1所示的是：

高四尺，今尺二尺五寸五分余

厚七寸九分，今尺五寸一分

阔一尺一寸八分，今尺七寸六分

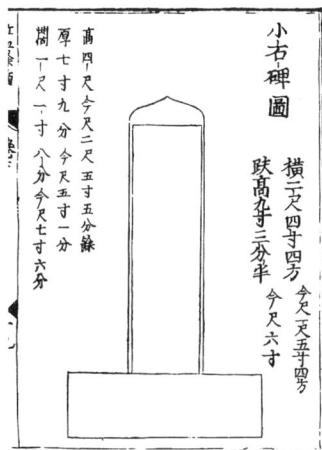

图1　鹫峰母亲的小石碑（《泣血余滴》卷下）

图2　现在的鹫峰母亲小石碑（背面的样子。引自新宿区教育委员会《国史跡林家墓地調查报告书》，1978年）

相对的，《家礼》对墓碑大小的描述如下：

> 坟高四尺，立小石碑于其前，亦高四尺，趺高尺许。
>
> ○今按……用司马公说，别立小碑，但石须阔尺以上，其厚居三之二，圭首而刻其面如志之盖，乃略述其世系名字行实而刻于其左，转及后右而周焉。（《家礼》卷四）

《泣血余滴》所谓"高四尺""阔一尺一寸八分""厚七寸七分"，可以认为是参照了《家礼》的"高四尺""阔尺以上""其厚居三之二"的说法。另外，《泣血余滴》将《家礼》的"尺"换算成日本的"今尺"，高度变成了"今尺二尺五寸五分余"，厚度变成"今尺七寸六分"。今尺是日本的曲尺（一尺＝30.2厘米），据此算来墓碑的高度77厘米有余。事实上现存于东京新宿区的林家墓地中，荒川氏的墓碑高度正是77厘米。

鹫峰的换算法原本并不正确，《家礼》所用的尺是周尺，一尺为23.1厘米。因此，《家礼》中的墓碑高度（四尺）应是92.4厘米，荒川氏墓碑比《家礼》所说要更小。

此外，墓碑的形状按照《家礼》来看应是上方有略尖锐的形态（圭首），而荒川氏墓碑上方也有尖锐的形状，十分相似。

《泣血余滴》后来作为书籍出版，随着林家名望的扩大，为近世日本的儒教丧祭礼仪提供了一种基准。例如，从德川光圀肇始的水户藩儒教丧祭礼仪，也受到其影响。

四、藤井懒斋、中村惕斋等朱子学者团体

1. 懒斋与《本朝孝子传》

藤井懒斋（1617—1709）是林鹫峰的同时代人，生于京都。曾出任九州筑紫久留米

藩的藩医，此后在京都与山崎闇斋和米川操轩相识，开始研究朱子学。此后，他于 58 岁从久留米藩离任，回到京都，聚集了众多门徒来讲解儒书。他和中村惕斋（1629—1702）交好，当时惕斋是与伊藤仁斋、浅见絅斋齐名的儒者。①

让懒斋一跃成名的是其著作《本朝孝子传》三卷。该书以中国的孝子传为范本，用汉文记录了日本的七十余名孝子的事迹，自贞享二年（1685）刊行以来，增印了许多次，成为最佳畅销书。而井原西鹤的《本朝二十不孝》，借助《本朝孝子传》所造成的爆发式流行热潮，以其为基础而写作之事，是有名的逸话。② 受到热卖鼓舞的懒斋，在两年后的贞享四年（1687），将该书改成汉文与平假名相参的文本形式，以"仮名本朝孝子伝"为名刊行。《本朝孝子传》也成为江户时代诸多孝子文学中，能与幕府的《官刻孝义录》相提并论的重要著作。

懒斋撰写《本朝孝子传》的动机，当然有儒者倡导"孝"的因素在内。同时，还有礼仪书籍《二礼童览》，也是为"孝"的实践而写作的。

2. 懒斋的《二礼童览》

《二礼童览》是元禄元年（1688）懒斋在 72 岁时刊行于京都的。"二礼"是指丧礼和祭礼，一边依据《家礼》一边附加了和文的解说。其自序说道：

> 喪祭の二禮、世のならはしのまゝなるはあまりにこゝろよからず覚へ侍れバ、朱文公の家礼のおもかげいさゝか家にあらまほしくて、ひそかにみづからかの書を抄略し俗語にかへ俗礼をまじへ婦女児童のともがらまで是をよみ見てかばかりの事はよくなしてんとおもえらむやうにと書つく。終に此ふた巻となりぬ。よりて名づけて二禮童覧となんいふ。
>
> （其大意是：丧祭二礼，在当下世风的情况实在令我心有不安，而朱文公《家礼》的影子让我有所向往，于是私自抄写了这本书，用俗语写作这样礼俗交杂、妇女儿童之辈也能明白的样子，最后就有了这样的两卷本。据此将其命名为《二礼童览》。）

也就是说，作者无论怎样也要根据《家礼》在日本推广儒礼，于是抄写了《家礼》，并夹杂着使用妇女儿童也能理解的俗语、俗礼来进行书写。

这本书原本是懒斋在久留米藩时代的万治三年（1660）因父亲逝世的契机而撰写的。其父去世后，懒斋向藩主求得了三年的假期，回到京都举行葬礼和服丧。据其友人武富廉斋的《月下记》的记载，他当时的情况是：庐居（服丧期间在墓旁庐屋内生活）、寝苦枕块（在草垫上睡觉，用硬土作为枕头）、素食，再加上小祥和大祥等，基本都遵照《家礼》的顺序实行下来。懒斋实际上就是依《家礼》举行了丧祭，并以其顺序为要点总结形成了《二礼童览》一书。

---

① 吾妻重二：《藤井懒斋『二礼童覧』について——「孝」と儒教葬祭儀礼》，《関西大学中国文学会紀要》第 37 号，2016 年。

② 胜又基：《『本朝孝子伝』の流行》，《金沢大学国語国文》第 23 号，1998 年。

3. 懒斋周围的京都朱子学者团体

关于懒斋的儒礼实践问题，不能忽略京都朱子学者团体的存在及其意义。在懒斋身边，以撰写者中村惕斋为中心，川井正直（1601—1677）、三宅鞏革斋（1614—1675）、米川操轩（1627—1678）、增田立轩（1673—1743）等人，都推崇朱子学，与儒教丧祭礼仪相关联。

例如，承应二年（1653）以儒礼葬父的中村惕斋很快就建造了祭祖的祠堂，并经过长年考察，写下丧礼书籍《慎终疏节》4卷、祭礼书《追远疏节》1卷。此外，还撰有可认为是详细资料集的《慎终疏节通考》6卷、《追远疏节通考》5卷。这些都是补订《家礼》的工作。最擅长礼学、并著有《律吕新书》等音律研究著作的惕斋，即使在整个日本近世也是第一等的儒教礼乐研究者。[1] 此外还有惕斋的门人增田立轩，根据惕斋的《慎终疏节》《追远疏节》，整理了惕斋的语录，以和文编写出《慎终疏节闻录》4卷和《追远疏节闻录》（不分卷）。三宅鞏革斋也按《家礼》著有《丧礼节解》2卷及《祭礼节解》2卷。

4. 川井正直的实践等

川井正直同样是一个有趣的人物。正直并非学者身份，他是京都茶町的茶商，与惕斋和懒斋关系很近。值得注意的是，懒斋在此前所述的畅销书《本朝孝子传》卷下的《今世》部分，为川井正直立有专传，记载了他的孝行和儒礼的实践。

据其所述，正直将近50岁时在山崎闇斋处学习《小学》，注意到了孝亲的重要性，于是尽心奉养父母。在父母死后，遵从《朱子家礼》的方式举行葬礼。当时，正直害怕父亲会接受佛教式的火葬，连夜偷偷把棺材从墓场运出改葬，不久后将母亲合葬在那里。这在周围人看来是令人震惊的行径，但正直"断然坚持如此行事"，并不在意世评。不仅如此，他还完整地服完了三年之丧。

图3所示的是《本朝孝子传》记载的井川正直的图像。其中描绘了他在父母二人神主前奉上供品并虔诚行拜礼的姿态。有可能这是实际状况的写照，其虔敬程度之强烈给人印象深刻。懒斋的《本朝孝子传》在当时评价很高，因此，正直据儒礼无畏地实践丧祭礼仪，显然也是脍炙人口的事迹。

诸如此类，17世纪后半叶，在日本京都的懒斋周围聚集起众多朱子学者及其信奉者，他们互相影响。他们是在日本实践朱熹《家礼》的群体，也有不少相关的著作存世。大和田气求将《家礼》全文翻译而成的日语版《大和家礼》，浅见絅斋的《家礼》研究和《家礼》标点本的出版等，也在京都朱子学者们的行动上起到顺水推舟的效应。

此外，伊藤仁斋（1627—1705）与井川正直完全是同时代人，也同样在京都活跃着，但他并没有特别积极进行礼仪研究，与以上所说懒斋、惕斋等人的团体有着截然不同的面貌。

---

① 关于惕斋的音律研究，参考榧木亨：《中村惕斋と律吕新书—『修正律吕新书』および『筆記律吕新書説』の文献学的考察—》，《文化交渉》创刊号，日本関西大学大学院東アジア文化研究科，2013年。

图 3　《川井正直》图（《本朝孝子传》卷）

图 4　熊泽蕃山《葬祭弁论》（重刻本）封面内页

五、熊　泽　蕃　山

1. 蕃山的《葬祭弁论》

　　熊泽蕃山（1619—1691）是江户初期代表性的儒教思想家、政治家。他虽生于京都，在 16 岁时因缘分成为冈山藩主池田光政（1609—1682）的小姓①。数年后离职，师从近江的中江藤树（1608—1648）。此后，再次在冈山藩任职，辅佐光政，庆安三年（1650）升任为番头，成为主导藩政的中枢人物并取得良好政绩，声名播于藩内外。明历三年（1657），因受到幕府和藩内外的诽谤中伤，39 岁就离任隐居，此后仍在藩内维持了一段时间的幕后影响力。不久与公家、幕臣、诸侯等人展开交游，但主要精力集中在著述上。

　　蕃山与礼相关的著作，有和文的《葬祭弁论》1 卷，于宽文七年（1667）在京都出版。这本书在江户时代后期刊行了重刻本，如图 4 所见，其封面内侧部分上明确记有基于《家礼》的内容：

> 　　葬祭ハ儒家の大禮にして人々常に心得おくべき急務なり。此書は文公家禮を本拠として、今此邦にて行安くしかも礼に違ざる様ニ国字ニ而論弁す。孝子たる人見ずんば有べからず書なり。
>
> 　　（其大意是：葬祭是儒家大礼，也是人们应当时刻铭记的要务。本书根据文公家礼，如今在本国推行，用日语讨论礼的本来面貌，此作为孝子之人不可不读的书。）

---

　　①　小姓，指服侍贵族的小侍从。——译者。

本来蕃山的老师中江藤树就是儒教丧祭礼仪的实践者，他制作《家礼》式的神主，藤树的葬礼也由门人按《家礼》行事，蕃山继承了他的这种教导。①

2. 激烈的佛教批判

《葬祭弁论》中，蕃山根据《家礼》逐一讨论了在日本可以施行的儒教丧祭礼仪，其中尤为突出的是对佛教的严厉批判。例如：

> 仏者ハ此理をわきまへず、罪ふかふして地獄におつるなどゝこれも迷ひ、人をも惑し、子たる者も又其理を不弁、父母たる人死すれば悪人のごとくに取成、罪ありて地獄に入べし、其供養ニハ経をよみ、施仏をなすべしとて、一七日百日期年などゝ、其忌にあたれる比ハ種ゝ財を費し宝をすてゝ僧徒に施すと見へたり。是等の事其親を罪悪人にとりなし、漸ゝ読経施仏の供養にて罪人を佗言するに似たり。為子人、其親を罪人とひとしくする事豈忍ぶべけんや。

> （其大意是：佛家不明此理，讲有罪即坠入地狱，使自己迷茫，而又蛊惑人心。子不辨其理，视父母如同恶人，以为父母死后因恶获罪入地狱，需供养读经施佛，经十七日、百日、一年，耗费钱财施与僧众。侍奉亲人而将其视为罪人，用读经施佛来抚平这种妄言。为人子者如何忍心将亲人视为罪人？）

这里，对佛教认为不读经、供养佛就会落入地狱，即使有父母也被视为罪人的不合理之处，进行了指摘。儒教原本就没有地狱的观念，对作为儒者的蕃山而言，地狱之说只不过是佛教的妄想而已。还有：

> 元来葬禮祭禮の事ハ聖人の至理を以てなし給ふことにて、釈迦の経文の中になき事なるを、梁の竺潜といへる出家、はじめて人を葬りしより、漸ゝ出家の業となり、儒者のおこなふ法式の中を窃ミとりて、其禮法を損益して己が家の法となせり。……故に末流に及てハ渡世のいとなミとなりて、経をよみて仏事をおこなふとも商人の売買するにひとしく、浅ましきありさま也。

> （其大意是：原本葬礼、祭礼之事是根据圣人至理而来，释迦的经文中没有这些东西。南朝梁的竺潜这个出家人，最开始只是埋葬人，渐渐形成了出家的做法，窃取儒者的做法，损益礼法以为己用。……因此其末流就讲渡世，要读经、做佛事，跟商人做买卖一样，十分浅薄。）

这是指出父母、祖先的葬礼与祭礼原来并未记载于印度佛典中，佛教僧侣当下所为只是与

---

① 参考吾妻重二：《日本における『家礼』の受容——林鵞峰『泣血余滴』『祭奠私儀』を中心に》，吾妻重二、朴元在编：《朱子家礼と東アジアの文化交渉》，日本汲古書院，2012年。藤树等人的神主，目前可见于滋贺县高岛市的藤树书院内。此外，也有说法认为《葬祭弁论》不是蕃山的著作，但其根据比较站不住脚。

商人的投机买卖没什么区别的浅薄行径。最后该书说：

> もし聖人の禮に順ハんとおもふ人ハ文公家禮をかんがへ見るべしなり。
> （其大意是：如果有人想要接受圣人之礼，就应该去看《文公家礼》。）

显然，是将朱熹的《家礼》当作学习的模范。

3. 蕃山的思想转变

然而，蕃山在此不久之后就改变了之前的想法。后年的《集义和书》与《集义外书》所说的观点，可以看到与此前说法有所不同。首先来看看《集义和书》的内容，其卷四说道：

> それ喪は終を慎むなり。祭は遠きを追なり。民の德厚きに帰す、尤人道の重ずる所なり。然れ共、喪祭ともに時処位をはかるべし。只心の誠を尽すのみ。格法に拘て不叶をしる、不能をかざらば、必ず基本をそこなふべし。格法の儒者の世に功ある事すくなからず。予がごときものも恩德にかかれり。しかれども、心法にうときがゆへに、自己の凡情を不知、又行ふこと、日本の水土に叶はず、人情にあたらず、儒法をおこすといへども、終に又儒法を破る事をしらず。貴殿、三年の喪の法はあたはず共、心情の誠は尽し給ふべし。追遠の祭も、又なるべきほどの事を行て、自己の誠を尽し給ふべし。
> （其大意是：丧礼慎终，祭礼追远。民德归厚，此尤为人道所重。然而丧祭还需考虑"时处位"，只是尽诚心而已，应当不拘一格。若非如此，将有损于根本原则。弘扬儒法之世，功不为小。我辈也能承其恩惠。然遵循心法，应看到自身的世俗一面，又应在行事中考虑日本的本土情况、人情世故，若非如此，在发扬儒法的同时也有可能最终导致失败。您进行三年之丧之法，心意之诚已尽。追远之祭，也应竭力而为，尽自己的诚心。）

在日本，应当"考量丧祭两者的时间、场所和立场"，完全没必要拘泥于三年之丧和追远祭祀等儒教丧祭礼仪的方式，只需尽到自己的诚意即可。

这种见解同样见于《集义外书》，其卷一说：

> 日本は小国にして山沢ふかからず。地福よくして人多し。中華のごとく死ををくるの礼を備へがたし。尤今日本国中をかぞへてわづか数十人に過ざる儒者の道を行ふ人の棺槨は、成程美を尽したりとも、害あるべからず。聖人の礼を知べきたよりにもよかるべし。しかれども天下に道の行はるべき通法にはなりがたし。
> （其大意是：日本虽是小国而山溪不深，地灵而人口众多。很难如中华那样，送死的礼仪相当完备。特别是现在日本国内仅仅数十人的儒者，其棺椁有百美而无害。如此知圣人之法固然是好事，但要推行成为天下之常法恐怕很困难。）

卷十则有关于火葬的说法：

> 　　天地ひらけてこのかた、近世ほど人多土地せばき事はあらじ。気運ふさがりく
> らふしてしかり。時に仏法あるも又かなへり。火葬も又可なり。今の時に当て、家
> 礼の儒法を庶人にまで行ん事は、聖賢の君出給ふとも叶ふべからず。
>
> 　　（其大意是：天地开辟以来，如近世这样人多地少的情况是没有的，是因为气运
> 塞暗而然。此时佛法也合乎需要，火葬可以采用。如今的时代，将《家礼》之儒法
> 向庶人推行，与圣贤明君出现一样不可期望。）

在此他断言，《家礼》的儒教礼仪，在儒者来说姑且不论，向庶民推广成为"通用法则"
一事在日本是不可能的。

　　这时的意见，与批判火葬和佛教式供养、遵守《家礼》的《葬祭弁论》，确实大相径
庭。也就是出于本土论的角度，考虑"时间、场合、立场"，即日本的国情，这与此前以
《家礼》为准则的规范意识相比明显是倒退了。《集义和书》刊行于宽文十二年（1672），
《集义外书》刊行于延宝七年（1679），表明蕃山的思想在《葬祭弁论》后无疑发生了转
变。

4. 冈山藩主池田光政与蕃山

　　前文所引《集义外书》中所谓的"家礼的儒法在庶人中间实行"，实际上指的是冈山
藩主池田光政。光政在宽文六年（1666）8月，根据《家礼》在领地内向庶民颁布了称
为"葬祭之仪"的文书，并努力促成其实施。[①] 从这一视点来看，可以发现《葬祭弁论》
中有面对藩主陈述见解的口吻。有以下文段：

> 　　仏道には本より父母妻子をもすてゝ、父母あり共せざる意より教をたてゝ、他
> 人の父母といへ共、おのれが法にまかせて火葬にし、一所の壙にて数百人をやくと
> ミへたり。実に有罪の者を刑罰するにひとしく、国守たる人のゆるすべきところに
> あらず。
>
> 　　（其大意是：佛道本来是宣扬舍弃父母妻子，父母人人皆平等的教义，因此遵从
> 法式付于火葬，与他人的父母数百人一起置于同一圹中。这实与处置罪人的刑罚相
> 同，并不是国守之人应当做的事情。）

他直接向国守谏言称，火葬与给予有罪之人的刑罚相同，因此对于"守护国土者"而言
是不应被允许的行为，这些说法受到了关注；此处说的国守，应该可以认为是指批判佛
教、热衷于儒教礼仪实施时期的光政。

　　如此想来，宽文七年（1667）刊行的《葬祭弁论》，正是蕃山在壮年期并且是与光政
处于"蜜月"状态的承应四年（1655）到宽文六年（1666）之间，为催促光政推进儒教

─────────────

　　① 吾妻重二：《池田光政と儒教喪祭儀礼》，《東アジア文化交渉研究》创刊号，日本关西大学文
化交涉学教育研究拠点，2008年。

礼仪实践而写的著作。

作为儒礼推动者的蕃山，向儒礼批判者转变的理由，也包括有围绕儒教丧祭礼仪的一个讨论。寺请制（檀家制度）的确在底层庶民中也得到实行，而当时佛教式葬祭礼仪有幕府、各藩权力在背后影响，已然渗透到民间习俗当中，要改变为儒教式礼仪实属困难；这或许也是一种对现状的追加认知。但是，即便如此仍有不少人想要实践儒教式的葬祭礼仪，对这一点应该有所注意。

六、一些特征

1. 大名、儒者与儒礼实践的意义

在此仅举一部分日本近世的儒式葬礼和祖先祭祀，主要是 17 世纪后半期的例子。虽对其他的事例也有所涉及，那些部分还有待整理。

除去文中介绍过的内容以外，还有很多相关的信息，特别是名古屋藩的德川义直、水户藩的德川光圀、冈山藩的池田光政等好学的大名，他们在关于儒式丧祭的问题上表现出的关心和实践应当受到注意。并且还有山崎闇斋、浅见絅斋、若林强斋、蟹养斋等崎门派人物，室鸠巢、新井白石、中井甃庵、佐久间象山等朱子学系学者，荻生徂徕等古学派，三轮执斋等阳明学者，也许还应包括猪饲敬所等考据学者。不仅是朱子学派，还有各类学者对儒教丧祭礼仪，或者说是《家礼》都抱有非常高的热忱。埋葬宽政三博士的大阪先儒墓所也是一个具体事例。

近世儒教先驱者藤原惺窝曾对门人林罗山应答说（《答林秀才》，《惺窝先生文集》卷10）：

> 若诸儒不服儒服，不行儒行，不讲儒礼者，何以妄称儒哉。

此处明确说到，若不着儒服、不仿效儒者的举止、不行儒礼，就不能称之为儒者。这表明儒教并不单纯是某种观念，而需要体现在主体自身的行为与礼仪活动中。惺窝的思考方式，与当时跟儒教思想产生共鸣的人们或多或少有共通之处，他们不仅借鉴思想，也参考了礼仪方面的内容，其原因正在于一种身为儒者的强大自觉性使然（即以儒教文化为一切行为规范之真理的自觉）。

2. 伊藤仁斋与新井白石

举例来看，虽然上面说过伊藤仁斋与当时的京都朱子学者团体方针不同，并未对儒礼研究怀有充分的热情，但是，在伊藤家丧祭中推敲《家礼》以及建立《家礼》式神主、祠堂的场合，可以看出他仍然有对儒教礼仪表示关心之处。[①] 此外，仁斋与其子东涯在嵯峨野二尊院内的坟墓也是以儒式修造的。图 5 与图 6 是他们的墓，在建制上基本相同。

① 参考吾妻重二：《日本における『家礼』の受容——林鵞峰『泣血余滴』『祭奠私儀』を中心に》，吾妻重二、朴元在编：《朱子家礼と東アジアの文化交渉》，日本汲古書院，2012 年。

图 5 伊藤仁斋之墓（正面照。墓碑上方篆额刻有《古学先生伊藤君碣》字）

图 6 伊藤东涯之墓（背面照。墓地周围以石壁形成半圆形，墓碑后面有土堆成的坟）

　　仁斋和东涯的墓葬营造法也基于《家礼》。现在看到的仁斋墓，首先应注意到其上端有尖锐的"圭首"之形；大小方面，高度是 120 厘米，宽度是 45 厘米，厚度是 21.7 厘米。上文曾提到日本曲尺（一尺 = 30.2 厘米），按此分别对应的是四尺、一尺五寸、七寸。这与《家礼》的"高四尺""阔尺以上""其厚居三之二"的规格严丝合缝。毫无疑问，仁斋等人正是参照《家礼》来修建墓地的。①

　　尽管他们批判朱子学，是主张回归孔孟本义的古学派人物，但在儒教礼仪方面依然表现出来自朱子学的深刻影响。

　　除此以外，仁斋墓碑的释文如图 7 所示。② 如图 7 所见，在墓碑的侧面刻有墓主的传记，其所本即来源于《家礼》。

---

　　①　除此之外，朱子学者中村惕斋等人的影响也曾被指出。可参考松原典明：《近世大名葬制の考古学的研究》，日本雄山阁，2012 年，第 269~270、296 页以下。
　　②　来村多加史：《関西大学蔵：『古学先生伊藤君碣』》，《関西大学考古学等資料室紀要》第 7 号，日本関西大学考古学等資料室，1990 年。

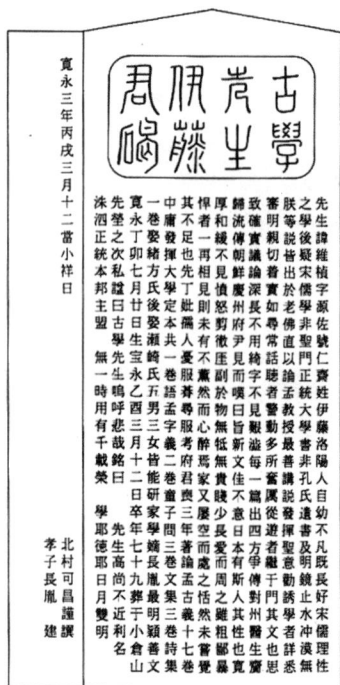

图 7　伊藤仁斋墓碑（正面与侧面）

还有一个以往并未引起足够重视的情况是，新井白石著有《家礼仪节考》八卷（写本）。这是对丘濬《文公家礼仪节》中难懂的语句进行详细注解的著作，即使在今天看来也是极为有价值的整理工作。且白石在建设祭祖祠堂时，制作了《家礼》式的神主。该神主至今还在新井家被传承下来。①

由上述可知，儒教礼仪中的丧祭之礼对他们而言是重要的切身大事。

3. 佛教批判与日本式转变

一个重要的相关情况是，推进儒式丧祭制度的儒者们几乎无一例外地对佛教展开了批判。如熊泽蕃山的《葬祭弁论》中所示，儒教与佛教在生死观的立场上就存在分歧。儒教不承认地狱和极乐世界的存在，认为拯救地狱中死者的灵魂、引导向极乐世界的追善供养行为全无必要，并且认为佛教火葬的做法会毁伤亲人的身体，与"孝"的教义相悖，应当避免。

另外，一边守护儒礼的核心内容，一边使之适应日本国情，也是一大特色，在此不宜详细展开。简略来讲，僧侣不进行葬礼和追善供养，舍弃火葬而采用土葬，不起戒名（法名）和院号，制作为灵魂提供凭依的神主，这些最终底线是不可退让的核心内容。

另一方面，结合日本的情况发生改变的是三年之丧（算整数虽是三年，实际时间应

———————————————

① 吾妻重二：《家礼文献集成：日本篇》5，日本关西大学出版部，2016 年，第 355 页注解。

是两年）的服丧推行困难；服丧中的衣物也难以按《家礼》那样制成麻布服,① 只使用日本传统的藤衣；建造安置神主的祠堂也并非易事，不少人通常只在一室之内安放妥当；供品一般不使用四脚的兽类等。再者，月命日（月忌）的祭祀不见于《家礼》，因为这是据日本独有的习俗追加形成的做法。还有，《家礼》在选择墓地方面需要在葬礼前卜筮求占来决定地址，而在日本则多数会在自己宗门的寺院内修建墓地。

提到火葬，山崎闇斋死后，其门人一方面按《家礼》做法偷偷将闇斋遗骨埋葬（土葬）于墓地中，另一方面又做了空的棺材，送到寺院举行佛教式葬礼。② 其意图正是为了避免与佛教界发生冲突。

4. 对葬礼、祭礼的关注以及"孝"和祖先观念

最后应当指出的是，《家礼》分为"冠婚丧祭"四礼，而丧礼（葬礼）和祭礼内容占据了相关论著的大半部分。从本文有限的材料中也能看出这点。如本文开头所说，《家礼》虽按照"冠婚丧祭"四种礼的范畴来讲述，实则对冠礼和婚礼的关注很少。这并不是仅在日本才有的情况，中国、朝鲜也同样如此。理由或有多种，但最主要的原因还是冠礼、婚礼相较丧礼、祭礼而言，其在现实中的重要性有所差别。"父母亡故后，子孙应该怎样进行葬礼和祭祀"，这对人来说是绝对不能忽视的重大问题。换句话说，儒教丧祭礼仪的实践与宣扬"孝"的思想是表里一体、不可分割的关系。

儒教丧祭礼仪是为了与佛教丧祭礼对抗，而由儒者为中心提倡并实施的。这对幕末以来神道教的"神葬祭"和皇室的祖先祭祀都产生了很大的影响。这些姑且不论，儒者们的行动以及提倡"孝"的思想，对于强化日本人此前淡薄的祖先观念和仪式感（即对祖先的敬意和崇拜之情）带来了重大契机，这一点是显而易见的。儒教礼仪终究对日本的思想和习俗造成了深远的影响。

综上，在日本近世时期（17—19 世纪），很多日本儒学者关注儒教的丧祭礼仪，也就是对儒教中的"葬仪、服丧"和"祖先祭祀"表现出极大的兴趣。在这个过程中，因为朱熹的《家礼》专门对"冠婚丧祭"有十分简约的构想与说明，所以他们对此书积极进行研究的同时，也实际举行了基于《家礼》的儒教式丧祭。既然如此，儒教礼仪对日本没有影响这一至今通行的说法应该有重新反思的余地了。

以上笔者通过几个有特色的例子来看日本接受《家礼》的具体情况，并对日本与儒教礼仪的关系进行了新的探讨。我们应该注意的是，在日本，不仅朱子学派的学者，阳明学派、古学派或考证学派等学者也都关注《家礼》，并实际尝试举行儒教丧祭礼仪。这些事实就说明《家礼》一书对日本思想界发生过重大的影响，在考察东亚地区对儒教的吸取和展开过程时，这无疑也是一个很重要的因素。

（作者单位：日本关西大学、武汉大学国学院）

---

① 顺带说明，麻制的儒教丧服，现在仍可见于韩国的传统丧礼之中。

② 近藤敬吾：《崎門学派における朱子家礼の受容と超脱》，收于氏著《儒葬と神葬》，日本国书刊行会，1990 年。

现代儒学发展的分期及其判准*

□ 谢远笋

【摘要】关于儒学的历史发展，孟子首倡儒学统绪，韩非有孔子之后"儒分为八"之说，韩愈重提儒学传授谱系，至宋儒"道统说"正式确立。钱穆、牟宗三、杜维明、刘述先、郭齐勇等均提出了自己的道统论或分期法。在各家儒学传承谱系划分的背后，实有作为理论核心的哲学问题作支撑。钱穆与郭齐勇的划分着眼于儒学发展的多元历史样态。牟宗三、杜维明、刘述先均主儒学三期发展说，其判准当以对良知呈现的肯认，但又有所不同：牟氏仍立足于一元的儒家价值，杜、刘不再有强烈的护教意识，均强调儒学只是现代世界多元文化中的一元。牟宗三接续熊十力良知呈现说，依智的直觉，最终证成儒家道德的形上学。

【关键词】儒学三期发展说；道统说；良知呈现；道德的形上学

自孔子创立儒家学派，儒学发展或有起伏，但至今连绵不绝。关于儒学发展及其分期，可谓仁者见仁，智者见智。《尽心下》篇末，孟子首倡儒学统绪，隐然以继承孔子自任，有着"舍我其谁"的气魄与承当。韩非子有孔子之后"儒分为八"之说，当时盛行于世、显赫一时的学派是儒家与墨家。又据《史记·孔子世家》，孔门七十二贤追随孔子，从不同面向继承、发展、实践他的思想。韩愈作《原道》，攘斥佛老，尊崇儒学，重提儒道传授之谱系。至宋儒，"道统论"正式确立。到了现代，钱穆、牟宗三、杜维明、刘述先等均提出了自己的道统论和分期法。在儒学历史传承谱系划分的背后，实有作为理论核心的哲学问题作支撑。

一、现代新儒家对儒学发展的分期

关于儒学的分期，钱穆有两种说法。其一，钱氏认为："儒家可分先秦儒、汉唐儒、宋元明儒、清儒四期。汉唐儒清儒都重经典，汉唐儒功在传经，清儒功在释经。宋元明儒

* 本文是2016年度教育部人文社会科学重点研究基地重大项目"阳明心学的历史渊源及其近代转型研究"（项目编号：16JJD720014）、武汉大学一般通识课：台湾历史文化（项目编号：41300001）阶段性成果。

则重圣贤更胜于重经典，重义理更胜于重考据训诂。"①

其二，他又主张儒学经历了六期发展：第一，先秦是创始期。第二，两汉是奠定期，以经学为主，而落实在一切政治制度、社会风尚、教育宗旨以及私人修养之中。第三，魏晋南北朝是扩大期，不但有义疏之学的创立，而且扩大到史学，从此经、史并称。第四，隋唐是转进期，儒学在经、史之外又向文学转进。第五，宋元明是儒家之综汇期与别出期。所谓综汇，指上承经、史、诗文的传统而加以融汇；所谓别出，则是理学。第六，清代儒学仍沿综汇与别出两路发展，但内容已大不相同，清儒的别出在考据而不在理学。晚清公羊学的兴起则更是别出之别出。②

牟宗三在撰于1948年的《重振鹅湖书院缘起》中，提出了著名的儒学三期发展说。此后十余年间里，牟氏写成《历史哲学》《道德的理想主义》《政道与治道》新外王三书，系统展开其儒学发展三期说。具体说来，儒学三期发展为：第一期是以孔、孟、荀为代表的儒学铸造期；第二期是"宋明儒之彰显绝对主体时期"；第三期指的则是当代新儒学，其文化使命，应为三统并建：重开生命的学问以光大道统，完成建立民主政体以继续政统，开出知识之学以建立学统。③ 不过在牟氏看来，中国文化的现代发展并非对西方文化的被动接纳，而是中国民族之精神生命内在要求下的必然发展。

杜维明延续了牟宗三儒学三期发展的观点，集中体现在《儒学第三期发展的前景问题》一书中。④ 杜氏认为儒家从曲阜走向中原是第一期；从中原走向东亚是第二期；它能否有第三期发展，就看它能不能从东亚走向世界，融合自由、民主、科学、理性等现代价值。第一期发展是从先秦到汉。汉以后一直到唐代，佛教思想的传播是主流，儒学发展相对处于低潮。从宋代开始，儒学对佛教的挑战做出了创造性的回应，形成了从宋到明清的第二期的发展，并成为整个东亚社会的文化内核；但在鸦片战争以后，儒学式微，儒门淡泊。儒学有无第三期发展的可能，取决于它能否对西方文化的挑战有一个创建性的回应，即儒学吸收西方文化的菁华，最终成为世界文明的组成部分乃至核心内容。

李泽厚不认同杜维明的"儒学三期发展说"，他主张分为四期：孔孟荀是第一期，他们遵循的主要课题是礼乐；第二期是以董仲舒为首的汉儒，"始推阴阳为儒者宗"，他们的核心是天人；第三期是"新儒学"，主题是心性；现在是第四期，它的主题是"情欲"。⑤ 他认为现代新儒学并未超过宋明理学的范围，因此不可单独成立为一期。是否超越当然值得讨论，但唐、牟、徐对西学的汲取及对民主科学的坚定诉求等绝非理学所能范围。值得注意的是，李氏的"情欲论"的看法颇似徐复观，徐氏注重儒学中生机勃发、情致充沛的一面。正如陈昭瑛所言，"他认为人是有血有肉的具体生命。因此，他非常重视人性中感性与理智所共同构成的整体性，他反对理智对感性的专制，他常觉得感性与理智之间的关系是互动的。对有情世界的关怀、探索，甚至耽美而不思自拔，这一特点，若

① 钱穆：《中国思想史》，《钱宾四先生全集》第二十四卷，台湾联经出版公司1998年版，第163页。
② 详见钱穆：《中国儒学与文化传统》，收入《新亚遗铎》，三联书店2004年版，第327~350页。
③ 参见牟宗三：《道德的理想主义》，台湾学生书局2000年版，第11页。
④ 详见杜维明：《儒学第三期发展的前景问题》，三联书店2013年版，第279~288页。
⑤ 李泽厚：《儒学第三期的三十年》，《开放时代》2008年第1期。

放在秦汉以后便渐有禁欲性格的儒学史中来考察，是复观先生最突出的一点"①。徐氏认为，中国文化是心的文化，它是具体的存在而以实践为其基本性格，不是由信仰或思辨所建立的某种形上建构。

刘述先有"儒家哲学的三个大时代"的说法，他说："牟宗三先生首先提出儒家哲学三个大时代的说法，由杜维明广布于天下。我也接受这一说法，但对先秦儒学、宋（元）明儒学、现代新儒学有我自己的诠释与理解。"② 第一时代是先秦儒学，即轴心时代孔孟荀的哲学。汉武帝用董仲舒之策所谓"独尊儒术，罢黜百家"，从此儒家成为朝廷的意理。但汉代政治化的儒家杂入阴阳五行之说，在哲学上反而倒退；正好像罗马那样军功鼎盛，哲学上远逊希腊。第二个大时代是宋明儒学。由中国哲学史的线索来看，先秦百家争鸣，到了汉代，有所谓独尊儒术，罢黜百家，以后历经两汉经学、魏晋玄学、隋唐佛学阶段，宋代新儒学面对佛道的挑战，开创理学，造成中国哲学在先秦以后的第二个黄金时代，有文艺复兴的意味。第三个大时代即现代新儒学，它是对西方文明强力的冲击的回应，乘清代儒学之弊而起。清代儒家学由义理转趋考据。民国肇始，制度的儒家画下了句点，儒家由中心转为边缘。但新儒家作为一个精神传统还是一个充满了活力的思潮。中国大陆当前流行观点将自由主义、马克思主义与现代新儒家看作当代中国哲学最重要的三个思潮，互相竞争、影响而往前推进。

关于现代新儒学，刘述先先生又有广狭之分。广义的，他名之为现代新儒学（Contemporary New Confucianism），任何以儒家有现代意义与价值的学者都可以包括在内，即"三代四群"的学者。狭义的，他名之为当代新儒家（Contemporary Neo-Confucianism）。当代新儒家的线索，以《中国文化与世界宣言》（简称《宣言》）为基准，强调"心性之学"为了解中国文化传统的基础，上溯到唐、牟、徐之师熊十力，奉之为开祖，下开港台乃至海外新儒家线索，由杜维明、刘述先等所继承。③ 当代新儒家就是熊十力学派：由熊十力开山；港台新儒家唐君毅、牟宗三、徐复观是第二代；杜维明、蔡仁厚和刘述先等人是第三代。

郭齐勇在《中国儒学之精神》一书中将儒学发展分为四个时期：先秦是儒学的创立期；汉至唐代是儒学的扩大期；宋至清代是儒学的重建与再扩大期；清末鸦片战争以降直至今天是儒学的蛰伏期，也是进一步重建与扩大的准备期。他认为这四阶段的文化背景、社会条件及时代特征不同，这种差异既源于中国社会内部的变化，又来自外部社会文化的挑战。为了回应时代的课题，儒学自身的治学风格、问题意识与中心范畴既有延续性又有差异性，各有其重心与特色。尤其是第四阶段，它是在回应西方现代文明的挑战并与之对话中产生出来的，与前三阶段尚处在"前现代"不同，第四阶段是"现代性"的思想。为救亡图存而产生的各种思潮，包括现当代儒学思潮，都在选择适合中国而又不脱离世界大势的道路。这一阶段的中心课题是普遍与特殊、传统与现代、东方与西方、人文与科技

---

① 陈昭瑛：《一个时代的开始：激进的儒家徐复观先生——纪念徐复观先生逝世七周年》，《台湾文学与本土化运动》，台大出版中心 2009 年版，第 336 页。

② 刘述先：《论儒家哲学的三个大时代》，香港中文大学出版社 2008 年版，第 1 页。

③ 参见刘述先：《论儒家哲学的三个大时代》，香港中文大学出版社 2008 年版，第 191~193 页。

的问题。与前面诸家不同的是，郭齐勇直接点明儒学即将迎来第五期，即现代之大发展期，它是儒学在未来的可能发展。①

二、儒学发展分期的判准

钱穆的划分虽有两种，但自有其一贯性，即他着眼于儒学发展的多元历史样态，其划分是一种思想文化史的划分。不难看出，钱穆的判准并不局限于心性之学或考据学，而是将典章制度、社会政事、经史博古、文章子集的各方面均纳入考量范围。钱氏持开放的儒学观，肯定儒学的博大范围，反对将其狭窄化、片面化，因此能避免单线传法而易于中断之虞，亦能避免门户之见。但钱氏仍肯定儒学以心性为其内核。他以心性学说为中国学术的"大宗纲"，以治平事业为中国学术的"大厚本"。郭齐勇的划分与钱穆相近，他主要着眼于作为文明形态与社会存在的儒学，与钱氏等诸家不同的是，他旨在点明儒学在当下中国社会仍是活生生的存在，它既没有寄身于"学院"当中而苟延残喘，更不是"博物馆"中的死物，因此我们完全可以期待儒学在未来的发展。

牟宗三《五十自述》中记载了熊十力与冯友兰关于"良知"的一段争论，冯氏认为良知是个假定，而熊氏认为"良知是真真实实的，而且是个呈现，这须要直下自觉，直下肯定"。牟宗三感叹说："良知是真实，是呈现，这在当时，是从所未闻的。这霹雳一声，直是振聋发聩，把人的觉悟提升到宋明儒者的层次。"② 在熊氏看来，良知不是假定，而在真实的生命中得以呈现。熊冯二人对良知是呈现还是假定的不同认知，也决定了他们对儒道传授谱系及儒学历史分期的不同划分，这也体现在了刘述先三代四群的架构中。在某种程度我们可以说，对良知呈现的肯认，不仅是牟宗三"三系说"划分的判准，也是狭义的当代新儒家成立的依据。

康德哲学建立了宏伟的理论架构，最终却将自由意志讲成实践理性的悬设。儒家哲学虽可与康德哲学沟通，但在这一点上是不同的。在儒家哲学里，良知绝不是假定，而是呈现。在牟宗三看来，孺子入于井处有良知呈现，熊十力也是良知呈现的见证。儒学是生命的学问，熊十力的真理就在他的生命中，牟宗三借用耶稣的话——"我就是道路，真理，生命"，来解释熊先生的学问与生命的浑然一体。他说熊先生"真实生命的呈现便是光辉，光辉便是真理，这种真理便是内容真理"③。内容真理（Intensional Truth）不同于外延真理（Extensional Truth），后者是数学、物理等自然科学真理与考据等所谓客观史学，它是与生命无关的客观知识。牟氏说熊先生的生命精诚不已，永远都有创造性，绝对忠于道体。④ 牟氏认为，熊先生的学问不无商榷之处，但不能用一般所谓客观的标准来衡量。他的哲学智慧是从他突出的生命中发出来的，直指人心而使人的生命突进，其价值恰恰体

---

① 参见郭齐勇：《中国儒学之精神》，复旦大学出版社2009年版，第26~33页。
② 牟宗三：《五十自述》，《牟宗三先生全集》32，台湾联经出版公司2003年版，第78页。
③ 牟宗三：《熊十力先生追念会讲话》，《时代与感受》，台湾鹅湖出版社1995年版，第265页。
④ 详见牟宗三：《熊十力先生追念会讲话》，《时代与感受》，台湾鹅湖出版社1995年版，第266~267页。

现在主观面上。

无论是熊十力的"性智""证量"，还是牟宗三的"智的直觉"、杜维明的"体知"，均具有见体、体道的道德实践意涵，均超出了我们通常所理解的认识论或知识论的范围。杜维明也肯认"良知"既是一个实体存有，又是一个转化活动。他提出"体知"思想，以诠释不同于主体与客体、道德与知识决然二分的现代知识论的儒家认识途径。"体知"（Embodied Knowing）即以身体之，用我们的身体来感知，是一种将外在世界内化的功夫，是一种整合身、心、灵、神的体验之知。它超越了西方认识论的结构，包含了脑力智能、心灵与身体，在宗教体验、美学欣赏、道德实践和理性认知中均起着重要的作用。杜氏认为儒学中没有身心二元的分剖，相反它是从身（体）、心（知）、灵（觉）、神（明）四层次发展人格的身心性命之学。儒学重视身、形、体及其修养和训练，强调以身（如"修身""身教"）体（如"体证""体认"）之，表明用具体的经验在生活中实践，用整个的身心去思考，是成为真实的人的途径。①"体知"之论沿着熊、牟的线索，往前推进了现代新儒学的知识论。借用宋儒的话来说，性智、智的直觉和体知，当属德性之知，而非闻见之知。

杜维明与牟宗三的分期，就历史阶段而言大致重合，但关注点显然不同，或者说二者的问题意识不同。在第三期，同样是融合源自西方的民主科学等现代价值，但其论证固有不同，牟氏采取哲学的论证方式，而以良知坎陷作为其论述基调，仍立足于一元的儒家价值，通过固有传统的现代转化，以契接民主科学；杜氏则具有宏阔的国际视野，他不再有强烈的护教意识，他强调的是儒学作为现代世界多元文化中的一元，如何与以西方文明为代表的各种文明进行文明对话与沟通，通过对话逐渐发展出生命共同体的意愿，使各方都具有和平共处的根源意识，以便在"和而不同"的多元文化背景下共存。

刘氏的分期即着眼于以心性之学为核心的"儒家哲学"的发展，它显然也是一种哲学的划分，而与牟氏三期说类似。刘述先早年受方东美影响，中年以后愈来愈转向熊十力、牟宗三的路数，重视儒家天道及身心性命之说。以心性之学作为判准当为当代新儒家（狭义）的共识，这在《宣言》中得到了充分的体现。《宣言》认为心性之学，是中国学术思想之核心，"乃中国文化之神髓所在"②。《宣言》并以此作为判准，赞扬宋明儒而批评清儒："宋明儒之所以深信此为中国道统之传之来源所在，这正因为他们相信中国之学术文化，当以心性之学为其本源。然而现今之中国与世界之学者，皆不能了解此心性之学为中国之学术文化之核心所在。其所以致此者，首因清代三百年之学术，乃是反宋明儒而重对书籍文物之考证训诂的。故最讨厌谈心谈性。"③ 但由于牟宗三与刘述先对"心性之

———————————————————————————

① 杜维明在1984年提出"体知"思想，郭齐勇将杜维明有关"体知"的论述，以"论体知"之名编入《杜维明文集》第五卷，武汉出版社2002年出版。2008年秋，杜维明在浙江大学主讲"儒家传统的现代转化与创新"，他以"体知"这一儒家独特的认知途径贯穿其中，讲稿后经整理以"体知儒学"为名出版（浙江大学出版社2012年版）。

② 唐君毅：《说中国文化之花果飘零》，台湾三民书局2011年版，第143页。

③ 唐君毅：《说中国文化之花果飘零》，台湾三民书局2011年版，第139页。

学"的理解并非完全契合，这导致他们对朱子学及对宋明理学分判的分歧，这种正源自判准的细微差别。

三 、"道德的形上学"的证成

在熊十力的哲学体系中，"量论"是对本体的一种体证或契悟的方法论。熊氏终其一生并未写出计划中的"量论"，仅在《原儒》绪言中拟定了一个简略的《量论》提纲。牟氏顺着熊先生所呈现的内容真理而将其建立起来。牟氏的《认识心之批判》（1956）、《智的直觉与中国哲学》（1971）、《现象与物自身》（1975）等，其中包含了许多会通康德哲学与中国哲学所创发的有关知识论（涵盖德性之知与闻见之知）的洞见。

牟宗三主要依据孟子学的理路来融摄康德哲学。康德哲学中自由、灵魂、上帝等理念，在实践理性中虽有其实在性，然却仍只是设准（postulate），是知性无法达到的领域。因为我们对于这些理念，没有直觉（intuition），所以无法令这些理念呈现。虽然康德强调人的实践理性，却不承认人具有智的直觉。牟氏认为："智的直觉所以可能之根据，其直接而恰当的答复是在道德。如果道德不是一个空观念，而是一真实的呈现，是实有其事，则必须肯认一个能发布定然命令的道德本心。这道德本心底肯认不只是一设准的肯认，而且其本身就是一种呈现，而且在人类处真能呈现这本心。本心呈现，智的直觉即出现，因而道德的形上学亦可能。"[1] 儒者所谓本心、仁体或良知，必然是一朗现而非预设，恻隐之心即本心之呈现。在牟氏看来，"道德的形上学"（Moral Metaphysics）并不同于"道德底形上学"（Metaphysics of Morals）。前者指的是由道德的进路来接近形上学，或者说形上学是由道德的进路来证成；后者的重点在说明道德的先验本性。

康德将"现象"与"物自身"（或译为"智思物""物自体"）的区分称为"超越的区分"（李明辉译为"先验的区分"），其基本预设在于人的有限性。牟宗三认为，"物自身"不仅是个事实的概念，而且是个有价值意味的概念。"在康德处，人类是决定的有限存在，因此，是不能有'无限心'的。我们不能就人类既可说有限心，同时亦可说无限心。可是如果我们把无限心只移置于上帝处，则我们不能稳住价值意味的物自身。"[2]因为依康德的说法，"物自身"是对于上帝的"智的直觉"而呈显，而"智的直觉"是创造的，上帝的直觉即是创造，所以上帝的创造是创造物自身而不是创造具有时空的现象。康德因陷于基督教文化的窠臼，不承认人有智的直觉，便无法稳住"现象"与"物自身"的"超越的区分"。

牟宗三认为，中国哲学中儒释道三家都肯定智的直觉。人虽有限但可无限，智的直觉不但在理论上必须肯定，而且在实际上必然呈现。道德意识所呈露的道德本心，就是一自由无限心，而本心的明觉发用，所谓德性之知，就是智的直觉。就道德主体之为一呈现而不是一假设而言，道德本心就是道德的实体，是创发纯亦不已的道德行为的超越根据，也是智的直觉的根源。就道德主体的绝对普遍性而言，道德本心不但是开道德界的道德实

① 牟宗三：《智的直觉与中国哲学》，《牟宗三先生全集》20，台湾联经出版公司 2003 年版，第447 页。

② 牟宗三：《现象与物自身》，《牟宗三先生全集》21，台湾联经出版公司 2003 年版，第 15 页。

体，同时还是开存在界的形而上的实体。它既创发了道德行为，就在纯亦不已的道德实践中，遍体万物而不遗，引发"於穆不已"的宇宙秩序。仁心感通天外，与万物为一体；而万物在仁心的明觉感通中，亦即在纯智的直觉中，成其"物之在其自己的存在"。它无普遍所谓的认知意义而具有价值意涵，因此是一个价值概念而不是一事实概念。

但在牟宗三看来，我们不能只依智的直觉只如万物之为一自体（在其自己）而直觉地知之，因为这实际上是"以无知知"，即对于存在之曲折之相实一无所知。如是，则本心仁体不能不一曲而转成逻辑的我，与感触直觉相配合，以便对于存在之曲折之相有知识，此即成功现象之知识。逻辑的我、形式结构的我是本心仁体"曲致"或"自我坎陷"而成者。两者有一辩证的贯通关系。主体方面有此因曲折而成之两层，则存在方面亦因而有现象与物自体之分别。相对于逻辑的我而言，为现象或对象；相对于本心仁体之真我言，为物自体或自在相。据此，牟氏建立两层存有论：本体界的存有论（无执的存有论）和现象界的存有论（执的存有论），从而证成儒家道德的形上学。

四、余　　论

黑格尔说："哲学史本身就应当是哲学的。"[1] 在黑格尔看来，哲学史是绝对观念自我意识的历史，它是绝对精神在流动的时间中的"现身"，绝对精神决定了哲学史进展的必然性，各个时代不同的哲学依此必然性次第出现，"逻辑与历史是一致"，正是哲学的逻辑必然性决定了哲学史的历史必然性。[2] 虽然《哲学史讲演录》是在讲"哲学史"，其实是在讲他自己的哲学，换言之，其"哲学史"背后预设了他的一套"哲学史观"，后者即是他的"哲学"。冯友兰、胡适之的中国哲学史论著莫不如此，前者预设了新实在论，后者运用了实用主义的诠释范式。

上述诸家对儒学发展的历史分期，其背后无不预设特定的儒学观。他们正是以自己持有的儒学观作为划分的标准，将儒学史分为不同阶段。不同的儒学观导致不同的划分结果。最明显的例子就是关于良知是呈现还是假定的争论，肯认良知的呈现，是理解牟宗三的儒学发展三期说及其宋明理学三系说的关键，当代新儒家的线索自然亦清晰可见，如从熊先生对良知呈现的肯认，到牟宗三以两层存有论对儒家道德的形上学的证成，再到杜维明的超越主体与客体、道德与知识决然二分的"体知"论说。

关于道统论，它在当代儒学中曾引发了一场争论。熊十力与牟宗三、钱穆与余英时等对道统论均有论述，但某些具体观点颇有抵牾。钱穆认为，整个文化大传统即是道统；牟宗三则认为，道统的核心是道德标准与内在精神力量，政统则代表世俗政治权势。[3] 余英时指出，钱与熊、牟道统论的分歧，是思想史家的道统观与哲学家的道统观分歧，但又指出熊、牟一系的道统论"最关键的地方是假借于超理性的证悟，而不是哲学论证"。余氏将现代新儒家限定为熊十力学派（熊十力及其弟子唐君毅、牟宗三、徐复观），并就其道

---

① 黑格尔：《哲学史讲演录》导言，贺麟、王太庆译，商务印书馆1959年版，第13页。

② 刘福森：《"哲学就是哲学史"命题的是与非》，《哲学研究》2014年第4期，第120页。

③ 参见牟宗三：《略论道统、学统、政统》，原载《人生》杂志，1957年6月。此文后收入《生命的学问》，台湾三民书局2009年版，第68～80页。

统观大谈门户之见，这在笔者看来或许是基于他的误解。在余英时看来，熊氏一系新儒家所企图建立的是涵盖一切文化的至高无上的"教"，而不是知识性的"学"，这是一种"良知的傲慢"。

牟宗三的《认识心之批判》《智的直觉与中国哲学》《现象与物自身》，虽超过了闻见之知的范围，甚至其精义犹在德性之知，但前所述，我们很难说它们完全与知识论无关。在现代中国思想界，除了金岳霖、张东荪、冯契、胡军等少数几位外，其实我们很难再找到如此规模的知识论。

张东荪和金岳霖各自建构的知识论体系，是中国现代形态的知识论建立的主要标志。前者是在中国现代哲学中最早试图建构认识论体系的哲学家，其《认识论》（1934年世界书局刊行）是中国哲学史上第一部有关认识论思想的专著。张氏借鉴西方认识论，提出了自己的多元认识论主张；但《认识论》一书主要是介绍西方认识论思想，并没有建立起一以贯之的知识论理论体系。真正建立起完备知识论体系的哲学家是金岳霖，他按照西方哲学的学术框架，在融会中西的基础上，"接着"西方哲学家"讲"，《知识论》（1948年写作完成，1983年商务印书馆刊行）一书填补了中国现代哲学中知识论领域的空白，金岳霖由此成为中国现代哲学知识论领域的真正开拓者。与金岳霖知识论思想相类似的，还有胡军撰写的《知识论》（2006年北京大学出版社刊行）。

冯契的《智慧说三篇》（1996年华东师范大学出版社刊行），即《认识世界和认识自己》《逻辑思维的辩证法》和《人的自由和真善美》，与牟宗三知识论思想相类似。他们两位都区分了知识与智慧，都将重心放在"转识成智"，即如何实现由意见、知识到智慧的转化、飞跃。冯契也强调化理论为德性，即通过身体力行将理论具体化为有血有肉的人格，这与牟宗三重视"生命的学问"相近。此外，他们两位的知识论都是建立在会通中西哲学的基础上的，只不过在借取西方哲学资源方面，牟宗三借助的是康德哲学，而冯契借助的是马克思主义哲学。

儒家道统论与儒学的历史分期当有差异：前者范围狭窄，仅限于心性之学的传承谱系；后者范围宽泛，涵盖整个儒学的历史发展过程，哲学思想、典章文物等均是其题中应有之义。儒学是中国文化的主流，此说当无疑义。如果说分期法是就此主流而言的，那么道统论便是就主流中的主流而言的。笔者认为，这两种划分并非相互抵牾，而可相互补充。

（作者单位：武汉大学哲学学院暨武汉大学国学院）

民本思想与君臣纲纪

□ 王朋飞 孙劲松

【摘要】 先秦儒家及诸子典籍中但凡涉及君臣关系的论述，背后大多有民本思想来作为支撑。君臣关系与国家制度的产生都是为了保障民众的利益，维系君臣关系的纲纪也应该以民本为原则。以民本思想为指导，可以将君臣相处模式分为三个层级：君仁臣忠；君过臣谏；昏暴之君，或革或易。民本思想指导了中国自古以来君臣之间的政治实践，对人民生活幸福和社会安定和谐有着重要意义。在实际的历史进程中，君臣关系则更为复杂，君臣关系的伦理基础经常产生偏移。但如果中国几千年的政治实践中没有儒家民本思想的指导与干预，这些偏移会变得更加遥远。

【关键词】 民本；君臣纲纪；天命

我国古代政治思想强调天命，商朝人重视血缘性的祖先崇拜，强调 "以祖配天"，将天神上帝和祖先合一，认为 "我生不有命在天"（《尚书·西伯戡黎》），天命不改。周王朝有鉴于商朝的覆灭，"把血缘性的祖宗崇拜，发展为政治与道德性的祖宗崇拜，把外在性的天神崇拜，逐渐内在化、道德化"①，实现了命定之天向道德之天的转化。周代统治者认为，天命的转移以民心为导向，"天矜于民，民之所欲，天必从之"（《尚书·泰誓》）。因此古代经典中往往强调民心的重要性，主张人民为国家的根本。如《孟子·尽心下》中说："民为贵，社稷次之，君为轻。" 将人民放在了比社稷与君主更为重要的地位。《尚书·泰誓》中称："天视自我民视，天听自我民听。" 强调天与民的联系。《礼记·礼运》中说："大道之行也，天下为公，选贤与能，讲信修睦。故人不独亲其亲，不独子其子，使老有所终，壮有所用，幼有所长，矜寡孤独废疾者皆有所养，男有分，女有归。货恶其弃于地也，不必藏于己；力恶其不出于身也，不必为己。是故谋闭而不兴，盗窃乱贼而不作，故外户而不闭。是谓大同。"《礼记》中构想的最高级的大同世界的形态，所描述的都是人民生存状态如何安定和谐。而 "大人世及以为礼" 的世袭君主制，不过是 "大道既隐，天下为家" 后的次级形态。

得民心者受命于天，拥有政权的合法性。若是民心背离，则会失去天命，丧失政权的

---

① 郭齐勇：《中国哲学史》，高等教育出版社 2006 年版，第 16 页。

合法性。统治者因此主张敬天保民，在对人民的关照中取得天命，实现统治的稳固。这种看重民心向背，以人民为国家根本的思想称为"民本"。民本思想在我国政治伦理中占据着重要地位。为君者治国理政，为臣者辅弼君主，都应坚持此项原则。

我国古代的君臣关系的原则，所谓"君为臣纲"，并非是单方面的服从，按照古人的理解，君臣之间有着双向的互动要求。这种双向互动思想的源头也来自民本思想。为臣者有义务维持政权的稳定与君王的荣耀，而政权与君权的稳定与否归根结底系于民心的归向，而非君主个人的意愿与强力。为了使君主取得民心，为臣者必须保持一定的独立人格，对君主进行匡扶，规范君主的行为，使其行为符合民本的原则，而不是盲从、愚忠于君主。孔子称："君使臣以礼，臣事君以忠。"（《论语·八佾》）在要求臣子效忠之前就对君主的行为设定了规范。《孟子》中称："君之视臣如手足，则臣视君如腹心；君之视臣如犬马，则臣视君如国人；君之视臣如土芥，则臣视君如寇仇。"（《孟子·离娄下》）臣子的行为是对君主态度相应的回馈，而不应盲目地服从。在历史上，言官谏臣对君主的行为提出批评是其分内之事。因此，近代以来的将君臣关系批评为单向的服从的观点，如冯友兰总结封建社会的纲常名教，认为"不管为君、为父、为夫者实际上是怎样的人……他们的臣、子、妻，对于他们都有绝对服从的义务"[①]，显然并不能反映我国古代君臣关系的实际情况。

以民本思想为指导，可以大致将古代君臣相处模式分为三个层级：君仁臣忠、君过臣谏、昏暴之君或革或易，下面分而述之。

一、君 仁 臣 忠

君仁臣忠，指君主怀有仁德，推行德政，以民为本，以德配天；为臣者因奉行和君主同样崇高的政治理念而忠于君主，自觉地接受君主的领导与支配。

仁君首先应具备仁的品格，成为人伦的典范。"国君者，国之仁人也。"（《墨子·尚同上》）仁是一切道德的总称。孔子称赞虞舜："舜其大孝也与！德为圣人，尊为天子，富有四海之内，宗庙飨之，子孙保之。故大德必得其位，必得其禄，必得其名，必得其寿。……故大德者必受命。"（《礼记·中庸》）舜的无私、孝敬等品德都是仁的表现形式。心怀仁德者必定会接受天命，成为天下之主。此谓之德配其位。

其次，要具备为君的才能。《荀子》中认为："天下者，至重也，非至强莫之能任；至大也，非至辨莫之能分；至众也，非至明莫之能和。此三至者，非圣人莫之能尽。故非圣人莫之能王。"（《荀子·正论》）要成为天下之主，需要具备"至强""至辨""至明"的能力。《管子》中称："论材、量能、谋德而举之，上之道也。"（《管子·君臣上》）将选贤任能和修养道德作为君主之道。此谓之才堪其任。

最后，要推行仁政，为政以德，以民为本，将仁爱之心推之四海。君主怀有仁德，是推行仁政的起点。具备为君的才能，是推行仁政的必要手段。只有两者都具足，才能发政

---

① 冯友兰：《中国哲学史新编》，人民出版社 2007 年版，第 73～74 页。

施仁，造福天下。宋代黄裳称："道德灿然出于众人之上，材足以御其下者，坐之庙堂之中，号令于四海之外，其德之赏可以劝，其罪之罚可以畏，谓之曰君。"① 可作为仁君的绝佳注脚。

如果仁君在位，以天下自任，行仁道，施仁政，抚育万民，做到了自身利益和天下利益的统一，由此得到了民心和天命，那么作为臣子来讲，对天下、对百姓的忠诚和对君主的忠诚就能统一起来，也就没有什么公义和私恩之分了。

这种君臣之间因奉行共同的崇高政治理念而相得的模式又可称为"君臣道合"。所谓的道即天下公义，归根结底在于百姓的福祉。正如宋代詹初所说："君礼臣忠，是之谓上下交而志同。同非同私也，同其公。"② 这是中国古代理想化的政治模式，如《尚书·冏命》所说："昔在文、武，聪明齐圣，小大之臣，咸怀忠良。"便是这种模式的写照。

这种理想化的模式可以从《易》上找到依据。《易·乾·彖》中称赞乾德："大哉乾元，万物资始，乃统天。"乾德能够安养世间万物，使其得以孕育生长，形成各自的品性。《易·坤·彖》中称赞坤德："至哉坤元，万物资生，乃顺承天。"坤德能够顺承天的施予，承载万物。"天地之大德曰生。"（《易·系辞》）乾坤和合，如此则万物生生不息。君臣相得，如乾坤和合，各司其职，各安其位，合乎自然之道，百姓也就能够安居乐业。

如果为君者心怀仁德，而臣子却无忠诚之心，行为不轨，则会受到惩戒。如舜帝时共工、驩兜、三苗、鲧作乱，被称为"四凶"。舜帝"流共工于幽州，放驩兜于崇山，窜三苗于三危，殛鲧于羽山"（《书·舜典》），得到了天下人的拥护。

二、君过臣谏

君过臣谏，指的是为臣者对君主提出劝诫，纠正其过失。君主若是不行仁道，民心背离，则难免会有天命转移、身死国灭的下场。如果君主做出了或者要做出有违仁道的举动，臣子就要站在百姓的立场上勤加劝谏，使君主能够时刻规范言行，向着仁的境界趋近，避免民心偏离，政权动摇。

从臣子的角度来讲，辅佐君王推行仁政，以致尧舜，乃是为臣者的应有之义。《孟子》中称："君子之事君也，务引其君以当道，志于仁而已。"（《孟子·告子下》）通过进谏对君主的行为进行规范，正是臣子塑造心目中的圣王、实现政治理想的重要途径。

根据进谏的效果，可以分为纳谏和拒谏两种。

（一）纳谏则可以维系与增进君臣关系

君主或是自身力有不逮却怀有求仁为民之心，或是畏惧天命改易而丧失天下，往往会重视臣子的劝谏，择善而从。《尚书·冏命》说："惟予一人无良，实赖左右前后有位之

---

① （宋）黄裳：《演山集》，《景印文渊阁四库全书》第 1120 册，台湾"商务印书馆"1983 年版，第 278 页。

② （宋）詹初：《寒松阁集》，《景印文渊阁四库全书》第 1179 册，台湾"商务印书馆"1983 年版，第 5 页。

士，匡其不及，绳愆纠缪，格其非心，俾克绍先烈。"君主认识到个人德行难以尽善尽美，需要依赖臣子来匡缪补阙，纠正错误。臣子竭诚进谏，君主虚心纳谏，那么君主的道德就能日臻完善，在治理国家时更能坚持想民所想，急民所急。有了民心的归向，国家才能安稳富强。

但是，即使是以善于纳谏著称的唐太宗，也难以善始善终。贞观元年，唐太宗鼓励臣子直言进谏："惟君臣相遇，有同鱼水，则海内可安。朕虽不明，幸诸公数相匡救，冀凭直言鲠议，致天下太平。"① 可到了贞观十年，魏徵上书批评："昔贞观之始，乃闻善惊叹，暨八九年间，犹悦以从谏。自兹厥后，渐恶直言，虽或勉强有所容，非复曩时之豁如。"② 由此可见，君主从谏如流乃是极难之事。臣子在进谏与纳谏的互动中的作用更加凸显。

古人通常把进谏的方式分为五种，但在不同的古籍中所立的名目不同。③ 大致可归为"婉言讽谏、顺情窥谏、质实正谏、敢言直谏、犯颜强谏"④。孔子主张采取讽谏的方法。"唯度主而行之，吾从其风谏乎。"（《孔子家语·辨证》）所谓讽谏，指用委婉的言语进行劝说。而犯颜强谏的方式，并没有得到广泛的认可。韩非用"婴逆鳞"来比喻触怒君主，主张劝谏者以不婴逆鳞为善（《韩非子·说难》）。因此为臣者在秉公持正的同时，还应掌握进谏的艺术与技巧。

（二）拒谏则可能结束君臣关系

当君主行为有失，臣子为百姓的利益考虑，屡次进谏却不被接受时，则臣子有离开君主的权力。《论语·先进》中称："以道事君，不可则止。"这种思想已为三谏不听则去提供了基础。《礼记·曲礼》："为人臣之礼不显谏，三谏而不听则逃之。"反对臣子公开净谏，主张三谏不听则逃。《荀子·臣道》："大臣父兄，有能进言于君，用则可，不用则去，谓之谏。"也认可不用则去。

关于这个问题，最有名的说法来自《孟子》。孟子为齐宣王言异姓之卿："君有过则谏，反复之而不听，则去。"（《孟子·万章下》）将不听则去的主体定为"异姓之卿"。所谓异姓之卿，即和君主没有亲戚关系的臣子。更具体一点指的是与君主没有血缘关系的臣子。

从君臣关系的角度看，君臣关系以义为纽带，如果君主不接受臣子出于公义而提出的劝谏，那么，这种维系君臣关系的"义"——无论是以民为本的公义，还是以私恩为本

① （唐）吴兢撰，裴汝诚、王义耀、郭子建、顾宏义译注：《贞观政要译注》，上海古籍出版社2006年版，第62页。
② （唐）吴兢撰，裴汝诚、王义耀、郭子建、顾宏义译注：《贞观政要译注》，上海古籍出版社2006年版，第287页。
③ 略举几例：《说苑·正谏》分正谏、降谏、忠谏、戆谏、讽谏；《白虎通义·谏净》分讽谏、顺谏、窥谏、指谏、陷谏；《春秋公羊传》何休注分讽谏、顺谏、直谏、争谏、赣谏；《孔子家语·辨证》分谲谏、戆谏、降谏、直谏、风谏。
④ 孔繁敏：《论中国古代谏净的几个问题》，《北京大学学报》（哲学社会科学版）1994年第5期，第88页。

的私义——就不复存在了。郑玄注《礼记》云："君臣有义则合，无义则离。"① 君臣之义已绝，三谏不听则去即是合理的。

从君主身份的角度看，君臣本是为了天下百姓的利益而精诚合作，如果臣子出于公义的劝谏不被采纳，说明君臣之间合作的目标，即所践履的道也就发生了分歧，君主背弃了仁道，丧失民心不再拥有天命，空负君之名，而无君之实。既然君已非君，臣子的离开就没有什么不妥了。

从臣子自身的角度看，尽管理论上，卓越的德行是君主所应具备的品格，但真正能够宽容对待臣子进谏的君主实在少之又少。如果触怒了暴君，臣子将受到处罚甚至被杀害，矫正君主的意愿没有达到，反而增添了君主的罪行。所以三谏而逃，不仅是对臣子义务的权变，也避免了君主滑向更加背离民本与仁道的深渊。

历史上不听则去的例子很多，如春秋时期，晋国请求向虞国借道，以攻打虞国的盟国虢国。虞国大臣宫之奇两次向虞君进谏反对，不被采纳，于是带领族人逃离。最终虞国被灭虢后返回的晋国消灭。清人彭家屏称赞："宫之奇屡谏不纳而挈族以行，可谓知所处矣。"②

后世对于不听则去的做法颇有异议。如清代陆次云称："臣之于君，忠君之心，有死无二。无论折槛引裾，期于必听。即伏剑碎首，亦所不辞。幸而容纳，则为汲黯、魏徵。不幸诛戮，则为龙逢、比干。岂可以不听而逃乎？列国之时，有可逃去。后世四海一君，使其撄人主之逆鳞，则刑狱随之。倘有挂冠潜遁，则缇骑集门，孰有破柱复壁以容之哉？不如尽忠致身之为得也。"③ 认为如果君主不听劝诫，臣子应以死相谏，以成就忠臣之名。陆次云生活在清朝前期，正是中国君主专制逐渐走向顶峰的时代。他曾任河南郏县知县、江苏江阴知县。其身份和所处的时代使得他无法具备孔孟程朱那样的格局。这种漠视生命的看法显然不是孔孟的本意。即使是在后世天下一统、无别国可奔的情况下，也可以采取出知地方、申请致仕等方法远离权力中心甚至脱离官场，而不必采取潜逃的方法。陆次云所说的除了死谏无他路可走，不过是借否定三谏而逃来为君本之说辩护。

对于后世否定不听而逃这一原则的行为，吕留良认为："嬴秦无道，创为尊君卑臣之礼，上下相隔悬绝，并进退亦制于君而无所逃，而千古君臣之义为之一变，但以权法相制，而君子行义之道几亡矣。其有言及去字者，谐臣媚子，辄以二心大逆律之，不知古君臣相接之礼当然也。"④ 因为秦朝变君臣相处之道，创尊君卑臣之礼，君主对臣子进行了严格的控制，所以臣子丧失了逃离的可能。后世对不听而逃的批评，乃是受了尊君卑臣之礼的余毒，而不明古代君臣相待之礼。更深入地讲，君臣都是为民而设。君主动辄以大逆来钳制臣子，实际上是将臣子误为为君而立，变民本为君本，来满足自己的私心大欲。

① （汉）郑玄注，（唐）孔颖达正义：《礼记正义》，上海古籍出版社 2008 年版，第 199 页。
② （清）魏禧撰，（清）彭家屏参订：《左传经世钞》，《续修四库全书》第 120 册，上海古籍出版社 2002 年版，第 365 页。
③ （清）陆次云：《尚论持平》，《四库全书存目丛书》子部第 115 册，齐鲁书社 1995 年版，第 233 页。
④ （清）吕留良：《四书讲义》，中华书局 2017 年版，第 831~832 页。

三、昏暴之君，或易或革

对于使民不堪命的昏暴之君，可以采取或改易君位，或革命推翻的办法。

（一）易位

君主施虐于民，足以亡国，臣子反复进谏不被采纳，可以从君主的亲族中挑选贤德之人来取代君位。这种观点见于《孟子》："君有大过则谏；反复之而不听，则易位。"（《孟子·万章下》）行易位之事的主体被定为"贵戚之卿"。所谓贵戚之卿，指的是君主的亲族，与君主有同姓血缘关系。

亲戚易位之论虽为孟子首倡，并无旧说可依，但仍具有合理性。一来，君主无视百姓，犯有大过，且不知悔改，已经丧失了作为君主所应具备的品格，不宜再继续承担君位。二来，和异姓之卿相比，贵戚之卿是君主的亲族，"与君有亲之恩，无可去之义"[1]。如果君主无道，天命转移，国家灭亡，那么宗庙难免会覆灭，这是为人子嗣者所不能接受的。"以宗庙为重，不忍坐视其亡，故不得已而至于此也。"[2] 如此方才实施易位，以保障祖先的祭祀。

考察历史事实，赵汝愚推动绍熙内禅，可备一例。宋光宗与其父宋孝宗不和，乃至"父疾不问安，父崩不成服"[3]，无父子之礼，更兼受制于妇人，不理朝政。宗室赵汝愚在太皇太后等人的配合下，推动宋光宗禅位于其子，是为宋宁宗。

但同宗易位的案例较少，历史影响不大。反倒是并非君主的同姓贵戚的伊尹和霍光对君主进行易位的例子较为著名。伊尹流放昏聩的商君太甲，待其悔过后又还政于君。霍光在汉昭帝死后立昌邑王为帝，昌邑王荒淫无礼，霍光遂上奏皇太后，另立汉武帝曾孙刘病已为帝，是为汉宣帝。伊尹、霍光行易位之事，受到历代的颂扬，但是也对后世产生了不良的影响。历代奸佞弄权废立，往往假托行伊霍之事，而实为王莽、董卓。《孟子》中，公孙丑就伊尹之事发问，质疑为臣者放逐不贤的君主的做法。孟子回答："有伊尹之志则可，无伊尹之志则篡也。"（《孟子·尽心上》）为臣者欲改易君位，须秉公持正为天下计，不能怀有私心，否则就是篡位。

亲戚易位，司马光强烈反对这种做法，并举殷末三仁不废纣王为证：

> 有大过无若纣，纣之卿士，莫若王子比干、箕子、微子之亲且贵也。微子去之，箕子为之奴，比干谏而死。孔子曰："商有三仁焉。"夫以纣之过大，而三子之贤，犹且不敢易位也，况过不及纣，而贤不及三子者乎?[4]

---

[1] （宋）朱熹：《四书章句集注》，《朱子全书》第 6 册，上海古籍出版社、安徽教育出版社 2010 年版，第 393 页。

[2] （宋）朱熹：《四书章句集注》，《朱子全书》第 6 册，上海古籍出版社、安徽教育出版社 2010 年版，第 394 页。

[3] （明）商辂等撰，（明）周礼发明，（明）张时泰广义，（清）圣祖批：《御批续资治通鉴纲目》，《景印文渊阁四库全书》第 694 册，台湾"商务印书馆"1983 年版，第 45 页。

[4] （宋）司马光著，李之亮注：《司马温公集编年笺注》第 5 册，巴蜀书社 2009 年版，第 427 页。

司马光认为，人臣无论异姓同姓，都不能行易位之事。即使是像比干、箕子、微子一样的贤人，也没有行废纣立新王之事。对于司马光的质疑，朱熹的观点或许可以回答："然三仁贵戚，不能行之于纣；而霍光异姓，乃能行之于昌邑。此又委任权力之不同，不可以执一论也。"[①] "若其力之可为，则伊尹、霍光固以异姓之卿而行之矣，况有骨肉之亲者乎？"[②] 在朱熹看来，三仁没有行易位，而霍光作为异姓之臣，却能够废立，是因所担任的职责以及掌握权力的缘故，并不能因此就否定亲戚易位的合理性。司马光身居相位，此说实为维护君权而发。朱熹身居权力中心之外，故更能秉持公心，代表中国古代学者的普遍看法。

（二）革命

如果君主怙恶不悛，臣子苦谏无果，贵戚之卿也无力匡正，那么民心最终会转移到新的有德者身上。有德之臣受命于天，顺天应民，对无道昏君进行征伐，改朝换代，使天下重归于安乐祥和。民心转移，则君主权力就不具合法性，也就不能称之为君主。齐宣王以武王伐纣为以臣弑君，孟子回答："贼仁者谓之'贼'，贼义者谓之'残'。残贼之人，谓之'一夫'。闻诛一夫纣矣，未闻弑君也。"（《孟子·梁惠王下》）正是这个道理。

新的天命者，对失道者进行讨伐，反而是顺应了民意。所以说："汤武革命，顺乎天而应乎人。"（《易·革·彖》）发扬仁心，为民除害，那么百姓归顺，如同水流就下，是自然而然的事情。得道者得君位，失道者失君位，都是民心向背的结果。

如何处理君臣之分与革命的正当性是理解臣子革命的关键。暴君虽有君之名，论者皆从实入手，否定其作为君主的正当性，以摆脱忠君与革命之间的矛盾。如孟子否认纣为君，而称其为残贼一夫。《管子》中，齐桓公对三王弑其君而成为仁义的代表表示怀疑，管仲回答："善之伐不善也，自古至今，未有改之。君何疑焉？"（《管子·内言》）将汤武革命定义为善伐不善，善者民心归附，得天命而为君，不善者民心背离，失天命而为贼，君臣关系发生了转移，由此消解了忠君与革命之间的矛盾。

虽然汤武都被认为是圣君，历来受到推崇，但是对于汤武革命的批评并非没有。《韩非子》中称："汤、武为人臣而弑其主、刑其尸，而天下誉之，此天下所以至今不治者也。"（《韩非子·忠孝》）韩非强调孝悌忠顺，认为君臣之间的上下秩序不可更改。所以汤武以下犯上，杀害君主，天下人反而称赞这种扰乱秩序的人，天下因此而混乱。韩非的观点忽略了名与实的关系。苏轼对学者赞扬汤武革命提出了批评："自是学者，以汤、武为圣人之正，若当然者，皆孔氏之罪人也。使当时有良史如董狐者，南巢之事，必以叛书，牧野之事，必以弑书。"[③] 苏轼认为武王不应以武力取代商朝，而是应等待纣王死亡，殷人立新君臣服于周，这样才能两全君臣之道。虽然修仁德、行仁政能够使天下归心，但自以为不通过武力就能使敌方投诚，这种幻想显然不切实际。

---

① （宋）朱熹：《四书章句集注》，《朱子全书》第 6 册，上海古籍出版社、安徽教育出版社 2010 年版，第 394 页。
② （宋）朱熹：《四书或问》，《朱子全书》第 6 册，上海古籍出版社、安徽教育出版社 2010 年版，第 474 页。
③ （宋）苏轼著，顾之川校点：《苏轼文集》，岳麓书社 2000 年版，第 146 页。

中国历史上的主流观点还是如《易·革·彖》中所说的那样，认为汤武革命、顺天应人。历代学者解《易》，论及汤武革命，也多采取赞扬的态度。统治者并没有因汤武革命之说有可能引起政权的动摇而将其禁绝。实际上，这种鼓吹民本与革命的思想对于君主是一个警惕，有助于构建合理的君臣关系，使君主以谨慎的态度维护百姓的利益。

熊十力在《原儒》中批评："孟、荀虽并言革命，而只谓暴君可革，却不言君主制度可废，非真正革命论也。惟《礼运》言'天下为公、选贤与能'，而深嫉夫当时之大人世及以为礼，此乃革命真义。"① 在他看来，孟子、荀子仅仅主张革除暴君还是不够的，还应改变"大人世及以为礼"的现象，废除君主制度，使百姓能够各尽其力，各有归宿，实现《礼记》中所说的"天下为公"的政治理想。

四、总　结

天命的来源在于修德，修德则民心归附，上天就会把天命赋予有德者，使其成为君主，来保障百姓生活的安定和谐。正所谓"天之生民，非为君也；天之立君，以为民也。故古者，列地建国，非以贵诸侯而已；列官职，差爵禄，非以尊大夫而已"（《荀子·大略》）。君臣的产生与运作，都是为了保障百姓的利益。所以，维系君臣关系的纲纪，也应该以民本为原则。中国古代的许多典籍，如四书五经等，其中但凡涉及君臣关系，背后都有民本思想作为支撑。民本思想是构成以儒家思想为主流的中华民族精神的重要内容，得到了中国社会的普遍认同，并成为历朝历代君臣的政治指南。既不停止对君主实现圣王境界、将人民利益与自身利益合一的期许，又顾及君主作为人本身所固有的私欲，还为由人到圣的升华指明了方向。也使为臣者能够在忠君与民本之间寻找平衡点，既追求人民利益、君主利益和个人利益的统一，又不丧失自己的人格，为臣子在塑造圣王、追逐理想失败后提供了其他的可行路径。虽然历史上有些学者对于以民本思想为指导的君臣纲纪进行过曲解，但并不能因为后世的曲解而否定了整个儒家的思想与理念。毕竟历史上的某些曲解君臣纲纪的言论虽然能产生一时的流毒，但是，四书五经长久以来被历代王朝君臣奉为经典，儒家思想被奉为官方的指导思想，其影响的广远是任何一时的曲解性言论所不能比拟的。尽管在实际的操作中，历代君臣的言行会产生偏移，难以完全契合民本的精神，甚至在极端的情况下会与之背道而驰。但是如果中国几千年的政治文化实践中没有以民本思想为指导的君臣纲纪，没有这些君主、大臣、普通民众都接受或者不敢公开反对的道德原则、政治原则，这个社会将会偏移得更远。

（作者单位：武汉大学国学院）

---

① 熊十力：《原儒》，《熊十力全集》第 6 卷，湖北教育出版社 2001 年版，第 449 页。

综贯与开新：试论郭齐勇的《孟子》诠释

□ 欧阳祯人 李 想

【摘要】郭齐勇先生的《孟子》诠释有两条线索，其一，以道德为枢纽将宗教、政治、道德融为一体，揭示出孟子性论的道德理性和道德情感，政论的正义论和民意论，人格修养论以持志为中心的持志养气的依存与内圣外王的统一。其二，他对政治、经济和文化的关怀，融贯于对《孟子》的诠释，彰显出孟子注重对弱者的救助和机会公平等鲜明的时代性。他也积极廓清对《孟子》的误解。郭齐勇的《孟子》诠释既有深刻的学术性，又有鲜活的实践性，兼顾神圣性、超越性、理想性和庸常性、实践性、经世致用等特性。
【关键词】郭齐勇；《孟子》学；性善论；正义论；亲亲互隐

现代新儒学是因应五四运动所激起的全面反传统运动，兴起的儒学复兴活动，经过两三代学者的努力，已蔚然形成与中国自由主义和马克思主义并列的文化保守主义思潮。改革开放以来，大陆学者根据其独特的生命处境，并受到现代新儒学的影响，开始重新消化、阐述与传播儒学，已有形成"新时期大陆的新儒学"的趋势。郭齐勇先生就是其中得风气之先且身体力行的儒学践行者，也是著作等身的儒学研究者。郭齐勇自陈其"在政治上是自由主义者，在经济上是社会主义者，在文化上是保守主义者"①，可见他欲将20世纪的三大思潮容纳于一炉，这种兼收并蓄的恢弘气度必然反映在他的儒学研究中，本文所关注的其《孟子》诠释鲜明地体现出这一特质，面对现实问题，以自身的生命体验证会儒学的价值，阐发儒学的涵义，使古老而又常新的《孟子》学呈现出现代面貌。

一、性论：天道基础、道德理性与道德情感

人性论是孔门后学比较关注的一个课题，孟子提出的性善论异于当时的"性无善无不善""性可以为善，可以为不善"和"有性善，有性不善"学说，郭齐勇认为："孟子

---

① 郭齐勇：《中华人文精神的重建：以中国哲学为中心的思考》，北京师范大学出版社2011年版，"序言"第6页。这一观念和徐复观相关，郭齐勇：《中国哲学智慧的探索》，中华书局2008年版，第347页。

在中国哲学史上第一次明确揭示了关于人性的新的观念：人具有不同于动物或他物的特殊性，这就是道德性。"① 依郭齐勇之见，孟子超越动物性而直接把握到人性的本质即道德性，这是理解人性论的一次飞跃。具体而言，"人在事实经验的层面上当然有善、不善、为恶的区分，但从先验的层面上说，人性本善"②，郭齐勇视孟子的性善论为先验层面的善性，经验层面善恶交织的复杂性，不能证伪性善论，二者不在同一层面；相反，现实层面的过恶，正凸显出性善的可贵。性善的先验性意味着孟子的人性论并非寡头的人文主义，郭齐勇称："孟子强调仁义内在，肯定仁义礼智这些道德价值源自本心，而'天'则是人的善性的终极根据。他把心、性、天三者统一了起来。……'诚'是真实无妄，是天道运行的规律，又是一种道德体验的状态，是对本心良知的最终根源——'天'的一种虔诚、敬畏之情。"③ 在他看来，孟子的性善论以"天"为终极根据，性论有天道论基础，心、性与天三者统一起来，故而天道之"诚"蕴含人道的"诚之"，即一种敬畏"天"的道德体验。这种体验表明孟子的人性论深具宗教性，并且"儒家把这种宗教精神转化为道德精神，儒学即是一种道德的宗教。儒家的'天'，是形而上的'天'，是道德法则的'天'，这个'天'和'天命'转化为人的内在本质，在人的生命内部发出命令"④，正因为人性根源于"天"，而儒家的"天"为创造性原则，它是形上之天、道德法则之天，又转化为人的本质属性而深植于人性，所以，当人尽心知性知天时的道德的行为就体现出宗教性，即儒学是"一种道德的宗教"⑤，这一诠释鲜明地彰显出《孟子》"内在超越"的品质。这种诠释，不论是对《孟子》学本身的阐扬来讲，还是对中国当今精神世界的打造来讲，在经历了种种政治运动之后，都十分必要和及时。

生命内部的善性，其本质也就是实践理性，郭齐勇认为："人内在具有的恻隐、羞恶、恭敬、是非等道德的同情心、正义感、羞耻感、崇敬感和道德是非的鉴别、判断，这些东西就是道德理性'仁''义''礼''智'的萌芽。这是人内在固有的，而不是外力强加的。"⑥ 在他看来，孟子的人性表现于"四端之心"，它们是道德理性的萌芽和人内在固有的能力，归根结底是道德理性的表现。孟子以"乍见孺子将入井"（《孟子·公孙丑上》）来例证这一普遍而内在固有的能力，郭齐勇对此阐发道："你内心有一个无条件的道德要求和绝对命令，使你不假思索地去做。人作为道德主体，自己为自己下命令，自己支配自己。这一主体既是意志主体，又是价值主体，更是实践的主体。仁、义、礼、智、信等，不完全是社会他在的道德规范，同时又是本心所制定的法则。这就是道德生活的内在性。"⑦ 道理理性具体呈现为仁义礼智等，郭齐勇认为它们并非完全是外在的规范，而是本心所制定的内在规范，并称之为"道德生活的内在性"。由此而言，内心既制定又服从道德法则，郭齐勇视域中的孟子深具"自律"的特性。

人作为意志、价值和实践主体的合一者，必然有相应的道德动机即道德情感，郭齐勇

① 郭齐勇：《中国儒学之精神》，复旦大学出版社 2009 年版，第 197 页。
② 郭齐勇：《中国哲学智慧的探索》，中华书局 2008 年版，第 120 页。
③ 郭齐勇：《中国哲学智慧的探索》，中华书局 2008 年版，第 136 页。
④ 郭齐勇：《中国儒学之精神》，复旦大学出版社 2009 年版，第 77 页。
⑤ 郭齐勇：《中国哲学智慧的探索》，中华书局 2008 年版，第 112 页。
⑥ 郭齐勇：《中国哲学史》，高等教育出版社 2006 年版，第 73 页。
⑦ 郭齐勇：《中国哲学史》，高等教育出版社 2006 年版，第 74 页。

认为:"恻隐、羞恶、辞让、是非等心,是仁、义、礼、智的萌芽,既是理,又是情。这种'四端之心'本身即涵有道德价值感,同时又是道德判断的能力和道德践履的驱动力,成为现实的道德主体自我实现的一种力量。"① 郭齐勇主张"四端之心"即情即理,它作为"情"并非"自然情感"而是情理合一的"道德情感",如此才能保证道德践履和自我实现的自发性。康德将道德情感放在经验层面,则自由意志就会缺乏践履动机,② 牟宗三称对此有不同看法:"它即应当被说为'觉情',而不应当说为只是感受之情。它是一个实体性的觉情。孔子由'不安'说仁,孟子由不忍人之心或恻隐之心说仁,就是这样的一种觉情,是即心即理的。"③ 牟宗三实际上将康德所理解的经验性的情感看作一种实体性的觉情,具有主动性与创造性,惟有这种情理合一才能真正实现自律,李明辉对此也有阐发,④ 可见郭齐勇所论之契理。

郭齐勇对孟子甚至儒学的诠释有方法论的自觉:"运用西方哲学范畴、术语,在借取中有发展。我们不能不借取,又不能不增加、渗入本土义与新义。"⑤ 他既借鉴康德的资源,又警惕单纯的理性主义,他认为:"我们常说的道德自律,其潜在背景,在西方基督教文化圈,是对上帝的敬畏,在中国和东亚文化圈,是对'天'、'天命'和大人、圣人的敬畏。"⑥ 郭齐勇通过对孟子性善论超越根源的阐发,有维护人类道德终极意义之意,以此润泽道德理性,使人们在俗世的生活世界中不失其终极性与神圣性。这表明郭齐勇以道德实践"体证"道德实体,道德不仅有天道根据,而且可以确证天道的实存,透露出郭齐勇深刻的儒学体验,以及对孟子心性论的价值之源地位的清醒认识与坚定持守。

二、政论:正义论和民意论

仁政是孟子的核心命题之一,郭齐勇对孟子的政论的阐发主要以正义论和政治哲学为问题意识,挖掘出孟子政治观中正义论与民意论的资源,他称:"孟子的社会政治思想是以他的性善论为前提的。……仁政学说的目的是为民。因此,仁政首先要养民、富民、为民制产,安顿百姓的生活。……孟子发展了孔子的'庶、富、教'和'富而后教'的思想,提出教育是'行仁政'、'得民心'的重要手段。"⑦ 郭齐勇指出仁政植根于性善论,表明孟子以心性奠基人文活动的特点,仁政在内容上注重"制民之产"与教育,意在保证民众的物质生活和提升其精神。郭齐勇又从公私领域的视角审视仁政:"关于私人,尤其是小民的权利、领域或空间,孟子强调保障老百姓的财产权或物权。"⑧ 公私领域的范

① 郭齐勇:《孟子性善论所涵道德理性与道德情感问题》,《湖北大学学报》2013年第5期,第29页。

② 李明辉:《儒家与康德》,台湾联经出版公司1990年版,第33页。

③ 牟宗三:《现象与物自身》,吉林出版集团有限责任公司2010年版,第62页。

④ 李明辉:《儒家与康德》,台湾联经出版公司1990年版,第105~145页。

⑤ 郭齐勇:《中华人文精神的重建》,北京师范大学出版社2011年版,第208页。

⑥ 郭齐勇:《传统道德与当代人生》,武汉大学出版社1998年版,第11页。

⑦ 郭齐勇:《传统道德与当代人生》,武汉大学出版社1998年版,第58页。

⑧ 郭齐勇:《中国儒学之精神》,复旦大学出版社2009年版,第153页。

畴当然未出现在古代诸家的著作中，但其所指向的睿识不能说孟子未曾论及，郭齐勇论述道："良好的政治一定是使老百姓有产业收入的政治……王道开始于使老百姓'养生丧死无憾'……'仁政应从划分田界开始'。"① 郭齐勇认为孟子注重小民的私人权利如生存权、物权等，表现于仁政的养民、富民与"养生丧死无憾"的安顿百姓的措施之中，尤其是对民众土地的重视，仁政要有土地制度的保障。

在正义论问题上，郭齐勇认为："仁政首先要解决民生问题，在先儒养民、富民，安顿百姓的生命与生活的基础上，孟子首次提出为民制产，认为人民只有在丰衣足食的情况下才不会胡作非为，并接受教化。……儒家对社会弱者的关怀，不仅是理念，在中国历史上亦不断转化为制度。"② 他主张孟子为代表的儒家正义学说未停留于理念上，而要落实为对老人、弱者的同情与救助的经济制度、社会保障制度，它们也不断在历史中涌现，可知孟子思想中蕴涵着丰厚的制度儒学的资源。郭齐勇敏锐地注意到孟子教育观中的教育公平、平民参与政治的制度安排等问题，因为孟子所强调的学校教育，能够造就德才兼备的从政者，保证了平民参政的基础，郭齐勇称："在西方前现代文明史上，等级制森严，很少有中华文明史上屡见不鲜的史实：贫苦农家子弟，由布衣而走上政治，甚至参与最高政治位列三公。"③ 他认为相较于西方等级森严的情形，中国历史上平民参与政治的机制、推荐与选拔制度以及文官制度体现出机会平等的原则，可知古代注重人才上升的通道亦即重视人才选拔的公平机会。

由此而言，孟子关于救助弱者的制度与体现机会平等原则的古代平民参政的机制，类于罗尔斯关于正义的两个原则即平等自由的原则与差别原则，尤其是差别原则，郭齐勇称："由于时代的原因，儒家文化在第一个原则方面的确有所欠缺，但同时也应该看到，孔孟儒家力图通过礼义教化和规范来防止社会分配的严重不均，维护、保障老幼鳏寡的利益的思想，则与罗尔斯正义观中关于应该有利于社会的最少受惠者的最大利益的主张，不无契合之处。……作为儒家文化重要体现和成果的文官制、科举制等，与罗尔斯的第二个正义原则中所提出的在机会公平均等的条件下，权力和地位向所有人开放的要求有着强烈的共鸣。"④ 郭齐勇认为古代儒学中缺乏罗尔斯的平等的自由原则，但与差异原则的精神仍有契合之处。但罗尔斯强调第一原则优先于第二原则，而第二原则的机会公平又优先于满足最少受惠者的最大利益这个条件，⑤ 如此看来，罗尔斯正义论有其独特的次序结构。郭齐勇以罗尔斯的正义论作为参照，若在第一原则缺失的条件下，来论孟子或儒学的正义论似显不甚合适，未免囿于西方的问题意识。

郭齐勇考察孟子政治哲学中政治权利的来源、限制与转移等问题，对孟子以"天与之"（《孟子·万章上》）论权利来源的观点阐释道："大体上，我们可知，孟子把人世间政治权力的最终源头收摄于上天，而又把民意讲成天意，这是有甚深意蕴的。孟子提出

① 郭齐勇：《中国儒学之精神》，复旦大学出版社 2009 年版，第 153~154 页。
② 郭齐勇：《中国哲学智慧的探索》，中华书局 2008 年版，第 178~179 页。
③ 郭齐勇：《中国儒学之精神》，复旦大学出版社 2009 年版，第 159~160 页。
④ 郭齐勇：《中国儒学之精神》，复旦大学出版社 2009 年版，第 167 页。
⑤ 罗尔斯：《正义论》（修订版），何怀宏、何包钢等译，中国社会科学出版社 2009 年版，第 237 页。

'天与'的观念实际是否定执政者以政权为私产,而应以民心向背为政权转移之根据。"①依郭齐勇之见,孟子将政治权力的合法性奠基于天,而天意又通过民心表现,民心代表政权合法性的根据,政权为天下公器,并非执政者用以肥己的私产,进而可肯定汤武革命的"顺天应人"。② 民意还与政权的监督、制衡甚至官员的任免相关,郭齐勇认为:"对于上述各种政治权力,孟子主张在充分尊重民意的基础上进行考察。尤其是人事问题要慎重,是否举拔、罢免或诛杀,在倾听民意后要审核,然后再裁决。"③ 在他看来,孟子所强调的民意,是决断人事问题的条件,官员甚至国君的任免也要参照民意。郭齐勇诠释的民意论颇能接榫于卢梭的"公意",因为"在卢梭看来,主权不过就是公意……主权在民。公意或主权是最高的权力"④,也可见出郭齐勇对儒学与民主政治关系的看法,即在民主政治的诸方面"儒家文化与儒家型社会有自己的优势"⑤,对"民意"说的强调表明儒学并非现代政治的负累,呼应了现代新儒学对儒学与现代政治关系的思考。当然,孟子的民意论不能等同于现代的民权说,萧公权称:"民权思想必含民享、民有、民治之三观念。故人民不只为政治之目的,国家之主体,必须具有自动参预国政之权利。以此衡之,则孟子贵民,不过由民享以达于民有。民治之原则与制度皆为其所未闻。"⑥ 萧公权此说为论述孟子的民意论时不可轻忽的分别与分寸。郭齐勇肯定牟宗三的"三统并建"说的意义,⑦未混淆民本和民主之间的分际。

三、人格修养论

儒学的重要特征之一是对人格修养论的重视,郭齐勇对此阐释道:"孟子有'天爵''人爵'的区分……天爵是在价值世界里才能达到的境界,而人爵只是世俗的功名利禄。天爵作为精神世界里的高尚道德、人格尊严,操之在己,求则得之,不可剥夺。因此,君子所追求的是天爵而不是人爵。"⑧ 依郭齐勇之见,孟子区分"天爵""人爵",以人格的独立与尊严为"天爵",而"公卿大夫"仅为"人爵",前者属于价值世界,后者为世俗的功名利禄,孟子的人格论实际上是通过价值世界与世俗世界的对扬与超越关系论人格之独立,价值世界不能屈从于世俗世界,要以人格的独立来彰显价值世界对世俗世界的引导

---

① 郭齐勇:《论孟子的政治哲学:以王道仁政学说为中心》,《中原文化研究》2015 年第 2 期,第 9 页。

② 郭齐勇:《论孟子的政治哲学:以王道仁政学说为中心》,《中原文化研究》2015 年第 2 期,第 10 页。

③ 郭齐勇:《论孟子的政治哲学:以王道仁政学说为中心》,《中原文化研究》2015 年第 2 期,第 9 页。

④ 尚杰:《尚杰讲卢梭》,北京大学出版社 2008 年版,第 29 页。

⑤ 郭齐勇:《牟宗三先生"三统并建"说及其现代意义——以"开出民主政治"说为中心》,《孔子研究》2016 年第 1 期,第 124 页。

⑥ 萧公权:《中国政治思想史》,商务印书馆 2011 年版,第 97 页。

⑦ 郭齐勇:《牟宗三先生"三统并建"说及其现代意义——以"开出民主政治"说为中心》,《孔子研究》2016 年第 1 期,第 120~125 页。

⑧ 郭齐勇:《传统道德与当代人生》,武汉大学出版社 1998 年版,第 60 页。

与批判作用，孟子的人格修养论就是对价值世界的坚守与呵护。

具体到孟子人格修养论的过程与途径，郭齐勇称："孟子还创造了'浩然之气'的名词。……志是心之所之，是导向。志可以调气，这是正向；反过来，气也可以影响志，这是逆向。孟子主张二者互动，持志与养气相配合。……面对任何安危荣辱、突然事变，就无所畏惧，无所疑，能担当大任而不动心。"① "知言养气"章自古以来就聚讼不已，郭齐勇对"不动心"的诠释吸收朱子"有所恐惧疑惑而动其心"② 之意，强调持志和养气要互相配合，养心为孟子养浩然之气的根本，唯有扩充四端之心，使气配合道义，才能使理义之心充满力量，面对复杂艰难的事情而无所畏惧与犹疑，就能担当重任而不动心；另一方面，气也可以影响或辅助志，诚如朱子特以"无是，馁也"论"气"，③ 志气交养才能够更好地完成人格修养。对"知言养气"与"浩然之气"的关系，郭齐勇进一步论述道：

> 浩然之气是天地之气，也是我们生而有的气，只要不人为地伤害它，而善于保养它，就能合乎道义，辅助道义。养气在于养心，而言为心声；不正当的言论反过来会诱惑、伤害其心，故需要知言。对于各种言论有独立思考，分析评判，不盲目信从，谓之知言。知言是为了辨志，知言也是养心的工夫。故以道德心为枢纽，孟子把持志、养气、知言统合了起来。④

在他看来，浩然之气犹如人之四端，只要不伤害此气而善于存养，就能使之合乎且辅助道义，亦即持志与养气之间的相互依存；关键还在于养心，言为心声，不当的言论会损害及心，故需要知言亦即通过独立的思考、分析判断而不盲从，知言目的为"辨志"，即对言论与道义的关系进行评判，所以知言也是养心的工夫；不难看出，郭齐勇的诠释显示出孟子以道德心为枢纽，将持志、养气与知言统合为一体，所持之志即为道德心之要求，养气则要通过直养而无害来辅助四端之心，知言则是杜绝言以害道使道德心免于戕害，其论确为深刻精微之论。当然，郭齐勇先生对"不动心"的解释，也有可补充之处，如尚未明确指出"不动心"的内涵以及它所蕴含的意志软弱问题，⑤ 李明辉称："就字面意义而言，所谓'不动心'意谓'不受任何外在的原因之刺激而动摇其心'，类乎古希腊斯多亚学派所追求的 apatheia。但这只是从形式上规定'不动心'的意义。"⑥

郭齐勇认为孟子人格修养论的中心为："孟子的人格修养论亦以'圣'为至上，以'诚'为中心。……孟子发展了孔子的思想，以'仁''义'并举、'仁义内在'说推进

---

① 郭齐勇：《中国哲学史》，高等教育出版社 2006 年版，第 77~78 页。

② 朱熹：《四书章句集注》，中华书局 1983 年版，第 229 页。

③ 《朱子语类》载："李问：'无是，馁也。是指义，是指气？'曰：'这是说气。'"黎靖德编：《朱子语类》，中华书局 1986 年版，第 1258 页。

④ 郭齐勇：《中国哲学史》，高等教育出版社 2006 年版，第 78 页。

⑤ 对意志软弱问题的讨论，可参看杨国荣：《论意志软弱》，《哲学研究》2012 年第 8 期，第 98~106 页。

⑥ 李明辉：《孟子重探》，台湾联经出版公司 2001 年版，第 5 页。

了孔子的'仁'学，尤其强调了天道与人性的贯通。"① 依郭齐勇之见，孟子的人格修养论以"诚"为中心，实现超越性与内在性的贯通。这一贯通有两个特征："与子思'至诚如神'的思想一脉相承，孟子凸现了'诚'的神秘性和终极性。……不仅如此，孟子也坚持了内外、物我、诚明等两行之理的并进与互动。……孟子继承了子思的批判精神，开启了中国自由知识分子的抗议传统。"② 在郭齐勇看来，孟子既强调圣与诚作为天道的神秘性与终极性，又坚持内外、物我与诚明等的兼顾，即外物与成德的关联性，换言之，成物是成己的本质抉择，外王为内圣的必然要求；因此，孟子有强烈的政治关怀，以"说大人则藐之"的气概议政论政，开启了后世自由知识分子的抗议传统，这一批判精神、抗议精神必要联系于孟子所开创的人格修养论才能获得理解。郭齐勇进而主张："论者常常说孟子学使儒家的精神内转，批评孟子心性论、社会理想和人格修养论与现实脱节。这些批评都是大有问题的。要之，孔孟儒学的人格境界论决不是空疏之论。它一方面确有神圣性、超越性，另一方面又不脱离社会政事、教育师道和日用伦常等生活世界。"③ 郭齐勇强调孟子的人格论有超越的根据，又不脱离现世的日用伦常的生活，可谓兼具终极性与经世致用的特性，前者指引后者，后者落实前者，二者共同构成孟子人格境界的内涵，这表明孟子的人格修养论与现实脱节之论，有失公允。

进而论之，郭齐勇以道德心为枢纽把孟子的人性论、仁政学说与修养论统合成一体，他把握到西周时"宗教、政治、道德结合成一体，尤以道德为枢纽"④ 的特质，并以此作为理解儒学的重要着力点，用道德为枢纽结成了宗教、政治、道德的"三位一体"，这也是他考察与理解《孟子》学的框架，他由此深刻阐释了孟子的性论、政论与人格论的独特内涵及其关系。

四、"亲亲互隐"论辩中的《孟子》诠释

"亲亲互隐"论辩是近年来颇为引人瞩目的文化现象，孟子也在讨论之列。⑤ 本文主要关注郭齐勇在论辩中对"窃父而逃"（《孟子·尽心上》）与"封象有庳"（《孟子·万章上》）的诠释。郭齐勇对儒家伦理的看法是："儒家伦理是普遍主义的，但同时又是建立在特殊主义的基础上且要落实到具体的伦理场景中去的。……抽调了特殊的亲情，就没有所谓普遍的儒家伦理准则；抽掉了道德情感，就没有了道德理性。"⑥ 郭齐勇视儒学的伦理为具体之理，而非抽象的普遍主义，情理交融，若无具体的情感，也就不存在普遍的儒家伦理，抽离了道德情感，也就不存在道德理性，也就没有道德践履的动力。这呼应着他对道德情感的理解。

① 郭齐勇：《孔孟儒学的人格境界论》，《华中师范大学学报》2000 年第 6 期，第 27 页。
② 郭齐勇：《孔孟儒学的人格境界论》，《华中师范大学学报》2000 年第 6 期，第 27 页。
③ 郭齐勇：《孔孟儒学的人格境界论》，《华中师范大学学报》2000 年第 6 期，第 27 页。
④ 郭齐勇：《中国哲学智慧的探索》，中华书局 2008 年版，第 119 页。
⑤ 刘清平称："孟子肯定的舜的举动，都是典型的腐败行为。"刘清平：《美德还是腐败？——析〈孟子〉中有关舜的两个案例》，《哲学研究》2002 年第 2 期，第 43 页。
⑥ 郭齐勇主编：《儒家伦理争鸣集：以"亲亲互隐"为中心》，湖北教育出版社 2004 年版，第 14~15 页。

郭齐勇以这种观点诠释孟子"窃父而逃"："从法律的层面看，舜不会去阻止皋陶逮捕瞽瞍并绳之以法，因为法官这样做是有（法律）根据的，如果舜不支持皋陶，法令不严格执行，上行下效，他这个最高执政者和他所治理的社会就会出现很多乱象，难以收拾；从伦理的层面看，舜父杀人的出现是一个个案而不是普遍现象，但舜是天子，是儒家的楷模，舜如果在行动上支持皋陶逮瞽瞍，就可能出现普遍化的父子、母子、兄弟、夫妇间相互告发、相互残害。"① 孟子设定舜不会阻止皋陶逮捕瞽瞍，但又顾及父子之恩，这就出现了公私利害间的对立，舜首先放弃公权力，然后窃父而走，在郭齐勇看来，孟子可谓兼顾到公私、情理的两面，无论从法律层面还是伦理层面皆有依据，舜也担起了维护社会伦理的责任。这一"情理"启发人思考人之为人，除作为法律人、政治人外，还作为道德人而存在，郭齐勇认为："父子或亲人间的情感的培护，容隐制度，是东西方之通理通则，目的在护持天赋的具有神性意义的人类最基本的感情；亲情是人类与族类生存的根本，是家国天下正当秩序得以维系的中心。当几个价值发生冲突时，人类的智慧是维护最高价值。"② 依郭齐勇之见，孟子珍视人的良知善性，维护社会伦理，父子间的情感具有神圣性的意义，人之作为政治人与道德人发生冲突时，要优先考虑道德人，这意味着政治主体和道德主体并非并列的，政治主体要以道德主体为根基；道德为人文活动奠基，若泯灭此心，家国天下的正当秩序也不能维系，所以孟子要维护作为仁心最初体现的孝心，主张舜在放弃公权力后选择窃父而走。应该说，郭齐勇的理解相当深刻，孟子的设定既不违法，又维护了具有神性意义的人类的基本情感，努力做到情理兼顾，反而那种非此即彼的看法显得有些苛刻了。他的解读也合乎传统儒者的理解，李贽曾对"窃父而走"有所评论："圣臣守法，圣子爱亲，种种方便，后人那知？"③ 郭齐勇对此解读道："此处应分几个层面解读，圣臣守法，圣子爱亲，先强调'守法'，即在政治、法律层面坚决支持皋陶执法；到终极处，则强调'爱亲'，即宁可放下对广土众民的拥有，放弃公权力，而享有天伦之乐。"④ 可见古代儒者在终究处对道德人的重视。郭齐勇还引证王夫之亦强调舜之行为兼顾情与法，⑤ 指出舜既不能干预皋陶的执法，也不会不顾父子之情，其行为实际上表现出既守法又尽情的意蕴。

郭齐勇对"封象有庳"诠解道："从德性伦理和社会道德的层面，借解读舜这样的圣人故事，告诫世人，即使对那样不堪的弟弟，即使对弟弟有忿怒、怨恨，也不必藏在心中，而要爱他亲他，使他富贵。对弟弟如此，对世人亦然，这即推恩的原则。"⑥ 依郭齐

---

① 郭齐勇主编：《儒家伦理争鸣集：以"亲亲互隐"为中心》，湖北教育出版社 2004 年版，第 16 页。

② 郭齐勇：《正确理解孟子论舜的两章——兼谈王守仁、李贽、王夫之的相关评论》，《孟子研究》第一辑，中国文史出版社 2018 年版，第 143~144 页。

③ 李贽：《四书评》，上海人民出版社 1975 年版，第 284 页。

④ 郭齐勇：《正确理解孟子论舜的两章——兼谈王守仁、李贽、王夫之的相关评论》，《孟子研究》第一辑，中国文史出版社 2018 年版，第 148 页。

⑤ 郭齐勇：《正确理解孟子论舜的两章——兼谈王守仁、李贽、王夫之的相关评论》，《孟子研究》第一辑，中国文史出版社 2018 年版，第 150~151 页。

⑥ 郭齐勇主编：《儒家伦理争鸣集：以"亲亲互隐"为中心》，湖北教育出版社 2004 年版，第 17~18 页。

勇之见，孟子表明舜作为兄长对待不堪的弟弟也充满亲爱之情，所强调的是推恩原则，冀望以推广该原则使风俗淳化。郭齐勇的这一解读，可以证之王阳明《象祠记》中"象盖已化于舜矣"①之说，郭齐勇认为阳明此说："深得《孟子》'封象/放象有庳'章之精义，抓住了核心与重点！舜把他的顽劣的弟弟感化了，把他狠毒的爸爸也感化了，所以他才是大孝子。王阳明讲孟子此章在于感化的重要性。"② 在郭齐勇看来，阳明对《孟子》"封象有庳"章的解读，核心就在于舜要感化其父与弟，这是舜之大孝，阳明把握了此章的感化的要旨。若从历史等角度看"封象有庳"，则"从当时政治稳定的层面来看，孟子的考虑亦不脱离时代，也不违刑法。……孟子虽是战国中期人，他在解读远古禅让时代的故事时，把西周至战国的社会历史经验加以投射与附会。……舜派了官吏帮助象治理国家，缴纳贡税，同时加以节制，使象不可能为所欲为。……孟子上述论说有'经说'有'权说'，层面也不同，并不否定尊贤的准则"③。郭齐勇强调以历史的眼光来看"封象有庳"，其为符合周朝以来的分封制的投射，在此基础上孟子也设定了象对封地并无治权，不会危害当地民众，也见不出孟子否定尊贤的意思。总之，郭齐勇强调孟子既注重社会安定，又兼顾兄弟情谊，可以说他既考量了孟子所处时代的社会结构、价值系统，又善于发掘其中的深意与超时空的价值，尤其是其中所包含的道德内涵，突出政治合法性要有道德基础，可知孟子思想并非论者所谓的滋生腐败的典型。

郭齐勇在尊重文本的基础上，合理地阐发了孟子的精神，契合传统儒者的相关理解，做到了对孟子的理解的历史性与诠释的相应性。杨祖陶先生的观察很有说服力："郭齐勇教授对中国哲学，特别是儒家哲学和 20 世纪中国现代哲学有广博和独到的研究。他虽然很热爱和尊重中国传统文化，但拥有敏锐犀利的批判的眼光，在学术问题上既不盲从权威，也不随俗媚俗，而是通过自己的研究提出独立的见解，以理服己，也以理服人。"④

五、小　结

郭齐勇的《孟子》诠释与现代新儒学无疑有亲缘性，如对超越之性和道德情感的看法，其诠释能够出入中西之间，可谓十分深刻；他的诠释更有独特的理解与现实关怀，如对孟子的宗教性、正义论与民意论等的阐发，表明他有深刻的道德体验与积极寻求儒家政治哲学现代化的努力；他对《孟子》误解的廓清，贴合孟子的精神，为《孟子》学的功臣。郭齐勇的诠释为《孟子》学的当代新形态，无疑能见到孟子精神在他这里的跃动。

（作者单位：武汉大学中国传统文化研究中心、武汉大学国学院）

---

① 王守仁：《象祠记》，《王文成公全书》，中华书局 2015 年版，第 1024 页。
② 郭齐勇：《正确理解孟子论舜的两章——兼谈王守仁、李贽、王夫之的相关评论》，《孟子研究》第一辑，中国文史出版社 2018 年版，第 148 页。
③ 郭齐勇主编：《儒家伦理争鸣集：以"亲亲互隐"为中心》，湖北教育出版社 2004 年版，第 18页。
④ 郭齐勇、温伟耀、赵林：《传统氤氲与现代化转型：中西文化三人谈》，上海人民出版社 2012年版，"序言"第 3~4 页。

文史考证

六朝孔氏袭封世系的形成与演变*

□ 覃力维

【摘要】六朝孔氏袭封世系源自汉代褒成侯，专门奉祀孔子。南北朝时期，立孔子后同时成为双方标榜文化正统的手段。但由于地域分裂，北方政权实际掌握了孔氏祖庙所在之地，而南方政权却拥有自汉以来褒成侯封爵的嫡脉。这造成血缘与地缘的分离，北朝政权因此必须重构孔氏封爵的脉络。由于隋唐承北朝而生，北朝的孔氏封爵世系遂成主流论述与来源，充分显示出孔氏世系与王朝正统的关联。但据《孔神通墓志》《括地志》《通典》《元和姓纂》《新唐书》等，可以看出这一世系重构的方案不止一种，在宋代以后还日益呈现出层累的特征。

【关键词】孔氏世系；崇圣侯；重构；正统；层累

孔氏袭封世系，主要指"褒成侯—衍圣公"一系，文献中或称"宗子"，或称"嗣袭封爵"，或称"敕封孔圣子孙"等。孔子后裔在汉代封爵者有三，一为殷绍嘉侯（宋公），一为褒成侯，一为蓼侯，学者关注较多。① 蓼侯一脉西汉末年即已无闻，宋公一脉至晋犹存，但后世不详。而在鲁地奉孔子祀的褒成侯一脉，按照习见的叙述，则世代流传不绝；只是封号屡有变化，尤其是六朝时期，经唐"褒圣侯""文宣公"之封，至宋才固定为"衍圣公"。六朝袭封孔氏，学者多留心于南北政权立爵的史实，而对这一世系的追溯与选择过程，关注尚少。六朝正史记载的错杂与孔氏家谱、阙里类文献记述的整饬，差异显

---

* 本文是国家社会科学基金重大项目"中国传统礼仪文化通史研究"（项目编号：18ZDA021）阶段性成果。

① 考证世系及其变迁，可参张立兵：《对史载汉初孔子后裔世系的一点辨正》，《孔子研究》2009年第5期，第116~122页。王钧林：《汉代孔子世家特殊继承制》，《齐鲁学刊》2011年第6期，第43~50页。李纪祥：《西汉封爵孔子的两种走向：血缘性与非血缘性》，《文史哲》2013年第4期，第70~80页。通过世系考察文献学、学术史等问题，可参张固也：《西汉孔子世系与孔壁古文之真伪》，《史学集刊》2008年第2期，第12~19页。崔富章：《〈孔子世家〉补正》，《孔子研究》2013年第5期，第98~103页。崔富章、周晶晶：《〈家语证伪·王肃后序〉辨误》，《孔子研究》2014年第2期，第59~64页。崔富章、陈英立：《〈四库全书总目·孔子世家〉篇发疑》，《文献》2015年第4期，第27~37页。黄怀信等：《汉晋孔氏家学与"伪书"公案》，厦门大学出版社2011年版。此即《连丛子》所言"九世相魏，居大梁，始有三子"中的三子之后，长子之后承殷统为宋公，中子之后奉孔子祀为褒成侯，小子之后从汉高祖征战而封蓼侯，然其中不无疑义。傅亚庶：《孔丛子校释》，中华书局2011年版，第447页。

著。这种整饬的世系排列，明显是不断选择和调整的结果。

后世所接受的六朝袭封世系，是北朝系统，各代孔氏姓名隋唐时虽已基本固定，但在世数、朝代、封号的安排上，仍有不小的调控空间。其中问题的实质，就是南北竞争世系正统，同时也暗含政权的合法性；只是其中地缘的因素更为重要，即谁占有鲁地曲阜，一般就能成为话语的掌控者。六朝分裂时期，南北政权竞相立孔庙、寻圣裔，彰显出孔子祭祀的"象征力量"（symbolic power）。① 因而孔氏袭封世系的选择与重构，不是一个简单的序次排列问题，而是一个复杂的利益与政治问题。

一、从《新唐书》说起

传世文献中，《新唐书·宰相世系表》应是最早系统梳理汉唐孔氏袭封世系的文献，宋后孔氏家谱、家志等文献多祖其说，六朝世系的排列如下：

> 孔羡（魏奉议郎）—孔震（晋太常卿、黄门侍郎）—孔嶷—孔抚（豫章太守）—孔懿（从事中郎）—孔鲜（宋崇圣侯）—孔乘（后魏崇圣大夫）—孔灵珍（秘书郎）—孔文泰—孔渠（后周邹国公）—孔长孙（袭公）—孔嗣哲（隋吴郡主簿、绍圣侯)②

其中孔羡至孔懿，世袭"奉圣侯"；孔灵珍、孔文泰，封爵"崇圣侯"。这一记载不唯与六朝正史不符，与唐人主流观念也有区别。清人孔继汾对二十二代至二十六代世系，即从孔震到孔鲜，早就提出过四个疑问，两个与正史记载的出入有关，一个是说从晋武帝至宋文帝一百七十余年不应只传四世，一个是说"崇圣侯"封号出现的时间问题。③ 孔继汾虽然提出了质疑，但并未改变传统的叙述。且这一世系的排列不仅仅只有这五代有问题。《新唐书》所记六朝孔氏爵号，有奉圣侯、崇圣侯、崇圣大夫、邹国公、绍圣侯，崇圣侯又是刘宋与北魏共用。而魏文帝黄初二年（221）封议郎孔羡为宗圣侯，④ 另《魏修孔子庙碑》也言"命孔子廿一世孙议郎孔羡为宗圣侯"⑤，是孔羡当为"宗圣侯"，而非"奉圣侯"。

考诸正史，曹魏至刘宋的孔氏袭封世系，《宋书》的记载较为详细，包括魏文帝黄初二年正月以议郎孔羡为宗圣侯、晋武帝泰始三年（267）十一月（《晋书》作"十二月"）改封宗圣侯孔震为奉圣亭侯、晋明帝太宁三年（325）诏给事奉圣亭侯孔亭四时祠孔子、宋文帝元嘉八年（431）有司奏夺孔亭五代孙孔继之之爵、元嘉十九年（442）授孔隐之爵位（三年后失爵）、元嘉二十八年（451）以孔惠云为奉圣侯（后因重疾失爵）、

① 黄进兴：《圣贤与圣徒》，中华书局 2005 年版，第 33 页。
② 《新唐书》卷七十五《宰相世系表下》，中华书局 1975 年版，第 3432 页。
③ （清）孔继汾：《阙里文献考》，上海古籍出版社 2002 年版，第 34~35 页。
④ 《三国志》卷二《魏书·文帝纪》，中华书局 1982 年版，第 78 页。
⑤ 毛明远：《汉魏六朝碑刻校注》第二册，线装书局 2009 年版，第 191 页。骆承烈：《石头上的儒家文献——曲阜碑文录》，齐鲁书社 2001 年版，第 63 页。此碑时代或言在黄初元年，但据《三国志》本纪所载，当是黄初二年。

宋孝武帝大明二年（458）以孔迈为奉圣侯（迈卒，其子孔荟嗣爵）等事。① 《晋书》又有晋孝武帝太元十一年（386）八月封孔靖之为奉圣亭侯。② 南朝其他政权，齐、梁皆有诏求鲁国孔氏为奉圣侯的记载，但不知何人，且更有可能是无人承爵。《陈书》载有陈废帝光大元年（567）十二月，以仪同三司兼从事中郎孔英哲为奉圣亭侯。③

因此，从魏晋至南朝，孔氏承爵者有孔羡、孔震、孔亭、孔靖之、孔继之、孔隐之、孔惠云、孔迈、孔荟、孔英哲等十人，但最终进入谱系的只有孔羡、孔震二人（明清时期孔英哲也进入谱系）。后世又多以晋明帝太宁三年、宋文帝元嘉十九年的奉圣亭侯是孔嶷、孔鲜，而非孔亭、孔隐之。且西晋至南朝陈，孔氏封爵多称"奉圣侯"，亭侯只是级别，并无刘宋封"崇圣侯"之事。同时，孔嶷、孔抚、孔懿、孔鲜四人，唐前传世文献无闻，但孔嶷、孔抚曾见于隋代墓志。

与南朝相比，北朝孔氏封爵的史实相对简单。北朝四史记载孔氏封爵者，《魏书》有两条：北魏孝文帝延兴三年（473）四月，以孔乘为崇圣大夫；太和十九年（495）四月，诏选诸孔宗子一人封崇圣侯，④ 但未记姓名，唐人言为孔珍，后世多作孔灵珍。《北史》载北齐文宣帝天保元年（550）六月，诏改崇圣侯孔长为恭圣侯，后世多作孔长孙，而《北齐书》未言改封事。⑤ 《周书》又载周宣帝大象二年（580）三月，追封孔子为邹国公，且立后承袭，⑥ 也不记姓名；后世或以为仍是孔长孙，或与《新唐书》一样认为是孔渠。孔渠、孔长孙为父子，按照各自封爵时间，封子还在封父之前，显然有误；且北周占有鲁地也只在追封前三年，此前鲁地都在北齐的掌控中。因此，北朝四史中，姓名确切者只有孔乘、孔长（孙）二人，加上唐人论述中的孔（灵）珍，也就三人。且孔文泰、孔渠之名，也不见于唐前传世文献。

从魏孝文帝到周宣帝百余年间，孔氏已传四世。由孔震至孔鲜，一百七十余年间也只传四世，确实令人生疑，当然不排除高寿的可能。这一世系是由北朝奠定的，只是在姓名与朝代、世数的搭配上，有过数次变化。孔继汾对正史与家志记载的差异，有自己的解释，非常精到：

> 亭与靖之、继之三人。或系二十二代震之冢嫡。至隐之、惠云、迈、荟等，或以大宗无人，遂取旁支代袭。后因鼎祚屡移，子孙不嗣，家乘失传，殆由于此。至灵珍崛起北朝，大约由于支别，自溯祖父以接大宗，如懿，如鲜，未必尽曾主邑。其所封爵，或系追崇。⑦

---

① 《宋书》卷十七《礼志四》，中华书局 1974 年版，第 484~485 页。

② 《晋书》卷十九《礼志上》，中华书局 1974 年版，第 599 页。

③ 《陈书》卷四《废帝纪》，中华书局 1972 年版，第 68 页。《南史》卷九《陈本纪上》，中华书局 1975 年版，第 284 页。

④ 《魏书》卷七《高祖孝文帝纪》，中华书局 1974 年版，第 139、177 页。

⑤ 《北史》卷七《齐本纪中》，中华书局 1974 年版，第 245 页。《北齐书》卷四《文宣帝纪》，中华书局 1972 年版，第 51 页。

⑥ 《周书》卷七《宣帝纪》，中华书局 1971 年版，第 123 页。

⑦ （清）孔继汾：《阙里文献考》，上海古籍出版社 2002 年版，第 35 页。

孔继汾言孔灵珍"崛起北朝""自溯祖父以接大宗",并怀疑孔懿、孔鲜等人的封号是出于追崇,为这一世系的排列提供了一种合理的解释。孔继汾已经意识到鲁国孔氏在六朝时期,其实也形成了南北两支,只是未能深入考证,且并未言明其中的数次变化。孔氏封爵的南北分立,自然是南北政权树立自身正统、合法性的手段之一,但《新唐书》《阙里文献考》等为何接受北朝系统,北朝最初的世系排列又是如何,还需要进一步考证和说明。

二、北魏至唐的世系选择

《新唐书》孔氏世系的记录,明显是后人选择的结果,并非原初的安排。事实上,原初的世系到底如何,今已不能确知。但通过挖掘、对比隋唐墓志、传世文献的记载,不难复原北朝至隋唐有关世系的排列,进而探究这一世系不断调整变化的原因。1928 年,在洛阳城北前海资村南沟出土了《孔河阳都尉墓志》,墓志主人公名孔神通,鲁国邹邑阙里人,卒于隋炀帝大业七年(611),次年下葬,墓志中对北魏之前孔氏袭封世系的历史变迁,有非常明确的记载:

> 汉封孔子十三世孙霸为关内侯,号褒成君,食邑八百户。**霸子光**,封博山侯、汉丞相、太师、太傅、仆射,邑依旧。**光子收**,袭爵博山侯,汉平帝改封收男均为褒成侯。后王莽篡汉,均之子孙不义其禄,便不受莽官。光武重兴,还封均子志为褒成侯,食邑博平县。汉祚既灭,魏朝践位。魏文帝黄初元年,**封羡为崇圣侯**。**羡孙震**,蒙晋改封为蛮亭侯。**震男巍**,袭封蛮亭侯。**巍子抚**,亦为蛮亭侯。晋祚既灭,南宋北赵,递为交争,未遑立封。至魏孝文皇帝轩驾亲幸灵厝,**封乘为崇圣大夫**。①

该志与习见世系最大的不同,在于将褒成侯一脉的世系,从孔霸长子孔福移至少子孔光名下,这与孔光在汉时的显赫地位有关。《汉书》明言孔霸传孔福,世系记载非常明确。②《汉书》又记载孔光之子孔放袭爵,孔收此人不见于书册,放、收之间意义相反,或为同一人。如此安排,应该是借尊崇先祖而抬高自身血脉的手段,这在家谱、家世叙述中很常见。可见,《孔神通志》的记述也不是真正的史实,同样是选择和追溯的结果。

其中所载曹魏至北魏孔氏世系,与后世习知的比较一致,不同者在于孔羡与孔震为祖孙而非父子、晋奉圣侯为蛮亭侯,且不言南朝对袭封世系的影响。志中明确说"羡孙震",与唐人的主流观点一致。《新唐书》将孔羡、孔震列为父子,至少不符合隋唐人的世系选择与排列。蛮亭侯之"蛮",应指奉圣侯的食邑,其地不详。观其文,六朝孔氏封爵姓名确切者,有孔羡、孔震、孔巍、孔抚、孔乘五人。孔神通享年七十四(538—611),由魏入周入隋,对北朝孔氏世系应该比较熟悉。另孔羡的世系数是固定的,魏文帝黄初二年(221)《魏修孔子庙碑》明言"孔子廿一世孙"。而《魏书》《北史》《太平

① 王其祎、周晓薇编著:《隋代墓志铭汇考》第四册,线装书局 2007 年版,第 270 页。
② 《汉书》卷八一《孔光传》,中华书局 1962 年版,第 3364~3365 页。

御览》《册府元龟》《资治通鉴》等都记孔乘为孔子二十八世孙，与唐人定为二十七世不同。这说明在魏收撰著《魏书》之前，北魏孔氏的封爵世系就已经开始了选择与重构，其情形推测可知：

<pre>
21   22   23   24   25   26 27 28
孔羡—□—孔震—孔嶷—孔抚—□—□—孔乘
</pre>

这一世系的重构，与南朝没有任何关系，甚至言晋祚灭亡后，南北"未遑立封"。这说明，北魏孔氏系统承魏、晋而来。与之对应，北魏在建构自身政权合法性时，也是承魏、晋之统，但忽视东晋的地位。① 而世系排列，并不能忽略东晋封爵的史实，在叙述时却可以尽量减少其影响。与王朝正统关系很明显的还有视孔羡为"崇圣侯"，而非《三国志》《魏修孔子庙碑》中的"宗圣侯"，学者多以其传写失误，但实情恐怕并不如此。

《新唐书》以孔鲜为刘宋崇圣侯，后世多从之，孔继汾认为这是"以北朝之号而混于南，以孙之封而加于祖"，而孔灵珍才是崇圣侯始封之人。但《孔神通志》记载孔羡就是"崇圣侯"，且唐代《括地志》及《后汉书》李贤注也是如此，这显然已经不是文献传写讹误的问题，应是有意为之。北魏之"魏"与曹魏之"魏"，在北魏定国号的过程中，有非常紧密的联系。② 曹魏封孔羡为"崇圣侯"，以此与北魏时期的"崇圣大夫""崇圣侯"形成对应，很可能就是受到王朝正统性建构的影响。这一世系正统的溯源与改造，未必是政治直接介入的结果，更有可能是孔氏家族自我改造形成的，也就是孔继汾所说"自溯祖父以接大宗"，但也需要尽量符合王朝正统的论证。

《孔神通志》所记应该可以说明北魏的世系选择与重构，但追溯至孔光，明显与史实不符。但其中部分孔氏姓名，主要是孔嶷、孔抚、孔懿、孔鲜四人，应该有所本。而正因为世系中存在的疏漏，选择和调整还会继续，主要体现在世数、朝代、封号的变化上。这种调整在孔神通时期，就已经开始。在隋炀帝大业七年（611）《陈叔毅修孔子庙碑》中，有"以三十二世孙，前太子舍人、吴郡主簿嗣悊，封绍圣侯""孔子卅一世孙孔长名、卅四世孙孔子叹"的记载。③ 如此，《新唐书》中有三十一世孔长孙，与《北史》《陈叔毅修孔子庙碑》相较，似亦有据。若以孔乘为二十八世，经孔灵珍、孔文泰、孔渠，至孔长孙、孔嗣哲则分别为三十二、三十三世。但比较唐时各家说法（见表1），实则都以孔乘为二十七世、孔（灵）珍为二十八世，如此正符合孔嗣哲三十二代孙的身份。这说明至少在隋代，北魏所传的孔氏世系已经有所变化。

① 何德章：《北魏国号与正统问题》，《历史研究》1992年第3期，第113~125页。罗新：《十六国北朝的五德历运问题》，《中国史研究》2004年第3期，第47~56页。胡克森：《北魏的正统与汉化》，《史林》2015年第5期，第38~53页。郭硕：《五德历运与十六国北魏华夷观的变迁》，《中央民族大学学报》（哲学社会科学版）2018年第5期，第20~27页。

② 何德章：《北魏国号与正统问题》，《历史研究》1992年第3期，第116~117页。

③ 骆承烈：《石头上的儒家文献——曲阜碑文录》，齐鲁书社2001年版，第90~92页。

表 1　　　　　　　　　　　　唐人论汉唐孔氏封爵对比表

封号	括地志	李贤注	通典	元和姓纂
褒成君	汉封夫子十二当为"三"代孙忠当为"霸"为褒成侯当为"君"	元帝即位,霸以师赐爵关内侯,号褒成君	汉元帝时,孔霸以帝师赐爵,号褒成君,奉孔子后	武孙霸
褒成侯	平帝封孔霸孙莽二千户为褒成侯,后汉封十七代孙志为褒成侯	平帝封孔均为褒成侯	平帝元始初,追谥孔子曰褒成宣尼公,追封孔均为褒成侯	霸曾孙均,汉封褒圣当作"成"侯
宗圣侯	魏封二十二当为"一"代孙羡为崇圣侯	献帝后至魏,封孔子二十一叶孙羡为崇圣侯	魏文帝黄初二年,以孔子二十一代孙议郎羡为宗圣侯	
奉圣亭侯	晋封二十三代孙震为奉圣亭侯	晋封二十三叶孙震为奉圣亭侯	晋武帝泰始三年,改封孔子二十三代孙宗圣侯震为奉圣亭侯	晋封奉圣侯
崇圣大夫	后魏封二十七代孙为崇圣大夫	后魏封二十七叶孙乘为崇圣大夫	后魏封孔子二十七叶孙乘为崇圣大夫	
崇圣侯	孝文帝又封三十一代当作"二十八代"孙珍为崇圣侯	太和十九年,孝文幸鲁,亲祠孔子庙,又改封二十八叶孙珍为崇圣侯	孝文帝太和十九年,改封二十八叶孙珍为崇圣侯	魏封崇圣侯
恭圣侯	高齐改封珍为恭圣侯	北齐改封三十一叶孙为恭圣侯	北齐改封三十一叶孙为恭圣侯	
邹国公	周武帝改封邹国公,隋文帝仍旧封邹国公	周武帝平齐,改封邹国公,隋文帝仍旧封邹国公	后周武帝平齐,改封邹国公。隋文帝仍旧封邹国公	
绍圣侯	炀帝改为绍圣侯	隋炀帝改封为绍圣侯	炀帝改为绍圣侯	隋汴侯
褒圣侯	皇唐给复二千户,封孔子裔孙孔德伦为褒圣侯也	贞观十一年,封夫子裔孙子德伦为褒圣侯,伦今见存	大唐贞观十一年,封孔子裔德伦为褒圣侯	武德时,均十六代孙褒圣侯德伦

　　如表 1 所示,其中《括地志》《元和姓纂》已无全本传世,为辑佚本;《通典》叙史实无偏颇,还曾提及南朝刘宋封爵事,却不及陈朝孔英哲事;《元和姓纂》所论最简,或是散佚严重,所述与其他三家差异也很明显。① 如《元和姓纂》以隋封汴侯,不见于他书,笔者怀疑"汴"字当作"沂"。沂侯或言食邑,隋时琅邪郡有沂水县,与鲁郡曲阜县

———————————

　　① 《史记》卷四七《孔子世家》,中华书局 1963 年版,第 1944 页。《后汉书》卷一《光武帝纪下》、卷六七《党锢列传》、卷七九《儒林列传上》,中华书局 1965 年版,第 63、2214、2563~2564 页。(唐)杜佑:《通典》卷五三,王文锦等点校,中华书局 1988 年版,第 1479~1480 页。(唐)林宝:《元和姓纂》卷六,岑仲勉校记,郁贤皓、陶敏整理,孙望审订,中华书局 1994 年版,第 802~811 页。

相去不远。孔氏封爵食邑不在曲阜，汉已如此，如汉平帝封孔均为褒成侯，食邑即在山阳郡瑕丘。又汉时鲁国有卞县，隋为泗水县，或指泗水之地，也有可能是《元和姓纂》传写有误。

通过比较，除《通典》在北魏与晋之间述及刘宋史实，其他三家都是直接由晋及魏。《括地志》还经张守节《史记正义》引述，说明在唐人的习惯中，南朝孔氏封爵一般没有言说的必要，这与《孔神通志》是一致的。另孔羡与孔震为祖孙，也是当时的共识，而不是《新唐书》中的父子关系。《括地志》以孔羡为孔子二十二世孙，显系传写之误。《括地志》及李贤注以孔羡为崇圣侯，应是当时的主流观点，实则当为宗圣侯，前文已述改作之由；《通典》虽不误，但与主流观点不同。又李贤、杜佑以孔珍为二十八世，《括地志》言为三十一世，应是涉"恭圣侯"事而误。综合分析，由隋至唐中期，六朝孔氏封爵世系可能出现过这样的排列：

21　22　　23　　24　　25　26　27　　28　　29　30　　31　　　32

孔羡—□—孔震—孔嶷—孔抚—□—孔乘—孔珍—□—□—孔长—孔嗣哲

这种排列在孔震与孔乘之间减少了一代，且按照这种排列，《元和姓纂》虽然在世数的安排上与正史及诸家差别较大（主要是在孔霸之前加入了两代），但若无传写之误，恰好可以形成连贯的世系，满足唐时褒圣侯孔德伦为孔均十六世孙、孔齐卿为孔子三十八世孙的要求。[1] 可以注意到，隋唐都是在北魏世系的基础上予以调整，正与隋唐时期的正统建构一致。唐初立周、隋之后为"二王"，天宝间又立魏孝文帝十代孙元伯明为韩国公，以备三恪，形成魏、周、隋、唐的德运转移序列。虽然唐代德运有过数次争论与改作，并涉及关陇、关东集团的权力斗争，[2] 但主体仍以此为主。从《孔神通志》到《元和姓纂》等书，都未突出东晋、南朝的作用，而是不断强化北朝系统，不妨视作北朝正统论的一部分。但因涉及地缘因素，唐人所述孔氏世系，并不讳言北齐封爵"恭圣侯"之事，并注意到北周平齐，方才改封邹国公。而《新唐书》将正史中孔长（孙）曾封恭圣侯之事隐去，似与隋唐王朝正统序列相类，但又将孔鲜视为刘宋崇圣侯，将孔羡、孔震目为父子，其选择、调整、改造的痕迹更加明显。

根据唐代墓志，北齐时鲁国孔氏又有"承圣侯"之封，据武则天天授二年（691）《大周孔（业）将军墓志铭》记载：

　　君讳业，字仲茂，本鲁国曲阜人也。先圣太师孔宣父卅六代孙，任隋为河南郡守，因而家焉。今为洛阳人。……祖琰，宇文朝司农少卿、曲阜县开国男……父延，

---

① （唐）林宝：《元和姓纂》卷六，岑仲勉校记，郁贤皓、陶敏整理，孙望审订，中华书局1994年版，第807页。其中所载世系，以南方会稽孔氏为主，北方鲁国孔氏、下博孔氏似只处于从属地位。其所增加的两代，一是将孔允（子慎/孔顺）视作孔求的玄孙，实际上当为曾孙；二是将孔腾与孔襄视作父子，惯常的理解当为同一人。

② 吕博：《唐代德运之争与正统问题——以"二王三恪"为线索》，《中国史研究》2012年第4期，第115~141页。

北齐左武卫大将军、承圣侯。①

孔延另在唐高宗龙朔二年（662）《唐光州光山县丞孔（信）君墓志铭》中称"那延"，为齐左武卫车骑将军，孔信是孔业之子。② 孔延北齐时封为"承圣侯"，应与孔子有关，但与"崇圣侯—恭圣侯"一脉的关系不是很清楚。孔延为孔子三十五世孙，唐人以孔子三十一世孙封恭圣侯，孔延一系应别有承传。孔琰、孔延之后在唐朝的情形，还有唐玄宗开元十一年（723）《大唐故潞州黎城县令孔（珪）君墓志》可以参考。③ 此"承圣侯"当是功勋封爵，非是世袭，与"恭圣侯"有所不同。

三、宋以后的世系调整

北魏至唐的孔氏封爵世系，虽然屡有调整，但恪守北朝序列，不及东晋、南朝封爵诸人，是时人共识。至《新唐书·宰相世系表》，其对此前的六朝孔氏世系，改动非常明显，如将孔羡与孔震改为父子，将孔乘之父定为刘宋崇圣侯，将孔渠与孔长孙皆视为北周所封邹国公等。其中，突出刘宋的地位，是比较重大的改动。唐代正统论中，确有一种经由晋、宋而及北魏，再至周、隋的北朝正统论，出自王通。④ 《新唐书》所载世系的变化，正与此合，但并不能以此确定二者就有直接的联系。且这种正统论从未占据过主流，以宋初论，据《册府元龟·闰位部》所载，刘宋等南朝诸政权仍属闰位。

正统论虽然从北宋中期开始发生变化，即五德终始说开始受到士人的抨击，其起点就是欧阳修。⑤ 但传统的观念影响仍然很大。值得注意的是，司马光《资治通鉴》在南北朝阶段的纪年，一改隋唐以来采用北朝正朔的传统，不过司马光自己解释并非尊此卑彼，后人也承认司马光相对中正。虽然客观上《资治通鉴》打破了隋唐的北朝正统论，但其实直观展现的仍是一种线性的朝代接续史，只不过换成了南朝而已。选择本身就带有倾向性，虽然可以尽量削弱解释上的偏颇，但仍不能否认选择本身的意义。这并不是说《新唐书》的记载直接受到这一变动的影响。笔者怀疑，正如隋唐人皆承认孔羡为"崇圣侯"而非"宗圣侯"一样，《新唐书》所载世系突出刘宋的封爵，可能也有深意，即北宋之"宋"与刘宋之"宋"也存在对应关系。这种改动很可能是在宋朝立国之后完成的，虽然未必与南朝、北朝正统有关，但应仍是在权力影响下的自我改造。

《新唐书》所载六朝孔氏世系，后世多从其名、数，但仍有调整。如金孔元措《孔氏祖庭广记》开始添加信息，试图调和世系书写传统与文献记载的差异，如言刘宋改封奉圣侯孔鲜为崇圣侯，北齐改封崇圣侯孔渠为恭圣侯，继而北周又改封邹国公，明显是在

---

① 周绍良、赵超主编：《唐代墓志汇编续集》，上海古籍出版社 2001 年版，第 312 页。
② 周绍良、赵超主编：《唐代墓志汇编续集》，上海古籍出版社 2001 年版，第 126 页。
③ 周绍良、赵超主编：《唐代墓志汇编》，上海古籍出版社 1992 年版，第 1273 页。
④ 刘浦江：《南北朝的历史遗产与隋唐时代的正统论》，《正统与华夷：中国传统政治文化研究》，中华书局 2017 年版，第 14~16 页。
⑤ 刘浦江：《"五德终始"说之终结——兼论宋代以降传统政治文化的嬗变》，《正统与华夷：中国传统政治文化研究》，中华书局 2017 年版，第 62~70 页。

《新唐书》的基础上进行的增改。①《孔氏祖庭广记》最大的改动在于将袭封世系全部纳入孔鲋之后，孔元措身后从者甚少。但因为南宋、金南北各立衍圣公，元以后有关宋金时期的袭封世系，或以孔元措所在的北宗论述为主，或制造南宗让爵故事，南北同时论述。再如《宋史·孔宜传》也将袭封世系纳入孔鲋之后，但将孔鲋与孔腾目为父子，与《孔氏祖庭广记》视孔鲋、孔忠为父子不同；并在世数上不计孔子本人，才能满足孔宜为孔子四十四世孙的要求，而六朝世系变动不大，只是更换了数个爵号。② 六朝孔氏封爵世系列表如表 2。

表 2 　　　　　　　　　　　　　　　　　六朝孔氏封爵世系对比表

世数	北魏	隋—唐	元和姓纂	新唐书	孔氏祖庭广记	宋史
21	孔羡 魏崇圣侯	孔羡 魏崇圣侯		孔羡 奉圣侯	孔羡 魏崇圣侯	
22	□	□		孔震 晋奉圣侯	孔震 晋奉圣侯	孔羡 魏宗圣侯
23	孔震 晋蠡亭侯	孔震 晋奉圣侯	孔羡	孔嶷 晋奉圣侯	孔嶷 晋奉圣侯	孔震 晋奉圣侯
24	孔嶷 蠡亭侯	孔嶷	□	孔抚 晋奉圣侯	孔抚 晋奉圣侯	孔嶷
25	孔抚 蠡亭侯	孔抚	孔震	孔懿 晋奉圣侯	孔懿 晋奉圣侯	孔抚
26	□	□	孔嶷	孔鲜 宋崇圣侯	孔鲜 宋奉圣侯—崇圣侯	孔懿
27	□	孔乘 魏崇圣大夫	孔抚	孔乘 魏崇圣大夫	孔乘 魏崇圣大夫	孔鲜 宋奉圣侯
28	孔乘 魏崇圣大夫	孔珍 魏崇圣侯	□	孔灵珍 崇圣侯	孔灵珍 崇圣侯	孔乘 魏崇圣大夫
29		□	孔乘	孔文泰 崇圣侯	孔文泰 崇圣侯	孔灵珍 崇圣侯

① （金）孔元措：《孔氏祖庭广记》，四川大学古籍整理研究所编：《儒藏·史部·孔孟史志》第 1 册，四川大学出版社 2005 年版，第 72 页。

② 《宋史》卷四三一《儒林传》，中华书局 1977 年版，第 12812~12813 页。

续表

世数	北魏	隋—唐	元和姓纂	新唐书	孔氏祖庭广记	宋史
30		□	孔珍	孔渠 周邹国公	孔渠 崇圣侯—齐恭 圣侯—周邹国公	孔文泰
31		孔长 齐恭圣侯	□	孔长孙 邹国公	孔长孙 邹国公	孔渠 齐恭圣侯—周邹国公
32		孔嗣哲 隋绍圣侯	□	孔嗣哲 隋绍圣侯	孔嗣哲 隋绍圣侯	孔长孙 隋邹国公
33		孔德伦 唐褒圣侯	孔长	孔德伦 唐褒圣侯	孔德伦 唐褒圣侯	孔嗣哲 隋绍圣侯
34			孔嗣哲			孔德伦 唐褒圣侯
35			孔德伦			

可见，《新唐书》的姓名、世数一般都为后世所承袭，只是在时代、封号、食邑多少、封赏多寡上进行调和与增改，并呈现出明显的"层累"特征，即食邑、封赏越来越多，封爵时间越来越早。但东晋、南朝封爵诸人，除陈朝孔英哲外，都未能进入"宗子"世系。而且对孔英哲的安排也很独特，是将他与孔嗣哲列为兄弟；并且因为孔英哲无子，孔嗣哲才得以袭爵。这就造成父子兄弟南北分立的情形，虽然在时间上看似合理，实则出于臆测。孔氏世系的这种选择特征，一直持续到古代中国的后期。

从《孔神通志》到《括地志》《元和姓纂》，再到《新唐书》《阙里文献考》，世系总处在变动之中。虽然大框架没有多大变化，细节的调整同样需要重视。明人程敏政注意到孔氏封爵世系的历史变化，① 通过大宗、小宗予以解释（详见表3）：

表3

大宗	小宗	结果
绍嘉公（孔鲋之后）	褒成君（孔腾之后）	至于汉亡，俱失传矣
从元帝南渡者（南宗）	受北魏所封者（北宗）	至于隋亡，又并失传矣
从高宗南渡者（南宗）	受刘豫所封者（北宗）	

---

① （明）程敏政：《篁墩文集拾遗·圣裔考》，《景印文渊阁四库全书》第1253册，台湾"商务印书馆"1983年版，第767~768页。

　　程氏所言大宗、小宗，按照历朝的制度实践，总是小宗、北宗成为胜利者。如唐以降孔氏袭封世系的渊源，必须直接追溯至"褒成君"与"受北魏所封者"，且"受刘豫所封者"也是元代以降衍圣公的合法性来源。在这一点上，地缘总比血缘上的嫡庶之分更有优势。进而就是政治、文化对世系的影响，如何安排大宗、南宗，选择或是隐匿，调和或是传疑，都可能有所寄托。六朝孔氏袭封世系，从隋唐确立北朝正统论开始，可以说就已基本成型。但在世数、年代、封号等搭配上，不同时期则有不同方案。历朝对曲阜孔氏的褒崇，本身就是王朝正统性的体现。孔氏世系的排列在兼顾史实、地缘的基础上，一般也受到王朝正统论的影响。而围绕这一世系的反复书写，从血缘、地缘都不断强化了孔子世系的连续性、神圣性与象征意义。事实上会出现的断裂，则可能被遮蔽。一个未曾中断的"宗子"世系，显然有建构的嫌疑，同时也蕴涵丰富的意义。

（作者单位：武汉大学国学院）

《碛砂藏》随函音义产生时代考*

□ 李广宽

【摘要】《碛砂藏》的随函音义继承自北宋时刊于福州的《崇宁藏》,《崇宁藏》的前身是宋初福州地区的古写本大藏经。除了《法苑珠林》《宗镜录》等少数典籍外,全藏绝大部分经卷末尾的随函音义(即"主体部分")都非常一致。文章从四个方面考察了随函音义的产生时代,结论是:随函音义的"主体部分"创作截至公元 1000 年之后的几年,即《崇宁藏》收录咸平二年(999)以前的新译经后不久,且在《广韵》颁行之前。"主体部分"应当是由同一批人协商一致统一创作而成,前后历时不会太久。随函音义大规模统一创作的对象是《崇宁藏》的正藏部分及咸平二年以前的新译经。《宗镜录》入藏时《广韵》已经颁行,故据此制作音义,其后入藏的典籍几乎不再作音义。

【关键词】碛砂藏;随函音义;产生时代;崇宁藏;福州;古写本大藏经

　　《碛砂藏》是宋元时期平江府(今苏州)碛砂洲延圣院刊刻的一部私刻大藏经,始刻于南宋嘉定九年(1216),终于元至治二年(1322),共 591 函,收经 1518 部,6363 卷。① 大部分经卷末尾都附有为该卷经文相关字词注音、释义和辨析字形的随函音义②,数量巨大,是研究汉语史的宝贵资料。研究汉语史需要明确研究对象的产生时代,且明确了随函音义的产生时代,也有助于考察大藏经的纂集过程。关于《碛砂藏》随函音义的产生时代,黄耀堃曾对该藏宋代新译经部分的随函音义作过讨论。他根据不少新译经前所附宋太宗序文的随函音义"大多一致","怀疑是由一个统一机构颁行,而非私刻'江南诸藏'自行编纂",根据毂字函所附宋真宗的序文也有随函音义,认为其中有些"一定晚

---

　　* 本文为武汉大学自主科研项目(人文社会科学)研究成果,得到"中央高校基本科研业务费专项资金"资助,亦为教育部人文社会科学重点研究基地重大项目阶段性成果,项目编号 16JJD730006。本文曾在第十二届汉文佛典语言学国际学术研讨会(韩国首尔,2018.11)上宣读。

　　① 参见李富华、何梅:《汉文佛教大藏经研究》,宗教文化出版社 2003 年版,第 270、276 页。

　　② 严格来说应该是随卷音义,本文所称是沿用旧说,黄耀堃 2004 年即称"随函音义",之后的学位论文及单篇论文一直沿用。宋元时期南方系大藏经都有音义,《崇宁藏》《毗卢藏》附于函末,《思溪藏》则改附卷末,《碛砂藏》《普宁藏》沿袭(参见李富华、何梅:《汉文佛教大藏经研究》,宗教文化出版社 2003 年版,第 234 页)。随卷与随函,形式略异,但具体内容并没有改变,以上几部藏经的音义一脉相承(详下)。

于宋真宗的序"，因此得出新译经部分的随函音义"是十一世纪初的东西"。① 至于其他部分的随函音义，以及不同经卷的随函音义是否存在差异，没有论及。

《碛砂藏》虽然刊于宋元时期，但并非原创，而是前有所承，所以随函音义的产生时代要更早。宋元时期南方地区先后私刻过六部大藏经，分别是刊于福州的《崇宁藏》（1080—1112）和《毗卢藏》（1112—1151）、刊于湖州思溪的《圆觉藏》（1126—？）和《资福藏》（二者是一副经版，统称《思溪藏》）、刊于平江府的《碛砂藏》（1216—1322）、刊于杭州的《普宁藏》（1277—1290）。② 这六部大藏经及其随函音义一脉相承，《崇宁藏》最早，其后几部大藏经的随函音义都继承于此。③ 当然在继承过程中也有修订，如《法苑珠林》卷七十四音义中的"臙敞"二字反切，《崇宁藏》误作"若官反、昌雨反"，《碛砂藏》和《普宁藏》订正为"苦官反、昌两反"④。笔者曾详细比较过《思溪藏》和《碛砂藏》148 卷同卷音义中的近 9000 条音切，修订过的仅 143 条，大多是有误音切。⑤ 可见修订只是极少数现象。据此，《碛砂藏》随函音义的产生时代至少可以追溯到《崇宁藏》时期。李富华、何梅认为福州版大藏经的随函音义"非独家首创"，因为"经本中未见有关题记"，它们"很可能是据当时当地颇有影响的某部音释著作为蓝本"，因而"保存了一部现已失传的宋代音释著作"。⑥ 高田时雄认为南方各大藏经的随函音义"有可能是以唐末五代时期在江南流传的藏经后面所附音释者为祖本的"⑦。下面我们从四个方面来考察随函音义的产生时代。

一、随函音义与唐五代佛典音义的关系

随函音义是附于大藏经中的佛典音义，我们自然会联想它与唐五代时期佛典音义的关系。初唐玄应、中唐慧琳、五代可洪都对"一切经"作过音义，随函音义在后，是否与三家音义有传承关系呢？我们作了大量比较，发现随函音义与三家音义并不存在传承关系，就同一部经的音义而言，无论是选立词目，还是训释内容、音切用字，都有显著差异。下面以《瑜伽师地论》卷九十八音义为例来说明，先将各家音义列于表1（慧琳音义卷四十八所收该经音义是转自玄应音义，故表中不列，也不作讨论。为醒目起见，被释词

① 参见黄耀堃：《碛砂藏随函音义初探》，《黄耀堃语言学论文集》，凤凰出版社 2004 年版，第 283 页。
② 括号内是该藏经刊刻的起止时间，据李富华、何梅：《汉文佛教大藏经研究》，宗教文化出版社 2003 年版。
③ 这一问题笔者曾作过梳理，请参见李广宽：《〈碛砂藏〉随函音义所见宋代福建方音考》，《长江学术》2016 年第 1 期，第 114~115 页。
④ 参见李富华、何梅《汉文佛教大藏经研究》，宗教文化出版社 2003 年版，第 190 页。
⑤ 参见李广宽：《论〈碛砂藏〉对〈思溪藏〉随函音义音切的修订》，《人文论丛》2016 年第 1辑，武汉大学出版社 2016 年版，第 82~91 页。
⑥ 李富华、何梅：《汉文佛教大藏经研究》，宗教文化出版社 2003 年版，第 219 页。
⑦ 高田时雄：《可洪〈随函录〉与行瑫〈随函音疏〉》，《敦煌·民族·语言》，中华书局 2005 年版，第 446 页。

目前加序号）①：

表 1 　　　　　　　　　　　　《瑜伽师地论》卷九十八音义

玄应音义卷二十二（Z57/92a—92b）②	1. 袞赞：补高反，案袞犹扬美之也，进也；2. 猨猴：又作蝯，同，禹烦反，似猕猴而大，臂长，其色有黄有黑，鸣声甚哀，五百岁化为獲，獲寿千岁，獲音居缚反；3. 揞摩：初委反，通俗文：扪摸曰揞，或作揣，借字耳；4. 汎成：又作泛，同，疋剑反，广疋：泛，普也，浮也，泛滥也；5. 乘驾：食证反。三苍：载曰乘，马曰驾；6. 土丘：古文坴。说文：土之高也，尔疋：非人所为为丘，一曰四方高中央下亦曰丘
可洪音义卷十一（Z59/945a）	1. 穂成：上序醉反；2. 袞赞：上卜高反；3. 抗言：上苦浪反；4. 猎入：上力荣反；5. 捽打：上竹花反；6. 揣摩：上初委反；7. 仅蔽：上巨悷反，下必世反
随函音义（232/76b）③	1. 穂：音遂，禾穂；2. 裒赞：上博毛反；3. 迭：徒结反，更互也；4. 抗：苦浪反；5. 猨猴：上音园，下音侯；6. 猎：良轍反；7. 捽打：上竹瓜反；8. 揣摩：上初委反；9. 仅：渠进反；10. 汎：芳梵反；11. 漂沦：下音伦；12. 瘀：于去反；13. 鏁鑠：二同，上正，下俗；14. 继嗣：下音寺；15. 黠慧：上闲八反；16. 稽留：上音鸡；17. 乘驾：上时陵反；18. 簏：苦叶反；19. 胿胀：上疋江、疋降二反，下知向反；20. 骸骨：上户皆反；21. 摩呾：下丁达反

　　根据表 1，三者所立词目数分别是 6、7、21。数量递增，但前者已立词目后者未必立，玄应音义"猨猴、汎成、乘驾、土丘"可洪音义未立目，其中"土丘"随函音义也未立目。同一内容即使三者或两者同时立目，也不尽相同，或字形不同（如玄应音义、可洪音义"袞赞"，随函音义作"裒赞"），或词目单双不同（如可洪音义"穂成""猎入"，随函音义作"穂""猎"）。更重要的是，随函音义的立目数远多于玄应与可洪，多出的部分不可能继承于前代。

　　就训释内容看，玄应音义非常丰富，除了注音，许多词条都有字形说解和较为详细的释义（如"猨猴"条），释义时常有书证（如"土丘"条引用了《说文》与《尔雅》）。相比之下，可洪音义和随函音义较为简化，绝大多数词条只有注音。从对同一个字所注的音切来看，随函音义与前两者大多不同。随函与玄应同注的五个字中，只有一个相同（揞／揣：初委反），随函与可洪同注的七个字中，只有两个相同（抗／抗：苦浪反，揣：初委反）。

　　由此可见，随函音义与唐五代佛典音义没有继承关系。就音切反映的语音变化信息而言，随函音义比唐五代佛典音义更为丰富，我们以韵类系统为例来说明。与《切韵》音

　　① 玄应音义取自《中华大藏经》（底本是金藏广胜寺本），第 57 册，中华书局 1993 年版。可洪音义取自《中华大藏经》（底本是丽藏本），第 59 册，中华书局 1993 年版。随函音义取自《影印宋碛砂藏经》（底本是陕西开元、卧龙二寺藏本），第 232 册，上海影印宋版藏经会，1934 年。

　　② "Z57/92a—92b"表示出自《中华大藏经》第 57 册，第 92 页上栏至中栏。下文同书页码依此类推。

　　③ "232/76b"表示出自《影印宋碛砂藏经》第 232 册，第 76 页下栏。下文同书页码依此类推。

系相比，随函音义的韵类变化主要有以下一些①：（1）同摄内的同等韵合并。一等韵有通摄的东_冬（举平以赅上去入，下同），蟹摄的咍泰_开口_，咸摄的覃谈；二等韵有蟹摄的佳皆夬，山摄的删山，梗摄的庚_耕，咸摄的咸衔；三等韵有通摄的东_钟，止摄的支脂之微，遇摄的鱼虞，蟹摄的祭废，臻摄的真臻欣、谆文，山摄的元仙，梗摄的庚_清，流摄的尤幽，咸摄的盐严凡_喉牙音_。（2）同摄或相近韵摄的三四等韵合并，即止摄的支脂之微与蟹摄的祭废齐，山摄的元仙先、效摄的宵萧、梗摄的庚_清青与曾摄的蒸、咸摄的盐严凡_喉牙音_添。（3）部分韵摄的一二等韵合并，包括山摄的寒桓删山、咸摄的覃谈咸衔、宕江二摄的唐_开口_江。蟹摄的咍泰_开口_与佳皆夬、效摄的豪与肴、曾梗二摄的登与庚_耕，正处在合流过程中。（4）阳韵系合口韵并入唐韵系合口韵。（5）蟹摄合口一等韵正处在与止摄合口三等韵合流的过程中，其中上去声的进程快于平声。

玄应音义的韵类变化表现在部分同摄内的部分同等韵合并②，包括：怪_合口_夬_合口_、脂之、尤幽、咸衔、严凡③、黠辖、真臻、庚_耕④。慧琳音义的韵类变化主要有：同摄内同等韵合并，遇摄鱼虞、山摄元仙除外；蟹摄、效摄、梗摄、咸摄的三四等韵合并，山摄仙韵重纽四等与先韵合并，仙韵重纽三等与元韵合并。⑤ 与慧琳音义相比，可洪音义更近一步，鱼虞合并，元先仙合并。⑥

可以看出，从玄应音义、慧琳音义、可洪音义到随函音义，音变信息渐次丰富，反映了它们的产生时代依次往后。

从随函音义对可洪音义的引用来看，也可证明它晚于可洪音义。随函音义引"洪师"凡5次⑦，兹将引文与可洪音义相应内容对照于下（每组先出经卷出处，a为随函音义，b为可洪音义）：

1. 《大哀经》卷二

a. 强溢：二字并非经理。洪师新音云作慷慨，上苦朗反，下苦爱反，叹息也，于义更乖……（102/31b）

b. 嘅嗌：上苦浪反，正作慷忼二形；下苦爱反，正作慨忾嘅三形。慷慨，大息也，谓大喘息声也……（Z59/647c）

2. 《杂宝藏经》卷七

a. 哑哑：洪师音作哑，於加反。（432/62a）

———

① 参见李广宽：《〈碛砂藏〉随函音义韵类考》，武汉大学博士学位论文，2014年；李广宽：《〈碛砂藏〉随函音义止蟹二摄的合流》，《汉语史研究集刊》第21辑，巴蜀书社2016年版，第30~52页；李广宽：《〈碛砂藏〉随函音义开口二等喉牙音字的演变及相关问题》，《汉语史研究集刊》第24辑，四川大学出版社2018年版，第125~139页。

② 参见周法高：《玄应反切考》，《历史语言研究所集刊》第二十本上册，商务印书馆1948年版，第402~444页。

③ 严韵上声俨韵与琰韵合并。

④ 仅包括平去入声开口韵和入声合口韵。

⑤ 参见黄淬伯：《慧琳一切经音义反切考》，中华书局2010年版，第69~142页。

⑥ 参见储泰松：《可洪音义研究》，复旦大学博士后出站报告，2002年，第75~88页。

⑦ 都出自下文所说的"主体部分"。

b. 哩哩：乌革反，嗼也，正作哑也……（Z60/229b）

3.《陀罗尼杂集》卷四

a. 噢蓓：《音义》元阙反切，洪师二字正作噢箷，上音烦，下音施。（445/37b）
b. 噢蓓：上音烦，下音蓓，式支反……（Z60/285c）

4.《陀罗尼杂集》卷四

a. 咪：《音义》元阙，洪师音弥。（445/37b）
b. 咪邪：音弥耶，上俗也。（Z60/285c）

5.《陀罗尼杂集》卷十

a. 哦喢：《音义》元阙反切①，洪师作伐居二音。（445/86a）
b. 吪喢：上音代，下音居。（Z60/295a）

根据上文，随函音义基本上都是间接引用，是批判地继承，字形的引用多于字音。前三例引用字形，后两例引用字音，其中例3噢箷与噢蓓、例5伐与代字形略异，可洪音义保留了较多写本时期的字形特征，随函音义的字形较为规范，所以这点差异不足为怪。例2注音二者不同，例1、例3部分相同，说明随函音义在注音方面有自己的标准。所引内容虽与原本略有差异，但踪迹明显，随函音义创作过程中参考了可洪音义是毋庸置疑的，这足以说明它产生于可洪音义之后。

二、随函音义的文献层次及其特点与关系

与玄应、慧琳、可洪等专人所作音义不同的是，《碛砂藏》的随函音义分布于全藏不同经卷的末尾，前后不相连属，是一人所作还是多人完成，若是多人所作，其间是否存在很大差异，亦即文献层次是否一致，这些问题材料本身并没有直接答案。不同层次的随函音义的特点与关系，有助于我们考察其产生时代。

重复性是随函音义的特点之一，即同一个被注字往往会反复出现在不同经卷的音义中，随函音义最重视注音，所以可以通过观察同一被注字在不同经卷音义中的注音情况，来考察它的文献层次。笔者整理了《影印宋碛砂藏经》中全部的随函音义材料，并做成了电子数据库，利用数据库强大的排序、分类功能，将所有音切按被注字排序，逐条比较后发现，整部藏经除了《大方广佛华严经》《大般涅槃经》《法苑珠林》《景德传灯录》《宗镜录》等少数几部典籍音义中的音切比较特别外②，其余绝大部分经卷音义中的音切都非常一致。例如"豺"字被注音28次，音柴26次，士皆切、床皆反各1次，后两个反切特别，分别出自《大般涅槃经》卷六音义和《景德传灯录》卷二十一音义。此外，这少数几部典籍的音义（我们称为"非主体部分"）在外部形式上也往往特别，如《大般

---

① 后3例中的《音义》指的是玄应《一切经音义》，玄应音义远在可洪音义之前，我们这里旨在说明随函音义晚于可洪音义，故所引玄应音义不再讨论。

② 此外还有几部部头很小的经，为省篇幅，此处不列。

涅槃经》全部是单字立目①，无释义，反切形式为“某某切”，这与绝大部分经卷音义（我们称为“主体部分”）词目单双并立，一卷音义中部分词条有简单释义，反切形式为“某某反”不同。可以肯定，主体部分经过统一整理，而非主体部分则另有来源。非主体部分的各典籍音义并不一致，各有特点。可见，随函音义的主体部分是一个层次，非主体部分有多个层次。

我们将不同层次材料中的音切与宋代官修韵书《广韵》作了全面比较，发现《宗镜录》随函音义中的注音绝大多数与《广韵》相同，其余则大多与之不同。② 兹举数例列于表2（音切后的数字是出现次数，空格表示没有注音）：

表2

	广韵	非主体部分					主体部分③
		宗镜	法苑	景德	大方	大般	
斥	昌石切	昌石反 3	昌隻反 1				音尺 77
剖	普后切	普后反 3	普厚反 1	普后反 2			疋口反 62
洎	其冀反	其冀反 5			其異切 1		其器反 23
囹	郎丁切	郎丁反 1			力丁切 1	力丁切 1	音灵 27
怏	於亮切	於亮反 2	於亮反 1			央向切 1	於向反 29
燋	即消切	即消反 2	音焦 1	焦音 1			子消反 37
髀	傍禮切	傍礼反 1	旁礼反 1				蒲米反 87

《宗镜录》随函音义共有反切1508条，直音15条，反切上下字与《广韵》全同者1141条；不全同者仅367条，占反切总数的24%。其中许多差异仅在于字形不同，如關関、匹疋、豔艶、舉夆、奇竒、輒輙、禮礼、與与、彌弥、雞鷄、吊弔、鹽塩，它们属于异体关系，又如博愽、協恊、北比，它们只是刻本中的字形微异。如果排除这些因素，反切用字与《广韵》不同者所占的比例非常低。据此，《宗镜录》音义的注音来源于《广韵》，只是改“切”为“反”，以与随函音义通例相符。释义方面也证明了这一点。

《宗镜录》各卷音义中部分词条有简单释义，这些释义绝大多数也源自《广韵》。对于《广韵》单个义项的简单释义一般是直接继承，多个义项一般是取其中一义，有时也略微变异，完全不同的极少。如卷四音义（549/36a）五条有释义，分别是：串，穿也，习也；遭，迢遭；绾，系也；岫，山有穴为岫也；璞，玉璞也。前三条释义与《广韵》全同；后两条微异，岫璞二字《广韵》分别释作“山有穴曰岫”“玉璞”。又如卷八十音

① 下文重点讨论的《宗镜录》音义也是单字立目，1500多个词目仅两个例外。

② 《广韵》据周祖谟《广韵校本》（中华书局2011年版）。

③ 有些被注字不止一个音切，如剖字还有普口反，出现9次，这里只举数量最多者。

义（556/75b）四条有释义，分别是：蔽，掩也；矿，金璞也；剥，削也；蜕，蜕皮。蔽矿蜕三条释义与《广韵》全同；剥字《广韵》释作"落也，削也，割也，伤害也"，《宗镜录》音义取其中一义。

此外，《宗镜录》音义中的直音特别少，与其他部分截然不同，也反映了其注音源于韵书。请看不同层次材料中直音所占的比例（详见表3）：

表3

	非主体部分					主体部分
	宗镜	法苑	景德	大方	大般	
直音数	15	409	607	65	235	42228
音切总数	1523	2142	1643	541	1010	126536
直音比	1%	19%	37%	12%	23%	33%

韵书是反切注音，《宗镜录》音义的注音源自韵书，直音自然也就很少了。

需要补充说明一下《宗镜录》随函音义与唐代《切韵》系韵书的关系。《广韵》是在唐代《切韵》系韵书的基础上修订而成，所以自然会怀疑《宗镜录》音义依据的是唐代韵书而非《广韵》。宋跋本王仁昫《刊谬补缺切韵》（简称《王三》）是保存最完好的唐代《切韵》系韵书，毫无阙损，全书反切与《广韵》存在差异的有1110个，[1] 二书有差异的反切，《宗镜录》音义绝大多数都同于《广韵》而异于《王三》。[2] 如卷二十九音义（551/90b）中的20个被注字[3]，它们在《王三》与《广韵》中反切不同的有7个，其中6个《宗镜录》音义的注音与《广韵》相同，只有1个与《王三》相同。这7个字《宗镜录》音义的注音分别是（《王三》和《广韵》的反切上下字分别以上标、下标形式标出，以便比较）：哑：乌下反[乌雅/乌下]，纶：力迍反[力迍/力迍]，濡：人朱反[人朱/人朱]，沫：莫割反[莫割/莫拨]，扣：苦后反[苦厚/苦后]，罳：杜奚反[度稽/杜奚]，叵：普火反[普可/普火]。《广韵》对《唐韵》的继承非常多，大量采用《唐韵》反切，两书反切的吻合率高达84%。[4]《唐韵》今已无全秩，蒋斧本只有去入两卷，且去声卷有残缺，所以很难通过反切比较来确定《宗镜录》音义与《唐韵》更近，还是与《广韵》更近。从释义方面看，《唐韵》与《广韵》存在差异的，《宗镜录》音义几乎都是同于《广韵》而异于《唐韵》。[5] 兹举几例列于表4：

---

① 参见蔡梦麒、夏能权：《〈王韵〉〈广韵〉反切注音比较研究》，商务印书馆2014年版，第51页。

② 《王三》据北京故宫博物院藏本，见周祖谟：《唐五代韵书集存》，中华书局1983年版，第434~527页。

③ 这20个字的注音，与《广韵》相同的是19个，与《王三》相同的是14个。

④ 参见蔡梦麒、夏能权：《〈王韵〉〈广韵〉反切注音比较研究》，商务印书馆2014年版，第51页。

⑤ 《唐韵》据蒋斧本，见周祖谟：《唐五代韵书集存》，中华书局1983年版，第641~729页。

表4

字头（出处）	宗镜录音义	唐韵	广韵
曝（552/7b）	蒲报反，曝干	薄报反，暴，侵暴，俗作曝①	薄报切，曝干
砾（552/24a）	郎击反，小石曰砾也	郎击反，砂砾	郎击切，释名曰：小石曰砾
溢（553/9a）	夷质反，满溢	夷质反，满	夷质切，满溢
蠖（553/17a）	乌郭反，屈伸虫名	乌郭反，蚇蠖	乌郭切，蚇蠖，屈伸虫名
肖（553/17a）	私妙反，似也，小也	私妙反，似	私妙切，似也，小也，法也，像也

《王三》与《唐韵》之外的唐代《切韵》系韵书，或因残卷量太少，或因《宗镜录》音义与之差异较大（即《王二》），我们不再一一说明。综上，与唐代《切韵》系韵书相比，《宗镜录》随函音义与《广韵》最接近，依据的是《广韵》。

《宗镜录》一百卷，"是《崇宁藏》首次收录的典籍"②。既然《宗镜录》随函音义与其他部分差异巨大，是否有可能不是《崇宁藏》原作，而是后来的大藏经补入的呢？不会。其一，刊记中没有相关记载。我们查阅了《碛砂藏》中《宗镜录》随函音义里的所有刊记，只见两种，一是记载刊刻时间，共 20 次，如"延祐二年岁在乙卯八月"（553/24b）；一是记载校者，共 6 次，如"天台比丘法思重校"（550/45a）。而没有"原无音义，某某重作"之类的刊记。如果该音义真是后来补作的，此等大事不会不记载。其二，《崇宁藏》之后的大藏经所增补的典籍，几乎都没有随函音义，即使有，数量也极少（详下）。《宗镜录》有百卷之巨，随函音义数量很多，不可能是后来的大藏经补作。③

根据《崇宁藏》的编目，将字函至毂字函（491—510）是咸平二年（999）以前的新译经，其后是振字函至世字函（511—513）的《景德传灯录》，然后是禄字函至茂字函（514—523）的《宗镜录》。④ 宋代典籍入藏，不是按类别，而是"以经卷译出及入藏时间的先后为序排列的"⑤。上述编目反映的是入藏时间的先后。《景德传灯录》成书于宋真宗景德年间（1004—1007），早于《宗镜录》入藏。《宗镜录》入藏时，随函音义的"主体部分"创作已结束（详下），此时刊修于大中祥符元年（1008）的官方韵书《广

———————————

① 按，曝字《唐韵》未作正文字头，只是作为暴字的俗字出现在注释中。

② 李富华、何梅：《汉文佛教大藏经研究》，宗教文化出版社 2003 年版，第 176 页。

③ 影印本《再雕高丽藏》中的《宗镜录》也有随函音义，与《碛砂藏》基本一致。有学者认为这些音义都来自北宋官刻大藏经《开宝藏》。但刻本大藏经附有随函音义是从私刻大藏经《崇宁藏》开始的，《开宝藏》并没有随函音义；且《高丽藏》与《碛砂藏》属于不同系统，前者是《开宝藏》的覆刻本，后者属南方系大藏经。实际上《开宝藏》中并未收录《宗镜录》，《高丽藏》的初雕本与再雕本也未收录。影印本《再雕高丽藏》中的《宗镜录》是影印时的"补遗"，影印本共补了 15 部 229 卷，目的是"为了使学术界能充分利用《高丽藏》"（参见何梅：《历代汉文大藏经目录新考》，社会科学文献出版社 2014 年版，第 53 页）。

④ 千字文函号后括号内的数字是其序号。

⑤ 何梅：《历代汉文大藏经目录新考》，社会科学文献出版社 2014 年版，第 41 页。

韵》已经颁布，于是便据此制作音义。从而导致它与其他音义面貌悬殊。那么可以推知，《宗镜录》之前入藏的典籍的随函音义产生于《广韵》之前。

三、随函音义所引《玉篇》与宋本《玉篇》的关系

宋本《玉篇》即《大广益会玉篇》，重修于大中祥符六年（1013），与《广韵》的成书时间相近。随函音义引《玉篇》凡 17 次，① 与《大广益会玉篇》绝大多数都不相同，② 请看下文比较。

（1）懅：其去反，惧也，或作遽，一音渠。出《玉篇》。心急也。（129/16b）

（2）怖懅：其去反，惧也。出《玉篇》。（266/61b）

按，宋本《玉篇·心部》：懅，巨鱼切，心急也。（Y40 上右③）

（3）楔：先节反。《音义》云：江南言櫼，好梵。出《玉篇》④。（149/28a）

按，宋本《玉篇·木部》：楔，先结切，木名。《说文》曰：限也。（Y61 上右）

（4）诽谤：上非沸二音。《玉篇》作芳尾反。（152/77b）

（5）诽：非沸二音，谤也。《玉篇》作芳尾反。（248/42a）

按，宋本《玉篇·言部》：诽，甫尾切，诽谤也。（Y42 下右）

（6）冰：唐《玉篇》音咏，此亦未敢定是。（167/94b）

按，冰字宋本《玉篇》未收。

（7）剫剥：上音狸。出《玉篇》。又作剺，力之反。下必角反。（189/35b）

按，宋本《玉篇·言部》：剫，符碑切，剥也。（Y82 下右）

（8）挵：弄字。出《玉篇》。（247/11b、249/39b）

按，挵字宋本《玉篇》未收。

（9）撯：音岁，裂也。出《玉篇》。（256/69a）

按，宋本《玉篇·手部》：撯，俞桂切，裂也，挂也。（Y31 上左）

（10）偶：音蜀。《玉篇》云：短丑貌。（289/56b）

按，宋本《玉篇·人部》：偶，时束切。偶俟，动头儿。（Y15 下左）

（11）埤堄：上普礼反，《玉篇》作避移反，一音婢。下鱼礼反，城上女墙也。（416/25a）

（12）埤堄：上普礼反，下鱼礼反。又上《玉篇》作避移反，助也，增也。堄，即城上女墙。（416/29b）

（13）埤堄：上普礼反，《玉篇》作避移反，又音婢。下鱼礼反，即城上女啬也。

──────────

① 下文例 8 出现两次。例 16 出自《法苑珠林》卷二十八随函音义，其余都出自"主体部分"。

② 《大广益会玉篇》据中华书局影印张氏泽存堂本，1987 年。

③ "Y40 上右"表示出自《大广益会玉篇》第 40 页上栏右半页。下文同书页码依此类推。

④ 本条出自《入楞伽经》卷三随函音义，其中"好梵"乃"子林反"之误，竖排双行误以为单行、两字误以为一字所致。玄应音义卷七《入楞伽经》卷三音义：因楔：又作揤，同，先结反。江南言櫼，子林反。揤，通语也。（Z56/926b）

（416/35b）

按，宋本《玉篇·土部》：坢，避移切，附也，助也，补也，增也。《诗》云：政事一坢益我。坢，厚也。（Y7 上左）

（14）嚙：吾结反，《玉篇》又作吾巧反。（445/38a）

按，宋本《玉篇·口部》：嚙，五狡切，齧也，正作齩。（Y27 上右）

（15）巑峩：上音贯。出《玉篇》。下音务，山名也。（468/23a）

按，宋本《玉篇·山部》：巑，古乱切，山。（Y103 下右）

（16）捩：练结反，拗捩。出《玉篇》。（483/83a）

按，宋本《玉篇·山部》：捩，力计、力结二切，拗捩也。（Y32 上左）

上文例（4）、（5）、（6）、（10）、（11）、（12）、（13）、（14）属直接引用，其余八例谓"出《玉篇》"，当为间接引用。直接引用例中，例（10）引的是释义，与宋本不同；其他引的都是注音，其中只有例（11）、（12）、（13）所引"避移反"与宋本反切用字相同①。间接引用例中，音切用字与宋本都不同，例（1）、（2）、（7）、（9）的音类与宋本也不相同②，例（16）一音，宋本两音；五例有释义［例（3）引自玄应，不计］，例（16）与宋本相同，例（9）部分相同，例（1）、（2）、（15）不同③。由此可见，随函音义所引《玉篇》内容与宋本差异之大。

例（6）则直接说明所引为唐本。例（15）出自《续高僧传》卷二随函音义，所引《玉篇》音与可洪引本略同。可洪音义卷二十七《续高僧传》卷二音义：巑峩：上拳灌二音，出《玉篇》。下毛务二音，正作峩也，山名也。（Z60/463b）这些说明随函音义所引为宋本之前的《玉篇》。

例（6）冰、例（8）拜都是俗字④，宋本《玉篇》未收。梁顾野王"《玉篇》自成书之后到宋代重修之前，一直都处在增补删订之中。有明确记载的最早一次大规模增字是唐高宗上元年间孙强增字，多为俗字异体"，可洪所引《玉篇》也"收录了大量的俗字异

---

① 日僧空海（774—835）据梁顾野王《玉篇》所作的《篆隶万象名义》，坢字也是避移反（中华书局影印日本《崇文丛书》本，1995 年，第 7 页），大概《玉篇》及其各类传本该字反切用字一直如此。此外，上例中的"憬冰剥拜偈嚙巑捩"，《名义》未收；"栖诽捛"，《名义》分别作"先结反，限，捛字"（第 120 页）、"甫违反，谤毁他非"（第 83 页）、"子桂反，裂，挂"（第 56 页），与随函音义所引不同。可见随函音义所引《玉篇》并非原本《玉篇》。

② 例（1）、（2）"其去反"读群母御韵，宋本读群母鱼韵。例（7）读来母之韵，宋本读奉母支韵。例9读心母祭韵，宋本读喻母霁韵。

③ 例（1）释义"心急也"在句末，与"出《玉篇》"后无释义的通例不符，很可能是后代大藏经在继承《崇宁藏》随函音义过程中根据宋本《玉篇》所作的增补。

④ 例（6）冰字，出自《陀罗尼集经》卷七随函音义，《碛砂藏》对应经文作"迦比啰冰迦"（167/92a）。随函音义所引"唐《玉篇》"已不可考，但根据"音咏"可以推知，多存异体俗字的唐本《玉篇》把冰字当作了"泳"的俗字，冰泳形近，存在混淆的可能。例（8）拜字是"弄"的俗字。《龙龛手镜·手部》："拜捭捛，三俗，卢贡反。"（中华书局影印高丽本，1985 年，第 213 页）《集韵·送韵》："弄捛，卢贡切。说文：玩也。或从手。"（中华书局影印宋刻本，2005 年，第 131 页）

体"，"然而到宋代重修《玉篇》时，有些异体俗字或音义又被删掉了"①。宋本《玉篇》不收冰拵，正反映随函音义所引乃宋本之前多异体俗字的《玉篇》。

综上，随函音义所引《玉篇》非宋本，而是之前的版本。这说明随函音义产生于宋本《玉篇》之前，否则就会依据官方颁行的《大广益会玉篇》，就像制作《宗镜录》音义时依据官方颁行的《广韵》那样。

不过，随函音义也有五例引用了成书于宝元二年（1039）的《集韵》，这似乎说明其产生时代在《集韵》之后，与上述结论矛盾。这五例（都出自"主体部分"）是：

(1) 擔檐：都滥反，负也。《集韵》亦从木。（121/38a）

(2) 鰭：士簪反，又子心反。《集韵》共有五切。（166/29b）

(3) 坻：迟帝二音，《集韵》亦音底。（170/15b）

(4) 鷚：音飘，《集韵》云：鷚鷚，飞轻兒。（265/88b）

(5) 言嗓：《集韵》音祭，小声也。竺音又曰：此是梵语，翻云善哉。（433/86b）

上述引文与《集韵》基本对应。但与引用《玉篇》不同的是，所引《集韵》除了例（5）都是在文末，而且没有一条说是"出《集韵》"的，这说明它们很可能是后代大藏经在继承《崇宁藏》随函音义过程中所作的补充，而非最初状态。《崇宁藏》国内只有极少量的残卷，无法进行复核。不过有一条旁证，上文引用《玉篇》的例（6），是影印《碛砂藏》时因底本残缺补自《思溪藏》的随函音义。我们核对了《碛砂藏》的覆刻本《洪武南藏》，本条作："冰：唐《玉篇》音咏，《龙龛》音水。"② 其中文末所引的《龙龛手镜》是《碛砂藏》对《思溪藏》随函音义作的补充。可以推知，上例中所引《集韵》也是后来补作，不能据此说明随函音义产生于《集韵》之后。

四、宋代新译经的随函音义与其他部分随函音义的关系

宋代新译经的时代明确，考察这部分的随函音义与其他部分的关系，有助于推断随函音义的产生时代。

《碛砂藏》将字函至毂字函（491—510 册）收录的是宋真宗咸平二年（999）十一月以前的新译经③，共 178 部 290 卷，其中 220 卷都有随函音义，无论是注音还是外部形式，都与之前入藏的绝大部分典籍的随函音义非常一致，属于我们上文所说的"主体部分"。禄字函至溪字函（514—530 册）收录的是咸平三年（1000）十一月以后的新译经④，共 48 部 179 卷，只有 12 卷有随函音义，分别是《佛说未曾有正法经》卷一（514册），《佛母出生三法藏般若波罗蜜多经》卷一、三、五、十、十三、十六、二十、二十

---

① 韩小荆：《试论〈可洪音义〉所引〈玉篇〉的文献学语言学价值》，《中国典籍与文化》2015年第 3 期，第 58~62 页。

② 四川省佛教协会影印四川崇庆县上古寺藏本，1999 年，第 57 册，第 39 页下栏。

③ "491—510 册"指的是《影印宋碛砂藏经》的册次。《碛砂藏》共 591 函，影印时原经 1 函影印为 1 册，故册次与千字文函号的序号一致。

④ 这一部分《崇宁藏》收在奄字函至绮字函（537—553），《碛砂藏》调整了次序（详下）。

五（515—517 册），《显密圆通成佛心要集》卷上（522 册），《大乘本生心地观经》卷
二、卷四（527 册）。其中只有 515 册《佛母出生三法藏般若波罗蜜多经》卷一之前所附
的宋太宗《大宋新译三藏圣教序》的随函音义属"主体部分"，它与 491、494、495、
497、499、501、502、503、504、506、507、508、509、510 册所附的宋太宗《圣教序》
的随函音义几乎完全相同，① 其余 11 卷音义在音切用字方面都与"主体部分"有不小差
异。515 册宋太宗《圣教序》之后有宋真宗《继作圣教序》，其随函音义在选立词目、音
切用字方面都与 510 册的宋真宗《继作圣教序》随函音义有差异。

可以看出，咸平三年以后的新译经很少有随函音义了，即使有，数量也有限且与
"主体部分"不同，515 册的宋太宗《圣教序》随函音义应当是从之前的经卷中转抄而
来。毂字函（510 册）之后的典籍的随函音义都属"非主体部分"，这说明随函音义"主
体部分"的创作止于咸平二年以前的新译经。

五、尾　声

综上所述，先总结以下四点：

（1）随函音义与唐五代的佛典音义没有继承关系，音切反映的音变信息更加丰富，
且引用了可洪音义，说明它的产生时代在成书于后晋天福五年（940）的可洪音义之
后。

（2）随函音义的一致性非常强，除了《法苑珠林》《景德传灯录》《宗镜录》等少数
典籍外，绝大部分经卷的随函音义（主体部分）在音切用字和外部形式上都非常一致。
《崇宁藏》收入《宗镜录》时，"主体部分"创作已结束，此时《广韵》已经颁布，于是
便据此制作音义。此前入藏典籍的随函音义产生于《广韵》（刊修于 1008 年）之前。

（3）随函音义所引《玉篇》非宋本，而是之前的版本，说明随函音义产生于宋本
《玉篇》（重修于 1013 年）之前。

（4）随函音义"主体部分"的创作止于咸平二年（999）以前的新译经。

根据上述可以推知，随函音义的"主体部分"创作截至公元 1000 年之后的几年，即
《崇宁藏》收录咸平二年（999）以前的新译经后不久②，且在《广韵》颁行之前。至于
它的起始时间，不是十分明确，不过肯定比可洪音义晚了不短的一段时间，因为音变信息
远多于可洪音义。随函音义的"主体部分"规模很大，而且非常一致，应当是由同一批

---

① 491—510 册的新译经，除了 493、496、498、505 四册外，每册之前都附有《大宋新译三藏圣
教序》，各册（492、500 除外）《圣教序》的随函音义在词目与训释上几乎完全相同，492、500 两册音
义的词条较少。由于这部分随函音义往往一致，黄耀堃"怀疑是由一个统一机构颁行，而非私刻'江南
诸藏'自行编纂"。我们认为，同一内容分见多处，音义一致，应该是递相转抄所致；这部分音义与之
前的绝大多数经卷音义同属"主体部分"，不会是官方统一机构颁行的，且官刻的《开宝藏》并无随函
音义。

② 这里所说的《崇宁藏》是指其刊板时所依据的古写本大藏经（详下）。

人协商一致统一创作而成①，那么这部分的创作历时应该不会太久。

上文提到，李富华、何梅因为"经本中未见有关题记"而怀疑随函音义依据的是已经失传的"当时当地颇有影响的某部音释著作"。应该不会如此，其一，如果真是依据了某部音义著作，那么为何紧随咸平二年以前新译经入藏的《景德传灯录》不据此作音义呢？其二，"主体部分"与目前所见到的唐五代音义书都不相同②，自然不会依据这些，也不会依据的是已经亡佚、连名字都没有流下的音义著作，因为但凡有影响的音义著作典籍不会不留下踪迹。其三，经本中没有关于作者的题记，不表示不是原创，有可能因为是集体创作，故不显著。高田时雄怀疑随函音义源自唐末五代江南地区藏经所附的音义，应该不会，因为随函音义反映的语音信息时代更加靠后。

随函音义大规模统一创作（即"主体部分"）针对的是《崇宁藏》前480函的正藏部分及将字函至彀字函（491—510）咸平二年以前的新译经。③ 杜字函至罗字函（481—490）的《法苑珠林》、振字函至世字函（511—513）的《景德传灯录》及禄字函至茂字函（514—523）的《宗镜录》④，既不在正藏部分又不是新译经，故不在统一创作的范围内，而是另外有人单独创作，从而显示出独特的面貌。《崇宁藏》续藏部分（即480函之后）典籍的排序是按入藏时间的先后，《景德传灯录》与《宗镜录》的随函音义创作在"主体部分"之后。《宗镜录》入藏时《广韵》已经颁行，故据此制作音义。《宗镜录》之后入藏的典籍几乎就不再作随函音义了。实字函至衡字函（524—536）的典籍都是"无字音册"⑤。奄字函至绮字函（537—553）是咸平三年（1000）以后的新译经，随函音义很少，这一部分《碛砂藏》调整了经目排序，放在禄字函至溪字函（514—530），大概是为了以类相从，使其与咸平二年以前的新译经靠得更近一些。这部分新译经之所以还有少量音义，是因为宋代的新译经曾经是随函音义统一创作的对象，故有人想续作，但已过了随函音义创作的黄金期，续作范围很窄，且与"主体部分"不一致。回字函（554）以后的部分几乎也都是"无字音册"⑥。《碛砂藏》在《崇宁藏》之外增补的典籍几乎没有随函音义，主要有旦字函至营字函（542—544）的《大宋高僧传》、桓字函至合字函（545—548）的南本《大般涅槃经》、武字函至遵字函（559—586）的28函秘密经，其中只有《大般涅槃经》和践字函（581）的《大宗地玄文本论》有少量音义，分别是21条、9条，且与"主体部分"差异很大。

---

① 注音时往往依据《切韵》音系审音，实际语音变化信息也很大程度得到了反映。请参见李广宽：《〈碛砂藏〉随函音义止蟹二摄的合流》，《汉语史研究集刊》第21辑，巴蜀书社2016年版，第33~34页。

② 包括与可洪同时代的南方僧人行瑫所作的《内典随函音疏》。行瑫音义只有残卷，参见高田时雄：《可洪〈随函录〉与行瑫〈随函音疏〉》文末所附图版，《敦煌·民族·语言》，中华书局2005年版，第449~458页。

③ 至于前480函的"非主体部分"，多为重要佛经，如华严部的《大方广佛华严经》，涅槃部的《大般涅槃经》，因为是重要典籍，或有人单独创作音义，或前有所承，我们将另行研究。

④ 《碛砂藏》将《宗镜录》排在济字函至感字函（549—558），把位置腾出留给后入藏的新译经（详下）。

⑤ 参见李富华、何梅：《汉文佛教大藏经研究》，宗教文化出版社2003年版，第693页。

⑥ 参见李富华、何梅：《汉文佛教大藏经研究》，宗教文化出版社2003年版，第693~694页。

刻本大藏经的前身是写本大藏经。李富华、何梅发现《崇宁藏》前 480 函的目录与《开元释教录·入藏录》及《开宝藏》的覆刻本《高丽藏》出入较多，而与《开元释教录略出》几乎相同，因而得出"《崇宁藏》刊板依据的底本是北宋初年在福州及其附近地区流传着的一种古写本大藏经"①。实际上《崇宁藏》续藏部分的目录与《高丽藏》及《开宝藏》的另一覆刻本《赵城金藏》都有不小差异②，也说明其底本就是这一古写本大藏经，否则在 1080 年刊刻时应该会依据官刻大藏经《开宝藏》的续藏目录，999 年《开宝藏》第一次续入经籍为五十七帙③。《崇宁藏》中的典籍有无随函音义，与它入藏的时间有关，以《宗镜录》为界，之前入藏的典籍普遍都有随函音义④，之后则普遍没有，随函音义的大宗创作止于《宗镜录》，这反映的也是古写本大藏经的状态。正是由于这种古写本大藏经在宋代收入典籍是以时间先后为序，咸平三年以后的新译经入藏较晚⑤，所以才排序靠后，《碛砂藏》则考虑以类相从，将其排在靠近咸平二年以前的新译经位置，而将原位置的《宗镜录》放到了后面。本文大致明确了随函音义的产生时代，对于考察大藏经的纂集过程有一定参考价值，较为重要的一点是：《崇宁藏》所依据的古写本大藏经收入《宗镜录》是在《广韵》颁行之后。

大藏经随函训释的目的是便于阅读，且有其传统，可洪音义的全称是"新集藏经音义随函录"，可知它本来就是随函附于藏经之中的。宋初福州地区经济发达、文教兴盛，看到之前藏经随函附有音义，自然也会见贤思齐，为本地藏经增入随函音义，且经济文化上完全有这方面的实力。随函音义的制作并没有转自现成的唐五代佛典音义，而是重新创作，参考前代佛典音义时，也是批判地继承，可以说这是文化自信与文化实力的体现。

（作者单位：武汉大学文学院）

① 李富华、何梅：《汉文佛教大藏经研究》，宗教文化出版社 2003 年版，第 171~173 页。
② 参见李富华、何梅：《汉文佛教大藏经研究》，宗教文化出版社 2003 年版，第 175~178 页。
③ 参见何梅：《历代汉文大藏经目录新考》，社会科学文献出版社 2014 年版，第 41 页。
④ 有些经卷没有随函音义，与经文内容简单有关，如前 60 函的《大般若经》。慧琳音义对此也往往不作音义，且有说明，如卷一指出"（大般若）经从第十二卷已下尽第三十五卷，计二十四卷，不要音训，文易"（Z57/416b）。
⑤ 这一部分新译经，《开宝藏》共四十三帙，熙宁六年（1073）入藏，也是第二次续入藏（参见何梅：《历代汉文大藏经目录新考》，社会科学文献出版社 2014 年版，第 41 页）。而《崇宁藏》只有十七帙，李富华、何梅指出，"在远离京都的福州地区，宋朝新译经本，尤其是天禧元年（1017）以后的译本，几乎见不到"（参见《汉文佛教大藏经研究》，宗教文化出版社 2003 年版，第 176~177 页）。

《宋史》职官勘误十二则[*]
——以北宋前期《本纪》《列传》为中心

□ 高士捷 罗家祥

【摘要】中华书局《宋史》点校本本纪、列传部分，在职官方面仍存记载失实之处，笔者整理北宋前期部分疑误凡十二则，以期有所助益于该书进一步修订。

【关键词】《宋史》；职官；勘误

元修《宋史》为研究有宋一代的基本史料之一，然因该书仓促完成，故错讹之处颇多，一直为史家所诟病。在吸收明清史学家已有成果的基础上，点校本《宋史》整理者对该书进行了初步订补。此后，学界对于《宋史》的校正工作一直在进行之中，除《职官志》《食货志》《宰辅表》等有学者进行专门校勘补正外，针对本纪、列传的校正论文亦大量发表于《中国史研究》《中华文史论丛》等文史刊物。据笔者不完全统计，截至目前，此类论文有五百余篇，涵盖一千余则勘误，而职官类是其中重要一项。然该类错误仍在在有之，有待勘正。

北宋前期①，官、职、差遣分离，《宋史》云"官以寓禄秩、叙位著"②，此处之"官"为阶官化的职事官，在宋代又被称为本官，主要用以标志品位、阶秩，与唐前期的散品异曲同工。为了保障官员的基本待遇，从属于品阶系统的本官具有更稳定的延续性。宋太宗朝制定的《叙迁之制》，则明确了本官之间的迁转规律。③ 应当说这样的规定只是一种理想途径的反映，官员的迁转并非完全据此进行，如宰相、执政等重要差遣在叙迁中有更多的优待，其他官员超资进迁的情况也屡见不鲜。④ 但可以确定的是，《叙迁之制》将自中晚唐起逐渐形成的各本官之间的高低次序制度化了，如果官员未遭贬黜或未遇特殊

---

* 本文系国家社会科学基金青年项目"出土北宋墓志整理与研究"（项目编号：17CZS013）阶段性成果。

① 本文之北宋前期，是制度史研究范畴的北宋前期。元丰三年（1080）八月"以阶易官"后，北宋官制进入新的阶段，因此本文将宋朝建立到元丰三年八月认定为北宋前期。

② 《宋史》卷 161《职官志一》，中华书局 1985 年版，第 3768 页。

③ 《宋史》卷 169《职官志九·叙迁之制》，中华书局 1985 年版，第 4023~4029 页。

④ 关于叙迁之制的深层考释，参见邓小南：《宋代文官选任制度诸层面》，河北教育出版社 1993 年版。

事件，其本官应根据《叙迁之制》所反映的等级制度呈现出逐渐递升的趋势。笔者认为，这是我们判定本官迁转正确与否的重要依据。但是在《宋史》本纪、列传当中，笔者却发现一些与上述原则相悖的书写，此类记载往往都是值得商榷的。

基于此，本文拟在重视叙迁之制的基础上，借助诸传世文献及出土墓志碑铭材料，对《宋史》北宋前期部分本官存疑之处做些许考证，以期有所助益于《宋史》的修订。需要说明的是，凡有歧互处，皆已用百衲本、武英殿本以及中华书局点校本宋史进行校对，具体考证时不再赘述。

（一）

《宋史》卷一《太祖本纪一》载乾德二年（964）正月戊子"仁浦仍尚书左仆射罢"①。

按：此记载为范质、王溥、魏仁浦三人罢相事。关于魏仁浦罢相后所任官，《续资治通鉴长编》（简称《长编》）卷五"乾德二年正月戊子"条载"宰相范质、王溥、魏仁浦等再表求退……仁浦为左仆射，皆罢政事"②，亦记魏仁浦罢为左仆射。那么，能否据此判定左仆射就是魏仁浦罢相后所任官呢？

关于魏仁浦罢相后所任官，除上引材料外，在其他一些宋代史料中亦有述及。《宋史》卷二一〇《宰辅表一》载"右仆射魏仁浦依前守本官"③。《宋史》卷二四九《魏仁浦传》则载"宋初，进位右仆射……乾德初，罢守本官"④，即其本官依旧为右仆射。《宋宰辅编年录》卷一"乾德二年正月戊子"条亦载"仁浦自枢密使兼中书侍郎、同平章事依前守尚书右仆射"⑤。《宋会要辑稿·职官》七八之一亦记"仁浦罢，仍旧为右仆射"⑥。这都与"左仆射"的记载相左。《宋大诏令集》卷六五《范质等罢相制》的记载则颇为混乱，"枢密使、右仆射、兼中书侍郎、平章事、集贤殿大学士、魏仁浦……可依前守尚书左仆射"⑦。如罢相为左仆射则为进秩，依前则应为右仆射，前后记载相互矛盾，疑此处左仆射为误刻。

考察魏仁浦入宋后的仕宦经历，亦有助于我们辨别何者为是。关于魏仁浦宋初所迁官，史籍记载颇多。《长编》卷一"建隆元年（960）二月乙亥"条、《宋大诏令集》卷五九《范质等进官制》、《宋史》卷一《太祖本纪一》建隆元年二月乙亥、《宋史》卷二四九《魏仁浦传》、《宋宰辅编年录》卷一"建隆元年二月乙亥"条、《东都事略》卷一八

---

① 《宋史》卷1《太祖本纪一》，中华书局1985年版，第16页。

② 《续资治通鉴长编》（简称《长编》）卷5，宋太祖乾德二年正月戊子，中华书局2004年版，第118页。

③ 《宋史》卷210《宰辅表一》，中华书局1985年版，第5419页。

④ 《宋史》卷249《魏仁浦传》，中华书局1985年版，第8804页。

⑤ 徐自明撰，王瑞来校补：《宋宰辅编年录校补》卷1，宋太祖乾德二年正月戊子，中华书局1986年版，第10页。

⑥ 徐松辑：《宋会要辑稿·职官》78之1，上海古籍出版社2014年版，第5187页。

⑦ 《宋大诏令集》卷65《范质等罢相制》，中华书局1962年版，第317页。

《魏仁浦传》皆载其在建隆元年迁为"右仆射"。① 史籍关于宋初三位宰相本官的进迁论述颇详，然未见魏仁浦自北宋建立至乾德二年罢相其本官又由"右仆射"转为"左仆射"的记载。

同时，关于魏仁浦卒时所任官，《宋史》卷二《太祖本纪二》载开宝二年（969）闰五月"己酉，右仆射魏仁浦卒"②。《长编》卷一〇"开宝二年闰五月己酉"条载"右仆射魏仁浦卒"③。《宋会要辑稿·礼》四一之四五、四一之五五、五八之一〇六，《宋会要辑稿·仪制》一〇之一四均记载魏仁浦终官为"右仆射"。④ 从史源上分析，《宋会要辑稿》（简称《会要》）作为《宋史》《长编》的重要史料来源，显然更具说服力，由此可知魏仁浦终官为右仆射无疑。北宋时期，左仆射位阶在右仆射之上，魏仁浦入宋后颇受宠信，如果前已为左仆射，不应又降秩为右仆射。这说明魏仁浦自宋初加官至其离世本官应一直为右仆射。

故而，《宋史》此处"左仆射"当为"右仆射"之误。左、右二字形近，在传抄过程中易生讹误，或是《宋史》失载之因。

（二）

《宋史》卷五《太宗本纪二》载淳化四年（993）六月"壬申，右谏议大夫、同知枢密院事寇準罢守本官"⑤。

此处"右谏议大夫"的记载有悖史实。

关于寇準罢同知枢密院事时所自官，检宋代诸史籍，未见云右谏议大夫者，而左谏议大夫颇多见之。《长编》卷三四"淳化四年六月壬申"条载"左谏议大夫、同知院事寇準罢守本官"⑥，《宋宰辅编年录》卷二"淳化四年六月丙寅"条亦载"寇準罢枢密副使同知院事。自左谏议大夫罢守本官"⑦。此外，《宋史》卷五《太宗本纪二》也载

① 《长编》卷1，宋太祖建隆元年二月乙亥，中华书局2004年版，第9页；《宋大诏令集》卷59《范质等进官制》，中华书局1962年版，第297页；《宋史》卷1《太祖本纪一》，中华书局1985年版，第5页；《宋史》卷249《魏仁浦传》，中华书局1985年版，第8804页；徐自明撰，王瑞来校补：《宋宰辅编年录校补》卷1，宋太祖建隆元年二月乙亥，中华书局1986年版，第1页；王称：《东都事略》卷18《魏仁浦传》，孙言诚、崔国光点校，齐鲁书社2000年版，第144页。
② 《宋史》卷2《太祖本纪二》，中华书局1985年版，第29页。
③ 《长编》卷10，太祖开宝二年闰五月己酉，中华书局2004年版，第224页。
④ 徐松辑：《宋会要辑稿·礼》41之45，上海古籍出版社2014年版，第1662页；徐松辑：《宋会要辑稿·礼》41之55，上海古籍出版社2014年版，第1668页；徐松辑：《宋会要辑稿·礼》58之106，上海古籍出版社2014年版，第2074页；徐松辑：《宋会要辑稿·仪制》10之14，上海古籍出版社2014年版，第2505页。
⑤ 《宋史》卷5《太宗本纪二》，中华书局1985年版，第91页。
⑥ 《长编》卷34，宋太宗淳化四年六月壬申，中华书局2004年版，第750页。
⑦ 徐自明撰，王瑞来校补：《宋宰辅编年录校补》卷2，宋太宗淳化四年六月丙寅，中华书局1986年版，第63页。

淳化五年（994）九月"乙亥，以左谏议大夫寇準参知政事"①。淳化四年寇準罢政至五年任参知政事期间，无文献记载寇準本官曾经迁转。亦可推知寇準罢同知枢密院事时所自官应为左谏议大夫。

此外，检孙抃撰《寇忠愍公準旌忠之碑》云："淳化改元，授左谏议大夫、充枢密副使，寻改同知枢密院事，封上谷县开国男。是年十月，领青州。明年九月，召赴阙，守本官参知政事。"② 神道碑为研究寇準生平的第一手资料，据此当可确定寇準罢同知枢密院事时本官为左谏议大夫无疑。

综上，此处"右谏议大夫"当为"左谏议大夫"，《宋史·太宗本纪二》当予纠正。

（三）

　　《宋史》卷二六三《石中立传》载："（石中立）累迁尚书礼部侍郎……迁户部郎中。"③

此处礼部侍郎记载有误。

北宋前期，侍郎、郎中皆为本官，侍郎阶在郎中之上。石中立如从侍郎转为郎中，则为贬黜左迁。然"迁户部郎中"则意为正常迁转，两处记载明显相互抵牾。《东都事略·石中立传》亦未载石中立在此阶段曾遭贬黜，《宋史·石中立传》的记载颇值商榷。

检宋祁撰《石少师行状》，详载石中立此期本官依次为"以礼部郎中、判南曹……上即位，迁户部……天圣四年（1026），始以吏部郎中、知制诰"④。按文意，此户部当为户部郎中之意，后行礼部郎中转为中行户部郎中也与北宋前期本官的迁转规律一致，当从《行状》所记。出土《石中立墓志》虽未详记其本官，不过也表明在此阶段石中立没有左迁经历。⑤

据此，《宋史》此处"礼部侍郎"当为"礼部郎中"之误。

（四）

　　《宋史》卷二七七《韩国华传》载"（韩国华）解褐大理评事、通判泸州，就迁右赞善大夫。代还，除彰德军节度判官，迁著作佐郎、监察御史"⑥。

---

① 《宋史》卷5《太宗本纪二》，中华书局1985年版，第95页。
② 杜大珪：《名臣碑传琬琰之集》上卷2《寇忠愍公準旌忠之碑》，《景印文渊阁四库全书》第450册，台湾"商务印书馆"1986年版，第12页。
③ 《宋史》卷263《石熙载附子中立传》，中华书局1985年版，第9104页。
④ 宋祁：《景文集》卷61《石少师行状》，《景印文渊阁四库全书》第1088册，台湾"商务印书馆"1986年版，第596页。
⑤ 郭茂育、刘继保编著：《宋代墓志辑释》066《石中立墓志》，中州古籍出版社2016年版，第157页。
⑥ 《宋史》卷277《韩国华传》，中华书局1985年版，第9442～9443页。

关于韩国华除彰德军节度判官前后所任官,富弼撰《韩国华神道碑》载"迁右赞善大夫……改彰德军节度判官……乃升秘书省著作郎、监上蔡税,以监察御史召"①。尹洙撰《韩公墓志铭》亦载"四年,代还,授太子右赞善大夫,旋以例补外幕,授安德军节度判官。七年,除秘书省著作郎、监蔡州税。雍熙元年,迁监察御史"②。通过比对我们发现《宋史·韩国华传》未载韩国华曾为"监上蔡税"这一差遣的史实,然记"迁著作佐郎、监察御史"亦可理解为本官先后迁为此两官(监察御史此时既是本官,又为差遣),因此不能算作误记。问题的焦点在于《宋史·韩国华传》记韩国华任监察御史前本官为"著作佐郎",《神道碑》《墓志铭》则记为"著作郎",不知孰是?

游彪先生发现韩国华《墓志铭》《神道碑》与《宋史·韩国华传》所记不同,认为"从其升迁的状况来看,由于尹洙、富弼基本上是依据韩琦家族提供的资料写成的,而《宋史》则是根据宋朝的国史而来,应该是查阅过朝廷的相关档案撰写的,因而'著作佐郎'是更为可信的"③。然宋人撰写时人墓志碑铭之时,虽不乏隐恶扬善之举,但在记述官阶迁转时,却十分精确。韩国华《墓志铭》《神道碑》基本材料来源于韩国华子韩琚撰写的《韩国华行状》。子撰父《行状》,官职出错的可能微乎其微,相对于错讹百出的《宋史》,显然更为可信。同时,赵翼早已指出"元修《宋史》,度宗以前多本之宋朝《国史》,宋《国史》又多据各家事状碑铭编缀成篇"④,即墓志碑铭为《宋史》重要史源,这也使得游氏说更难成立。

宋太宗淳化四年所颁布之《文官京官至三师叙迁之制》,亦有助于辨别何者为是:"著作佐郎:有出身转秘书丞,内第一人及第太常丞,无出身转太子右赞善大夫。内带馆职同有出身。特旨转秘书郎、著作郎、宗正丞。"⑤ 根据上述记载,我们可以判定右赞善大夫位阶在著作佐郎之上、著作郎之下。此叙迁之制,并非新创,而是将自中晚唐职事官阶官化后逐渐形成的阶序制度化、明文化。这样的迁转规律在北宋建立甚至更早的时期就已经实施了,如郭贽在太平兴国初先后擢为著作佐郎、右赞善大夫,⑥ 臧丙在太平兴国年间本官依次转为右赞善大夫、著作郎,⑦ 相关记载还有很多,均可证明《叙迁之制》颁布前三官之间阶序的高低,兹不赘述。无论是《宋史·韩国华传》,抑或是《韩国华神道碑》,都表明韩国华在著作佐郎后其本官得到升迁,而非左迁。韩国华前已为赞善大夫,再迁转可以为著作郎,却不能是著作佐郎。

据此,《宋史·韩国华传》中"著作佐郎"当为"著作郎"之误写。

---

① 孔德铭主编:《安阳韩琦家族墓地》附录 5《韩国华神道碑》,科学出版社 2012 年版,第 108 页。

② 尹洙:《河南先生文集》卷 16《韩公墓志铭并序》,宋集珍本丛刊,第 3 册,线装书局 2004 年版,第 431~432 页。

③ 游彪:《形象塑造:宋代士大夫的历史书写——以韩国华的墓志与碑铭为例》,《史学史研究》2014 年第 4 期,第 27 页。

④ 赵翼:《陔餘丛考》卷 13《宋史七》,中华书局 1963 年版,第 249 页。

⑤ 《宋史》卷 169《职官志九·叙迁之制》,中华书局 1985 年版,第 4024 页。

⑥ 《宋史》卷 266《郭贽传》,中华书局 1985 年版,第 9174 页。

⑦ 《宋史》卷 276《臧丙传》,中华书局 1985 年版,第 9398~9399 页。

（五）

《宋史》卷二八四《陈尧佐传》载："（陈尧佐）以给事中参知政事，迁尚书吏部侍郎。太后崩，执政多罢，以户部侍郎知永兴军。"①

此处吏部侍郎不确。

按此记载，陈尧佐在此阶段本官依次为给事中、吏部侍郎、户部侍郎。宋太宗淳祐时已详细规定侍郎的阶序从高到低为吏、兵、户、刑、礼、工。② 给事中迁吏部侍郎，或可解释为优擢，但在本官无左迁的情况下［同时所罢免宰执本官皆为进秩，见《续资治通鉴长编》卷一一二"明道二年（1033）四月己未"条及《宋宰辅编年录》卷四"明道二年四月己未"条］，陈尧佐又由吏部侍郎迁为户部侍郎，显然不合迁转次序，则此记载显误可疑。

《长编》卷一〇八"天圣七年八月辛卯"条载："枢密副使范雍、姜遵、陈尧佐并加给事中，尧佐改参知政事。"③ 此记载与《宋史·陈尧佐传》所记"以给事中参知政事"相同。《长编》卷一一一"明道元年（1032）十一月癸未"条载："陈尧佐、薛奎并为礼部侍郎。"④《长编》卷一一二"明道二年四月己未"条又载："礼部侍郎、参知政事陈尧佐罢为户部侍郎、知永兴军。"⑤ 据《长编》以上记载知陈尧佐此阶段本官转迁依次为给事中、礼部侍郎、户部侍郎，符合北宋前期本官的高低次序。

《宋宰辅编年录》载"（天圣七年）八月辛卯，陈尧佐改参知政事。自左谏议大夫、枢密副使迁给事中除"⑥；又载"（明道二年）四月己未，陈尧佐、晏殊罢参知政事。尧佐自礼部侍郎罢为户部侍郎、知永兴军"⑦。则陈尧佐此阶段本官转迁次序与《长编》记载同，亦可为一证据。

综上，陈尧佐任参知政事期间并无吏部侍郎经历，《宋史·陈尧佐传》中"吏部侍郎"的记载当为"礼部侍郎"之误。

（六）

《宋史》卷二八四《陈尧咨传》载："（陈尧咨）改起居舍人……改右谏议大夫、

---

① 《宋史》卷284《陈尧佐传》，中华书局1985年版，第9583页。

② 《宋史》卷169《职官志九·叙迁之制》，中华书局1985年版，第4027页。

③ 《长编》卷108，宋仁宗天圣七年八月辛卯，中华书局2004年版，第2520~2521页。

④ 《长编》卷111，宋仁宗明道元年十一月癸未，中华书局2004年版，第2592页。

⑤ 《长编》卷112，宋仁宗明道二年四月己未，中华书局2004年版，第2612页。

⑥ 徐自明撰，王瑞来校补：《宋宰辅编年录校补》卷4，宋仁宗天圣七年八月辛卯，中华书局1986年版，第192页。

⑦ 徐自明撰，王瑞来校补：《宋宰辅编年录校补》卷4，宋仁宗明道二年四月己未，中华书局1986年版，第196页。

集贤院学士，以龙图阁直学士、尚书工部郎中知永兴军。"①

北宋前期，起居舍人为从六品上，郎中为从五品上，谏议大夫为正四品下，三者品秩差别较大。从阶序上看，郎中在起居舍人之上，谏议大夫在郎中之上。起居舍人如正常迁转，需四至五转方为谏议大夫。按《宋史·陈尧咨传》所记，陈尧咨由起居舍人迁为右谏议大夫，两者之间如直转当为优擢进阶。但陈尧咨在没有左迁的情况下之后却又由谏议大夫降为工部郎中，这说明上述记载存在问题。

《长编》卷八一"大中祥符六年（1013）八月己巳"条载："以起居舍人、知制诰陈尧咨为工部郎中、龙图阁直学士、知永兴军府。"② 据此可知陈尧咨本官由起居舍人直迁至工部郎中，中间并无右谏议大夫的经历。起居舍人迁为工部郎中也符合北宋叙迁之制，"右谏议大夫"当为衍文。除此之外，史籍中亦缺乏陈尧咨曾任"集贤院学士"的记载。《文献通考》卷五一《职官考五·集贤殿》载"（集贤院）学士，以给谏、卿监以上充"③。给谏即给事中、谏议大夫，前已考证陈尧咨任谏议大夫为衍文，则其当时并不具备带集贤院学士的资格，故"集贤院学士"亦当为衍文。

据此，《宋史·陈尧咨传》中"右谏议大夫、集贤院学士"的记载当为衍文。

（七）

《宋史》卷二八八《周起传》云周起"进礼部侍郎，为枢密副使……起素善寇准。准且贬，起亦罢为户部郎中、知青州，又降太常少卿、知光州"④。

此处周起罢为户部郎中有悖史实。

北宋前期迁转次序，侍郎在郎中之上。按文意，周起罢枢密副使时其本官当由礼部侍郎左迁降秩为户部郎中。然关于周起罢枢密副使时所迁官，查宋人记载均与此不同。《长编》卷九六"天禧四年（1020）九月己未"条载"以枢密副使周起为户部侍郎、知青州"⑤。按《长编》所记，则周起虽罢枢密副使，但其本官却进秩为户部侍郎，与《宋史·周起传》所载不同。《长编》卷九八"乾兴元年（1022）二月戊辰"条又载"户部侍郎、知青州周起责授太常少卿、知光州"⑥。可知直至乾兴元年二月戊辰其本官一直为户部侍郎。《宋宰辅编年录》卷三亦载"（天禧四年）九月丙辰，周起罢枢密副使。自礼部侍郎罢为户部侍郎、知青州"⑦。同时后附《起责授太常少卿知光州制》，载周起责授

① 《宋史》卷284《陈尧佐附弟尧咨传》，中华书局1985年版，第9588页。
② 《长编》卷81，宋真宗大中祥符六年八月己巳，中华书局2004年版，第1844页。
③ 《文献通考》卷51《职官考五·昭文馆》，中华书局2011年版，第1444页。
④ 《宋史》卷288《周起传》，中华书局1985年版，第9672页。
⑤ 《长编》卷96，宋仁宗天禧四年九月己未，中华书局2004年版，第2216页。
⑥ 《长编》卷98，宋仁宗乾兴元年二月戊辰，中华书局2004年版，第2274页。
⑦ 徐自明撰，王瑞来校补：《宋宰辅编年录校补》卷3，宋仁宗天禧四年九月丙辰，中华书局1986年版，第150页。

前本官为"户部侍郎、知青州"①。这封诏书同时被收录至《宋大诏令集》中，其名曰"尚书户部侍郎知青州周起责授太常少卿知光州制"（乾兴元年二月戊辰）②，所记与以上同。《宋史》卷二一○《宰辅表一》亦载"（天禧四年）九月乙未（据王瑞来《宋史宰辅表考证》，当为己未），周起自礼部侍郎、枢密副使以户部侍郎、知青州"③。以上材料足以证明周起罢枢密副使时本官当迁为户部侍郎。

其他材料亦可验证该结论。此阶段因寇準被贬者尚有王随、王曙、盛度三人。三人在天禧四年寇準罢相后均由中央官罢为地方官员，但或进秩，或守本官，并未左迁。三人本官左迁则与周起同为乾兴元年。这也说明天禧四年周起虽罢枢密副使，其本官却进迁为户部侍郎，而非左迁为户部郎中。

综上，《宋史·周起传》中"户部郎中"当改为"户部侍郎"。《宋史》因仓促完成，故常将"侍郎"与"郎中"这类有所相似的职官混淆，值得注意。

（八）

《宋史》卷二八八《任布传》载："（任布）迁祠部郎中，权户部判官……历兵部、刑部郎中，拜右谏议大夫、知真定府。"④

如上文所记，则任布本官由兵部郎中迁转为刑部郎中，再由刑部郎中迁转为右谏议大夫。按：兵部郎中为前行郎中，阶在中行刑部郎中上，如未遭贬黜，不应如此迁转。然任布此阶段未遭贬黜，则此记载必然失实。《长编》卷一一六"景祐二年（1035）三月丙戌"条载："盐铁副使、兵部郎中任布为右谏议大夫、知成德军。"⑤可知任布任"右谏议大夫"的前官应为"兵部郎中"。同时，任布前为后行祠部郎中，先后迁转为中行刑部郎中、前行兵部郎中也符合北宋前期进迁规律。

综上，"历兵部、刑部郎中"当为"历刑部、兵部郎中"之误。

（九）

《宋史》卷二九六《吕文仲传》载："（吕文仲）预修《太平御览》、《广记》、《文苑英华》，改著作佐郎……雍熙初，文仲迁著作佐郎，副王著使高丽。复命改左正言，巡抚福建。未几，赐金紫，加左谏议大夫……迁起居舍人、兵部员外郎。"⑥

① 徐自明撰，王瑞来校补：《宋宰辅编年录校补》卷3，宋仁宗天禧四年九月丙辰，中华书局1986年版，第151页。
② 《宋大诏令集》卷204《尚书户部侍郎知青州周起责授太常少卿知光州制》，中华书局1962年版，第761页。
③ 《宋史》卷210《宰辅表一》，中华书局1985年版，第5446页。
④ 《宋史》卷288《任布传》，中华书局1985年版，第9683页。
⑤ 《长编》卷116，宋仁宗景祐二年三月丙戌，中华书局2004年版，第2764页。
⑥ 《宋史》卷296《吕文仲传》，中华书局1985年版，第9870~9871页。

吕文仲出使高丽在修书之后，其在没有左迁并起复的情况下，《宋史》记载其本官由"著作佐郎"转迁为同官"著作佐郎"，显然有误。《长编》未载此事，《宋太宗皇帝实录》载雍熙二年（985）二月"壬午，以翰林侍书、左拾遗王著，翰林侍读、著作郎吕文仲使高丽"①。此记载与《宋史》所记吕文仲出使高丽为同一事。《宋太宗皇帝实录》为一手材料，可信度很高，由此可知雍熙初吕文仲本官当由著作佐郎迁为著作郎。据此，《宋史·吕文仲传》中第二个"著作佐郎"当改为"著作郎"。

另按本段记载，吕文仲出使之后其本官又先后转为左正言、左谏议大夫、起居舍人、兵部员外郎。左正言如直转左谏议大夫，当为优擢。然吕文仲在无左迁的情况下，其本官又转迁为位阶、品秩皆在左谏议大夫之下的起居舍人、兵部员外郎，因此《宋史》此处"左谏议大夫"的记载颇可商榷。据《长编》淳化四年九月丙午条"左司谏吕文仲等九十七人各举堪任五千户以上县令者"②，可知淳化四年吕文仲本官曾为左司谏。又据《宋太宗皇帝实录》卷八〇载至道三年（997）正月辛卯"翰林侍读、起居舍人吕文仲推节催督之"③。则可知吕文仲任左司谏在左正言之后、起居舍人之前，左正言、左司谏、起居舍人正是《叙迁之制》中的理想迁转次序。据此可知"左谏议大夫"应为"左司谏"之误。

（十）

> 《宋史》卷二九八《彭乘传》载："召（彭乘）修起居注，擢知制诰，累迁工部郎中……初，修起居注，缺中书舍人，而乘在选中，帝指乘曰：'此老儒也，雅有恬退名，无以易之。'及召见，谕曰：'卿先朝旧臣，久补外，而未尝自言。'对曰：'臣生孤远，自量其分，安敢过有所望。'"④

以上两处所记为同一事。按：北宋前期，中书舍人业已阶官化，修起居注也非中书舍人之职，此记载颇为可疑。《长编》卷一五三"庆历四年（1044）十一月丙寅"条亦详细记载此事："刑部郎中、集贤校理彭乘……并同修起居注……吕溱既贬，修起居注缺，中书拟人，而乘在选中，帝指乘曰：'此老儒也，雅有恬退名，无以易之。'及召见，谕曰：'卿先朝旧人，久补外，而未尝自言。'对曰：'臣生孤远，自量其分，安敢过有所望。'帝益嘉之。"⑤《东都事略·彭乘传》亦载："其后修注阙，中书拟人，乘在选中。仁宗曰：'彭乘，恬退之士也！'"⑥ 所指皆为彭乘时任差遣"修起居注"，而修起居注事因归中书省，故有中书拟人之说。需要指出的是，起居舍人在唐代为专修起居注的职事官，但

---

① 钱若水修：《宋太宗皇帝实录校注》卷32，范学辉校注，雍熙二年二月壬午，中华书局2013年版，第274页。

② 《长编》卷34，宋太宗淳化四年九月丙午，中华书局2004年版，第753页。

③ 钱若水修：《宋太宗皇帝实录校注》卷80，至道三年正月辛卯，范学辉校注，中华书局2013年版，第792页。

④ 《宋史》卷298《彭乘传》，中华书局1985年版，第9900页。

⑤ 《长编》卷153，宋仁宗庆历四年十一月丙寅，中华书局2004年版，第3717页。

⑥ 《东都事略》卷60《彭乘传》。

是在北宋前期已为阶官，其职能已被"修起居注"这一差遣所取代。但时人碍于前代习惯，也经常以起居舍人代指修起居注者。如《长编》卷四五七"元祐六年（1091）四月庚戌"条在回顾上述事件时就载："除彭乘为起居舍人，入谢，仁宗谓曰：'知卿久在外补，恬退未尝自言，故擢用卿也。'"① 《宋史·彭乘传》想表达的应是中书缺（起居）舍人之意，但记为"缺中书舍人"则含混了原有含义。

据此，"缺中书舍人"当为"中书缺舍人"之误。

（十一）

《宋史》卷三一〇《王曾传》载："复参知政事，迁吏部侍郎兼太子宾客。"②

《长编》卷九六"天禧四年八月乙酉"条载："礼部侍郎王曾并参知政事。"③ 此即王曾复任参知政事之事。《长编》卷九六"天禧四年十一月乙丑"条又载："任中正加右丞，钱惟演加兵部侍郎，王曾加户部侍郎，兼太子宾客。"④ 此处记王曾迁户部侍郎时已兼太子宾客，与《宋史·王曾传》所记不同。

现存有富弼撰王曾《行状》、宋祁撰王曾《墓志》，为研究王曾的第一手资料。王曾《墓志》载："（王曾）复二鼎席，兼太子宾客，由左户再迁至春官卿。"⑤ 左户为户部侍郎，春官卿为礼部尚书，再迁在宋人语境中为迁转两次之意。则亦可知王曾兼太子宾客时本官应为户部侍郎。《长编》卷九七"天禧五年（1021）三月壬寅"条又载"任中正为工部尚书，钱惟演为右丞，王曾为吏部侍郎"⑥，可知吏部侍郎为王曾转户部侍郎兼太子宾客后的下任官，王曾户部侍郎、吏部侍郎、工部尚书的迁转也与《墓志》"再迁"含义一致。

综上，《宋史·王曾传》"复参知政事，迁吏部侍郎兼太子宾客"的记载当改为"复参知政事，进户部侍郎、兼太子宾客，迁吏部侍郎"。

（十二）

《宋史》卷三一五《韩亿传》载："景祐二年，以尚书工部侍郎、同知枢密院事……遂除户部、参知政事。"⑦

---

① 《长编》卷457，宋哲宗元祐六年四月庚戌，中华书局2004年版，第10943页。
② 《宋史》卷310《王曾传》，中华书局1985年版，第10183页。
③ 《长编》卷96，宋真宗天禧四年八月乙酉，中华书局2004年版，第2211页。
④ 《长编》卷96，宋真宗天禧四年十一月乙丑，中华书局2004年版，第2223页。
⑤ 宋祁：《景文集》卷58《文正王公墓志铭》，《景印文渊阁四库全书》第1088册，台湾"商务印书馆"1986年版，第596页。
⑥ 《长编》卷97，宋真宗天禧五年三月壬寅，中华书局2004年版，第2244页。
⑦ 《宋史》卷315《韩亿传》，中华书局1985年版，第10298~10299页。

"户部"即户部侍郎，按文意，即韩亿在除参知政事时所迁官为户部侍郎。《东都事略》卷五八《韩亿传》亦载："景祐四年（当为二年之误），除工部侍郎、同知枢密院事……四年，为户部侍郎、参知政事。"[1] 似乎为上述记载提供佐证。

然检诸其他史籍，韩亿擢参知政事与本官进迁为户部侍郎却并非同时。《长编》卷一二○"景祐四年（1037）四月甲子"条记韩亿入参知政事事，其文曰："工部侍郎、同知枢密院事韩亿，三司使、吏部侍郎程琳，翰林学士承旨、兼龙图阁学士石中立，并为参知政事。"[2] 未载三人本官有所进迁，意即韩亿等三人是以守本官任参知政事，则韩亿当时本官依旧为工部侍郎。《宋宰辅编年录》"景祐四年四月甲子"条亦载："韩亿、程琳、石中立并参知政事。亿自工部侍郎、同知枢密院事除，琳自三司使、吏部侍郎除，中立自翰林学士承旨、兼龙图阁学士、礼部侍郎除。"[3]《宋史》卷二一一《宰辅表二》同载："韩亿自工部侍郎、同知枢密院事迁，三司使、程琳自吏部侍郎，石中立自翰林学士承旨兼龙图阁学士，并除参知政事。"[4] 均未载韩亿转任参知政事时其本官有所迁转。同时我们根据《宋史》卷二八八《程琳传》、欧阳修撰程琳《墓志铭》、《宋史》卷二六三《石中立传》、宋祁撰石中立《行状》、出土宋祁撰石中立《墓志》可知程琳、石中立任参知政事时本官均未迁转。[5] 当可推知《长编》《宋宰辅编年录》《宋史·宰辅表二》的记载可信度很高。

又检苏舜钦撰韩亿《行状》，其文载："（韩亿）授工部侍郎、同知枢密院事……景祐四年，授参知政事……寻迁户部侍郎。"[6] 按《行状》所记，韩亿迁户部侍郎当在任参知政事之后，而非同时。韩亿《行状》记韩亿任参知政事前后本官迁转应不会有误，可为信史。

综上，《宋史·韩亿传》中"遂除户部、参知政事"的记载当据韩亿《行状》修订为"遂除参知政事，寻迁户部侍郎"。

勘后记：通过以上十二个案例，我们发现，排除官员左迁降秩的情况，当《宋史》中关于北宋前期本官迁转次序记载与《叙迁之制》所反映的本官高低次序相悖时，几乎都会被证实有误，这再次说明《叙迁之制》所具备的法律效应。与差遣除授较为灵活不同，从属于品阶系统的本官迁转则呈现出更为硬性的标准，如果官员正常情况下所迁官比

① 《东都事略》卷58《韩亿传》。

② 《长编》卷120，宋仁宗景祐四年四月甲子，中华书局 2004 年版，第 2827 页。

③ 徐自明撰，王瑞来校补：《宋宰辅编年录校补》卷 4，宋仁宗景祐四年四月甲子，中华书局 1986 年版，第 216 页。

④ 《宋史》卷 211《宰辅二》，中华书局 1985 年版，第 5461 页。笔者按，点校本《宋史》此处标点有误。

⑤ 《宋史》卷 288《程琳传》，中华书局 1985 年版，第 9675 页；欧阳修：《欧阳修全集》卷 23《镇安军节度使同中书门下平章事赠太师中书令程公神道碑铭》，李逸安点校，中华书局 2001 年版，第 362 页；《宋史》卷 263《石中立传》，中华书局 1985 年版，第 9104 页；宋祁：《景文集》卷 61《石少师行状》，《景印文渊阁四库全书》第 1088 册，台湾"商务印书馆" 1986 年版，第 596 页；郭茂育、刘继保编著：《宋代墓志辑释》066《石中立墓志》，中州古籍出版社 2016 年版，第 157 页。

⑥ 苏舜钦：《苏舜钦集》卷 16《韩公行状》，沈文倬校点，上海古籍出版社 1981 年版，第 207 页。

前官要低，这相当于对国家制度层面的否定。《叙迁之制》所提供的本官高低次序，是我们辨别官员迁转记载正确与否的重要依据。

（作者单位：华中科技大学历史研究所）

王阳明吏政思想论

□　王雪华

【摘要】 明朝的王阳明是以立德、立功、立言"三不朽"而著称的典范人物，他提出了许多较为进步的政治学理上的愿景和为政准则。在尊君权的前提下，他倡导亲民、爱民、民为邦本的理念，主张统治者要"为政以德"，官员要"以道而仕"。本文认为王阳明的治国理念、行政思想和道德追求是那个时代的光亮所在，并揭示王阳明在尊君权与爱民之间艰难协调的处境及其局限。

【关键词】 王阳明；吏政思想；立德、立功、立言；明朝

王阳明是著名的思想家和政治家，他在明朝为官多年，对为政者应树立怎样的政治价值理念、官员应如何治国理政、官僚机制应怎样运转等问题有深入的思考，提出了较为进步的政治学理上的愿景和为政准则。一是在政治层面，主张统治者树立民为邦本的主旨意识，强调君主要养德，培养公心和善心，同时主张官员确立"仕以行道"的为官目的。二是在道德层面，即在廉政自律方面倡导官员要明德、亲民、重民。三是在技术层面，即从行政效能出发主张官员要勤政守职，执政者则要省官、省事、行宽政。那么，通过上述努力，是否就能治理好国家，引导并达成政治的正义呢？本文将对这些问题进行考察和剖析，以便更好地掌握和继承王阳明在政治和行政等领域留下的这份精神遗产。

学术界有关王阳明的心学成就、讲学业绩、军事谋略等方面的研究成果颇为丰富，相比而言探究其在政事和吏治方面的思想认知尚不充分，因此，有关他在吏政思想方面的研究仍具有开掘空间和研究价值。

一、政治理念：民为邦本 仕者以道

民本思想是古代儒家政治思想中的核心价值观念，是历代王朝论述其政权正当性的重要内涵，自《尚书·五子之歌》提出"民为邦本，本固邦宁"以来，该命题即受到后世思想家和执政者的重视。孟子有"民贵君轻"的重要论断，他主张宽民、富民、惠民、保民、救民、教民，使黎民不饥不寒。民本思想固然有适应王朝权力调整、保全君主专制制度的功能，但毕竟在一定程度上是对君主权力的约束，能降低君主的专断性。

王阳明作为君权时代的地方官员，是民为邦本这一理念的践行者。明朝正德十五年（1520）三月，巡抚江西的王阳明在《乞宽免税粮急救民困以弭灾变疏》中言：户部的岁

额之征已发下，漕运交兑之文也在催促中，上级下来催督的官员和切责的檄文纷至沓来，虽然催征的官员自有其职责，但是，旱灾和战事之后，百姓实在无力交税。阳明说："民者邦之本，邦本一摇，虽有粟，吾得而食诸？伏望皇上轸念地方涂炭之余，小民困苦已极，思邦本之当固，虑祸变之可忧，乞敕该部速将正德十四、十五年该省钱粮悉行宽免；其南昌、南康、九江等府残破尤甚者，重加宽贷，使得渐回喘息，修复生理。"① 考虑到百姓已经无以为生，如果再征敛税粮，王阳明担心会激起民变。这虽然是出于为朝廷减少社会冲突的想法，毕竟也能减轻百姓的痛苦。在这一年五月的《计处地方疏》中，他表达了类似的想法："臣惟财者民之心也，财散则民聚；民者邦之本也，本固则邦宁。故文帝以赐租致富乐之效，太宗以裕民成给足之风。军民一体，古今同符。"② 可知王阳明民为邦本的主张也是在尊君的前提下加以提倡的。虽则如此，究竟能否达到暂时纾解民众困难的目的呢？阳明写道：

> 今朝廷亦尝有宽恤之令矣，亦尝有赈济之典矣，然宽恤赈济，内无帑藏之发，外无官府之储，而徒使有司措置。措置者岂能神输而鬼运？必将取诸富民。今富民则又皆贫民矣！削贫以济贫，犹割心胸肉以啖口，口未饱而身先毙。且又有侵克之毙，又有渔猎之奸，民之赖以生者，不能什一，民之坐而死者，常十九矣。故宽恤之虚文，不若蠲租之实惠；赈济之难及，不若免租之易行。今不免租税，不息诛求，而徒日宽恤赈济。是夺其口中之食，而曰："吾将疗汝之饥"；剖其腹肾之肉，而曰："吾将救汝之死。"凡有血气，皆将不信之矣。③

朝廷下达的宽恤之法，竟是命地方官征利于富民，而不是直接蠲免租税。可见朝廷缓解社会冲突的路径并不畅通，身为封疆大吏的王阳明未能解民于倒悬，没有达到体恤民情的目的。这也正是历来儒者包括王阳明所言"民为邦本"理论的局限之处。

民本思想中包含着亲民、爱民的价值观念。嘉靖七年（1528），已升任两广、江西、湖广总督的王阳明，要求在平定广西浔州府"瑶贼"时，属下官员要爱民如子，"各官务要诚爱恻怛，视下民如己子，处民事如家事，使德泽垂于一方，名实施于四远，身荣功显，何所不可。如其苟且目前，虚文抵塞，欺上罔下，假公营私，非但明有人非，幽有鬼责，抑且物议不容"④。他一再告诫属官，对民众要怀仁爱恻隐之心，要爱民如己子，同时对违法者予以警告。

王阳明在正德十五年的上疏中曾劝导嘉靖帝，如果不宽免江西税粮、急救民困，则社会难以稳定，定生祸变，"今吝四十万石而不肯蠲，异时祸变卒起，即出数百万石，既已

---

① 王守仁撰，吴光、钱明、董平、姚延福编校：《王阳明全集》卷13《乞宽免税粮急救民困以弭灾变疏》，上海古籍出版社2011年版，第475页。

② 王守仁撰，吴光、钱明、董平、姚延福编校：《王阳明全集》卷13《计处地方疏》，上海古籍出版社2011年版，第476页。

③ 王守仁撰，吴光、钱明、董平、姚延福编校：《王阳明全集》卷13《乞宽免税粮急救民困以弭灾变疏》，上海古籍出版社2011年版，第475页。

④ 王守仁撰，吴光、钱明、董平、姚延福编校：《王阳明全集》卷30《行浔州府抚恤新民牌》，上海古籍出版社2011年版，第1220页。

无救于难矣"①。这一明显的事实,朝廷却不愿承认,反而批评相关人员误事,阳明只好请求罪己。可见虽然执政者都标榜"民为邦本",但是,贯彻到具体行政中则并非易事。阳明先生是"知行合一"的始倡者,认为知行是一个"工夫",知是行的开端,行是知的归宿。他既如此讲学授人,也是如此力行实践的。

为了达成"民为邦本"这一治国理政的重要理念,王阳明认为每个官员应解决好入仕的目的,即为何做官的问题。《论语》有云:"君子之仕也,行其义也。""不仕无义。"阳明在贵州龙场讲学传道时,有弟子问阳明,为何先生每天都想离职而去?王阳明答曰:"君子之仕也以行道,不以道而仕者,窃也。今吾不得为行道矣。"阳明认同先贤"以道而仕"的为官宗旨,如果不能履行道义而又占据职位,则无异于窃贼。他以自己此番贬谪贵州龙场为例说:

> 吾之来也,谴也,非仕也;吾之谴也,乃仕也,非役也。役者以力,仕者以道;力可屈也,道不可屈也。吾万里而至,以承谴也,然犹有职守焉。不得其职而去,非以谴也。君犹父母,事之如一,固也。不曰就养有方乎?惟命之从而不以道,是妾妇之顺,非所以为恭也。②

尽管贬为官员底层的驿丞,但是阳明坚定地认为,他来龙场还是官员身份,而非服役之人。依靠力气服役之人可以屈服于他人,而有职守、明道义的官员决不能屈从于人,因为"道不可屈也"。虽说事君如事父母,应唯父母之命是从,然而为官若不尊道,就如同顺从的妾妇。所以,君子当唯道是从,而非惟命是从。阳明又说:"贤者之用于世也,行其道而已"③,即用世的目的在于守道行义,这是贤者为官的基本要求。

王阳明对于"行道"以及人格的完善,有着坚定不移的追求,当然,他也看到身边尽是"利其身"而不"行其道"的人。他在送别同乡黄敬夫赴广西任职时写道:

> 古之仕者,将以行其道;今之仕者,将以利其身。将以行其道,故能不以险夷得丧动其心,而惟道之行否为休戚。利其身,故怀土偷安,见利而趋,见难而惧。非古今之性尔殊也,其所以养于平日者之不同,而观夫天下者之达与不达耳。④

阳明在称赞远赴西南边地就职的黄敬夫有志于行道的同时,指出当前为官者往往将是否对个人有利作为为官的出发点,导致见利益就争,见困难则避。他在《答顾东桥书》中,论述了当下官场、学界以及社会中的各种反常现象,认为自孔孟之后,"霸者之徒,窃取

---

① 王守仁撰,吴光、钱明、董平、姚延福编校:《王阳明全集》卷13《乞宽免税粮急救民困以弭灾变疏》,上海古籍出版社2011年版,第476页。

② 王守仁撰,吴光、钱明、董平、姚延福编校:《王阳明全集》卷24《龙场生问答》,上海古籍出版社2011年版,第1004~1005页。

③ 王守仁撰,吴光、钱明、董平、姚延福编校:《王阳明全集》卷24《龙场生问答》,上海古籍出版社2011年版,第1005页。

④ 王守仁撰,吴光、钱明、董平、姚延福编校:《王阳明全集》卷29《送黄敬夫先生金宪广西序》,上海古籍出版社2011年版,第1150页。

先王之近似者，假之于外以内济其私己之欲，天下靡然而宗之，圣人之道遂以芜塞"，于是，欺诈、攻伐之计丛生。而"世之学者如入百戏之场，戏谑跳踉，聘奇斗巧，献笑争妍者，四面而竞出，前瞻后盼，应接不遑，而耳目眩瞀，精神恍惑，日夜遨游淹息其间，如病狂丧心之人，莫自知其家业之所归"。他将当时多数学者的病态情状描摹得非常形象。又谓："盖至于今，功利之毒沦浃于人之心髓，而习以成性也，几千年矣。相矜以知，相轧以势，相争以利，相高以技能，相取以声誉。"① 功利的毒害已经给社会造成了极其负面的影响。

如何使官员能"行其道"？《荀子·大略》言："学者非必为仕，而仕者必如学"，《论语·子张》亦言："仕而优则学"，先贤都主张为官者在空余时必须不断学习。阳明先生正是在公务之余学习和讲学，甚至是一边公干，一边授徒讲学。他在任南赣汀漳巡抚时，在平定义军的军事行动之余，仍然设帐讲学，刊印自己的著作。他一生都热衷于讲学，他试图通过讲学让更多的人明道，他认为，道之不明，如何知晓为官宗旨，如何有良好的操守。

此外，王阳明认为，要想改变目前衰败的世风，必须振作风俗：

> 古之善治天下者，未尝不以风俗为首务……盖今风俗之患，在于务流通而薄忠信，贵进取而贱廉洁，重儇狡而轻朴直，议文法而略道义，论形迹而遗心术，尚和同而鄙狷介；若是者，其浸淫习染既非一日，则天下之人固已相忘于其间而不觉，骤而语之，若不足以为患，而天下之患终必自此而起……愚以为欲变是也，则莫若就其所蔑者而振作之。何也？今之所薄者，忠信也，必从而重之；所贱者，廉洁也，必从而贵之；所轻者，朴直也，必从而重之；所遗者，心术也，必从而论之；所鄙者，狷介也，必从而尚之；然而今之议者，必以为是数者未尝不振作之也，则亦不思之过矣……为人上者，独患无其诚耳。苟诚心于振作，吾见天下未有不翕然而向风者也。②

阳明认为朝廷应拿出诚心，将当下人们不以为然的忠信、廉洁、朴直、心术、狷介等良好品行切实予以尊崇，使社会风气、习俗逐步得到改变。

阳明先生是著名的思想家、教育家，应该说，从理想的学理状态而言，为政与为学之道是一致的，明清之际大学者顾炎武即言，"君子之为学，以明道也，以救世也"③，为官的目的与为学一样，都是要明道，"君子仕之以道"。但是，王阳明也深知现实世界的残酷，所以他将仕途比作"烂泥坑"④。事实上，在现实政治生活中为政与为学不是一股道上跑的车，阳明所言"仕者以道""道不可屈"，可视作政治学理上的一种追求。阳明

———————————

① 王守仁撰，吴光、钱明、董平、姚延福编校：《王阳明全集》卷2《答顾东桥书》，上海古籍出版社2011年版，第62~63页。

② 王守仁撰，吴光、钱明、董平、姚延福编校：《王阳明全集》卷22《拟唐张九龄上千秋金监录表》，上海古籍出版社2011年版，第954~955页。

③ 顾炎武：《顾亭林诗文集》卷4《与人书二十五》，中华书局1959年版，第98页。

④ 王守仁撰，吴光、钱明、董平、姚延福编校：《王阳明全集》卷4《与黄宗贤》之七，上海古籍出版社2011年版，第172页。

所主张的"民为邦本"也是一种理想，现实中以权力为本位才是事情的真相。

二、道德追求：为政以德 廉洁自律

中国古代社会是一个设官而治的科层结构，人治又是这个社会的基本特征，执政者是否推行仁政、善政，官员是否廉洁自律、节用爱民，就显得尤为重要。王阳明是一个儒学大家，他信服孔子的"为政以德"，即行仁政、爱民、修德于己、以德化人。为了实现德治、仁政，王阳明认为首先人君要养德。他在嘉靖六年（1527）给友人方叔贤的信中说："今日所急，惟在培养君德，端其志向。于此有立，政不足间，人不足谪，是谓'一正君而国定'。然此非有忠君报国之诚，其心断断休休者，亦只好议论粉饰于其外而已矣。"① 他指出培养君德的重要性，人君有道德，而天下大治。

阳明指出，君主有德，民众才能自然感化。他说："彼其君居于上，而民居于下，上下之异分，若不相关矣；然君惟无好则已，一有所好，而民之欲之也，亦有不期然而然，如君好夫仁，则民莫不欲夫仁，君好夫义，则民莫不欲夫义，君而好夫暴乱，则民亦惟暴乱之是欲矣；倡于此而和于彼，有不令而行之机也；出乎身而加乎民，有不疾而速之化也。是何也？君者民之主，君好于上，而民从于下，固亦理之必然欤！"② 此即上有所好，下必甚之。又说："人君之心，顾其所以养之者何如耳？养之以善，则进于高明，而心日以智；养之以恶，则流于污下，而心日以愚；故夫人君之所以养其心者，不可以不慎也。"③ 即君主之心，贵在向善的方向自我养护和培育。

不但人君要养德，官员也要以德修身，讲求道德自律。这是官员的职业道德所在，也是王阳明"致良知"在官员事功中的直接运用，为官不讲官德，即违背了良知。嘉靖三年（1524），诸暨知县朱子礼曾向王阳明请教为政之道，阳明与之言学而不及政。于是知县退而省其身，"惩己之忿，而因以得民之所恶也；窒己之欲，而因以得民之所好也；舍己之利，而因以得民之所趋也；惕己之易，而因以得民之所忽也；去己之蠹，而因以得民之所患也；明己之性，而因以得民之所同也"。其结果是"三月而政举"。知县慨叹道："吾乃今知学之可以为政也已！"他日，又找到王阳明问"学"，阳明与之言政而不谈及学。于是，知县退而修其职，"平民之所恶，而因以惩己之忿也；从民之所好，而因以窒己之欲也；顺民之所趋，而因以舍己之利也；警民之所忽，而因以惕己之易也；拯民之所患，而因以去己之蠹也；复民之所同，而因以明己之性也"。不料，"期年而化行"。知县深有感悟："吾乃今知政之可以为学也已！"再一日，又向王阳明问政与学之要，阳明曰："明德、亲民，一也。古之人明明德以亲其民，亲民所以明其明德也。是故明明德，体

———————————————

① 王守仁撰，吴光、钱明、董平、姚延福编校：《王阳明全集》卷 21《答方叔贤》，上海古籍出版社 2011 年版，第 912 页。

② 王守仁撰，吴光、钱明、董平、姚延福编校：《王阳明全集》卷 22《附山东乡试录》，上海古籍出版社 2011 年版，第 926~927 页。

③ 王守仁撰，吴光、钱明、董平、姚延福编校：《王阳明全集》卷 22，《附山东乡试录》，上海古籍出版社 2011 年版，第 941 页。

也；亲民，用也。而止至善，其要矣。"① 知县所论学，即为修德。他终于明白阳明先生的观点，即修德和为政之间是德为体、政为用，二者相辅相成，止于至善。

王阳明认为，要养成高尚的君子人格，须在存理灭欲上下功夫，去掉好色、好利、好名之心，"无事时，将好色、好货、好名等私欲逐一追究搜寻出来。定要拔去病根，永不复起，方始为快"②。"学者信得良知过，不为气所乱，便常做个羲皇已上人。"③ 他的羲皇世界是指夜气清明时，人无视无听、无思无作、淡泊恬静的时刻。去掉这些物欲，不为气所乱，而推广良知，便是道德自律、人格高尚、精神快乐的人，便有舒适的人生。良知的世界是一方洁净空阔的至善之地，是人的精神家园。

存天理去人欲，是儒家道德修养的重要命题，德治也对为政者的个人道德提出了较高要求。王阳明不但在学问中讲求道德自律，也在为政中主张廉洁清正。而贪腐是典型的人欲，面对这一重大现实难题，王阳明主张要养廉，并奖励治下的廉洁官员。他在赣南时，看到所属州县、卫所、仓场等衙门的大小官吏贪赃枉法，纷纷落马，询问原因，都说："家口众多，日给不足；俸资所限，本以凉薄，而近例减削，又复日甚；加有上下接应之费，出入供送之繁，穷窘困迫，计出无聊。"④ 当然，官员中也有安贫自守者，可是他们的生活难以为继："往往狼狈蓝缕，至于任满职革，债负缠结，不得去归其乡。夫贪墨不才，法律诚所难贷，而其情亦可矜悯！"阳明认为，应保证官员的基本生活，这样才能要求他们恪尽职守，存廉耻节义之念。他说：

> 夫忠信重禄，所以劝士，在昔任人，既富方谷，庶民在官，禄足代耕，此古今之通义也。朝廷赋禄百司，厚薄既有等级，要皆使各裕其资养，免其内顾，然后可望以尽心职业，责以廉耻节义。今定制所限，既不可得而擅增，至于例所应得，又从而裁削之，使之仰事俯育，且不能遂；是陷之于必贪之地，而责之以必廉之守，中人之资，将有不能，而况其下者之众乎？⑤

江西赣南的官员，所得俸禄不足以养家，这是要陷其于必贪之地，何况多数官员都是中下之资，如何能守住清廉。

阳明在江西巡抚任上时，曾着力奖励人数甚少的各级清廉官员。他批准为官声清廉的临江知府戴德孺修建生祠，他在批文中说："看得知府戴德孺素坚清白之守，久著循良之政，今其去任，而郡民建祠报德，此亦可见天理之在人心，自不容已。仰该府县官俯顺民

① 王守仁撰，吴光、钱明、董平、姚延福编校：《王阳明全集》卷8《书朱子礼卷》，上海古籍出版社2011年版，第313页。
② 王守仁撰，吴光、钱明、董平、姚延福编校：《王阳明全集》卷3《语录一》，上海古籍出版社2011年版，第18页。
③ 王守仁撰，吴光、钱明、董平、姚延福编校：《王阳明全集》卷3《语录三》，上海古籍出版社2011年版，第131页。
④ 王守仁撰，吴光、钱明、董平、姚延福编校：《王阳明全集》卷17《议处官吏廪俸》，上海古籍出版社2011年版，第672页。
⑤ 王守仁撰，吴光、钱明、董平、姚延福编校：《王阳明全集》卷17《议处官吏廪俸》，上海古籍出版社2011年版，第672~673页。

情，量行拨人看守，非徒激励后人，俾有所兴；且以成就民德，使归于厚。"① 又有南昌府保昌县丞杜洞，清廉自持，尤为突出，可是病故后无以为葬："照得保昌县县丞杜洞，久在军门，管理军赏，清介自持，贤劳茂著，郡属之中，实为翘然；今不幸病故，使人检其行橐，萧然无以为归殡之资，殊可伤悼！今寻常故官小吏，无洞一日之劳者，犹且有水手殡殓之例；况洞从征恶寇，跋涉阻险，冲冒瘴毒，又且平日才而且贤，所谓以死勤事者矣！焉可以不从厚待之，是贤不肖略无所辨也。"一个勤于职守的官员，病故后行橐萧然，竟无归葬之资，令阳明深受触动，立即命南昌府官吏："即于库贮无碍官钱内给与水夫二名，棺殓银十两，就行照例起关，应付船只脚力，查照家属名数，给与口粮，务要从厚资送还乡开报。及仰保昌县官吏，即便金拨长行水手二名，棺殓银二十两，及将本官应得俸粮马夫银两，照数支给，交付伊男；及差的当人役，护送还乡，毋致稽误。"② 终于将杜洞归葬之事安排妥当。王阳明发现兴国县主簿于旺也有廉洁表现："独能操持清白，处事详审，近委管理抽分，纤毫无玷，奸弊划革，抚属小官之内，诚不多见，相应奖励，以劝其余。为此牌仰官吏即便支给商税银两，买办花红、彩段、羊酒各一事；并将本院发去官马一匹，带鞍一付，备用鼓乐，差官以礼送付本官，用见本院奖励之意。"③ 阳明鉴于近来下僚，少有持廉守法者，于是对兴国县的小小主簿的清廉行为大加表彰，这自然有其用意。

此前，在巡抚南赣汀漳等处军务任上时，王阳明还优奖已休致的赣县县丞龙韬。他在《优奖赣县致仕县丞龙韬牌》中言："访得赣县致仕县丞龙韬，平素居官清谨，迨其老年归休，遂致贫乏不能自存，薄俗愚鄙，反相讥笑。夫贪污者乘肥衣轻，扬扬自以为得志，而愚民竞相歆羡；清谨之士，至无以为生，乡党邻里，不知为周恤，又从而笑之；风俗薄恶如此，有司者岂独不能辞其责。"于是，王阳明命赣州府官吏："即便措置无碍官银十两，米二石，羊酒一付，掌印官亲送本官家内，以见本院优恤奖待之意。仍仰赣县官吏，岁时常加存问，量资柴米，毋令困乏。呜呼！养老周贫，王政首务，况清谨之士，既贫且老，有司坐视而不顾，其可乎？远近父老子弟，仍各晓谕，务洗贪鄙之俗，共敦廉让之风。具依准，并措送过。"④ 县丞在职时清廉，休致后生活困顿，遭到乡人讥笑，阳明即刻命人送去慰问品，以表达优恤奖励之意。

尽管王阳明倡导善政，主张廉洁自持，但是即便在"完人"王阳明治下的江西及福建、广东、湖广等交叉地域，真正能廉洁守法的官吏还是寥若晨星，民风也是笑贫不笑贪。反映出各级官吏更多考量的是利益，而非道德觉悟，可知廉洁的自律性并不强大。他所倡导的仁政和清廉自律，还是一种贤人政治的路向，民众的权益很少得到体现。当然，在无法破除旧的政治格局的时代，阳明的道德追求正是那个世界的光亮所在。

---

① 王守仁撰，吴光、钱明、董平、姚延福编校：《王阳明全集》卷17《批临江府耆民建立生祠呈》，上海古籍出版社2011年版，第662页。

② 王守仁撰，吴光、钱明、董平、姚延福编校：《王阳明全集》卷18《牌行南昌府保昌县礼送故官》，上海古籍出版社2011年版，第710页。

③ 王守仁撰，吴光、钱明、董平、姚延福编校：《王阳明全集》卷17《奖励主簿于旺》，上海古籍出版社2011年版，第674~675页。

④ 王守仁撰，吴光、钱明、董平、姚延福编校：《王阳明全集》卷16《优奖致仕县丞龙韬牌》，上海古籍出版社2011年版，第632页。

三、治理方法：勤政守职 任贤使能

王阳明自 28 岁取中进士后，即进入官场。先是观政工部，次年授刑部云南司主事。31 岁告病归乡。33 岁主考山东乡试，不久改兵部武选司主事。35 岁因抗疏救戴铣等人，触怒宦官刘瑾，被贬贵州龙场驿驿丞。赴谪途中几遭不测。37 岁抵达龙场驿。39 岁升任江西吉安府庐陵县知县。此后，历任都察院左佥都御史、南赣巡抚、两广总督等职，晚年官至南京兵部尚书、都察院左都御史。因平定南赣义军、擒获宁王朱宸濠、经略广西边务等三大军功，被学者称赞道："姚江王文成公以道学立事功，为三百年一人，洒北宋以来儒者之耻。"① 阳明先生确实取得了常人所不及的巨大的政绩。

王阳明自己就是勤政守职的典范。他初次任职地方，在庐陵为政共七个月，其"为政不事威刑，唯以开导人心为本。莅任初，首询里役，察各乡贫富奸良之实而低昂之。狱牒盈庭，不即断射。稽国初旧制，慎选里正三老，坐申明亭，使之委曲劝谕。民胥悔胜气嚣讼，至有涕泣而归者。由是图圄日清"②。此外，为救助感染灾疫的百姓，阳明夜中忧虑，思考医治的方法，告谕百姓相互扶持，并派医生下乡救治。曾在城中辟出火巷，杜绝镇守横征，创立保甲制以弭除盗匪，清驿递以安定宾旅。又发告示十六道，谆谆告诫父老，命其教育子弟，勿做有害社会的事情。他所制定的系列规章，继任者数十年一直相沿不改。他在庐陵七个月间，将庐陵治理得井井有条，树立了勤政的典范。

他晚年勘定两广兵事时，因肺疾过重，请辞免重任，未准。嘉靖帝谕曰："卿识敏才高，忠诚体国，今两广多事，方藉卿威望抚定地方，用纾朕南顾之怀。姚镆已致仕了，卿宜星夜前去，节制诸司，调度军马，抚剿贼寇，安戢兵民，勿再迟疑推诿，以负朕望。"③ 仍命他前往广西思恩、田州平定叛乱。在辞职不准的情况下，阳明只能扶病起程，沿途就医，昼夜前行，坚持勤于职事。他在路途上即开始工作，"沿途涉历，访诸士夫之论，询诸行旅之口，颇有所闻"④。关于此地是否应继续任用土官，经过细致调查，阳明认为："田州切邻交趾，其间深山绝谷，皆瑶、僮之所盘据，动以千百。必须仍存土官，则可藉其兵力，以为中土屏蔽。若尽杀其人，改土为流，则边鄙之患，我自当之，自撤藩篱，非久安之计，后必有悔。"⑤ 以后又经过几次会同总镇、镇守、御史等人商讨，确定"仍土官以顺其情"，"设流官以制其势"。⑥ 最终以和平的方式，不到两个月的时间，平定了思

---

① 魏禧：《魏叔子文集外篇》文集卷 17《明右副都御史忠襄蔡公传》，清刻本。

② 王守仁撰，吴光、钱明、董平、姚延福编校：《王阳明全集》卷 33《年谱一》，上海古籍出版社 2011 年版，第 1356 页。

③ 王守仁撰，吴光、钱明、董平、姚延福编校：《王阳明全集》卷 14《赴任谢恩遂陈肤见疏》，上海古籍出版社 2011 年版，第 513 页。

④ 王守仁撰，吴光、钱明、董平、姚延福编校：《王阳明全集》卷 14《赴任谢恩遂陈肤见疏》，上海古籍出版社 2011 年版，第 513 页。

⑤ 王守仁撰，吴光、钱明、董平、姚延福编校：《王阳明全集》卷 14《赴任谢恩遂陈肤见疏》，上海古籍出版社 2011 年版，第 517 页。

⑥ 王守仁撰，吴光、钱明、董平、姚延福编校：《王阳明全集》卷 14《处置平复地方以图久安疏》，上海古籍出版社 2011 年版，第 534 页，

恩、田州的土司之乱，完成了朝廷下达的勘定任务。之后又应当地百姓之请，用奇谋，迅速剿灭八寨、断藤峡一带为乱已久的地方武装。八寨、断藤峡一带深岩绝岗，地势险峻，地方势力盘踞已久，自国初以来，无人敢轻言征剿。王阳明在一个月内，"一举荡平，若拉枯朽"①，再次体现了王阳明非凡的军事才干和智谋。此事却引来嘉靖帝的疑虑，认为王阳明在夸大战功，并连染怀疑其生平学问。此时，王阳明在严重的肺疾之外，再染热毒，在征战的环境中无法接受正常治疗，故上疏请求归乡疗疾，但上疏未能到达皇帝手中。阳明终于积劳成疾，在嘉靖七年（1528）十一月二十九日辰时病故，遗言："此心光明，亦复何言！"可谓鞠躬尽瘁，死而后已。王阳明年少时曾仰慕"马革裹尸还"的东汉伏波将军马援，并梦游伏波庙。不料，在他生命终结的这一年十月，路过梧州，亲身拜谒伏波庙。阳明先生的结局也与伏波将军一样，马革裹尸而还，少时的梦想竟成现实。明代学者李贽云："先生卒亦裹尸而归，为朝臣桂萼所谗毁，夺其封爵，何其若合符契也。有志竟成，先生可以无恨矣。"②

王阳明对待自己的职任是尽忠的，也鼓励友人勤勉尽责。他认为牧令治理一方，如同农夫种田，只有勤于职守，才能收获如农人一般的成果。他在《送骆蕴良潮州太守序》中言："牧守之治郡，譬之农夫之治田。农夫上田，一岁不治则半收。再岁不治则无食，三岁不治则化为芜莽，而比于瓦砾。苟尽树艺之方，而勤耕耨之节，则下田之收与上等。"③ 如果骆太守在自然条件丰饶的潮州勤劳有加，一定能更好地为民造福。

作为管理者，王阳明既对称职的官员予以表彰，也对因循苟且、玩习弛废、不守官德的现象大加抨击。他在莅仕之初即有《陈言边务疏》言："臣愚以为今之大患，在于为大臣者外托慎重老成之名，而内为固禄希宠之计；为左右者内挟交蟠蔽壅之资，而外肆招权纳贿之恶。习以成俗，互相为奸。忧世者，谓之迂狂；进言者，目以浮躁；沮抑正大刚直之气，而养成怯懦因循之风。故其衰耗颓塌，将至于不可支持而不自觉。"他认为自己所谈虽是常识，但是问题在于正是这些不良风气移人，"非有奇特出人之见，固皆兵家之常谈，今之为将者之所共见也。但今边关将帅，虽或知之而不能行，类皆视为常谈，漫不加省。势有所轶，则委于无可奈何；事惮烦难，则为因循苟且。是以玩习弛废，一至于此"④。他力主整饬边关事务。至嘉靖七年（1528），他已由昔日刚入职的进士，成为总督四省兼巡抚两广军务的大吏，仍然在强调官署的管理问题。他在《禁革轻委职官》的公文中说："大抵天下之不治，皆由有司之失职；而有司之失职，独非小官下吏偷惰苟安侥幸度日，亦由上司之人，不遵国宪，不恤民事，不以地方为念，不以职业经心，既无身率之教，又无警戒之行，是以荡弛日甚，亦宜分受其责可矣。"⑤ 天下之所以治理不当，

① 张廷玉等：《明史》卷195《王守仁传》，中华书局1974年版，第5167页。
② 张建业等编：《李贽全集注》第十八册《阳明先生年谱》，社会科学文献出版社2010年版，第350页。
③ 王守仁撰，吴光、钱明、董平、姚延福编校：《王阳明全集》卷29《送骆蕴良潮州太守序》，上海古籍出版社2011年版，第1155页。
④ 王守仁撰，吴光、钱明、董平、姚延福编校：《王阳明全集》卷9《陈言边务疏》，上海古籍出版社2011年版，第316页。
⑤ 王守仁撰，吴光、钱明、董平、姚延福编校：《王阳明全集》卷18《禁革轻委职官》，上海古籍出版社2011年版，第698页。

是由于官员失职，而官员失职并非只是下级官吏苟且偷安，还有上级衙门官员公事日益废弛的缘故。据《传习录》记载，阳明先生曾对一个经常听他讲学的属官说："尔既有官司之事，便从官司的事上为学，才是真格物。如问一词讼，不可因其应对无状，起个怒心；不可因他言语圆转，生个喜心；不可恶其嘱托，加意治之；不可因其请求，屈意从之；不可因自己事务烦冗，随意苟且断之；不可因旁人谮毁罗织，随人意思处之。"① 他不忘教导下属和学生忠于职守，告诫他们为学还需在事上磨炼。

对于官员自身而言，应该勤政守职，用好权力。但是另一方面，对于执政者来说，王阳明主张要精简机构和事务，省官、省事。当江西布政司提出设县的建议时，阳明指出："省吏不如省官，省官不如省事，凡今作事，贵在谋始。"② 毕竟新设一县，需增加各种官吏和设施，如官吏、供给、学校、仓库、监狱、差徭等，一应费用，不在少数，兼且还有彼此牵制之患。因此，他认为应省官、省事。

在人治的时代，行政在于得人，因此，王阳明十分重视用人问题。嘉靖六年（1527）有人推举官员，阳明认为其中人选恐有不当，于是指出，朝廷用人，"乃天下治乱盛衰所系，君子小人进退存亡之机，不可以不慎也。此事譬之养蚕，但杂一烂蚕于其中，则一筐好蚕尽为所坏矣"③。而且他主张用人重在品德，"夫朝廷用人，不贵其有过人之才，而贵其有事君之忠，苟无事君之忠，而徒有过人之才，则其所谓才者，仅足以济其一己之功利，全躯保妻子而已耳"④。他认为，才、德相比，德更可贵。

四、结　　论

阳明先生是立德、立功、立言"三不朽"的典范，明朝隆庆皇帝称赞他"两肩正气，一代伟人，具拨乱反正之才，展救世安民之略"⑤。那么，他在吏政思想和王朝治理以及建立政治功业方面，究竟有无特殊的贡献，是否引导达成政治正义呢？

首先，王阳明在政治上是有立场的，他无疑是站在执政者以及官员一方来谈论官僚政治并处理政事的，也会为维持政权稳定而平定江西义军，这一点今人不必苛求于他。尽管如此，他还是属于能深刻认识"民为邦本""为政以德"，讲求"仕者以道"，并能俯身践行廉能勤政的人，他具有真诚恻怛、爱民教民的赤子之心。

其次，自幼立志"学为圣贤"的阳明先生，在步入仕途之后，遇到了各种隐形规则和官场恶势力的打压，有时处境险恶，几至丧命，这不是他想要的为政生活，他的各种为政主张显然难以实现。他给好友黄宗贤写信说："仕途如烂泥坑，勿入其中，鲜易复出。

① 王守仁撰，吴光、钱明、董平、姚延福编校：《王阳明全集》卷3《语录三》，上海古籍出版社2011年版，第107页。

② 王守仁撰，吴光、钱明、董平、姚延福编校：《王阳明全集》卷17《批江西布政司设县呈》，上海古籍出版社2011年版，第672页。

③ 王守仁撰，吴光、钱明、董平、姚延福编校：《王阳明全集》卷21《答方叔贤》，上海古籍出版社2011年版，第912页。

④ 王守仁撰，吴光、钱明、董平、姚延福编校：《王阳明全集》卷14《辞免重任乞恩养病疏》，上海古籍出版社2011年版，第512～513页。

⑤ 毛奇龄：《王文成传本》卷2，清康熙刻《西河合集》本。

吾人便是失脚样子，不可不鉴也。"① 所以他一生都有强烈的归隐思想，在平定朱宸濠叛乱而被朝廷索要宸濠、欲纵之以供武宗亲与接战之后，他辞职未获准，赋诗道："百战归来一病身，可看时事更愁人。道人莫问行藏计，已买桃花洞里春。"② 面对理想与现实的巨大差距，他苦思默想，如何在君暗臣昏、惨无天日的时代，找到自己安身立命之处，他终于凭借自己强大的精神力量，提出"知行合一""致良知"的思想，实现了哲学上的重大突破。可以认为，尽管书生王阳明以其出神入化的军事功力取得了征南赣、征宁王、征思田的"三征"成就，也多次被朝廷委以巡抚江西、巡抚两广、总督四省的重任，并兼都察院左都御史，还有人荐举其入阁秉枢机，但实际上他时常受到朝臣和宦官的疑忌，嘉靖初期竟居乡赋闲六年，其过人才干远未能得以发挥，也就难以全面实现其在吏政方面的思想主张了。

最后，在明朝中叶恶劣的政治生态中，阳明先生还是在内圣修己、外王事功两方面取得了卓著功绩，他的人格和道德的力量也体现在其事功之中，而这些都是中国人所最为看重的人生成就，他的功业，包括吏政方面的思想主张，连同其学问，一起成就了他作为明代立德、立功、立言第一人的美誉。

（作者单位：武汉大学历史学院）

---

① 王守仁撰，吴光、钱明、董平、姚延福编校：《王阳明全集》卷 4《与黄宗贤》之七，上海古籍出版社 2011 年版，第 172 页。

② 王守仁撰，吴光、钱明、董平、姚延福编校：《王阳明全集》卷 20《宿净寺四首》，上海古籍出版社 2011 年版，第 832 页。

文献与版本

《云笈七签》中的"连珠"与《妙真经》佚文考*

□ 杨　帅　罗积勇

【摘要】目前学界尚不清楚《云笈七签》中的"连珠"与《妙真经》佚文究竟有何关联。本文通过联系《老子指归》《刘子》《无上秘要》《要修科仪戒律钞》《太平御览》等书中相关文字，可知《云笈七签》中六十五首连珠有十首或直接或间接源自《妙真经》。考证此十首连珠，又知《妙真经》的部分内容乃改编自《老子指归》，成书较早；还发现"连珠"及他书中所存《妙真经》佚文，又见于《刘子·慎言》篇，由此推断，《刘子·慎言》篇当为《妙真经》中"慎言"部分的进一步阐发，《刘子》当是今所知最早引用《妙真经》的文献，而《无上秘要》只是最早注明其出处而已。

【关键词】《妙真经》；连珠；《云笈七签》

　　《妙真经》作为早期诠释《道德经》之作，在早期道教发展史上具有重要地位。由于《妙真经》今已亡佚，但从他书引文仍可窥见其貌。关于其佚文，目前国内学界普遍认为"《妙真经》佚文主要见引于南北朝晚期和隋唐道教著作，尤其在类书之中多见，《无上秘要》《大道通玄要》《要修科仪戒律钞》都曾大段征引《妙真经》"①。实际上《妙真经》引文还大量见于早期宋代类书中，如《太平御览》卷六五九、卷六六八、卷六七七，《云笈七签》卷六、卷三二、卷八九、卷九十、卷九二、卷九四等②。日本学者前田繁树对《妙真经》佚文进行过辑佚，但他对宋以后道教类书所引的研究则有所忽视，尤其是《云笈七签》中"连珠"与《妙真经》的关系。③《云笈七签》中"连珠"同《妙真经》究竟有何关系，目前学界还不清楚。

---

　　* 本文为教育部人文社会科学基地武汉大学传统文化研究中心重大项目（项目编号：16JJD730006）阶段性成果。

　　① 樊波成：《〈妙真经〉成书考》，《宗教学研究》2014年第2期，第34页。

　　② （宋）张君房辑：《云笈七签》，齐鲁书社1988年版，第501~505页。由于《云笈七签》中卷八十九与卷九十二内容相同，因此此两卷所引《妙真经》佚文也相同。如不特作说明，本文连珠语料均源自此书。

　　③ ［日］前田繁树：《初期道教の形成》，日本汲古书院2004年版，第261页。

一、《云笈七签》中的"连珠"

"连珠"作为一种文体，富有双关性，因它既指一首（一则）作品，又指由多首作品所构成的一个集合。一首其体如珠，辞小而圆润。如《艺文类聚》载晋傅玄《连珠序》所述"其体辞丽而言约，不指说事情，必假喻以达其旨，而令贤者微悟，合于古诗劝兴之义"①；其集合如串珠，碎文琐语，串联而成。它是我国古代一种特殊的文体，其特殊性不仅因它集文学性与逻辑性相统一，还因它是一种综合性的推论形式。② 正如《艺文类聚》所载沈约《注制旨连珠表》曰："连珠者，谓辞句连续，互相发明，若珠之排结也。"③ "互相发明"既指连珠体各句间所存在的一种相互推导的关系，也指数首连珠的集合，多层次，多角度，相互佐证的一个主题。如《云笈七签》其卷九十"七部语要"是由"六十五首连珠"④ 所撰成，举一首分析如下：

（1）海蚌未剖，则明珠不显；昆竹未断，则凤音不彰；情性未炼，则神明不发。譬诸金木，金性包水，木性藏火。故炼金则水出，钻木而火生。人能务学，钻炼其性，则才慧发矣。（《云笈七签》卷九十"连珠"第四首第 501 页）

此首连珠，又见于《刘子·崇学》⑤。从形式上看，先有释例，后及论断，属于典型的连珠二段式。其前提与结论之间互相佐证，运用模拟与归纳推理，启发人们明白"人皆有才慧，但需磨炼和学习，才能开发出来"的道理。通过借助"海蚌""昆竹""情性""金木"形象进行模拟，点明事理，易读而可解，易观而可悦。整体上符合连珠辞丽而言约，不指说事情，必假喻以达其旨，而令贤者微悟，合于古诗劝兴之义的文体特征。

通过对《云笈七签》中"连珠"考证，发现张君房所作"连珠"实则为魏晋南北朝时期道教文本的精要摘抄，定格连章，串为的"连珠"。六十五首连珠，其内容主要围绕修道人的性、情、欲及行为方面展开论述，多层次，多角度，论证修道人如何修道的思想，辞小而理强，词净而义明，具有警醒劝世的作用。通过溯源，六十五首连珠与《妙真经》、《刘子》、《太上老君太素经》、《上清变化七十四方经》、敦煌法藏文献《道经》等原文，其中有十首连珠或直接、或间接出自《妙真经》原文。

---

① （唐）欧阳询撰，汪绍楹校：《艺文类聚》，上海古籍出版社 2007 年版，第 1035 页。

② 孙波：《连珠范式的演变及其逻辑解析》，《甘肃社会科学》2008 年第 3 期，第 46 页。

③ （唐）欧阳询撰，汪绍楹校：《艺文类聚》，上海古籍出版社 2007 年版，第 1039 页。

④ 《云笈七签》卷九十"七部语要"所注"凡连珠六十五首"，实际为"五十九"首，因其中存有误分误合现象。本文用例所注首数以"神静而心和"为首，依次排序，不去除其误分误合情况，故为六十五首。另需特别说明齐鲁书社 1988 年出版的《云笈七签》，该书主要以涵芬楼翻明《正统道藏》本影印，对文本进行了初步整理，如出版说明之四："为醒目计，凡目录中所立条目，均在正文中相应部位，加▲或△以识之。"然其整理仍存有误，如其目录中卷九十"连珠"下注"凡五十八首"，而其内容卷九十"连珠"下却注"凡连珠六十五首"，而该书所认为实录"五十八首"也当为"五十九首"，因第四十六首即"去不修之道"前存在漏加▲的情况。

⑤ 王叔岷：《刘子集证训释》，中华书局 2007 年版，第 3 页。

二、《云笈七签》中"连珠"与《妙真经》佚文的关系

依据此十首连珠的特点，可分为两类：一类又见于他书引文且有佐证的，应直接出自《妙真经》原文，此类共计六首；另一类仅见于"连珠"中所引，不见于前人之书，然而依据《妙真经》成书特点及溯源语境，推测其应间接出自《妙真经》原文，此类共计四首。分析如下：

第一类：不仅见于《妙真经》原文，还有宋以前他书引文佐证，因此无疑源自《妙真经》原文。此六首基本为原文摘录，通过他书引文，发现文本间存有差异，可他校以确定《妙真经》原文。举例如下：

（2）制生杀者天也，顺性命者人也。非逆天者勿杀也，非逆人者勿伐也。故王法当杀而不杀，纵天贼；当活而不活，杀天德。为政如是，使后世攸长。（《云笈七签》卷九十"连珠"第二十九首第 503 页）

（3）制杀生者天，顺性命者人也。非逆天者勿伐，非逆人者勿杀。故王法当杀不杀，纵天贼；当活不活，杀天德。为政如此，使后世条长，禁苛兴克德之本，德莫大于活也……右出《妙真经》。（《无上秘要》① 卷六"王政品"第 21 页）

此首除见于《无上秘要》外，又见于《太平御览》卷六五九，但其所引为《道典》，盖李昉记载有出入。② 其引文曰："制杀生者天也，顺性命者人也。非逆天者勿杀也，非逆人者勿伐也。为政如是，盖道之极也。"对比三个文本，有两处不同。即"生杀"与"杀生""勿杀"与"勿伐"的不同。依其句式的相对性，"制生杀者天也"当与"顺性命者人也"相对。"顺性命"为动宾短语，"性命"为名词，"生杀"为名词，"杀生"为动词短语，故"制生杀"与"顺性命"更相符。依据"制生杀者天也"可见，"逆天者"当"杀"，故"非逆天者勿杀也"；同样依据"顺性命者人也"推断"逆人者当伐也"，故"非逆人者勿伐也"。可知《云笈七签》中所引《妙真经》原文较为正确，而他书引文则存有讹误。

（4）五色重而天下爽，珠玉贵而天下劳，币帛通而天下倾。是故五色者陷目之锥，五音者塞耳之椎，五味者截舌之斧。（《云笈七签》卷九十"连珠"第三十八首

---

① 《道藏》，第 25 册，文物出版社、上海书店、天津古籍出版社 1988 年版，第 21 页。

② （宋）李昉：《太平御览》，中华书局 1998 年版，第 2493、3023 页。该书所引"道典曰"共有两次，分别在卷六五九《道》篇和卷六七七《舍》篇。通过溯源，如《道》篇所引"制杀生者天也……为政如是，盖道之极也"，又见于南北朝《无上秘要》卷六"王政品"所引《妙真经》，详见文中例 3；《舍》篇所引"道之清净者，吾舍也。道因天清而清之，因地静而静之。因日月之光而明之，因星辰之行而正之，因万物之性而消息之。万物中人为贵，能使形无事神无体，以清净致无为之意，即道为舍也"，又见于南北朝《无上秘要》卷五"人品"以及唐代《大道通玄要》中所引"妙真经引文"，可见李昉所述"道典曰"实则为"妙真经曰"，盖因《妙真经》为道教典籍的缘故，"道典"泛称"一切道经"。

第 504 页）

（5）老子曰：天地构精……夫五色重而天下盲矣，五音调而天下聋矣。五味和而天下爽矣，珠玉贵而天下劳矣，币帛通而天下倾矣。是故五色者陷目之锥，五音者塞耳之槌，五味者截舌之斧，财货者射身之矢……右出《妙真经》。（《无上秘要》卷七"修真养生品"第 22 页）

依据连珠的推理性，此首连珠疑似有误。因其结论与前提不对称，其结论中描述的"五色""五音""五味"与前提中"五色"不对应。依据《无上秘要》中所引文，可校《云笈七签》中"五色重而天下爽"当为"五味和而天下爽矣"，而"五色重"其后当为"天下盲矣"；"五音者塞耳之椎"当为"五音者塞耳之槌"，盖张君房摘录有误所导致。此首连珠当为"五色重而天下盲矣，五音调而天下聋矣，五味和而天下爽矣，珠玉贵而天下劳矣，币帛通而天下倾矣。是故五色者陷目之锥，五音者塞耳之槌，五味者截舌之斧，财货者射身之矢"。可见该引文《无上秘要》本更接近《妙真经》原文。

（6）天之道，利而不害；圣人之道，为而不争。故与时争者昌，与人争者亡。是以虽有甲兵，无所陈之者，以其不争也。夫不祥者，人所不争；垢辱者，人所不欲。能受人所不欲者则足矣，得人之所不争者则宁矣。（《云笈七签》卷九十"连珠"第二十八首第 503 页）

（7）天之道，利而不害；圣人之道，为而不争。故与时争者昌，与人争者凶。是以有甲兵，无所陈之，以其不争。夫不祥者，人之所不争。垢辱者，人所不欲。能受人所不欲则足矣，得人所不争则宁矣……右出《妙真经》。（《无上秘要》卷六"王政品"第 21 页）

相较《无上秘要》所引，《云笈七签》此首连珠多连词和语气助词"者""也""矣"等。因为《妙真经》与《西升经》① 同属太玄部，皆为早期诠释《道德经》的重要文本。对比两文本，发现《妙真经》中"道曰：'吾前以道授关令尹生，著《道》《德》二篇。将去，戒之曰：'夫道，自然也，得之者知其自然，不得之者不知其所由然。譬犹若识音，不能深晓人心；知之口，不能言妙哉。'"② 当源于《西升经》第一章内容，即"关令尹喜见气，宅待遇宾，为说道德，列以二篇。告以道要，云道自然；行者能得，闻者能言。知者不言，言者不知；所以言者，以音相闻；是以故谈，以言相然。不知道者，以言相烦；不闻不言，不知所由然。譬如知音者，识音以弦"。可见《妙真经》与《西升经》不仅在观点上相通，而且两书在表述上用词用语也较为接近。但在《西升经》行文中，未出现"虽……者……也"的句式，可见其当为后人所加。又从音韵上，《云笈七签》中"与人争者亡"中"亡"字，《无上秘要》卷六原作"凶"，当为与上句"昌"押韵而改。可见《无上秘要》本所引更贴近《妙真经》原文，《云笈七签》本所附带的连词和语气助词盖为后人所加。

① 《道藏》，第 14 册，文物出版社、上海书店、天津古籍出版社 1988 年版，第 567 页。

② （南北朝）周武帝辑，周作明点校：《无上秘要》，中华书局 2016 年版，第 21 页。

第二类：此类引文不见于前人之书所引，共四首。据樊波成《〈妙真经〉成书考》所述"《妙真经》中没有以'道曰'（老子曰）起头的多为《老子指归》改编而成"①。笔者认为此说法有待进一步商榷，因为现存《妙真经》原文多为他书所引辑佚，而他书所引中可能存有摘句引，而非整段引，所以将《妙真经》划分为"道曰组"与"非道曰组"，其前提就有所不当。因为可能存在他书所引《妙真经》"道曰类"材料而并未注"道曰"的情况，如《无上秘要》卷一百所引为"道曰"类材料，而在《要修科仪戒律钞》卷十二所引中就省略了"道曰"字样。此外，还发现《妙真经》佚文中"老子曰"的内容其实也为《老子指归》改编而成，且与"道曰"的语言风格也不同，如下文所举例。总上，我们可确定《妙真经》其成书内容有部分乃改编自《老子指归》。据此以及"连珠"溯源的语境②，我们认为此四首间接为《妙真经》佚文。分析如下：

（8）原道德之意，揆天地之情。祸莫大于死，福莫大于生。是以有名之名，丧我之橐；无名之名，养我之宅。有货之货，丧我之贼；无货之货，养我之福。（《云笈七签》卷九十"连珠"第三十五首504页）

（9）圣人上原道德之意，下揆天地之心……无名之名，生我之宅也；有名之名，丧我之橐也；无货之货，养我之福也；有货之货，丧我之贼也。（《老子指归》卷二"名身孰亲篇"第49页）

（10）老子曰：天地构精，阴阳自化，灾咎欲萌，滥于五色之变，视不见祸福之形。失于五音之变，听不闻吉凶之声。失于五味之变，言不中是非之情。贪于财货之变，虑不见邪正之倾。夫五色重而天下盲矣，五音调而天下聋矣。五味和而天下爽矣，珠玉贵而天下劳矣，币帛通而天下倾矣。是故五色者陷目之锥，五音者塞耳之槌，五味者截舌之斧，财货者射身之矢。凡此数者，变而相生，不可穷极。难明易灭，难得易失。此殃祸之宫，患宝之室。是以圣人服无色之色，听无声之声，味无味之味。名者身之害也，利者行之秽也。是以动为身税，为荣而得小，为善而得少。故有名之名，丧我之橐。无名之名，养我之宅。右出《妙真经》。（《无上秘要》卷七"修真养生品"第22页）

此首连珠其内容改编自《老子指归》③ 卷二《名身孰亲篇》部分，其又见于《无上秘要》卷7 "修真养生品"所引《妙真经》原文的部分片段。从"修真养生品"引文

---

① 樊波成：《〈妙真经〉成书考》，《宗教学研究》2014年第2期，第34页。

② "此语境"，即指"七部语要"中连珠的溯源语境，第一到十六首摘自《刘子》，第十七到二十七首摘自《西升经》，第二十八到三十八首摘自《妙真经》，而在第二十八到三十八首中，其第二十八首、第二十九首、第三十四到三十八首又见于他书所引《妙真经》原文。注意因"七部语要"所注"凡连珠六十五首"，实际为五十九首，因其中存有误分误合现象。所以在第二十八首到三十八首之间也存有误分误合情况。通过溯源与考证，同时依据连珠的文体特征，可按第二十八、二十九首之间存有部分误分，但仍可分作两首；第三十六、三十七首存有误分，当合为一首情况，因此从第二十八首到第三十八首其实是十首连珠。

③ （汉）严遵撰，樊波成校笺：《〈老子指归〉校笺》，上海古籍出版社2013年版，第49页。

"老子曰"可见：第一，《云笈七签》中第三十八首连珠［例（4）］同第三十五首连珠［例（8）］当都引自《妙真经》原文，且位置相接近，可能引自《妙真经》同一篇。第二，在《老子指归》中，此首"连珠"其前提与结论是相分离的，其间省略了216字的论证过程。其结论又见于"修真养生品"中《妙真经》的引文，可见此首"连珠"在《妙真经》原文也并非相连，可能为张君房依据《妙真经》摘录时进行过二次创作，盖张君房认为原文表达冗长，将所论述观点与结论以连珠形式表达，更为简洁有力。第三，"《妙真经》中没有以'道曰'（老子曰）起头的为《老子指归》改编而成"的观点有待进一步商榷，因为《无上秘要》卷七《修真养生品》所引《妙真经》有"老子曰"，其内容就为《老子指归》改编成分。

从连珠的溯源上看，此首连珠的上一首，即"福者祸之先……而因自然"，又见于《无上秘要》卷六"论意品"中《妙真经》引文；而其下一首即"罪莫大于淫……大则残家"，又见于唐朱法满《要修科仪戒律钞》中《妙真经》引文，由此可推测此首亦当源自《妙真经》。

（11）君子之立身，以玄德为父，以神明为母，清净为师，太和为友。为虎为龙，与天地同终；为玄为默，与道穷极。非时不动，非和不言。图难为易，治之于根本，绝之于末也。为善者自赏，造恶者自刑。故不争无不胜，不言无不应者也。（《云笈七签》卷九十"连珠"第三十首第503页）

（12）《真诰》曰：修于其身，其德乃真。君子立身，道德为任，清净为师，太和为友，为玄为默，与道穷极。治于根本，求于未兆。为善者自赏，为恶者自刑。故不争无不胜，不言无不应。（《太平御览》卷六五九"道部一"第2493页）

对比两书引文，《云笈七签》中多"非时不动""非和不言""图难为易"三句。从内容上看，此三句可能为衍文。又《太平御览》存有此首，但其注为陶弘景《真诰》。检查《真诰》，并未见此文，《太平御览》所引或为他经引文，或标注有误。又《妙真经》部分内容源自《老子指归》改编而成，而此首正符合其特点，改编自《老子指归》的不同篇章。如《指归》卷二："不出户篇"，即"道德为父，神明为母，清静为师，太和为友，天下为家，万物为体，视彼如己，视己如彼"；卷三："天下有始篇"即"为瘤为龙，与天地同；为玄为默，与道穷极""非时不动，非和不然"；卷六："勇敢篇"即"为善者自赏，造恶者自刑……故不争而无不胜，不言而无不应，不召而无所不来"。试比较，可知整首连珠，其前提"以玄德为父，以神明为母，清净为师，太和为友"通过演绎法推论出"不争无不胜，不言无不应"来进一步阐释老子"无为"思想，其言语风格颇有"老子曰"风格，其句式特点及用韵也多相同，两两相对押韵，似《道德经》特点。

从连珠的溯源上看，张君房往往是将同一本经书的相关材料精要摘抄，之后定格连章地排列在一起。如六十五首连珠中第一到十六首摘自《刘子》，第十七到二十七首摘自《西升经》，第二十八到三十八首摘自《妙真经》，后文还有一连七首又见于法藏敦煌文献《道经》。又其第二十八、二十九，第三十四到三十八首均又见于《妙真经》引文，且有他书佐证,而此首又介于连珠第二十九与第三十四首之间,以上推测此首连珠其内容应当间接源自《妙真经》。

(13)尚争贵武,威势流行,名盖天下,残委忠信,伐纪灭理,与善为怨,与鬼为仇,与恶为友,饮食重味,多积珍宝。此为扬祸之人,危亡之大数,故名在青云之上,身居黄泉之下矣。(《云笈七签》卷九十"连珠"第三十二首第504页)

此首连珠中前提"尚争贵武……多积珍宝",当源自《老子指归》卷二"天下有始篇"即"尚争贵武,无不浸凌,使通境外,常议杀君。食重五味,残贼群生,刳胎杀鷇,逆天之心。居常醉饱,取求不厌,多藏金玉,畜积如山。所有珍宝,拟于人君,出入奇异,荣盛光显";其结论"故名在青云之上,身居黄泉之下矣"当源自《老子指归》"天下有道篇"即"名在青云之上,身处黄泉之下"。整首连珠,其前提与结论之间通过归纳推理,得出"名在青云之上,身处黄泉之下"的结论。又从上下首溯源上看,此首连珠即第三十二首,其前两首,即第二十八、二十九首连珠皆源自《妙真经》佚文,其后第三十四首又见于《无上秘要》中《妙真经》所引,又《妙真经》其部分改编自《老子指归》,同样推测此首连珠应间接引自《妙真经》。

(14)执道德之要,固存亡之机。无为事主,无为事师。寂若无人,至于无为。定安危之始,明去就之理,是可全身,去危离咎,终不起殆也。(《云笈七签》卷九十"连珠"第三十二首503页)

同上例类似,此首同样又见于《老子指归》的不同篇章。其前提"执道德之要……至于无为",又见于《道德指归论》卷三"为学日益篇",即"秉道德之要,固存亡之机。不为事主,不为智师。寂若无人,至于无为"。从语义上看,"执道德之要,固存亡之机"当为"秉道德之要,因存亡之机","固"当为"因",盖形讹;其结论"定安危之始……终不起殆也",又见于《老子指归》卷三"圣人无常心篇",即"定安危之始,明去就之路,将以全身而延大命也"。同样依据上下首溯源情况,该首是第三十三首,而第三十四首又见于《无上秘要》所引《妙真经》引文,因此推测此首也应间接引自《妙真经》。

又从日本学者前田繁树所辑《妙真经》[1]佚文共计二十九则材料看,有二十三则是没有"道曰"起头类。分析其特点,除在句式上两两相对,结构短小外,其内容多源自《老子指归》原文或《道德经》原文改编;从逻辑上,二十三则材料类似于"连珠式"[2],通过形式推理,进一步阐述观点,具有较强说理性;从语用修辞上,注重对偶,同时易观

<hr/>

① [日]前田繁树:《初期道教の形成》,日本汲古书院2004年版,第261页。

② 汪奠基:《中国逻辑思想史》,上海人民出版社1979年版,第268页。该书认为"连珠式在汉魏时代,开始形成了文学表述的一种推论格式,六朝时期特别风行,后来普遍运用于各种文体中,特别是辞赋之类的论式中,一般称为'演连珠'的形式,是单独指连珠体说的"。

而可悦。与所辑佚出的二十三则材料相比，此四首连珠的言语风格和语用逻辑都颇为相似，同时又同见于《老子指归》原文，综上可推此四首也为《妙真经》原文。

三、《云笈七签》中"连珠"所存《妙真经》的佚文特点

通过上文举例，可见《云笈七签》中"连珠"所引《妙真经》佚文，多含有改编自《老子指归》的特点，又知《妙真经》同《老子指归》有着密切关联。此外《刘子》同《妙真经》也有密切的关联，如《云笈七签》中第四十二首连珠，其不仅又见于南北朝周武帝《无上秘要》卷七"修真养生品"中《妙真经》引文，还见于《刘子》卷三十《慎言》篇。具体如下：

（15）口舌者，祸患之宫，危亡之府。语言者，大命之所属，刑祸之所部也。言出患入，言失身亡。故圣人当言而惧，发言而忧，常如临危履冰。（《云笈七签》卷九十"连珠"第三十四首504页）

（16）《妙真经》：贵坚刚强，轻忽喜怒。福善出于门，妖孽入于户。故舌耳为患，齿角不定。口舌者，患祸之宫，危亡之府。言语者，大命之所属，刑祸之所部。言出患入，言失身亡。故圣人当言而惧，发言而忧，常如临危履冰。（《无上秘要》卷七"修真养生品"第22页）

（17）口舌者，患祸之官，亡灭之府也。语言者，性命之所属，而形骸之所系也。言出患入，语失身亡。身亡不可复存，言非不可复追……言者，风也，无足而行，无翼而飞，不可易也。是以圣人当言而惧，发言而忧，如蹈水火，临危险也。（《刘子》卷六《慎言》第141页）

依据《无上秘要》《刘子》中《妙真经》引文，可知"祸患"当为"患祸"，为动宾结构，同"危亡"相对。"宫"当作"官"，孙诒让《札迻》①"宫当为官，形近而伪"；《管子·宙合篇》"故不官于物，而旁通于道"。"官，主也"，又"官"与"府"相对，故"宫"当为"官"。"语言"当作"言语"，依据《淮南子·人间篇》"言出于口者，不可止于人"，"言"与"口"相联系，在句式中也有相对性，又傅亚庶《刘子校释》中依据上下文例，也认为"语言"当作"言语"。可见此首《无上秘要》本所引较为接近更《妙真经》原文。此首连珠又另见于《刘子·慎言》。从《刘子》原文可见，"形之所系也"当为"刑祸之所部"，其"祸"作"骸"，盖形讹所致。在《刘子》文本中，此首连珠其前提"口舌者……言失身亡"同其结论"圣人当言而惧，发言而忧，常如临危履冰"之间相距729字，729字内容多为举例阐释其前提，论证其结论。又关于《刘子》作者历代皆有争议，但不管是北齐的刘昼还是南北朝刘勰，《妙真经》其成书均先于他们生活时代，约在东晋末年到刘宋中期②。又《刘子》中文句引用、套用前代典籍旧语者居多③，

---

① （清）孙诒让：《札迻》，中华书局1989年版，第332页。

② 樊波成：《〈妙真经〉成书考》，《宗教学研究》2014年第2期，第34页。

③ 付亚庶：《〈刘子〉的思想及史料价值》，《古籍整理研究学刊》1989年第6期，第1~4页。

结合《刘子·慎言》通篇所述，可见《刘子》卷三十《慎言》篇为《妙真经》中"慎言"的进一步阐发，因此推断《妙真经》成书当在《刘子》之前，而《刘子》则是现存文献中最早引《妙真经》原文之书，《无上秘要》本只是最先注明其出处而已。

"连珠"中还有两首材料值得注意。第三十六首连珠："罪莫大于淫，祸莫大于贪，咎莫大于僭，此三者祸之车，小则危身，大则残家。"此首是《妙真经》中养性律己，修身之佳句，为众多书籍所引，如南北朝陶弘景《养性延命录》卷上，南北朝周武帝《无上秘要》卷七、卷四九，宋《云笈七签》卷三二、八九、九十、九二，明陈耀文《天中记》卷三六，明徐元太《喻林》卷五四，明张四维《名公书判清明集》卷十，清法式善《陶庐杂录》卷五等书，以上这些书籍中多引"三祸"，却较少述及"三富"，即"天下有富贵者三：贵莫大于无罪，乐莫大于无忧，富莫大于知足，知足之为足，天道之禄。不知足之为止，害乃及己"（第三十七首连珠），盖因出于养性律己方面，人们多又倾向于"避祸"心理，故关于"三富"的引用较少。然而依据唐代朱法满《要修科仪戒律钞》卷十二"过咎缘第六"中所引《妙真经》云："罪莫大于淫，祸莫大于贪，咎莫大于僭，此三者祸之车，小则危身，大则残家。天下有富贵者三：贵莫大于无罪，乐莫大于无忧，富莫大于知足，知足之为足，天道之禄。不知足之为止，害乃及己。"此引文不仅存有"三祸"，同时还存有"三富"，准确地还原了《妙真经》原文，又知此两首连珠当合并为一首，侧面也说明《妙真经》在唐时还并未亡佚。

（作者单位：武汉大学文学院）

陈文烛《二酉园集》版本述考

□ 周思明

【摘要】 陈文烛的诗文总集《二酉园集》由《二酉园文集》《二酉园诗集》《二酉园续集》三集组成，各集前后多次刊刻，版本情况复杂，后人所编各种书目提要记载其版本多存讹误。本文分别对三集版本情况进行考辨，厘正旧说，使陈文烛诗文集的真实面目得以呈现。

【关键词】 陈文烛；《二酉园文集》；《二酉园诗集》；《二酉园续集》

陈文烛字玉叔，号五岳山人，湖北沔阳人。以诗称于时，多与"后七子"相交，倡和极多，然"和平蕴藉"，自成面貌。胡应麟《诗薮》谓其"诗文清婉典饬，居然汉唐间名家，时'七子'有盛名，玉叔雁行其间，不少让"①。所著诗文集总称《二酉园集》，收录了陈氏致仕以前数十年间的诗文作品，明清时期各家书目均有记载。《明史·艺文志》称其"文集十四卷，诗十二卷"②。《千顷堂书目》载其所著，除《二酉园文集》十四卷、《诗集》十二卷外，又有《五岳山房集》若干卷。③《传是楼书目》记其著作有《二酉园文集》十四卷和《淮上诗》七卷。④ 由今存陈文烛著述情况来看，其诗文集有《二酉园文集》十四卷、《二酉园诗集》十二卷、《二酉园续集》二十三卷（分别简称《文集》《诗集》《续集》）三种，各集曾前后多次刊刻，版本情况复杂，目前尚无人对此作专门研究，下文就各集版本逐一进行探讨。

一、《二酉园文集》

根据《中国古籍总目》记载，《二酉园文集》十四卷共有四个版本：明万历十二年龙膺刻本、沔阳卢氏慎始基斋影印明刻本、明天启三年陈之蘧重刻本、湖北巡抚采进本。其中沔阳卢氏慎始基斋影印明刻本依明万历十二年龙膺刻本影印而成，为同一版本系统。明天启三年陈之蘧重刻本与湖北巡抚采进本实为同一版本。以下分别对这两个版本系统进行

---

① 胡应麟：《诗薮》，上海古籍出版社 1979 年版，第 359 页。
② 张廷玉等：《明史·艺文志》，中华书局 2000 年版，第 73 页。
③ 黄虞稷：《千顷堂书目》卷 24，民国适园丛书本，第 1157 页。
④ 徐乾学：《传是楼书目》卷 4，道光八年刘氏味经书屋抄本，第 481 页。

考述。

（一）明万历十二年龙膺刻本

是集刻于万历十二年（1584），由其婿龙膺委托汪道昆以陈文烛隆庆、万历年间已经刊印的《五岳山人前集》《五岳山人后集》为基础编成。关于这部《文集》的刊刻情况，龙膺、汪道昆均有记述。龙膺跋云："余小子就甥馆悉发二酉藏书，得舅诸集遍读之……于是为之部署，稍芟其繁，属潘生、黄生诠次入梓。郡伯济南高公，畴昔淮阳同事，为之授糈居肆，以赞其成。"① 汪道昆《二酉园集序》云："不佞习玉叔，盖三世通家，往得玉叔所为文，尝与元美中分序之矣。乃今受命守相，其何敢方。则自社中召两生，授之部署。其一潘之恒，职编次；其一黄正祖，职校雠，不期月告成。"② 综之两序可知，是集由白榆社潘之恒编次，黄正祖校雠，时任徽州知府的高时"为之授糈居肆"。

湖北图书馆、台湾图书馆、日本内阁藏。笔者所见为湖北图书馆藏本。湖北图书馆藏本十四卷，十册，版框19.2厘米×13.7厘米，白口，白单鱼尾，版心上端署"二酉园文集"及卷数、页次，半页九行，行十八字，左右双栏。第一册卷首有汪道昆《二酉园集序》，后接王世贞《五岳山人前集序》、归有光《序》、汪道昆《五岳山人后集序》、茅坤《又序》四篇。有总目。卷内钤"广雅图书馆藏书""楚学精卢所赠书""卢弼""汪道昆印""湖北省图书馆所藏善本"等印。版心下端署刻工"黄钺、黄锦、黄鋐、黄守言"等。卷十四末署"蒹葭馆校梓"。

《文集》卷末署"蒹葭馆校梓"，此本既为龙膺刊刻，"蒹葭馆"又为何人？是否另有一部"蒹葭馆刻本"？根据陈之蔺《重刻二酉园续集引》："先王父《二酉园集》辛酉（天启元年）岁已梓之矣，今《续集》复成，总计五载而业始竟。"③ 其中提到一部梓于天启元年的《二酉园集》，此部《二酉园集》是否包括《文集》？若包括，今所存各本为何不见此《文集》？又据茅坤《五岳山人后集序》："《五岳山人后集》者，沔阳陈公玉叔所论著，而以授我于苕上者也。"④ 今存万历本《五岳山人后集》不见茅序，而收录于各《文集》之前，那么茅序作于何时？这几个问题的辨析，对我们了解《二酉园文集》的编刻颇为关键。

（1）"蒹葭馆"指潘之恒。"明万历间蒹葭馆刻本"并不存在。

据龙膺《二酉园集跋》："余小子就甥馆悉发二酉藏书，得舅诸集遍读之……为之部署，稍芟其繁，属潘生、黄生诠次入梓。"⑤ 知万历十二年龙膺刻本为潘之恒校梓。潘之恒号蒹葭馆，故卷末署"蒹葭馆校梓"。又陈之蔺《二酉园集跋》云："……乃检笥中原本，竭独力以付之梓人，俾以还旧观而供采取焉。"⑥ "笥中原本"即龙膺刻本，天启年间陈之蔺据此本重刻《文集》《诗集》，故今所见各种刻本《文集》《诗集》卷末均有

---

① 陈文烛：《二酉园诗集》卷首，万历十二年龙膺刻本，第18页。
② 陈文烛：《二酉园文集》卷首，万历十二年龙膺刻本，第1页。
③ 陈文烛：《二酉园续集》卷首，天启五年陈之蔺刻本，第1页。
④ 陈文烛：《二酉园文集》卷首，万历十二年龙膺刻本，第6页。
⑤ 陈文烛：《二酉园诗集》卷首，万历十二年龙膺刻本，第18页。
⑥ 陈文烛：《二酉园文集》卷末，天启三年陈之蔺重刻本，第110页。

"兼葭馆校梓"字样。因此不能以此为据，判定另有一部"万历间兼葭馆刻本"。

（2）《重刻二酉园续集引》所云《二酉园集》包括《文集》《诗集》，此集工始于天启元年，刻成于天启三年。

关于天启间《二酉园集》的刊印情况，可参见陈之遴《二酉园集跋》《重刻二酉园续集引》。《二酉园集跋》云："先王父廷尉有《廷中》《淮上》《前》《后》诸集，而兹其汇选也。"① 《重刻二酉园续集引》云："先王父《二酉园集》辛酉（天启元年）岁已梓之矣，今《续集》复成，总计五载而业始竟。"② 综之二跋，陈之遴天启年间重刻《二酉园集》《续集》，前后分为两次刻竣成书。《二酉园集》刻于天启元年，由《诗集》《文集》合之而成。《诗集》以《廷中诗》《淮上诗》等八部诗集为基础编成，《文集》由《五岳山人前集》《五岳山人后集》二部文集编成。那么为何今所存各本《文集》并无"天启元年本"呢？根据陈之遴《重刻二酉园续集引》说法，天启年间只刻有一部《文集》。《二酉园集跋》为《二酉园集》刻成而写，所署时间为"天启癸亥九月重阳"，综合陈之遴两篇序跋说法，此部《文集》应工始于天启元年，刻成于天启三年。故今见各本《文集》只有天启三年刻本，而无天启元年刻本。

（3）茅序作于《五岳山人后集》刊刻之后，而在龙膺刻本《文集》刊刻之前。

茅坤《五岳山人后集序》首见于龙膺万历十二年刻本《二酉园文集》，说明茅坤作是序的时间不会早于万历十二年（1584）。茅坤在写与陈文烛之子陈汝璧的《与陈大西理刑书》中曾提及为《后集》作序事宜，云："五七年前忽辱尊翁五岳先生从淮阳遣使移书，并函诗文刻属予序……明公出为会稽理，吴越相隔，盈盈一水。"③ 陈汝璧于万历十一年（1583）出为绍兴司理，则茅序撰写时间当早于万历十一年（1583）。

万历七年（1579），陈文烛以巡漕御史至瓜洲。《五岳山人尺牍》卷十二《报鹿门茅宪使书》云："往年瓜洲江口，曾以不佞《后集》托明公定之。"茅序应作于此后，即万历七年（1579）以后。又陈文烛《报茅鹿门宪使书》云："……乃者南走江淮，西走巴蜀，而仰止明公之私二十年来未遑一遂……谨专人代候兼布区区，并以拙作请正。明公肯惠一语重之乎？"④ 亦提及此事。信中又云："今春曾三甫尚书过真州，道明公入金陵。""曾三甫"即万历名臣曾省吾，于万历八年（1580）擢升工部尚书，万历十年（1582）加封太子太保。陈书称曾省吾为尚书，可知应作于万历八年（1580）至万历十年（1582）之间。茅序撰写时间则应在此之后，当在万历八年（1580）至万历十一年（1583）之间。

（二）明天启三年陈之遴重刻本

是本刻成于明天启三年（1623），由陈文烛之孙以家藏旧版为基础翻刻而成。然而，流传至今、著录为"明天启三年陈之遴重刻本"的多部《二酉园文集》却多有漫漶缺脱、鲁鱼亥豕的现象。今仅就国家图书馆所藏三部和南京图书馆所藏一部，考察其漫漶缺脱程度以及修补情况（见表1），略作分类。

① 陈文烛：《二酉园文集》卷末，天启三年陈之遴重刻本，第110页。
② 陈文烛：《二酉园续集》卷首，天启五年陈之遴刻本，第1页。
③ 茅坤：《茅鹿门文集》卷7，万历刻本，第190页。
④ 陈文烛：《五岳山人尺牍》卷4，万历刻本，第22页。

表 1

馆藏编号 卷、页	南图藏本	国图藏编号 11954 本	国图藏编号 15875 本	国图藏编号 16319 本
卷首、卷末	无陈之蓬跋	无汪道昆、王世贞二人《二酉园集》总序	无汪道昆、王世贞二人《二酉园集》总序	无汪道昆、王世贞二人《二酉园集》总序，无龙膺、陈之蓬跋
卷一 第四页	刻印	刻印	刻印	抄写
卷一第十二页、第十三页	《新河集序》以及《常盈仓志序》部分文字抄写	完好	完好	《新河集序》以及《常盈仓志序》部分文字抄写
卷三 第二十五页	抄写	刻印	刻印	抄写
卷八 第一页	抄写	刻印	刻印	刻印
卷十一 第二十页	缺页	不缺		不缺
卷十二 第四页	刻印	刻印		抄写
卷十一至卷十四	不缺	不缺	缺卷	不缺

由此可见陈之蓬重刻本经多次翻印，漫漶缺脱程度较陈之蓬所说还要复杂。以下对陈之蓬重刻本予以考述。

1. 南图藏本（湖北巡抚采进本）

此藏本十二册十四卷，白口、白单鱼尾，版心上端署"二酉园文集"及卷数、页次，半页九行，行十八字，左右双边。第一册卷首有两序：首汪道昆《二酉园集序》，次王世贞《二酉园集序》。正文前依次有王世贞《五岳山人前集序》、归有光《序》、汪道昆《五岳山人后集序》、茅坤《序》四序。有总目，卷内钤"丰华堂书库宝藏印""太子少保""汉阳叶氏藏书"等印。卷十四末署"蒹葭馆校梓"，钤"道光甲辰自京寄楚，咸丰壬子由楚寄粤，再阅一过仍复寄楚，叶志诜识于广督署"印。最末附龙膺跋记一篇，钤"君善""龙膺之印"。卷内版心下端署刻工"廖惠、廖文、戴继述、廖奎"等。此外，此本有不少圈点以示鉴赏是其特色。

2. 国图藏本

（1）国图藏编号 11954 本，四册，十四卷。该本前有王世贞、归有光、汪道昆、茅坤四序，无汪道昆、王世贞两总序。版式、刻工同前。各页均为刻印，完好无损。卷十四末署"蒹葭馆校梓"。最末有跋记两篇：首龙膺跋，署"万历甲申嘉平吉月子婿龙膺书于新都公署之斗舍"，钤"君善""龙膺之印"；次陈之蕣跋，署"天启癸亥九月重阳不肖孙之蕣谨识"，钤"胎簪"印。

（2）国图藏编号15875本，六册，原本十四卷今存十卷，缺卷十一至卷十四。版式、刻工同前。有王世贞、归有光、汪道昆、茅坤四序，无汪道昆、王世贞两总序。卷内钤"长乐郑振铎西谛藏书""鄞林氏藜照庐图书""叔芬"等印。可见此本在传入国图之前，曾由林集虚、郑振铎收藏。

（3）国图藏编号16319本，六册，十四卷。版式、刻工同前。首有王世贞、归有光、汪道昆、茅坤四序，无汪道昆、王世贞二总序。卷内钤"长乐郑振铎西谛藏书""北京图书馆藏""长乐郑氏藏书之印"等印。此本同一函套《续集》卷首有陈之蕣天启五年《重刻二酉园续集引》，钤"陈之蕣印"，为他本所无，且龙膺、陈之蕣两跋顺序调至《续集》卷末，可能为天启五年重印本。

结合各本序跋位置以及漫漶程度，笔者认为明天启三年陈之蕣重刻本《文集》至少有三个不同的印次：①印本甲：正文前有王世贞、归有光、汪道昆、茅坤四序，卷末有龙膺、陈之蕣跋，各卷保存完好，如国图藏编号11954本。国图藏编号15875本由于缺卷，不知卷末是否有龙膺、陈之蕣跋，若有，可能为同一印次。②印本乙：正文前有王世贞、归有光、汪道昆、茅坤四序，龙膺、陈之蕣两跋顺序调至同一函套《续集》卷末，且存在漫漶现象，如国图藏编号16319本。③印本丙：特征是除王世贞、归有光、汪道昆、茅坤四序以外，卷首多出汪道昆、王世贞两总序，卷末缺陈之蕣跋，且存在缺页、漫漶现象，如南图藏本。

（三）沔阳卢氏慎始基斋影印明刻本

南开大学图书馆、吉林大学图书馆、中山大学图书馆、山东大学图书馆、台湾图书馆、内蒙古大学图书馆藏。收入《湖北先正遗书》。白口，白单鱼尾，版心上端署"二酉园文集"及卷数、页次，半页九行，行十八字。首页依次为王世贞、归有光、汪道昆、茅坤四序。无汪道昆总序。有总目。卷内版心下端署刻工"黄钺、黄锵、黄铉、黄守言"等。卷内钤"八千卷楼藏书之记"印。该本无缺页，且版式、刻工与龙膺刻本相同，应据龙膺刻本影印。

二、《二酉园诗集》

根据《中国古籍总目》记载，《二酉园诗集》有明万历十二年龙膺刻本、明万历间蒹葭馆刻本、明万历十六年（1588年）序刊本、湖北巡抚采进本四种版本。其中后三者均无版刻时间的标识，或据《总序》定为万历十六年，或据《总跋》定为天启三年，或笼统定于万历年间，实际上后三种刻本皆出于明天启三年陈之蕣重刻本系统。以下分别予以考述。

（一）明万历十二年龙膺刻本

台湾图书馆、湖北图书馆、日本京都大学人文科学研究所藏。笔者所见为湖北图书馆、台湾图书馆藏本。龙膺本在诸刻本中最早出。由版心下端所署刻工"黄钺、黄锵、黄铉、黄守言"等来看，与万历十二年龙膺刻本《文集》系同一批刻工，应刻于同时。

湖北图书馆藏本十二卷，十四册。白口，白单鱼尾，版心上端署"二西园诗集"及卷数、页次，半页九行，行十八字，左右双边。正文前有陈思育、王乔桂、皇甫汸、袁福徵、黄贯曾、沈明臣、李先芳、孙斯亿、任瀚、高启愚、熊敦朴、陈宗虞、曾可耕、吴国伦、方沆、黄一正、李维桢、屠隆、周光镐十九人序及陈文烛自序，十四册末有龙膺跋。卷内钤"国立中央图书馆考藏""蕉林藏书""刘承干字贞一号翰怡""吴兴刘氏嘉业堂藏书印""君善""龙膺之印"等印。

台图藏本，六册，第一册卷首有汪道昆、王世贞二总序及龙膺《跋》，正文前有陈思育等十九人序和陈文烛自序，版式、卷数同前。卷内钤"刘承干字贞一号翰怡""吴兴刘氏嘉业堂藏书印""苍岩山人书屋记""汪道昆印"等印。较之湖北图书馆藏本，此本多出汪道昆、王世贞《二西园集》两总序，并将龙膺跋的次序调至卷首。这一现象说明此本较湖北图书馆本晚出。

（二）明天启三年陈之蔺重刻本

是集工始于天启元年，刻竣于天启三年。由陈之蔺以龙膺刻本为基础，修补翻刻而成。

国家图书馆、中国科学院图书馆、清华大学图书馆、日本国立公文书馆、德国巴伐利亚邦立图书馆藏。笔者所见为国图、日本国立公文书馆藏本。

（1）国图藏本（无编号）。收入《原国立北平图书馆甲库善本丛书》。《中国古籍总目》著录为"明万历间兼葭馆刻本"，此本实为天启三年陈之蔺重刻本。六册，十二卷，白口，白单鱼尾，版心上端署"二西园诗集"及卷数、页次，半页九行，行十八字，左右双边。卷内版心下端署刻工"廖惠、廖文、戴继述、廖奎"等。第一册卷首有汪道昆、王世贞《二西园集序》，钤"国立北平图书馆考藏"印。序页版心下端署"仲淹书"。后接有陈思育十九人序及陈文烛自序。

《中国古籍总目》称此本为"万历间兼葭馆刻本"的依据主要来自第十二卷末"兼葭馆校梓"。《二西园集跋》版心下端署刻工"戴继述"，可见戴继述为天启年间陈之蔺重刻《诗集》时所用刻工，与此本刻工相同。又两本版式、内容皆一致，知其与陈之蔺天启三年重刻本属于同一版本，非万历间兼葭馆刻本。

（2）国图藏编号 16319 本，即湖北巡抚采进本。七册，十二卷。无序，无总目，卷内钤"长乐郑振铎西谛藏书"印。版式、刻工同前。有缺，缺卷十二第二十六页、二十七页。

《四库全书总目》论此集云："其诗分八集：曰《汉阴诗》、曰《廷中诗》、曰《淮上诗》、曰《嵩和诗》、曰《西蜀诗》、曰《东岱诗》、曰《金焦诗》、曰《黄蓬诗》。陈思育、王乔桂、皇甫汸、袁福徵、黄省曾、沈明臣、李先芳、孙斯亿、任瀚、高启愚、熊敦朴、陈宗虞、曾可耕、吴国伦、方沆、黄一正、李维桢、屠隆、周光镐，十九人'序'之。"[1] 此处讹误有二：第一，误将《廷中诗序》作者著录为"黄省曾"。查稽各个版本

---

① 纪昀等：《文渊阁四库全书总目》卷 178（第四册），上海古籍出版社 2003 年版，第 771 页上栏。

《诗集》,《廷中诗序》作者皆署"黄贯曾"。黄省曾为黄贯曾之兄,卒于嘉靖二十五年(1546)。由《廷中诗序》:"隆庆辛未九月,华亭袁比部先生持陈君侯各体诗二册请皇甫司勋序,诸首俾余校且跋之末。"① 知此序绝非黄省曾所作。又陈文烛《报黄一之文学书》亦提及此事,云:"近日友人以拙作累足下,乃雄文过杨,籍之声称。"② 黄一之即黄贯曾,据此《廷中诗序》作者当为黄贯曾,而非黄省曾,《四库全书总目》著录有误。第二,稽查文献,《诗集》前有陈思育、王乔桂、皇甫汸、袁福徵、黄贯曾、沈明臣、李先芳、孙斯亿、任瀚、高启愚、熊敦朴、陈宗虞、曾可耕、吴国伦、方沆、黄一正、李维桢、屠隆、周光镐十九人序,及陈文烛自序。故为二十人序之,而非《总目》所云十九人。

(3)国图藏编号15875本。六册,原书十二卷,今存六卷。无序。无总目。版式、刻工同前。卷内钤"长乐郑振铎西谛藏书""北京图书馆藏"印。该本有残缺,缺原集卷七至卷十二。

(4)日本国立公文书馆藏本。《日藏汉籍善本书录》著录为明万历十六年(1588)序刊本。十四册,白口,白单鱼尾,版心卜端署"二西园诗集"及卷数、页次,半页九行,行十八字,左右双边。卷内版心下端署刻工"廖惠、廖文、戴继述、廖奎"等。卷首有汪道昆、王世贞二总序。《日藏汉籍善本书录》称此本为"明万历十六年序刊本"主要依据为王世贞《二西园集序》所署时间。此本与陈之蓬天启三年重刻本版式、内容、刻工皆一致,可知此本与陈之蓬重刻本属于同一版本,非万历刻本。

总而言之,以上所见四种刻本版式、内容、刻工皆相同,应皆出于天启三年陈之蓬重刻本系统。

三、《二酉园续集》

根据《中国古籍总目》记载,《续集》有明万历十二年龙膺刻本、明万历十六年序刻本、明天启三年陈之蓬重刻本以及湖北巡抚采进本四种版本。据笔者考证,《中国古籍总目》所云"明万历十二年龙膺刻本"实为万历间续刻本。后两种则为同一版本,且《中国古籍总目》对其版本的记述有误。

(一)明万历十六年序刊本

即湖北巡抚采进本。北京大学图书馆藏。六册,二十三卷,白口,黑单鱼尾,版心上端署"二西园续集"及卷次、页数,半页九行,行十八字,左右双边。第一册卷首有汪道昆、王世贞二总序,卷内钤"北京大学图书馆收藏记"印。无总目。序页第一页版心下端署"邹邦达刻",第三页版心下端署"郭豫刻"。

此本大致刻竣成书于万历十七年左右,理由有以下两点:

(1)集中最晚可稽考时间者作于万历戊子(十六年),如《送陈给事校士还朝序》

---

① 陈文烛:《二西园诗集》卷首,万历十二年龙膺刻本,第6页。
② 陈文烛:《五岳山人尺牍》卷2,万历刻本,第20页。

云："万历戊子江西试士，主上命给事陈公、太史陆公典焉。"①《送陆太史校士还朝序》云："岁戊子，主上命先生与给事陈公典江西试，多士望先生车舆，以为文阵雄师，咸愿出门下。"② 可见此集应刻于万历戊子秋闱以后。又此刊本未收录陈文烛戊子十月入觐以后的文稿。据此可知此本开始刊刻的时间大致在万历戊子（十六年）八月至十月之间。

（2）刻工。据《古籍刻工名录》，邹邦达是江西刻工，万历十六年前后曾刊刻过孙思邈《孙真人备急千金要方》。陈文烛于万历十七年六月接到诏令由江西布政司左布政使升南京应天府尹，则此刊本应在陈文烛于江西任上所刊，刻竣成书不迟于万历十七年。

关于此本，《四库全书总目》卷一百七十八《二酉园集提要》称："《续集》则文烛身后，其孙之蓬所辑。皆文无诗，亦无当时名士'序'。惟之蓬自'序'之，又与文烛之婿龙膺各为一'跋'而已。"《四库全书总目》这一说法源于陈之蓬《重刻二酉园续集引》，此引附于天启五年陈之蓬重刻本《二酉园续集》之前，此时陈文烛已然故世，故陈之蓬称其为"先王父"。《四库全书总目》据此认为此本乃陈氏身后所辑。事实上，《续集》另有万历十六年序刻本，刊于陈文烛在世之时，陈之蓬天启五年的重刻本"乃检笥中原本……俾以还旧观……"据此，《四库全书总目》所称"《续集》乃文烛身后所辑"之说有误。

（二）明万历间续刻本

台湾图书馆藏。十二册，二十三卷，白口，黑单鱼尾，版心上端署"二酉园续集"及卷次、页数，半页九行，行十八字，左右双边。卷内钤"刘承干字贞一号翰怡""吴兴刘氏嘉业堂藏书印""国立中央图书馆考藏""苍岩子""观其大略"等印。版心下端署刻工"姜、山、力"等。篇目较万历十六年序刊本多出文九十七篇。

《中国古籍总目》误著录为"明万历十二年龙膺刻本"，此本实为明万历间续刻本。台图藏本所收内容有不少作于万历十二年以后，如卷八《寿杨封君六十序》云："盖陈子为江西行省使，而道行司农督赋也。"③ 陈文烛任江西左布政使在万历十四年以后。卷十二《重修滕王阁记》云："今皇帝御极十有五年，德侔往初，泽被群生。"④ 今皇帝即万历帝，则此文约作于万历十五年。又卷一《唐氏族谱序》下注"以下入觐时作"，据《游庐山记》："万历戊子十月初六，余江西左使入觐"⑤，则卷一《唐氏族谱序》以后诸作均作于万历十六年戊子十月以后。

综上，台图藏本不是《中国古籍总目》所称万历十二年龙膺刻本，而是另一版本。那么此本大致刊于何时？从此书的递藏信息来看，此本共钤"刘承干字贞一号翰怡""吴兴刘氏嘉业堂藏书印""国立中央图书馆考藏""苍岩子""观其大略"五印，可见是书最早由梁清标收藏，其后辗转流入刘承干之手，最后由台图从刘承干处购得。梁清标为明末清初著名藏书家，卒于康熙三十年，因此我们可以断定此本必出于康熙三十年以前。清

---

① 陈文烛：《二酉园续集》卷 8，明万历间续刻本，第 27 页。

② 陈文烛：《二酉园续集》卷 8，明万历间续刻本，第 28 页。

③ 陈文烛：《二酉园续集》卷 8，明万历间续刻本，第 20 页。

④ 陈文烛：《二酉园续集》卷 8，明万历间续刻本，第 2 页。

⑤ 陈文烛：《二酉园续集》卷 13，明万历间续刻本，第 46 页。

代自康熙朝起避讳甚严，继查此本讳字，发现此本不避"夷"字，如卷一《鸿猷录》"武帝雄才外攘四夷"，卷八《送方伯文公之云南序》"西南夷自古惟滇最大"。从抬格现象来看，台图藏本每遇指代明朝的"国朝""昭代"，以及文稿中凡提到明代皇帝，"高皇帝""肃皇帝"等均作抬格处理。如卷三《王奉常集序》"国朝文体一时丕变"，"国朝"上抬一格。卷二十三《程子书卷跋》"夫伯融父子其文著昭代"，"昭代"上抬一格。《大理箴》"高皇帝御极，定鼎金陵"一段，"高皇帝"上抬一格。卷一《周与鹿先生集序》"肃皇帝末年，留心当世之务"，"肃皇帝"上抬一格。于"国朝""昭代""高皇帝"等抬格以示敬，可知此本刊于明代。而不避明光宗朱常洛讳"常"字、"洛"字，可知此本应刊于万历年间。

能否将刊刻时间范围划定得更准确一些呢？细查多出的九十七篇文章，发现此本收录了许多万历十六年陈文烛任职金陵以后的文稿。如卷十一《重修应天府儒学记》："万历己丑（万历十七年），余奉京尹命，谒先师庙……"[1] 卷十《乾元观记》署"万历庚寅（万历十九年）秋日沔阳陈文烛玉叔撰"[2]。由此可知，台图藏本《续集》在万历十六年序刊本的基础上，补刻了陈文烛宦游金陵期间之作，刊刻时间当在万历十九年秋以后。

（三）明天启五年陈之蘧重刻本

是本由陈文烛之孙陈之蘧以家藏旧版为基础翻刻而成。关于此本的版本，《中国古籍总目》著录为"天启三年本"。据卷首陈之蘧《重刻二酉园续集引》："先王父《二酉园集》辛酉（天启元年）岁已梓之矣，今《续集》复成，总计五载而业始竟"[3]，可知此本实刻竣成书于天启五年。

国家图书馆、上海图书馆藏。笔者所见为国图藏编号 15875 本、16319 本。

（1）国图藏编号 15875 本，十册，原书二十三卷存十八卷，缺卷十九至卷二十三。白口，黑单鱼尾，版心上端署"二酉园续集"及卷次、页数，半页九行，行十八字，左右双边。无总目。有汪道昆、王世贞两序。序页版心下端署"廖斗墟刻"。卷内钤"长乐郑振铎西谛藏书""鄞林氏藜照庐图书""叔芬"等印。

（2）国图藏编号 16319 本，六册，二十三卷。版式同前。卷首有陈之蘧《重刻二酉园续集引》，末有龙膺、陈之蘧二跋。卷内钤"长乐郑振铎西谛藏书""长乐郑氏藏书之印""胎簪"等印。

以上所见《续集》，以内容为区分，可见万历十六年序刊本与天启五年陈之蘧重刻本同源，乃是陈之蘧所据之旧本。台图藏本《续集》可能为陈文烛晚年续刻本，所收文稿内容有所扩充。

四、小　　结

综上，笔者对湖北、北京、台湾等地图书馆藏《二酉园集》进行归纳，列《二酉园

---

① 陈文烛：《二酉园续集》卷 11，万历间续刻本，第 19 页。

② 何春生：《乾元观及其道派小考》，尹信慧主编：《茅山乾元观与江南全真道》，广西师范大学出版社 2013 年版，第 48 页。

③ 陈文烛：《二酉园续集》卷首，天启五年陈之蘧刻本，第 1 页。

集》三集版本如下：《二酉园文集》十四卷有三种版本，分别为明万历十二年龙膺刻本、明天启三年陈之蘧重刻本、沔阳卢氏慎始基斋影印明刻本。《二酉园诗集》十二卷有明万历十二年龙膺刻本、明天启三年陈之蘧重刻本两种版本。《二酉园续集》二十三卷有三种版本，分别为明万历十六年序刻本、明万历年间续刻本以及明天启五年陈之蘧重刻本。

（作者单位：武汉大学中国传统文化研究中心）

《学案小识》与《四库全书总目》关系考*

□ 曾志平

【摘要】《四库全书总目》(本文简称《总目》)是唐鉴《学案小识·经学学案》的主要史源。唐鉴基本保留了《总目》经部清代正目的人物框架,同时,他有意从《总目》存目中遴选宋学家入传,另外,他又在多方面删改《总目》扬汉抑宋的文字。他经过精心部署,《经学学案》扬宋抑汉的学术宗旨与《总目》背道而驰。虽然《经学学案》的学术宗旨没有得到认可,但它仍作为史料被后世使用。
【关键词】唐鉴;《学案小识》;《经学学案》;《四库全书总目》;四库学

　　唐鉴(1778—1861),字栗生,号镜海,湖南善化(今长沙)人。唐鉴是道咸时期知名的理学家,事迹具《清史稿·儒林传》。道光二十三年(1843),唐鉴在京师讲学之际,耗时两年编纂了《学案小识》(又称《国朝学案小识》)。《学案小识》共十四卷,卷一至卷九分别为《传道学案》《翼道学案》《守道学案》,卷十、卷十一为《待访录》,卷十二至卷十四为《经学学案》,卷末附《心宗学案》。据《经学学案》自注:"经学三卷,有本《四库书目》者,有采取于先辈文集者,有就本人所著书论次者,参互成篇,未便揭明所出。"① 唐鉴仅是说到《经学学案》"有本《四库书目》者",并未具体注明哪些内容出自《四库全书总目》。

　　有学者从汉宋之争的角度探讨了《学案小识》与《儒林传稿》的关系②,不过,该文因未厘清《学案小识》与《总目》的关系,所得结论尚欠全面。本文拟以《总目》为切入点,对《学案小识》作进一步研究。

一、从史料来源看《学案小识》与《总目》的关系

　　考察《经学学案》的史源,其取材《总目》的传记有以下两种类型:

---

* 本文系国家社科基金重点研究项目"清代文人专题研究"(项目编号:13AZD047)阶段性成果。
①　唐鉴:《学案小识》,《续修四库全书》,第539册,上海古籍出版社2002年版,第612页。
②　戚学民:《〈学案小识〉与〈儒林传稿〉》,《近代史研究》2010年第1期。

第一，全部取自《总目》。如《学案小识》卷十四《太仓周先生》载：

> 先生讳象明，字悬著，举人。著《七经同异考》三十四卷，凡《易》四卷、《书》五卷、《诗》六卷、《春秋》六卷、《三礼》十三卷。皆衮集旧说，亦间附以己意，略为折衷。盖采摭之功多，而考证之功少。其体例略近黄东发《日抄》、章如愚《山堂考索》也。①

其史源为《总目》卷三十四《七经同异考》提要，原文如下：

> 《七经同异考》三十四卷，国朝周象明撰。象明字悬著，太仓人。康熙壬子举人。是编凡《易》四卷、《书》五卷、《诗》六卷、《春秋》六卷、《三礼》十三卷。皆衮集旧说，亦间附以己意，略为折衷。然采摭之功多，而考证之功少。其体例略近黄震《日钞》、章如愚《山堂考索》也。②

比对可知，《经学学案》仅是删去"康熙壬子"，并将黄震之名改为字东发。

第二，部分取自《总目》。如《学案小识》卷十二《无锡蔡先生》载：

> 先生讳德晋，字仁锡。举人，官司务。尝谓横渠以礼教人，最得孔门约礼之旨，故其律身甚严。著《礼经本义》十七卷。是书前十六卷皆本经，第十七卷附吴草庐所辑《逸礼》八篇，皆引宋、元、明以来诸家之说，与《注疏》互相参考，大旨皆不戾于古。又撰《通礼》五十卷。③

《总目》卷二十《礼经本义》提要载：

> 《礼经本义》十七卷，国朝蔡德晋撰。德晋字仁锡，无锡人。雍正丙午举人，乾隆初以杨名时荐官司务。是书前十六卷皆本经，第十七卷附吴澄所辑《逸礼》八篇，皆引宋、元、明以来诸家之说，与《注疏》互相参证，大旨皆不戾于古。④

《儒林传稿》卷三《蔡德晋传》载：

> 德晋覃精《三礼》《德晋集》，著《礼经本义》十七卷《提要》，又著《礼传本义》二十卷，《通礼》五十卷《德晋集》，虽亦间出新义，然大旨不戾于古。德晋又谓横渠以礼教人，最得孔门博约之旨，故其律身甚严。与方苞、李绂论理，悉有根据

---

① 唐鉴：《学案小识》，《续修四库全书》，第 539 册，上海古籍出版社 2002 年版，第 661 页。
② 永瑢等：《四库全书总目》，中华书局 1965 年版，第 285 页。
③ 唐鉴：《学案小识》，《续修四库全书》，第 539 册，上海古籍出版社 2002 年版，第 631 页。
④ 永瑢等：《四库全书总目》，中华书局 1965 年版，第 164~165 页。

《德晋传》。①

可见，《经学学案》"尝谓横渠以礼教人……故其律身甚严"及"又撰《通礼》五十卷"两句出自《儒林传稿》，而"著《礼经本义》十七卷。……大旨皆不戾于古"则出自《总目》。

统计得出，《总目》是唐鉴编纂《经学学案》的主要参考。《经学学案》共有传记104个，其中，全部取材《总目》的传记共有61个，分别为：王宏撰、乔莱、张英、查慎行、余萧客、胡煦、盛世佐、焦袁熹、张自超、俞汝言、诸锦、顾栋高、徐庭垣、张尚瑗、晏斯盛、沈起元、王又朴、潘思榘、程廷祚、赵继序、蒲龙渊、任陈晋、汪璲、林赞龙、魏枢、牛运震、杨方达、张兰皋、吴启昆、王澍、陈大章、严虞惇、范家相、姜炳璋、顾镇、任启运、徐乾学、秦蕙田、张文嘉、姜兆锡、陆奎勋、刘青莲、叶酉、顾奎光、邱钟仁、郜坦、曹廷栋、沈廷芳、程川、陈祖范、周象明、程大中、崔纪、陈绰、杭世骏、吴玉搢、胡彦升、范凝鼎、桑调元、潘士权、都四德；部分取材《总目》的传记有15个，分别为：朱鹤龄、胡渭、钱澄之、魏荔彤、李塨、惠周惕、沈彤、吴廷华、蔡德晋、沈炳震、王文清、马骕、沈廷励、吴鼎、刘梦鹏。即：《经学学案》全部或是部分取材《总目》的传记总数共有76个，超过了全部传记的70%。因《儒林传稿》已对《总目》黄宗羲、万斯大、徐文靖、阎若璩、李光坡、陈厚耀6个传记做了较好的剪辑，故唐鉴采用了《儒林传稿》的记载，以免重复劳动。

唐鉴之所以选择《总目》为编修《经学学案》的蓝本，缘由在于：《总目》首次较为全面地梳理了清代前期经学史，为后世学术史著述的编纂奠定了史料基础。唐鉴仅用两年时间便完成《学案小识》，在时间仓促的情况下，以《总目》为《经学学案》的底本无疑是最便捷的途径。

二、从人物遴选看《学案小识》与《总目》的关系

《经学学案》的人物排列似杂乱无章。唐鉴既没有根据著述类别划分人物，也没有依据时代划分人物，故各著述类别的人物散见于《经学学案》中，某些时代较早的人物反而居于时代较晚的人物之后，如陆奎勋（1663—1738）位于顾栋高（1679—1759）之后。唐鉴是否随意地从《总目》择取人物，以敷衍了事？考察发现，《经学学案》看似无序的背后，仍有一定的规律可寻。

唐鉴以《总目》经部清代正目为编修《经学学案》的框架。《总目》将清前期主要的经学著述列入正目，以此搭建清前期经学史的框架。唐鉴虽为理学家，但他从史料完整的角度考虑，仍旧大量地从《总目》经部正目择取相应的人物。《总目》经部正目未被《经学学案》收入的人物主要有几种类型：

其一，重要的理学家。这类人物有：王夫之、刁包、张烈、李光地、陆陇其、杨名时、朱轼、陈法、王心敬、方苞、江永、顾炎武、汪绂、应㧑谦。唐鉴已将他们分别归入《传道学案》《翼道学案》《守道学案》中。

———————————————

① 阮元：《儒林传稿》，《续修四库全书》，第537册，上海古籍出版社2002年版，第658页。

其二，叛道者。叛道者有孙奇逢、毛奇龄二人。孙奇逢为心学学者，学术不纯。唐鉴在《学案提要》中称："有征君孙先生者，与鹿伯顺讲学于明者也。入国朝已七十，遁影韬形，枯槁以终其身宜矣。而乃移讲席于苏门山，仍以其旧闻号召天下，是亦不可以已乎。"① 至于为何将毛奇龄排斥在外，他在《学案提要》中称：

> 孟子之后，传圣人之道以存经者，朱子一人而已矣。其他，则大氐解说辞意者也，综核度数者也。乃或以辞意之别于今、度数之合乎古，遂至矜耀，以为得所未得，而反厌薄夫传圣人之道以存经者，是其所以自处亦太轻矣。②

他虽未指斥其名，但已可断定，毛奇龄诋毁朱子，触犯了大忌。

其三，无足轻重者。这类人物有：连斗山、翟均廉、吴浩、郑方坤、邵泰衢、姚炳、黄中松、黄生、汪宪、周靖、顾蔼吉、纪容舒、王坦、蒋廷锡、高士奇、纳喇性德。除高士奇外，以上人物均仅有一部经学著述，属于可有可无之人，唐鉴未将他们收入《经学学案》，易于理解。至于他为何弃收高士奇，不得而知。

统计得出，《总目》经部清代正目共著录学者95人，《经学学案》收录了其中的63人，除去以上三类学者外，清前期主要的经学家，基本已收入《经学学案》。

唐鉴通过对《总目》经部正目的筛选，一定程度上达到了扬宋抑汉的目的。顾炎武为《总目》重点塑造的汉学家，《总目》称述顾炎武曰："国初称学有根柢者，以炎武为最。"③ 唐鉴将顾炎武调入《翼道学案》，削弱了汉学阵营的中坚力量，扩大了宋学阵营的力量。

唐鉴又从《总目》经部清代存目择取了部分人物入传。其中，《易》类有：浦龙渊、沈廷劢、汪璲、林赞龙、魏枢、牛运震、杨方达、张兰皋、吴鼎、吴启昆、姜兆锡、陆奎勋、崔纪；《书》类有：王澍；《礼》类有：张文嘉、王文清、姜兆锡、陆奎勋、刘青莲；《春秋》类有：邱钟仁、刘梦鹏、郜坦；《孝经》类有：曹庭栋；《四书》类有：福绰、范凝鼎、桑调元；《五经总义》类有：周象明；《乐》类有：张士权、都四德。

唐鉴并非随意地从《总目》存目择取人物入传。一方面，《总目》多将汉学著述列入正目，并予以高度评价，如顾炎武、阎若璩、胡渭、惠栋等人的著述；另一方面，《总目》多将宋学著述列入存目，并予以批评。唐鉴为理学家，他不可能容忍《总目》对宋学著述的处理方式，同时，因他已将王夫之等人划入《传道学案》《翼道学案》《守道学案》中，导致《总目》正目剩余的学者以汉学家居多，因此，他有意从《总目》各类存目中挑选宋学家，如：

> 嘉兴沈先生：先生讳廷劢……著《身易实义》五卷，一以程、朱为宗，凡宋、

---

① 唐鉴：《学案提要》，《学案小识》，《续修四库全书》，第539册，上海古籍出版社2002年版，第319页。

② 唐鉴：《学案提要》，《学案小识》，《续修四库全书》，第539册，上海古籍出版社2002年版，第318页。

③ 永瑢等：《四库全书总目》，中华书局1956年版，第235页。

明诸儒称引程、朱之说者，搜采无遗，其别有发明者，概屏弗录。

襄城刘先生：先生讳青莲……撰《学礼阙疑》八卷，补正陈氏《云庄集说》之讹……读《集说》者可取资焉。

昆山邱先生：先生讳钟仁……撰《春秋遵经集说》二十六卷，述孟子、朱子说经之义，故冠二子之说于简端。

金坛王先生：先生讳澍……撰《禹贡谱》二卷，各著经文于前，而附图于后。……大抵皆本蔡《传》，而参以诸家之说。

洪洞范先生：先生讳凝鼎……著《四书句读释义》十九卷，用朱子原本……其余诸儒议论与朱注相发明者，乃采录之，稍有同异者，则斥不载焉。①

虽然上述学者不如《传道学案》《翼道学案》《守道学案》中的学者重要，但他们或是学宗程朱，或是师法陈澔等重要的程朱后学。显而易见，唐鉴有意扩大宋学家在清代经学史中的比例，进而抬高宋学的地位。

唐鉴精心从《总目》存目中挑选宋学家入传，可谓用心良苦，却仍有遗憾。《总目》正目中即有不少宋学家，如：据《清史稿》，任启运"少读《孟子》，至卒章，辄哽咽，大惧道统无传"②。《总目》因体裁等原因，对任启运的学术面貌刻画不足。唐鉴过于依赖《总目》，是以同样将任启运等人视为汉学家。

三、从学术宗旨看《学案小识》与《总目》的关系

唐鉴为理学家，他的治学宗旨与《总目》相反。虽然他基本保留了《总目》正目的框架，但是，他显然不可能容忍《总目》对汉学的高度评价，同时，他从《总目》存目择取人物之时，也不可能接受《总目》对宋学的批评。因此，他在有意扩大宗宋学者的比例后，又删改《总目》扬汉抑宋的文字，以进一步扬宋抑汉。概而言之，他主要采取以下三种做法：

其一，否定《总目》的学术理念。训诂明则义理明是汉学家奉行的基本理念。《总目》积极支持这一理念，《总目》卷三十三《十三经注疏正字》提要载：

> 《十三经注疏正字》八十一卷，国朝沈廷芳撰。廷芳字椒园，仁和人。……至于参稽众本，考验六书，订刊版之舛讹，祛经生之疑似。注疏有功于圣经，此书更有功于注疏。较诸训诂未明而自谓能穷理义者，固有虚谈、实际之分矣。③

《学案小识》卷十四《仁和沈先生》载：

> 先生讳廷芳，字椒园。……撰《十三经注疏正字》八十一卷，参稽众本，考验

---

① 唐鉴：《学案小识》，《续修四库全书》，第 539 册，上海古籍出版社 2002 年版，第 642~671 页。
② 赵尔巽等：《清史稿》卷 481《任启运传》，中华书局 1977 年版，第 13184 页。
③ 永瑢等：《四库全书总目》，中华书局 1956 年版，第 278 页。

六书，订刊板之舛讹，祛经生之疑似，于注疏之学大有功焉。①

唐鉴将《总目》最后两句话更改为"于注疏之学大有功焉"，而将训诂与义理的关系删除，否定了《总目》训诂明则义理明的观点。在《经学学案》的叙述下，《十三经注疏正字》只是有功于注疏之学的考订之作，与圣人之道并无裨益，其价值已被大为贬低。

欲明训诂，不得不借助汉唐注疏，故《总目》对唐以前的注疏极为重视。《总目》卷三十三《古经解钩沉》提要载：

> 《古经解钩沉》三十卷，国朝余萧客撰。萧客字仲林，长洲人。是编采录唐以前诸儒训诂。首为《叙录》一卷……共三十卷。而《叙录》《周易》《左传》均各分一子卷，实三十三卷也。自宋学大行，唐以前训诂之传，率遭掊击，其书亦日就散亡。沿及明人，说经者遂凭臆空谈，或荡轶于规矩之外。国朝儒术昌明，士敦实学，复仰逢我皇上稽古右文，诏校刊《十三经注疏》，颁行天下。风教观摩，凡著述之家，争奋发而求及于古，萧客是书其一也。其《叙录》备述先儒名氏、爵里及所著义训。②

显然，《总目》肯定训诂之学为实学，而把训诂之学失传的原因归咎于宋学。唐鉴对此极为不满，有意将《总目》扬汉抑宋的文字全部删去，如下：

> 先生讳萧客，字仲林。撰《古经解钩沉》三十卷，采录唐以前诸儒训诂。首为《叙录》一卷……共三十卷。而《叙录》《周易》《左传》均各分子卷，实三十三卷也。其《叙录》备述先儒名氏、爵里，即所著义训。③

在《经学学案》的冷处理下，《古经解钩沉》变得平平常常，仅为一部普通的考订之作。唐鉴对于《古经解钩沉》提要的修改，实有针对《儒林传稿》的意味，《儒林传稿》卷二《惠周惕传附余萧客传》载：

> 余萧客，字仲林，长洲人《钩沉提要》撰《古经解钩沉》三十卷。唐以前旧说，自诸家经解所引，旁及史传、类书、片语、单词，悉著其目。自宋以来，训诂之传日就散亡，沿及明人，说经者遂凭臆谈。我朝儒术昌明，著述之家争及于古，萧客是书其一也。《钩沉提要》④

同是取自《总目》，阮元着重摘取《总目》扬汉抑宋的文字入传，唐鉴则将这段文字删除。唐鉴以其人之道还治其人之身，直接攻击《儒林传稿》背后的堡垒《总目》。

其二，贬低《总目》重点塑造的汉学家。《总目》重点塑造了顾炎武、惠氏、胡渭等

---

① 唐鉴：《学案小识》，《续修四库全书》，第 539 册，上海古籍出版社 2002 年版，第 659 页。
② 永瑢等：《四库全书总目》，中华书局 1956 年版，第 280 页。
③ 唐鉴：《学案小识》，《续修四库全书》，第 539 册，上海古籍出版社 2002 年版，第 626 页。
④ 阮元：《儒林传稿》，《续修四库全书》，第 537 册，上海古籍出版社 2002 年版，第 637 页。

汉学家,唐鉴已将顾炎武调入《翼道学案》,故他专门针对惠氏、胡渭提出批评。如《总目》卷六《易说》提要载:

> 《易说》六卷,国朝惠士奇撰。……谓庄周精于《易》,故善道阴阳,先儒说《易》者皆不及,尤未免失之不经。然士奇博极群书,学有根柢,其精研之处,实不可磨,非暖暖妹妹守一先生之言者所可仿佛。一二微瑕,固不足累其大体也。①

《学案小识》卷十二《长洲惠先生》载:

> 先生讳周惕……子仲儒先生讳士奇……著《易说》六卷……谓庄周精于《易》,故善道阴阳,先儒说《易》者皆不及,尤未免失之不经。②

显然,《总目》总体上肯定了惠氏的学问,而唐鉴则仅仅选取了《总目》的批评文字,删除了肯定性评价。通过一取一舍,《经学学案》对惠氏的评价已大为降低。

其三,为《总目》贬抑的宋学著述翻案。如《总目》卷十《空山易解》提要载:

> 《空山易解》四卷,国朝牛运震撰。……其学博涉群书,于金石考据为最深,经义亦颇研究。是编务在通汉、晋、唐、宋为一,然大旨主理不主数,故于卦气、值日及虞翻"半象"、"两象"等说皆排抑之,是仍一家之学,不能疏通众说也。③

《学案小识》卷十三《滋阳牛先生》载:

> 先生讳运震……其学博涉群书,亦精研经义。著《空山易解》四卷,务在通汉、晋、唐、宋为一,其大旨主理不主数,于卦气、值日及虞翻"半象"、"两象"等说排抑而扫除之,是亦足以成一家之学矣。④

《总目》认为,牛运震"于金石考据为最深",然而,《总目》却对《空山易解》评价不高,认为其"是仍一家之学,不能疏通众说也",缘由在于:《空山易解》不符合《总目》的学术宗旨。《总目·易类序》称:"今参校诸家,以因象立教者为宗。"⑤《总目》明确表明以汉儒象数之说为宗,自然对"主理不主数"的《空山易解》评价不高。《经学学案》的评价正好相反。唐鉴首先将"于金石考据为最深,经义亦颇研究"改成了"亦精研经义",以抹去牛运震精于考据的事实,将其塑造为精研义理的学者,其后,又将"是仍一家之学,不能疏通众说也"改为"是亦足以成一家之学矣",以肯定《空山易

---

① 永瑢等:《四库全书总目》,中华书局1956年版,第41~42页。
② 唐鉴:《学案小识》,《续修四库全书》,第539册,上海古籍出版社1956年版,第623页。
③ 永瑢等:《四库全书总目》,中华书局1956年版,第82页。
④ 唐鉴:《学案小识》,《续修四库全书》,第539册,上海古籍出版社1956年版,第645页。
⑤ 永瑢等:《四库全书总目》,中华书局1956年版,第1页。

解》的成就。

经过修改，虽然《经学学案》的史料主要来源于《总目》，但是，其扬宋抑汉的学术
宗旨已经与《总目》背道而驰。唐鉴不仅在《传道学案》《翼道学案》《守道学案》树立
起诸多理学家楷模，更在《经学学案》中达到了扬宋抑汉的双重目的，从而将《经学学
案》纳入其所构建的清代学术史体系中，以捍卫道统。

唐鉴之所以以《总目》为批评对象，原因在于：《总目》出自钦定，具有较大的影响
力。然而，正因《总目》出自钦定，故唐鉴有所顾虑。《学案小识》编纂之际，他身为朝
廷官员，正在北京聚会讲学。因而，他只是含含糊糊地说《经学学案》"有本《四库书
目》者"，不敢公开表明《经学学案》为针对《总目》而作。

四、从后世影响看《学案小识》与《总目》的关系

《经学学案》的学术宗旨没有得到认可。道光晚期，考据学已是江河日下。在这一背
景下，唐鉴试图通过编纂《学案小识》以重振理学，不过，他的卫道意图没有实现。时
人对《学案小识》多有批评，某些指责即针对《经学学案》，如鲁一同曰：

> 既列三等，又述经学，不知经者为是道耶，为非道耶？经不蹈道则非学，道不宗
> 经则非道，适开门户之私，又非文章、性道合一之旨。①

鲁一同的批评切中要害。即便是唐氏友人，也不明白唐氏之用心，如沈维鐈《学案
小识序》曰："至经学卷内斥西河不录，于恕谷、东原、绵庄诸子黜其妄作而仍不没所
长，亦考见是非得失之林也。"② 显然，沈维鐈知其一而不知其二。从"亦考见是非得失
之林也"一句可知，他根本不清楚《经学学案》与《总目》的关系。他仅看到了《经学
学案》贬抑汉学的一面，没有发现其扬宋的一面。

尽管唐鉴的卫道举措没有得到认可，但是，《学案小识》在辑录资料方面有所贡献，
故后人时常征引《学案小识》，其中即包括《经学学案》。然而，因《经学学案》未注明
出处，以致后人误将版权归属唐鉴。因此，有必要考辨后世抄录《经学学案》的典籍。

通过《经学学案》间接引用《总目》的典籍有《清史列传》《清史稿》《（民国）杭
州府志》及徐世昌主编的《清儒学案》《晚晴簃诗汇》等几种。《（民国）杭州府志》相
关的传记为卷一百三十八吴廷华、桑调元、程川三传。《清儒学案》相关的传记有顾栋
高、沈起元、王文清、吴鼎。《晚晴簃诗汇》相关的传记为卷七十九顾奎光小传。《（民
国）杭州府志》《清儒学案》《晚晴簃诗汇》均已标注出处为《学案小识》，易于辨识。
下文主要揭示《清史列传》《清史稿》间接引用《总目》的内容。

《清史列传》卷七十一《严虞惇传》载：

---

① 鲁一同：《通甫类稿》，沈云龙主编：《近代中国史料丛刊》，台湾文海出版社 1981 年版，第
368 册，第 86 页。

② 沈维鐈：《学案小识序》，唐鉴：《学案小识》，《续修四库全书》，第 539 册，上海古籍出版社
2002 年版，第 308 页。

虞惇著述甚富，其《读书质疑》三十一卷，意在玩味研求，于毛、朱两家，择长弃短，不存门户之心，并不涉调停之见，殊有功诗学。①

《学案小识》卷十三《常熟严先生》载：

先生讳虞惇……著《读书质疑》三十一卷、《附录》十五卷。……然大致皆平心静气，玩味研求，于毛、朱两家，择长弃短。非惟不存门户之心，亦并不涉调停之见。核其所得，乃较诸家为多焉。②

事实上，《学案小识》存在抄录错误，《总目》卷十六《读诗质疑》提要载：

《读诗质疑》三十一卷、《附录》十五卷，国朝严虞惇撰。……然大致皆平心静气，玩味研求，于毛、朱两家，择长弃短。非惟不存门户之心，亦并不涉调停之见。核其所得，乃较诸家为多焉。③

"毛、朱两家"关于《诗序》之争是汉宋学术的重大分歧，即使不阅读具体内容，也可以根据解题断定书名不可能为"读书质疑"，《清史列传》的抄录者过于粗心。

《清史稿》卷三百九《晏斯盛传》载：

斯盛著《楚蒙山房易经解》。唐鉴称其不废象数而无技术曲说，不废义理而无心性空谈，在近日《易》家犹为笃实近理云。④

"唐鉴称"即指《学案小识》卷十三《新喻晏先生》的相关内容。不过，《清史稿》存在歧义，《总目》卷六《楚蒙山房易经解》提要载：

然不废象数而不为方技、术数之曲说，不废义理而不为理气、心性之空谈，在近日说《易》之家，犹可云笃实近理焉。⑤

《学案小识》同《总目》。《清史稿》的编纂者为追求雅洁，将"方技术数"省略为"技术"，"理气心性"省略为"心性"。方技与术数为两个概念，方技主要指医术等，术数主要指阴阳五行等。尽管技术一词勉强可以代替方技与术数，其他书目亦偶尔使用技术一词，但从严谨的角度考虑，仍不宜使用简称。理气与心性亦为两个概念，先秦儒家已有心性思想，理气思想始于宋儒，不可混为一谈。

① 《清史列传》卷71《严虞惇传》，中华书局1987年版，第5808页。
② 唐鉴：《学案小识》，《续修四库全书》，第539册，上海古籍出版社2002年版，第649页。
③ 永瑢等：《四库全书总目》，中华书局1956年版，第134页。
④ 赵尔巽等：《清史稿》卷309《晏斯盛传》，中华书局1977年版，第10605页。
⑤ 永瑢等：《四库全书总目》，中华书局1956年版，第42页。

五、结　语

　　《学案小识》与《总目》的关系主要体现在几方面：第一，史料来源；第二，经学史框架；第三，学术倾向；第四，后世影响。《总目》既为《经学学案》的编纂提供了基本素材，也为《经学学案》奠定了基本的经学史框架。然而，《总目》扬汉抑宋的倾向引起唐鉴不满，唐鉴有意反对《总目》，以捍卫道统。虽然唐鉴的卫道意图没有实现，但是，《学案小识》还是作为史料为后人使用。不过，因唐鉴并未注明出处，《学案小识》一定程度上遮蔽了《总目》的版权。

　　《学案小识》进一步揭示了《总目》对后世的影响。嘉庆年间，汉学家阮元借助《总目》编纂《儒林传稿》，进而达到扬汉抑宋的目的①，唐鉴为理学家，却借助《总目》以批判《总目》扬汉抑宋的学术宗旨。这一现象并非是《总目》影响力衰退的表现，恰恰相反，《学案小识》反映了《总目》影响力的进一步扩大。无论是汉学家还是理学家，均需要借助《总目》以编纂学术史著述，可见，《总目》已成为乾隆以后学人认识清前期学术史的重要参考书目。

（作者单位：武汉大学中国传统文化研究中心）

---

　　① 　曾志平：《试论〈儒林传稿〉与〈四库提要〉的内在关系》，《史林》2018 年第 5 期。

文学·语言

走近《红楼》，走进《红楼》*
——谈谈我们的《红楼梦》教学

□　陈文新　林　昭

【摘要】"红楼梦研究"是为武汉大学本科生开设的一门选修课。该课程旨在引导学生对《红楼梦》进行文本细读，在把握其基本意涵和总体基调的基础上，尝试与《红楼梦》对话，以期在这部名著与现代生活之间建立内在的关联。在教学内容和教学方式上，我们也做了一些新的尝试，以充分发挥课堂教学、课外讨论和期末考查的作用。
【关键词】《红楼梦》教学；文本细读；课堂讨论；对话

　　2018 年 9 月至 12 月，我们为武汉大学本科生开设了一门选修课"红楼梦研究"，由陈文新担任主讲，林昭担任课程助教。我们与学生一起共读《红楼》，在教学过程中积累了一些体会。这篇论文就是对这些体会的梳理，期待得到各位方家的指教。

一、走近《红楼》

　　引导学生走近《红楼》，这是"红楼梦研究"这门课程的第一个目标。照我们的设想，要实现这个目标，就需要对《红楼梦》的基本意涵和总体基调有大体的了解，为此我们安排了三个教学重点：贾宝玉作为小说人物的特殊性；《红楼梦》的单元设计与大观园之间的内在关联；如何看待《红楼梦》中的功能性人物和情节。

　　第一个教学重点：贾宝玉作为小说人物有何特殊性？

　　关于贾宝玉，《红楼梦》第三回有两首《西江月》词"批宝玉极恰"："无故寻愁觅恨，有时似傻如狂；纵然生得好皮囊，腹内原来草莽。潦倒不通庶务，愚顽怕读文章；行为偏僻性乖张，那管世人诽谤！""富贵不知乐业，贫穷难耐凄凉；可怜辜负好时光，于国于家无望。天下无能第一，古今不肖无双；寄言纨绔与膏粱，莫效此儿形状！"《红楼梦》以这样一个人物做主角，表明小说并未聚焦于责任而是聚焦于责任之外的其他人生内容。

---

　　* 本文为国家社科基金重大招标项目"中国文学史著作整理、研究及数据库建设"（项目编号：17ZDA243）阶段性成果。

　　贾宝玉是一个感性的人，是一个感受女儿世界进而感受生活的人，而作者也在小说中设法为他提供了这样的空间。其一，《红楼梦》专为贾宝玉设计了一个大观园。大观园表面上是为元妃省亲而建，而实际是作者为宝玉精心造设的一个独立的空间。这个空间和外面的世界是有所不同的。外面的世界和"红尘"裹在一起，无论贾政、贾赦，还是贾珍、贾琏，不管人品如何，都处在"红尘"的包围之中。大观园里面就少了许多扰攘的事务，宛如世外桃源。作为唯一可以住进大观园的男子，宝玉可以用心感受女儿们的喜怒哀乐。其二，当宝玉正处于应该读书即为进入社会做必要准备的人生阶段，却因贾母的宠爱和放纵，竟然也得以从读书生涯中解脱出来。特别是在宝玉被打后，贾母更不让贾政对宝玉管得太紧，这就给他提供了一个自由自在的空间。在这个空间里，他的生活内容主要就是和女孩子们厮混，感受并表达着。他总是处在一个没有间断的感受和表达的过程里。第三十回写龄官画"蔷"，其中的宝玉就处于一种如痴如傻、具有连续性的感受状态中。他两个眼珠儿只管随着簪子动，心里还想："这女孩子一定有什么说不出的心事，才这么个样儿。外面他既是这个样儿，心里还不知怎么熬煎呢！看他的模样儿，这么单薄，心里那里还搁的住熬煎呢？可恨我不能替你分些过来。"忽然落下一阵雨来，宝玉又想："他这个身子，如何禁得骤雨一激。"便禁不住说："不用写了，你看身上都湿了。"他不曾想自己也没有什么遮雨，经这个女孩子提醒，才觉得浑身冰凉，身上也都湿了。这段细节主要是摹写宝玉细腻的感受，他更多的是在体验，心理活动是其主体部分。可以说，外在的行动对于宝玉来说不是最重要的，重要的是他对这个世界的悲剧感受。第四十四回也有段意味深长的细节。凤姐泼醋，平儿受打。宝玉让她来到怡红院，又是代为道歉，又是吩咐拿换的衣服、舀洗脸水，还亲自为平儿取脂粉。小说这样写他的心理："宝玉因自来从不曾在平儿前尽过心……深以为恨。今日是金钏儿生日，故一日不乐。不想后来闹出这件事来，竟得在平儿前稍尽片心，也算今生意中不想之乐。因歪在床上，心内怡然自得。忽又思及贾琏，惟知以淫乐悦己，并不知作养脂粉。又思平儿并无父母兄弟姊妹，独自一人，供应贾琏夫妇二人，贾琏之俗，凤姐之威，他竟能周全妥贴，今儿还遭荼毒，也就薄命得很了。想到此间，便又伤感起来。"因没有机会在平儿面前尽心而深以为恨，又因有机会得偿夙愿而怡然自得，又为平儿薄命而伤感不已。宝玉的感受的确是极真极挚而又极纯极洁的。上述两例，或者从叙事者的角度写人物怎么想，或者从书中人物的角度直接展示其心理。像这样直接介入人物的内心，对人物心理活动做无微不至的描写，在《红楼梦》中随处可见，尤其是对宝玉的刻画，更主要集中于对他的心灵世界的揭示上。而心理描写的优势即在于它可以充分展示人物面对外在世界时的感受。由此可见，《红楼梦》以贾宝玉为重心，而又有意识地把他从社会的要求当中解脱出来，实际上就是要创造一个可以集中笔墨写感情与感受的空间。女儿们的悲剧，如果没有贾宝玉的感受，是不可能写得如此动人心魄的。就这一点而言，贾宝玉有时扮演的是一个功能性的角色。

　　第二个教学重点：以大观园为焦点将小说划分为若干单元，具体分析《红楼梦》各单元的情调差异及其缘由。

　　尝试将《红楼梦》划分成若干单元，大观园是一个焦点。《红楼梦》的开头五回是第一单元，相当于话本小说的楔子，用以涵盖全书。第六回至第十六回为第二单元，大观园尚未出现于《红楼梦》中。第十七回至第二十二回为第三单元，大观园落成。第二十三回至第三十六回为第四单元，贾宝玉等住进大观园中，宝黛恋情及相关纠葛陆续展开。从

第三十七回开始，大观园进入极盛，海棠诗社成立，宝玉和园内众姊妹们整日以吟诗作画、宴饮嬉戏为娱，近乎过着一种两耳不闻窗外事的生活。从第五十五回起，大观园逐渐丧失其理想色彩，与外面世界的差距逐渐缩小，而抄检大观园，则标志着这个理想空间的消失。《红楼梦》以大观园的兴衰结构全书，小说的情调也随大观园的兴衰而呈现出阶段性的变化。大观园的兴衰主导了《红楼梦》的情调安排，不同的情调构成了不同的板块，构成了不同的单元。例如，小说的第二单元，集中写尚未出现大观园的贾府，致力于酿造一种乌烟瘴气的氛围。作者似乎要极尽世间污浊与世俗之能事，在这一单元写个痛快。以第十一回与第十三回秦可卿之死为例，作者虽隐晦原委，但仍然将其与贾珍的不伦曲笔写出。此外，凤姐之狠辣，贾瑞之淫心，似乎将读者带入了《金瓶梅》的混浊世界。在这一单元中，几乎所有的人物都沾染上了污浊之气，呈现出沉闷、阴郁的色调，就连贾宝玉也未能幸免。而这一单元安排林黛玉离开贾府，则是对"质本洁来还洁去"的黛玉的保护，是为了将其排除在这些污浊之外。与第二单元形成对照，从第十七回开始，大观园落成，以元宵之喜庆一扫此前的阴郁之气，直至二十二回众姊妹与宝玉搬进大观园之前，作者有意将这一单元处理为"轻喜剧"。在轻喜剧情调的笼罩下，那些暗地里的龌龊之事被巧妙淡化，如贾琏与多姑娘幽会一事，作者借平儿之口三言两语敷衍过去。这一单元不仅淡化了这些污浊之事，还有意缓和了人物之间的冲突。以湘云与黛玉的吵嘴为例：湘云以戏子比黛玉，着实戳中了黛玉的痛处，而宝玉之劝解反成了火上浇油。一个心直口快，一个心思玲珑，二者的矛盾看似不可开交，却以黛玉、湘云、宝钗等众姊妹一起拿宝玉的悟禅机取笑便轻易化解了。原以为是一场紧张的冲突，其实只是少男少女之间轻松的拌嘴，来得快去得也快。又如，自第二十三回起，宝玉与众姊妹正式进入大观园，作品便开始浓墨重彩地渲染一种诗化的情调，之前的世俗污浊之事由逐渐淡化到逐渐隐去，由轻描淡写变为避而不谈。有悖于日常生活、极具舞台表演效果的"葬花吟"也在大观园中被接纳、被合理化了。《西厢记》《牡丹亭》的出现则提醒读者，大观园是一个"设计"出来的世界。第三十七回，海棠诗社成立，而在这一单元中，大观园的诗意也变得更加浓郁了：贾母两宴大观园，与大家一起听戏、行酒令，将热烈融洽的氛围推向高潮；凤姐也专司逗趣之职，她之前的狠辣算计似乎不复存在。《红楼梦》各单元之间的情调差异，构成了小说情节设计的一个特点；而情调差异又与大观园的兴衰恰好构成对应关系。

从第五十五回起，大观园逐渐丧失其理想色彩。其一，一些原本不属于大观园、与大观园不相干的人也进了园子。承包园圃的婆子们的进入，不仅打破了大观园原有的独立与纯粹，就连小姐们随意赏花、摘花之乐也受到了限制，大观园不再是将"红尘"屏蔽于墙外的世界，而是逐渐受到了利益关系的纷扰和制约。尤其是大观园单独开伙之后，厨房不仅给大观园带来了世俗的烟火之气，也同时带来了各种家长里短，和各房的私下之争。其二，大观园内原有的人也被迫卷入了琐碎而不堪的纠葛之中。原来只知吟诗作乐的海棠诗社社主，如今也要计较"俗物"，协助理家了。诚然，探春充分展示了其理家之才，但也意味着园外的世界与园内的世界已渐趋同调。而"投鼠忌器宝玉瞒赃"，更是印证了世俗对大观园的挤压。大观园的颓败已初露端倪，贾府的没落亦将无可避免。

第三个教学重点：注重对功能性人物和情节加以提示和阐释。

在主干情节和人物之外，《红楼梦》中时常出现一些功能性的人物和情节。

第五回中警幻仙姑携宝玉游太虚幻境，以宝玉之眼窥见金陵十二钗的命运，奠定了

《红楼梦》的悲剧基调。无论是否有过好光景，终逃不过"命中注定"。① 这一写法在章回小说的楔子中颇为常见。《水浒传》的楔子中，洪太尉不顾众道士劝阻，放出妖魔，隐而不报，为后续情节的展开埋下伏笔。②《儒林外史》的楔子中，以王冕的出场引出"贯索犯文昌，一代文人有厄"的预设，又从王冕的视角点明东南方向从天上降下一伙星君维持文运，统摄了整个主体情节。③《红楼梦》将楔子的功能发挥得更为充分：宝玉看到的是金陵十二钗的判词，亦是整部作品的判词，虽然只在开头似不经意出现一次，但却在各个人物身上时时得到回应。

除了楔子外，《红楼梦》也不时穿插功能性的人物和情节，尤其是在情节呈现出喜剧色调之时，作者往往会借功能性人物之口道出终将"白茫茫一片大地真干净"的必然结局。元宵节时，贾府可谓其乐融融。元妃与贾母都来了兴致，以猜灯谜作乐，众姊妹既玩得开心又得赏赐，均配合默契自不必说。就连贾政与贾宝玉这一对素来不和的父子也难得一唱一和，一个故意装傻，偏是猜不着，一个将谜底偷偷说与贾母知晓，逗得贾母十分尽兴。这般和睦光景在贾府实属难见，而此时贾政却沉思道："娘娘所作爆竹，此乃一响而散之物。迎春所作算盘，是打动乱如麻。探春所作风筝，乃飘飘浮荡之物。惜春所作海灯，一发清净孤独。"对于宝钗所作之物，"更觉不详"，私下暗忖"皆非永远福寿之辈"。④ 因而失了玩乐的兴致，回到房中，竟伤悲感慨，一夜辗转难寐。对此，读者可能有些费解：一向务实、正统的贾政，本不是心思细腻之人，对吟诗、猜谜这些"歪才情"并不上心，如今悟出这些"谶语"已属不易，而竟至辗转反侧，难以成寐，让读者都不禁怀疑"此贾政非彼贾政"了。很明显，此处"贾政悲谶语"的作用不是推动情节的发展，也不是进一步刻画人物形象，而是借贾政之口再次提示这些女儿们必将各自飘零的命运，眼前纵然团圆喜乐，人生的悲剧却无法逃离。这里的贾政，只是一个功能性人物；"贾政悲谶语"则是一个功能性情节。《红楼梦》借功能性人物和情节反复提示人物的悲剧性，时时提醒读者任谁也无法挣脱这早已注定的命运与归宿，对于确立小说的悲剧基调发挥了显而易见的作用。

以大观园为焦点展开的贾宝玉形象考察、《红楼梦》情调分析以及对功能性人物和情节的阐释，这种对《红楼梦》内容、结构、手法等的讲解，因为切近作品，颇能赢得同学们的共鸣，我们的教学也初步达到了预期目的。许多同学原本对《红楼梦》存在较强的疏离感，甚至存在巨大的偏见。在听了几次课之后，他们的感觉是，与《红楼梦》走得越来越近了。看得出来，只要我们的教学立足于文本，只要教学中确有一些真知灼见，在当代大学生和《红楼梦》之间搭起一座桥梁，并不是不可能的。

---

① 参见鲁迅：《中国小说史略》，中华书局 2010 年版，第 146 页。

② 参见施耐庵著，金圣叹批评，罗德荣校点：《金圣叹批评本水浒传》，岳麓书社 2005 年版，第 4~11 页。

③ 参见吴敬梓原著，陈美林评注：《清凉布褐批评儒林外史》，新世界出版社 2001 年版，第 15 页。

④ 曹雪芹著，无名氏续，中国艺术研究院红楼梦研究所校注：《红楼梦》，人民文学出版社 2008 年版，第 304~305 页。

二、走进《红楼》

引导学生走进《红楼》，这是"红楼梦研究"这门课程的第二个目标。与这一目标相呼应，我们安排了若干节讨论课，一方面给学生提供了各抒己见的平台，另一方面又致力于将他们的注意力集中在若干重要议题上。其中，关于薛宝钗、林黛玉的讨论颇具代表性。

宝钗在她周围人的眼里是一个几近完美的女子，无论是外貌、学识，还是待人接物，都得到了贾府上下的认可，不仅贾母和一众姐妹喜欢她，就连丫鬟下人也愿与她亲近。但在许多读者眼中，宝钗并不是一个得到好评的人物，尤其是在钗黛并提时，扬黛抑钗的倾向在《红楼梦》评论中始终居于主导地位。①

不同的单元中我们可以读到一个怎样的宝钗？从不同的视角又可以看到一个怎样的宝钗？我们就宝钗设计了一系列问题，让同学们展开讨论。

其一，"薛宝钗巧合认通灵"（第八回）是巧合还是蓄意？在梦本、程甲本和程乙本中，第八回目都作"贾宝玉奇缘识金锁，薛宝钗巧合认通灵"，籀本有一字之差，乃作"贾宝玉奇缘识金锁，薛宝钗巧认通灵玉"。然而有学者早已提出异议，此处非巧合也，而是曲写了薛母及宝钗之蓄意。课堂讨论时，有学生认同这一观点，并尝试以文本为支撑进行分析。首先，此事的缘起在于宝钗，是宝钗对宝玉所戴之玉产生了兴趣，提出要仔细瞧瞧。宝钗看毕，又将"莫失莫忘，仙寿恒昌"八字念了两遍，方才吩咐莺儿去倒茶，而莺儿也并未急着去倒茶，而是道出宝钗的项圈似乎与之成对。如此，宝钗、莺儿的蓄意之嫌就显得颇为明显了。按照这样的思路推论，癞头和尚送金锁可能也是子虚乌有的，不过是薛母与王夫人等长辈刻意讲出的故事。还有学生大胆推测，作为丫鬟，莺儿未必识字，而点破成对之事或是宝钗授意也未可知。另一部分学生对此则并不认同，他们以为，作者从未有意贬低宝钗，更未将其塑造成一个奸诈圆滑之人，正如俞平伯先生所说："若宝钗稀糟，黛玉又岂有身份之可言。"② 因而，作者也绝不会将宝钗置于"阴谋论"的情节之中。且不论"薛宝钗认通灵"究竟是巧合还是蓄意，以此事为例，以何种视角和眼光来解读宝钗才是焦点所在，也直接影响到了以下几个问题：金钏之死写出了一个怎样的宝钗（第三十二回）？如何看待宝钗帮湘云置办螃蟹宴（第三十七回）？这些问题可与"认通灵"联系起来进行分析，其迥然有别的两种解读都与读者对宝钗的不同预设有关。如果说此时对于宝钗的解读尚有争议，那么到了钗黛和解之时（第四十五回"金兰契互剖金兰语"），以黛玉之口道出宝钗之实情："你素日待人，固然是极好的，然我最是个多心的人，只当你心里藏奸。从前你说看杂书不好，又说我那些好话，竟大感激你。往日竟是我错了，实在误到如今。"③ 一些学生也终于放下了对宝钗的成见。

其二，如何解读"薛宝钗羞笼红麝串"（第二十八回）？在这一情节中我们同样看到

---

① 参见陈文新：《〈红楼梦〉的现代误读》，齐鲁书社 2008 年版，第 218~219 页。

② 俞平伯：《红楼梦研究》，上海古籍出版社 2005 年版，第 87 页。

③ 曹雪芹著，无名氏续，中国艺术研究院红楼梦研究所校注：《红楼梦》，人民文学出版社 2008 年版，第 606 页。

了一个知礼得体的宝钗，但不少学生都注意到了这一"羞"字，似乎与以往的宝钗有所不同。当薛母与王夫人均有意于促成这段"金玉良缘"，当元妃独独赐予自己与宝玉一样的赏赐之后，宝钗不仅"远着宝玉"，心里也越发没意思起来。作为一位未出阁的女子，宝钗严守着应有的礼仪与界限，不仅是行为上的，也是心理上的，因此她对长辈们的有意撮合确有羞涩之感。但她又是喜欢宝玉的，当宝玉盯着她的手臂看出了神，宝钗的反应不是恼怒或是斥责，而是"自己倒不好意思的，丢下串子，回身才要走"，流露出自己的真性情。这些真性情并不只此处有所表现。第三十四回中宝玉被打后，宝钗第一个前来探望，并情不自禁地道出了心里话："早听人一句话，也不至今日。别说老太太、太太心疼，就是我们看着，心里也疼。"后自觉失言，忙"咽住不往下说，红了脸，低下头，只管弄衣带，那一种娇羞怯怯非可形容得出"①。由此，我们看到了一个也会失言，也会娇羞，也会表露真情的宝钗。第三十回中，宝玉拿宝钗体段比杨妃，宝钗"不由得大怒"，又见黛玉"面有得意之态"，故借机暗讽、敲打二人，使得宝黛均无言以对。② 由此，我们又看到一个也会生气、也会拌嘴的宝钗。连黛玉都对宝玉说："你也试着比我厉害的人了。谁都像我心拙口笨的，由着人说呢。"

正因为宝钗近乎完美的淑女形象使读者产生了怀疑，因此本能地产生排斥心理，并揣度这背后"伪"的成分。经由对典型问题的思考、讨论，以及人物性格的前后互见，学生对宝钗有了更为全面、深入的理解和认识，进而发现她并不是简单的道德符号，而是一个值得被同情理解、深入解读的人。

如果说《红楼梦》传达出了一种整个人生被悲剧所笼罩的主体情调，那么尤能体现这一点的人物便是黛玉。第二十六回中，黛玉因晴雯的一句气话便又思忖起自己的身世处境，"越想越伤感起来，也不顾苍苔露冷，花径风寒，独立于墙角边花阴之下，悲悲戚戚，呜咽起来"③。不仅这心思，就连这哭声亦非常人所有，"那附近柳枝花朵上的宿鸟栖鸦一闻此声，俱忒楞楞飞起远避，不忍再听"。这般情景在黛玉身上再常见不过了，"埋香冢飞燕泣残红"，"风雨夕闷制风雨词"，黛玉给人传达的似乎永远是一种诗意的凄美与悲凉。读者也因而容易产生这样的印象：黛玉只有忧郁的气质。其实不尽然，学生在细读文本之时就发现了黛玉不为常人留意的另一面。比如，在第二十回"轻喜剧"的氛围中，黛玉和湘云打趣："偏是咬舌子爱说话，连这二哥哥也叫不出来，只是爱哥哥爱哥哥的。回来赶围棋儿，又该着你闹'幺爱三四五'了。"④ 在第三十九回大观园极盛之时，黛玉轻松活泼地拿宝玉与众人逗笑："咱们雪下吟诗？依我说，还不如弄一捆柴火，

① 曹雪芹著，无名氏续，中国艺术研究院红楼梦研究所校注：《红楼梦》，人民文学出版社 2008年版，第 448~449 页。

② 曹雪芹著，无名氏续，中国艺术研究院红楼梦研究所校注：《红楼梦》，人民文学出版社 2008年版，第 409~410 页。

③ 曹雪芹著，无名氏续，中国艺术研究院红楼梦研究所校注：《红楼梦》，人民文学出版社 2008年版，第 360 页。

④ 曹雪芹著，无名氏续，中国艺术研究院红楼梦研究所校注：《红楼梦》，人民文学出版社 2008年版，第 277 页。

雪下抽柴，还更有趣儿呢。"① 同一人物的各个性格侧面，往往不会一次就显露无遗，而是在不同单元中根据作品情调的需要部分地表现出来，相互之间互为补充。第二十回和第三十九回的这几个细节，使我们看到了黛玉虽不常见但也确实存在的活泼与幽默。

在细读文本和解读单元的前提下，通过课堂讨论，学生对《红楼梦》文本和作品中的人物有了新的认识，逐渐摒弃了固有的偏见和程式化思维，对人物有了更多了解，甚至对某些人物有了偏爱，有时会情不自禁将自身的情感和人生况味融入阅读过程。有一个同学，以紫鹃的口吻写了《致王熙凤的一封信》，他把林黛玉和王熙凤放在一起来说，出人意料而又入情入理：

琏二奶奶，曾经我是很喜欢您的，我希望我们林姑娘能够成为您那样的人物。我们林姑娘总是娇娇怯怯的，与宝二爷有了争执也只能一个人默然流泪。我身为她的丫头，又蒙她赐了紫鹃的名，自是一心一意为她打算。可她这样的性子，那样的柔弱与敏感，也不会为自己争取，若是她能有您那样的性子，这贾府上下，还有哪个敢不敬她三分？

您一出场，打扮就与姑娘家不同，彩绣辉煌，恍若神仙妃子……您一开口，一段话既夸了黛玉，又夸了三位小姐，又表达了老太太对我们姑娘的挂念，还能事先备下裁衣的缎子。如此玲珑的心思，无怪乎能够得到太太和老太太的喜欢……您协理宁国府，更显出您不一般的手段与才能。看我家姑娘，对此间庶务漠不关心，怕是真正上手管理时也会被那些偷奸耍滑的婆子骗了去。若是她能有您一成手段，想来太太也会高看她一眼吧……

可到了后来，我又有些庆幸，庆幸姑娘没成为您那样强势的主子。平姑娘作为您的心腹人，对您可谓忠心不二，服侍您周到妥帖。可您先是强逼她做了琏二爷的通房丫头，后又不顾她的脸面对她当众责打斥骂。我们姑娘虽没有您的厉害，但她与我之间名为主仆，实则亲如姐妹，更是没当着他人的面给我没脸。想来我是比平儿幸运。

虽然我能够理解您那些狠辣的手段，但看到您冷笑着折磨尤二姐吞金自尽，看您放高利贷敛财，真应了兴儿评价您的那句"嘴甜心苦，两面三刀"。偌大一个贾府，到最后您竟无一个可亲近之人……

您曾经是那样鲜活，具有旺盛的生命力，走到哪便能把笑声与热闹带到哪。老祖宗没有您就不能解闷儿，荣国府更以您为不可缺少的能干媳妇和杀伐决断的当家人。蛇蝎胆，虎狼心，花柳姿，鸾凤仪，还有那百变的机灵，这些都成就了您，可最终也毁灭了您。当您最后奄奄一息的时候，只能将巧姐儿托付给刘姥姥的时候，您是否想起您曾施展过的千般计较、百般手段？

我想，我们姑娘是比不上您的，她没有您的厉害与强势，也没有您管家的才干，可她有一颗柔软而善良的心。或许这也是上天的眷顾，让她未能看到贾府的覆灭，让她"质本洁来还洁去"。

---

① 曹雪芹著，无名氏续，中国艺术研究院红楼梦研究所校注：《红楼梦》，人民文学出版社2008年版，第526页。

以紫鹃的口吻给凤姐写信，一来将黛玉与凤姐作比，以紫鹃这个贴身丫鬟的角度近距离地写出一个真实的黛玉；二来也以旁观者之口，道出了凤姐一生的成与毁。角度新颖，情亦真切。这个学生对黛玉和凤姐的理解，确有可圈可点之处。他真的走进了《红楼梦》中。

<h2 style="text-align:center">三、与《红楼梦》对话</h2>

引导学生与《红楼梦》对话，这是"红楼梦研究"这门课程的第三个目标。为了实现这个目标，我们采取了开卷考试的方式，要求学生用三节课的时间，在课堂上完成作业，题目是：给《红楼梦》中的某个人物写一封信。照我们的设想，在对作品内容有了较为完整的把握，对作者以及作品中人物的喜怒哀乐有了较为真切的体会之后，尝试与《红楼梦》对话，应该是有话可说的。从学生的答卷来看，效果甚至比我们预期的还好。他们不只是悲人物之所悲，喜人物之所喜，念真假之难辨，叹人生之悲凉，而是以自己的人生体验为前提，或以自己的身份来写，或以《红楼梦》中某一人物的身份来写，从当代大学生的立场和视角对人物重新进行诠释。他们以参与者，而非旁观者的角度与人物交流、对话，他们走进了人物的世界，也使人物走进了自己的世界。

这里我们重点介绍其中的四封信。

第一例，《致探春的一封信》：

> 要我说，你是个有"现代意识"的姑娘！
>
> 我说的"现代精神"，是指你的身上有一种面向未来的气质，它有着超越时代的魅力，且听我慢慢说来。
>
> 首先，我觉得你有一种宝贵的产业意识。所谓产业，在我的理解中，既包括商业价值，又兼有人文质素。在《红楼梦》第五十六回，"敏探春兴利除宿弊"，写到你着手规划大观园的产业，将园林进行产业化的管理。让我觉得特别难能可贵的是，在你的理念中，大观园的产业既是经济，也是美学。……如果你有机会来到我生活的时代，会发现人文之美与商业价值往往处于一种对立胶着的状态。我说你有现代精神，正是因为你能凭自己的学识、修养和眼界，站在人文角度上去思考产业问题。这种产业意识，是多少现代企业家们能做到的呢？
>
> 除此之外，我还佩服你公私分明的意识。《红楼梦》中多次写到你在公务中面对母亲的场景，许多点评家和读者朋友们认为你的态度太过于凉薄了，一直称王夫人为母亲，而口口声声叫自己的生母"姨娘"。但是我想这其中有公领域和私领域的界限问题。赵姨娘无理取闹的时候，你是处在办公空间里，处在管理者的角色上，而你按规矩行事，"拿帐翻与赵姨娘瞧"，没有什么脸面问题。我想，这是一种公领域的思维，并不能成为指责你的理由。……而在私情之中，你又何尝是一个无情无义的女儿？只是你有你的追求和抱负，可原生家庭却成为了你的累赘。这是你的痛处，也是你难以解决的矛盾。
>
> 第三点，我要敬你的敢作敢为。凤姐夸你："好好好，好个三姑娘！"这一连串的"好"字中，充溢着前总经理对后总经理的赞美。敢作敢为，是你和凤姐之间的相同之处，却也是不同之处。你的"敢"中，有一种对于家族的责任感和使命感，

有一种对自己抱负与追求的努力，有一种对公正的坚持，有一种基于学识的自信，这些都是凤姐所不具备的……

最后，我要敬你独立的人格。赵姨娘的一句话给我留下了深刻的印象："这会子连袭人都不如了，我还有什么脸？连你也没脸面！"小时候常常听到妇人边哭边说这种话，她们是把孩子当作私有财产的。林语堂说，《红楼梦》女子中他最喜欢探春。探春身上有许多现代因素，我就是我，我做的事情好坏，与父母、兄弟、姐妹无关。不应该牵扯在一起。

《红楼梦》并未赋予探春一个现代人的气质，但读者体会出了她与现代意识的契合。从探春理家看到人文审美与商业诉求之间的关系，对现代产业意识进行反思；针对探春称王夫人母亲，而称生母为姨娘，提出自己的见解。学生将探春带入了自己的生活和世界，结合自身的人生体验对探春进行解读，也使人物具有了新的魅力。

第二例，《致贾宝玉的一封信》：

第一次知道你，是从一个名叫冷子兴的人口中听来的，他说你一落胎胞，嘴里就衔着一块五彩晶莹的玉，上面还有许多字，因此取名叫宝玉。我觉得十分稀奇，因此暗暗留意你。第二次是听你的母亲王夫人说，你是家里的"混世魔王"，连黛玉的母亲也评价你"顽劣异常，极恶读书"。可真正从黛玉眼中见到你时，你又与我所想的完全不同，说你面若中秋之月，色若春晓之花，鬓若刀裁，眉如墨画，脸若桃瓣，睛若秋波，虽怒时而若笑，即瞋视而有情。看你的外貌，自然是极好的，性情也极会逗人开心，他们都喜欢你。

我也喜欢你。妙玉命人将用过的茶具搁在外头不用收了，你便能会意到她是因为茶杯被刘姥姥用过，嫌脏不要了，还能顺着妙玉的心意，提议让人打水来洗地；你怕黛玉睡出病来，特意给她讲"耗子精"的故事解闷；你在平儿受委屈时，耐心劝慰，亲自替她理妆……

可我也恼你啊。我恼你总是喜欢跟姑娘们厮混，吃她们嘴上的胭脂，没个正经；我恼你总是甜言蜜语，说得好听但总是转眼就忘；我恼你不懂风情，妙玉的心思早在栊翠庵品茶时就已显露，可你却不知晓；我还恼你不爱惜自己，成天赌咒发誓，在父亲面前又不肯服从，惹得众人担心……

但我也羡你。我羡慕你虽然有一个严厉的父亲，但你得到了王夫人全部的爱，也得到了祖母的纵容；我羡慕你有一群志同道合的伙伴和能劝诫你的朋友；我更羡慕你能找到人生的知己，人生得一知己足矣……

诚然我也怜你。我怜你不喜欢仕途经济，却被逼着去读书应考。你并非是毫无才情，也并非是没有能力考取功名，只是你志不在此……我更怜的，是你无法和所爱之人在一起，可知世上总有诸般事情是我们做不到的，抗争过，努力过，爱过，享受过，便也够了。

我叹你太痴顽。别人挨打会长记性，可你偏不，你宁愿在一条路上走到黑，但我想，这也正是你的可爱之处吧。

贾宝玉是书中的人物，也是读者的朋友。他痴、呆而又善解人意，因而引发了读者又喜爱、又怜惜、又恼怒的复杂情感。学生在理解人物性格的基础上，融入自己的情感，如朋友一般对人物有了偏好和牵挂。

第三例，《致贾宝玉的一封信》（以晴雯的身份）：

> 二爷若是见了这封信，切莫慌张惊吓，也莫要感伤落泪，平日里咱们顽笑惯了，也打过嘴仗，哪回不是二爷让着我呢？如今我不在你身边了，连个吵架的人都没了吧，二爷可还习惯？见到这信这纸，如见到我一般。我打小被卖到你们家，没读过书，跟着服侍二爷倒也沾染了点文化。往日我不敢说、不好说的话，今儿就都付诸这几张薄纸了。
>
> 园子里的人大概都说我性格太过骄纵，是仗着二爷的喜欢。说我是"闲人"，也是未见我深夜服侍你的缘故。我知道他们那些个人背地里是怎样说我的不是……若是牵连了二爷，我实在是愧疚难过得很。可二爷不怪罪我，反倒护着我。撕扇子那件事，二爷让我惊讶，可又让我爽快。你只当哄我一笑，可我知道，咱们这一闹，你我灵魂上的相似可就显现了……
>
> 和二爷的这么些年，乐是常有的，但苦也逃不过。我的家世和我这傲脾气得罪了不少人，活命尚难，更别说有什么好命了。前些日子得罪王善保家的，那婆子憋得慌，去太太那污蔑我。我竟被太太骂了一通，说我把二爷勾引坏了，骂我装"病西施"做轻狂样子给你看，故意勾引你。这样的罪名我怎么背得起……
>
> 这封信是我在黄泉路上写的，一个鬼面小兵在路上拦了我，说阎王读了二爷写的《芙蓉诔》很是动人，叹你也是痴人，便给我阴间的纸和笔，让我将未尽之话都写下来，他会托梦将此信内容转述与你。

晴雯心比天高，生前断不会将自己的心事和盘说出，只待读者自己体会。学生以晴雯亡魂之口吻道出晴雯对宝玉的深情，是在理解晴雯这一人物的基础上，所做的合理想象。

第四例，《致探春的一封信》：

> 在读书之初，曹公便似乎有意让我等读者眼花缭乱，其事、其人之众不可细数。但是，他却好像并不想让你有过多的表现，给我们留下一句"才自清明志自高，生于末世运偏消"便将你深藏起来。不过，随着大观园的建成，美好的生活逐步浮现，你终于让我觉得真实了起来，虽作不得黛玉、宝钗的那等好诗，但你的意趣高雅使得你一手促成了"海棠社"的创立。你也是一个蕙质兰心的少女啊！
>
> 可是刘姥姥的再次到来却让我对你的定位不得不发生一些改变。感谢刘姥姥，是她让我有幸看见你的起居之所，当见到"当地放着一张花梨，大理石书案；案上磊着各种名人法帖，并数十方宝砚。各色笔筒笔海内插的笔如树林一般"时，我心下一惊，这难道不就是一个活脱脱的"办公室"吗？曹公莫非是糊涂了？岂可让一少女的居所变为这般模样……
>
> 大观园的色彩终于开始灰暗了，而你的另一面也随之更加清晰地展现在我的眼前。你和李纨、宝钗三人开始理家了，但明眼人一看便知，重要的事务基本由你经手

操办，关乎利害之决定大多由你来拍板。试问书中有此能力者有几何？更遑论其中的女儿家了……

书越接近尾声，越令人感到压抑，大观园的色彩几乎由灰转黑了。而大观园在被抄检之时，你的声音如一道霹雳，在这片黑暗混浊中炸响："你们别忙，自然连你们抄的日子有呢！你们今日早起不曾议论甄家，自己家里好好的抄家，果然今日真抄了。咱们也渐渐的来了。可知这样大族人家，若从外头杀来，一时是杀不死的，这是古人曾说的'百足之虫，死而不僵'，必须先从家里自杀自灭起来，才能一败涂地！"……谁说你女子不如男？我谓你"巾帼不让须眉"！此刻，我便也只有用敬重的眼光看待你了。

这是一位物理学院学生的答卷。此前他并未通读过《红楼梦》，经过一个学期课后对文本的细读和课堂讨论，他已能基本把握大观园的总体色调及其变化，在此基础上对探春不同单元的形象也有了较为准确和完整的理解。

四、结　语

总体说来，我们开设的这门"红楼梦研究"选修课，宗旨是拉近学生与《红楼梦》之间的距离，细读文本，消除由陌生带来的疏离感，或是先入为主的偏见，或是被不妥当的舆论败坏了的阅读口味。为了达到这一目的，我们在教学内容、教学方式上做了一些新的尝试。从教学效果来看，基本符合我们的预期。这一教学经历提示我们，《红楼梦》不是一部"死活读不下去"的名著，21世纪的读者其实很容易喜欢上它，不是附庸风雅的喜欢，而是发自内心的喜欢。

（作者单位：武汉大学文学院）

改制与创设：外语学科教育的近代化考察*
——以武昌、汉口为中心

□ 刘 微

【摘要】中国教育近代化肇始于外语学堂的创办。同样，以"方言"教育为主的自强学堂标志着武汉地区教育的近代化转型。从时间维度来看，该地区的外语学科教育较之北京、上海、广州等地起步较晚，但其发展速度极快，教学效果突出，并在教学内容、语种选择、制度设置等方面呈现出其独有的文化特点，对改变全国外语学科的教育格局起着重要作用，同时对武汉地区的近代化事业也有不可忽视的影响。

【关键词】改制；创设；近代；外语学科教育

1858 年中英签订的《天津条约》续约中规定两国交涉均以使用英文为准，1862 年京师同文馆顺应而生，在中国近代教育史上被视为中国新教育的开端。在武汉地区，以自强学堂为标志的第一批新式学堂虽然是在 19 世纪 90 年代才出现，但其发展速度之快、办学力度之大在全国范围都十分显著。无论是京师同文馆，还是湖北自强学堂，不难发现，中国教育近代化的进程肇始于外语教育。因此，与其他学科教育而言，外语学科教育更能反映清末民国时期的教育及其思想文化特点。本文以设在武昌、汉口各类学校的外语学科教育来考察本地区的教育近代化进程。

一、张之洞的外语教育思想

论及近代武汉地区的教育，必须提到张之洞。作为近代"外语教育的先驱"，他在督鄂期间积极倡导外语教育，进行外语教育实践，以其先进的教育思想推动了武汉地区外语学科教育的发展。

* 本文为中央高校基本科研业务费专项资金社科青年项目"晚清英语教育与中西文化交流——以教会学校为中心"（项目编号：CSQ13052）和湖北省教育厅人文社会科学研究一般项目"系统功能语言学视域下的晚清英语教学研究"（项目编号：QSY14007）阶段性成果。

　　张之洞的外语教育思想主要源于洋务运动的"中学为体、西学为用"。他在 1898 年著成的《劝学篇》中对"中体西用"理论进行了系统的阐述，使其成为推进中国教育近代化的指导思想。张之洞指出"体"的目的是"正人心"，涉及的是道德问题；"用"的目的是"开风气"，表述的是学习近代西方技艺的问题。张之洞所述的"体"与"用"之关系可以理解为"德"与"智"的关系。依据时局，张之洞深感要想抵御外国列强，解决"智"的问题尤为紧迫。因此，他积极倡导兴办教育，强调学习西方先进科学文化和外语的重要性。早在中法战争期间，他在《奏创办水陆师学堂折》中就已经表明了开设新式学堂的必要性，"特是时势不同，船炮机算诸端至今日而巧者益巧，烈者益烈，若欲因时制变，固非设学不可"。他认为只有设立学堂，学习、采用西法，才能顺应时代潮流。此外，他还在奏折中建议"其水师则学英国语文，分管、轮驾驶两项，管轮堂学机轮理法、制造、运用之源，驾驶堂学天文、海道、驾驶、攻占之法；其陆师则学德国语文，分马步、枪炮、营造三项"①。可见，他认为学习英语、德语等外语是掌握西技的必要工具。在《招考自强学堂学生示》中，张之洞也明确地提出："自强之道，贵乎周知情伪，取人所长。若非精晓洋文，即不能自读西书，若不能多读西书，必无从会通博采。"②作为学习西方科学文化知识和技术的必要手段，张之洞把外语的学习放到了非常重要的位置。1896 年湖北自强学堂的创办标志着武汉地区以外语教育为先导的教育改革拉开了帷幕。

　　张之洞在武汉地区兴办学堂、提倡和开办外语教育的目的是为国家培养人才，维护清朝封建王朝的统治，这是对洋务运动以来办学思想的沿袭，也是受到国内外政治形势的影响所致。因此这一时期外语教育价值观仍然呈现出以"政治"为导向，具有功利色彩的一元价值取向。③ 但较之早期的洋务派代表人物，张之洞的教育思想更具先进性。首先表现在对外语教育语种选择的标准。在开设自强学堂时他指出"各省堂局学习洋文，多系专习一事，取法一国。查西人学业，各国虽大致相同，而专长兼长实非一致。办理交涉，尤贵因应咸宜。此英、法、德、俄四国语言文字必须分门指授之意也"。可见，张之洞主张因根据外交需求及各国在科学技术方面的优势来选择外语学科教育的语种。其次，"先行统课方言"④ 的思想为外语教育服务西学西技的引进提供了良好的保障。在自强学堂开办三年后，张之洞要求将算学馆并入当时的两湖书院，停办格致和商务两科，其目的就是为了让学员在掌握好外语之后再学习格致。这种集中精力兴办外语教育的举措，为后来武汉地区外语教育在全国处于领先水平的地位奠定了基础。

---

　　① 张之洞：《奏创办水陆师学堂折》，光绪十三年六月十四日，赵德馨主编：《张之洞全集》第一册，武汉出版社 2009 年版，第 549 页。

　　② 张之洞：《招考自强学堂学生示》，光绪二十三年三月初八日，赵德馨主编：《张之洞全集》第七册，武汉出版社 2009 年版，第 253 页。

　　③ 有学者探讨外语教育的价值观时提出了"政治中心的一元价值取向""政治为主导、经济次之的二元价值取向"和"个人、社会、知识的三元价值取向"。参见张沉香：《外语教育政策的反思与构建》，湖南师范大学出版社 2012 年版，第 73~75 页。

　　④ 在处理"外语"与"格致"的关系中，京师同文馆是先学外语，进而学习数学、格致；上海同文馆是外国语、格致两者并重兼学；湖北自强学堂则是"先行统课方言"。参见李良佑、张日昇、刘犁编著：《中国英语教学史》，上海外语教育出版社 1988 年版，第 41 页。

二、传统书院改制及外语学习的萌发

武汉地区乃至整个湖北的教育近代化始于传统书院的教育改革。1869 年在武昌三道街创建的经心书院，虽然是洋务运动期间兴办的学堂，但是教学课目仍以"解经、史论、词赋等"为主，直到甲午战争后，办学宗旨才发生变化。以张之洞为首的办学人士认识到若只靠"经史"并不能挽救中华民族于危难之中，只有加入西学，才能中西并济，救亡图存。经心书院先是于 1890 年进行了管理体制的改革，1897 年将书院原来设置的传统课程改为学生课外研读，对教学内容进行了重新规定："经心书院分为外政、天文、格致、制造四门，每门亦各设分教，诸生于四门皆需兼通，四门分年轮习，无论所习何门，均兼算学。分教中即有通晓西文者，诸生若自愿兼习西文，亦听其便。"① 尽管外国语课程并未正式纳入经心书院的教学课程，但对学生的外语学习，书院是持积极态度的。如果教师中有通晓外国语的，学生可以自愿跟其学习。

除经心书院外，两湖书院也是武汉地区晚清之际创立的具有影响力的书院。书院在创立之初，实际教授的课程有经、史、文、理四门。学生主要依据自身的兴趣选择相应的课程或同时兼修几门课程，教学形式主要以讲座为主。1891 年，湖北地方官员曾广敷在给湖北官府的报告中根据湖北茶叶贸易发展的情势，建议两湖书院加设外语和商务课程。张之洞在《札江河关道饬知设方言商务学堂》中回应道："应即于两湖书院外，另设学堂，设立方言学、商务学，专习各国语言文字及讲求商务，应为何浚利源、塞漏厄、畅销土货、阜民利用之术，均延华人精通各国语言文字暨晓畅实务者，分门教习。"② 随后，湖北方言商务学堂成立代替了在两湖书院新添外国语课程。两湖书院的课程几经调整，虽然最终也未开设外语类课程，但"为了争取留学的机会，或准备将来教书，大家对实用科学比较感兴趣。有的课程（如英语、日语），书院并未设教师，学生间也有相互传授的"③。由此可见，学生在没有开设外语学科课程的情况下，能够自觉自愿学习外国语言文字，反映了武汉地区教育近代化对外语教育的内在诉求。对传统书院学生外语学习的支持和鼓励，以及另外单独开设专门的外语学堂，是对这一需求的适时回应，为后期武汉地区外语课程的设置及外语学科教育的建立创造了良好的内部条件。

三、新式学堂的创设及其外语学科教育

1. 外国语学堂——湖北自强学堂

1891 年在武昌设立的湖北方言商务学堂可谓武汉地区最早的外语学堂。设学之初的主

---

① 张之洞：《两湖经心两书院改照学堂办法片》，光绪二十四年闰三月十五日，赵德馨主编：《张之洞全集》第三册，武汉出版社 2009 年版，第 480 页。
② 陈学恂主编：《中国近代教育大事记》，上海教育出版社 1981 年版，第 57 页。
③ 陈英才：《忆两湖书院》，《武汉文史资料文库·教育文化卷》（第四卷），武汉出版社 1999 年版，第 49~50 页。

要目的是保护茶商的经济利益，① 其宗旨是 "俾专习各国语言文字，二三年学成之后，南北茶商皆可自专，而孖占之挟制可除，即茶市之利源益广"②。该学堂传授外语及商务知识，拉开了在武汉地区大量培养社会急需外语人才的序幕。方言商务学堂建成不久，又设立了湖北算学学堂，附列方言、商务两门，兼习化学和矿学。可以说方言商务学堂和算学学堂是湖北官学最早设置外语课程的教学机构，为后来自强学堂的创办积累了经验。

张之洞于 1893 年向朝廷奏请将方言商务学堂改为自强学堂得到批准，湖北自强学堂正式成立，"分方言、算学、格致、商务四斋，惟方言一斋，住堂肄业；其余三斋，按月考课，历年循办在案"③。随后，张之洞认识到格致和商务两科教材内容较为肤浅，教学活动并不能深入开展，于是决定 "将格致、商务两门停课，先行统课方言，以为一切西学之阶梯，将来格致、商务，即可自行诵译探讨"④。其算学一门因 "可不假道西文" 而移归至两湖书院。这一教学变动昭示了湖北自强学堂从一所综合性的新式学堂向专门外国语学堂的转变。1896 年，《札道员蔡锡勇改定自强学堂章程示》又进一步规定取消格致和商务两科作为独立课目在学堂进行学习和授课，一律改为方言课程，设有英文、法文、俄文和德文四门。1898 年，根据《自强学堂改课五国方言折》，自强学堂又添设了东文（日文）这门新的语种，分设日、英、法、俄、德五堂，挑选精通中文的学生。自强学堂同时开设东文和俄文也成为武汉及整个湖北地区外语学科教育的一大特色。⑤

作为武汉地区官方的专门外语学堂，自强学堂的外语教学体现了较为先进的外语学科教育理念。第一，强调汉语在外语教学中的作用和地位。⑥《自强学堂章程》中要求 "学生必须以华文为根底，以圣道为准绳，儒书既通，则指授西文，亦可得收事半功倍之效"⑦。因此，在学堂招生时，首先进行汉语考试，只有成绩达到要求的方能进入面试环节。对于那些招入学堂年纪较小且汉语基础较薄弱者，则在学堂设立汉语教习，在学习外国语的闲暇之余，向其教授汉语，以达 "庶几中外兼通，不致忘本"⑧。1898 年后，又将

① 由于湖北的茶商不懂外语，和洋人做生意时需依仗既懂外语又会商务的中介人孖占，因此常常受到要挟和盘剥，导致经济利益受损。

② 吴剑杰编：《张之洞年谱长编》上册，上海交通大学出版社 2009 年版，第 308 页。

③ 张之洞：《招考自强学堂学生示》，光绪二十三年三月初八日，赵德馨主编：《张之洞全集》第七册，武汉出版社 2009 年版，第 253 页。

④ 张之洞：《招考自强学堂学生示》，光绪二十三年三月初八日，赵德馨主编：《张之洞全集》第七册，武汉出版社 2009 年版，第 253 页。

⑤ 张之洞在《自强学堂改课五国方言折》中指出："惟查总署同文馆以外，各省无课东文、俄文者，臣前署两江任内设立储才学堂，亦仅及东文而未及俄文。" 可见，除了京师同文馆，其他各省还没有同时开设日文和俄文的外国语学堂。另外，张之洞对俄语教育的重视主要是因为当时的大俄罗斯帝国对汉口的茶叶市场感兴趣。

⑥ 中国近现代很多语言大师及专家，如方重、水天同、王佐良等人一致认为本民族语言素养对外语学习是有帮助的。参见季羡林编：《外语教育往事谈：教授们的回忆》，上海外语教育出版社 1988 年版。

⑦ 张之洞：《招考自强学堂学生示》，光绪二十三年三月初八日，赵德馨主编：《张之洞全集》第七册，武汉出版社 2009 年版，第 254 页。

⑧ 张之洞：《招考自强学堂学生示》，光绪二十三年三月初八日，赵德馨主编：《张之洞全集》第七册，武汉出版社 2009 年版，第 254 页。

汉语纳入学堂正式课程，学时数仅次于外语。第二，在学习外语的年龄设置上，渐趋合理。《自强学堂章程》中最初要求入学者年龄在十五岁以上二十四岁以下，可是通过教学实践发现"年岁愈轻，所学愈易于精进"，于是将原来二十四岁的上限改为十八岁以下方为合格，后因考虑到生源不足的问题，又将年限改"实年在二十岁以下者"。对入学者年龄要求的改变，反映出张之洞等人开始意识到外语学习最佳年龄的问题，由此做出的调整也符合外语学习规律。① 第三，外语人才培养目标的定位更加科学、全面。湖北自强学堂最初的办学宗旨是"讲求实务，贯中西，研精器数，以期教育成材，上备国家任使"②。甲午战争后，"本部堂讲求各国语言文字之意，在于培植志士，察他国之政，通殊方之学，以期共济时艰，并非欲诸生徒供翻译之用"③。这种变化，一是在教学内容上更注重西文西学，二是外语人才培养目标不再局限于为国家培养翻译、外交等人才，而是注重培养既通晓外语又具备各类专业知识能更好为国家服务的全面型人才，它培养人才的目标更接近今天我们关于外语学科复合型人才的培养目标。

2. 非外语类学堂（普通学堂、实业学堂、军事学堂等）

除了外语学堂，在张之洞的推动下，武汉地区相继成立了各类新式学堂，湖北算术学堂（1891）、湖北矿务局工程学堂（1892）、湖北武备学堂（1896）、湖北农务学堂（1898）等分别成立，这些学堂概况略如表1所示④：

表1

学堂名称	成立时间	课程设置	教习
湖北算术学堂	1891年		
湖北矿务局工程学堂	1892年	冶金学、采矿学和机械学等专业课程，以及语言课，如英语、德语或法语	
湖北武备学堂	1896年	堂课（军械学、算学、测量会图学等）和操场课（操枪、操炮、操马等），及外语，如德语、日语	洋教习（德国和日本），汉人教习，领班（来自其他学堂学生）
湖北农务学堂	1898年	方言、算学、电化、种植、畜牧、茶务、蚕务等	洋教习（以美国为主），汉人教习

① 哈佛大学心理学教授 Eric Heinz Lenneberg 认为语言学习最好在大脑完成边化之前，人类大约在11~19岁左右，大脑会完成边化。因此，在此之前是"语言学习关键期"。
② 张之洞：《设立自强学堂片》，光绪十九年十月二十（二）（五）日，赵德馨主编：《张之洞全集》第三册，武汉出版社2009年版，第135页。
③ 张之洞：《札道员蔡锡勇改定自强学堂章程示》，光绪二十二年年六月二十七日，赵德馨主编：《张之洞全集》第五册，武汉出版社2009年版，第493页。
④ 该表根据李珠、皮明麻主编的《武汉教育史（古近代）》（武汉出版社1999年版，第178~179页）相关内容编制。

由表 1 可知，这些新式学堂都非常重视外语教学，除了专业课程，均开设了不同种类的外语课程。因为新式学堂主要以传授西方科学、技术和军事为旨，它们根据国外不同国家的优势学科聘请不同国籍的洋教习，如湖北武备学堂创立之初延请的教习均来自德国，所以学堂开设德语课程向学生教授德语；湖北农务学堂则开设英语课程，方便学生学习美国的先进农业技术。这些学堂对招收的学生也有一定的语言要求。首先就是"必须有华文根底，则讲堂功课方能领会"①。其次就是要求学生入学前有过外语学习经历，具备一定的外语基础。如湖北农务学堂的招收对象是"有志讲求农学，年在二十以下，十四以上，已习英文三四年，及未习英文，而文理通顺，资性聪颖，身价清白者"②。对学生外语学习背景的要求也是基于学堂教学能够快速地取得较好效果，这也说明了晚清对这类既懂外语又懂专业人才的迫切需求。对于那些确实没有学习过外语的学生，学堂则要求他们入学后边学外语，边学专业课程。但因洋教习不懂汉文，所以采取的授课形式是由翻译委员先行翻译，然后再转述指授。

四、学制的更迭与外语学科教育

1. 壬寅-癸卯学制及外语学科教育的正式确立

1902 年清政府颁布的《钦定学堂章程》，又称壬寅学制，把"西学"置于十分重要的位置，第一次把"外国语"列入中学堂课程门目表，每周学时为 9 小时，占课时总量的四分之一。由于顽固派的阻挠，该学制并未执行。随后清政府于 1904 年出台《奏定学堂章程》即癸卯学制。较之壬寅学制，癸卯学制更完善，增加了各个教学阶段的培养目标、立学宗旨、课程设置、教学方法、考核奖励等详细的说明。在课程设置上，虽然代表西学的课程总量比重较之壬寅学制有较大幅度的下调，但外语课程还是保留了每周 8 小时的学时，并且规定"中学堂以上各学堂必全勤习洋文"③。正是基于"今日时势不通洋文者于交涉、游历、游学，无不窒碍"④ 的考量，无论是壬寅学制还是癸卯学制，都强调了外语学习的重要性。外语课程开设的目的或培养目标也延续了洋务运动时期的"工具性"的特点。

在初等学堂没有开设外语课程，主要原因是担心这个阶段的儿童过早学习外语会使他们受到西方思想的影响进而影响自身的统治，所以外语教育主要在中等学堂以上开展。张之洞在《筹定学堂规模次第兴办折》中将初等教育之上的中等教育称为"普通学"，认为

---

① 张之洞：《招考武备学生示》，光绪二十二年九月初四日，赵德馨主编：《张之洞全集》第七册，武汉出版社 2009 年版，第 250 页。
② 李珠、皮明庥主编：《武汉教育史（古近代）》，武汉出版社 1999 年版，第 180 页。
③《奏定学务纲要》，璩鑫圭、唐良炎编：《中国近代教育史资料汇编·学制演变》，上海教育出版社 2007 年版，第 501 页。
④《奏定学务纲要》，璩鑫圭、唐良炎编：《中国近代教育史资料汇编·学制演变》，上海教育出版社 2007 年版，第 501 页。

"普通学若稍有阙略含糊，则以后各种学术皆事倍而功半"①。根据湖北新学制体系，1903年，武昌文普通学堂正式开办，开设课目 12 门：修身、读经讲经、中国文学、外国语、历史、地理、算学、博物、物理化学、法制理财、图画、体操。在课时分配上看，中、西学大体相当，西学略占优势，其中又以外国语学习为主导。因为经费充足，学生的"英文、西洋史和地理读本，由学校向国外定购，价甚昂，不收费，所有应用文具亦由学校发给"②。1904 年，武普通学堂成立，除了带有军事性质的体操课，其他课程与"文普通"相同的，但开设的外国语是日语或德语，由学生任选，由日、德教员讲授，但课本是中国人编的。③ 1909 年 4 月，清政府下令实行中学文实分科，分科后的课目分为主课和通习课两类。同年 7 月，武昌的昙华林成立了第二文普通中学（实科）。课时分配"主课"占61%，"通习"占 39%，其中，外语课时占总学时的 30%。④

新学制推行后，由于新式学堂师资奇缺，武汉地区的师范教育成为发展重点。1902年，张之洞成立了湖北师范学堂，是中国最早独立的官办师范学校，分一年、两年速成科和三年本科。1904 年，武昌初级师范学堂成立，是武汉最早的初级师范学堂。次年，支郡师范学堂也在武昌正式开学 。这些师范学堂以初级师范层次教育为主，主要负责培养高、初等小学堂教师，所以外国语并未列入初级师范学堂完全科目当中的十二科，而是"视地方情形酌加，须在原列各课钟点之外，不占原课时刻乃可"⑤。除了省师范增设了日语一门，其他师范学堂基本没有开始外语课。1906 年，由原两湖书院扩建的两湖总师范学堂开始招生，学堂开设的课程中，必修课有 12 门，英语仅被列入随意科（即选修课）。随后两年，在两湖总师范学堂内分别成立了湖北优级师范理化专修学堂和优级师范博物专修学堂，优级师范所习的三类课目中，第一类公共科和第二类分类科都设置外国语课程，前者学习一年，英语和日语两门占总学时的一半，后者下分 4 组，第一组的课程以中国文学和外国语为主，也占到总学时的近 50%。以下是根据两湖总师范学堂调查总表（节录）、湖北优级师范理化专修学堂调查总表、优级师范博物专修学堂调查总表汇编统计的外语教学情况一览表（见表 2）：

表 2

学堂名称	开办时间	外国语科每周钟点	教科书	教员
两湖总师范学堂	1906 年 9 月	英语一（随意科）	《正则英文教科书》	金昭、张树铭
湖北优级师范理化专修学堂	1907 年 11 月	三年班：英语二，日文二 四年班：英语六、日文二 新班：英语六、日文四	《三训读本》及《英文法程》 日文课程用口语文法	

---

① 张之洞：《筹定学堂规模次第兴办折》，光绪二十八年十月初一日，赵德馨主编：《张之洞全集》第四册，武汉出版社 2009 年版，第 89 页。

② 李珠、皮明庥主编：《武汉教育史（古近代）》，武汉出版社 1999 年版，第 202 页。

③ 李愈友：《我所知道的武昌武普通中学堂》，《武汉文史资料》2009 年第 10 期。

④ 李珠、皮明庥主编：《武汉教育史（古近代）》，武汉出版社 1999 年版，第 203 页。

⑤ 《奏定初级师范学堂章程》，璩鑫圭、唐良炎编：《中国近代教育史资料汇编·学制演变》，上海教育出版社 2007 年版，第 412 页。

续表

学堂名称	开办时间	外国语科每周钟点	教科书	教员
优级师范博物专修学堂	1908 年 11 月	四年班：英语四、日文三	《正则英文教科书》日文课程自编	

与初级师范教育不同的是，"以造就初级师范学堂及中学堂之教员、管理员为宗旨"① 的优级师范学堂非常注重外语教育，而且层级越高，外语学时越长，除了英语，日语教育也受到了重视。除了普通师范教育，武汉地区的职业师范教育，如工农商教员讲习所均开设了外语课程。

1902 年，自强学堂改制方言学堂，开设英、俄、日、德、法 5 科。学堂教习以中国人为主，洋教员中又以日本人居多。虽说英文教学主要由中国教师担任，但他们大多有过留学或接受过正式语言训练的经历，学堂的学生能够在他们的带领下"记单词、练发音、习拼法、诵课文"②，为英文的学习打下坚实的基础，人才培养的效果也很突出。1907 年9 月，张之洞在《请奖各学堂毕业生及管理教员折》中指出："至方言学堂第一班学生尚在四年级，未届毕业之期，其前在自强学堂之旧学生，曾经两次考试毕业，率皆分往各省，或任教习，或充翻译，并办理厂局、商务各事。"湖北陆军正参领卢静远也上奏道："前大学士张之洞督鄂时于光绪二十二年在武昌省城创兴自强学堂，立英文、法文、德文、俄文、东文五斋……于光绪二十八年会同前湖北巡抚端方奏请改办，定名曰北方言学堂，前后十余年间考取毕业能致用者颇不乏人，如京师大学堂开办伊始，所有译员半取资于鄂省。近年以来充当学堂教员及办理交涉之译员，尤为各省所争聘。"③ 不难看出，湖北方言学堂培养的教习或者翻译的社会评价很高。

依据"癸卯学制"，方言学堂应比拟京师译学馆按高等学堂给奖，办学程度应与高等学堂略同，但实则不然。学部通过对报送学堂毕业生资料的验查在《咨湖广总督扎湖北学司该省方言学堂分别延长年限及照中等给奖文》中明确指出方言学堂的学生"外国文程度，亦比中学堂所胜无几"④，在算学、博物、理化等科目的水平更是不及中学毕业程度，最终"因该堂肄业各生非由中学升入比照高等程度较差"⑤ 而给予中学毕业奖励。所以，对于方言学堂的办学程度，将其描述为"近似今之外语学校"是较为准确的。⑥此外，方言学堂的师资虽然很雄厚，但外语教学也存在一定问题。《学部官报》刊发的

① 《奏定优级师范学堂章程》，璩鑫圭、唐良炎编：《中国近代教育史资料汇编·学制演变》，上海教育出版社 2007 年版，第 419 页。

② 赵永青、许方彦：《殊光自显不须催（徐养秋传）》，南京大学出版社 2015 年版，第 24 页。

③ 《奏陆军正参领卢静远湖北方言学堂未便轻议停办由》，宣统二年十二月廿六日，中国第一历史档案馆藏。转引自冯天瑜：《作始也简，其成也巨——武汉大学校史前段管窥》，《武汉大学学报》2013年第 6 期。

④ 《咨湖广总督扎湖北学司该省方言学堂分别延长年限及照中等给奖文》，《学部官报》1910 年第11 期。

⑤ 《学部奏核议湖北方言学堂毕业学生循案比照中学给奖折》，《湖北官报》1911 年第 55 期。

⑥ 冯天瑜：《作始也简，其成也巨——武汉大学校史前段管窥》，《武汉大学学报》2013 年第 6期。

《湖北方言学堂调查总表》有一段关于课堂教学的记录："二年级英文一堂读本，教员讲解，极行敷衍，又一堂文法，教员亦不善讲。"① 上文提到这些教授外语的中国教员外语水平应该是符合任用资格的，但教员在职业素养和教学理论方面显然相对欠缺，对学堂的办学质量亦有一定影响。后期由于教学管理不善、办学经费紧张，以及学部对发展实业学堂的迫切需求，虽然几经学部、湖广总督、湖北提学使司、湖北咨议局等相关方面围绕关于湖北方言学堂的改制、停办问题的争论，最终，方言学堂于1911年关闭，造成了这一时期湖北专门外国语教育的空缺。②

2. 壬子-癸丑学制及外语学科教育的发展

中华民国成立后，教育部从1912年年初开始直至次年8月，相继颁布了《普通教育暂行办法通令》《学校系统令》《中学校令》等法令和规程，对清末学制进行改革，史称"壬子-癸丑"学制。但该学制基本上以清末的"癸卯"学制为蓝本，只进行了部分修正，主要体现在传统读经课的废除、学习年限的缩短，以及学校结构和学校门类方面的调整。在外语学科教育上，除了在内容上进行了补充和完善，基本沿袭了"癸卯"学制。首先是小学阶段不开设外语课程，但可视地方情形加设英语或改英语为别种外国语；其次是外语课的重要地位。而且在新学制中的中学阶段，外国语的课时比重由"癸卯"学制的20%更是提升为22.6%。外语课程的设置主要以英语为主，但在其他可选语种上略有不同。《奏定中学堂章程》规定中等学堂"在娴习普通之东语、英语及俄、法、德语，而英语、东语为尤要"，但在新学制中，其他可选语种是法、德、俄，日语在外国语教育中的地位就此削弱。

根据相关法令，民国初年，武汉地区也恢复中等教学体系。1912年10月，湖北省第一中学开办，次年，又成立了省立二中、三中，湖北省第一师范学校等。其中省一师在外语教育独具特色。1915年，时任校长刘凤章创办了一个"英语班"，敦聘李立夫老师主讲英文，美国人格诺（Wagney）教会话。此次教学举措的目的主要是为学生考入国内著名大学深造作准备。"许多学生由于具备了英文根底，出校后继续深造，出国留学成为名流学者的大有人在。"③ 刘文卿先生任校长期间将本科阶段的学生分为了中、英两班。"英文班不仅殊于一师之中文班，而且也异于一般中学。"1919年毕业的英文班毕业生除很少几个学生因家境贫寒未升学外，其余绝大多数都考进当时名牌大学，"这些同学不但英文远远超过一般中学水平，第二外国语如德语、俄语也有造诣"④。

相较于其他省份，武汉地区的中等教育规模并不突出，但湖北外国语专门学校和武昌高等师范学校两所学校的外语教育在全国范围内都取得了显著成绩。辛亥革命成功后，两湖总师范学堂结束，继而在该校校舍内成立了私立英文馆，聘请留美大学生郭泰祺为馆长。随后教育司改其为公立，命名为外国语学校。1914年，教育部指出，"该校学生程度

---

① 《湖北方言学堂调查总表》，《学部官报》1911年第158期。

② 刘文祥：《晚清湖北地方教育现代化的困局——以湖北方言学堂停办始末为中心的考察》，朱英主编：《近代史学刊》第17辑，社会科学文献出版社2017年版。

③ 刘仲衡：《回忆教育界耆宿刘凤章先生》，《武汉文史资料》1983年第2辑，第137页。

④ 艾毓英：《湖北省立第一师范读书记》，《湖北文史资料》1990年第3辑，第78页。

尚优，外国语人才在鄂省亦为需要"①，决定改组定名为湖北外国语专门学校，语种包括英语、法语、德语、俄语、日语，成为全国为数不多的按《外国语专门学校规程》语种设置全面的外国语专门学校②。湖北外国语专门学校不仅语种齐备，办学规模在同等学校中也是首屈一指的。根据 1916 年的《教育公报》报导，该校在 1915 年共有德语、英语学生合计 235 名。③

1913 年建立的国立武昌高等师范学校是全国第二个所高等师范学校，分预科、本科、专修科三科，本科设立了英语、历史地理、数学物理、博物四部。根据武昌高师英语部学生 1916 年 9 月到 1917 年 7 月的教授程序④，武昌高师的英语课程在教学内容上遵照了循序渐进的原则，首先是将比较基础的会话、默读设置在了预科阶段，而翻译和文学分别设置在一年级和三年级；其次是同一类型教学内容，体现了由浅入深的层级，如讲读课，预科采取益智读本及 *Tangle Wood Tales* Ⅰ and Ⅱ，一年级则改用《见闻杂记》（*Speech Book by Irving*）、《沙氏乐府本事》（*Lamb's Tales From Shakespeare*）及勃郎氏《学校纪事》（*Tom Brown's School Days*），到了三年级选择了在认知程度和语言难度更高的斯宾塞《教育论》（*Spencer's Essays on Education*）、玛考雷士《亚的森传》（*Macauley's Essay on Addison*）以及欧美名家诗篇。对上课的要求，除解释原文意义之外，还须讲解英语词汇构词法、句法及古今英语的差异。作文课程的教学也从句子的构建、扩充开始，再过渡到到修辞的运用。除了英语，英语部的学生还学习法语、德语两门外语，以《法语陡遐》和《德语捷径》为课本，每周授课两课时。

除了英语部，其他学科的英语教学也占据重要位置。表 3 是关于本科其他三部和教育专修科英语课时与总课时对比⑤：

表3

部别	预科	一年级	二年级	三年级
国文史地部	18/108	12/93		
数学理化部	27/108	15/84	6/53	
博物地学部	27/102	15/81	9/75	
教育专修科		10/34	9/30	9/26

① 《奏定优级师范学堂章程》，潘懋元、刘海峰编：《中国近代教育史资料汇编 高等教育》，上海教育出版社 2007 年版，第 753 页。

② 教育部下达《专门学校令》后先后成立了 5 所专门外国语学校，分别为外交部俄文专修馆（1912）、四川公立外国语专门学校（1913）、湖北公立外国语专门学校（1914）、奉天公立外国语专门学校（1916）和福建公立外国语专门学校（1920）。《外国语专门学校规程》规定的语种包括英语、法语、德语、俄语、日语，若时势需要，可增设其他语种。其中湖北外国语专门学校和福建外国语专门学校设置专业最为齐全，包括上述全部 5 个语种。

③ 李良佑、张日昇、刘犁编著：《中国英语教学史》，上海外语教育出版社 1988 年版，第 240 页。

④ 参见《教育公报》1917 年 1 月第二期的《国立武昌高等师范学校本学年教授程序报告（1916 年 9 月到 1917 年 7 月）》。

⑤ 该表根据张毅刊发在《新陇》1921 年第 2 卷第 1 期的一份学校调查报告《武昌高等师范学校概况》整理编制。

由此看出，英语课时所占比重很高，特别是数学理化部和博物地学部预科阶段的英语课占总课时比例高达 25% 以上，一年级阶段也接近 20%，教育专修科三年课程的英语课时几乎占了总课时的三分之一。除了英语，本科三部均在预科阶段开设了日语课程。为了保证教学质量，武昌高师严把招生关，以确保学生入学时的英语水平。这一点可以从预科入学考试的试题窥见一斑（详见表 4）：

表 4

初　试　试　题	复　试　试　题
1. Define：-（a）Retained object. 　　　　　（b）Cognate object. 　　Give examples 2. What are the two uses of adverbs? 　　Give an example of each. 3. Conjugate the following verbs：- 　　Hide, lie, slide, smile, fly, spill, feel, buy, 　　split, forbear. 4. Write a paragraph or two on the following 　　*It is Never too late to mend.*	Translate. 1. Dictation. 2. Conversation. 3. Composition. 　　*Why I wish to study in the National teachers college?*

在入学考试中，初试题目较为基础，侧重于英语语法，如解释什么是保留宾语和同源宾语，副词的用法，以及一些动词的词形变化，段落写作则是考查对英语习语的解读。复试题目的题型更综合，包括翻译、听写、对话、作文，对考生英语水平的考核也更为全面，特别是命题作文要求考生阐述自己希望在国立师范学校学习的原因，既能考查考生的英语水平，又可知悉考生入学的动机。从难度上来看，试题对考生的英语水平要求不低，从而保证了考生入校后能顺利完成学业，达到胜任中小学英语师资的要求。

3. 壬戌学制及外语学科教育的调整

在全国教育联合会第七届年会后，社会广泛开展了改革学制方案的大讨论，并成立了课程标准改革委员会。1922 年 11 月，北京国民政府正式发布施行《学校系统改革案》，即"壬戌学制"。次年，又刊布了中小学课程标准纲要。与旧学制相比，新学制改革的最大不同就是学习年限和分段的变化，将小学修业年限由原来的七年缩短为六年，中学的修业年限由原来的四年延长为六年，分为初级和高级两个阶段，实行分科制和选课制。依据新的课程标准纲要，初级中学毕业须修满 180 学分，包括必修课的 164 学分和选修课的 16 学分。英语在初中阶段的第一年和第二年为必修课，第三年为选修课。英语作为必修课的学分多达 36 学分，占总学分的 20%，超出国语课程 4 学分。新学制颁布后，武汉地区基本上是遵章改制。以下是 1924 年刊发在《教育公报》上湖北省立高中学试则行文中对英语必修和选修课程的相关规定①（详见表 5、表 6）：

---

① 参见《教育公报》1924 年第 11 卷第 5 期。

表5　　　　　　　　　　　　　　　英语必修课程规定

学年	学期	英语课程学分/国文课程学分	必修课总学分	英语学程
第一学年	第一学期	5/4	27	读书、文法、作文
	第二学期	5/4	27	读书、文法、作文
第二学年	第一学期	3/3	27	修辞学、作文
	第二学期	3/3	27	修辞学、作文

表6　　　　　　　　　　　　　　　英语选修课程规定

选修课类别		选修课程/学分
共同选修课		英语（一）/3　英语（二）/3　英语（三）/3　英语（四）/3
分科选修课	第一组（文科）	英文文学（上、下）/各为3　英文作文法（上、下）/各为3　英文修辞法（上、下）/各为2　英文翻译（上、下）/各为2　英文语音学/2　第二外国语（一、二、三、四）/各为3
	第二组（理科）	第二外国语（一、二、三、四）/各为3

　　该校采取的四二制高中两年毕业。上列表5反映了省高共同必修课科目语言科的学分情况。英语在第一年的两个学期均为5学分，占共同必修课总学分的近19%，而第二年的两个学期均为4学分，占共同必修课总学分比例下降为11%左右。总的来说，英语的学分位于必修课榜首，超过国语或是与之并列。两年的学程内容也略有变化。第一学年的内容是读书、文法和作文，第二学年的内容有所加深，加入了修辞学。在共同选修课中，英语学科有四级，从英语（一）到英语（四）代表这一科目的不同进度。分科选修课中，第一组文科的外语类课程设置更为丰富，有英文文学、作文法、修辞法、翻译，还有语音学及第二外国语的四个级别，而理科第二组的只开设了第二外国语的四个级别课程。可见，在高中阶段，除了把英语列为必修课，在选修课类别还大量开设了不同门类的英语课程及第二外国语，以提高学生的英语外语水平和人文社会知识。

五、教会学校及其外语学科教育

　　第二次鸦片战争后，汉口开埠，传教士进入华中地区传教并兴办了一批学校，主要集中在武汉地区的汉口和武昌。在办学时间上，与广州、上海等口岸城市相比，武汉的教会教育起步稍晚，但仍然比武汉地区近代官学教育发展要早，办学程度主要是以小学为主。设立之初的教学内容一半是《圣经》等宗教课程，一半是与中国传统私塾类似的《四书》《五经》等儒家经典课程。武汉地区的教会学校最初使用汉语进行教学，并没有普遍开设英语课，像博文学院也是"经学生再三要求教授英语，才每周教授三小时，课本不到十数页"①。但随着本地区商业及外贸业务的发展，对外语的需求与日俱增。1890年，根据在华基督教传教士在上海召开的第二次全国代表大会的精神②，文华书院由原来的小学升级为新式中学，学制改为六年，除了实行分班教学，学校还引进了学分制、留级制等西方教育制度。在课程设置上，学校增加了格致、算术、地理、体育等新课程。校长贝锡鼎牧师首先在书院里开设英文课程，还成立了英语部，英语教学受到了特别的重视。"预科从一年级到六年级，除每周六小时英文课外，其他课程也逐步用英文教，并逐步采用英文课本。运动场上、日常生活上都用英语。"③ 在文华书院，英语课除了课时多，学校还通过各种途径注重培养学生的英语实际应用能力。1898年，时任负责人巴修理（Sidney C. Partridge）支持学生成立了"文华英语爱好者协会"（The Useful Knowledge Society），旨在"培养学生演讲的能力，增加使用英语的机会；在演讲的过程中加深对所学知识的理解、关心国内外时事。协会每两周举行一次集会，参加者在集会时用英语诵读、演说、辩论或进行其他竞赛，借以提高自己的英语水平"④。正是因为这种良好的英语环境和氛围，文华书院的毕业生为其他各类学校提供了一些英文教员和某些场合的英文翻译。

武汉地区的其他教会学校，英语课程主要是在19世纪80年代以后才得以广泛开设。这一情形与当时传教士在全国范围内展开的关于是否在教会学校进行英语教学的争论不无关系。⑤ 在这场持续了近二十年的争论中，形势逐渐向英语教学派倾斜，直到1896年"中国基督教教育会"第二届年会最终确立了实施英语教学的方案。随着这场争论，局势发生变化，原来没有设置英语课程的教会学校纷纷开始英语教学，英语也逐步成为教会学校的教学内容和主要教学语言。

从清末到民国中期，中国政府颁布了一系列新学制，进一步加快了中国教育近代化的进程。为了使自身的事业得到更好的发展，武汉地区的教会教育也采取了应对举措。1903年，文华书院改制分为备馆和正馆，即中学部和大学部，不久，正馆定名为"文华大学"，备馆改为文华大学中学部。师资方面，文华中学的教师责任感强，教学认真负责。

---

① 胡学汉：《武昌博文中学》，《武汉文史资料文库·教育文化卷》（第四卷），武汉出版社1999年版，第218页。

② 在华基督教传士在上海召开的第二次全国代表大会认为，真正的教会学校，其作用并不仅限于单纯地传授宗教知识，而是要给学生智慧与道德的训练，使其成为社会中及教会中有势力的人物，成为普通民众的导师和领袖。在此精神指导下，教会学校进行了提升办学层次的改革，以期培养高层次的社会精英人士。参见马敏、汪文汉主编《百年校史：1903年—2003年》，华中师范大学出版社2003年版，第7页。

③ 卢春荣：《武昌文华书院的始末》，《湖北文史资料》第1辑，湖北人民出版社1980年版，第156页。

④ 马敏、汪文汉主编：《百年校史：1903年—2003年》，华中师范大学出版社2003年版，第6页。

⑤ 教会学校办学之初，主要是根据实际需要和当时的条件来确定在课堂上用什么语言教授，有的使用中文，有的使用英语。随着教会学校的增多，传教士开始围绕该不该教中国人英语而激烈争论起来，并形成了以狄考文（C. W. Mateer）为代表的"汉语教学派"和以香便文（B. C. Henry）为代表的"英语教学派"。"英语教学之争"始于1877年召开的基督教新教传教士第一次全国大会，止于1896年的"中国基督教教育会"第二届年会，最终以"英语教学派"的胜利暂告结束。

我国著名的外语教育家王佐良曾经在文华中学就读。他在《在文华中学学英语》中描述了该校两位英语老师教学的严谨、细致的作风和灵活多变的教学方法给他留下深刻的印象。在课程设置方面，文华中学与武汉本地的公立、私立学校也有很大的区别。一是体现在英语科目的教学内容，除了文法和读本这两类课程，初中阶段还加入了论说文写作，高中更是纳入了文学和戏剧。二是除了英语课，一些非英语类的课程也使用英语课本讲授，如初中几何课本使 Macmillan Co. Hall Steven 出版的《平面形学》，代数使用 Ginn Co. Hawkes 出版的《中学代数》，高中阶段的代数、几何、商算、科学常识、生物学、生理、物理、化学、社会问题、世界史均使用英文原版教材。① 从教学内容来看，文华中学英语课程不仅内容丰富，而且难度和深度都超过了一般的中学，像文学和戏剧这类课程一般在高等教育才会涉及。另外，在高中虽然英语课时有所减少，但使用英文教材，用英语授课，使学生不仅掌握了专业知识，还训练了他们的听力，扩展了词汇量。正是一流的教师、合适的教材和科学的教学保证了文华中学的教学质量，特别是在英语教育方面取得了显著的成绩。

华中大学在"重质不重量"的办学理念下，实施了独特的教学管理制度。其中的甄别考试制度要求对入学新生进行摸底考试，将外文水平相近的学生编排在同一班级，类似于今天很多高校实施的英语分级教学，根据不同水平选择不同的教授内容。在中期考核的课目中，外语也被列入其中，如果成绩不合格，则需要补课或重修。由此可见，在华中大学，外语水平的高低是衡量学生和实施教学的一项重要指标和依据。对外语教育的重视还体现在对教员的选择。根据华中大学机构人员一览表（1931—1932年度）②，在总数25人的教员中，英语教员就有3人，分别是来自美国的恩敦五和来自英国的安海兰、雷美佳，其中安海兰毕业于英国爱丁堡师范学院，雷美佳毕业于剑桥大学教育系。这种纯正语言师范加上师范或教育学专业背景，为英语教学的效果提供了充分的保证。③

六、近代武汉地区外语学科教育的特点

近代武汉地区外语学科的教育特点主要有三：

其一，在以"张之洞"为代表的核心人物引领下，武汉地区的外语学科教育深深刻上了个人倾向的烙印。

作为清末教育家，张之洞对旧式书院进行改革，建立新的教育体制，提倡外语教育，为湖北乃至全国的教育近代化作出了突出贡献。他在武汉地区更是扮演着地方教育改革引

① 康志杰：《桃李不言 下自成蹊——武昌文华中学研究》，尹文娟编：《基督教与中国近代教育》，上海人民出版社2007年版，第219~220页。
② ［美］柯约翰著，马敏、叶桦译：《华中大学》，华中师范大学出版社2003年版，第163~164页。
③ 当时很多教会学校的英语教师虽然是英美国家人士，但很多都没有教育背景，他们虽然能提供标准的语言输出，但对如何教学知之甚少，也遭到不少学生的诟病。

领者的角色，因此本地区的教育改革和外语学科教育也深深打上了他的个人烙印。主要体现在以下三个方面：第一是张之洞"中体西用"的指导思想让他在普遍开设外语课程的同时，也着重经学、国学教育。《奏定学堂章程》中有关中学堂外国语与"中学"课程的课时比便是这一思想的具体体现。他在武汉新办学堂，开展外语教育的同时又创立了存古学堂，强调忠君爱国思想及传统经典教育。但需要指出的是，即便如此，他在《创立存古学堂折》提到"如规定课程之外，能有余力，加习洋文，为将来考究西籍之资，为用尤大。惟本学堂钟点已多，讲堂已满，并于附近设立外国语文学堂一所，准其附入该学堂自行兼习，则毕业后可照高等学堂例奏请奖励，并准送入大学堂专科肄业，将来可递升入通儒院。其不习洋文者，惟奖励须量减一等，也以后止能送入大学堂文学科肄业，以示区别"①。这种鼓励优等生在学好规定课程之外，附入邻近的方言学堂学习外国语言文字和对于没有学习过外国语的学生奖励量减一等的举措恰恰说明了外语学科教育在当时社会的重要性。第二是张之洞派遣留日学生和官员，参照日本章程制定新学制，这种对日本的推崇也决定了日语在武汉地区外语学科教育中的特殊地位。1896 年，张之洞奏请在两湖和经心书院"拟添设东文教习，令一律兼习东文"②。1898 年，湖北自强学堂在原来英文、法文、俄文和德文四门外国语课程的基础上又添设了东文（日文）这门新的语种，使得武汉在当时成为全国范围内除京师同文馆以外开设上述五个语种的外国语学堂。此外，癸卯学制颁布后，在武汉成立的普通学堂开设的外国语亦是日语或德语。在以培养小学师资为目的的初级师范学堂虽不要求开设外语课程，省师范"视地方情形酌加"了日语一门外语，而在优级师范学堂，如湖北优级师范理化专修学堂、优级师范博物专修学堂所开设的外国语课程除了英语，也包括了日语。第三是国外师资的引进。张之洞认识到在武汉地区进行大规模的近代化建设，需要引进大量外国人才。根据吴剑杰的统计③，在张之洞湖广任内有名可稽的外籍聘用人员 93 人，其中任职学堂教习的有 29 人，占了总数将近三分之一，主要来自德、日、英。正是这些外国师资的引进解决了国内师资匮乏的问题，助力武汉地区的教育近代化。

其二，教会教育与官办教育相互渗透、各具优势，促进武汉地区外语学科教育的快速发展。

教会学校的外语教育并不是一开始就有的。早期的教会学校基于自身办学宗旨和当地民众接受程度的考量，教学内容主要以基督教义和孔孟经书为主。随着时局的发展，清政府及社会对外语人才及西方科学技术的迫切需求使得教会学校对教学内容进行了调整，增开英语和各类西学课程，以吸引更多的学生。以英文课为主导的课程设置，本族语的师资，加之使用英文课本，用英语授课，确保了教会学校学生英语水平。教会学校培养出来

————————————

① 张之洞：《创立存古学堂折》，光绪三十三年五月二十九日，赵德馨主编：《张之洞全集》第四册，武汉出版社 2009 年版，第 304 页。

② 张之洞：《鄂省书院改章筹办学堂情形》，光绪二十四年七月十八日，赵德馨主编：《张之洞全集》第四册，武汉出版社 2009 年版，第 471 页。

③ 吴剑杰：《论张之洞湖广任内的外才引进》，陈锋、张笃勤主编：《张之洞与武汉早期现代化》，中国社会科学出版社 2003 年版，第 95 页。

的精通英语的国人成了海关、洋行、银行等单位的抢手对象。武汉地区官办外语教育起步比教会学校晚，但对教会学校在外语教育的优势也有着清楚的认识，张之洞都曾亲自到教会学校考察、学习。在借鉴教会学校，"取人所长"的基础上，武汉地区的官办外语教育也融入了自己的特色。相对于教会学校对国文教学的轻视，官办学校在外语学习中对汉语、汉学的教育也十分重视，这主要是出于"中体西用"办学思想的需要，但从今天的视角来看，它更是一种符合并服务于国家文化战略的教育理念。英语固然是学校西方世界先进科学技术的工具，但对外语学习"工具性"目标的过于强化会造成学习者与母语文化的疏离。官办外语学科教育中对汉语、汉文化的重视不仅可以有效防止对西语、西学的盲目崇拜，也有利于外语学习者对中国文化的自觉和自省。

其三，武汉地区的外语学科教育富有成效，位居全国先进行列，并突显了教育的"自强"文化。

在民国初年教育部全国专门以上共68所学校成绩大披露中，来自武汉地区的两所学校，国立武昌高等师范学校和湖北公立外国语专门学校均位于前列，成绩分别为80.6和80.1[1]，并获一等奖。从1924年8月《北大日刊》刊发的关于各省报考北京大学考生成绩统计表来看，湖北应考者英文科的平均分数为41.4，在列表所包括的25个省份中位列第四。以自强学堂、方言学堂为代表的外语类学校在制度、课程设置等方面的创新树立武汉地区教育改革的"自强"先锋。首先，它打破了平均主义的"膏伙制"，实行更有利于激励学生学习的"奖学金制"。其次，对报考学生的汉语水平明确提出要求，在课程内容上也兼顾到中华儒学和传统文化历史的学习，突出"以我为主"的自强精神。在自强学堂的章程中，甚至明文规定，学生毕业后"受洋行雇充翻译，须将其历年薪水、伙食及本身一切费用追缴"[2]。当时的中国正处于饱受外国列强欺辱、中西文化剧烈碰撞和新旧社会转型的时期，这种以"自强"为内容的教育文化顺应并开创了历史潮流，极大促进了武汉在全国教育地位的提升。

七、结　语

近代中国的外语教育发轫于教会学校，语种以英文为主，在地域上主要分布在京师和沿海通商口岸城市，如广州、上海、福州等地。甲午战争后，清政府实施所谓的自强新政，企图教育救国。由于政策上的支持，外语学科教育也历经了一段相对快速发展的时期。另一方面，随着列强对我国的渗透，一些内陆口岸城市对外语的需求也更为迫切。因此，外语教育在湖北、江浙、山东等地兴起，全国外语学科教育的格局进一步扩大。在张之洞等人的倡导下，武昌、汉口创立了外语、普通、师范、实业等各类学校，开展了不同形式的外语教育。在向西方学习的过程中，通过不断探索和调整，武汉地区较早地建立起新式学制体系，在全国起到了领先和示范作用。比起外语教育早期的"被迫接受"，武汉

---

① 参见《教育周报（杭州）》1916年第144期。

② 张之洞：《招考自强学堂学生示》，光绪二十三年三月初八日，赵德馨主编：《张之洞全集》第七册，武汉出版社2009年版，第254页。

地区的外语学科教育更突显了"主动发展"的特点。纵使民国以后武汉地区的文教中心地位有所下降，但其仍然保留了比较鲜明的外语教育特色，为近代武汉地区外语人才的培养以及近代化事业的发展起到了极大的促进作用。

（作者单位：武汉大学历史学院暨中南民族大学外语学院）

近现代欧美文艺思潮对闻一多的影响[*]

□ 郭 伟

【摘要】作为"中西艺术结婚后产生的宁馨儿",闻一多的诗歌创作与批评曾受到近现代欧美文艺思潮的深刻影响。诗歌本质方面,闻一多在继承中国古典风雅诗教传统的基础上,融合英美浪漫派、唯美主义、维多利亚时期诗人群的多种诗学观念,树立了"美为艺术之核心"的信仰,要求"纳诗于艺术之轨",追求"纯诗"的境界,把植根民族生活土壤的"情感"和"幻象"视为表现"真实性"、进而"超越真实性"的诗歌核心元素;在诗歌表现领域,闻一多以"三美"为核心的新格律诗论,受到十四行诗、音步之说、意象派、象征派以及西方绘画技巧的广泛影响。其创作倾向与批评观念,会通古今、兼采中西,呈现出不执一端、与时俱进的特点。

【关键词】近现代欧美文艺思潮;闻一多;诗歌创作与批评;影响

由晚清诗界革命到五四新诗运动、20 世纪新诗的现代性追寻,中国诗歌的现代转型经历了艰辛而漫长的探索与流变,在这一气象万千的时代诗潮里,闻一多扮演了承上启下、继往开来的中坚角色。他的格律诗论与实践,继承了白话新诗观念与《女神》代表的浪漫主义精神,对新诗发展"非诗化"或情感泛滥的"自由化"倾向给予了强有力的艺术矫正,为戴望舒等人对"新诗的第二次整合"提供了宝贵的经验教训。在现代性与现实精神的深化上,闻诗闻论或可商榷,可闻氏独特的"三美"诗学对当代新诗的启示却不容置疑。20 世纪诗歌史上一些共识性的观点,如戴望舒"以内在节律为形式要素"、新诗的民族化与意象化、"理性节制情感"的现代诗学等,均未脱其藩篱。闻一多的诗歌理论与创作批评实践之所以呈现出多重辩证色彩,是因为他不仅汲取了中国古典诗歌传统有价值的成分,而且广泛接受了近现代欧美文艺思潮的影响。

---

* 本文为 2017 年度湖北省教育厅哲学社会科学研究重大项目"鄂东名人文化与区域发展研究"(项目编号:03201703302)阶段性成果。

一

　　中国百年新诗的发展史，正是在时代思潮的促动和制约下，以国外诗歌为镜鉴、选择性"拿来"的历史。自少年闻一多"决志学诗"以来，他便广泛涉猎国外各种诗歌流派及其作品，尤其是方兴未艾的近现代欧美诗潮。在清华期间，他读过帕尔格雷夫（F. T. Palgrave）的《英诗精选宝库》（Golden treasury）。1921 年 12 月 2 日于清华文学社报告《诗的音节的研究》，参考了 20 多部英美诗学著作。1922 年至 1925 年，闻一多在美国的芝加哥大学、科罗拉多大学，广泛学习和研究凡哈伦、拜伦、雪莱、济慈、华兹华斯、丁尼生、勃朗宁、史文朋、赫斯曼、哈代、吉卜林、梅斯菲尔德、叶芝、惠特曼、易卜生、萧伯纳等人的诗作或戏剧。在芝加哥的文艺聚会上，他先后结识了《诗》刊副主编尤妮丝·狄任斯（Eunice Tietjens）、罗厄尔（Lowell）、浦西（Bush）、桑德堡（Carl Sandburg）、门罗（Harriet Monroe）等意象派诗人，接受了不少创作指导，产生了许多艺术灵感、联想和感悟。① 闻一多在融合中西诗学中确立了独特的诗人自我。

　　近现代西方文艺思潮对闻一多最主要的影响是推动了极端唯美主义诗歌本质论的孕育成形。这里既有维多利亚诗人丁尼生的超功利唯美主义的启示，更得力于他对浪漫主义诗人济慈和晚唐诗人李商隐的双重崇拜。他曾说："我们主张以美为艺术之核心者定不能不崇拜东方之义山、西方之济慈。"② 济慈诗学最大的贡献是对诗美极致的追求，"对美的感觉压倒了一切其他的考虑"；表现"诗所指点的美，决不可半道而止"。③ 闻一多崇拜毕生钟情诗美创造的济慈，称其为"诗人的诗人"、艺术的"忠臣"。他在给吴景超、梁实秋等人的书信中，反复强调自己"主张的是纯艺术的艺术"，"相信""纯艺术主义"，要"纳诗于艺术之轨"。济慈服从"永恒的生命和美的原则"，推崇艺术"使所有不快人意的东西与美与真密切接触，并在接触中完全化为乌有"④，这种诗美渗透了诗人切实而痛苦的疾病感觉，可闻一多欠缺这种沦肌浃髓的人生体验，故其诗论较少强调艺术对现实的超越。他也讲诗美的灵魂，不过强调较多的是诗美的形体，所谓"艺术的最高目的，是要达到纯形的境地"，"美的灵魂若不附丽于美的形体，便失去他的美了"，认为美有其合理的布局："宇宙底一切的美，——事理的美，情绪的美，艺术的美，都在其各部分间和睦之关系，而不单在其每一部分之充实。诗中之布局正为求此和睦之关系而设也"。⑤ 济慈和闻一多对诗歌本质的理解并不全然相同，一脉相承的是诗美的信仰，前者视"诗歌是他生命的核心，世界是他生命的外壳"⑥，而后者要"以诗为妻，以画为子"⑦，"要

---

①　薛诚之：《闻一多和外国诗歌》，《外国文学研究》1979 年第 3 期。

②　闻一多：《致梁实秋》，《闻一多全集》第 12 卷，湖北人民出版社 1993 年版，第 128 页。

③　济慈：《致泰勒》，伍蠡甫编：《西方文论选》下卷，上海译文出版社 1979 年版，第 64 页。

④　济慈：《致泰勒》，伍蠡甫编：《西方文论选》下卷，上海译文出版社 1979 年版，第 62 页。

⑤　闻一多：《致吴景超、梁实秋》，《闻一多全集》第 12 卷，湖北人民出版社 1993 年版，第 154 页。

⑥　傅修延：《译序》，傅修延译：《济慈书信集》，东方出版社 2002 年版，第 6 页。

⑦　闻一多：《致闻家骊》，《闻一多全集》第 12 卷，湖北人民出版社 1993 年版，第 34 页。

在艺术中消磨生活"①。早期闻一多借助历史人物的奇丽幻想实现自我建构，有别于济慈基于生命感觉的唯美诗篇。《死水》之后，闻诗才逐渐实现了济慈式"文学底宫殿必须建立在生命底基石上"的艺术宣言。② 尽管"济慈的悲剧意识是发自内心的印有个体标记的悲哀；而闻一多的悲剧意识是深入骨髓的带有群体感的悲愤"③，可两位诗人前赴后继、融生命于唯美诗境的极致追求是高度一致的，具有本质论意味。

闻一多诗歌本质论以艺术的唯美与"纯形"为宗旨，以"情感"和"幻象"为诗的核心要素。他虽以"三美"为代表的格律诗论闻名后世，更被误解为"长于技巧"的"形式主义者"，可他亦坚信"诗的真精神其实不在音节上，音节究属外在的质素，外在的质素是具质成形的，所以有分析、比量的余地，偏是可以分析比量的东西，是最不值得分析比量的。幻想，情感——诗的其余的两个更重要的质素——最有分析比量的价值的两部分，倒不容分析比量了；因为他们是不可思议同佛法一般的"。闻一多深知音节辞藻之美、句与节之均齐并非诗的本质，奠基诗歌象牙之塔首推"幻想（幻象）"和"情感"这两大"不可思议"的要素。因此，他认为俞平伯诗集《冬夜》既有"缺乏幻想力""淡而寡味"的毛病，"情感底质素也不是十分地丰富。热度是有的，但还没有到史狄芬生所谓'白热'者"。④ 对《女神》推崇备至，认为"诗人不独喊出人人心中底热情来，而且喊出人人心中最神圣的一种热情呢！"他歌颂这种热情："烦恼悲哀真像火一样烧着，潮一样涌着""'冷酷如铁'，'黑暗如漆'，'腥秽如血'的宇宙真一秒钟也羁留不得了"。⑤ 他不断强调诗有别于哲学和历史，乃是真挚感情的结晶，在创作上"只觉自己是座没有爆发的火山，火烧得我痛"⑥。《红烛》《死水》《发现》《一句话》，几乎每首诗都能见出他高低抑扬的情感火焰。闻一多对情感质素的重视，除诗人自身气质与古典抒情传统影响外，还与他对浪漫主义诗歌与维多利亚诗人的阅读有关。闻一多曾选译勃朗宁夫人十四行情诗，其留美组诗《红豆》亦以相思情热为主题，两者在意象奇丽多样和情感真挚坦率上，近乎神似。他对浪漫主义诗潮的接受，部分缘于五四时代的变革热情，如早年礼赞孙中山的《南海之神》，激情洋溢、明丽流畅，颇见惠特曼诗风影响。不过，其多数诗篇效法济慈，把真切的感觉、动人的情感蕴藏在"浓丽繁密而且具体的意象"中，极少不加节制地自由宣泄。《死水》时期，更以整饬的形式秩序对情感予以规范和节制。相比对"情感"的推重，闻一多倾向学习西方诗歌的富于"幻想（幻象）"，他认为"欧洲文字的进化不复依赖重复抽象的声音去表现他们的意象，但他们的幻想之力能使他们以具体的意象自缀成字"。他所说"幻想（幻象）"主要指作家自由联想进而凝练意象的形象思维过程，它使得作为客体的事物或情感，在艺术表现上富于"活动影片"那样"惟妙惟肖""历历如画"的效果。借用华兹华斯的说法，可谓"渗透物象的生命里去了"，"所以显得生动得很"，而俞诗之中"带哲学气味的教训"则"最容易减杀情感"。闻一

① 闻一多：《致梁实秋》，《闻一多全集》第 12 卷，湖北人民出版社 1993 年版，第 139～140 页。

② 闻一多：《泰果尔批评》，《闻一多全集》第 2 卷，湖北人民出版社 1993 年版，第 126 页。

③ 李乐平：《济慈对闻一多的影响和闻一多对济慈的超越》，《学习与实践》2012 年第 12 期。

④ 闻一多：《冬夜评论》，《闻一多全集》第 2 卷，湖北人民出版社 1993 年版，第 76、84 页。

⑤ 闻一多：《〈女神〉之时代精神》，《闻一多全集》第 2 卷，湖北人民出版社 1993 年版，第 114 页。

⑥ 闻一多：《给臧克家》，《闻一多全集》第 12 卷，湖北人民出版社 1993 年版，第 381 页。

多的"幻想（幻象）"说，有时指浪漫主义强调的创造性自由想象。他呼吁俞平伯"摆脱词曲的记忆，跨在幻想的狂恣的翅膀上遨游"，实际上是强调新诗的创造性。① 在强调"创造力是诗歌北斗"的济慈诗学指导下，闻一多完成了想象力和幻想力②极限挑战的奇瑰长诗《李白之死》《剑匣》《西岸》。

闻一多诗歌本质论最终目的是实现"美"与"真"的统一。美与真理之关系曾是 18 世纪欧洲广泛议论的话题，也是浪漫主义诗人普遍关心的问题。济慈曾说"想象力把它作为美来捕捉到的一定是真，不管它以前是否存在"。③ 这种"美""真"圆融的艺术，超越了现实真实对真理的片面揭示。《希腊古瓮颂》"美即是真，真即是美"的格言是对这一思想的高度概括。不过，对现象世界的真实描写固然不是真理，可它毕竟是企及真理切实而有效的路径，故而追求诗歌唯美境界终究离不开对自然与生活的真实感觉和表现，这正是闻一多学习济慈，重视具体意象、提倡"幻想"（幻象）的真正原因。济慈善于把生活美提炼到艺术美的高度，营造永恒而超越的艺术世界，这种源于生活而超越真实、臻于真理的所谓"艺术至境"，才是闻一多追求的诗歌真实。他批评泰戈尔"文艺底最大缺憾是没有把捉到现实"，"能指点出一个出人意外入人意中的真理来，但是他并不能激动我们的情绪，使我们感觉到生活底溢流"；④ 批评《冬夜》"一两首有热情的根据的作品，又因幻象缺乏，不能超越真实性，以至流为劣等的作品"，均是以其对诗歌本质的辩证思考为根据的。在闻一多看来，诗歌既不能"死死地贴在平凡琐俗的境域里"而不去表现普遍性的"生活中的经验"，⑤ 亦不能"摆脱现象，忘弃肉体之存在"或"只感到灵性的美，而不赏识官能的美"，⑥ 而应当成为生活世界与真理世界之间的审美中介，成为真、美合一的生命的表现，情感和幻想（幻象）都是它的有机元素。

二

闻一多认为艺术的最高目的，是要追求"纯形"这一极致的美，而为达此目标，不仅要注重诗歌"内在的质素"之真实性与超真实性的问题，在文字工具、艺术技巧与形式秩序上亦须有所安排。他虽然反对臧克家称其为"技巧主义者"，却始终相信艺术是"做"出来的，"美不是现成的"，"没有选择便没有艺术，因为那样便无以鉴别美丑"。他批评郭沫若"过于欧化的毛病也许就是太不'做'诗的结果"，认为"一个成熟的艺术家，自有余裕的精力顾到这里，以谋其作品之完美"。⑦ 闻一多所说的"做"或"选择"，其实是指艺术表现的语言、技巧和形式，所谓"没有形式艺术怎能存在"。⑧ 较之"不可

---

① 闻一多：《冬夜评论》，《闻一多全集》第 2 卷，湖北人民出版社 1993 年版，第 70~86 页。
② 济慈：《致 B. 贝莱》，王昕若译：《济慈书信选》，百花文艺出版社 2003 年版，第 25 页。
③ 济慈：《致 B. 贝莱》，王昕若译：《济慈书信选》，百花文艺出版社 2003 年版，第 28 页。
④ 闻一多：《泰果尔批评》，《闻一多全集》第 2 卷，湖北人民出版社 1993 年版，第 126~128 页。
⑤ 闻一多：《冬夜评论》，《闻一多全集》第 2 卷，湖北人民出版社 1993 年版，第 92~93 页。
⑥ 闻一多：《泰果尔批评》，《闻一多全集》第 2 卷，湖北人民出版社 1993 年版，第 126~127 页。
⑦ 闻一多：《〈女神〉之地方色彩》，《闻一多全集》第 2 卷，湖北人民出版社 1993 年版，第 120 页。
⑧ 闻一多：《泰果尔批评》，《闻一多全集》第 2 卷，湖北人民出版社 1993 年版，第 128 页。

思议"的内在质素，他在这方面的理论或批评文字要更丰富一些，接受现代西方诗潮的影响更加广泛而具体，承受非议与误会的地方也是最多的，毁誉尽在于此。其核心正是以"三美"为标志的新格律诗论。

闻一多在《诗的格律》一文中倡导新诗要有"音乐的美""绘画的美"和"建筑的美"，这"本质上是一种均齐、和谐的美，是一种民族精神的贯注"①，因为他认为"中国艺术最大的一个特质是均齐，而这个特质在其建筑与诗中尤为显著。中国底这两种艺术底美可说是均齐底美——即中国式的美"，"我们的真善美底观念之共同的原素乃是均齐"②。可见，闻一多正是有感于"均齐底美"与中庸观念（均齐）遭受新诗的破坏，才特立独行、提倡格律的。然而，这并非意味他的格律诗论没有接受国外文艺思潮的影响。闻一多理解的新诗乃是"中西艺术结婚后产生的宁馨儿"，"保存本地的色彩""又尽量的吸收外洋诗的长处"，③ 其"三美"论与诗歌创作均呈现了中西合璧的特点。

格律诗并非中国古典诗歌的专利，自文艺复兴以来的欧美诗歌，除无韵体自由诗外，同样有许多较严格的诗体韵律形式，如十四行诗、英雄对偶体、斯宾塞诗体等。闻一多提倡新格律诗，主张对自由体新诗进行整饬规范，当然要兼采众家之长，尤其是借鉴十四行诗与意象派对韵律的安排。他讲"音乐美"的核心概念"音尺"就是在继承古典诗词的"顿"、借鉴英文十四行诗体（商籁体）"音步"的基础上，根据现代汉语特点而提出的，④ 而注重"相体裁衣"，则与意象派"要创造新的节奏"、暗示诗歌内在韵律的原则一致。除此之外，新格律诗在行数上亦只有均齐要求，没有明确的规定，因此，在具体创作中，闻一多经常以"十四行"为标准，根据主题和艺术的需要，层出不穷地进行一些变化，如《收回》是标准的十四行诗，上半行"拾起来，戴上"与下半行"你戴着爱的圆光"以"阶梯状"分列两行，通过停顿的拉长以优化抑扬顿挫的诗歌节奏。闻诗中还有不少十四行的变体。较之"4433"或"4442"这两种形式的十四行诗，4 句 3 节的十二行诗、4 句 4 节的十六行诗，行数相对整齐，情感抒发相对平缓，合乎中庸观念。唯《口供》《春光》较奇特，末两行的戏剧性转折，借鉴莎士比亚十四行诗的结尾技巧，宜于表现思想或体验的突兀变化或翻转。《口供》在神圣与崇高之外，解剖了另一个黑暗的自我，而《春光》则于春光烂漫中揭示出惊人的苦难现实。这种排奡不平的节奏、毫不妥协的意境，在讲究整饬唯美的闻诗中是不多见的。

闻一多最擅长对"有时达于烈度至不可禁""竟成精神之苦累"的情感，以"均齐之艺术纳之以就矩范，以挫其暴气，磨其棱角，齐其节奏，然后始急而中度，流而不滞，快感油然生矣"。⑤ 由此可见，他提倡格律，并不是单纯的形式美学问题，而是试图以"均齐的艺术""矩范"使激烈情感趋于和缓，进而营造普遍性的审美情境，"故格律之为用，实乃节制情感也"。⑥ 源于形式秩序的理性思维与自然触发的感性情绪之间的中和平衡，

---

① 夏元明：《旧典重温——中国新诗三十年》，中国文联出版社 2003 年版，第 83 页。
② 闻一多：《律诗底研究》，《闻一多全集》第 10 卷，湖北人民出版社 1993 年版，第 160 页。
③ 闻一多：《〈女神〉之地方色彩》，《闻一多全集》第 2 卷，湖北人民出版社 1993 年版，第 118页。
④ 胡绍华：《闻一多诗歌与欧美近现代诗》，《外国文学研究》2006 年第 3 期。
⑤ 闻一多：《律诗底研究》，《闻一多全集》第 10 卷，湖北人民出版社 1993 年版，第 157 页。
⑥ 夏元明：《旧典重温——中国新诗三十年》，中国文联出版社 2003 年版，第 84 页。

的确宜于达成"温柔敦厚"的传统诗教效果。在这方面,闻一多接受的国外影响是多元的。首先是意象诗派与 T. S. 艾略特的启示。意象派追求"客观地、艺术地呈现生活中激起他们感情的素材",而最好的"呈现"乃是形成休姆所谓"石膏似的意象,并把它交给读者"。可见这里的"意象"是高度凝练与精确的,"不是思想而是在于事物"。正如庞德所说"那在一瞬间呈现理智和情感的复合物的东西",是"超越公式化了的语言的道",他的诗也被史蒂文斯评价为"在最稳定的形式上拥有客观性"。闻一多与意象派有广泛的交往,对其诗论的客观主义倾向是心领神会的。不过他只借鉴了意象派将思想情感凝练为可靠形象的表现方法,并未奉此为作诗圭臬。弗莱契曾指出"意象派的缺点,那就是,它不让它的信徒们对生活得出明晰的结论,逼着诗人阐述太多,可是推断太少——经常使它的门生误入一种贫瘠的美学思想。这种美学思想过去曾经是,现在也还是缺乏内涵的仅仅如此描绘自然的诗篇,无论多么鲜明,在我看来也还是不够的,必须加上人的判断、人的评价"。不管闻一多是否聆听过这段话,诗人的阅读体验到底是相通的。强烈的现实感不容许他沉溺于对意象专一的捕捉之中。较之意象派,在节制情感并使之客观化方面,T. S. 艾略特的启示更充分一些。艾略特认为"艺术的情绪是非个人化的","艺术形式里表达情感的唯一方法是找到一种'客观对应物',换句话说,一系列客体、一种情景、一连串事件,将是那种独特的情感的公式"。① 艾略特对"客观对应物"的运用,能有效避免"感情的放纵",这与闻一多提倡新格律诗的真实意图是一致的。其次,《死水》时期的闻一多"接触到维多利亚时代批评家阿诺德关于诗是生活的批评的理论,接触到美国新人文主义美学关于诗不仅要有情更要有理性的理论"②,这些影响使他的诗中社会生活的内容变多、哲理性的因素增加、个人感伤情绪逐渐减少或节制。他逐渐学会以拉开距离的客观方式去批评生活、揭露历史和现实,因而《死水》失去了《红烛》时代浪漫感伤的色彩而趋于理性和冷静。除此之外,闻一多喜爱的英国诗人哈代、豪斯曼的诗歌也含有情感普遍化与哲理化的倾向,例如他选译豪斯曼的《山花》"年年野外总有得开/春来了,不幸的人们/也不愁没有花戴/虽则我早已是古人",把智者的达观、距离感和普遍的同情融为一体。

在闻一多的三美主张中,"绘画美"所指乃是藻绘,与诗歌内在的质素"幻想(幻象)"有关,不过"幻想(幻象)"是从诗歌的意境着眼,要求描写不模糊,能赋予具体形象以神韵,有真实感,而与之并列的"藻绘"则侧重"幻想(幻象)"的语言形式,表现在视觉方面,就是由诗歌文字的自由联想所建筑的色彩世界,故被视作外在的质素。闻一多是学习西方绘画的,吴晗认为他的美术"虽然没有学到家,却指引他走上爱美的道路,写诗讲究格律声韵,住屋子讲究光线色彩"③。西方油画讲究浓墨重彩,先拉飞派以画入诗,表现在文字上,便有繁缛浓丽的感觉,正所谓"画家让颜色和颜色自己去互相融洽,互相辉映——诗人也让字和字自己去互相融洽,互相辉映"④。闻一多注重创造诗歌的绘画美,不仅有理论支持,而且还有直接师法的对象。他在给梁实秋的信中

① 彼得·琼斯:《意象派诗选·编者导论》,裘小龙译,漓江出版社1986年版,第30~44页。
② 蓝棣之:《闻一多诗全编·前言》,浙江文艺出版社1995年版,第24页。
③ 许毓峰:《闻一多研究资料》,北岳文艺出版社1986年版,第349页。
④ 闻一多:《英译李太白》,《闻一多全集》第3卷,三联书店1982年版,第162页。

说："《忆菊》、《秋色》、《剑匣》具有最浓缛的作风，义山、济慈的影响都在这里。"①
济慈素以唯美想象见长，其长诗《希腊古瓮颂》铺叙的田园画卷，打通一切官能感觉，
消弭神话、历史和现实的界限，融神秘性与当下性于一体，堪称诗画交融之胜境。闻
一多的《忆菊》《秋色》《剑匣》亦有这样的气象。以《忆菊》为例。此诗写"弥漫了
高天，铺满了大地"的"金底黄，玉底白，春酿底绿，秋山底紫"，从眼前重阳之菊到
天下之菊，从现实之菊到历史文化之菊，穷形尽相，不断酝酿，最终引出"希望底花"
"祖国底花"与"如花的祖国"，既有大写意的奔放，又有印象画的斑斓，可谓深得济
慈诗学三昧。

在诗画关系、藻绘设色上，闻一多曾向意象派诗人广泛学习。他认为"意象派健将"
弗莱契是"设色的神手"，"诗充满浓丽的东方色彩""唤醒了我的色彩的感觉"。② 在这
种感觉支配下，他表示"想写一篇秋景，纯粹的写景，——换言之，我要用文字画一张
画"③，于是借鉴弗莱契的《蓝色交响乐》（The Blue Symphony），创作了《秋色》和
《色彩》。此外，后期意象派领袖罗厄尔对闻一多的影响也比较显著。罗厄尔曾翻译中
国诗集《松花笺》，酷爱"模仿中国诗"，营造东方式画境。④ 闻一多在异国回望"中
国的山川，中国的草木，中国的草木，中国的屋宇——中国的人"⑤，在诗作中大量运用
红烛、剑匣、红豆、菊花等东方传统意象，"建构族裔神话""描述中华民族这一想象共
同体"，⑥ 得其启发颇多。罗厄尔等人"极力地创描新奇触目的图画"，主张"字的画"
（Word-Painting），⑦ 加深了闻一多对诗画关系的理解。

闻一多倡导的诗歌绘画之美，不仅在于藻绘设色的视觉之美，而且还包括"以丑为
美"的艺术表现。他认为"'丑'在艺术上固有相当的地位，但艺术的神技应能使'恐
怖'穿上'美'底一切的精致，同时又不失其要质"⑧。其《死水》《荒村》《夜歌》都
是这类诗作的典型。这与《恶之花》《荒原》等象征派诗歌的影响有关。波德莱尔《恶之
花》发表后，"以丑为美"的描写才在现代诗中普遍起来，长诗《荒原》更是充满鬼魂、
尸骨、枯草、破碎的偶像、监狱、坟墓、回忆的钟等衰败意象。闻一多在留美期间写给梁
实秋的信中说，"我近来认识了一位 Mr. Winter，是芝加哥大学底法文副教授"，"他所译
的 Baudelare 现在都在我这里"。⑨ 艾略特对闻一多的影响亦有迹可考。程光炜曾推理道：
"1922 年 10 月，就在闻一多赴美国留学之后的三个月，艾略特的《荒原》在《准则》创
刊号发表，并在西方文学界引起了巨大震动。与芝加哥诗人门罗、洛厄尔相识的闻一多，

---

① 闻一多：《致梁实秋》，《闻一多全集》第 12 卷，湖北人民出版社 1993 年版，第 124 页。

② 闻一多：《致梁实秋》，《闻一多全集》第 12 卷，湖北人民出版社 1993 年版，第 118 页。

③ 闻一多：《致吴景超、梁实秋》，《闻一多全集》第 12 卷，湖北人民出版社 1993 年版，第 110
页。

④ 闻一多：《美国著名女诗人罗艾尔逝世》，《闻一多全集》第 2 卷，湖北人民出版社 1993 年版，
第 131 页。

⑤ 闻一多：《致吴景超》，《闻一多全集》第 12 卷，湖北人民出版社 1993 年版，第 77 页。

⑥ 江弱水：《中西同步与位移》，安徽教育出版社 2003 年版，第 37 页。

⑦ 梁实秋：《浪漫的与古典的——文学的纪律》，人民文学出版社 1988 年版，第 46 页。

⑧ 闻一多：《冬夜评论》，《闻一多全集》第 2 卷，湖北人民出版社 1993 年版，第 86 页。

⑨ 闻一多：《致梁实秋》，《闻一多全集》第 12 卷，湖北人民出版社 1993 年版，第 126 页。

不会不通过他们注意到这位产生旋风般影响的著名诗人或批评家。对闻一多来说，门罗、洛厄尔尤其另一位美国诗人古尔德弗莱彻与艾略特朋友般的过从甚密，是他受到艾略特诗学影响的另一层重要原因。"① 闻一多回国后创作的《荒村》，刻画 20 年代末中国农村的悲惨景象，与《荒原》某些恐怖描写颇多相似。朱徽在《T. S. 艾略特与中国》② 一文中曾对这两首诗进行比较研究。事实上，天才诗人的影响主要表现为创造性的变异，大多作用于意象构思方式与心理暗示符号，较少留下直接借鉴的痕迹。闻一多《长城下的哀歌》这样描写，"从今瞥着万只眼睛的街市上／骷髅拜骷髅，骷髅赶着骷髅走"，与《荒原》的某段描写堪称神似，"Unreal City／Under the brown fog of a winter dawn／A crowd flowed over London Bridge, so many／I had not thought death had undone so many"。根据艾略特原注③，这段文字灵感来自波德莱尔的诗 "这拥挤的城，充满着迷梦的城／鬼魂在大白天也抓过路的人" 和《神曲·地狱篇》第 3 篇第 55~57 行 "这样长的／一队人，我没想到／死亡竟毁了这许多人"。从但丁、波德莱尔、艾略特到闻一多，这种诗歌情境的影响传承耐人寻味。

<h1 style="text-align:center">三</h1>

闻一多毕生钟情于诗歌，从留美、《新月》时期的新诗写作与评论，到专注学术时期的古典诗赋研究，再到最完美的人生落幕，诗心至死不渝。他之所以兼采中西诗学、汇集众家之长，其根本目的在于发扬中国自《诗经》发端的诗歌传统。他在《文学的历史动向》④ 中曾这样说，"中国，和其余那三个民族（印度、希腊、以色列）一样，在他开宗第一声里，便预告了他以后数千年间文学发展的路线"，"诗——抒情诗，始终是我国文学的正统的类型"，是中国文化的典型代表。然而，"两种外来的文艺形式——小说和戏剧" 在元明清和五四时期两度影响中国，逐渐改变了中国文学的发展方向，演变为小说戏剧的成长史。闻一多深知文学与文化的历史潮流是不可抗拒的，也了解 "本土的旧形式，自从枯萎后，还不见再荣的迹象，也实在没有再荣的理由"，因而他并不拒绝文学的革新。他也相信 "中国是勇于'予'而不太怯于'受'的"。不过 "仅仅不怯于'受'是不够的，要真正勇于'受'"，其目的当然是做自己 "文化的主人"。因此，他理解新诗语言的白话化，"向小说戏剧跨近了一大步，这是新诗之所以为'新'的第一个也是最主要的理由"，支持 "技巧上的种种进一步的实验"。可是 "让我们的文学彻底地向小说戏剧发展，等于说要我们死心塌地地走人家的路"，这是闻一多所坚决反对的。对民族文化的尊重与热爱、对抒情诗传统的继承与捍卫，不仅是闻一多诗歌创作和批评活动的真正出发点，而且还是他从国外文学思潮的影响中发现中国传统、构建中国新诗特色的内在动力。

---

① 程光炜：《闻一多新诗理论探索》，《文学评论》1998 年第 2 期。
② 朱徽：《T. S. 艾略特与中国》，《外国文学评论》1997 年第 1 期。
③ 胡家峦：《英国名诗详注》，外语教学与研究出版社 2003 年版，第 570 页。
④ 闻一多：《文学的历史动向》，《闻一多全集》第 10 卷，湖北人民出版社 1993 年版，第 16~21 页。

　　闻一多所受到的近现代诗歌思潮的影响是广泛而具体的，主要囊括了以浪漫主义诗歌、维多利亚时期文学为主的近代抒情诗传统，以及唯美主义、象征主义、意象派等现代诗传统。他对这些影响是勇于接受的，但同时又是有选择的，并没有机械模仿、全盘照抄和盲目移植的倾向，而是扬长弃短，为我所用，呈现出"不执一端""与时俱进"的特点。其一，闻一多深信诗歌内质之一在于情感，因而他讴歌《女神》的反抗、敬仰拜伦"伟大的同情心"，喜爱丁尼生、勃朗宁及勃朗宁夫人的主观抒情。然而，他认为中国式抒情深受儒家诗教影响，自有温柔敦厚、含蓄委婉之特色，故而敢以"文化保守主义"的独立姿态，提倡以"三美"为中心的新格律诗论，以纠情感泛滥之失，学习哈代、豪斯曼融哲理于情感，主张创造"意象"或"客观对应物"，赋予情感以客观的形式。其二，闻一多素知"风雅"传统乃中国诗歌精神之核心，而以齐梁文风为代表的形式主义，始终是支流和异端。因而他在深受济慈诗学影响、主张回归艺术的同时，始终承认文学对现实人生的反映，反对泰戈尔诗歌对生活的厌离，"在追求韵雅的同时，始终没有忘记自己的社会责任，没有忘记屈原、杜甫开创的另一诗歌传统"①。他与王尔德超功利、超道德的唯美主义是有根本差异的。早期闻一多有感于新诗初期粗率的平民化、泛滥的自由化倾向，确实曾强调格律化的极致诗美，表现出脱离现实的某些倾向，可是后来他接受了阿诺德关于诗是生活批评的理论，审美潜意识中的东方色彩也被意象派所激发。格律诗学与风雅传统的完美融合，催生了《死水》《大鼓师》等大批反映现实的爱国诗篇。《时代的鼓手——读田间的诗》（1943）、《诗与批评》（1944）、《人民的诗人——屈原》（1945）、《艾青和田间》（1946）等诗歌评论的相继发表，标志闻一多实现世界观与诗学立场之转变，最终走进了"民主斗士"的诗歌生活。其三，意象派对闻一多的影响，集中表现在思想的客观化，以及诗歌具象的准确、凝练和色彩感上，并没有改变他民族化的创作趣味。大多数意象派诗人"对宏观世界主义惊慌失措"，"遁入了一种微观世界主义，他们在每一件显得何其小的事物中得到了情感何其大的振奋"②。这种严重脱离现实人生、溺于自然和微观世界的倾向，与"超以象外，得其环中"的中国式审美并不协调，与闻一多激情洋溢的性格也不太相应。闻诗中接近意象派风格的只有留美时期创作的《稚松》《废园》《小溪》《烂果》等数首而已，而且别有寄托，并非"意象"瞬间的直接呈现。其诗多以情感、幻想、色彩、韵律之美而著称，极少以微观的具象刻画而取胜。

　　总体而言，闻一多以抒情诗的风雅传统为本位、以民族文化意象的建构为契机，对他所能接触到的近现代欧美诗歌流派及其作品，进行了广泛而有选择性的接受。大至唯美主义观念的启迪、新格律诗论的提出，小到领悟弗莱契的"设色"而作《秋林》、受狄丝黛尔的影响而改写悼诗《忘掉他》，遨游诗海的闻一多成了中西诗歌交流史上的典型个案。目前，有关闻一多的影响研究主要集中在他作为接受者的史料考证方面，至于他作为发送者、其诗作在异国的投影，以及他对外来影响与民族古典诗学有意识的融合尝试，这些研究都还比较薄弱。事实上，站在 21 世纪的世界诗廊上，回首中国新诗百年的曲折发展，你也许会发现，在民国时期"向西方学习"的现代诗人群中，闻一多乃是少有的、既能

---

①　夏元明：《旧典重温——中国新诗三十年》，中国文联出版社 2003 年版，第 93 页。

②　彼得·琼斯：《意象派诗选·编者导论》，裘小龙译，漓江出版社 1986 年版，第 36 页。

自成一家而且能"成一家之言"的诗人学者。他的诗歌创作和批评并不是最好的,然而是地道的"中国的新诗"和诗的批评。他对待新诗和传统一并郑重其事的态度,于当代新诗的中国崛起具有不可替代的启示价值。

（作者单位：黄冈师范学院文学院）

在"祭品"与"神圣人"之间[*]

——论《再生三部曲》中的生命政治

□ 李 莉

【摘要】 帕特·巴克在小说《再生三部曲》中对第一次世界大战期间英国青年男性遭遇的书写与阿甘本对"神圣人"的谱系学研究,二者皆聚焦于被无可规避的暴力纳入死亡之域的生命,其间本质的联系与契合,迄今为研究者所忽略。本文从阿甘本政治哲学中的"神圣人"这一核心概念出发,解析巴克小说折射出的西方现代生命政治的真实景观:年轻一代被纳入带有父权制基因的"父权-主权"暴力结构中,以维护共同体安全的名义作为"祭品"被送上战争祭坛,然而诸多"祭品"在"主权"开启的例外状态中不断沦为阿甘本意义上的不配献祭而又像"虱子"一样毫无价值地死去的"神圣人"。巴克的文学书写不仅暗合阿甘本理论所标识出的政治图景,且有所突破,即通过展示战争祭坛上生命政治在微观领域的极权形态,以及军事精神病院中从"神圣人"到"祭品"的这一逆向操作及其对生命进行循环征用的深层机制,揭示出生命政治在"价值决断"维度上新的演化,进一步警示了西方现代生命政治空前的贪婪与危险,并试探儒学智慧解决这一问题的可能性。

【关键词】 帕特·巴克;《再生三部曲》;阿甘本;神圣人

　　以第一次世界大战为背景的小说《再生三部曲》(本文简称《三部曲》)① 奠定了英国当代女作家帕特·巴克(Pat Barker)在 20 世纪文坛的重要地位,其中《门中眼》曾获 1993 年卫报小说奖,《鬼路》曾获 1995 年的布克奖。如今《三部曲》已被译作多国语言,成为不可忽视的现代经典。

　　《三部曲》聚焦于以齐格弗里德·萨松(Siegfried Sassoon)和比利·普莱尔(Billy Prior)为代表的在战时精神病医院接受精神治疗的官兵的遭遇,折射了英国数十万青年男子被无法规避的力量驱上战场,在"战争绞肉机"② 中消耗殆尽的命运。笔者认为,《三部曲》最具意义与价值的部分,在于其对控制与褫夺生命的暴力与权力机制的书写,

---

　　* 本文受华中农业大学外国语学院自主科技创新基金项目(科技创新 2015)资助。

　　① 帕特·巴克的《再生》(*Regeneration*, 1991),《门里的眼睛》(*The Eye in the Door*, 1993)和《鬼路》(*The Ghost Road*, 1995),于 1996 年出版合订本《再生三部曲》(*The Regeneration Trilogy*)。

　　② Barker, Pat. *Regeneration*. New York:Penguin Group, 2008, p.244.

然而在诸多研究中，除个别学者，如马克·罗林森（Mark Rawlinson）对小说中医学与军事权力在征用生命方面之共谋关系的探讨①外，几乎无人涉猎。在笔者看来，巴克对直指生命的暴力的书写，正是以阿甘本理论为代表的现代生命政治哲学所探讨的核心命题。作为当代意大利最具影响力的政治哲学家和法学家，吉奥乔·阿甘本（Giorgio Agamben）的杰出贡献在于接续福柯关于生命政治的话题，谱系学地阐释了"神圣"（sacred）这一概念。"主权者"在共同体内决断出"例外"，在这个例外状态，生命"被排除在它本应受到保护的空间外"，被缩减为可以被杀死却不可被祭祀的"神圣生命"②。在阿甘本看来，法律与主权所决断的法律之"例外"是人类共同体的原始结构③，它造成了西方民主政治无法克服的困境④。巴克小说的核心意蕴，与阿甘本生命政治论所揭示的暴力及权力机制之间，有着深刻的契合关系。本文基于二者对"直指生命的暴力"的共同关注，解析阿甘本所示的西方现代生命政治图景，并通过小说提供的丰富鲜活的细节资源，进一步揭示现代生命政治在"价值决断"之维度上演化出的新趋向与新伎俩，借以对其空前的贪婪与危险发出警示，并试析中国儒学智慧对化解这一危机的可能性。

一、"父权-主权"下的生命献祭

尽管巴克的《再生三部曲》内容与主题丰富，其两个主要特征令谁都无法忽视，其一是它对直指年轻生命的暴力的书写，其二是小说中主要的关系俱为父子关系。

小说撷取 1917 年 9 月到 1918 年 11 月作为时间背景，以大量历史史实为依据⑤，揭示了一个充满屠戮与死亡的世界。到 1917 年，战争已经进行到"屠杀的程度"⑥。仅英国九月的死亡人数就达到了"十万两千"⑦。"在战壕里，尸首到处都是。"⑧ 战场上，"放眼随便看，都能看见全尸或是残尸"⑨。与处于死亡阴影中的年轻人相对的，是活跃于各个社会领域中的父亲形象，如教堂中的神父、医院中的医评会、情报处的上校及其同僚、军队中的权威等。"男人被鞭策听话，被骗回前线"⑩ 的工作主要由父亲角色来完成。亲切温和的里弗斯医生（W. H. R. Rivers）、冷酷无情的叶兰德（Lewis Yealland）医生、令人痛恨的情报员史布拉葛（Spragge）等，概莫例外。

① Rawlinson, Mark. *Pat Barker*. London：Palgrave Macmillan, 2010, p. 72.
② ［意］吉奥乔·阿甘本：《神圣人——至高权力与赤裸生命》，吴冠军译，中央编译出版社 2016 年版，"译者导论"第 35 页。
③ ［意］吉奥乔·阿甘本：《神圣人——至高权力与赤裸生命》，吴冠军译，中央编译出版社 2016 年版，"译者导论"第 26 页。
④ ［意］吉奥乔·阿甘本：《神圣人——至高权力与赤裸生命》，吴冠军译，中央编译出版社 2016 年版，"译者导论"第 40 页。
⑤ 巴克在《三部曲》中每一部结尾处的"Author's Note"都列出了与小说相关的史实与史料。
⑥ Barker, Pat. *Regeneration*. New York：Penguin Group, 2008, p. 16.
⑦ Barker, Pat. *Regeneration*. New York：Penguin Group, 2008, p. 187.
⑧ Barker, Pat. *Regeneration*. New York：Penguin Group, 2008, p. 173.
⑨ Barker, Pat. *The Eye in the Door*. New York：Penguin Group, 2008, p. 171.
⑩ Barker, Pat. *The Eye in the Door*. New York：Penguin Group, 2008, p. 160.

在《再生》中，一组教堂东边窗户上的画像诠释了"父与子"的这个对比，画像人物动作凝固在亚伯拉罕举臂挥刀意欲杀死以撒向上帝献祭的那一刻。以撒的上方是耶稣受难十字架，教堂正中是搭着国旗的祭坛。借里弗斯之口，巴克道出了画像喻示的"奠定所有父权制社会基础"的"两个构成人类文明基石的廉价交易"，即"如果年轻强壮的你，对衰老羸弱的我表示服从，直至愿意献出你的生命，那么将来你就可以和平地继承这一权利，在你的儿辈那里得到同样的服从"。① 这使一种联结着古老"父权"的暴力被带到读者面前：一方面，是被父亲甄选为祭品的耶稣和以撒；另一方面，是上帝与亚伯拉罕这两个父亲对儿子的生杀大权，以及这生杀大权在父亲之间的传递。

阿甘本指出，"法律史中第一次遇到'决定生与死的权利'，即生杀权，不是指最高权力，而是罗马法中父亲（pater）对他的儿子们的绝对权威"②。父亲对儿子的这一死亡权力"直接并且仅仅从父子关系中衍生出来"③。这使得每个男性公民"发现自己处在一个实际上是能被杀死的状态中，并对其父亲而言在一定程度上是神圣的"④。阿甘本也注意到了历史上战士与"祭品"的相似性，他引述古罗马执政官穆斯在战场上献祭罗马军团的故事，指出"两者在一定程度上都是以死献祭……即便不是通过祭祀的技术性形态"⑤。阿甘本进一步指出，"执政官的统治权不是什么别的东西，而就是那扩展至所有公民的父亲之生杀权"⑥。阿甘本的分析揭示了"父权"如何超越了个体含义，变成联结着"至高权力"的对所有共同体之子的生杀权。《再生》里里弗斯反思自己与叶兰德医生都同样致力于"将年轻人固定于战士的角色——这个角色是他们都拒绝承担的"⑦，《门中眼》中和平主义者碧蒂（Beattie）的呼喊："劳合·乔治他害死了几百万个小伙子"⑧，二者共同表达的，无疑正合这个意思——数十万共同体之子正是被里弗斯及首相劳合·乔治所表征的"父权-至高权力"献上了战争祭坛，虽然这暴力在现代，常常"以一种公共义务的面貌出现"。

在父权的传递与记忆方面，巴克与阿甘本之间也存在隐形对话。在爱丁堡保守派俱乐部楼梯两侧的墙上，挂着一批爱丁堡历史上权贵们的肖像画。画中是"蜥蜴般的"，留着白色胡须、戴着翼状领圈的男人们。当萨松走进早餐室时，画像中的祖先仿佛在餐桌边的老人们身上复活，"每一个蜥蜴般的脖子和脑袋都从翼状的椅背上盯过来，带着对他军装

---

① Barker, Pat. *Regeneration*. New York：Penguin Group，2008，p. 149.

② ［意］吉奥乔·阿甘本：《神圣人——至高权力与赤裸生命》，吴冠军译，中央编译出版社 2016 年版，第 123 页。

③ ［意］吉奥乔·阿甘本：《神圣人——至高权力与赤裸生命》，吴冠军译，中央编译出版社 2016 年版，第 124 页。

④ ［意］吉奥乔·阿甘本：《神圣人——至高权力与赤裸生命》，吴冠军译，中央编译出版社 2016 年版，第 126 页。

⑤ ［意］吉奥乔·阿甘本：《神圣人——至高权力与赤裸生命》，吴冠军译，中央编译出版社 2016 年版，第 137 页。

⑥ ［意］吉奥乔·阿甘本：《神圣人——至高权力与赤裸生命》，吴冠军译，中央编译出版社 2016 年版，第 125 页。

⑦ Barker, Pat. *Regeneration*. New York：Penguin Group，2008，p. 238.

⑧ Barker, Pat. *The Eye in the Door*. New York：Penguin Group，2008，p. 33.

的赞许"①。这些男性祖先的肖像，如同坎特罗维兹所说的"国王的蜡像"一样，在祖先死去之后继续存在，以一种象征的方式在腐朽的肉体之外，构筑了某种"永生不死"的"政治身体"。如同蜡像保证了国王所代表的主权之本质"并不随它的承载者的肉身之死亡而死亡"②，父亲的权力也象征性地附着于肖像而达到永生不死。这种权力如此弥漫以至于萨松感到无论走到哪儿，都感到老人们那"拘禁的目光"③。

在感知时代黑暗的层面，巴克与阿甘本成了阿甘本意义上的"同时代的人"④。巴克用充满喻意的文学语言与阿甘本思辨的哲学语言不约而同地表达了一个源远流长的针对生命的政治技术，即有着"父亲之生杀权"的古老基因的现代共同体之"至高暴力"是将一代年轻人绑上战争祭坛的罪魁祸首。对儿子的献祭，是共同体中父辈们获得及保存自己的权力的交易。这一深植于西方政治共同体之基因的直指生命的死亡权力也预示着前方永远有着某种无法预知的、吞噬生命的黑暗。

二、例外状态：从"祭品"到"神圣人"的蜕变

通过巴克和阿甘本的双棱镜，我们不难看到西方政治共同体中的父权系统无情地吞噬生命的机制。然而无论在巴克还是在阿甘本的版图上，"祭祀性的身体"⑤都尚未到达最黑暗的区域。例如，在阿甘本看来，给灭绝犹太人的行为冠以"祭祀性的光环"，"是一个历史编纂上的不负责任的盲视"⑥，同样，巴克想强调的是，在法国北部的泥泞中成批死去的年轻一代很容易被罩上"祭祀性的光环"，但仔细审视则会发现，很大一部分生命遭遇的是一种"虱子般的"⑦毫无价值的死亡，用阿甘本的话说，是"神圣人（或赤裸生命）"的死亡。

"神圣人"是阿甘本生命政治思想的核心概念。在古罗马法中，"神圣人"是指那种"可以被杀死，但不能用于祭祀"的人，因此，"神圣人"便作为一种原始形象，包含了同时失去"人间法"与"神法"的保护，沦为可以被任意杀死而无须承担法律责任的赤裸生命。⑧在"主权者"悬置既有的法律并宣布"例外"的那一刻，"神圣人"即产生于"主权者"对"例外"的这一决断中。这一"法律+法律之例外"是构成人类共同体（至少是西方共同体）的原始结构。只要这一原始结构得不到变化，生命永远随时会被"神

---

① Barker, Pat. *Regeneration*. New York：Penguin Group, 2008, p. 113.

② ［意］吉奥乔·阿甘本：《神圣人——至高权力与赤裸生命》，吴冠军译，中央编译出版社 2016 年版，第 131 页。

③ Barker, Pat. *Regeneration*. New York：Penguin Group, 2008, p. 113.

④ ［意］吉奥乔·阿甘本：《裸体》，黄晓武译，北京大学出版社 2017 年版，第 24 页。

⑤ ［意］吉奥乔·阿甘本：《神圣人——至高权力与赤裸生命》，吴冠军译，中央编译出版社 2016 年版 第 157 页。

⑥ ［意］吉奥乔·阿甘本：《神圣人——至高权力与赤裸生命》，吴冠军译，中央编译出版社 2016 年版，第 159 页。

⑦ ［意］吉奥乔·阿甘本：《神圣人——至高权力与赤裸生命》，吴冠军译，中央编译出版社 2016 年版，第 159 页。

⑧ 吴冠军：《阿甘本论神圣与亵渎》，《国外理论动态》2014 年第 3 期，第 47 页。

圣化（即赤裸化）"①。阿甘本指出，现代国家权力的诡异之处在于，国家可以在紧急状态中，暂时悬置有关法律，甚至是 "不可侵犯的宪法条款"，来宣布例外状态，② 紧急状态由此成为权力正当化的方式，这使得 "有意制造的永久性紧急状态便成为当代国家的重要实践之一，包括那些所谓的民主国家，虽然其可能并未在技术意义上宣告"③。阿甘本的这一视角痛快地拨开了《三部曲》中的 "祭祀" 迷雾，显露了国家权力蓄意制造紧急状态、造成大量无意义的牺牲的隐秘本质。小说开篇借萨松的《反战宣言》指出，这场保卫战，"已经变成了侵略与征服的战争"，且 "正在被那些有权力中止它的那些人蓄意延长"④。即使到了和谈阶段，英国依然加紧组织战事，严禁谈论和平。普莱尔 1918 年10 月 11 日的日记记载，当日军令宣布，"即刻起，第四军团禁谈任何形式的和平言论"⑤。就在停战前一周，整个曼彻斯特军团战死在桑布雷瓦兹运河（Sambre-Oise Canal）。这些逝去的生命无疑正是在主权刻意制造的紧急状态中毫无价值地死去的 "神圣人"。

　　不仅如此，在巴克小说丰富的细节中，更可以看到生命政治向局部和微观的渗透与进化，在这个层面，权力的变形甚至溢出了阿甘本所描述的状态，变得更为复杂与隐秘。

　　《再生》中，普莱尔回忆起这样一桩插曲：一次冲锋前，一位军官发现三个手下的士兵抽烟，军官 "感觉这有点太随便"，便没收了三人的军刀，不给他们武器就让他们冲锋，后来 "死了两个"⑥。在这个微观的、局部的事件，"军官" 基于自己的 "感觉"，用一种即兴的 "命令" 取代了法律，使三个士兵的生命事实性地进入 "某种暴力或潜在的暴力之中"⑦，而他却不必为此造成的死亡承担任何法律责任。"军官" 无疑已经成为事实的 "主权者"⑧，而被解除武装的士兵之死，显然已经脱离 "祭品" 范畴，而变成 "神圣人" 之死。这个微小的局部的权力制造的例外状态，悬置了既定的公民权与生命权，宣布的并非新的法律、法规甚或法令，而只是一个临时的、突发的、却又直指生命的 "命令"。这使得阿甘本所担忧的会产生于共同体之至高权力的、统摄国家的极权，产生在了某个不显眼的局部，而这种局部的极权在这种机制下又有着无限扩散与弥漫的潜力，极具迷惑力地吞噬着个体生命，使杀戮与 "献祭" 无从分辨，这也正是巴克意欲揭示的黑暗所在。

---

　　①　吴冠军：《"生命政治论" 的隐秘线索：一个思想史的考察》，《教学与研究》2015 年第 1 期，第 57 页。

　　②　［意］吉奥乔·阿甘本：《神圣人——至高权力与赤裸生命》，吴冠军译，中央编译出版社 2016 年版，第 225 页。

　　③　高奇琦：《阿甘本对西方法治与民主神话的批判与限度》，《政治学研究》2012 年第 3 期，第 62 页。

　　④　Barker, Pat. *Regeneration*. New York：Penguin Group, 2008, p. 3.

　　⑤　Barker, Pat. *Regeneration*. New York：Penguin Group, 2008, p. 216.

　　⑥　Barker, Pat. *Regeneration*. New York：Penguin Group, 2008, pp. 66-67.

　　⑦　张宪丽：《阿甘本法律思想研究》，法律出版社 2016 年版，第 135~136 页。

　　⑧　阿甘本所说的主权者："主权者既可能是国家权力，也可能是具体案例中的某一行为者。" 参见张宪丽：《阿甘本法律思想研究》，法律出版社 2016 年版，第 136 页；"当政治被缩减为生命政治，那么任何人都有结构性的可能，成为主权者或神圣人"，参见 ［意］吉奥乔·阿甘本：《神圣人——至高权力与赤裸生命》，吴冠军译，中央编译出版社 2016 年版，"译者导论" 第 42 页。

事实上，作为"历史元小说"① 的《三部曲》所描述的这种局部事件，有着与历史的链接，以及对整体的映射。在当时的法国前线，遍布这种局部的权力。这种特殊操作往往附着于一个混淆不清的笼统的罪名，罪名相当于一个范畴，如"懦弱"就是一个庞大的死罪的范畴，"临阵脱逃""开小差"及展现"弹震症"症状的人都可以以"懦弱"的名义被杀死。但是"开小差"本身又是一个笼统的范畴，是当时"最普遍的罪"。类似可以被处死的罪有"谋杀、懦弱、离岗、罢工或暴力、不服从、叛乱、在岗睡着和丢弃武器"等②，这就意味着"几乎每个人都面临着被惩罚的危险"。例如就"在岗睡着"而言，几天仗打下来，不打瞌睡是不可能的③，遑论其他难以辨别的行为。如高地轻步兵团第十二营的亚历克斯·奈特（Alex Knight）所说，按照这样的算法，如果死刑被执行，"全军十七分之一的人会因'懦弱'被射杀"④。这些"长官"并非依据法律或军令，而是依据自己的"感觉和良知"来解释法律并创造法律。在这样的操作中，"主权"权力不断穿越边界，向局部渗透，"法律"与"例外"盘根错节，暧昧难辨，"祭品"与"神圣人"的生命也因此紧密毗邻，"祭品"随时在一个微小的局部被降为"神圣人"，毫无价值的"虱子般的"死亡随时发生。

三、"祭品"与"神圣人"之间的循环征用

《再生》中，普莱尔的女友萨拉（Sarah）因为迷路，闯入医院后部的一座大帐篷里，瞥见"一排坐着轮椅中的身形，然而这些身形不再是成年男性的尺寸和形状。裤腿被剪短，空荡荡的袖子别在夹克上。其中一个人失去了全部四肢"⑤。不难看出，在医院对这些"阴影中的生物"⑥ 的残躯的遮蔽与弃置中，有着对其身体价值的计算与安排。严重残缺、失去使用价值的身体就像卡尔·拜丁所说的"被掏空价值的生命"，是"不配让它活的生命"⑦，沦为如阿甘本所说的"实际上是幽魂的活人"⑧。在这个有关"身体的价值"之决断中，蕴含着"神圣人"的一种生成方式，在战场上精神崩溃的"祭品"因为"使用价值"的丧失，立刻沦为不受任何保护的"神圣人"，被弃置于死亡暴力之中。巴克的文学书写不仅揭示了这一维度，且更进一步，暴露出一种诡异的从"神圣人"到

---

① Bernard, Catherine. Pat Barker's Critical Work of Mourning: Realism with a Difference. *Etudes Anglaises*, 2007（60），p. 174.

② Bourke, Joanna. *Dismembering the Male: Men's Bodies, Britain and the Great War*. London: Reaktion, 1996, p. 95.

③ Bourke, Joanna. *Dismembering the Male: Men's Bodies, Britain and the Great War*. London: Reaktion, 1996, p. 102.

④ Bourke, Joanna. *Dismembering the Male: Men's Bodies, Britain and the Great War*. London: Reaktion, 1996, p. 97.

⑤ Barker, Pat. *Regeneration*. New York: Penguin Group, 2008, p. 160.

⑥ Barker, Pat. *Regeneration*. New York: Penguin Group, 2008, p. 160.

⑦ ［意］吉奥乔·阿甘本：《神圣人——至高权力与赤裸生命》，吴冠军译，中央编译出版社 2016年版，第 187 页。

⑧ ［意］吉奥乔·阿甘本：《神圣人——至高权力与赤裸生命》，吴冠军译，中央编译出版社 2016年版，第 140 页。

"祭品"的逆向操作:"神圣人"的"肉体死亡"被刻意阻止或延迟,以便其在"使你活"的暴力中被"修复",再次成为可供使用的"祭品"。这种反复盘剥显然比杀死他更经济、更明智。《三部曲》聚焦战时精神病院呈现的就是这种操作。

在军事精神病院里,遭受着"各种神经症状折磨的人",完全笼罩在"使你死"与"使你活"权力之中。"使你活"不同于福柯所说的那种"扶植生命的权力",而是由医生强加于病患的一种不折不扣的暴力,无论这暴力是指向精神还是肉体。在这样的暴力面前,折磨成为主权的宣示。克莱格洛克哈特精神病院的里弗斯惯于施加精神暴力,他激将患"失语症"的普莱尔"不想痊愈"①,嘲讽萨松的反战行为是"苟且偷安"②,羞辱瘫痪的莫菲特"娘娘腔"③等。伦敦国家医院的叶兰德的暴力则直指肉体,电疗、镭管疗法、乙醚针是他常用的疗法。④ 足量的电击使他自信一个病人"只治疗一次"⑤,多数能"一周内出院"⑥。

充满悖论的是,"使你活"的权力同时指向"肉体的生"和"精神的死",即通过置换或清除病人的主体性,使其肉体向新的征用敞开。在里弗斯的谈话疗法中,"病人的精神生活必须被剥下,暴露情绪最原初的部分"⑦,那是一场利用心理学知识对病患的"神经"系统展开的一场精密手术,包含着一整套精微的表演和策略。在对神经健全、只因反战而被抛入精神病院的萨松的治疗,算得上是里弗斯的典型案例。成功地置换了萨松的思维。连续三个月,每周三次的谈话,他精细地、微妙地刺激萨松独自在医院"享受和平"的内疚感、羞耻感和失去男子气概的恐惧感。果然,萨松开始用里弗斯的方式来诘问自己,"齐格弗里德,你在大战期间做了什么?"⑧ 并像里弗斯预料的那样,他"为自己感到恶心"⑨,最终他抱着必死的决心,放弃反战,重返前线。普莱尔这样评价里弗斯的治疗结果:"我们是克莱格洛克哈特的成功故事。看看我们(原文斜体强调)。我们不记得,我们没感觉,我们不思考……我们是令人惊恐的物体。"⑩

与里弗斯不同,叶兰德对"精神"的暴力是赤裸裸的。他以完全"取消精神"的方式来治疗"精神疾病",他从"不询问病人的心理状态",也决不允许病人发问。在对肉体施以暴力时,他直接罢黜病人的主体性。在对卡伦的电击中,他取消了卡伦的感受,"你不感激我们取得的成效吗?尽管像你这样渺小"。他也取消了卡伦的思想,傲慢地宣布,"你必须说话,但是我不会听你说的任何话(原文斜体强调)"。他重新"规定"了卡伦的感受与思想,"我知道你急于治愈,也为恢复到这个程度感到开心"。他甚至规定

① Barker, Pat. *Regeneration*. New York:Penguin Group, 2008, p. 51.
② Barker, Pat. *Regeneration*. New York:Penguin Group, 2008, p. 36.
③ Barker, Pat. *The Ghost Road*. New York:Penguin Group, 2008, p. 52.
④ Barker, Pat. *The Ghost Road*. New York:Penguin Group, 2008, p. 20.
⑤ Barker, Pat. *Regeneration*. New York:Penguin Group, 2008, pp. 227-228.
⑥ Barker, Pat. *Regeneration*. New York:Penguin Group, 2008, p. 224.
⑦ Barker, Pat. *Regeneration*. New York:Penguin Group, 2008, p. 48.
⑧ Barker, Pat. *Regeneration*. New York:Penguin Group, 2008, p. 122.
⑨ Barker, Pat. *Regeneration*. New York:Penguin Group, 2008, p. 114.
⑩ Barker, Pat. *Regeneration*. New York:Penguin Group, 2008, p. 200.

了卡伦的表情，当他"不喜欢"卡伦的微笑时，便继续电击"治愈"这微笑。①

在"使你活"的暴力中，天然包含着"使你死"的暴力。这里，医生对病人之权力的边界是模糊的、无限推移的，用阿甘本的话说，这里"医生与主权者似乎互换了角色"②。医生既确立关于病人的秩序与规则，又能随时取消这些规则以宣布新的规则；医生的"治疗"虽然并不直接"处死"任何病人，但是病人如果在"治疗"过程中死去，或者医生的"治疗"导致病人死去，他们也不负任何法律责任。里弗斯的病人莫菲特（Moffet）绝望之中割腕自杀，叶兰德的病人司高德在战场再次崩溃，没有人为之承担任何责任。被治疗后病人的复发率与自杀率，"没有人知道"③。"使你活"的暴力还表现在，自杀是不被允许的，这不仅因为"自杀"是"人对其自身存在拥有主权的表达"④，还因为自杀的"传染"性质导致的损失。里弗斯记得医院"有人上吊成功"后，曾让"施于其他病患身上数周的努力化为乌有"⑤。所以当莫菲特自杀被救后，立刻被里弗斯隔离和藏匿。医院里通往塔楼的门也长年上锁，以免其适合跳楼的高度，"太具诱惑"⑥。

最终，这种"使你活"的暴力只是为了最大限度地"使你按照既定的安排去死"。小说的这一叙事回应了一个史实：到1916年，神经症已经占据战区伤亡的40%，而前线"人手与弹药短缺到达危机状态"⑦，因此，修整出可用的身体，成为军医的首要职责。在这样的目的面前，里弗斯也变成了莫菲特口中的"十七世纪的猎巫人"⑧，用普莱尔的话来总结就是，"有些医官即使检查到死尸，照样判定归队"⑨。医生对精神病患不择手段地改造与回收利用进一步揭示，生命政治在这一新的特殊空间超越了阿甘本指示的轨道，开启了一种从"神圣人"到"祭品"的"逆向操作"，使其在主体性的湮灭中，在被延迟的肉体死亡中，坠向生命政治更幽暗的深渊。

四、结　　论

巴克的《再生三部曲》用深度链接历史的叙事向生命政治的幽深处揭示了一个"空中布满了问号"⑩ 的充满着颠倒与悖论的世界，而阿甘本的生命政治目光使我们得以透视这个世界的核心，即携有古老父权制基因的西方现代民主共同体的"主权"暴力不仅将

① Barker, Pat. *Regeneration*. New York：Penguin Group，2008，pp. 229-231.

② ［意］吉奥乔·阿甘本：《神圣人——至高权力与赤裸生命》，吴冠军译，中央编译出版社 2016年版，第 193 页。

③ Barker, Pat. *Regeneration*. New York：Penguin Group，2008，pp. 224.

④ ［意］吉奥乔·阿甘本：《神圣人——至高权力与赤裸生命》，吴冠军译，中央编译出版社 2016年版，第 184 页。

⑤ Barker, Pat. *The Ghost Road*. New York：Penguin Group，2008，p. 61.

⑥ Barker, Pat. *Regeneration*. New York：Penguin Group，2008，p. 19.

⑦ Bourke, Joanna. *Dismembering the male：Men's Bodies，Britain and the Great War*. London：Reaktion，1996，p. 105.

⑧ Barker, Pat. *The Ghost Road*. New York：Penguin Group，2008，p. 48.

⑨ Barker, Pat. *The Ghost Road*. New York：Penguin Group，2008，p. 15.

⑩ Barker, Pat. *Regeneration*. New York：Penguin Group，2008，p. 180.

年轻生命征为"祭品",更在主权向局部渗透的过程中,以前所未有的虚伪与贪婪将年轻人的身体牢牢钳制在一个没有终点的"祭品—神圣人—祭品"的拓扑结构中,实行彻底的盘剥。悲哀的是,如阿甘本所说,"现代民主制的根本困境,就是无法解决主权国家结构下的赤裸生命问题"①。

对于如何摆脱这个困境,福柯、阿甘本与巴克都曾尝试提出解决方案。福柯推崇古希腊-罗马的先哲,提出"自我技术"② 来摆脱权力。阿甘本则寄望于"嬉戏"(paly),希望"将孩童和哲人带给人类"。③ 里弗斯在小说结尾的觉醒,显然也寄托了巴克对知识分子精英的厚望。然而在笔者看来,上述三者对于"哲人"式生活的推崇都过于理想化,且由于缺乏大众层面的文化积淀而难以付于普世的实践,然其对"个体修养"的共同强调倒是提示了更具实践价值的中国儒学智慧解决问题的可能性。中国社会几千年来亦是建基于父权制,有着"君臣父子"的纲常权力,然而儒学以"仁爱"为核心对个体修养的推崇,在一定程度上匡正与中和了这种权力,且更具实践性。孟子说强调为君者以身作则,"君仁,莫不仁;君义,莫不义;君正,莫不正"④;高扬个体价值,"人有恒言,皆曰'天下国家'。天下之本在国,国之本在家,家之本在身"⑤;怒斥战争,"此所谓率土地而食人肉,罪不容于死"⑥;提倡泛爱,"亲亲而仁民,仁民而爱物"⑦,"老吾老,以及人之老,幼吾幼,以及人之幼"⑧。儒家重视思想的践行性,"君子耻其言过其行者"⑨,孟子"孺子将入于井"⑩ 的故事,既说明了"仁爱"的广博,也说明"修身"的理想就在大众具体的生活里,具有高度的实践性。儒家虽强调家国责任感,但是并不主张对个体价值进行彻底的盘剥,提倡的是个体的尽力而为,孔子说,"好学近乎知,力行近乎仁,知耻近乎勇"⑪,以创造"致中和,天地位焉,万物育焉"⑫ 和谐世界。千百年来,儒家这种中正平和、尊重普世价值、尊重日常修养与亲情仁爱的价值观使民族虽然历经风雨,却仍然绵延不息、生机勃发。反观西方世界对生命无止境的盘剥,也许这种融合于生活、尊重现世繁荣与和谐稳定的儒家智慧是一个富有意义的启示。

(作者单位:武汉大学文学院暨华中农业大学外国语学院)

① [意]吉奥乔·阿甘本:《神圣人——至高权力与赤裸生命》,吴冠军译,中央编译出版社2016年版,"译者导论"第40页。
② [法]米歇尔·福柯著,汪民安编:《自我技术:福柯文选Ⅲ》,北京大学出版社2016年版,第81页。
③ [意]吉奥乔·阿甘本:《神圣人——至高权力与赤裸生命》,吴冠军译,中央编译出版社2016年版,"译者导论"第67~70页。
④ 万丽华、蓝旭译注:《孟子》,中华书局2007年版,第164页。
⑤ 万丽华、蓝旭译注:《孟子》,中华书局2007年版,第150页。
⑥ 万丽华、蓝旭译注:《孟子》,中华书局2007年版,第159页。
⑦ 万丽华、蓝旭译注:《孟子》,中华书局2007年版,第315页。
⑧ 万丽华、蓝旭译注:《孟子》,中华书局2007年版,第14页。
⑨ 杨伯峻:《论语译注》,中华书局1982年版,第155页。
⑩ 万丽华、蓝旭译注:《孟子》,中华书局2007年版,第69页。
⑪ 王文锦:《礼记释解(下)》,中华书局2001年版,第786页。
⑫ 王文锦:《礼记释解(下)》,中华书局2001年版,第773页。

燕卜荪"关键词分析法"的概念史视野*

□ 秦 丹

【摘要】作为剑桥语义批评的代表性人物,威廉·燕卜荪及其所提出的"关键词分析法",对于雷蒙德·威廉斯为代表的关键词批评产生了重要影响。燕卜荪旨在考察特定作品中重复出现的同一词语在不同场合用法的"关键词分析法",特别关注普通词在使用中的复杂运作过程,即由一组遵循历史顺序的多种意义累积所生成的普通词,是如何按照其逻辑结构表意的。这种做法直接给予威廉斯以理论启发,也使得燕卜荪成为国内概念史研究的间接影响者。

【关键词】威廉·燕卜荪;关键词分析法;概念史;雷蒙德·威廉斯

作为一种新的史学范式,概念史研究在国际学界逐渐成为备受关注的热点问题。英国学者雷蒙德·威廉斯则被视为国内概念史研究的理论源头和直接影响者。但威廉斯关键词研究范式的酝生,又与其英国剑桥大学英语系的批评传统,特别是威廉·燕卜荪的"关键词分析法",具有极其紧密的理论关联。因此,对燕卜荪的"关键词分析法"进行细致剖析,对于进一步理解燕卜荪诗学思想的内核精义及国内概念史研究中的一些关键问题,具有重要意义。

一、概念史、关键词研究与威廉斯

自20世纪后期以来,语言在历史进程中的重要作用日益凸显,历史学的研究重心也因此发生了急剧变化,其主要表现之一即是概念史的兴起和盛行。按照一般的理解,概念史所关注的主要是"概念"的形成、使用和变化的历史。其研究目的具体而言,就在于辨识"概念"的社会边界,探讨"概念"施加于政治和社会群体的聚合力和影响力,并研究社会和政治结构中的跨时代变迁,而探讨作为经验、预期和理论中的一种转型,人们

---

* 本文为国家社会科学基金后期资助项目"威廉·燕卜荪诗学研究"(项目编号:15FWW012)、中国博士后科学基金第八批特别资助项目"威廉·燕卜荪研究"(项目编号:2015T80827)阶段性成果,并得到"中央高校基本科研业务经费专项资金"武汉大学自主科研项目(人文社会科学)资助。

可以在多大程度上在语言术语中"把握"这种跨时代的变迁。作为一种新的史学范式，概念史研究在国际学界逐渐成为备受关注的热点问题。近年来，国内学者开始将概念史手法引入中国学术研究，其表现主要包括，一是译介概念史的相关理论和研究方法，进而"尝试构建与近代中国历史情境相契合的概念史研究路径"；二是对近代中国的若干基本概念进行"知识考古"，试图"厘清其演变过程及其社会政治语境，进而对近代知识体系之建构有所发明"①。鉴于概念史所作的主要工作，主要即对于那些"富含多元意义"的词语，以及"在历史进程中发挥着引领作用的概念"进行共识性和历时性的诠释②，而"西方的概念史、观念史或关键词研究，都可以用'历史语义学'来归纳其方法"，且"'概念史'和'历史语义学'在德语中时常所指相同"③，当下国内学界通常将"概念史""观念史"和"关键词研究"看做"历史语义学"的同义表述。

一般而言，学术界认为国内的概念史或关键词研究主要渊源于英国学者雷蒙德·威廉斯，基于此种理解，国内涌现出了一大批相关研究成果④。这一点正如陈平原所说的，"虽然威廉斯《关键词：文化与社会的词汇》的中译本迟至二〇〇五年方才面世，近年崛起的这股'谈论'甚至'卖弄'关键词的浪潮，仍以此书为肇端"⑤。对威廉斯所带来的学术影响，历史文化语义学的倡导者冯天瑜先生在此之前就给予了高度认可，在其著作《新语探源——中西日文化互动与近代汉字术语生成》的"后记"中，冯先生谈及："西方现代学者也注目于考察词语与语境的关系，考察词语形式及意义伴随社会文化变迁而发生的更革，法国学者福柯的《词与物》、《知识考古学》，英国学者威廉斯的《关键词：文化与社会词汇》等论著是这方面的前沿之作。"⑥ 此后，诸多学术著作和批评文章都较多引用了威廉斯《关键词》一书中的学术观点，陈平原据此说到，"《关键词》的巨大身影，促成了后来者'影响的焦虑'"⑦。

事实上，诸多相关研究成果，虽然名称相近或相似，然而关注问题的视角以及思考问题的路径，却与西方的概念史研究大相径庭，对此，学界已经有所反思，如方维规就认为，较大部分的既有研究成果（如《政治哲学关键词》《西方文论关键词》之类的专著）"多半不是专门从概念史或观念史的角度考察问题，而是分门别类地阐释相关学科的重要

---

① 参见孙江：《近代知识亟需"考古"——我为何提倡概念史研究?》，《中华读书报》，2008 年 9 月 3 日。

② 参见汉斯·恩里克·鲍德克：《概念·意义·话语：重新思考"概念史"》，《比较视野中的概念史》，周保巍译，华东师范大学出版社 2012 年版，第 72 页。

③ 参见方维规：《概念史研究方法要旨——兼谈中国相关研究中存在的问题》，《新史学》第三卷，中华书局 2009 年版，第 3 页。

④ 学界已经对此类研究成果做过系统梳理，总结性文章参见陈平原：《学术视野中的"关键词"（上、下）》，《读书》2008 年第 4、5 期；黄继刚：《文学研究中的关键词及其价值反思》，《语文学刊》2012 年第 3 期；李里峰：《概念史研究在中国：回顾与展望》，《福建论坛》（人文社会科学版）2012 年第 5 期；栗荣：《概念史研究的学术进程》，《中共福建省委党校学报》2012 年第 8 期；李建中、胡红梅：《关键词研究：困境与出路》，《长江学术》2014 年第 2 期。

⑤ 陈平原：《学术视野中的"关键词"（上）》，《读书》2008 年第 4 期。

⑥ 冯天瑜：《新语探源——中西日文化互动与近代汉字术语生成》，中华书局 2004 年版，第 630 页。

⑦ 陈平原：《学术视野中的"关键词"（下）》，《读书》2008 年第 5 期。

概念"①。那么，什么样的角度才是较为正统的概念史研究呢？方维规进而向中国学术界介绍了德国、英美和法国的学术文化中所出现的三种相关研究方法，具体即德国学界的"历史语义学"（Historische Semantik）；英美史学界尤其剑桥学派倡导的"观念史"（History of ideas）模式；法国史学界的"话语分析"（Analyse du discourse）或"概念社会史"（Socio-histoirc des concepts）。在方维规看来，法国对概念的历史语义研究相对薄弱，而由于他在概念史发源地的德国留学多年，又长期致力于相关研究实践，因此更青睐于"德国的"概念史研究模式。② 这种德国版的"概念史"（Begnjfsgeschichle）主要是"在民族语言和民族文化且基本上限于对单个概念的历史演化进行分析"③，其研究的重点主要在于考察社会转型和概念变迁之间的关系。

第三种也是我们最需要特别关注的方法，即以昆廷·斯金纳等人所创立的剑桥学派为代表。剑桥学派主要从概念与修辞之间的关系来研究概念史，亦即探讨"概念"所包含的意义维度与语言使用方式之间的关系。而这种研究倾向正是得益于威廉斯的理论影响。剑桥学派代表人物斯金纳在致梅尔文·里克特的信中说到，"既然我相信，要理解一个概念，需要我们去理解（1）能用这一概念做什么，以及理解（2）用以表达这一概念的术语，我唯一的疑问是是否可能存在排除了（1）的（2）的历史"④。而斯金纳这一立场的确立明显渊源于对两位同代学者方法的反对。这两种方法即是洛夫乔伊对"观念的单元"的使用，以及威廉斯的"关键词"研究。在斯金纳看来，"洛夫乔伊和威廉斯并未能在对术语的使用与对术语的理解之间做出区分"⑤。由此，斯金纳正是在他们"失败"的基础上，系统表述了一套方法论规则。

二、威廉斯的关键词批评与燕卜荪

发轫于20世纪50—70年代的"关键词批评"以核心术语为考察重心，从历时和共时层面梳理并揭示出词语背后的政治思想倾向与人文踪迹，具有独到的研究视角和开阔的理论视野。一般而言，威廉斯的《关键词：文化与社会的词汇》（*Key Words：A Vocabulary of Culture and Society*）被视为"关键词研究"兴起的标志。该书以核心术语为考察重心，梳理并揭示词语背后的政治立场与人文踪迹，具有独到的研究视角和开阔的理论视野，提出了把"关键词研究"作为社会和文化研究有效路径的独特方法。但威廉斯的创见，并非横空出世、一无依傍，仔细研究其论著，不但发现其与燕卜荪之间的理论关联。

《关键词：文化与社会的词汇》一书原属于著作《文化与社会》的附录部分，后来分

---

① 陈平原：《学术视野中的"关键词"（上）》，《读书》2008年第4期。

② 参见方维规：《概念史研究方法要旨——兼谈中国相关研究中存在的问题》，《新史学》第三卷，中华书局2009年版，第3~20页。

③ 汉斯·尤根·鲁斯布伦克：《"概念史"和概念移植：以"大革命"时期法国和德国的"民族"概念为例》，《比较视野中的概念史》，周保巍译，华东师范大学出版社2012年版，第180页。

④ ［美］梅尔文·里克特：《政治和社会概念史研究》，张智译，华东师范大学出版社2010年版，第199页。

⑤ ［美］梅尔文·里克特：《政治和社会概念史研究》，张智译，华东师范大学出版社2010年版，第200页。

离出来，独立成书。该书第一版于 1976 年出版发行，1983 年再版时又增加了 21 个词条，总词条量达到 131 个之多，且做了一些修订和补充。威廉斯在该书的《导言》部分，对《关键词》得以付梓的过程做了一些说明。1945 年第二次世界大战结束之后，威廉斯退役后回到剑桥大学继续完成自己的学业。但当他回到学校发现，离开的四年多时间使得他产生了一种莫名的陌生感。威廉斯觉察到语言发展过程中所产生的社会差异性即不同的价值观，并且他还注意到在社会的诸多领域中，人们的观念有了显著改变。正是在这个过程中，威廉斯意识到，"在语言演变的过程里，某些语词、语调、节奏及意义会被呈现、察觉、检试、确认、肯定、限定与改变；演变的过程中，有时候是非常缓慢的，有时候可能非常快速——例如在战争时期，这种过程可能非比寻常的快速并且极易察觉"①。《关键词：文化与社会的词汇》一书即是探讨各关键词在语言演变过程中词义的变化，以及彼此间的相关性与互动性。

《关键词：文化与社会的词汇》一书的出版，无疑是师从剑桥语义批评传统的威廉斯深得其剑桥大学师长精髓的显证。威廉斯在 20 世纪三四十年代就读剑桥的时候正值利维斯主义文学批评的盛期。利维斯和他的知识分子团体发展了一种专业的文化批评技能，即通过细节分析探寻文本的组织方式。而这种以"文本细读"为特征的批评方式正是剑桥语义批评家瑞恰慈和燕卜荪所一向推崇的。对威廉斯而言，有两个最根本的资源支撑其写作，即以利维斯为表象的剑桥语义批评传统和马克思主义传统。威廉斯一开始步入学术界，就实现了对剑桥语义批评学派最好的传统的转化，使剑桥英文系的同事们经常很难明白他在讨论什么。如伊格尔顿所言："威廉斯将两种有区别的剑桥英语潮流组合成一种崭新的时机：一个是文本细读分析，一个是'生活与思想'研究。但是，他将人们所谓的'细读'或'语言兴趣'称作'历史语言学'，将所谓的'生活与思想'称作'社会'或'文化历史'。"② 但他师传统而不拘泥于此，特别是他借用瑞恰慈、燕卜荪以及利维斯等的语义批评方法，通过文本细读，阐发文学文本所体现的人与人、人与社会以及文学与社会的互动关系，传播自己的文化政治设想，开创了文学研究的文化主义范式之先河。

就批评文体而言，威廉斯的《关键词：文化与社会的词汇》一书，以历史语义学为写作方法，对 131 个有关社会文化方面的关键性词语的解说，开启了语义批评的文本范例。在该书写作中，威廉斯坦承受益于《牛津大辞典》，因为后者在词义研究方面成绩巨大。在这一点上，威廉斯非常认同燕卜荪的洞见。他说："燕卜荪在其著作《复杂词汇的结构》（*The Structure of Complex Words*）中，发现《牛津大辞典》里的许多缺点。我同意他的观点：'对于词义之探讨，我所能做的事就是几乎完全依赖这一个呈现在眼前的庄严物品'。"③

---

① ［英］雷蒙·威廉斯：《关键词：文化与社会的词汇》，刘建基译，三联书店 2005 年版，第 10 页。

② Terry Eagleton. *Raymond Williams：A Critical Reader.* London：Polity Press, 1989, p. 3.

③ ［英］雷蒙·威廉斯：《关键词：文化与社会的词汇》，刘建基译，三联书店 2005 年版，第 10 页。

三、燕卜荪及其与关键词分析法

在文学批评方面，学界一般认为，燕卜荪最大的成绩就在于，由其所创造的语词批评方法揭示了文学文本丰富的内涵。① 他的导师瑞恰慈对此曾给予高度评价，认为其关于批评方法的著述不仅"改变了人们阅读的习惯"，而且，自《含混七型》问世后，"没有任何批评可能有过如此持久而重大的影响"②。这种重大影响在埃德温·博格姆看来，简直就是"开创了诗歌批评的新纪元"③。苏联著名学者拉宾诺维奇的说法与之遥相呼应，他说："30 年代，剑桥模式获得空前成功……'分析法'成了英美批评界的主流，而不是短命的时髦货。"④ 其实，燕卜荪的影响还不仅仅止于此，特别是他对于"复杂词"的关注，以及以此为基础提出的"关键词分析法"，对以威廉斯为代表的关键词批评产生了重要影响。

《复杂词的结构》是燕卜荪关于文学批评的第三部专著，也是其以语词分析批评为核心的诗学思想不断走向成熟的重要代表作。在这部著作中，燕卜荪通过对"wit""rogue""fool""honest"及"dog"等词语的分析，探索了普通词在使用中的复杂运作过程，即由一组遵循历史顺序的多种意义累积所生成的普通词，是如何按照其逻辑结构表意的。由此，语言在燕卜荪眼中成为人类社会历史的清晰索引。燕卜荪力图在《复杂词的结构》中分析出一个词语蕴涵的各种不同的意义和这些意义之间的相互作用，进而找出复杂词的内在语法。按照他自己在"第三版评论"中的说法，其基本思想是，"就像句子有明显的语法一样，复杂词也有内在的语法，我试着找出一些规律"。燕卜荪强烈地意识到，一个词语"会向读者示意他理所当然认为的含义"⑤，并且"我们的语言持续向我们强加教义"⑥。燕卜荪发现词语能成为一种实体，并且能像人一样引导舆论和思想，他的独创性就在于研究挖掘了词语意义的逻辑结构，描述了词语如何进行陈述，如何成为一个"压缩教义"⑦，或者甚至所有的词都是天生的压缩教义。在《复杂词的结构》中，燕卜荪的思考延伸到社会政治领域。他考察了某些关键词中意义的作用（the play of senses），这些意义的作用在进入诗歌之前已由社会习俗所形成。比如蒲柏《论批评》中的"wit"，《失乐园》中的"all"，《李尔王》中的"fool"，《序曲》中的"sense"。通过对意义作用的考察，揭示了对当时社会盛行的思考方式的深刻理解，这种思考方式与当时社会运作的政

---

① 秦丹：《苏与作为现代文学批评概念的"含混"》，《外国文学》2013 年第 4 期。

② ［英］戴维·洛奇：《二十世纪文学评论》，葛林等译，上海译文出版社 1993 年版，第 272～273 页。

③ Edwin Berry Burgum. The Cult of the Complex in Poetry. *Science and Society*，1951（15），pp. 31-48.

④ ［美］罗里·赖安、苏珊·范·齐尔编：《当代西方文学理论导引》，李敏儒、伍子恺等译，四川文艺出版社 1986 年版，第 16 页。

⑤ William Empson. *Seven Types of Ambiguity*. New York：New Directions，1966，p. 4.

⑥ William Empson. *The Structure of Complex Words*. Cambridge，MA：Harvard University Press，1989，p. 39.

⑦ William Empson. *The Structure of Complex Words*. Cambridge，MA：Harvard University Press，1989，p. 39.

治结构有着更深层的联系。

基于此种认识，燕卜荪旨在考察特定作品中重复出现的同一词语在不同场合用法的"关键词分析法"，揭示出词语复杂性的根源，即交织在词语中的对社会、情感或思想问题的考察，以及与社会的持续交流，使得词语摆脱了其工具性形态，而成为拥有复杂内在结构的自我推动的机器，并成为社会历史的缩影。燕卜荪所尝试探索的"关键词分析法"，特别关注对于在一部特定文学作品中同一词语在每个不同场合用法的考察。这些作品在篇幅上通常都比较长，其中甚至包括戏剧等文学作品样式。正是在这些特定的文学作品中，燕卜荪致力于展示"wit""sense""honest""all"这些简单的词包括自身在内的各种意义、态度和主张。他试图区分同一个词在不同场合出现所具有的意义。在燕卜荪的研究中，同一个词的这些意义往往具有连续的彼此关联性，某种意义可能在一个场合更加突出，而在另一场合属于被稍稍联想到的。正是其所选择的这些词提供了他在文学作品中所要考察的主题和结构，比如，"wit"一词是蒲柏诗歌中的主题和技巧。为此，燕卜荪先后考察了词语如何积累意义以及层次，富有想象力的文学如何利用那些有层次的暗示，还将他"试图理清关于语言的一些基本事实的尝试"的努力视作必要的语言学追求。在具体研究中，通过词语当前的暗示表现得像概括的思想或者（有时不确定的）压缩的教义，燕卜荪着手描述他称作的"原始的思维运作"。其这样做的目的就是，寻找这个过程中运作的"逻辑结构"。对此，燕卜荪曾在后来的一篇文章中写道，最显著的是，"读者需要被提醒，作者通常通过一个词来表意，一些除了读者根据自己的背景引导他们去期待的意义，通过这种认识，一个可行的对意义改变的历史过程的理解或许足够了"①。

燕卜荪对"rogue""fool""honest"及"dog"等复杂词富有洞察力的分析，揭示了它们使用方法的历史层次，以及说话者、听众和所说内容之间关系的微妙含义。这些既用于"软化阶级的主张"，又用来"构建对清教主义的防御"②的复杂词通常会带来对绝对价值的直接怀疑和对对话者普遍人类境况的识别。用他自己的说法即，词语的使用是为了总结作者"自己对这些词提出的实际问题的态度"③，并且词语的职责让意义流畅，因此各种人都能使用它们。事实上，这些词的复杂性来自其对交织在词语中社会问题、情感和思想问题的考察，以及与社会的持续交流。其研究证明了语词自身并不是工具，而是有着复杂的内在结构的机器，能够产生不总是能为它的使用者所预料到的结果。尽管有其他批评家关注语言的社会特征以及语境，但他们都带着简化的目的，尽量减少可能的意义。然而，燕卜荪的独创之处在于其持续证明了考量词语的社会用法和在语境中的使用并不会使对词语的阐释变得简单，或去除词语的含混，只会产生更加复杂的解释。

"fool"是燕卜荪特别加以论证的复杂词，其论析的思路即将其还原放置在历史语境中加以考量。先看一下燕卜荪的相关论述：

---

① William Empson. Professor Lewis on Linguistics（1960）. in *Argufying*：*Essays on Literature and Culture*, ed. by John Haffenden, London：Chatto & Windus, 1987, pp. 142-146.

② William Empson. *The Structure of Complex Words*. Cambridge, MA：Harvard University Press, 1989, p. 159.

③ William Empson. *The Structure of Complex Words*. Cambridge, MA：Harvard University Press, 1989, p. 30.

"这家伙装个小丑是很够聪明的，要装得好也需要一种机智"（'This fellow's wise enough to play the fool, and to do that well requires a kind of wit.'《第十二夜》，第三幕，第一景）。这个概念必须逐步的建立起来，即在他的脑海中（莎士比亚）又为了他的观众，在他开始极好的用在《李尔王》中之前。……这也同时解释了为什么莎士比亚渐渐倾向于用傻子（fool）而不是小丑（clown），舞台上的喜剧演员被称作小丑，然而宫廷小丑被称作弄臣（fool），莎士比亚想坚持的是他正描述的是宫廷弄臣，不会让小丑出现在他的舞台上。根据《新英语辞典》（N. E. D.），在伊丽莎白时期的人接手之前，这个词已经发生了某种重要的变化；最早用在一个孩子身上的用法可以追溯到1530年，并且最早只用在笨蛋上的用法可追溯到1540年。现在对这个词更多意义的介绍作为一种手段来使它完整是有必要的。①

可见，在燕卜荪的理解中，这种手段以微弱的力量联接了对立面，目的是为了同时抓住智慧和愚蠢的这些变体中的融合与区分。而隐藏在完全有意识使用中的力量既来自含混又来自《新英语辞典》所记录的平稳复杂的用法，其中口头的、宫廷的、按律法的和戏剧的各种用法都混杂在一起，主要的意义从历史的角度看发生了改变。了解这种积累意义顺序是为了发展一种排列组合系统，其中不同的用法纳入其中，但是有选择性的，各种可能意义的储备使我们能够询问在这大量的可能性意义中哪一种是在任何一种情况下都占主导地位的。"fool"一词指笨蛋、或小丑还是对某人的爱称？用法是嘲讽的还是喜爱的？这种严格的排他用法在大多数莎士比亚的例子中是不可能真实存在的，并且语境能将首要意义、次要意义和意义的细微差别的各方面推到更突出的位置。将"首要意义"与"直接上下文"关联的尝试"编撰合并过程的""冒险阶段"② 带来困惑时，燕卜荪立即意识到，"首要意义"和语境不可能在为了一种复杂用法的任何场合，在一种明显能修改的形式下有任何肯定的陈述。

燕卜荪的方法在于尝试决定哪一种意义是主要的（有时称作"首要意义"），说清楚意义的添加积累，但同时挑出那些关键的区别，甚至是能体现独特差异和口味的非主要用法。"小丑"正连着"喜爱的孩子"和"笨蛋"之意直到"傻子"。燕卜荪的步骤是从描述复杂意义的添加积累到挑选那些显著的并且兴趣范围更广的意义。头脑中的思想有种双重运动，即从复杂性而来的意义可能性的增长与选择性的去除或分解复杂的意义综合体。从历史和过程的角度看，综合总是优于分析。为了分析，各种可变因素必须被收集起来，就这像一部语言的自然史，记录和划分了复杂整体的成分。那么，人们就可以开始以不同的方式拆解，依据各种兴趣、原则或相关意义等进行区分。这里还需要注意的是词语的任何一种用法能够成为任何其他用法的一种比喻。那么，简单地替代"傻子"和"小丑"首先就能产生比喻性的扩充。如果说一个愚蠢的人像一个小丑，"效果就是你比喻性的称

———————————————

① William Empson. *The Structure of Complex Words*. Cambridge, MA: Harvard University Press, 1989, pp. 114-115.

② William Empson. *The Structure of Complex Words*. Cambridge, MA: Harvard University Press, 1989, p. 39.

他为小丑"①。由此，燕卜荪将"fool"在不同场合出现的所具有的意义加以探讨，并将其作为简单的词所包括自身在内的各种意义、态度和主张，展示为其关键词分析法得以完整呈现的逻辑链条。其他几个关键词也可作如是观。

（作者单位：武汉大学外国语言文学学院）

① William Empson. *The Structure of Complex Words*. Cambridge，MA：Harvard University Press，1989，p. 113.

明清以来的经济与社会

人口流动与文化的传播
——以清代徽商移居汉口为例

□ 陈 锋

【摘要】 明代中期以降，随着商业名镇汉口镇的兴起，最终形成了武昌、汉阳、汉口鼎足而立的武汉三镇格局。凭借强劲的经济地位本身，汉口不惟跻身于天下名镇之列，甚至被誉为天下名镇之首。在汉口著名的"六大行"或"八大行"各行中，盐居于首位。由于盐业的丰厚利润，汉口的盐商随即崛起，汉口盐商积极地报效、捐官及参与地方事务。移居汉口的徽州盐商在家居、交游方面无不透露着江南的风韵和对汉口文化的影响。

【关键词】 汉口；盐业；徽商；移居

武汉是中国历史名城，也是著名的国际化的现代工商业城市。考古资料和文献资料已经证实，武汉的历史源远流长，其城市、城堡、城邑的源头可以追溯到3500多年前的盘龙城时代。但一个城市的起源与发展，要有连续不断的建城史。

有明确的资料表明，汉口的筑成是在南朝的齐末梁初，即《梁书·本纪第一·武帝上》所载："（梁）高祖筑汉口城，以守鲁山。"① 这是史籍第一次出现"汉口城"的称呼。鲁山即今龟山，又称大别山，宋人吕祖谦《吕氏家塾读诗记》卷二七云："汉水入江，乃今汉阳县之大别山，山之北，汉口是也。"清人顾栋高《春秋大事表·汉阳府》亦有言："府城东南百步，有大别山，江水径其南，汉水自西北来会之，亦谓之鲁山，乃汉水入江处，与武昌府治江夏县对岸，盖江自汉阳府城东，武昌府城西，而会于汉水，今日之汉口是也。"

梁高祖萧衍"筑汉口城"，虽然具有军事性质，但开创了汉口1500年延绵不断的历史，值得特别注意。而且，梁高祖萧衍对汉口的地理认识也很到位，他说："汉口路通荆雍，控引秦梁，粮运资储，听此气息。"

明代中期以降，随着商业名镇汉口镇的兴起，最终形成了武昌、汉阳、汉口鼎足而立的武汉三镇格局。同时，因商而盛的汉正街和汉口镇的出现，也使武汉具备了传统意义上

---

① 按：《南史》卷6《梁本纪上第六》亦记载："三年（501）二月，南康王为相国，以帝为征东将军，戊申，帝发襄阳……遣冠军将军邓元起，军主王世兴、田安等，会大军于夏口，帝筑汉口城，以守鲁山。"另外，《资治通鉴》卷267《后梁纪二》："荆南节度使高季昌遣兵屯汉口（汉口，汉水入江之口，其地在鄂州汉阳县东，大别山下）。"

的政治、军事、文化、经济多位一体的综合城市功能。

明万历年间，湖广地区的漕粮均在汉口交兑，同时，运销湖广的淮盐也以汉口为转运口岸。漕粮与淮盐的大额转运以及随之而来的商人集中、物资集散、贸易频繁，使汉口的商业、交通运输业、金融业迅速发展。经过明清易代的短暂低迷，进入"康乾盛世"的汉口，迎来了全盛之时代，所谓"商船四集，货物纷华，风景颇称繁庶"①。彼时的汉口，无论商业、交通、金融、人口，均具备相当实力，有着全国性影响。主要的标志，就是"天下四聚"之说的出现。清代文人刘献廷强调："天下有四聚，北则京师，南则佛山，东则苏州，西则汉口。然东海之滨，苏州而外，更有芜湖、扬州、江宁、杭州以分其势，西则惟汉口耳。"②

与刘献廷同时代的另一文人顾景范提出不同见解，认为纯从商业角度看，应将汉口镇（湖北）、朱仙镇（河南）、景德镇（江西）、佛山镇（广东）合称"天下四大名镇"。对此，后世方志专家评论道："（刘氏）以北京、佛山、苏州，合汉口为四镇，其意较顾氏更为确实。"③ 实际上，刘献廷的"天下四聚"说，其衡量的标准不全是商业的影响力，而是综合了政治、经济、文化、地理诸因素，于此亦可看出汉口的崛起不仅仅表现在商业领域，而是有着更加多元的历史优势。汉口虽不是地方政治中心，却与武昌（省城）、汉阳（府城）两大区域性政治中心形成掎角之势，其治乱之影响力不可小觑。在某种程度上，政治乃经济之护翼，经济乃政治之内核，两者不可须臾分离也。强劲的经济地位本身，便是一种政治力量，也是一种文化力量。顾景范的"四大名镇"说，取舍的标准主要是商业的影响力，因其切合历史实际，反而流行更广，更为人们所熟知。当然，刘氏的"天下四聚"说与顾氏的"四大名镇"说，不分伯仲，各有理据，分别从不同侧面凸显了汉口不可低估、卓然于世的历史地位。汉口不惟跻身于天下名镇之列，甚至被誉为天下名镇之首：

> 汉镇，一镇耳，而九州之货备至焉。其何故哉？盖以其所处之势则然耳。武汉当九州之腹心，四方之孔道，贸迁有无者皆于此相对代焉。故明代盛于江夏之金沙洲，河徙而渐移于汉阳之汉口，至本朝而尽徙之。今之盛，甲于天下矣。夫汉镇非都会，非郡邑，而人烟数十里，行户数千家，典铺数十座，船泊数千万，九州诸大名镇皆有让焉。非镇之有能也，势则然耳。④

上文所议"今之盛，甲于天下矣"以及"九州诸大名镇皆有让焉"，就是汉口商业鼎盛之写照，也是冠绝天下之明证。

汉口之所以成为"天下四聚"之一，成为"名镇"当中最重要的名镇，是因为汉口镇坐拥江、汉两条大河的水运优势，在明末清初已成长为经济腹地深广的各类商品流通的中枢，堪称区域市场网络中最高一级的经济中心地。清初文人刘献廷在《广阳杂记》中

---

① 乾隆《汉阳府志》卷 12《地舆·形势·汉阳县·城郭坊镇》。
② 刘献廷：《广阳杂记》卷 4。
③ 王葆心：《再续汉口丛谈》卷 1。
④ 乾隆《汉阳府志》卷 12《地舆·形势·汉阳县·城郭坊镇·汉镇形势说》。

叹谓："汉口不特为楚省咽喉，而云、贵、四川、湖南、广西、陕西、河南、江西之货，皆于此焉转输。虽欲不雄天下，不可得也。"刘氏之论述，道出了一个重要的事实：商业是汉口的灵魂和汉口发展的基础，是成就"天下四聚"或"四大名镇"盛名的重要条件。① 就商品交换而言，汉口市场商品繁多，商帮云集，形成以盐、米、木材等商品为大宗的贸易格局。在诸多商业领域，汉口为淮盐最重要的销售口岸，盐业无疑是最为重要的。湖北巡抚晏斯盛在奏疏中称："查该镇（汉口）盐、当、米、木、花布、药材六行最大。各省会馆亦多，商有商总，客有客长，皆能经理各行各省之事。"② 在汉口著名的"六大行"或"八大行"各行中，盐居首位。

盐业以及汉口盐商与汉口的发展，主要表现在以下方面③：

第一，盐业在当时汉口各类商业活动中居于枢纽的地位。自明初始，一方面，由于江南农业生产商品化程度的持续增加，粮食需求日益上升。另一方面，两湖地区的社会经济有比较大的发展，形成了"两湖熟，天下足"的新"天下粮仓"格局。在这种局面下，两淮的盐商在汉口将盐售罄后，大量采购米粮，就原船顺流返回江南销售，不但能摊低销盐运输成本，且能牟取双重利润。这种盐—米贸易的格局，刺激了汉口米市的持续繁荣，汉口米市交易量日益上升，雍正十二年（1734）汉口运往江浙地区的粮食高达一千万石左右。④ 在官方行政力量推进下形成的米业与盐业市场，两者相互依存，构成了明末至清代中叶汉口商业繁荣的基础。

第二，由于盐业的丰厚利润，汉口的盐商亦即文献中记载的"汉镇匣商""汉镇岸商"崛起。两湖地区的食盐销售实行"引岸—专商"制度，"由扬州商人发交汉镇岸商，又由岸商发交盐行分售，俱照例价发卖。其盐行代商分售之法，凡两省水贩赴汉买盐者，先投素识盐行，告知所买安盐、梁盐，算明价值，该盐行赴岸商店铺内买取照票，交给水贩赴船起盐，运赴各口岸店铺零星发卖"⑤。在汉口经销淮盐的商人多籍属徽州，汉口盐商首领亦多由徽州人充任。在官督商销的垄断体制下，淮盐的运销存在着巨大的利润空间，嘉道时人叶调元所作竹枝词生动描述了汉口盐商巨额利润的赚取："一包盐赚几厘钱，积少成多累万千。若是客帮无倒账，盐行生意是神仙。"⑥

汉口盐商获取巨额利润后，由于其拥有雄厚财力，除了在汉正街形成了具有盐业标志的"淮盐巷"，具有地域特色的"新安街"等街巷外，还在汉正街先后兴建了一系列建筑与公共设施，如大王庙，"醝商公建，祠宇巍焕。址后直达正街，为盐商公议之所，是以

① 参见陈锋：《明清时期汉口的发展历程》，《江汉论坛》2002 年第 11 期。
② 晏斯盛：《请设商社疏》，《皇朝经世文编》卷 40《仓储下》。
③ 已经有多篇文章涉及汉口盐商，可以参考。王振忠：《清代汉口的盐商》，《盐业史研究》1993 年第 3 期。李琳琦：《徽商与汉口紫阳书院》，《清史研究》2002 年第 2 期。张小平：《汉口徽商与社会风尚》，《安徽史学》2005 年第 1 期。张岩：《清嘉道年间汉口商人文化生态考释》，《深圳大学学报》2010 年第 2 期。
④ 全汉昇：《中国经济史论丛》二，中华书局 2012 年版，第 679 页。
⑤ 道光元年六月二十九日湖广总督陈若霖奏折：《为遵旨查核楚岸封轮销盐旧章并筹复散卖事》。见《历史档案》1991 年第 1 期。
⑥ 徐明庭辑校：《武汉竹枝词》，湖北人民出版社 1999 年版，第 36 页。

供张甚华"①。再如新安书院（即紫阳书院、徽州会馆），位于循礼坊新安街北，创自康熙三十四年，继于雍正十三年辟新安码头，建魁星阁、紫阳坊，北接新安街，联络乡情，提倡商业，维持本籍及旅居一切公益。② 书院主体建筑及准提庵、三元殿、玉皇殿、魁星阁等邻近徽商捐修的楼阁形成了一个宏伟壮丽的建筑群。这些建筑，或建在汉正街上，或建在距离汉正街不远之处，成为徽商及徽州旅居汉口者讲学祭祀、联络乡情、筹办商务及举办慈善的活动中心。

第三，汉口盐商的报效、捐官及对地方事务的参与。清代盐商的"报效"十分突出③，文献上也有对汉口盐商报效的专门记载，如"助军"事例：乾隆十三年金川军需，"先有汉口商人吴鼎和等公捐银二十万两"。嘉庆元年白莲教之役，"楚匪窜入孝感县，汉口戒严。商人汪必相等倡募乡勇，随官军防御，人众粮寡，必相独捐米一千五百石，以济兵食，汉镇获安。事闻，特赐孔雀翎。必相续又捐米二万石助军需"④。又如"助赈"事例：乾隆五十三年，荆州堤塍被水冲漫，以总商江广达的名义，"公捐银一百万两，助工赈之需"，这里的"公捐银"也包括汉口盐商的捐银。嘉庆元年，"汉阳一带近因楚北教匪日就歼擒，上游贫民踵至，至粮价不无昂贵"，"汉口系商人托业之地，情愿于两淮义仓内借谷十万石，运赴该处设厂煮赈，所有动拨之谷，商等筹款公捐"。⑤

笔者在一份现存军机处录副档案中，也查到了乾隆年间《汉镇匣商捐官银数清单》⑥，具体如下：

捐职道员汪必相，捐银一万五千两。

捐职员外鲍澈芳
捐职道员方绍
捐职道员黄栋
捐职员外鲍启运
捐职知府罗锟
捐职运同洪士澍
报捐主事王冲翰
捐职布经鲍允煊
捐职布理程定熙
捐职布理张镈
举人尉维模
以上十一员，各捐银五千两

① 范锴：《汉口丛谈》卷2。
② 参见张建民：《湖北通史·明清卷》，华中师范大学出版社1999年版，第473页。
③ 参见陈锋：《清代盐政与盐税》，"清代各区历朝盐商报效表"，武汉大学出版社2013年版，第294~300页。
④ 光绪《两淮盐法志》卷145《捐输门·助军》。
⑤ 光绪《两淮盐法志》卷146《捐输门·助赈》。
⑥ 档案：《汉镇匣商捐官银数清单》。按：该件档案缺具体年月及呈报人。

报捐知府邹文琳

报捐同知洪锡谦

报捐布经汪崇让

捐职布理吴培洙

捐职布经吴钺

捐职布理吴应棵

捐职布理巴绍祖

捐职布理汪启熏

捐职布理王志恭

捐职布理张锅

捐职州同赵镇

监生张柏龄

以上十二员，各捐银三千两

捐职知府丁淮

捐职布经汪道尧

捐职布经吴绍本

捐职布理张点

捐职布理巴光爵

捐职布理张义

捐职布理张泗

捐职布理程有楷

捐职州同张珌

捐职州同鲍鼎裕

捐职布理庄孝容

监生程义遐

以上十二员，各捐银二千两

以上共 36 名，均表明是"汉镇匣商"，也说明汉口盐商的数量及实力都有相当规模。其中鲍姓商人、洪姓商人、汪姓商人、巴姓商人都是著名的徽商世家。

移居汉口的徽州盐商在家居、交游方面无不透露着江南的风韵和对汉口文化的影响。

徽州籍盐商在汉口有自己的豪华寓所，开馆纳客，如文人曹问林，曾"馆于鲍筠庄汉上寓斋，宾主酬唱，殆无虚日"。有的有自己的园林，如盐商洪姤林有"谁园"，盐商包祥高有"怡园"。洪姤林的谁园非常精致，"轩窗窈窕，楼阁深沉，颇晓花木之趣"。包山的怡园号称有十二景，分别为亭北春红、廊西秋碧、仄径竹深、澄池荷静、薇架花香、蓉屏月影、小山丛桂、曲磴古梅、悬岩瀑布、巉石洞天、平台歌舞、高阁琴书，规模宏伟，"湖山石峭，花竹径纤，泉瀑交流，松桂夹道，亭馆池沼，结构都非尘境。绿波山房最为疏散，图书彝鼎，错陈其间，为汉上圣地。一时往来士大夫，莫不乐于订交"①。这些私家园林大多具有扬州园林的风采。

汉口盐商在汉口多有交游等社会活动。据范锴《汉口丛谈》记载，"汉上盐鹾盛时，竞重风雅，四方往来名士，无不流连文酒。……每当雅集，相与覃研诗词，品论书画。时或舞扇歌裙，浅斟低唱"②。如巴莲舫（巴慰祖），著有《蝉藻阁集》，"好学多艺，工隶书，兼善技勇，业鹾汉上，爱才好客"，诗词亦佳，曾有"最销魂处丝丝雨，聊遣愁时淡淡风"，"娇泪滴干疏雨后，清词唱罢晓风前"之句，被时人称为"婉约可诵"。其"风雅好交，为汉上盐鹾中第一"。巴树蕃，歙县人，"理番笑客汉久，广交游，自搢绅以及闾巷，无不知其名者，尤能急人之急，以故有小孟尝之目"，而且涉猎史书，善作史诗。其《咏明妃》绝句云："青冢犹悬汉明月，千秋埋骨不埋名。试看图画功臣阁，秋雨秋风满渭城。"鲍筠庄，歙县人，"以鹾业客汉，雅好诗咏，每于春季花时，必高会吟朋，觞歌竟日"③。反映出盐商的情调和才学。

汉口盐商的交游雅集，除在自己的府邸、园林外，亦多集中在后湖。后湖，俗名黄花地，又名潇湘湖，原本是已废旧襄河的古道，"东西数十里，平畴旷野，弥望无垠"④，近到鲩子湖，远达张公堤，今天长堤街以外市区，统属于后湖。后湖多茶肆，著名者有涌金泉、第五泉、翠芗、惠芳、习习亭、丽春轩等，这些茶肆，"皆在下路（即长堤街下段）雷祖殿、三元殿后。其余尚有数十处，弦歌喧耳，士女杂坐，较上湖游人更盛"⑤。盐商以及交游的文人雅士每每流连唱和，或组织"联吟之社"，或在春季于"湖上修禊"，或在五月"龙舟竞渡"。由于多金之盐商的参与，造就后湖"骚人逸士，估客寓公，无不流连光景"，"医卜星象，百伎咸呈，日喧于秦筑楚弦之外"的景象。像查慎行、刘献廷、潘耒、袁枚、黄承增等著名文人都在汉口留下记载、美文和诗篇。有"汉上题襟风雅之盛"之说⑥。旅居汉口盐商的雅集以及文人唱和，也颇类似于居住于扬州的盐商。

汉口的盐商也秉承了江南商人雅好收藏的习惯，并将这种习惯传布到汉口及周边地区。歙县人鲍筠庄曾经收藏一方铜雀瓦砚，专门"邀同人赋诗"。丹徒人包祥高"高才博学，工诗善书，业鹾汉口，风雅爱客"。又多收藏，"购藏碑帖甚多"，曾经收藏颜真卿的手迹以及岳飞的前、后《出师表》，包祥高认为，《出师表》，"读之，其忠君爱国之心，凛凛如在"，所以将其"勒石行世"⑦。另外一位盐商吴美堂也颇有意思。吴美堂为徽州歙县人，"业鹾汉上，富而好奇"，雅好收藏，曾经得一古砚，日夜不离其手，"尝持之溺水，比得救，仍持以起"。另外一位富商安阿三，特别想得到这一方砚台，出重资而不能得，于是，"乃张盛宴，出六美姬，指一殊色善琴者求换"，想用一绝色美女换砚台，吴美堂仍不为所动。一时传为美谈。湖北黄冈人吴德芝为此赋诗《砚不换妾行》

———————————————

① 范锴：《汉口丛谈》卷 5。
② 范锴：《汉口丛谈》卷 6。
③ 范锴：《汉口丛谈》卷 5。
④ 范锴：《汉口丛谈》卷 1。
⑤ 范锴：《汉口丛谈》卷 2。
⑥ 范锴：《汉口丛谈》卷 3。
⑦ 范锴：《汉口丛谈》卷 5。

记之①：

> 莫笑鸲眼石，
> 不换蛾眉人。
> 我石患难曾同身，
> 蛾眉虽好来方新，
> 得新捐故何辜恩。
>
> 九宾设次险一掷，
> 谁知赵璧竟不失。
> 君仍巫山寻云雨，
> 我自南宫拜袍笏。
> 高人嗜好各癖痴，
> 一事风流两得之。

另一位盐商兼诗人王栎门也赋诗云：

> 一片石，
> 共生死。
> 以妾换，
> 资笑耳。
> 美色悦君无十年，
> 砚寿文字绵万千。

王栎门此诗"小序"云："'绿舫'，饮牛主人所珍视也。恐以风波不弃，悦以丽人不移。视南宫之癖，真有过无不及也。出册索题，短歌以赠。"从这个"小序"中可以知晓，这方古砚名"绿舫"，"饮牛主人"为歙县盐商吴美堂的号。"风波不弃"指吴美堂落水仍持砚事，"丽人不移"指美女换砚台事。吴美堂爱好古砚，与"砚痴"米芾（米南宫）不相上下。很可能吴美堂将此砚做了拓片，装裱成册，所以才"出册索题，短歌以赠"。王栎门即王文宁，字山客，号栎门，"先世陕西蒲城，以业鹾家汉口，阅代矣。磊落好交游，复耽吟咏"②。可见王栎门是几代业盐汉口的西商，亦可以体味，业盐汉口的盐商以及文人已经形成爱好相同的交友圈。

（作者单位：武汉大学中国传统文化研究中心）

---

① 范锴：《汉口丛谈》卷4。
② 范锴：《汉口丛谈》卷3。

妨害风化还是妨害家庭

——民国时期武汉法院对诱良为娼案件的判处

□ 周积明 黄 予

【摘要】1919 年《刑法第二次修正案》以奸非罪与重婚罪所侵犯的法益不同，将《大清新刑律》所设立的奸非及重婚罪拆为妨害风化罪和妨害婚姻及家庭罪两章。实际上，妨害风化罪和妨害婚姻及家庭罪在法益上的界限并不清楚。这种界限不清的状态，引发了司法实践中的分歧，并在客观上为司法人员提供了可操作的空间。本文以湖北省档案馆馆藏民国司法档案中的若干案例为例，呈现其时司法人员在判处妨害婚姻及家庭罪与妨害风化罪上的歧见，并借以窥视司法人员对此类案件的认知。

【关键词】民国；妨害风化罪；妨害婚姻及家庭罪；司法

湖北省档案馆藏存有大量民国时期的司法档案，其主要来源为湖北省高等法院。这些案卷包含大量翔实的庭训材料，蕴藏着丰富的社会文化信息，对于了解和还原彼时人们的观念、礼俗、人际交往，以及政治权力运作模式等均有极大的裨益。更重要的是，大量由不同层级法院司法人员书写的公文，如处分书、答辩书和判决书等，直观地陈述了司法人员对案情的理解、判断以及对法律条文的解读和运用，是了解和研究司法人员社会观念和司法理念的宝贵材料。本文从湖北省档案馆藏民国司法档案中摘出四起诱良为娼案件作为案例，呈现彼时武汉司法人员对妨害风化罪和妨害婚姻及家庭罪的理解以及对相关法律条文的司法运用。

一、晚清民国法律文本中的妨害风化罪与妨害婚姻及家庭罪

妨害风化罪和妨害婚姻及家庭罪本为同罪，其在中国近代刑法史上的原型，可以追溯到 1910 年颁行的《钦定大清新刑律》第二十三章奸非及重婚罪。1919 年《刑法第二次修正案》将奸非及重婚罪拆分为妨害风化罪、妨害婚姻及家庭罪两章，其理由是奸非及重婚罪"不能保举各种猥亵行为"（如贩卖淫书罪），故将之更名为妨害风化罪；"又重婚及有夫奸等罪不独有伤风化且直接妨害婚姻及家庭之制，本案以其所侵犯之法益不同，故将

各该条改入妨害婚姻及家庭罪"①，即，妨害风化罪所侵害的是社会风化，而妨害婚姻及家庭罪不仅侵害社会风化，还会导致婚姻和家庭的破裂。《刑法第二次修正案》未及颁行，但 1928 年以后的《中华民国刑法》都承袭了这种划分。然而，这一划分包含了诸多自我矛盾之处。

首先，独立成章后的妨害婚姻及家庭罪，除收入原属奸非及重婚罪章的重婚罪、骗婚罪、有夫奸罪、容留为奸罪，并将"引诱未满十六岁男女与他人为猥亵之行为或奸淫"罪的年龄上限扩展到二十岁，略诱及和诱罪中可能妨害婚姻和家庭的内容也被列入妨害婚姻及家庭罪。与此同时，妨害风化罪也保留了容留为奸罪、引诱已婚良家女或未满十六岁之男女与他人为猥亵之行为或奸淫罪。这样一来，妨害婚姻及家庭罪与妨害风化罪在内容上就部分重复了，《中华民国刑法》为重复部分所设定的核心差异为：受害人是否脱离家庭或监护人。因而，要在司法实践中区分妨害风化罪和妨害婚姻及家庭罪，就得对脱离家庭或监护人这个概念进行进一步界定。但是，《中华民国刑法》并没有解决这一问题。民初以来，为适应社会的变化和动荡，向有最高法院颁布判例要旨与法律解释以弥补法律之不完备的惯例，这些判决例和解释例可以直接适用于司法判决。《中华民国六法判解理由汇编》在妨害婚姻及家庭罪中所录的两则判例，一则以"刑律第三百五十一条之意图营利和诱"，"以被害人于自己实力支配内为和诱既遂"；另一则以"略诱之罪"② 为非法"将他人移于自己实力支配之下"。也就是说，对于判断受害人是否脱离家庭，司法实践所执行的标准是受害人是否受犯案人实力支配。但是从理论上讲，只有当受害人或者受害人的某种权益在某一时段被人支配，刑事案件才有发生的可能。并且，妨害风化罪的性犯罪属性，也使得它通常无法在家庭、监护人的控制范围之内进行，除非犯案人本身就是受害人亲属或监护人。因此，妨害婚姻及家庭罪与妨害风化罪的重复部分，除了年龄上限不同外，界限其实非常模糊。

其次，妨害风化罪章所包含的诱良为奸、容留为奸罪，若受害人为已婚女性则往往有妨害婚姻之患；若受害人为未婚男女则往往有侵害监护权或使子女脱离监护人，进而妨害家庭的危险。妨害婚姻及家庭罪一章所设有夫奸罪、诱良为娼罪、容留为奸罪的性犯罪意味，本身又包含妨害风化的基调。关于这一点，《中华民国六法判解理由汇编》中有这样一段陈述：

> 和奸有夫之妇及意图奸淫而和诱有妇之夫、或未满十六岁之女子脱离家庭，其侵害他人家庭关系之法益性质相同。至和奸未满十六岁之女子，虽系犯妨害风化之罪，但和奸有夫之妇，不仅妨害他人之婚姻及家庭关系，即社会风化亦同时显有妨害。关于此点，被害法益之性质仍属相同。③

此"解"的目的，在于辨析妨害婚姻及家庭罪中"和奸有夫之妇""意图奸淫而和诱有妇之夫"和"意图奸淫而和诱未满十六岁之女子脱离家庭"三者所侵害的法益是否相同。

---

① 修订法律馆：《法律草案汇编·刑法第二次修正案》，修订法律馆 1926 年版。
② 妨害婚姻及家庭罪章第二百四十一条略诱罪：略诱未满二十岁之男女脱离家庭或监护人。
③ 吴经熊：《中华民国六法判解理由汇编·第五刑法之部》，会文堂新记书局 1948 年版。

但是它导向的结论，恰好说明《刑法第二次修正案》以"侵犯之法益不同"来区分妨害婚姻及家庭罪和妨害风化罪，不太具有说服力和可实践性；而它的论述过程也恰好道出了妨害风化罪与妨害婚姻及家庭罪暧昧不清的关系。这种状态在司法实践中更为直观地显现出来，湖北省档案馆馆藏司法档案中，不乏妨害风化罪与妨害婚姻及家庭罪互相绞缠、不易区别的案例。

二、诱良为娼案①——法院裁决之两歧

湖北省档案馆藏有四十三卷直接以"妨害风化"为案由的司法档案，其中有多起案件，地方法院与高等法院的判决结果发生了分歧。本文以四起诱良为娼类案件为例，展现妨害风化罪与妨害婚姻及家庭罪在司法实践中所引发的争议和分歧。

1. 梁兆祥案②

梁兆祥原本在汉口辅堂里开设乐户，住汉口长安里十一号。罗文俊也是乐户，住汉口长安里八号。住得近，两人向来熟识，原本又都是江苏人，于是认了干亲。民国三十年（1941），梁兆祥收网了被略诱来的年仅十三的张姓女子，并将其改名小毛，第二年就让她出堂应局，随后接客卖淫。民国三十三年（1944），梁兆祥将小毛送交罗文俊收留卖淫，罗文俊又将之改名罗白雪。之后，梁兆祥又想把罗白雪收回来，罗文俊不答应。于是，梁兆祥以罗文俊诱良为娼将其上告到汉口地方法院，而张姓女子以梁兆祥奸淫未满十六岁女子上告汉口地方法院。

民国三十五年（1946）十月一日，汉口地方法院由刘百骏任审判长，对此案进行了审理和判决，判决书据"《刑法》第二百二十八条"③"二百三十一条"④论科，其刑事罪名为妨害风化罪。

梁兆祥和罗文俊对汉口地方法院一审判决不服，提起上诉。高等法院由夏殖庭任审判长，主持了对这两人的审理和判决。判决书于民国三十五年（1946）十二月二十三日下达：

———————————————

① 妨害风化罪和妨害婚姻及家庭罪两章都设有诱良为娼案件的适用条款。以 1935 年《中华民国刑法》为例，妨害风化罪章有三条三款——"意图营利引诱或容留良家妇女（《中华民国六法理由判解汇编五》：'已嫁之女'）与他人奸淫者"、意图营利引诱或容留良家妇女与他人为猥亵之行为者，对于因亲属监护、教养、救济、公务或业务关系服从自己监督之人或夫对于妻犯前项之罪者，"引诱未满十六岁之男女与他人为猥亵之行为或奸淫者"；妨害婚姻及家庭罪章有三条——"意图营利或意图使被诱人为猥亵之行为或奸淫"而"和诱未满二十岁之男女""有配偶之人"脱离监护人或家庭者，"意图营利或意图使被诱人为猥亵之行为或奸淫"而"略诱未满二十岁之男女脱离家庭"或监护人者，"意图营利或意图使被诱人为猥亵之行为或奸淫而收受藏匿被诱人或使之隐避者"。

② 湖北省档案馆馆藏民国档案，卷宗号：LS 7- 6-5058、LS 7- 4-7504。

③ 对于因亲属、监护、教养、救济、公务、或业务关系，服从自己监督之人，利用权势，而奸淫或为猥亵之行为者。

④ 意图营利引诱或容留良家妇女与他人奸淫者。

上诉人梁兆祥坚不承认曾开设乐户，及曾于三十二年春奸淫罗白雪，且以白雪原为其亲女，系三十三年冬寄托与罗文俊后被诱为娼等语，为诉办之论据。惟据罗白雪叠次指供：梁兆祥是乐户，先已养有三个姑娘，她在三十年仅十三岁时，被人拐到梁家。该罗白雪如果系梁兆祥亲女，焉有如此不认生父之理。况梁兆祥亦已承认另养有三个姑娘属实，即以梁兆祥之妻梁张氏在侦查所供"将小毛托姓罗的，仍做妓女"之"仍"推之，足见白雪在梁家时，原为妓女。

因此，梁兆祥"应负意图营利并意图使为奸淫而收受被略诱未满二十岁脱离家庭之女子之罪责（妨害婚姻及家庭罪）"，罗文俊"应负意图使被诱人为奸淫而收受之罪责（妨害婚姻及家庭罪）"。

在本案的审理中，汉口地方法院和高等法院在梁兆祥和罗文俊是判处妨害风化罪还是判处妨害婚姻及家庭罪上，发生了分歧。无独有偶，这样的分歧在民国三十七年（1948）又再次发生。

2. 张本汉案①

民国三十六年（1947）十二月下旬，年方十七的李秀荣因与父母生气，偷偷从孝感家中跑到汉口，打算投靠姐夫袁须麟找份工作，因不识途径，在大智门火车站彷徨，被张本汉看见。张遂将李"诱至天升街宝仁旅馆奸宿四夜"。"后经董木生介绍，复与董木生将李秀荣诱卖与乐户李德洪家为娼，得价五十万元俵分花用后，张本汉于民国三十七年（1948）元月十日下午八时拟将李秀荣领归同居，李德洪不许，致生口角，被警查知，一并拿获，辗转移送检察官侦查起诉。"

据《湖北高等法院刑事判决书》，原判"不究明被诱人是否已满二十岁又不究明是否脱离家庭，竟依《刑法》第二百三十一条②第一项处断"。可知汉口地方法院在民国三十七年（1948）四月二日的判决书中，认定张本汉等所犯之事为"意图营利引诱或容留良家妇女与他人奸淫"，即妨害风化罪。汉口地方法院递交给高等法院的刑事诉讼卷宗首页，将该案件"案由"填写为"妨害风化罪"也可与此互为印证。

主持此案汉口地方法院一审的审判长是张树茜，而高等法院担任审判长的，恰好又是夏殖庭。在确定张本汉等人所犯罪行属实，上诉为"控词狡展"的基础上，高等法院于民国三十七年（1948）五月十七日的判决书中驳回汉口地方法院判决。其理由为："其法律上之见解殊属违误，上诉理由虽未攻击及此，原判既有未当，自应予以撤销另行判决。"高等法院判决援引《刑法》"第二百四十条第一、第三两项，第二百四十三条第一项"等，以张本汉"意图奸淫共同和诱未满二十岁之女子脱离家庭处有期徒刑二年"，董木生"意图营利共同和诱未满二十岁之女子脱离家庭处有期徒刑六月"，李德洪"意图营利收受未满二十岁脱离家庭之女子处有期徒刑六月"，即"妨害婚姻及家庭罪"。

就在高等法院对张本汉案做出判决后两个月，汉口地方法院再一次将一件情形相似的案件判处妨害风化罪。而这一次，高等法院也对汉口地方法院的一审判决表示认可，更有

---

① 湖北省档案馆馆藏民国档案，卷宗号：LS 7- 4-7500、LS 7- 6-5071。
② 原文误书二百二十一条。

意思的是，担任此案高等法院审判长的还是夏殖庭。

3. 吴正康、吴李氏案①

此案汉口地方法院由鲁幼兰任审判长（推事），判决书于民国三十七年（1948）七月二十二日下达：

> 本案被害人吴倩妹由在逃之余太婆由乡下诱来汉口，并送至被告吴正康处搭班，年仅十五岁即卖淫，虽被告等未对吴倩妹加以逼迫，但被告（吴正康、吴李氏）等明知被害人系属良家幼女，容留在馆卖淫，平分利益，亦为被告等所自认，应负容留良家妇女与人奸淫营利之罪（妨害风化罪）。

湖北高等法院民国三十七年（1948）九月十六日的判决书，撤销了原判吴正康罪刑，其他上诉驳回。吴正康罪刑部分改判的原因是，该被告于三十七年（1948）七月三十日死亡，并有登记证书可稽，依《中华民国刑事诉讼法》应予以不起诉。而吴李氏的罪行在庭审中被再次确证：

> 上诉人吴李氏伙同其已死之夫吴正康，意图营利容留余太婆诱拐之良家女子吴倩妹与人奸淫之所为，匪特已经被害人吴倩妹在原审陈述历历，吴李氏原审亦自认账，吴倩妹是余太婆弄来，搭班做分账的，吃喝都是我的，对半分账，倩妹改为吴姓等语不讳。上诉人吴李氏谓系其已死之夫个人之行为，显系饰词。

因此，该判决书认为"原审适用《刑法》第二百三十一条第一款第二十八项②处以有期徒刑一年，尚无不合"，吴李氏上诉"不能认为有理由，应予驳回"。

这不是特例，民国二十六年（1937）武汉法院对另一起类似案件也做出了相似的判处。

4. 万胡氏案③

民国十七年，万胡氏收网年甫七岁的万桂英（原名朱春来），养至十四岁，即引诱桂英卖淫图利。民国二十六年四月，万桂英逃走，寻得亲母朱蔡氏，并将万胡氏上告到案。

此次一审的审判长是刘远骅，汉口地方法院于民国二十六年五月十一日做出判决：

> 据万胡氏供称，万桂英父母死了，父亲叫李寿山，是民国十七年经石堂茂说媒，由李春廷（万桂英伯父）送到家中来的，那时万桂英七岁，本是做媳妇，没有叫她接客。坚不认有引诱卖淫情事。但该被告引诱万桂英卖淫图利，既据万桂英言之历历，该朱春来早已破身，并经检察官验明，填单在卷，是被告引诱万桂英卖淫，殊无

---

① 湖北省档案馆馆藏民国档案，卷宗号：LS 7-4-7493。
② 意图营利引诱或容留良家妇女与他人奸淫。
③ 湖北省档案馆馆藏民国档案，卷宗号：LS 7-4-7511。

疑问。再查万桂英系壬戌年二月初四日生，业据万胡氏、万桂英供明。查壬戌年即民国十一年，算至本年阴历二月初四，该万桂英尚未满十六岁，其卖淫年月，据万桂英供称，起自前年（民国二十四年）上半年接客，是万桂英与他人奸淫时，年龄未满十六岁，至明显。该被告竟引诱未满十六岁之女，与他人奸淫，自不能不负其罪责，纵令系收养为媳妇属实，亦无解于犯罪之成立。

因此，该判决书以万胡氏引诱未满十六岁之女子为人奸淫（妨害风化罪），处有期徒刑三月。

万胡氏不服一审判决提起上诉，高等法院在民国二十六年六月十四日的判决书中再次认定万胡氏的犯罪事实：

> 查万桂英系民国十一年二月初四生，算至本年废历二月初四日，尚未满十六岁。据万桂英述称"万胡氏他开乐户的，他家尚有两个姑娘"，我"十四岁时他就叫我接客"，言之历历如绘。据万胡氏辩称"我没有开乐户，亦没有叫万桂英卖淫"，并提出二十五年七月三十日户口表为凭。查公安局改为警察局，始于本年元月一日，该户口表既载"二十五年七月三十日"，而其表首，竟列"汉口市警察局"，明系就本年制成之户口表，倒推年月，为有利于己之记载，藉以脱卸罪责。又万胡氏在原审述称，我有两个女儿，分别叫梅英、梅红，均已十七岁，系前后夫所生，一年而产两胎，安有如此奇事，可见梅英、梅红均系上诉人开设乐户收买而来。

经过精妙的推断和论述，该判决书认为，原审据"《刑法》二百三十三条，第五十七条第五款第七款，处有期徒刑三月，自无不当"。

万胡氏对高等法院二审判决仍然不满，继续上诉，高等法院检察处以上诉无理由将案卷材料呈送最高法院。最高法院由杨天寿任审判长，于三十七年（1948）十月三日做出判决，驳回上诉。判决书以最高法院"为终审法院，当以纠正下级法院违法裁判为职责"，"故上诉本院之案件非以判决违法为理由者，不得为之"，其所据为《中华民国刑事诉讼法》第三百六十九条。也就是说，最高法院认为汉口地方法院、高等法院的判决并非"违法裁判"，即法律适用没有问题。

三、在社会与法律之间——司法人员的双重身份

民国时期的武汉法院亦如当下，不乏热闹的故事。而法院作为法律与市民生活的衔接点，既上承法典的意旨，也深受民间社会的感染。作为法院最重要的构成部分，司法人员以社会成员和公职人员两种身份，游走在社会和法律之间，一方面他们为法律的庄重代言，另一方面他们自身亦是有血有肉有情有义的武汉民众。在以上四个案件的判决中，我们都能看到这两种身份的相遇。

1. 作为市民的司法人员

市民是司法人员的第一身份，市井生活经验直接影响他们对案情的认知，社会观念

赋予他们的情感和基本道德观念不可避免地影响着他们对案件的认知和判处。虽然《刑法》制定者设立妨害婚姻及家庭罪，意在对婚姻和家庭制度的重视和维护，但在以上四个案例中，司法人员将某一案件判处妨害婚姻及家庭罪或者妨害风化罪的核心意念，并非保障婚姻及家庭完整，而更多的是一种来源于市井生活的经验性判断和使罪犯伏法的需求。

从妨害婚姻及家庭罪将受害人年龄上限由十六岁扩展至二十岁及量刑较妨害风化罪重这两点来看，比起诱良为娼行为对整个社会风气的败坏，《刑法》制定者显然更介怀妨害婚姻及家庭罪对小家庭和婚姻可能造成的破坏。但是无论梁兆祥案、张本汉案、吴正康案还是万胡氏案，汉口地院都一致处以妨害风化罪，而非在年龄上包容性更强的妨害婚姻及家庭罪，由此来看，武汉司法人员似乎更为介怀诱良为娼对社会风化的损害。值得注意的是，进入到湖北高等法院二审程序的一审材料，基本代表汉口地方法院、汉口地方法院检察处对案件的认知和裁断。就汉口地方法院检察官、审判长的身份而言，他们不可能不谙熟《中华民国刑法》，也不可能不知道妨害婚姻及家庭罪。但司法人员倾向于将此类案情认定为"妨害风化"，本身就足以说明他们观念中对性犯罪行为的认知，而这样条件反射式的判断，也完全符合公众道德对性犯罪行为最常规、也最直白的指斥：伤风败俗。司法人员即心中已先有了伤风败俗的印象，当然也就会不自觉地在妨害风化罪一章中寻找适用条例，并疏于考究李秀荣是否年满二十岁，因为"妨害风化罪"一章未设对不满二十岁女子之特别保护条例，也更不存在去追究被害人是否脱离家庭或合法监护人的必要。对司法人员来说，该治哪一种罪、判处哪一种刑名，到底是妨害婚姻及家庭罪还是妨害风化罪，远没有判决有据和使罪犯伏法重要。

在另外一种情况下，即使《中华民国刑法》已经不再将某些行为定罪，也不能立即化解司法人员在观念和道德层面上的介怀，他们仍可勉力在法典中索求条款应对，小予惩戒，以示观念及道德之胜利。张本汉案原告李秀荣始受侵害之年龄为十七岁（1947），已不满足奸淫未满十六岁女子之罪，并且一方面相遇地点在"大智门火车站"，奸淫地点则转移到天升街宝仁旅馆，另一方面又"奸宿四晚"，因此，基本可认定并非强奸，顶多算和奸。若以妨害风化罪论，则张本汉奸淫李秀荣的事实就无法定罪，而此时李秀荣尚未满二十岁，若以妨害婚姻及家庭罪论，则张本汉的奸淫行为合于第二百四十条："意图营利或意图使被诱人为猥亵之行为或奸淫而和诱未满二十岁之男女脱离家庭或其他有监护权之人"，张本汉、董木生、李德洪诱使李秀荣为娼也可以同章第二百四十三条论处。因此，夏殖庭做出改判，以张本汉"意图奸淫共同和诱未满二十岁之女子脱离家庭"定罪，并严厉指斥汉口地方法院一审判决"不究明被诱人是否已满二十岁又不究明是否脱离家庭，竟依《刑法》第二百三十一条（原文误书二百二十一条）第一项处断"。虽然自民国十七年（1928）起《中华民国刑法》已经不再对未婚和奸治罪，但从此案的判决结果来看，夏殖庭并未释怀。

在这些案件的裁判中，社会观念所施加于司法人员的影响，甚至比法律文本更为深刻。因为按照司法的流程，他们总是先对案情有基本的了解和认识，再反向法典提取他们认为恰当的、适用的条款，这就不可避免地会渗入司法人员的经验性判断。从这一意义上讲，司法人员在法律适用上拥有相当程度的自我发挥空间。

2. 作为公职人员的司法官

社会道德观念赋予司法人员的正义感、公职身份赋予司法人员的责任和义务，使他们难以容忍任何罪行逃过法网，他们所要做的，是竭尽可能地让一切与法律和社会道义相悖的行为受到法的制裁。但不管在法律适用上如何变通，司法人员的判处都不可超越法的边界。职业规范要求他们严格依照法律法规进行审理和判处，以维持断案结果合于法律、判决有据的状态，否则，该判处结果将被认为不合法，这是司法人员的公职身份为他们所设定的规则。因此，我们不难见到司法人员为维护社会道义、惩凶治罪而努力寻找法律依据的身影。

梁兆祥案原告张姓女子（罗白雪）始受侵害时年龄为十三岁（1941），但时至罗白雪上告到案（1946），梁兆祥奸淫未满十六岁女子之罪已经超过告诉期，梁兆祥实质上又并不是罗白雪的合法监督人，因此，汉口地方法院所判《中华民国刑法》第二百二十八条①之罪已不成立。而罗白雪在梁兆祥家即已为妓，则被送往罗文俊家学戏时，就已经不是良家妇女，汉口地方法院所判罗文俊"诱良为娼之罪"（妨害风化罪）也无法成立。但白雪是己巳年（民国十八年）三月十六日出生的，至二审时仍未满二十岁，恰好合于妨害婚姻及家庭罪章第二百四十一条。因此，高等法院判决书以梁兆祥"实应负意图营利并意使为奸淫而收受被略诱未满二十岁脱离家庭之女子之罪责"；而梁兆祥与罗文俊是"干亲"，"非普通朋友搭伙食之关系"，罗文俊"不能谓不知白雪之到梁家系由于略诱"，其"应负意使被诱人为奸淫而收受之罪责（妨害婚姻及家庭罪章第二百四十三条）""极显明"。

在本文所列举的四起案件中，二审改判的有梁兆祥案、张本汉案，维持原判的有吴正康案、万胡氏案。吴正康案原告吴倩妹被诱来之时十五岁，尚未满二十岁，即是被诱来，则有极大可能脱离了合法监护人；万胡氏案系由受害人合法监护人上告到案，且原告朱蔡氏在高等法院的公开审理中供述"我伢不见了，找不到"，朱春来显然是被略诱以至脱离监护人，但二审甚至三审对此皆无追究，一致维持汉口地方法院原判的妨害风化罪。相反，在梁兆祥、张本汉案中，受害人的合法监护人甚至未被提及，审判长反而刻意查究受害人脱离家庭、脱离合法监护人之情，由妨害风化罪改判妨害婚姻及家庭罪。究其根本原因，在于汉口地方法院原判所据的妨害风化罪，无法将被告的罪行全权处治。而吴正康案、万胡氏案案情相对简单，汉口地方法院以妨害风化罪论处，已足以惩治被告的所有罪行。既已足以治罪，司法官自然会疏于穷究案情本身到底合于妨害风化罪还是合于妨害婚姻及家庭罪，也再无计较被害人是否年满二十岁、是否脱离家庭和合法监护人之必要。而实际上，这类案件不管判处妨害风化罪还是判处妨害婚姻及家庭罪，都算不得违法裁决，因为妨害婚姻及家庭罪与妨害风化罪本身就界限模糊、难以区分。

司法人员同时作为公职人员和市民的双重身份，即向上维持了法律的庄严，亦向下观照了复杂的社会环境，使得法院作为法律文本与社会观念的缓冲地带，具有相当的弹性空间，也使得法律本身具有变通性和可实践性。

（作者单位：湖北大学中国思想文化研究所）

---

① 对于因监护关系服从自己监督之人而奸淫者。

明前期驿传协济制度初探
——以省际协济为中心的考察

□ 郝长燚

【摘要】明代驿传省际协济创制于洪武、永乐时期，主要是金派南方地区人夫、马匹赴北方地区驿站应役当差，其目的是为了依靠群策群力以维持整个驿递系统的正常运行。这一制度在施行之初，对维护驿递系统的正常运转有重要作用。但随着各地驿递事务的增加，省际协济因涉及两个政区在管理上的不便，使得省际协济在实际的运行中，生出了许多弊端，如审编中的放富差贫，应役中的额外需索等。为求解决这些弊端，承担协济任务的苏、松、浙江等地从正统年间开始推进驿传省际协济的折银，并在正德初年得以完成。省际协济的折银在解决上述弊端的同时，也彻底改变了省际协济的应役形态和管理方式，推动了整个驿传系统的纳银进程。
【关键词】明前期；驿传；省际协济；折银

一、引　言

明太祖定鼎中原之初，便建立了以京师会同馆、地方水马驿、递运所、急递铺等为基本构架的驿传系统。这一系统作为联系整个帝国广阔疆域的纽带，承担了大量的人员、物资转运任务，而这些任务的完成，则有赖于大量的人力、物力作为支撑。明初，各驿站所需应役人户，一般根据规定的税粮额数标准，"先尽各驿附近去处金点"，即在该驿所在府县内金派人户应役，如果该州县符合标准的人户不足，"许于相邻府县点差"。① 这些相邻府县，一般都属同一布政司管辖，此即驿传协济制度的由来。然而，明代驿传系统的协济，除了省内府县的协济外，还存在一种较特殊的形式，即跨省府县的协济。

目前有关明代驿传的研究，多集中在驿传机构的设置与驿路交通、驿传役的应役方

---

① 万历《明会典》卷一四五《驿传一》，中华书局 1989 年版，第 736 页。

式、驿传系统运行中的流弊与改革等，而于驿传协济方面所涉较少。① 据笔者所见，仅有高寿仙《明前期驿递夫役金派方式初探》一文论及了金派南方粮金夫役、市民马户等特殊人户应北方地区驿站夫马之役的事例；苏同炳《明末清初裁节驿费史事研究》一文论述了崇祯年间驿传协济制度暴露出的缺点，并对协济制度在清初的废止有所提及。从制度设计上来说，同省内协济的情形，较为合理，也容易理解，在此暂不做探讨。省际协济因为涉及两个不同高层政区之间的驿政运作，同时也与明代驿传管理体制相关，其制度的创设及运行也显得颇为复杂。本文拟在已有研究成果的基础上，以《明实录》和明代地方志中有关资料为主，梳理明前期驿传省际协济的创制过程、演变趋势，并注意省际协济制度与明代驿传役法变革的关系。

二、明初驿传省际协济制度的创立

元明鼎革之际，长江以北地区经过长期战乱，残破严重。至正二十六年（1366）五月，朱元璋在视察濠州之后说："吾（昨）往濠州，所经州县，见百姓稀少，田野荒芜；由兵兴以来，人民死亡，或流徙他郡，不得以归乡里，骨肉离散，生业荡尽。"② 战乱之后江北地区的社会经济状况，于此可见一般。据徐泓统计，洪武元年至十年，北平、山东、河南三省，因户口、税粮不足而废降的地方行政单位，共达 132 个。直到洪武十一年至十五年，始渐好转，降废者减为 14 个，升置者达 28 个。③ 情况虽已改善，然洪武十五年（1382），在山西晋王府担任过长史的桂彦良还说："中原为天下腹心，号膏腴之地，

---

① 总体性研究，有苏同炳：《明代驿递制度》，中华丛书编审委员会，1969 年；王文楚：《中国古代驿传制度概述》，《历史教学问题》1983 年第 3 期；苏全有、陈自豪：《中国邮驿史研究的回顾与反思》，《北京邮电大学学报》（社会科学版）2010 年第 5 期。对驿传役的考察，有李长弓：《试论明代驿传役由永充向轮充的转化》，《中国社会经济史研究》1987 年第 2 期；李长弓：《试论明代驿传役编金"唯粮是论"》，《华中师范大学学报》（哲学社会科学版）1988 年第 4 期；吕景琳、张德信、滕新才：《论明代驿传之役》，《三峡学刊》1997 年第 3 期；高寿仙：《明前期驿递夫役金派方式初探》，《东岳论丛》1999 年第 1 期；秦佩珩：《明代驿传的组织和管理》，《历史教学》1963 年第 11 期；纪慧娟、宗韵：《明代驿递夫役金派方式之变化》，《安徽师范大学学报》（人文社会科学版）2013 年第 1 期。对驿政改革的研究，有余三乐：《明万历初年驿递裁革案初探》，《北京社会科学》1988 年第 2 期；苏同炳：《明末清初裁节驿费史事研究》，《"中央研究院"历史语言研究所集刊》第 38 本，1968 年；颜广文：《论嘉靖年间戴璟在广东进行的驿递制度改革》，《广东教育学院学报》2000 年第 4 期；秦继玉：《"非奉公差，不许借行勘合"——谈张居正对驿递制度的改革及其现实意义》，《船山学刊》2006 年第 2 期；赵玉龙：《由龙泉驿看明代邮驿经费制度》，《中国集邮报》，2018 年 8 月 10 日，第 7 版；唐秋涛：《明代邮驿制度的弊端》，《中国集邮报》，2005 年 7 月 20 日，第 6 版；赵平略：《明朝驿递制度对西南地区社会经济的影响》，《贵州民族大学学报》（哲学社会科学版）2018 年第 6 期。

② 《明太祖实录》卷 20，丙午年（元至正二十六年）五月壬午，台湾"中央研究院"历史语言研究所 1962 年版，第 286 页。

③ 徐泓：《明洪武年间的人口迁徙》，《第一届历史与中国社会变迁研讨会论文集》，"中央研究院"，1982 年，第 287 页。

因人力不至，久至荒芜，近虽令诸军屯种，垦辟未广。"① 户口凋零、田地抛荒，造成的后果便是纳税应役的土地与人户大减。与此同时，唐宋以来便成为天下财赋之源的江南地区，由于受战乱影响较小，社会经济平稳发展，与广大江北地区的残破景象形成了鲜明对比。两相权衡之下，佥派江南地区民户备马赴北方地区驿站应役当差，成为明初驿政的一项重要政策。正德《松江府志》载："洪武间，以北方地广人稀，于江、浙、苏、松等府照粮佥拨，于各处养马走递。粮佥不足，又以市民益之。"② 寥寥数言，正是明初驿传省际协济的体现。

查明初史料，驿传省际协济的事例最早见于《明太祖实录》：

> （洪武十六年八月）庚子，兵部奏：自应天府浦子口至睢阳驿凡十一（驿），马四百四十四，每一驿上马二十四、中马十四、下马十四。今拟以苏、松、嘉、湖四府之民田粮多者为马户，田四十顷之上者，上马一匹；三十顷之上，中马一匹；二十顷之上，下马一匹。从之。③

这里提到的"应天府浦子口至睢阳驿"，查明初南直隶驿路分布，十一个驿站基本上都位于江北的凤阳府境内。④ 协济马户的编佥地苏州、松江、嘉兴、湖州四府，苏州和松江位于南直隶，而嘉兴和湖州则属浙江。至于协济马夫的编佥原则，与洪武元年制定的驿传佥役原则一样，都是根据民户占有田粮的多寡，只是佥役的标准放宽了不少。洪武元年定制，"凡陆站……马有上、中、下三等，验民户田粮出备。大率上马一匹粮一百石，中马八十石，下马六十石，如户粮数不及百石者，许众户合粮并为一夫"⑤。此处的粮数，指的是民户每年纳赋的数额。洪武初年赋则，苏、松、嘉、湖等地区皆重赋，每亩平均田赋负担皆在一斗以上。此处即以一斗为率，四十顷的田赋为四百石，比洪武元年的则例高出甚多。由此也可知，协济夫役和驿站本地夫役的佥役标准，还是存在一定差别的。洪武年间以粮编佥协济夫役的事例，以笔者所见，只有这一条。而这条事例，在正德年间被《大明会典》的编纂者作为"驿递事例"的一条收入其中。⑥

自洪武二十年始，朱元璋又多次下令佥派江南民户充北方地区驿站夫役，只是不再是粮佥夫役，而是"市民马户"。具体的事例，亦可见《明太祖实录》和《明会典》的记载：

---

① 《明太祖实录》卷148，洪武十五年九月癸亥，台湾"中央研究院"历史语言研究所1962年版，第2332~2333页。

② 正德《松江府志》卷六《徭役》，《中国方志丛书·华中地方》第455号，台湾成文出版社1983年版，第145页。

③ 《明太祖实录》卷156，洪武十六年八月庚子，台湾"中央研究院"历史语言研究所1962年版，第2427页。

④ 杨正泰：《明代驿站考》，上海古籍出版社2006年版，第114页。

⑤ 《明太祖实录》卷29，洪武元年正月庚子，台湾"中央研究院"历史语言研究所1962年版，第500~501页。

⑥ 正德《大明会典》卷119《兵部十四》，正德六年刻印本。

（洪武二十年闰六月）辛亥，诏：自应天府东葛城至凤阳府宿州睢阳凡九驿，驿置马四十四，以松江、苏州、嘉兴、常州、镇江五府市民为马夫。①

（洪武二十年冬十月）乙丑，命兵部遣使籍杭、湖、金、衢、严、宁、绍及直隶徽州府市民富实者市马，充凤阳、宿州抵河南郑州驿马户。②

（洪武二十一年三月）壬辰，诏：定凤阳宿州及河南等处驿马人户，先是以浙江杭州、直隶徽州等府市井富民备马应役，至是定其户数：上等马一匹一百三十八户，中等马一匹一百一十八户，下等马一匹九十八户。③

（洪武）二十六年定：凡市民马户，俱系浙江并直隶苏松等府市居人民，编发凤阳、河南、陕西、北平等处紧要驿分当站，每上马一匹一百三十八户，中马一匹一百一十八户，下马一匹九十八户。每马各就原定户内选丁多者四户充马头，在驿走递。如马头户绝，体勘明白，仍于本马原编户内佥补。④

所谓"市民"，即材料中提到的"市居人民""市井富民"，应是指居于城市，以经商为业而不从事农业生产者。而"市民马户"即指的是以市民而充当协济驿传夫役者。上引材料中提到的市民马户，均派自南直隶和浙江下属各府，与前述粮金协济夫役的出办地苏、松、嘉、湖四府相比，范围已经大为扩展。具体而言，浙江省除了处州、台州、温州三府外，其余八府均要承担协济夫役的佥派，而南直隶地区，也有五个府要佥派协济夫役。与此同时，协济夫役的应役地，也从一开始的凤阳一府，扩展到了河南、北平、陕西等地。此处需要注意的是，由于市民马户多为无田或少田者，材料中市民马户的佥役原则，并非按照税粮额数，而是根据户内人丁多寡进行佥派，即"以丁佥役"。最后一条材料对"以丁佥役"的具体标准作了规定：每上马一匹编 138 户，中马一匹编 118 户，下马一匹编 98 户，在编定人户中选丁多的四户充当马头，到驿站应役，如马头户绝，再于原编户内佥补。因为是"以丁佥役"，所以市民马户所出办之协济夫马，在明代方志中也常被称作"丁佥马"，其折银以后的款项，则被称作"丁佥马价银"。

永乐年间省际协济的事例，见于实录及会典的，只有一例：

（永乐二年），修江浦至大兴等二十九马驿，命江西诸郡民其税粮及五百石者市马给之。⑤

明成祖朱棣于永乐元年建北京，至十九年，正式将国都由南京迁往北京。其间，全国

---

① 《明代祖实录》卷 182，洪武二十年闰六月辛亥，台湾"中央研究院"历史语言研究所 1962 年版，第 2751 页。

② 《明代祖实录》卷 186，洪武二十年冬十月乙丑，台湾"中央研究院"历史语言研究所 1962 年版，第 2788~2789 页。

③ 《明代祖实录》卷 189，洪武二十一年三月壬辰，台湾"中央研究院"历史语言研究所 1962 年版，第 2856 页。

④ 万历《明会典》卷 148《驿传四·驿递事例》，中华书局 1989 年版，第 757 页。

⑤ 《明太宗实录》卷 28，永乐二年二月己酉，台湾"中央研究院"历史语言研究所 1962 年版，第 508 页。

的政治中心，逐渐由南京转移至北京。由于政治中心北移，驿路建设与驿站设置，亦需与此相配合。自永乐元年十一月始，就有旨增置南京至北京间各驿站，一直到永乐十八年，这一驿路仍在增设驿站。自此以后，全国驿路交通网中最冲最繁的驿站，遂由通往南京的诸驿变为通往北京的近畿各驿。上面记载的事例，就是由于驿站增置、驿路变化而产生。引文中提到的"江浦至大兴等二十九马驿"，其涉及的行政辖区，主要是山东和北直隶地区。至于承担协济的地区，变成了江西一省。不过，文中对协济夫役的编佥标准，记载比较简略，《明会典》有更详细的记载："永乐二年，命佥江西八府民充马户，每粮五百石佥上马一匹，如一户粮不及数，许并户佥充，粮多者充马头，责令集价买马。"① 由此可知，江西协济山东、北直隶马户的编佥，仍旧是以税粮为标准，而其粮额，虽相较于洪武元年则例似有放宽，但实际上，洪武元年的则例在洪武二十七年的时候已经放宽了，而放宽后的标准，正好是原来标准的五倍。② 这次的佥役标准，正好与其契合。

虽然实录和会典的记载较少，但据明代方志所记，永乐年间省际协济的事例，并不只此一件。如崇祯《吴县志·役法》载：

> 永乐二年奉圣旨：暂借南方百姓买马当差，过二年，仍着土民买马替他每回来。有司钦奉朝命，于额粮及人丁编佥马头，买马解送北直、山东、河南、固镇、江北等处各驿。③

同书还收录了成化十四年县民陆俊等请求停止此南方百姓买马赴北方各驿当差之令的呈文，未被批准。呈文中也提到了永乐二年暂借南马之令，只是暂借的时间，不是引文中的"过两年"，而是"过三年"。查收录这一呈文更早的正德《姑苏志》，也是"过三年"④，可知应是上述引文有误。不过无论是三年也好，两年也罢，此项"暂借"之命，事实上作为省际协济的定制，有明一代一直存在。

类似的记载，还见于嘉靖《宁波府志》：

> 先是永乐间河南荒歉，马政无办，暂借浙中人户丁粮近上之家编为马头，到彼应直。⑤

由此可知，永乐年间下令南方百姓买马赴北方各驿当差，其佥役地应涵盖了江西、浙江以及南直隶的大部分地区。

永乐以后，实录和会典中不再见有类似的记载，但地方志中役法部分，多有协济北方地区驿传夫马的记载。而在追溯本地协济北方驿站的源头时，多归结到永乐二年的这一

---

① 万历《明会典》卷148《驿传四·驿递事例》，中华书局1989年版，第757页。
② 《明太祖实录》卷231："洪武二十七年二月丁亥，增递运驿夫粮额。……上曰：若依旧例粮数止加一倍，恐不足以苏民力，命增至五倍，余如所议。"（台湾"中央研究院"历史语言研究所1962年版，第3381页）
③ 崇祯《吴县志》卷9《役法》，明崇祯十五年刻本。
④ 正德《姑苏志》卷15《田赋》，明正德元年刻本。
⑤ 嘉靖《宁波府志》卷13《徭役》，唐装珍本。

"暂借"之令，只有松江府提到了洪武年间的事例，这一点从前引正德《松江府志》的记载可以看出。究其原因，笔者以为，应是永乐年间驿路调整以后，洪武年间被协济的驿站多有裁革，原本协济的夫马归并到了一些冲途大驿，并固定了下来。所以论者多以为本地协济的传统始于永乐年间，孰不知洪武年间就已经有了协济之实，此其一。其二，永乐二年的政令有"暂借"一词，此后各地奏革协济夫役，可以以此作为理由。

通过梳理洪武、永乐二朝省际协济的事例，我们可以对明代驿传省际协济做如下总结：

第一，明代驿传省际协济创制于洪武中期，至永乐年间基本成型。承担协济的地区和被协济的地区相对固定，此后基本没有变化，并一直延续到了明末。从地理范围上来看，承担协济的主要是浙江、江西和南直隶三省，而受到协济的主要是北直隶、山东、河南三省。因此，明代驿传省际协济在文献中也多被称作"南马协济"①。

第二，省际协济的对象，主要是马驿。其原因在于，驿递机构的各种任务，驿站所担负的最多，而马驿为陆路交通，成本也最高。其驿夫编佥标准对粮额的要求之高，使得本地符合条件者少，不得不依赖于协济。

第三，协济夫役的编佥原则，除了市民马户这一特殊群体外，主要还是以民户田粮为标准，与各驿站本地夫马一样，并无太大的不同。协济役夫的应役方式也和本地役夫一样，均需置办马匹、铺陈、草料等物，赴协济驿站亲身当差。

第四，虽为省际协济，其夫役的编佥之权，主要在承担协济省份所属州县，而其管理之权，则属于协济驿站所属州县。行政区划上的畛域，也使得省际协济制度从一开始就有着难以调和的矛盾。关于这一点，下文将详述。

三、驿传省际协济之弊端

明初实行省际协济制度，本是为了群策群力，在均平负担的同时维持驿递系统的有效运行。如果承协济地区能够按照派定的额数佥解人夫应役，受协地区能够按照驿递所需合理安排走递任务，规范管理，这一制度便能正常运行，以达成协济的目的。洪武、永乐年间，因制度初创，驿递事务也较为清简，协济制度的运行尚可。此后随着各地驿递事务的增加，明代驿递制度本身的问题开始凸显，再加上省际协济因涉及两个政区在管理上的不便，使得省际协济在实际的运行中，生出了许多弊端。

首先是承协地州县审编方面的弊端。前已述及，永乐年间协济夫役的编佥标准是"上马一匹粮五百石"②，但实际上符合这一标准的人户几乎没有因此协济夫役的编佥基本上都是多户朋充。至于市民马户，其本身就是按户朋充。关于朋充的具体办法，乾隆《吴江县志》有详述：

> 国初驿传之制，以民有轻粮田者充。上者为马头，下者则水夫也。然马头有二，

---

① 康熙《杭州府志》卷27《名宦中》："浙差抵京江南北以至山左直至会同馆止皆有南马协济之名。"

② 万历《明会典》卷148《驿传四·驿递事例》，中华书局1989年版，第757页。

一曰粮金，二曰市民。市民以人丁朋充，惟粮金则一以田也，其为役甚重。正一副三，田皆有定数，其不登此数而附于马头之下者曰马甲，又次附马甲之下者曰马户，岁出米以佐工食草料费者曰马粮，时集钱以买马匹铺陈者曰马价。皆验亩以计，其数不一，大抵尽逾于税粮也。①

吴江县属苏州府，此处所说的"马头"，应是指协济北方驿站的马头。引文记载的朋充规则，有点类似于明代的里甲制度，从规制上来说，可谓相当完备。文中没有提到马头具体职责，正德《松江府志》有载："马夫分正副，正者住坐养马，副者轮年集价供送"②，即马头主要负责具体的走递职责。由此推知，马甲和马户，应该就是要负担部分的马粮和马价。

按理说，有如此完备的朋编规则，倘能执行，倒也没什么问题，但实际情况却不尽然。明代驿传役本就"劳费倍于他役"③，而协济夫役因为需要赴远地应役，其重更甚。因此，一些大户往往通过贿赂审编的胥吏以避差，而马头一差则落到了田产并不多的中下户身上。无怪乎明代方志中多将马头视为重役。这一弊端，也是明代徭役审编中的通病，即"放富差贫"④。

审编的另一弊端，就是所派马头过于强势，导致帮贴的马户负担加重：

然马头咸大家，其势张甚。不独己之不输，反从而渔猎之。马甲又剥下附上以自媚，独马户田最少其费反多。当是时，细民有此田者大被其扰，惟恐鬻之不早，又相率而归于大家矣。⑤

这种负累马户的情况被方志编撰者记录下来，说明其在当时江南各州县马头的审编中，应该是常态，反而前述负累马头的情况，并不多见。如此一来，原本由粮多者承担的协济夫役，大半转嫁到了贫民下户身上。

其次是马头亲身应役过程中的弊端。协济夫役应役的最大特点，便是需要到离家乡很远的地方应役。远处应役，除了备办马匹、草料、铺陈之外，长途跋涉的盘费、物料解送之费，都需要应役者自行负担。相较于本地夫役，已经重了许多。至于走递过程中要面临的种种科扰，更让应役者不胜其害。成化十四年，吴江县民陆俊等呈请停止马头解户时说：

南方百姓不习水土，不谙马性，多是雇倩土民养马，既费佣直，身又不得归。不才驿官串同南北马头，故将马匹空饿倒死，以规买马之利，以致市鬻子女，破荡

---

① 乾隆《吴江县志》卷16《徭役》，清乾隆修民国年间石印本。
② 正德《松江府志》卷六《徭役》，《中国方志丛书·华中地方》第455号，台湾成文出版社1983年版，第145页。
③ 《明太祖实录》卷98，洪武八年三月乙酉，台湾"中央研究院"历史语言研究所1962年版，第1677页。
④ 《宪纲事类》，明万历刻皇明制书本，第47页。
⑤ 乾隆《吴江县志》卷16《徭役》，清乾隆修民国年间石印本。

家产。①

戴冠《濯缨亭笔记》也载：

> 苏人诸役之害，无如驿传马头借债为甚。……南人非土著，不谙马性，皆转雇土人代役，马死则为之买以偿官。驿吏及代役者，规买马之利，多盗减刍粟，马日羸饿死，所费不赀，于是称贷以继之。山东诸处民之狡猾无赖者，立券取数倍之息。先以贿结津要，约追得所负则以其半奉之。故贪墨者争为作书抵郡邑，每邑动以万数。守令望风督责，民破产以偿，无所控诉。②

从上述引文中，可见南方百姓买马前赴北方各驿当差的苦况。正是由于南方百姓不习北方水土，又不谙马性，所以这些南方马头，事实上不得不出资雇请当地土民代为养马当差。即便是私下雇役，也有如此多的苛索，那么可以想见，马头在亲身应役的情况之下受到的盘剥，当更甚于此。驿站应役需要全年在驿走递，代役者往往是驿站附近无业者，即所谓"积年棍徒"。因为代役一事有利可图，他们往往以此为业，有时甚至用强包揽。在马匹、铺陈、草料价格没有官方则例的情况下，雇人代役便避免不了额外的需索。加之监管不严，驿吏和代役者相互勾结，从中渔利的情况，也就难以避免了。

驿传省际协济在审编和应役过程中暴露的种种弊端，往往使得应役的马头丧身破家，乃至逃亡避役，直接造成了以下两方面的后果：一方面是北方各被协济驿站缺少夫马，额编本地夫马的走递任务加重，驿政大坏；另一方面则是承协省份中下户的负担日益加重。后者更是直接导致了各承协地区有司开始推动协济夫马的折银进程。

四、驿传省际协济的折银进程

前面提到南方马头应役之苦时，谈到了私下雇人代役的情况，这一情况应该很早就出现了。雇人代役需要马头提供相应的工食，但工食的提供在初期是否有用银的情况存在，由于没有相关材料，尚无法断言。即便有用银的情况，但由于没有官方介入，制定则例，还不能视为折银。因此，要考察省际协济夫马的折银，还是要从承协地有司的改革措施入手。

关于省际协济的弊害，上文已有详述。为求免除这种弊害，苏、松、浙江等地遂先后设法改征马价银两，送请受协府州代为雇役应当。正德《松江府志》载：

> 山东、凤阳等处马夫一千三百六十四人。……马夫分正副，正者住坐养马，副者轮年集价供送。正统十二年，巡抚尚书周忱因集价买马，重为民患，议于秋粮带征耗米易银代之，今义役马价米是也。成化间，巡抚都御史李嗣议定，粮金上马一匹支米易银三十四两五钱，中马、下马递减二两，市民定价一十四两，岁轮副马头押解各该

① 正德《姑苏志》卷15《田赋》，明正德元年刻本。
② （明）戴冠：《濯缨亭笔记》卷三，明嘉靖二十六年华察刻本。

府州交割。后御史陈金奏定，上马一匹征银四十五两，中马、下马递减五两。每马一匹岁支工食草料银二十二两，其余收积在官，遇马匹倒死、铺陈弊坏，照例支用。弘治十六年知府刘琬以马价既于秋粮带征，而马夫名役，犹为民累，奏准革去。每岁比照御史陈金奏定事例征米易银，雇募当地土民充役，南北两便，至今行之。①

又《明孝宗实录》卷三十七"弘治三年四月庚子"条记：

> 巡按浙江道监察御史陈金奏：浙民有充远驿马头者，多为彼处土人所苦，其弊万端。欲令就本处有司纳马价及工食草料之费类解彼处，有司定与则例，马驴铺陈各三年一易。马铺陈分上中下三等，上者给银十五两，中十二两，下十两，俾驿官自买。站船每年一小修，三年一大修，十年一造，各以时给价，仍申报所司知之，亦不得令土人自索取。兵部请通行天下，从之。②

由这两条材料可知，南方协济夫马改折马价银两，自成化间始行于苏、松二府，至弘治年间浙江巡按陈金奏请以后，得以在浙江和南直隶普遍实行。正德《松江府志》记载了折银进程中几个关键节点，笔者以为还是有强调的必要，因为这也涉及了明中期整个役法系统的改革进程。

一是正统十二年周忱议定征收义役马价米。正德《松江府志》的记载比较简略，只是说"因集价买马，重为民患，议于秋粮带征耗米易银代之"，至于具体的带征之法，无从得知。不过，乾隆《吴江县志》在论及明代役法时，有详细记载：

> 正统十二年，巡抚侍郎周忱令民各以田多少出水马贴役米，输之官。吴江县贴役田，官自一斗八升四合以下，民自二斗七升以下，总四千二百三十九顷六十亩九分三厘二毫。晦出米三升，岁一万二千七百八十八石有奇。③

这里提到的"水马贴役米"，和松江府的"义役马价米"只是名称不同，其性质应该是一样的，都是用于补贴协济粮金夫马的秋粮耗米。需要注意的是，此项耗米并不是所有的秋粮地都要征收，而是有特定的贴役田，其标准则是根据每亩赋额的高低划定。这实际上就是我们所熟知的周忱的平米法，即"均征加耗"。对于省际协济的运作而言，此项马价米的征收，最大的意义在于原来由马户向朋充各户集价的民收方式变为官收，从而减少民收过程中的马头勒索、贴户拖欠等弊，使马头只负责在驿专心当差。

二是成化年间协济夫役的应役形态。《明会典》载："成化元年奏准：南北直隶及山

---

① 正德《松江府志》卷六《徭役》，《中国方志丛书·华中地方》第455号，台湾成文出版社1983年版，第145~146页。

② 《明孝宗实录》卷37，弘治三年四月庚子，台湾"中央研究院"历史语言研究所1962年版，第795页。

③ 乾隆《吴江县志》卷16《徭役》，清乾隆修民国年间石印本。

东等处各驿马夫俱于本地相应人户内金充，免其赋役，其南方粮金夫役悉与开除。"① 如果只是看条文所载，大概可以认为明代驿传省际协济中粮金一项，在成化元年就废止了，只存市民马户一项。但是前引崇祯《吴县志》记："成化十四年，二十八都耆民陆俊等具呈巡按御史刘魁题革马头解户，奉旨不准行。"② 可知成化年间南方粮金夫役仍旧存在。但是这条废止的政令既然收入会典，说明应该确实颁行过，但是否真正实行或者说实行时间长短，我们不得而知，在此存疑。成化年间，协济夫役虽然按规定仍需到驿站亲身当差，但与之前已经有所区别。前引《松江府志》所记成化间巡抚李嗣之议，即由承协地制定马价，将马价银交与应役马头，解送至应役府州交割。既然和协济的府州作了交割，表明此项银两已由该地政府支配，用于雇募驿夫、买补马匹、置办铺陈等项支出。但是需要注意的是，文中也强调了这只是"议定"，并没有得到中央政府的首肯。因此这种议定一定程度只能视作承协和受协两地私下的协议而已。不过，既然协济双方都同意以银代役，说明折银的作法是可行的，中央政府的批准，应该只是时间问题。但私下雇役，承协地民户虽已出银代役，但受协地代役之人仍可借口费用不敷而向原金民户多所要索，其苛扰之弊并未尽除。

三是弘治年间浙江、南直隶两地协济夫役折银的基本完成。前引《明孝宗实录》所记陈金的题奏，将原本由协济双方私下纳银雇役的行为规范化，由官方出面制定马价和铺陈的纳银标准，得到兵部的采纳，并通行天下，表明省际协济初步实现纳银雇役了。由官为定价，驿吏和代役者自然不能随意需索了。但是，需要注意的是，陈金的建议中并没有革除马头名色。名色不除，官方的驿传文册③上记载的还是原编金的协济马户，因此代役过程中出现的问题，仍需要原金马户负责。这样的话，不仅承协济会出现"官府于秋粮中既征义役米，又取办马价"的重复征收之弊，受协地驿吏和代役勾结侵渔的行为，依然不能完全避免。④ 到了弘治十六年的时候，松江知府刘琬奏准革去马头名色，次年苏州府也得以奏免马役，马价于秋粮下带征，二府协济夫马得以实现彻底的纳银募役。至于浙江，要到正德二年才完成纳银募役："正德二年，浙江巡按御史车梁奏革马头，于丁田内均派征银解府，转解布政司交纳，听彼驿上司差官领回顾役应当，遂以为常。"⑤ 正德三年，省际协济夫马的征银标准最终确定："南京会同馆及各驿者上马征银四十二两，中马三十八两，下马三十五两三钱三分"⑥，这一标准一直沿用到了明末。

省际协济实现折银以后，其征解的方式也发生了改变。征收方面，"或于秋粮内带征，或于丁粮上均派，或于义仓内支给"⑦，各地情况不一，但总体上已经不需要原金马

① 万历《明会典》卷148《驿传四·驿递事例》，中华书局1989年版，第757页。
② 崇祯《吴县志》卷9《役法》，明崇祯十五年刻本。
③ 据《明孝宗实录》卷93载："丁卯，巡抚保定等府都御史张琳言：北直隶各府自永乐年间编造驿传文册，凡买马驴牛车船及工食草料科征价银谓之站钱，中间有计地亩者，有计人丁者，有兼计地与丁者"，可知至少在永乐年间，一些地区已经开始编制专门的驿传文册了。
④ 崇祯《吴县志》卷9《役法》，明崇祯十五年刻本。
⑤ 嘉靖《永嘉县志》卷3《食货志》，明嘉靖四十五年刻增修本。
⑥ 崇祯《吴县志》卷9《役法》，明崇祯十五年刻本。
⑦ 《明武宗实录》卷26，正德二年五月庚午，台湾"中央研究院"历史语言研究所1962年版，第700页。

户负担。解办也一样："其河南山东北直隶各驿者听呈巡按御史通查所属，有江南马匹驿分，每年正月内，差官率每驿马夫一名赍文分投该管巡按御史转发各司府领回前银，发各府掌印官，如未及置买铺陈之年，许除其银贮库，其余工食刍豆马价尽给之马夫。"① 解办的责任落到了受协地身上。这表明，原本需要佥派的协济马户参与的省际协济运作，此时已经完全变成了承协地和受协地官府主导，即"官收官解"。也就是说，原本力役亲当时期省际协济的形态更像是"北役南佥"，而折银以后，则变成了真正意义上的"省际协济"。

五、结　　语

明初实行驿传省际协济的目的，主要是为了依靠群策群力以维持整个驿递系统的正常运行，以加强中央政府对广大帝国疆域的控制。在力役亲当时期，省际协济的表现形态主要是由承协地根据中央政府确定的受协地和夫马数量，佥点本地符合标准的民户赴受协地亲身当差。在明初政清事简的情况下，协济夫役的负担尚可承受，受协地也能从中受惠。然法久弊生，省际协济的问题在运行中逐渐出现，协济夫役多受其害。于是，承协地渐渐主导协济夫役的折银，并在正德初年得以完成。

从时间上来看，省际协济夫役的折银要早于各驿本地夫役的折银。而事实上，协济夫役的折银在一定程度上启发和推动了整个驿传系统夫役的折银进程。如弘治年间，河南巡抚徐恪"照苏松事例，将河南驿传夫银随粮带征，雇募应当"②，正德年间湖广巡抚秦金亦"比照江浙苏松原佥北方马头事例"，将湖广所属各驿递夫役"粮佥者随粮带征银两，雇夫应役"③，都是很好的例证。

省际协济夫役实现折银以后，在承协地虽还是徭役项目之一，但在受协地则成了驿站经费的一个固定款项。这一款项在明代的文献中多被称作"南马银"④。如果说在明初力役亲当时期，省际协济的问题主要还是负累编佥的马户的话，那么在折银以后，其问题就主要表现在南马银的收支上。而事实上，从正德年间开始，南马银便出现了承协地不按时征解、受协地不专款专用的情况。这一问题的出现，既与明代驿传管理体系和财政运作体系相关，也是明代后期愈演愈烈的财政危机的一个表征。对此议题，笔者将另文探讨。

（作者单位：武汉大学历史学院）

---

① 《明武宗实录》卷 26，正德二年五月庚午，台湾"中央研究院"历史语言研究所 1962 年版，第 700 页。

② 秦金：《计处驿传以便官民事》，《安楚录》卷五，明刻本。

③ 秦金：《计处驿传以便官民事》，《安楚录》卷五，明刻本。

④ 《明穆宗实录》卷 69 "隆庆六年四月甲申"条："畿辅诸郡驿递南马银两岁久拖欠，百姓苦役，逃亡者多。"

近代皖江流域农村人口的城市化流动[*]

□ 张 绪

【摘要】农村人口的城市化流动是近代皖江流域社会发展与变迁的一个重要特征。在近代工业化与市场化进程中，芜湖、安庆等城市的劳动力市场容量有所扩大，成为周边农村人口城市化流动的重要聚集区。这种人口流动是一种被迫性的、生存需求主导下的城市化，是因农村经济衰败、城乡经济发展不平衡所造成的城市化，折射出近代皖江流域城乡关系的畸形状态。受其影响，近代皖江流域的地方社会出现了新的变化，如传统职业观念与妇女社会角色的转变、城市手工业的发展、城市社会结构的多元化等。

【关键词】近代；皖江流域；人口流动；城市化

与农耕社会"安土重迁"不同，近代中国农村地区的人口流动颇为频繁，农村人口的城市化流动成为一个主要趋势，折射出近代中国社会的巨大变迁。皖江流域地处长江中游与下游的过渡地带，明清时期就已是安徽境内最具经济活力的一个地区。至近代，尤其在芜湖开埠通商之后，这一地区的工商业经济水平又有所提升，一些城市的发展也日趋活跃，在城市经济发展优势的驱动下，当地农村人口的城市化流动趋向日渐凸显。

一、芜湖与安庆：近代皖江流域农村人口城市化流动的重要聚集地

在近代皖江流域，芜湖是一座重要的商业性城市。早在明清时期，这座城市的商业发展就已十分显著。[①] 至近代，尤其在开埠通商之后，其商业潜能得到进一步释放，城市经济发展更趋兴盛，"芜湖通商要区，大瀛重译，梯航辐辏，长江巨埠，皖之中坚，其地视

---

* 本文为教育部人文社科重点研究基地课题"明清社会结构与社会变迁"（项目编号：16JJD770036）阶段性成果。

① 明末清初人黄礼云："芜湖附河距麓，舟车之多，货殖之富，殆与州郡埒。今城中外市廛鳞次，百物翔集，文采布帛鱼盐褫至而辐凑，市声若潮，至夕不得休。"（民国《芜湖县志》卷8《地理志·风俗》）至清乾嘉时期，芜湖的商业发展仍盛，"四方水陆商贾日经其地，阛阓之内百货杂陈，繁华满目，市声若潮"（嘉庆《芜湖县志》卷首《姚逢年〈芜湖县志序〉》）。

他县为重"①。芜湖的商业发展由此进入一个新的阶段,"自辟通商以来,万商云集,日臻繁盛",其县商会所辖同业公会有 59 业,商店有 2929 家,店员学徒有 10018 人,资本总额为 19814700 元,每年营业额 1 亿元左右,"每年进出口货物,值约七八千万元之巨,实居长江各埠商业之第三位"。②

受近代西方工业文明影响,芜湖的新式产业也在逐渐成长,皖省许多新式工厂、企业都在此开办。如裕中纱厂,于 1919 年创立,"最初资本为一百万元,旋后续渐扩充……概用蒸汽发动",织工总数"约计百人",可细分为抽轴工、拾机工、机匠、搓机工、纺绩工、纺机工、打包工等多个工种。益新面粉厂创设于 1897 年,"资本为二千五万两",有面粉机六架,男工六十名。同年创立的赖明远电厂,"最初资本为十五万元,内设四十匹马力之发电机一架,嗣后续渐扩充",有职工六十人。③ 其他如崇余、美胜、汇丰、同丰、合兴、洽昌等碾米公司,以及明远电话公司、大昌明记火柴公司、中江肥皂厂、船厂、玻璃厂、机器厂、皮革厂、化学工厂等。④ 可以说,近代的芜湖不仅商业兴盛,而且其新式工业规模也在省内首屈一指。此外,芜湖的手工业门类也很多,据 1929 年统计,当地有织机业户 124 家、漕酱作坊 87 家、水炉业户 110 家、印刷纸业 16 家、染坊 23 家、瓦业大小厂 72 家、烟宁米业户 11 家、米业户 24 家、碾米砻坊 38 家,等等。⑤

随着工商经济的发展,芜湖的服务行业亦趋兴盛,茶馆、戏楼等娱乐消费场所日渐增多,如在二街马路一带,"茶楼、酒肆、梨园、歌馆环绕镜湖堤边"⑥。

这些行业的发展为芜湖带来了很多就业机会,不少周边地区的民众纷纷来此营生,"所有西门外之作工者,多江北及他省民"⑦。随着人口吸纳能力的提升,芜湖的人口密度也越来越高,"近来各处人口多集中于都市,芜湖是安徽省的唯一通商口岸,所以人口较其他县份稠密"⑧,"平均每方里人口密度达一百零五人,超过全省平均人口密度(每方里四十七人)一倍以上"⑨,"其人口集中之程度……为全省冠"⑩。

在芜湖的外来人口中,有很多是来自周边农村的贫苦农民,他们所从事的行业纷繁多样,工商业、服务业皆有。以服务业为例,在当时的芜湖码头,就经常聚集着各个客栈的接江伙,他们的主要工作是"代任挑运行李,其挑运之费为每件大洋五分",每日食宿由客栈供给,从业者"以安庆道合肥县人为多,俗名'金斗帮'"⑪。又如人力车行业,近

---

① 吕调元:民国《芜湖县志》卷首《重修〈芜湖县志〉序》。
② 芜湖调查:《芜湖的经济实况》,《中华邮工月刊》第 1 卷第 2、3 期,1935 年。
③ 逢壬:《芜湖近代工业之现状》,《钱业月报》第 13 卷第 3 号,1933 年。
④ 龚光朗、曹觉生:《安徽各大市镇之工商现状:安徽工商业之概况及其发展之途径》,《安徽建设月刊》第 3 卷第 2 期,1931 年。
⑤ 龚光朗、曹觉生:《安徽各大市镇之工商现状:安徽工商业之概况及其发展之途径》,《安徽建设月刊》第 3 卷第 2 期,1931 年。
⑥ 民国《芜湖县志》卷 5《地理志·市镇》。
⑦ 《芜湖之经济概况》,《中外经济周刊》第 157 期,1926 年。
⑧ 余醒民:《关于安徽经济方面的一点资料》,《中国经济(南京)》第 2 卷第 1 期,1934 年。
⑨ 余醒民:《关于安徽经济方面的一点资料》,《中国经济(南京)》第 2 卷第 1 期,1934 年。
⑩ 铁道部财务司调查科查编:《京粤线安徽段经济调查总报告书》,铁道部财务司调查科,1929 年,第 37 页。
⑪ 《芜湖之经济概况》,《中外经济周刊》第 157 期,1926 年。

代芜湖的城市交通仍很滞后，城内居民的出行方式主要靠人力车，从业者也多来自江北地区，"芜湖全埠赖以代步之人力车约七百余辆，各拉黄包车者，江北人居多"①。在芜湖城内还有一种手车夫，专门在市内从事短距离货物运输，有高架手车夫和低架手车夫之分。高架手车夫是自备车辆，"以代北门外各米行送米"；低架手车夫则"多为各大店所雇，以运送货物"，所用手车亦为店主所备；"此项车夫多为久寓芜湖之江北人"。② 这些车夫皆携有妻子老幼，每日仅能赚取微薄的收入，甚至难以维持家庭生计，家中女性为了"不以口腹累男子"，多会从事拣鹅毛、制鞋底、缝补洗衣等工作来补贴家用，其生活实属不易。尽管如此，芜湖仍不失为一个较为理想的谋生之地，"初至芜湖之贫苦人……犹以芜湖为乐土，谓易谋生也"③。

近代的芜湖是中国四大米市之一，有"米码头"之称，米粮业为其支柱性产业，米谷的流通与贸易十分兴盛，靠此为生的苦力劳动者不在少数。在米粮行业中，劳力人员主要分为三类：帆船伙计、运货人、缝包工人，以运货人每月所得为最多，也最为辛苦，从业者大多来自芜湖周边的农村地区，"西门外运货人共有八十余名，皆安徽江北各县客民"④。米粮贸易的兴盛还带动了转运业的发展。芜湖占据全省水道之便，依靠青弋江、裕溪河等水路，连接着安徽沿江两岸的广袤腹地，大量的粮食从产地源源不断地向芜湖市场汇聚，运粮民船在芜湖与腹地之间来回穿梭，粮食转运业应运而起。据调查，芜湖民船种类"有摆江、斗子、了稍、五舱、黄稍、划子、巴斗、大渡、板船、漕子、白石舟等，多属于七属帮及六邑帮。七属即无为、和州、合肥、含山、舒城、庐江、巢县；六邑即桐城、望江、潜山、太湖、怀宁、宿松是也。……装运货物以米、杂粮及洋货为多"⑤。《合肥风土志》亦载："合肥人士之服务于沿江各埠为转运等事业者颇多，中尤以芜湖为最。"⑥ 可见，在芜湖的粮食转运业中，从业者主要来自巢湖流域，如合肥、巢县等地，以及旧时安庆府所属地区。它们都是当时安徽重要的粮食产区，以粮食转运业为生的人自然有很多。

近代芜湖土布业的发展亦很兴盛，"通商以来，各种工业进步甚速。迩来，织布机坊多至七百余家，各种土布花样翻新，邻近市镇多购用之"⑦。据统计，"全市有七八百家机坊，近三千二百架木机，平均每日可出各色土布二千匹左右"。机坊集中于东门和东河沿街一带，"东门附近几乎栉比皆是"；所产土布质量也较好，深受市场欢迎，"除畅销皖省各县外，江西帮、南宁帮来此采办的也不少"⑧；芜湖成为近代皖江流域一个新兴的土布生产中心。芜湖土布业的织工多来自江北农村地区，"近年江北一带之织布机工，在芜

① 《芜湖之经济概况》，《中外经济周刊》第157期，1926年。
② 《芜湖之经济概况》，《中外经济周刊》第157期，1926年。
③ 《芜湖之经济概况》，《中外经济周刊》第157期，1926年。
④ 《芜湖之经济概况》，《中外经济周刊》第157期，1926年。
⑤ 铁道部财务司调查科查编：《京粤京湘两线安徽段芜湖市县经济调查报告书》，铁道部财务司调查科，1930年，第21页。
⑥ 李絜非：《合肥风土志》，《学风（安庆）》第5卷第7期，1935年。
⑦ 民国《芜湖县志》卷35《实业志·商业》。
⑧ 许力村：《垂死中的芜湖土布业》，《经济周报》第3卷第5期，1946年。

湖当业者日众，北坛等处轧轧之声，彻夜不绝"①。他们很多是合肥、巢县等地的贫苦农民，因为家乡"连年闹匪，且受水旱灾荒，生计至困，相率荷担携眷离乡。其来芜营生者……陆续增至四万余人。彼等于木机手工织布有专长，是以现今芜埠棉织业之发展，几有一日千里之势"②。这些有着娴熟织布手艺的农民，成为推动近代芜湖城市织布手工业发展的一支主要力量。

在另一座沿江城市——安庆，同样有不少外来人口。就城市的经济活力而言，当时的安庆虽逊于芜湖，但因为是省会所在地，不少军政机关、学校及社会团体在此聚集，所以它仍是近代安徽一个较为重要的城市，具有一定规模的劳动力市场容量，成为近代安徽农村人口城市化流动的另一个重要聚集地。

和芜湖一样，近代安庆土布业的发展也很兴盛，"西门外大新桥、大王庙、四眼井、体元局、金保门外等街，织坊林立，日夜之机声轧轧，纺织纷纷，约数计之，有四百余家，每家师徒有八九人，有七八人不等，最少亦有五六人"③。另据 1930 年 10 月调查统计，该市有木机 609 架，铁机 247 架，土布生产者 170 家，所容纳的工人数有男工 703 人，女工 69 人，童工 494 人。④ 雇佣的织布工人如果算上童工，多达一千余人。此项工业均在安庆西门城外，经营者以合肥人为多。⑤

近代安庆的城市交通也主要依赖人力车，当地人力车行业的发展颇为兴盛。据调查，1931 年省会人力车行有六十家左右，至 1937 年，车行总数增至七十余家。⑥ 人力车辆的数目也呈攀升之势，1931 年人力车辆数目仅为八百四十余辆，1932 年增至一千三百余辆，增加一半以上。嗣后逐年有增无减，至 1937 年，"人力车辆数目已为二千四百辆（私人包车不在内）"⑦。安庆的人力车夫也成为一个庞大的城市职业群体，"查省会现有人力车夫约二千六百人，平均每车夫一家至少以四口计，则依赖人力车为生活者竟达一万余人，约占省会人口总数十二分之一（省会人口总数为十二万余人）"⑧。安庆的人力车夫有几种类型：一种是租车营业之人力车夫，从业者"以前多为乡村农民（大部份为佃农），频年来迭受水旱灾患，致生计紧迫，难以维持，不得已相率逃亡至各大都市谋生，终因都市失业者过多，欲求一较佳职业不易，遂致流为人力车夫"⑨。他们的收入比较微薄，"于营业最优时期，每日可得七角左右，但在营业清淡时，仅获两三角而已"⑩。另一种是私车营业之人力车夫。这类人力车夫又细分为两类：一类是农民兼业人力车夫，他

① 《芜湖机工之集议》，《江宁实业杂志》第 6 期，1910 年。

② 《芜湖棉织工业渐趋发达》，《纺织时报》第 1225 期，1935 年。

③ 《皖城织业澎涨之可喜》，《安徽实业杂志》续刊第 20 期，1919 年。

④ 龚光朗、曹觉生：《安徽各大市镇之工商现状：安徽工商业之概况及其发展之途径》，《安徽建设月刊》第 3 卷第 2 期，1931 年。

⑤ 龚光朗、曹觉生：《安徽各大市镇之工商现状：安徽工商业之概况及其发展之途径》，《安徽建设月刊》第 3 卷第 2 期，1931 年。

⑥ 李佳：《省会人力车夫业之调查》，《安徽政务月刊》第 28 期，1937 年。

⑦ 李佳：《省会人力车夫业之调查》，《安徽政务月刊》第 28 期，1937 年。

⑧ 李佳：《省会人力车夫业之调查》，《安徽政务月刊》第 28 期，1937 年。

⑨ 李佳：《省会人力车夫业之调查》，《安徽政务月刊》第 28 期，1937 年。

⑩ 李佳：《省会人力车夫业之调查》，《安徽政务月刊》第 28 期，1937 年。

们是"在省会附近各村镇之一般农民，多有利用农暇兼为人力车夫者，其车辆大约均系自备，人数约占私车营业之人力车夫总数三分之二，即约一千人"①。他们的生活在所有人力车夫中最为优裕，主要是因为他们既从事耕种，又可以"利用农暇拽车"，所以"收入自较丰富，营业时期每年约四个月，其每日之收入，平均则达六七角上下"。② 另一类是纯粹私车营业之人力车夫，他们"以往大多数均为乡间之自耕农，薄有田产，迭经灾祸侵袭，生计渐不能敷衍，乃率属徙居都市，以拽人力车为生，或有先执他业，因中途失败，遂改业人力车夫者"，而且"均系自备车辆"，人数"约为六百三十人，占省会人力车夫总数四分之一弱"。他们在收入上"亦略较丰富，除去一切必须开支而外，平均每日之纯收入约为四角之谱"，"其生活似较租车之人力车夫为优"，但是"与一般农民兼业人力车夫者相较，其悬殊又判若霄壤矣"。③ 第三种是私人之包车夫。这类车夫为私人所雇佣，"每月给与若干工资，除拽车而外，间或帮做杂事，其工资月约六七元至七八元不等，除个人一切必须开支外，月可存余四五元或五六元不等。其人数不多，仅约一百人。……此种包车夫，或系来自农村，家中仍有田产，抑或家中另有帮助生产者；至其每月收入，不过贴补家用耳"。在生活上，他们"虽不能与一般农民兼业车夫者相抗衡，但较其余各种车夫均优"④。人力车夫作为近代安庆一大社会职业群体，其从业人数众多，从业者多为来周边农村地区的农民，包括佃农、自耕农等。他们虽然在收入与生活方面存在着一些差别，但是都处于城市社会的底层，是通过出卖自己体力、终日辛苦劳作而艰难生活的一群人，"一般人力车夫实为都市中最困苦之市民，炎暑毒日之下，风寒雨雪之中，辗转呻吟，博取微利，以解决一家生计，其情况至堪悯恻！"⑤

安庆还有轿夫、挑夫等其他苦力职业，从业者也均为贫苦农民。"安庆虽滨临大江，仅南面水路可东西行通沿江各地，运输货物则仅恃一招商轮船，其东、西、北三面皆为陆路，且多小山，城之古址间亦小山，城内地面高低不平，全城虽铺紫石，所铺之石因历年已久，皆凹凸而滑，每经雨雪一次，恒经过三四日，街面石上犹满凝泥水，旅客之初至该地者，举步须防倾仆，以路滑而陡也，故该邑轿夫、挑夫、车夫在交通上极占重要地位，此三种人皆本地及近县农夫。"⑥ 因为安庆城内交通极为不便，人员和货物往来主要依靠轿夫、挑夫和车夫，所以本地及周边地区的农民多从事于此，并将之视为赚取收入的一个不错途径，"彼等在城内抬轿挑物，亦每日可得钱一千数百文也"，"尤视为博资最易之途"。⑦

在安庆的外来人口中，还有不少是来自周边农村的妇女，她们为了谋生而进入城市，成为城市佣工的一个重要群体。近代以来，随着新式机器工业的发展以及市场的强力扩张，以纺织业为代表的一些传统农村家庭手工业遭受很大冲击，耕织结合的自然经济模式逐渐解体，在技术与市场力量的影响下，中国农村的经济与生活都发生了较大变化，纺纱

① 李佳：《省会人力车夫业之调查》，《安徽政务月刊》第 28 期，1937 年。
② 李佳：《省会人力车夫业之调查》，《安徽政务月刊》第 28 期，1937 年。
③ 李佳：《省会人力车夫业之调查》，《安徽政务月刊》第 28 期，1937 年。
④ 李佳：《省会人力车夫业之调查》，《安徽政务月刊》第 28 期，1937 年。
⑤ 李佳：《省会人力车夫业之调查》，《安徽政务月刊》第 28 期，1937 年。
⑥ 《安庆轿夫车夫之生活》，《中外经济周刊》第 157 期，1926 年。
⑦ 《安庆轿夫车夫之生活》，《中外经济周刊》第 157 期，1926 年。

织布等传统家庭手工业开始衰落，大量的农村妇女失去了劳动机会，加上农业生产与治安环境的日渐恶化，很多农民的家庭经济都陷入困境，她们只能背井离乡，到经济发展较好的城市中去谋寻生路。在安庆周边的农村地区，此种情形亦不少见，"农村经济破产……她们在乡下的时候，多都是从事纺织业的生产者，家庭经济的供给者。自从机器工业发达以来，她们的辛苦力作，不能与机器相抗，作了机器下的牺牲者，在家乡的辛苦力作，既不能维持生活，不得已而思其次，于是大家伙儿都向城市里跑"①。机器纺织业的出现冲击了安庆周边农村地区的家庭手工纺织业，机纱机布取代了土纱土布，很多农村家庭妇女失去了在家庭内就业的机会，只得大量涌向城市，重新去寻找生活的出路。在此情形下，一种专门的劳动力中介市场即荐头行也在安庆悄然兴起，并且迅速发展壮大。在安庆，"差不多每条街上都有一家荐头店"，所谓荐头店，是指"介绍佣工的地方，普通叫做荐头店，也叫做媒行"。② 荐头店的大量开设为涌向城市的农村女性提供了就业便利，也从一个侧面反映了近代安庆周边农村人口城市化流动的频繁。

二、近代皖江流域农村人口城市化流动的原因

近代皖江流域农村人口的城市化流动实际上是一种现实生存困境下的无奈选择。在机器工业文明冲击与农村经济贫困化的双重影响下，大量农民选择离开农村，涌向经济发展状况相对较好的城市，以寻求生存机会，这种农村人口的城市化流动是一种强烈生存需求主导下的城市化。如在怀宁县，"多数贫农已抛弃农业生涯，离开乡村，而为城市'苦力'，妇孺老弱亦多流为乞丐"③。又如芜湖的车夫、挑夫等苦力行业的劳动者也多是来自江北地区的贫苦农民。他们在自己的家乡已经无法实现家庭经济生产的再延续，为了生存，只好涌向城市。

在大量农民离村现象的背后，工业化的冲击和农村经济的崩溃是其主因，正如时人所说，"至于生产技术，还是人工的，畜力之应用只限于犁田，新式农器全省没有一处采用，但是本省新式工业已有发展，如纺织、碾米、面粉……工厂日渐增多，农村副业颇受打击，更加舶来商品深入农村，农村主业都受影响，副业崩溃，则更不堪收拾。因此，农村间劳动力过剩现象格外明显，农民离村之事也是所在多是了"④。甚至在农业生产条件相对较好、粮食等农作物产量较高的地区，农民的生活状况亦不容乐观。如在无为县，农民"多佃户，自耕农甚罕"，"终岁勤勤恳恳，所得之半皆登仕绅之仓库，衣食常至不保，且视若牛马，动辄恶声相加"。除了会经常受到地方乡绅的盘剥，人口压力也是影响该县农民生活的一个客观因素。据统计，该县人口密度每方里约为 118 人，合英制每方里计 1208.32 人。人口密度过高意味着人均耕地的偏低，在耕地有限的情况下，当地农民便大量外出做工，"县民之出外谋生者，年不下千人。男则多佣于他县，为人耕作，一年一

---

① 毛桃：《安庆的女佣工》，《妇女共鸣》第 6 卷第 5 期，1937 年。
② 毛桃：《安庆的女佣工》，《妇女共鸣》第 6 卷第 5 期，1937 年。
③ 余醒民：《安徽怀宁县农村经济概况调查》，《中国经济评论》第 1 卷第 4 期，1934 年。
④ 曹觉生：《安徽农村经济现状与农村经济建设》，《安徽建设》第 18 期，1930 年。

归；女则恒往芜、沪，为仆役；亦有应招赴他处垦荒者，多留不复归，携男挈女，别营家屋"①。除选择到其他地区从事耕作生产外，涌向芜湖、上海等工商业都市也是他们谋生的一条重要出路。在怀宁、东流两县，亦存在人众地少、劳动力相对过剩的问题，"耕地使用的碎小使一般农民及其家族的劳动力颇有剩余，但是东流和怀宁的农村中就无所谓副业，除了做长工、短工等农业劳动者外，只有跑到城里充当苦力，拉人力车，做挑夫，推独轮车，或者是充当短期的小工"②。由于耕地使用零碎，且缺乏农村副业，所以两县相对过剩的农村劳动力得不到吸收和消解，他们只能流向城市，从事挑夫、车夫等苦力工作。可以说，近代皖江流域的这种人口流动现象，是一种被迫性的、生存需求主导下的城市化，是一种因农村经济衰败、城乡经济发展不平衡所造成的城市化，折射出这一地区城乡关系的畸形状态。

三、近代皖江流域农村人口城市化流动的影响

农村人口的城市化流动是近代中国社会发展与变迁的一个重要体现，同时它也会对区域社会的发展产生一定影响，如地域经济的开发与增长、产业格局的变化与调整、风俗观念的嬗变与延续，等等。就近代皖江流域农村人口的城市化流动而言，其影响主要有以下数端：

一是改变了传统"四民"职业观，农民从事工商业的现象已较为普遍。在近代以前，皖江流域农民的职业观念还相当保守，传统"四民观"仍是地方社会的主流意识，"安土重迁"通常被视为民风淳朴的一个主要象征。至近代，随着农村人口向城市的频繁流动，这种职业观念有所改变，农民从工从商者已不少见。如在芜湖，男性职业"除服务党政机关及教育界者外，多习工商业"③。在当涂石臼湖一带，"男子一达十二三岁以上，即离乡别井，出外谋生，以业打铁、熿锡壶者为最多，每年至多于旧历年节回家一次，在家不过住十几天或二十天，就又外出"④。在泾县，弃学经商成为普遍现象，"科举时代，读书者甚众，自科举既废，学界甚觉寥寥，业商者多，勤什一之利，无欺诈之行"⑤。

二是使得妇女的社会角色有所转变，其社会地位有所提高。在中国传统社会，受儒家伦理观念限制，妇女在家庭中处于从属地位，很少抛头露面，外出做工更是罕见。至近代，这种情况开始有所改变。随着小农家庭经济的解体以及农村经济的不景气，迫于生存压力，不少农村妇女开始走向社会，与男子一样参加劳作，甚至离开家乡，外出谋生。如在乌江，"农家妇女均下田操作，朴实壮健，刻苦耐劳，不下男子。农暇则上山樵柴，或入市帮佣，其工作之勤，较男子尤过之"⑥。芜湖的农村妇女除从事农业生产外，还会经营一些小生意来补贴家用。她们贩卖一些蔬菜、鸡蛋，"有时贩些上市货，如菱角、瓜、

① 卢鉴：《安徽无为县小志》，《地理杂志》第4卷第4期，1931年。
② 冯紫岗、刘端生：《怀宁东流四〇六村户人口土地的分析研究》，《安徽大学季刊》第1卷第4期，1936年。
③ 李絜非：《芜湖风土志》，《学风（安庆）》第3卷第4期，1933年。
④ 马若达：《安徽当涂县石臼湖滨居民》，《正风（北平）》第4卷第5期，1937年。
⑤ 翟桓：《泾县乡土记》，《癸亥级刊》（不定期），1919年6月。
⑥ 唐文龙：《乌江实况调查》，《中华邮工》第1卷第7期，1935年。

荸荠之类"，本钱并不大，可赚二角大洋左右的净利，"足供其个人一日开支而有余"①。在当涂石白湖地区，男子多外出做工，妇女成为家庭主要劳动力，"男子既皆远出，所有关于家中生活一切的事，当然要专靠妇女们经营，以及地方自卫、自治……公务，亦皆归妇女们办理，所以有个别号称这地方为'女人国'。……凡农田中一切劳作，如布种、锄草、割谷、施肥、打场以及挑水……皆不辞劳瘁的躬亲操作"②。另外，还有不少农村妇女离开家乡，到城市中去就业和谋生，此点已在前文有所论及，不再赘述。

三是带动了近代城市手工业的兴起与发展，活跃了城市经济。在近代农村人口的城市化流动过程中，不乏一些掌握着手工业生产技艺的农民，他们将自己所掌握的手工业生产技术从农村带到城市，促进了城市手工业的成长。近代芜湖、安庆土布业的兴盛即与此有关。这两地的织布工人多是来自合肥、巢县等地的贫苦农民，他们为城市土布业带来了娴熟的生产技术和充足的劳动力资源，有力地提升了织布手工业的生产水平，增强了土布产品的市场竞争力。

四是为近代城市工商业发展提供了廉价的劳动力资源，促成了城市工人阶级的产生。近代资本主义工商业的发展需要以廉价的劳动力市场为前提，而大量农村人口涌入城市，正好为其提供了条件。这些农民进入城市后，有的来到工厂，实现了从农民向工人的身份转变，一个新的社会阶级即工人阶级随之产生，并成为城市社会结构的一个重要组成部分。如芜湖，1927年其工人总数为21719人③；1930年4月，其工人总数为20914人④。芜湖工会的设立也很普遍，1930年该地各类工会共有50个，比同时期安庆的工会数量多14个。⑤ 在近代，芜湖工人的罢工事件也时有发生。如1929年2月，裕中第一纱厂七百余名工人因生活困难，要求加薪。该厂以营业亏折，难予允许，双方发生争议，工人举行罢工。后经芜湖市党部、芜湖市筹备处总商会、总工会调解，最终达成加薪协议，"工人工资每日一角至三角者，加四分；三角至七角者，加三分；七角至一元者，加一分"⑥。1929年9月，漕酱水作工人也因要求加薪，与荳酱业商协分会发生争议，三百余名工人罢工两日。后经调解，双方达成协议，资方做出承诺，"上手每人每月加奖励金八角五分；下手加洋七角三分，发给水作炭泡，每顿照原价加洋三角；无者，亦加洋三角"⑦。接连发生的工人罢工事件显示了近代芜湖工人阶级力量的成长。

综上所论，在近代中国社会经济发展过程中，农村人口的城市化流动是一个突出的历史现象，反映着近代中国社会的变迁。在位于"吴头楚尾"的皖江流域，这种趋势也很明显。随着工商业的发展，芜湖、安庆等城市的劳动力市场容量有所扩大，其人口吸纳能力有所增强，而与此同时，皖江流域的农村经济却日益贫困化。在此背景下，很多农民纷

① 《芜湖乡间妇女的生活》，《妇女新生活月刊》第2期，1936年。
② 马若达：《安徽当涂县石白湖滨居民》，《正风（北平）》第4卷第5期，1937年。
③ 龚光朗、曹觉生：《安徽各大市镇之工商现状：安徽工商业之概况及其发展之途径》，《安徽建设月刊》第3卷第2期，1931年。
④ 李絜非：《芜湖风土志》，《学风（安庆）》第3卷第4期，1933年。
⑤ 《皖赣区：芜湖工会概况》，《全国工人生活及工业生产调查统计报告书》卷期不详，1930年。
⑥ 李絜非：《芜湖风土志》，《学风（安庆）》第3卷第4期，1933年。
⑦ 李絜非：《芜湖风土志》，《学风（安庆）》第3卷第4期，1933年。

纷逃离农村，涌向城市，成为城市里一个庞大的社会群体。进入城市后，这些农民多从事苦力劳动，如人力车夫、挑运工、家庭佣工等；有的则凭一技之长，寄身于工厂，成为工人；有的则以乞讨为生。这种人口流动是一种被迫性的、生存需求主导下的城市化，是一种因农村经济衰败、城乡经济发展不平衡所造成的城市化，折射出近代皖江流域城乡关系的畸形状态。农村人口的城市化流动也使近代皖江流域的地方社会发生了诸多变化，如传统的"四民"职业观发生转变，农民从工从商的现象变得很普遍；不少农村女性开始走出家庭，到社会中参加劳动，其社会角色有所转变；以土布业为代表的城市手工业日益兴盛，城市经济活力进一步增强；城市劳动力市场也有所发展，工人阶级得以产生，工人群体成为城市社会结构的一个重要组成部分，等等。

总之，伴随着近代中国工业化与市场化进程，农村人口的城市化流动已经成为当时社会发展与变迁的一个主要趋势，在偏处内陆的皖江流域亦莫不如此。

（作者单位：安徽大学徽学研究中心）

晚清民国时期南岭走廊山区经济开发研究

——基于湘粤桂边界民间文献的考察

□ 陈宇思

【摘要】 清至民国时期的中国农村经济处在十字路口徘徊的状态。在此思路下，针对华南山区经济的研究多围绕传统经济的停滞或转型主题进行。事实上，传统土地租佃体制在南岭走廊中属于较为先进的生产制度。基于湘粤桂边界民间文献的考察可知，清代以降当地农村形成以耕种业为主，林木业为辅的经济结构。虽然 20 世纪 20 年代开始该地迎来了木材外输的发展机遇，然而处于三省边缘的特点使当地难以摆脱长期落后的状况。其落后现实是当时中国积贫积弱的典型缩影与真实写照。

【关键词】 民间文献；湘粤桂边界；南岭走廊；山区经济

传统社会后期中国传统农耕模式成熟、地区开发范围扩大但面临着农业经营深化发展的瓶颈。此时中国农村经济的"落后"与"先进"，尤其山区经济的发展，仍然值得进一步的讨论。[1] 文章立足于湘粤桂边界山区的田产交易文书与山场交易文书，聚焦于湘粤桂边界山区的耕种业与林木业的发展轨迹，结合清代南岭走廊汉瑶族群互动的情况，探讨清代以降当地农村长期形成糊口性耕种业为主，商品性林木业为辅的经济结构。着重考察晚清至抗战前夕当地山区经济的"停滞"与"转型"表现，及其传统经济长期存在的深层根源。

---

[1] 自费孝通 1981 年首次提出，1986 年最终完善"南岭走廊"（亦称"南岭民族走廊"）的地理概念以后，学界针对其民族学、人类学意义展开广泛讨论，其中以社会经济为方向的讨论，则有吴声军：《从贺江文书看清代以降南岭走廊妇女的权利——兼与清水江文书的比较》，《广西社会科学》2016年第 6 期；吴声军、李晓明：《南岭过山瑶传统生计方式探析——以富川瑶族自治县枫木坪为例》，《贺州学院学报》2011 年第 2 期；刘秀丽：《从四大民瑶看明清以来"南岭走廊"的族群互动与文化共生》，《中南民族大学学报》2010 年第 2 期。

一、清前中期的山区垦辟及经济结构形成

南岭走廊地处湘粤桂边界，山脉横亘三省。地势平坦的冲积平原与盆地零散分布，粤北"山地中夹有大小不一的红色岩系或石灰岩盆地，如英德、韶关、南雄、连县等河谷盆地"①。桂东北"冲积平原较大的为信都平原、贺街平原等"②。湘粤桂边界是中原移民经湖南下岭南的路途，曾为岭南开发较早的地区。宋代的连山一带凭借矿产开发汇聚大量人口曾领冠岭南。随着明中期珠三角的兴起，粤北的盛况不复以前。

明末清初，汉人迁入湘粤桂边界躲避战乱。桂东北与粤北均有密集的水路网络与西江联通，汉人移民通过水路先落户于冲积平原上。"清代以后，黄姚街出现莫、古、劳、吴、林、梁、黄、叶八大宗族。这些宗族均有自己的祠堂，而在族源上均声称其祖先是在明清之际由广东溯西江而上迁居黄姚。"③贺县④旧治所贺街处于这些适合稻作的盆地之中，据今天贺州市里松镇青凤村村民口述，"徐姓祖先从广东珠玑巷迁来，先在贺州贺街落脚，从贺街四兄弟分立，一支居贺街，一支居桂岭，一支新路，一支后里松，桂岭最多，迁入此地已有十六代人"⑤。大约乾隆时期，冲积平原、盆地已无太多可耕之地，人民转向深山谋生。

瑶族自宋代始已在湘粤桂山区定居。瑶族的作物并不单调，但基本是旱地作物，这与高山缺水有关。清初，部分瑶族向王朝秩序靠拢，生产稳定，"猺居半山中，左茂林，右深谷。前对白面峰。地多粟、米、棉、豆之植，猺户多殷实，亦守法"⑥。清中期以降，当地瑶族经济水平得到提高，"在农业上，条件许可的地方，如江华、永明、桂阳、汝城等丘陵地区的平地瑶、民瑶普遍使用牛耕，并且一犁两耙，或者二犁二耙，精耕细作，水稻生产水平比较高"⑦。另外"粟、麦、杂粮等不拘"⑧。说明其他作物比重不低。此时汉族人地关系发生变化，新土地关系具备土地股份制色彩，"到明清时期，中国土地上出现了一种新的土地所有制形式，这种新型的土地所有制，既区别于地主土地所有制，也区别于个体农民所有制，是由两个或三个对土地共同拥有所有权的群体，所构成的股份所有制"⑨。在一田二主的关系下，出现典卖、当卖、出批等多样灵活的土地交易现象。一些

---

① 吴郁文：《广东地理概况》，广东人民出版社1973年版，第7页。

② 《广西农业地理》编写组：《广西农业地理》，广西人民出版社1980年版，第148页。

③ 麦思杰：《开户立籍和田产之争——以明清时期黄姚社会变迁为中心》，《中国农史》2008年第3期，第109页。

④ 贺州，明清时期为贺县，属广西平乐府，治所贺街镇。民国三年属桂林道。1952年，贺县治所由贺街迁至八步镇。1997年设立贺州市，市中心为原八步镇。本文将1997年以前时代背景下的贺州地区称为贺县。当前当地口述材料的地域归属归为贺州。

⑤ 贺州里松镇青凤村村民徐绍良口述史料。

⑥ 道光《连山绥徭厅志》，《中国地方志集成·广东府县志辑》，第14册，上海书店出版社2014年版，第542页。

⑦ 《湖南瑶族》编写组：《湖南瑶族》，民族出版社2011年版，第138页。

⑧ 罗志欢、李龙潜：《清代广东土地契约文书汇编》，齐鲁书社2014年版，第182页。

⑨ 江太新：《论清代土地关系的新变化》，天津古籍出版社2011年版，第218页。

汉族山主开辟山田，向官府纳税，再将其出批或租赁于瑶族山民，嘉庆八年连南汉族山主彭直茂将祖上名下过税山地"批于猺人理八洞邓一邓九龙房二方庇块公用军皮公何保公就应一公沉肥肉公唐二公各位共耕种，生理等项……递年记山租铜钱一千二百文，每房铜钱六百文正，限至十月中旬收成收足……"① 灵活的清代土地关系体现出"先进性"，瑶族被纳入土地交易体系中，采用汉人的土地经营模式，抵制汉人入山的意愿减弱。

湘粤桂边界的山地环境适合各种林木生长，为人民生活提供基本的土木用材与薪柴来源，经营山场成为农户另一项生理。至改革开放初期，桂东北地区"是广西最重要的杉木、毛竹基地之一"② 。广西平乐府富川县《蒋氏族谱》中载明了当地农家经营规模，"料塘洞田、塘、地、山场、栎林四抵东至上山湾、皮土湾、茅獐湾、山喉，自料塘神脑山脚之东，春木地、桥子头、红门楼又名赤门楼，连桑升栎林一锁又名双深栎，至倒水桥、倒水神路、倒水坝为界"③ 。为了刺激农村经济，消化更多的人口，乾隆时期开放山禁。"故因地之利，任圃以树事，任牧以畜事，任衡以山事，任虞以泽事，使山林川泽邱陵之民得享山林川泽邱陵之利。"④ 山禁的开放使人民不断围山圈地，山林经营的范围较为广阔，村民围山可以"上岭顶为界，下至冲口田堪为界"⑤ 。

经过清代前中期的开发，边界山区的农村经济形成了耕作为主，兼顾林木的经济结构。中原地区的生产经营模式在南岭走廊山区属于较为先进的制度，得以长期存在。在族群互动中田产租佃体制与交易模式被纳入瑶族社会，逐渐融入农主林辅的经济结构中。

二、晚清耕地开发的极限与林业经营的局限

晚清时期传统的生产经营延续农主林辅结构。农耕经济发展体现为空间的扩张和数量的提高。从民间田产交易契约的地址表述看，"冲"的地理表述十分常见。贺县里松镇公道村现存五份田契⑥ 均反映出田主田产坐落于四甲公道冲，如里松镇桃核村文书中"嘉庆十五年李梓坤断卖粮田契"⑦ 中的"大冲口"，"道光三年廖德现断卖田契"⑧ 中的田产处所在"旱冲口"，查"冲"字有"大道交叉路口，要道"⑨ 之意。岭南地区方言中，人民频繁出入的山地交通要道被称为"冲"。山口为村民经常进出乡村的通道，山谷为人民居所，田地基本集中在山口，因此契约上的"冲"名十分常见，或当地因山地开垦，而

---

① 罗志欢、李龙潜：《清代广东土地契约文书汇编》，齐鲁书社 2014 年版，第 183 页。
② 《广西农业地理》编写组：《广西农业地理》，广西人民出版社 1980 年版，第 153 页。
③ 《广西富川县福溪村蒋氏族谱》，贺州学院馆藏，第 8 页。
④ 《清高宗实录》卷 169，中华书局 1985 年版。
⑤ 《乾隆五十七年三月二十日里松潘胜宗杜卖山场契》，贺州学院馆藏。
⑥ 分别为《光绪二十五年九月初七日何□土卖田契》《光绪二十年十二月初十日廖信接卖田契》《光绪二十二年三月廿四日廖信捷卖田契》《光绪二十七年七月十九日廖正华卖田契》《光绪二十九年十一月十四日廖信捷增补卖田契》，均为贺州学院所藏。
⑦ 《嘉庆十五年李梓坤断卖粮田契》，贺州学院馆藏。
⑧ 《道光三年廖德现断卖田契》，贺州学院馆藏。
⑨ 张双棣：《古代汉语词典》，商务印书馆 2014 年版，第 179 页。

后产生冲名。在"光绪二十五年十一月廿四日公道冲廖信捷找补田契"① 中显示的"高岐田",即为山坡上的旱地,而非有充足水源灌溉的水田。田地紧张导致村民的开垦由水田转向了旱地。

晚清山地垦耕带来大量零碎式田块。田权的散乱容易激发人地矛盾,因此村民乐于与他人调换田产,以便耕作。贺县里松公道村一份文书透露山地垦耕中互相调换田产的过程:

> 立写调换合同字人李乐庭,今承祖父遗下粮田一处,坐落土名公道冲梅花垠脚田一处六丘,兹凭廖元香兄弟到家,愿将公道冲梅花垠脚李姓地下长田大小相连二丘交来,将此田截取五分之一互相调换。即日凭中临田查看,二家田业水路有源,丘片明白。回家三面言定,据各允依,自调之后,各照合同管业,各归本户完粮。倘二家田业有上手来历不明,分份不清或有重复典当,不干管业人之事,系调业人全中一力承当。此乃二家甘愿,两无逼勒。恐口无凭,立合同字各执一据。
>
> 即日批明:廖姓之田除既调二丘外,仍归廖姓受业。李姓之田照廖姓屋右边菌地山嘴直过至屋角依石断坎为记,其余田仍归李姓。二家不得夺占,立批是实。
>
> 说合中人 李秋贵 正　押字银二元
光绪二十五年十二月二十四日立调换契人李乐庭 弟焕庭的笔
一团和气管业②

农户李乐庭在梅花垠脚一处有六丘田地,廖元香兄弟愿意在梅花垠脚与李姓相邻的田产中划割五分之一与李家调换。从文中看,廖家田地在李家田下有长田二丘,说明受地形影响,村民耕作的田丘交错有上下之分,对村民耕作产生不便,因此达成调换田产契约;关乎日后两家管业的大事,调换田产需要谨慎进行,因此契约中必须写上"二家田业水路有源,丘片明白"和"各照合同管业,各归本户完粮"字样进行特别说明。契约中还规定了纠纷责任有调业人承担;为了方便记忆和明确产权,文中对李姓调换后的新田产地址阐述较为详细,并利用特别记号进行标记。这种调换契约的存在证明对耕地的空间扩张已达极限。

晚清时期,"生瑶"群体日益减少。湖南江华"真猺自归化以来,奉公守分,虽贫穷亦不逋欠,不似三宿富猺,狡狯而多事也……按近年以来,熟猺纳粮当差,合行禁止,与民无异。生猺杂处山谷,自食其力,不为民害"③。一些瑶户开田管业,与普通汉人无异。咸丰四年,广东连南瑶族熊启先"今因家下无银使用,兄弟叔侄商议,自愿将父手置粮田土名坐落庙冲田九丘、小水洞田六丘、小水坑口田六丘、坑洲子田三丘,合共二十四丘,共计田九工正,原租九百筋,税载上六甲启先柱完纳一亩八分四正,将来出卖……其

---

① 《光绪二十五年十一月廿四日公道冲廖信捷找补田契》,贺州学院馆藏。
② 文书原件现为贺州学院所藏。
③ 同治《江华县志》卷12《杂记》,《中国地方志集成·湖南府县志辑》,第48册,上海书店出版社2013年版,第516页。

田卖出，任从买主竖柱印拨过户输纳，管业耕种……"① 此处可知，晚清瑶族社会虽被纳入土地交易体系中，契书也多由汉人代写，但仍然保留浓厚的族群特色，如计量单位仍用"工""合"等瑶人自用单位，绝卖田权后还要改树粮柱，是汉人文书中所没有的要素②。晚清瑶人亦向汉人买入田产，如咸丰二年汉族熊氏兄弟将田产绝卖与沙坑寨瑶族邓三③。随着瑶汉经济关系深入，官方制定独特的编户措施，为纳粮当差的瑶户发给"门牌纸"以区分瑶户、汉户与外来瑶人身份。"为编给瑶户门牌以凭查考事。照得近年以来，瑶人生事日繁，间有赁耕民人田地、山场以谋衣食者，若不编给门牌，诚难以区别民瑶而资查考。"④ 生活在租佃体系下的瑶族已与汉族毫无隔阂地生活在一地。

晚清汉人之间山场交易的主要方式为断卖山场⑤，瑶人多将山场出让于汉人打理，后收归自家经营。同治二年连南瑶族邓法海出让给汉族甘广等人的茶山中就栽有作物松、杉、食茶、树木等物。⑥ 垦辟阴地也是山地开发的内容，"光绪二十六年五月初十日梁喜广逊让阴地生基契"中透露山主梁喜广"先年手买并天集公五分山场，坐落土名四甲公道冲佛枪口田面山。喜广手开出生基一穴"⑦。阴地也纳入了交易的范围，有村民为了寻觅葬地而买断他人山场，如贺县公道冲村民陈振贵"自愿将祖上遗下山场一处坐落土名二甲沙木冲出卖"⑧，可以任凭买方廖元香雇地师点阴基一穴。当地林业的有限发展体现于，一为晚清的山场交易额不如田地交易，如嘉庆十五年三月十四日桃核寨村民李梓坤断卖的两丘田产则值银八两正⑨，同治十年十月二十日村民梁仁秀断卖上至岭顶、下至山口的一大片山场仅值价八千文⑩，同治时期出现钱贱银贵现象，当时的山场却落得低价贱卖的境地，耕地与山场在村民心中的取舍一目了然；二为频繁的焚山毁林行为，"境内山多田少，然山皆出泉，惟焚山不禁，遂至山枯而泽竭"⑪。相比之下，清中期清水江地区以林木采伐、贸易为契机，从封闭走向开放，与外部区域中心实现对接。"至清初开辟'新疆'之后以木材采运为中心的区域经济的发展，最终在地方政府的制度性介入下，出现了以卦治、王寨、茅坪三寨为中心的区域性木材贸易中心市场，这一区域市场由沅水经洞庭湖与长江水系连接，从而成为全国市场网络的组成部分。"⑫ 湘粤桂边界并不乏联通湘江、西江流域的水路，然而，晚清时期的当地社会人员流动比较有限，市镇发展受到制约，"据初步了解，黄田圩的兴起年代起码在清朝光绪前。老人们说，起初的黄田是一个

① 罗志欢、李龙潜：《清代广东土地契约文书汇编》，齐鲁书社 2014 年版，第 183 页。
② 详见《咸丰四年连南瑶族熊启先等卖田契》；《光绪六年连南瑶族石仍惠典当田契》。
③ 广东省编辑组：《连南瑶族自治县瑶族社会历史调查》，民族出版社 2009 年版，第 162 页。
④ 广东省编辑组：《连南瑶族自治县瑶族社会历史调查》，民族出版社 2009 年版，第 133 页。
⑤ 《光绪五年十二月十九日李毓源、李清源杜卖山场竹木契》，贺州学院馆藏。
⑥ 罗志欢、李龙潜：《清代广东土地契约文书汇编》，齐鲁书社 2014 年版，第 184 页。
⑦ 《光绪二十六年五月初十日梁喜广逊让阴地生基契》，贺州学院馆藏。
⑧ 《光绪五年十二月廿四日陈振贵逊让山场契》，贺州学院馆藏。
⑨ 《嘉庆十五年三月十四日李梓坤断卖田契》，贺州学院馆藏。
⑩ 《同治十年十月二十日梁仁秀断卖山契》，贺州学院馆藏。
⑪ 光绪《贺县志》卷 7《风俗》，《中国地方志集成·广西地方府县志辑》，第 46 册，凤凰出版社 2014 年版，第 171 页。
⑫ 张应强：《木材之流动：清代清水江下游地区的市场、权力与社会》，三联书店 2006 年版，第 49 页。

10 来户的小村落，全是住家，以农业为主"①。从而限制了商品性农业发展。

究其原因，林业终是当地别业，"齐民男妇皆知农务，而逊于勤"②。农民经营山场出卖竹木，仅限内部流通，当地鲜有自栽树木等可持续经营的举动。林木交易未能促使村民转向专业化经营，更多的农民被迫将大量的精力用于垦辟耕地以解决温饱问题。

三、民国肇始至全面抗战前夕的山区经济变迁

针对民国时期农村生产力与土地问题，以往普遍持停滞或衰退论观点。③ 近来倾向审视民国农村的新旧交替特点，"中国近代农村经济在当时特定的国际国内的政治、经济、文化等因素的影响下，表现为从传统农业向现代农业转型初期的'非平衡化发展'的特点，这是抗战前中国农村经济的基本特征"④。民国社会在农业现代化上也曾作出一番努力。⑤ 然而其发展的瓶颈仍然存在，这是"非平衡化"所在。

当地传统土地交易规则依然存留。以土地开发程度高的贺县莲塘村为例，土地交易的契约中依然书明租谷与载户信息（见表1）。

表1　　　　　　　　　　　民国莲塘秦氏文书信息表

契约名	租谷额	载户信息
民国元年十一月秦进贞当卖田契	共二十七丘，租谷六百觔	莲塘都六百六十一户
民国二年十二月秦进祯、秦进祥断卖田契	共二十九丘，租谷六百觔，粮租四百觔	莲塘团六百六十一户
民国六年二月秦进和、秦进成当卖田契	共二丘，租谷八百觔	无
民国十二年十二月秦福鎕赎转当粮田契	共二十八丘，租谷七百觔	莲塘里五佰七十八户
民国十六年十二月秦福鎕赎转当粮田契	共二十七丘，租谷七百觔	莲塘里五佰七十八户

资料来源：所列文书均从贺州市八步区莲塘村当地村民征集，原件为贺州学院馆藏。

民国时期莲塘秦氏流转的田产较多，除民国六年二月仅两丘交易外，其他年份的流转面积均在二十丘以上。民国前两年，租谷为六百斤，至六年跃升至八百斤，至民国十二

① 广西壮族自治区编辑组：《广西瑶族社会历史调查：第三册》，民族出版社 2008 年版，第 219 页。

② 光绪《贺县志》卷 7《风俗》，《中国地方志集成·广西地方府县志辑》，第 46 册，凤凰出版社 2014 年版，第 171 页。

③ 还可见王军：《民国时期农业发展滞后的原因——以 20 世纪二三十年代农业发展的内部因素为例》，《安徽广播电视大学学报》2015 年第 4 期；刘志刚等《传统水利社会的困境与出路——以民国沅江廖堡地区河道治理之争为例》，《中国历史地理论丛》2015 年第 4 期。

④ 盛邦跃：《卜凯视野中的中国近代农业》，社会科学文献出版社 2008 年版，第 64 页。

⑤ 相关成果可见胡茂胜：《清末民国士绅与江苏近代农业技术的推广》，《农业考古》2015 年第 1 期；陈宇平等：《北京农业现代化的先声——民国时期清河经济建设实验概述》，《北京社会科学》2013 年第 3 期。

年、十六年则回落至七百斤，租谷额呈上下波动态势，波动幅度则在二百勮之间。租谷波动的背后有民初两广局势不稳的因素。清末民初，中国社会经济进入新旧转型期，银钱改革的影响范围亦波及山区，并未催生新经济因素出现，却造成田租额波动，田价不断上涨（见表2）。

表2 　　　　　　　　　清末里松文书与民国莲塘文书田价比较表

契约名	田价	契约名	田价
光绪二十年十一月公道冲廖信接卖田契	铜钱四十五千文正	民国元年十一月莲塘秦进贞当卖田契	六百六十毫正
光绪二十二年三月公道冲廖信捷卖田契	铜钱三十八千文正	民国二年十二月莲塘秦进祯、秦进祥卖断田契	洋银一百五十两
光绪二十五年九月公道冲何□土卖田契	银一十二毫正	民国二年莲塘陈家良断卖田契	十四两
光绪二十七年七月公道冲廖正华卖田契	银四百二十毫半	民国六年莲塘秦进和、秦进成当卖田契	洋银一千毫，重七十二两
光绪二十九年十一月公道冲廖信捷增补田契	花银一百毫正	民国十二年莲塘秦福鋂赎转当粮田契	一百一十九大元，每元重七钱二分正
宣统元年十二月莲塘陈永昌押田契	银十三元一毫正	民国十六年莲塘秦福鋂赎转当粮田契	一百二十一元正

　　资料来源：所列里松文书从今贺州市里松镇公道村当地村民征集，莲塘文书从贺州市八步区莲塘村当地村民征集，所有文书原件现为贺州学院馆藏。

　　光绪二十年至光绪二十二年，田产买卖交易以铜钱为主，流通额不高。至光绪二十五年，村民田产交易始用银毫，交易价格由十二毫上升至四百二十毫。宣统以后，田价升至银十三元一毫正。至民国，银毫成为主要交易媒介，由于社会上存在严重的银元作伪现象，在民国十二年交易中还要书明交易价钱为一百一十九大元，每元重七钱二分正的信息。此处货币信息是近代中国货币漫长变迁的写照，"清代行用制钱，流通最广，银元、碎银市面虽行，不多用"①。因此光绪二十年、光绪二十二年的交易依用铜钱。从光绪二十五年开始，所有契约都反映出用银交易的事实，银的单位是"毫"。"光绪中叶始有广西双单龙毫、五仙龙毫、广东双毫、香港双毫及五仙同时并用，而碎银遂绝于市。"② 清

　　① 民国《贺县县志》卷4《经济部》，《中国地方志集成·广西地方府县志辑》，第46册，凤凰出版社2014年版，第417页。
　　② 民国《贺县县志》卷4《经济部》，《中国地方志集成·广西地方府县志辑》，第46册，凤凰出版社2014年版，第417页。

末货币改革促进了机制币流通市场，闭塞的南岭走廊迎来了"机制币时代"。民国初年，粤湘桂局势混乱，各地大员开铸银元，境内难以形成统一有效的货币体系，纸币沦为废纸。

民国时期湘粤桂山区的个人经营仍维持清中期以来的稻米商品化传统，即出卖米谷，买入杂粮以糊口，以其差价补贴生活，"湖乡虽盛产米谷，然一般农民经济穷乏，常以高价之米谷出售，而易贱价之杂粮佐餐……住居、器皿简陋，除农具及炊具外，别无长物"①。在这种农业经营模式下，农户生产资料的"标配"是水田与水塘，民国元年贺县莲塘一户自耕农的田产包括"躬占土名牛韫塘田一处，大小十七丘，塘二口"②。说明南岭走廊的耕作仍然采用传统的蓄水灌溉技术。在生物技术、机械化耕作、集约化管理模式引入农业生产前，以传统的糊口为主的耕作业无法取得突破。

南京国民政府成立后，迎来"黄金十年"时期，三省边界地区的林业经济通过出口为当地带来相当份额的收益。此时林木经营规模已超越晚清时期。贺县"如大宁、南乡、里松之杉每年出口不下二十万株"③。广东连山地区"一杉树每年在本境销行者，约值银八百余两，东运至连州三江口，西运至广西贺县，南运至广西怀集县，被运至湖南江华县等处销行者，约值银二万二千五百余两……一小竹产于禾峒村山上，节疏而心细，每年运至连州三江口由省商贩运转卖于洋商出口者，约值银五千余两"④。至1936年，桐油成为出口市场的新宠儿。"民国二十二年（1933），贺县一地产桐油3976市担，市值74660国币；产茶油8213市担，市值106769国币。"⑤当木材出口遭遇挫折后，薪柴与桐油产品依然走俏市场。得益于林木出口的利益，林业在民国农村经济中越发受到重视。广西"故一般人民，有田者以此为副业，无田者以此为正业"⑥，里松地区一份《民国三十一年十一月初十日骆宏基遗嘱》⑦中申明财产属于全族"任何人不得变卖，以维久远，而免中断"，必须指明其中一人作为管业人。立遗嘱人骆宏基曾继承先祖骆敏魁产业有山场、田土、果园及店铺。可见，至抗战爆发时，山场与果园成为山区经济的重要部分。

民国时期的地方权力以保护山林经济为任。在北洋政府时期，团绅自发对宗族把持的山场经营采取监控措施，一旦发生山场权益纠纷，团绅即可出面介入，里松地区一份《民国八年旧历七月十三日李佐顺山场和息合同》⑧反映当地宗族李氏与骆氏因山地界址模糊而产生山场产权纠纷，由团绅李丹亭、李善源等出面调查调停。经办团绅临山查看，确定界址，最后督促当事人书写契约。南京国民政府确立统治后，新的地方政府开始运用

---

① 李振：《湖南省土地利用与粮食问题》，台湾文海出版社1999年版，第28068页。

② 《民国元年秦进贞立写当卖田契》，贺州学院馆藏。

③ 民国《贺县县志》卷4《经济部》，《中国地方志集成·广西地方府县志辑》，第46册，凤凰出版社2014年版，第441页。

④ 民国《连山县志》卷8《食货》，《中国地方志集成·广东府县志辑》，第14册，上海书店出版社2014年版，第433页。

⑤ 广西统计局：《广西年鉴》，台湾文海出版社1999年版，第338页。

⑥ 行政院农村复兴委员会：《广西农村调查》，台湾文海出版社1999年版，第23页。

⑦ 《民国三十一年十一月初十日骆宏基遗嘱》，贺州学院馆藏。

⑧ 《民国八年旧历七月十三日李佐顺山场和息合同》，贺州学院馆藏。

威权保护林业资源。"近年政府注意造林，积极提倡，公私之造林者，已占极大面积，约有百余万亩。"① 并专门发布布告禁止焚山"满山一星燎尽，殊与政府提倡造林之旨大有妨碍"②。当地林木大量出口与中国民族工业与国外化工业发展密切相关，反映"黄金十年"的中国内地与资本主义世界体系联系加深的事实。

20世纪20年代始，林木出口让三省交界的城镇逐渐繁荣，贺县的黄田圩、里松圩成为了湘粤桂三省商贾聚集的地方，"里松距黄田只70里，有大路相通，来这里的广东、湖南商人也是很多的。这里地近广东、湖南两省的边境，离广东只有100多里，有'一脚踏三省'之称"③。土货、洋货（即工业制品）均能在当地流通。湖南商人进入广东瑶山收购桐子，瑶族则成为供货方，"惜瑶人不明植桐之利，直至近年来，湖南人入山取桐子，方知上山拾桐子卖于湖南人……瑶人自以后，从速尽量开垦荒山，培植油桐，全山瑶人之生活自可解决"④。形成一个族群间合作的手工业分工体系，"在许多国民党官僚开办的矿山中，虽然找不到一个瑶族工人，但是瑶族地区出产的木料却多为这些矿山收购，如离新华瑶区不远的一个锡矿中，几乎所有的工具的木柄全为瑶胞所造"⑤。

晚清时期连州邮政局沟通两广邮政，民初仅仅设立一处分局。⑥ 但建设时兴时废。20世纪20年代末，当局对地方建设颇下精力，湖南的江华县计划建设电话与县道⑦。山区与区域中心的日程逐渐缩短，"由荔浦经平乐至八步、贺县公路，线长旧里四百二十五里，此为将来联络桂梧、柳梧以至黔梧陆运干线，亦即全省公路南北干线之一；让昔荔浦至平乐陆行需一日，平乐至贺县需四日，今荔浦至贺县，五小时即可到达"⑧，市场发展使部分人获利富裕，因而讨论三省山区的民间经济发展应该突破族群局限而置于整个阶级分野实际中出发。桂东北地区不少瑶人通过自我努力致富。"约在1930年，即在盘水旺30岁左右时，他从浩田至黄田，并在此开设了一个木行……据当地人讲，盘水旺之所以能站稳脚跟，并不断扩大营业额，主要原因是他'善于交朋友'。其实这与他家原有的经济力量很有关系，他家原为中农，有二三冲山林，当然也就有了开木行的基础。"⑨ 广东连南地区也存在大量富裕瑶户，"除每年有大宗的山地、杉木买卖外，富裕的瑶人还从连

---

① 行政院农村复兴委员会：《广西农村调查》，台湾文海出版社1999年版，第23页。

② 民国《贺县县志》卷4《经济部》，《中国地方志集成·广西地方府县志辑》，第46册，凤凰出版社2014年版，第425页。

③ 广西壮族自治区编辑组：《广西瑶族社会历史调查：第三册》，民族出版社2008年版，第224页。

④ 罗比宁：《瑶人农作之概况》，《20世纪上半叶瑶族调查报告文集》，民族出版社2014年版，第195页。

⑤ 广西壮族自治区编辑组：《广西瑶族社会历史调查：第三册》，民族出版社2008年版，第224页。

⑥ 民国《连山县志》卷2《道里》，《中国地方志集成·广东府县志辑》，第14册，上海书店出版社2014年版，第401页。

⑦ 傅角今：《湖南地理志》，湖南教育出版社2008年版，第393页。

⑧ 行政院农村复兴委员会：《广西农村调查》，台湾文海出版社1999年版，第20页。

⑨ 广西壮族自治区编辑组：《广西瑶族社会历史调查：第三册》，民族出版社2008年版，第221页。盘水旺的事迹并非孤例，本册中仍记载不少广西瑶族富户的资料。民国时期新华乡最大的高利贷者有8人，其中瑶族占了4人。

县石角一带买进相当大量的水田。在短短几十年内，富瑶邓一公、邓水养、邓财宽、邓财记等已在汉区拥有大量土地"①。

然而，抗战前夜的南岭走廊发展仍存在很大的局限性。首先，地方社会依然封闭，当局修建的交通设施未全面惠及底层农民，"惟公路对于农民，尚未发生若何利益，盖农民株守故乡，无长距离至往来，纵或有之，亦往往步行"②，制约了物资转运能力。其次，民国华南工业发育不均，湖南岳阳、长沙为当地经济龙头，两广工业以珠三角为中心沿西江主干道零星分布，南岭走廊处于三省工业发展未辐射地区。再次，当地的农业商品化程度依然低下，当地富户的果园经营还需上交租谷③。贫富差距日益扩大，大量汉瑶人民仅能维持自足状态，或因家用不足而变卖田产与山场。

四、结　语

湘粤桂山区多族群杂居，全面开发时间较晚。当地在明末清初汉人大规模到来后得到大规模开垦。清初三省边界的瑶族生产力总体低于汉族，不得不面对与其进行磨合的现实。清代新发展的汉族土地租佃体系在山区中成了"较先进"的生产经营模式，灵活化的土地经营加深了汉瑶族群的经济互动。晚清时期，传统的农业经营模式于当地仍具顽强的基础，农村经济发展体现为量的增长。民国前十年，货币改革与传统土地交易模式并存，然传统耕作技术已显落后，耕作业注定无法成为农村经济的突破口。20世纪二三十年代以林木出口为契机形成区域市场，使三省山区发展出一批跨省界的商业枢纽，部分汉瑶人民在这一契机中获得经济利益。

然而，晚清民国时期的湘粤桂山区经济总体呈现落后状态，远离工业中心、传统糊口农业根深蒂固、贫富差距巨大等是当时落后的根源。造成落后状态的症结在于当时中国国力贫弱，无法在省际边界山区开发中发挥强大的推动作用。因此，整个社会呼唤深刻的社会经济改造。

（作者单位：武汉大学历史学院）

① 广东省编辑组：《连南瑶族自治县瑶族社会历史调查》，民族出版社2009年版，第161页。
② 行政院农村复兴委员会：《广西农村调查》，台湾文海出版社1999年版，第20页。
③ 此处根据贺州学院馆藏《民国三十一年十一月初十日骆宏基遗嘱》原文转引。

文化的近代转型

谭嗣同 "仁" 观里的 "社会"

□　崔应令　时　影

【摘要】谭嗣同的社会观集中体现在他的"仁"学思想和"会"说中，主要包括两方面的内容：其一是从"仁"到"无我"，他人与己平等并存的社会理念，集中体现了他对个人权利及人与人、人与社会的平等和谐相处的强调；其二是他"无国之国""世界主义"的国家理想及以兴民权、创学会、办报纸的现实国家建设主张。他的"社会"观综合了西方近代民权民主平等思想、佛教众生平等观及中国传统文化，表达了近代学人新的创造性社会理念。

【关键词】谭嗣同；仁学；无我；社会

谭嗣同的"社会"观始于其"群"观，与康有为的合群思想具有一致性。而在概念使用上，他的"群"和"会"常互通而用。1898 年，在《群萌学会叙》中，他倡导"联群通力、发愤自强"，"万事万物，莫不以群而强，以孤而败，类有然也"。① 在《群萌学会章程》中，他解释为何以"群萌"为名，"盖因群学可由此而萌也，他日合群既广，即竟称为群学会"。② 这里的"群学"当然不是"社会学"之意，而是团结民众的学问。他的社会观集中体现在他"仁"学和其"会"说中。

一、从 "仁" 至 "无我"：他人与己的平等并存

谭嗣同"社会"观的第一个呈现便是他的"仁"学思想。在对"仁"的阐释里，他关于个人权利、个人与社会关系的阐释得以充分展现。

(一) 强调人的权利及其合理性

谭嗣同强调人的权利及其合理性，包括他对人欲正当性的强调和对三纲五常灭绝人权的批评。他认为人欲有其正当性："世俗小儒，以天理为善，以人欲为恶，不知无人欲，

---

① 谭嗣同：《群萌学会叙》，蔡尚思、方行编：《传世藏书之·谭嗣同集》，海南国际新闻出版中心 1996 年版，第 191、192 页。

② 谭嗣同：《群萌学会叙》，蔡尚思、方行编：《传世藏书之·谭嗣同集》，海南国际新闻出版中心出版 1996 年版，第 192 页。

尚安得有天理！吾故悲夫世之妄生分别也。天理，善也；人欲，亦善也。王船山有言曰：
'天理即在人欲之中；无人欲，则天理亦无从发见' 适合乎佛说佛即众生，无名即真如
矣。"① 天理存在于人欲之中，这是他对人的权利的充分肯定。

　　然而，他指出，个人权利尤为重要的是平等权，平等权恰恰是个人权利的边界。他认
为一切人与人的伦理关系，应该像"朋友"一样："一曰'平等'；二曰'自由'；三曰
'节宣惟意'。总括其义，曰不失自主之权而已矣"②。这又集中体现在他对三纲五常的无
情批判中。他认为三纲五常毒害人很深，其毒害的方法就是"名"，因名而乱仁。如，忠
孝为臣子之名，君主可责其不忠不孝而放逐或定罪；又如，夫妇之情被名为"淫"，并给
予否定对待，这些都是以名而乱人性。具体来说，他是在君民、父子、夫妇三种关系的阐
述中来否定三纲五常，强调人的平等权利的。

　　他首先结合中国传统文化中早有"民贵君轻""民本君末"的思想及西方的天赋人权
论批判了"君为臣纲"说。民可以共举君，也可废君，先有民后才有君。君应该是为民
办事的、臣或官员则是协助为民办事的。天赋收税取之于民，理当用之于民。他认为君对
民，只有为民办事的义务；而民对君，则有"共举""共废"的大权。他强调兴民权与兴
民智的理念："盖方今急务，在兴民权，欲兴民权，在开民智。"③ 他旗帜鲜明地提倡
"民本君末"。他在《仁学》中说："生民之初，本无所谓君臣，则皆民也。民不能相治，
亦不暇治，于是共举一民为君。……夫曰共举之，则因有民而后有君；君末也，民本也。
天下无有因末而累及本者，亦岂可因君而累及民哉？夫曰共举之，则且必可共废之。君也
者，为民办事者也；臣也者，助办民事者也。赋税之取于民，所以为办民事之资也。如此
而事犹不办，事不办而易其人，亦天下之通义也。"④ 在《仁学》中，他说："民权兴，
得以从容谋议，各遂其主各均其利，杼轴繁而悬鹑之衣绝，工作盛而仰屋之叹消失。"⑤
他指出君也是一民而已，比起寻常之民更为末。

　　他从宗教角度批判父为子纲，他说在宗教里，儿子是天的儿子，父亲也是，因此父子
也应该平等。父辈不应该压制子辈。"子为天之子，父亦为天之子，父非人所得而袭取
也，平等也。且天又以元统之，人亦非天所得而陵压也，平等也。"⑥ 他批判更为猛烈的
是夫为妻纲，"夫既自命为纲，则所以遇其妇者，将不以人类齿"⑦。他叹息女性何其不
幸！他特别强调男女平等："故重男轻女者，至暴乱无理之法也。男则姬妾罗侍，纵淫无
忌；女一淫即罪至死。驯至积重流为溺女之习，乃忍为蜂蚁豺虎之所不为。中国虽亡，而
罪当有余矣，夫何说乎！……苟明男女同为天地之菁英，同有无量之盛德大业，平等相
均。"⑧ 他用佛家书籍的言论来说明男女平等。他对专制时代女性被人劫持、玩弄、买卖，
流为娼妓、被杀害等现象予以痛斥。男女之间的婚姻也应该自由，男女之间交媾，是本

---

　　① 谭嗣同：《仁学》，印永清评注，中州古籍出版社 1998 年版，第 97 页。
　　② 《仁学》，《谭嗣同全集》，三联书店 1954 年版，第 66 页。
　　③ 谭嗣同：《与徐砚甫书》，《湖南历史资料》1959 年第 4 期，第 131 页。
　　④ 谭嗣同：《仁学》，印永清评注，中州古籍出版社 1998 年版，第 177~178 页。
　　⑤ 谭嗣同：《仁学》，印永清评注，中州古籍出版社 1998 年版，第 146 页。
　　⑥ 谭嗣同：《仁学》，印永清评注，中州古籍出版社 1998 年版，第 197 页。
　　⑦ 谭嗣同：《仁学》，印永清评注，中州古籍出版社 1998 年版，第 198 页。
　　⑧ 谭嗣同：《仁学》，印永清评注，中州古籍出版社 1998 年版，第 101 页。

能，本无所谓美丑，但却被定为"淫"，这是人为的界定。男女媾和与"礼"，如同作揖就其本质二者并无区别。

（二）强调他人与己的并存，人与人、人与社会的平等和谐相处

谭嗣同在对三纲五常的反对中，将君臣、父子与夫妇关系拉到平等位置上。然而，他对平等的提倡超越了具体关系，涵盖到了一切关系之中。他认为，个体与他人，相互依存，同属于一个"浑然之全"，人人都是天父之子，人人皆为天的一小部分，人人都有自主权。宇宙中单个个体无法存在，只有通过爱，个体才能克服孤独与疏离。人与人虽有分别，但没有彼此就没有世界："人与人不相偶，尚安有世界？不相人偶，见我切也，不仁矣，亦以不人。"① 一身一家与全球相比，并不是小和大、近与远的关系，区分小大远近是不仁的表现。

他特别论证了这种无差等、一切平等的根源，即"仁"。"'仁'，从二从人，相偶之义也。"② 有了仁，则天地万物得以生，得以相通。"仁"的精神就是爱他人。"人与人，地与地，时与时，事与事，无所往而不异，则人我安得有相通之理？凹凸力之为害，即意识之为害也。今求通之，必断意识；欲断意识，必自改其脑气之动法。外绝牵引，内归易简，简之又简，以至于无，斯意识断矣。意识断，则我相除；我相除，则异同泯；异同泯，则平等出；至于平等，则洞澈彼此，一尘不隔，为通人我之极致矣。"③ "仁以通为第一义"，"通之义，以'道通为一'为最浑括"，通有四义，中外通，远近大小若一；上下通；男女内外通；人我通。"通之象为平等。""仁"即通，即平等。人与人的平等，人与社会的平等，生与死的平等，过去、现在与未来的平等，宇宙万物的平等："平等生万化，代数之方程式是也。其为物不贰，故生物不测。不贰则无对待，不测则参伍错综其对待。代数如权衡然，参伍错综之不已，必平等，则无无。……平等者，致一之谓也。一则通矣，通则仁矣。"④

而他的"仁"是在与"以太"的关系中谈的。他继承张载的《正蒙》中的"太虚"（宇宙充满气，到处弥漫的气）观，认为气是实有，蕴含着阴阳二性，相感相应，宇宙因此处于变化之中，呈现出一种和谐又动态的状况，这种浑然一体就是"太和"。"以太"是一种有生命、有精神的东西，如同儒家的"合天地人我为一体"一样，以太有这种精神性。既然宇宙以这种浑然一体性而存在，则单个个体不能单独存在，它们必须互相依靠、互相涵摄，构成一个和谐的有机整体。在这样的整体宇宙里，没有生死，也没有毁灭与聚散。一切个体都属于一个万物一体的浑然之全中，个体之间存在不可分割的亲密与联系，个体通过爱超越各自的孤单与疏离。也因为"以太"，夫妇、兄弟、朋友、家庭、国家和天下都联结在一起，既然如此，这些也都不应该分出你我，是我中有你，你中有我的状态。

---

① 谭嗣同：《仁学》，印永清评注，中州古籍出版社 1998 年版，第 91 页。
② 谭嗣同：《仁学·自序》，蔡尚思、方行编：《谭嗣同集》，海南国际新闻出版中心 1996 年版，第 130 页。
③ 谭嗣同：《仁学》，印永清评注，中州古籍出版社 1998 年版，第 229 页。
④ 谭嗣同：《仁学》，印永清评注，中州古籍出版社 1998 年版，第 73~74 页。

"以太"和"仁"的关系是"体"与"用"的关系。以太是体，仁是用，以太好比大脑及其神经，而仁是畅通，传递信息。万物的根源在以太，而万物的属性是"用"，即通。不通即"塞"正是一切问题的根源。人性、上下、夫妇之塞就是问题。只有排除各种不平等，美好的世界才能到来。不平等是由差别导致，差别的根源在"名"，即事物的命名。如果没有对世间万物的命名，一切都是虚空的，也就一切平等了。有名就有了对立与差别。

（三）提出消除人与他人、人与社会等不平等的方法

谭嗣同的方法就是"破对待"，破除佛教上所说的"法执"和"我执"，前者是要消除自然与社会的对立，后者是要忘却自我，养成平等的性智。其实就是消除自私与小己之意。① 他特别提出"破对待"：打破一切既定的、固有的、因循陈旧的矛盾和规定，以实现"仁-通"的总规律。② "无对待，然后平等"，"仁一而已；凡对待之词，皆当破之"，"苟不以眼见，不以耳闻，不以鼻嗅，不以舌尝，不以身触，乃至不以心思，转业识而成智慧，然后'一多相容'、'三世一时'之真理乃日见乎前，任逝者之逝而我不逝，任我之逝者卒未尝逝。真理出，斯对待不破而自破"。③ "仁一而已；凡对待之词，皆当破之"："破对待，当参伍错综其对待。……参悟错综其对待，故迷而不知平等。……参伍错综对待，然后平等。无对待、然后平等。……无无，然后平等。"④

又如何能做到"破对待"？谭嗣同认为需要"心力"来解决，心力具有无穷的力量，必须改造心力，使人心变善才行。"心之力量，虽天地不能比拟，虽天地之大，可以由心成之、毁之、改造之，无不如意，即如射不能入石，此一定之理，理者何？即天也。……欲以心度一切苦恼众生。"⑤ 心力高于一切，可以"以心挽动"。人心可以转化成"道心"，人的心灵境界可以提升，于是，宇宙即变成万物一体的浑然之全。个人的生命融化在整个宇宙中，最终化解自我、超越自我、回归原始的和谐。这正是《仁学》追求的最高境界。

二、无国之国的理想及现实的变法与改革：国家诉求

（一）世界主义的国家理想

谭嗣同的"仁"观不仅探讨了个人与他人、个人与社会的关系问题，还谈到了其国家理想，即其世界主义。在《仁学》一书中，他曾有排满反清的言论，但其核心则是地球混一、人类平等。其重要概念"仁""通""破对待"，实际是要超越种族、阶级、信

① 参见王儒年：《谭嗣同》，云南教育出版社2008年版。
② 参见李泽厚：《中国近代思想史论》，三联书店2008年版，第202页。
③ 谭嗣同：《仁学》，印永清评注，中州古籍出版社1998年版，第127页。
④ 贾维：《谭嗣同研究著作述要》，湖南大学出版社2010年版，第771页。
⑤ 谭嗣同：《上欧阳中鹄》十，蔡尚思、方行编：《谭嗣同集》，海南国际新闻出版中心1996年版，第206~207页。

仰等造成的隔阂，走向大同，建立一个全人类一体的共同社会。

或者说，谭嗣同理想的国家理念正是其 "无国" 理念。"同生地球上，本无所谓国，谁复能此疆尔界，糜躯命以保国君之私产，而国遂以无权。国无权，权奚属？学也者，权之尾闾而归墟也。"① "以言乎大一统之义，天地间不当有国也，更何有于保？"② 他认为治国必须和齐家一致，先齐家后治国的封建社会，天下有大宗，诸侯、卿大夫等各为小宗，民田受制于上，天下如一家，这样的状态被秦以后的制度摧毁了，从此家和国不再一致以至于天下乱。而理想的国，应该与家一致，消除一切界限。他指出耶稣所立的天国，将各国平等对待，其民也平等视之，国界便消失了。立法就应该无损于别国，而不能只考虑有利于本国。创教也不能只可行于本国，必须合乎万国之公理，惟此，"始可言仁，言恕，言诚，言絜矩，言参天地、赞化育"③。"地球之治也，以有天下而无国也。……治者，有国之义一；在宥者，无国之义也。……人人能自由，是必无国之民。无国则畛域化，战争息，猜忌绝，权谋弃，彼我亡，平等出；且虽有天下，若无天下矣。君主废，则贵贱平；公理明，则贫富均。千里万里，一家一人。视其家，逆旅也；视其人，同胞也。父无所用其慈，子无所用其孝，兄弟忘其友恭，夫妇忘其倡随。"④ 理想的国家就是无国之国，人人得以自由、天下一家、人人相同、家家一致，个人、家庭、社会及国家全部的利益和要求一致，一切界限都消失。这是一幅无人界、家界、国界、种界的世界主义景象，这和康有为的大同社会有很大的相似性。

（二）变法与改革：现实国家的建造

理想虽如此美好，然而他所面对的当时中国却是一幅破败和飘摇景象。针对现实国家的改造，谭嗣同提出了很多主张，其中包含有现实的国家主张。

1. 兴民权和废除君权，倡导民主

他认为民主或君民共主是 "伦常中之大公"⑤。在读过《时务报》上转载的严复《辟韩》一文后，他称道 "好极！好极！"⑥ 这些都表明他对自由、民主的渴望和期盼。1897年12月，他上书陈宝箴，提出 "善亡之策"，倡导要开国会、设公司："国会者，群其才力，以抗压制也。湘省请立南学会，既蒙公优许矣，国会即于是植基，而议院亦且隐寓焉……公司者，群其资产，以防吞夺也。万国公法：凡属公产，其转移授受，一视其君与官，民不得保而有之。惟民产为民所独有，君与官亦不得转移而授受之。凡此界限，各国守之最严，未尝一淆乱。"⑦ 开国会是为了保证民众的权利，而开公司强调外人不得侵夺私人公司的财产，这是财权的保护，其核心还是保护民权。

谭嗣同同时认为要废除君权。这在前文反对君为臣纲的论述中已经有阐述。他指出暴

---

① 谭嗣同：《仁学》，印永清评注，中州古籍出版社 1998 年版，第 212 页。
② 谭嗣同：《仁学》，印永清评注，中州古籍出版社 1998 年版，第 215 页。
③ 谭嗣同：《仁学》，印永清评注，中州古籍出版社 1998 年版，第 219 页。
④ 谭嗣同：《仁学》，印永清评注，中州古籍出版社 1998 年版，第 235 页。
⑤ 谭嗣同：《论学者不当骄人》，《谭嗣同全集》，三联书店 1954 年版，第 131 页。
⑥ 谭嗣同：《致汪康年书》，《谭嗣同全集》，三联书店 1954 年版，第 349 页。
⑦ 谭嗣同：《上陈右铭抚部书》，《谭嗣同全集》（增订本），中华书局 1981 年版，第 278~279 页。

君是大盗，他们"竭天下之身命膏血，供其盘乐怠慢，骄奢而淫杀"，"供一身之不足，又滥纵其百官，又欲传之世世万代子女，一切酷毒不可思议之法，由此其繁兴矣"。① 他甚至提出要杀尽天下君主以泄万民之恨："彼君之不善，人人得尔戮之，初无所谓叛徒也。叛徒者，君主创之以恫喝天下之名。"② 他还批判荀子的乡愿之说，认为此说缺乏真正的善恶标准，只是以君主好恶为原则，是媚俗之学。而大盗贼利用乡愿献媚于大盗，二者结合又托名孔教，一起欺压百姓，剥夺百姓的权利。"两千年来之学，荀学也，皆乡愿也。惟大盗贼利用乡愿；惟乡愿工媚大盗贼。"③ 实际上呢，个人与"天子"并无区别，都有自主权，天下正是一个一个民（个人）组成，君主必须以天下为公。

他倡导官民"平权"。在《壮飞楼治事篇》第五中阐述了"平权"理念，反对官尊民卑。他指出其平权是"平其议事之权而已。办事之权仍官操之"④，实际上官员只是办事者，法令制定另有"会"议。而法令又如何定呢？他认为应该由总学会厘定简要有定之法。法有四个方面：一是定章程，他认为以往的《会典》只是总的叙述各部门职责，仅在中央设定大纲，并无办事的规则，这样不好，要设定章程学，详细制定章程。二是表。表就是提要，经综合而提炼出。三是图。表是精要，也许让人难以理解，图则让所有人都明白。四是法完备，由总学会颁布于分学会，分学会复上其成事于总学会，还可以随时议论后修改法令。⑤

2. 创办学会

谭嗣同认为中国各种事情之所以做不好，主要是各种隔膜、不通、互相不来往、不理解所致："事之所以不治，有为之隔者也。君与臣隔，大臣与小臣隔，官与绅隔，绅与士隔，士与民隔，而官与官，绅与绅，士与士，民与民，又无不自相为隔。"为何难以互相理解而至隔膜呢？谭嗣同认为主要还是因为没有成立各种"会"（会社、组织），缺少联系。"有会则必先有学，若农学，若工学，若商学，若矿学，若医学，若凡天地、化电、图算、格致诸学，无一不当有会，而统之于总学会与分学会。"⑥ 他认为会正是消除种种隔阂的好方法。

他认为会的作用非常广，主要则是议事权。包括：制定法律："今将悉取旧法而废之，又不可得，则莫如令总学会厘订一简要有定之法"⑦；议论和决定政事权，比如政府官员想要办某事、兴某学，必先与学会讨论，议定后才能成，如议有争议，则多数者为主。老百姓想要办某事、兴某学，先提交给分学会，分学会则提交给总学会，总学会可以

---

① 谭嗣同：《仁学》，《谭嗣同全集》，三联书店 1954 年版，第 339 页。

② 谭嗣同：《仁学》，印永清评注，中州古籍出版社 1998 年版，第 162 页。

③ 谭嗣同：《仁学》，印永清评注，中州古籍出版社 1998 年版，第 169 页。

④ 谭嗣同：《壮飞楼治事篇第五·平权》，蔡尚思、方行编：《谭嗣同集》，海南国际新闻出版中心 1996 年版，第 197 页。

⑤ 谭嗣同：《壮飞楼治事篇第七·法律》，蔡尚思、方行编：《谭嗣同集》，海南国际新闻出版中心 1996 年版，第 198 页。

⑥ 谭嗣同：《壮飞楼治事篇第四·通情》，蔡尚思、方行编：《谭嗣同集》，海南国际新闻出版中心 1996 年版，第 196 页。

⑦ 谭嗣同：《仁学》，《谭嗣同全集》，三联书店 1954 年版，第 91~102 页。

行之。这样官员考察民间有了通道，民间陈述利弊也有了渠道，则大事上下能一心。"合群策群力以举之。"① 学会还有权管理经济生活："言理财，悉以养民为主义。众寡舒疾，互研其理，农矿工商，各精其术，斯固然矣。有善堂者亦会之义也，苟尽取而并之于学会，或督其成，或分其役。"学会还有权培养和输送行政长官："总学会尤为造就后补官之地矣"，"总学会之设也，正以使官中之人才，皆出于学，不独于后补官为然也"。② 如此，可以上通下达、变疏以亲、滞者以达、塞者以流、离者以合、幽者以明、弱者以强。各种 "会" 还可以多出报章、发表言论。则大吏的骄横、小吏的欺诈都可以避免。官民之间、师徒之间、兄弟之间互通有无，融为一体。这实际上可达成议院的效果。会还要承担资助小民、帮助贫穷者生存的职责。

在《〈湘报〉后叙》（下）中，他特别指出，新民需要做三件事，第一是创学堂、改书院，但学堂毕竟容量有限，不足以让所有人都能得到新知识，因此他提出第二是办学会，第三则是办报纸（详见后述）。学会可以将学堂容纳不了的人纳入。《壮飞楼治事十篇》他又专门对成立学会作出解说："大哉学会乎！所谓无变法之名而有变法之实者，此也。"他认为各行各业都应该成立 "会"。"士会于庠而士气扬，农会于疆而农业昌，工会于场而工事良，商会于四方而商利孔长、各以其学而学，即互以其会而会。力小，会二三人；力大，会千万人。人人可以自致，处处可以见功，夫何惮而久不为也？会成而学成。"③ 在《壮飞楼治事篇》第九 "群学" 里，他将 "群学" 的内涵解释为 "立会" "入会"："荀子曰：'人之所以异于禽兽者，以其能群也。'是则但为人之智力所能为，而禽兽所不能为者，无不可以学而学，会而会，且通为一学一会也。儒而入会，于是无变书院之名，而有变书院之实；释老而入会，于是无变寺观之名，而有变寺之实；农而入会，于是无农部之名，而有农部之实；商而入会，于是无商部之名，而有商部之实；工而入会，于是无劝工之名，而有劝工之实；矿而入会，于是无办矿之名，而有办矿之实……"④ 各种 "会" 无所不在，所有需要均可得以满足，故而 "大哉学会"。徐义君认为，谭嗣同所主张建立的 "学会"，"是一种设想得有相当权力的机构"，各级学会成员应以有学问的绅士为主。而绅士既可以是出生地主官僚之家的知识分子，也可以是经营工商业的富绅。"士、农、工、商均可入会"，"平其权于学会"，会员权利平等。⑤

他自己对创会、参会积极不已。他起草了《农学会会友办事章程》十八条，具体制订了在总会的基础上设立分会、各地相互联络、传递及推广科技等计划，这与他对 "会" 的理论阐述相互回证。1897 年，他跟梁启超、康广仁一起在上海成立不缠足会，后为董事。《试办不缠足会简明章程》，规定了具体做法：凡入会人所生女子不得缠足；男子不得娶缠足之女；所生女子已经缠足，一律放足；入会人之间及子女间可互相通婚；入会女

① 谭嗣同：《壮飞楼治事篇第四·通情》，蔡尚思、方行编：《谭嗣同集》，海南国际新闻出版中心 1996 年版，第 196 页。

② 《谭嗣同全集》，三联书店 1954 年版，第 91~102 页。

③ 谭嗣同：《壮飞楼治事篇第三·学会》，蔡尚思、方行编：《谭嗣同集》，海南国际新闻出版中心 1996 年版，第 196 页。

④ 谭嗣同：《壮飞楼治事篇第九·群学》，蔡尚思、方行编：《谭嗣同集》，海南国际新闻出版中心 1996 年版，第 199 页。

⑤ 参见徐义君：《谭嗣同思想研究》，湖南人民出版社 1981 年版，第 9~10 页。

子年龄太大无法放足的也可以与入会人通婚。此章程在《时务报》发表。1897 年，他联合杨文会等人在南京创立金陵测量会，他也起草了章程，倡导用科学仪器进行科学实验。测量会收集了天文镜、地平仪、子午仪、经纬仪、叠测仪、空气风雨表、罗盘等几十种仪器，还购置了各种地图、天文图、矿石图、百鸟图、植物图及人体解剖图等。他辞官回湖南，并成为时务学堂的教习，传授他的思想。谭嗣同还创办了南学会。1898 年 2 月，在长沙孝廉堂创办南学会："自强之基，当从此起矣"。① 后谭嗣同在湖南各府、厅、州、县设立分会，努力沟通长沙总会与各地分会的关系，提出"上下相亲、权力相平、长短相济、学业相益""万众一心"的原则。南学会成立后最多时学友达一千二百多人，骨干两百多人，他们针砭时弊、发表演讲、读书读报、收集大量图书、订购当时各种新报纸如《时务报》《申报》《湘报》《国闻报》《万国公报》等，南学会成为当时新学思潮的发散地。谭嗣同不仅参与南学会的组织工作，且发表演说六次。他还与熊希龄等人创立延年会，其目的是充分利用时间，减免生活交际中的繁文缛节。此外，他赞同设保卫局，释放罪犯以自食其力，开办矿厂以鼓励企业发展，他还与其老师欧阳中鹄共同创办算学馆，成立算学社，并建成"浏阳算学馆"。②

3. 其他主张

谭嗣同还积极投身于报纸的创办中。在《〈湘报〉后叙》（下）他提出的三条新民措施的第三条就是办报纸。"报纸出，则不得观者观，不得听者听"，报纸还是"与众共之道"，是"民史"。1898 年，他创办《湘报》，担任主笔，倡导新学。此外，他积极参与《时务报》的创刊发行，还筹办农学会，创办《农学报》。其妻子李闰在其鼓励下参加相关活动，后联合康广仁妻子在上海成立中国女学会，并出版中国第一份杂志《女学报》，批判男尊女卑，倡导男女平等、婚姻自由。谭嗣同曾努力创立《矿学报》，但未果。

谭嗣同还提出了很多其他变法措施。包括改变科举制度，倡导要将学校和科举结合，由学校培养专门人才。"变法者非他，务使人克尽其职，不为坐食之游民而已。"③ 让学不同学科的人到不同岗位，各尽其才，这是造就人才最好的办法。除了广兴学校，他还倡导大开议院、练海军、兴商务等。特别是开放言论自由。他还曾代拟上谕，重言变法本意："西国政治之学，千端万绪，主于为民开其智慧，裕其身家，其精（者）乃能美人心智，延人寿命。凡生人应得之利益，务令其推广无遗。"④ 他赞同通商："彼治于我，我将师之；彼忽于我，我将拯之。可以通学，可以通政，可以通教，又况于通商之常常者乎！"⑤ 他还认为，应该在各府、县的"绅首"中选拔一些能"集股开矿，或置办机器的

———————————

① 谭嗣同：《南学会讲义·论中国情形危急》，《谭嗣同全集》，三联书店 1954 年版，第 398 页。

② 以上参见王儒年：《谭嗣同》，云南教育出版社 2008 年版；王夏刚：《戊戌军机四章京合谱》，中国社会科学出版社 2009 年版；徐义君：《谭嗣同思想研究》，湖南人民出版社 1981 年版。

③ 谭嗣同：《兴算学议》，《谭嗣同全集》，三联书店 1954 年版，第 159 页。

④ 《戊寅谕内阁》，转引自王夏刚：《戊戌军机四章京合谱》，中国社会科学出版社 2009 年版，第 208 页。

⑤ 谭嗣同：《仁学》，印永清评注，中州古籍出版社 1998 年版，第 88 页。

人"作为议员，在政府的支持下决策地方事务。① 这里既有民主理念，也包含对地方自治的倡导。

三、新"社会"观：在传统文化与西方文化中超越

谭嗣同的"社会"观是西方民主、自由平等学说，佛教众生平等及中国传统文化的融合，具有了近代的新内涵。他对人欲的尊重，对三纲五常强烈否定与批判，对人与人之间的平等的强调，这些内容包含了他对个人自由、个人权利的尊重和认同。而他核心的"仁"的理念，又将这种个人权利的边界予以了界定，他希望社会最终是无差等、无名，人人平等的社会，他提出要"破对待"，要用心力去爱，去除私欲，达成仁的要求，从而达到一切平等、个人与社会和谐共处的境界。

他要求废除君权，君民平等，倡导言论自由，他对"立会"非常热衷，不仅对会的作用大加赞赏，认为会能起到沟通方方面面的关系，变疏为亲，开塞以流，变离为合的目标，会员之间的平权和积极讨论还能达到"万众一心"的目的。会遍布各个行业、各个领域，真正能传递民意。他不仅自己积极参与立会的活动中，还大力宣传会的作用。他鼓励办报纸，认为这是与民众沟通的好方法，是民史。他对言论自由和选举权等的倡导都表明他已经走在时代的前面。他极力鼓励的这些主张，事实上为"公民社会"的到来创造了条件，不仅有公共空间，且也形成了各种代表不同领域人的公共组织。

而他的国家观，从他参与戊戌变法的实际行动来看，很多人可能认为他是一个君主立宪的倡导者，然而这多是他在地方变革受阻后的权宜之法，即他认为在保守势力如此庞大的情况下，立即去除君权对新国家建始所需要的变法无益，他要求废除君权、倡导政府为民众服务的理念从未改变。不仅如此，从更理想的未来来看，他是一个世界主义者，超越一切国家的局限，创造一个无国界、无差等的大同世界，这无疑是其思想的另一伟大境界。谭嗣同的思想不是对西方新的社会学说的简单照抄，也不是传统思想的新瓶装旧酒，而是对两种文化的共通超越和再创造。

（作者单位：武汉大学社会学系，南昌大学公共管理学院、廉政研究中心）

---

① 《谭嗣同全集》（增订本），中华书局 1981 年版，第 429 页。

试析戴鸿慈《出使九国日记》中的议会

□ 余冬林

【摘要】 戴鸿慈在《出使九国日记》中，使用了"议院""国会"等议会术语。他较为细致地考察欧美诸国的议院，并对其组织结构、运行机制、议员选举等方面进行较为具体的描述；同时认识到君主立宪政体优越于专制政体，力倡以德国和日本为榜样仿行宪政。但是，因对"民权（民主）""自由""平等"等概念并没有真正地把握和理解，以及出于对皇权和清朝统治的维护，导致他所认知的议会与事实上的议会仍有相当的距离。

【关键词】 戴鸿慈；《出使九国日记》；议会

戴鸿慈（1853—1910），字光孺，号少怀，广东南海人，是有清一代广东"由军机入相者第一人"。光绪二年（1876）进士，授翰林院庶吉士，于光绪五年（1879）、光绪十一年（1885）分别督学山东与云南。光绪二十年（1894），充日讲起居注官。同年，迁翰林院侍讲学士，后督学福建，再迁内阁学士。光绪二十六年（1900）擢刑部左侍郎，翌年转户部右侍郎。光绪三十一年（1905），戴作为五大臣之一出国考察政治。出国后旋即被任命为礼部尚书。翌年改任法部尚书、参预政务大臣。宣统元年（1909），被赏一等第三宝星，充报聘俄国专使大臣。同年，以尚书在军机大臣上行走。后擢协办大学士。宣统二年（1910）卒，谥文诚。

一、《出使九国日记》中的议会记述

出使归来后，戴鸿慈"重次日行所记，凡十二卷"，名曰"出使九国日记"。此书于光绪三十二年十二月由清政府农工商部工艺局印刷科印行。在《出使九国日记》中，所使用的议会术语有：议院、国会。使用的议会相关术语有：上议院、上院、贵族院、元老院；下议院、下院、庶民院、代议院。主要论及了美国、英国、法国、德国、瑞典、奥匈、荷兰、意大利等国议会文化。

其一，考察《出使九国日记》所记述的美国议会文化。戴鸿慈在述及美国议会文化时，所使用的议会术语有：议院；议会相关术语有：上院、上议院，下院、下议院。其内容主要涉及议院两院的职能、议事规则以及议员选举、任期和数量等。戴鸿慈注意到议员公私分明，议政之争，非为私利，故予以"文明"的价值判断。

其二，考察《出使九国日记》所记述的英国议会文化。戴鸿慈在述及英国议会文化时，所使用的议会术语有：议院；议会相关术语有：上院、上议院、贵族院、下院、下议院、庶民院。其内容主要涉及议院两院的职能、议事规则以及议员的党派、选举、任期和数量等。戴鸿慈观察到，英国议院两党之争，实为"争公理、不争意气者"；下议院议员的选举，"皆择有公民资格者"；下院权力较大，制定法律"视舆论为转移"。需要说明的是，这里所谓的"政府党"和"非政府党"是指自由党和保守党。不过，劳工代表委员会在1906年大选中共有29人当选为议员，并促使下院通过了《劳资争议法案》。同年年底，劳工代表委员会正式改名为"工党"。

其三，考察《出使九国日记》所记述法国议会文化。戴鸿慈在记述法国议会文化时，所使用的议会术语有：议院；议会相关术语有：上院、上议院、元老院，下议院、代议院。其内容主要涉及议院两院议员的选举、任期和数量等。戴鸿慈之记述上议院议员选举实不及薛福成具体准确。上议院议员其中的75名由当时已经存在国民议会"以名单投票"方式选出，其余225名则由各省与殖民地选出。由国民议会选出的参议员为"终身任职"，由各省与殖民地选出的参议员仅"任期9年"，后者每三年改选其中的三分之一。

其四，考察《出使九国日记》所记述的德国议会文化。对德国议会文化的记述涉及联邦议院和普鲁士议院两个层面。对联邦议院的记述所使用的议会术语有：议院，议会相关术语有：上议院、下议院。其内容主要涉及联邦议院规模、制度、议员数量等。光绪三十二年二月十四日记曰："午一时，往观联邦议院。此为联邦会议之所，与各国上议院、下议院名义稍殊，而其规模、制度大致无异。会议厅甚大，议员坐位按号排列如员数。观者皆在楼上凭观。旁有皇座，备德皇降临之用焉。余等旁听约一时许，乃出。"[1] 对普鲁士议院的记述所使用的议会术语有：议院，议会相关术语有：代议院、下议院。其内容主要涉及普鲁士议员的选举方法、选举资格和数量以及上下议院的分工等。在其中，戴鸿慈使用了"公民权"的概念。

综上可知，戴鸿慈主要是从以下几个方面来记载上述诸国议院的考察情形的：一是议院的结构组成。二是议员资格、人数、任职年限、选举方法。三是议院议事规程。值得注意的是，在述及议员选举时，他运用了"公民权""公民资格"等新概念。此外，在考察多国议院后，戴鸿慈发现欧洲各国采取权力制衡的原则，将立法、行政、司法分开，即"三权分立"，他认为这种办法是最好的，即所谓"欧洲各国，政制相维，其法至善"[2]。

二、戴鸿慈的议会印象

出国之前，戴鸿慈的思想方面已比较开化，以"知新"而为世所知。光绪二十九年（1903），清廷进行经济特科考试。在八股取士的科举制度尚未废除时，经济特科还是个

① （清）戴鸿慈：《出使九国日记》（合印本），岳麓书社1986年版，第387页。
② （清）戴鸿慈：《出使九国日记》（合印本），岳麓书社1986年版，第507页。

新鲜事物。当时任户部右侍郎的戴鸿慈即是此科考生梁士诒的保人之一。后又上奏请设报局及上会议政务处议事规则。此外，他还与梁鼎芬、李文田、端方、康有为、张之洞等新派人物素有交往。不过，他为人处世基本上奉行"中庸之道"，"生平以端谨著称"①，"谨饬和厚，生平未尝迕人"②。

光绪三十一年十一月二十三日（1905 年 12 月 19 日），戴鸿慈、端方等自上海出发，取道日本前往欧美各国。为使考察收到良好成效，戴鸿慈亲手制定了一份详细的"敬事预约"，包括"立宗旨、专责任、定体例、除意见、勤采访、广搜罗"六大项，要求考察团成员"通力合作，以讫成功"。自光绪三十一年十一月（1905 年 12 月）启程至翌年六月（1906 年 7 月）返京，戴鸿慈考察团先后历经日本、美国、德国、丹麦、瑞典、挪威、奥匈、俄国、荷兰、瑞士、比利时、意大利等 15 个国家，其中重点考察了美、德、奥、俄、意五国。考察内容主要涉及欧美各国的宪政（如议院、地方自治等）、经济（如银行、财政、工业、农业、商业等）、教育（如普通教育、高等教育、专门教育等）、司法（如裁判所、警察局、监狱等）、军事（如兵工厂、兵部等）等。此外，还对剧院、消防、交通、报馆等社会公共事业以及旅游资源等进行了考察。

戴鸿慈在美国参观华盛顿故居后，称赞道："盖创造英雄，自以身为公仆，卑宫恶服，不自暇逸。以有白宫之遗型，历代总统咸则之。诚哉，不以天下奉一人也！"③

可见，戴鸿慈认知中的华盛顿带有一定中国古代尧舜之君的色彩。光绪三十二年正月初十日，在参观纽约报界最盛行的某报馆后，认识到报馆与开民智之间的关系，他指出："人民智识之程度，恒与报馆之销数为比例。"④ 戴鸿慈考察了英国的议院、博物院、戏院、博济银行后，于光绪三十二年二月初五日评价道："英吉利为西欧老国，君主立宪，上下有章，又最重门第，有中华魏晋风气。伦敦繁富，列统计者推为环球第一。"⑤ 由此可见，戴鸿慈对英国的君主立宪制是持肯定态度的，对英国的民俗亦有一定程度的了解。

需要指出的是，所谓"立宪"，是把国家视为由国民组成，国家主权来自国民公意和国民个人权利的让渡。当皇帝作为国民公意的代表时，皇帝是立宪主体；当皇帝不能代表国民公意时，立宪主体便是国民。西方君主立宪，存在着德国和英国两种模式。清廷取法日本，以皇帝为立宪主体。⑥

（一）"立宪之要在自治"

当时，清政府的权力逐渐缩小，而地方督抚的权力日趋增大，有实行地方自治的需要。戴鸿慈对地方自治的考察，主要是在参观各州或各省、各邦时，到其省办事处或州议院进行参观考察，并向一些相关专家请教。在美国时，就曾到内布拉斯加州参观省会办事

① 汪康年：《汪穰卿笔记》，四川人民出版社 1988 年版，第 459 页。
② 沃丘仲子：《近代名人小传》，中国书店 1988 年版，第 128 页。
③ （清）戴鸿慈：《出使九国日记》（合印本），岳麓书社 1986 年版，第 353 页。
④ （清）戴鸿慈：《出使九国日记》（合印本），岳麓书社 1986 年版，第 358 页。
⑤ （清）戴鸿慈：《出使九国日记》（合印本），岳麓书社 1986 年版，第 381 页。
⑥ 金观涛、刘青峰：《观念史研究——中国现代重要政治术语的形成》，香港中文大学当代中国文化研究中心 2008 年版，第 87 页。

署，看到他们"分室办事，各理其职……有条不紊"，感觉"深可佩也"。① 在波士顿，则参观其议院，② 还曾请"上议员某君到寓演说华盛顿地方自治章程"③。光绪三十二年二月二十四日，阅读报纸译丛，他认识道："宪法者，行政之花。欲考其花，必先考其根本，故必先考地方自治制"，"德国宪法本于地方自治"，"立宪之要在自治，自治之要在民兵"。④

对这些主张，戴鸿慈并不一一赞同，如对于"自治之要在民兵"。戴鸿慈认为，就当时国情而言，教练民兵以达自治并不适合中国，更重要的是对民众进行相关教育。这与其上奏请设报馆、关注欧美报馆开民智的成效实际上是一脉相通的。

（二）"政当以德为借镜"

每当在一国的考察结束后，戴鸿慈都及时向朝廷进行奏报。如他认为美国"以工商立国，纯论民权，与中国政体本属不能强同……故其一切措施难以骤相仿效"⑤。他又指出：

> 立国之意，专注重于练兵，故国民皆有尚武之精神，即无不以服从为主义。至于用人行政，则多以兵法部勒其间，气象森严，规矩正肃。其人民习俗，亦觉有勤俭质朴之风，与中国最为相近。盖其长处，在朝无妨民之政，而国体自尊，人有独立之心，而进步甚猛。是以日本维新以来，事事取资于德，行之三十载，遂致勃兴。中国近多歆美日本之强，而不知溯始穷源，政当以德为借镜。……而其良法美意行之有效者，则故当急于师仿不容刻缓者也。⑥

从戴鸿慈向朝廷奏报中，可以看到他心目中仿行宪政的榜样不是新兴的美国，而是尚武的德国和日本。

（三）西方的"民权""自由"和"平等"非我中土所能有

戴鸿慈对西方的"民权""自由"和"平等"亦有一定的认识，他认为：

> 譬如民权，学者之所倡言也。我观西国，其重视主权也良至，凡百职司，权必归一，而下此服从焉，未有以分权而能治者也。共和之政治，学者梦想之所托焉耳，殆非我中土之所能有也。美为民主之国，而选举之法，弊亦随之，所见或不逮所闻，而况于人格之不美若乎？此民权之真相也。又如自由，自由云者，人人于其权利范围之中，得以为所欲为，不受压制焉耳，非夫放纵无节之谓也。我观欧美之民，无男妇老

---

① （清）戴鸿慈：《出使九国日记》（合印本），岳麓书社 1986 年版，第 344 页。
② （清）戴鸿慈：《出使九国日记》（合印本），岳麓书社 1986 年版，第 371 页。
③ （清）戴鸿慈：《出使九国日记》（合印本），岳麓书社 1986 年版，第 352 页。
④ （清）戴鸿慈：《出使九国日记》（合印本），岳麓书社 1986 年版，第 398 页。
⑤ 故宫博物院明清档案部：《清末筹备立宪档案史料》（上册），中华书局 1979 年版，第 7~9 页。
⑥ 故宫博物院明清档案部：《清末筹备立宪档案史料》（上册），中华书局 1979 年版，第 9 页。

少，其于一切社会之交际，相待以信，相接以礼，守法律，顾公德，跬步皆制限焉。自其表观之，至不自由也。此自由之真相也。又如平等，西国之所谓平等者有之矣，上自王公，下逮庶民，苟非奴隶，皆有自主权，其享受国民之权利维均。一介之士，虽执业微贱，苟其学成专门皆足以抗颜宰相之前而无所屈；盖其执艺平等，而非以爵位之贵贱论也。此平等之真相也。①

需要指出的是，民权（或民主）首要含义是权力由谁行使的问题，即有关权力的根源与权力合法性原则。它意味着只有自下而上授予的权力，只有表达人民意志的权力，才是合法的权力。它表明了只有当权利与权力关系遵循着权利是权力之母、权力必须服从于与服务于权利的原则时，民主制度才是可欲的、可善的。② 从语义变迁的角度来看，民权一词是来自日语的原语汉字借词。始见于 1879 年黄遵宪的《日本国志》。1896 年，梁启超将"民权"作为"君权"的对立词来使用。③ 戴鸿慈看到了西方国家不仅重视民权，还重视主权，"权必归一，而下此服从焉"，但是他并不能透彻理解民权（或民主）的真实含义。对于"自由"的概念，他能理解"人人于其权利范围之中，得以为所欲为"，但并不能意识到自由是每个人固有的本质，是人与生俱来的权利，自由关注的是权力如何行使的问题等意义。对于"平等"的概念，戴鸿慈意识到其含义为"皆有自主权，其享受国民之权利维均"，但又局限于"执艺平等，而非以爵位之贵贱论"，可见，他并没有真正理解平等的两层基本涵义：一是法律面前人人平等；二是在构成人类本质的权利面前人人平等。④

综上可知，戴鸿慈对西方议会制和宪政的基本认识如下：议院一般由上下两院组成，议员是在符合年龄、资历或纳税标准等条件、拥有"公民权"者中产生，其任职一般亦有一定的年限限制。议员议政之争，实为"争公理"，非"争意气"。欧美各国都采取"三权分立"权力制衡的原则。立宪的关键在于地方自治。欧美各国地方自治制度比较完善，省办事处或州议院分工明确，各司其职，有条不紊。但德国"通国皆兵之制"的自治之制并不适合中国。中国要仿行宪政，要以德国和日本的君主立宪制为榜样，此两国国情与中国最为相近。而"以工商立国，纯论民权"的民主共和制的美国则不足效法。由于"国民无普通智识与法律思想"，骤行立宪不可取，应当以渐进为主义，应有一定的准备时期。鉴于当前中国的局势，这个时期不宜太长。从其回京后的奏折中可以看出，他认为预备立宪之期以十五年或二十年为宜。⑤ 此外，他还认识到仿行宪政应从普及教育（开民智）、厘定法律和改革财政着手。

由上可知，戴鸿慈较为细致地考察欧美诸国的议院，并对其组织结构、运行机制、议员选举等方面进行较为具体的描述；同时认识到君主立宪政体优越于专制政体并力倡以德

---

① （清）戴鸿慈：《出使九国日记》（合印本），岳麓书社 1986 年版，第 296~297 页。

② 范进学：《论宪政的概念》，《山东大学学报》2003 年第 1 期，第 116 页。

③ ［意］马西尼著，黄河清译：《现代汉语词汇的形成——十九世纪汉语外来词研究》，汉语大词典出版社 1997 年版，第 230 页。

④ ［德］特弗利德·赫费著，沈国琴等译：《经济公民、国家公民和世界公民——全球化时代中的政治伦理学》，上海译文出版社 2010 年版，第 48 页。

⑤ 故宫博物院明清档案部：《清末筹备立宪档案史料》（上册），中华书局 1979 年版，第 376 页。

国和日本为榜样仿行宪政。此外，对"民权（民主）""自由""平等"以及地方自治亦有一定的认识。而且，检视《出使九国日记》，我们不难发现，戴鸿慈并不像薛福成等使臣坚信中华圣教必将遍行于五大洲，或者经常运用中国传统思想文化资源来解读西方的议会文化。因此，他关于西方议会文化的描述总体而言还是比较客观的。但是，我们也应该意识到，正是因为他对"民权（民主）""自由""平等"等概念并没有真正地把握和理解，以及出于对皇权和清朝统治的维护，导致他所认知的议会与事实上的议会仍有相当的距离。

尽管如此，但是戴鸿慈等大臣的考察活动对于清末实行君主立宪国策的确立与立宪模式的选择，及整个预备立宪运动的启动和初步发展，都起到了十分关键的作用。光绪三十二年（1906）六月初一日，"戴端团"抵达上海。在上海期间，他多次与张謇、汤寿潜、缪荃孙等立宪派探讨立项事宜。二十一日抵达北京复命。回到北京后，戴鸿慈两次受到光绪和慈禧召见，在汇报考察情况时，他"详言立宪利国利民，可造国祚之灵长，无损君上之权柄，及立宪预备必以厘定官制为入手"。此后，戴鸿慈等又连续上奏，提出立宪的主张与立宪方案。这些奏折以《请定国事以安大计折》《请改定全国官制以为立宪预备折》最为重要，影响也最大。其中提出"举国臣民立于同等法制之下，以破除一切畛域"；"国是采决于公论"；设立责任内阁；确定中央与地方权限等建议。这些奏折受到了清朝最高统治者的高度重视。在戴鸿慈、端方等重臣的努力下，清政府于9月1日颁布"预备立宪诏"，宣布"仿行宪政"，确立了实行立宪的基本国策。在此过程中，戴鸿慈的态度是积极的。早在上海时，戴鸿慈已于六月十三日由军机处代递封奏一件，回京后还有许多奏折上奏。据统计，从回国算起到七月底清政府决定"预备立宪"改革官制、戴鸿慈被任命为厘定官制大臣之一止，戴鸿慈共计被召见四次，多次上奏，内容当然都是关于新政的，其中大多为与端方或其他出洋大臣联衔会奏的。现在北京国家图书馆普通古籍阅览室收藏有戴鸿慈考察回国后的《考察各国政治条陈折稿》中的九折，其中大多是与端方会奏请的。①

同时，戴鸿慈领衔编纂《欧美政治要义》和《列国政要》。此外，还作为厘定官制大臣之一参与官制改革。至此，戴鸿慈等考察宪政的大臣们完成了他们的历史使命。此后，清廷预备立宪所采取的一系列措施，基本上没有超越戴鸿慈等设计的方案框架。②

（作者单位：武汉轻工大学艺术与传媒学院）

---

① 易红英：《戴鸿慈研究》，华南师范大学硕士学位论文，2005 年，第 63 页。

② 俞勇嫔：《戴鸿慈与清末宪政运动的开端》，《历史教学》2005 年第 11 期，第 48 页。

论梁启超译介、传播社会主义的特点*

□ 汪平秀

【摘要】梁启超译介、传播社会主义（包括马克思主义），从传播时间看，他是译介社会主义、马克思主义的先驱者之一，在较长时间里，他持续进行传播；从译介方式看，他"以中释马"，常以中国古代圣贤和某些传统思想比附、解释马克思和社会主义；从译介依据的文本看，他因为语言的关系，主要是依据日译西学著作，向国内传播社会主义；从传播的价值取向看，他向国内输入各种西方思想学说，包括社会主义，原是立足于立宪、改良的政治理念和启蒙救国的使命，后来他认为社会主义并不能救中国，因此介绍社会主义的内容相比较其他西方思想，就薄弱得多，并存在一些偏颇和误解之处。探讨梁启超译介、传播社会主义的特点，本文试图全面客观地评价他在中国传播马克思主义的历史进程中的功过得失，既不拔高他的贡献，也不贬低他作为先驱者的地位。

【关键词】梁启超；社会主义；马克思主义；传播；特点

梁启超是中国近代思想界的巨子，他处于时代顶峰，常用带感情的笔墨，将大量西方思想学说引进中国，如霍布斯、斯宾诺莎、卢梭、亚里士多德、颉德、培根、笛卡儿、达尔文、孟德斯鸠、边沁、康德、伯伦知理等人的思想学说，涉及政治、经济、伦理、历史、文学、宗教、教育等诸多领域。20 世纪初，梁启超在"传播西方哲学的学者中，成果最多，传播倾向最具代表性"①。社会主义（包括马克思主义），也是梁启超当时译介、传入的西方思想之一。我们试对梁启超译介、传播社会主义的特点作一番探求，以求教于方家。

一、传 播 时 间

从传播时间看，梁启超是译介社会主义、马克思主义的先驱者之一，在较长时间里，

---

* 本文为广东省哲学社会科学"十三五"规划 2016 年度学科共建项目"梁启超与马克思主义研究"（项目编号：GD16XMK21）阶段性成果。

① 黄见德：《20 世纪西方哲学东渐史导论》，首都师范大学出版社 2002 年版，第 68 页。

他持续进行传播。

梁启超是中国近代历史上较早接触西方社会主义思想和社会主义国际工人活动消息的人物之一。他早在维新变法前，就阅读了美国著名空想社会主义者贝拉米的《回头看》。1896 年 9 月，《时务报》第六册发表《社会党开万国大会》一文，介绍了第二国际在伦敦召开代表大会的消息，"西［历］七月三十一日，英京伦敦万国社会党人等开大会"①，当时作为《时务报》主办者和主笔的梁启超，理应知道这则消息。《社会党开万国大会》是中国较早介绍社会主义国际工人活动的文字之一。之前，19 世纪 70 年代巴黎公社革命爆发后，香港报纸《华字日报》《中外新报》等发表了王韬、张宗良合作译写的有关报道，稍后王韬将它们汇编成《普法战纪》一书，于 1873 年由中华印务总局出版发行；同时期，江南制造局编译了《西国近事汇编》，报道了德国、俄国、英国、西班牙、美国、法国等国的工人罢工运动和社会民主党的活动，将社会民主党译为"康密尼人""郭密尼士"或"尼赫里士"。1899 年 2 月，《万国公报》第 121 期发表了由英国在华传教士李提摩太节译、蔡尔康撰述的《大同学》，其第一章"今世景象"说："其以百工领袖著名者，英人马克思也。"② 这是国内第一次出现马克思的中文名字。1901 年，梁启超撰写了《南海康先生传》一文，其中提到社会主义。1902 年，他又发表《进化论革命者颉德之学说》，说："今之德国有最占势力之二大思想，一曰麦喀士之社会主义，二曰尼志埃之个人主义。""麦喀士，日耳曼人，社会主义之泰斗也。"③ "麦喀士"，即马克思。"这样就使梁启超成为第一个在文字上介绍马克思的中国人。"④ "由中国人自己著文传介马克思主义，肇始于梁启超。"⑤ 根据以上的时间点考察，我们可以说，梁启超是译介、传播社会主义、马克思主义的先驱者之一。

梁启超大规模地译介、传播西方思想是在戊戌变法失败后流亡日本开始的。他主张"将世界学说为无制限的尽量输入"，主办《清议报》《新民丛报》等报刊，作为主阵地，大量译介、引入、传播西方思想学说。他曾说："壬寅、癸卯间，译述之业特盛，定期出版之杂志不下数十种。日本每一新书出，译者动数家。新思想之输入，如火如荼矣。然皆所谓'梁启超式'的输入，无组织，无选择，本末不具，派别不明，惟以多为贵，而社会亦欢迎之。……朵颐大嚼，其能消化与否不问，能无召病与否更不问也……"⑥ 其时，社会主义思潮在日本蔚然成风，这为梁启超接触、了解和译介、传播社会主义（包括马克思主义）提供了便利的条件。"马克思及马克思主义思想成为西学内容之一被引进，直

———————————

① 林代昭、潘国华编：《马克思主义在中国——从影响的传入到传播》（上册），清华大学出版社 1983 年版，第 41 页。

② 林代昭、潘国华编：《马克思主义在中国——从影响的传入到传播》（上册），清华大学出版社 1983 年版，第 44 页。

③ 梁启超：《进化论革命者颉德之学说》，《梁启超全集》（第 4 卷），北京出版社 1999 年版，第 1029、1026 页。

④ 皮明庥：《近代中国社会主义思潮觅踪》，吉林文史出版社 1991 年版，第 40 页。

⑤ 萧超然：《十九世纪末二十世纪初马克思主义在中国的传播》，《北京大学学报》1983 年第 1 期，第 15 页。

⑥ 梁启超：《清代学术概论》，《梁启超全集》（第 10 卷），北京出版社 1999 年版，第 3101、3104~3105 页。

到辛亥革命胜利后回国，其间几乎未有间断"①，有学者如此评价梁启超。

1901 年，梁启超在《清议报》百期纪念专辑上发表《南海康先生传》，第一次提到社会主义："先生之哲学，社会主义派哲学也。泰西社会主义，原于希腊之柏拉图，有共产之论。及十八世纪，桑士蒙、康德之徒大倡之，其组织渐完备。隐然为政治上一潜力。先生未尝读诸氏之书，而其理想与之暗合者甚多。其论据之本，在《戴记·礼运》篇孔子告子游子语。"② 他在接下来的二十多年间，发表了二十多篇涉及、介绍、解读社会主义的文章。具体如下：

1902 年 10 月，他在《新民丛报》第 17 号发表《干涉与放任》、18 号发表《进化论革命者颉德之学说》；1903 年 2 月，他在《新民丛报》第 26 号刊载《中国之社会主义》，1903 年 11、12 月，又在《新民丛报》（第 40—43 号）连续发表《二十世纪之巨灵托辣斯》；1903 年，他赴美洲大陆访问，第二年 3 月，他的《新大陆游记》在《新民丛报》社出版；1904 年，他发表《论俄罗斯虚无党》；1905 年，发表《俄罗斯革命之影响》《驳某报之土地国有论》《答某报第四号对于〈新民丛报〉之驳论》；1906 年 9 月，在《新民丛报》第八十六号发表长篇大论《杂答某报（节录）》和《驳孙文演说中关于社会革命论者》，10 月，在《新民丛报》第八十九号（有说是 1907 年 2 月）发表《社会主义论序》；1918 年，发表《欧游心影录节录》，其中"社会革命暗潮""社会主义商榷""《国际劳工规约评论》"较多地涉及和介绍社会主义的相关思想；1921 年，发表《复张东荪书论社会主义运动》；1925 年，又连续发表《为改约问题敬告友邦》、《为泸案敬告欧美朋友》、《致罗素电》、《谈判与宣战》、《如何才能完成"国庆"的意义》（双十节讲演稿）、《复刘勉己书论对俄问题》、《无产阶级与无业阶级》。另外，他还出版了《清代学术概论》（1920）、《墨子学案》（1921）、《五十年中国进化概论》（1922）、《中国近三百年学术史》（1923）等著作。

以上罗列的文章、著作，发表、出版的时间跨越二十多年。梁启超的这些文章、著作，基本上围绕"什么是社会主义？""社会主义为什么产生？""社会主义产生的目的和适用性是什么？""社会主义适不适合中国？中国现阶段要不要进行社会革命？""社会主义到底是关注现在的主义还是关注未来的主义？""中国有没有社会主义运动的主体——劳动阶级？怎么办？""苏俄是敌人还是朋友？"等诸多问题，进行介绍、解读、辩论或诠释。他的文章还关注第一国际、第二国际和《国际劳工条约》等事件。

在二十多年的时间里，梁启超连续发表、出版了二十多篇（部）文章或著作，译介、解读了社会主义的思想学说。其持续时间之长，反映出梁启超对社会主义（包括马克思主义）的长期关注，他译介、引入和传播社会主义，显然颇费了他的一番心血。

二、译介方式

从译介方式看，梁启超"以中释马"，常以中国古代圣贤和某些传统思想比附马克思

---

① 郭刚：《中国早期马克思主义的传播——梁启超与西学东渐》，人民出版社 2010 年版，第 248 页。

② 梁启超：《南海康先生传》，《梁启超全集》（第 2 卷），北京出版社 1999 年版，第 489 页。

和社会主义。

梁启超在将马克思和社会主义译介、输入中国时，常用中国古代圣贤和一些传统思想来比附他（它）们，"以中释马"，力证两者的相似或相通之处。如梁启超常以中国传统思想大同思想、均平思想和"中国古代井田制"来比附社会主义，用中国古代社会地主对农民的剥削来类比马克思所论述的资本主义社会的剥削，用墨子的社会理想来比附俄国劳农政府（即苏维埃政权），将墨子等古代圣贤来比拟马克思。梁启超这种个性化解读社会主义、马克思主义的方式，具有鲜明的比附性特点。① 梁启超"以中释马"的比附方式，对社会主义以及马克思主义进行解读，也许是为了给国人以似曾相识的熟悉亲切感，消除他们因陌生而产生的排斥感，便于他们理解和接受；也许是梁启超国学功底深厚，行文习惯所致；"也许是从历史类比中寻求根据，也许是免遭物议，乞助于古圣先贤作保护伞"②。梁启超"以中释马"的译介方式具体表现及特点详见拙文《比附：梁启超译介、传播马克思主义的方式和文化选择》阐述，此不赘述。

三、译介依据的文本

从译介依据的文本看，因语言的关系，梁启超主要依据日译西学著作来传播社会主义。

罗孝高曾在《任公轶事》中讲到梁启超学习日语的情形："时任公欲读日本书，而患不谙假名，以孝高本深通中国文法者，而今又已能日文，当可融会两者求得捷径，因相研索，订有若干通例，使初习日文径以中国文法颠倒读之，十可通其八九，因著有《和文汉读法》行世。"③ 梁启超在罗孝高、柏原文太郎、犬养毅等友人帮助下，以较快的速度掌握了日文，能够阅读日文书籍。"学习数月之后，任公即开始读日本书籍，能了解者，十之八九。他发觉日本书籍之言西学者，纷触于目皆是"④，"若行山阴道上，应接不暇"⑤。"五年前患无书可读，无事可佐；五月以来，则患应读之书太多，但觉目不暇给矣。"⑥ 而且，他认为："夫日本于最新最精之学，虽不无欠缺，然其大端固已粗具矣。中国人而得此，则其智慧固可以骤增，而人才固可以骤出，如久餍糟糠之人，享以鸡豚，亦已足果腹矣。"⑦

梁启超对学习日文和西文作过比较，认为学习日文要比学习西文容易得多、快得多，学习西文需要五六年，甚至十余年，而"学日本语者一年可成，作日本文者半年可成，学日本文者数日小成，数月大成"，因为，"日本文汉字居十之七八，其专用假名，不用

---

① 汪平秀：《比附：梁启超译介、传播马克思主义的方式和文化选择》，《哈尔滨工业大学学报》（社会科学版）2018 年第 2 期。

② 皮明麻：《近代中国社会主义思潮觅踪》，吉林文史出版社 1999 年版，第 41 页。

③ 丁文江、赵丰田：《梁启超年谱长编》，上海人民出版社 1983 年版，第 175 页。

④ 张朋园：《梁启超与清季革命》，吉林出版集团有限责任公司 2007 年版，第 25 页。

⑤ 丁文江、赵丰田：《梁启超年谱长编》，上海人民出版社 1983 年版，第 188 页。

⑥ 梁启超：《批东京高等大同学校功课学生札记》，《清议报》第 30 册，1899 年 10 月 25 日，第 11a 页。

⑦ 梁启超：《论学日本文之益》，《梁启超全集》（第 2 卷），北京出版社 1999 年版，第 324 页。

汉字者，惟脉络词语助词等耳，其文法常以实字在句首，虚字在句末，通其例而头颠倒读之。将其脉络词语助词之通行者，标而出之，习视之而熟记之。则已可读书而无窒阂矣"①。张朋园在其著作《梁启超与清季革命》的绪论中说，梁启超"读过英文，拉丁文。可惜他学习西洋语文的天分不高，后来虽又涉猎法文、德文，皆无大成。然而日本文给了他最大的方便，西洋知识通过日文而饱为吸收。任公的西学大进，实得力于日文"。"任公于西方知识之能有较深入的了解，纯粹得力于日本语文。论任公的日本文，是他所学习的四种外国语中的最有成就者，至少他具有阅读的能力，日常的会话也能传达思想。（过去他曾经随马相伯学习拉丁文及英文，因忙于为《时务报》撰写文章，无所成就。宣统元年在日本时又曾学习德文，然生活起伏不定，为时不长，无所成就。民国八年，在法国巴黎乡间居住时，又学习法文，是时年事四十有余，学来更为吃力，亦无成就。）他在日文上确实费了一番工夫。"② 可见梁启超学过多种外文，但他能拿来运用的只有日文。

梁启超以较快的速度学会了日文，他急于利用日文来学习西方，了解西方的各种思想学说。通过日译西学的著作，他了解、学习并传播了西方各种思想学说，其中包括社会主义。上千种日译西学书籍，对梁启超的影响非常大，"哀时客（注：梁启超之笔名，他在《清议报》撰文常署此名）既旅日本数月，肆日本之文，读日本之书，畴昔所未见之籍，纷触于目，畴昔所未穷之理，腾跃于脑。如幽室见日，枯腹得酒，沾沾自喜"③。梁启超的思想为之迅速升华。张朋园说："任公涉猎日文西知，并无一定的选择，亦如昔日，随有所见，随即吸收，随即发表。"④ 梁启超向国内输入西学新知，确如他所说"以多为贵"。

梁启超通过"和文汉读法"，借助日译西书，了解和接收了各种西方思想学说，其中包括社会主义。在当时情境下，梁启超极少或极难看到马克思、恩格斯等人的原著，他所接触的社会主义基本上是日译西学等语言和思想内容都已经转换了的二手或多手资料。梁启超就是借助日译西学资料，将社会主义的思想学说由日文再翻译成中文，输入国内，向国人介绍和传播的。

梁启超依据的是间接资料，从而难以做到科学、完整地理解社会主义的科学内涵，他介绍、传播社会主义就难免失于偏颇，甚至在某些方面还以误传误。比如，梁启超对马克思主义预测的未来共产主义理想社会的理解就很模糊，总觉得它就是中国传统思想所固有的大同社会；而且，他对社会主义的理解存在前后矛盾之处，他一会儿认为社会主义是着眼于目前的现在主义，"要之其目的皆在现在，而未尝有所谓未来者存也"⑤，一会儿又说现在的中国没有劳动阶级，社会主义对中国只属于将来之事，"吾以为社会主义……不能实现于今日之中国者"⑥，这两种说法相互抵牾。由此可见，梁启超对社会主义并没有

---

① 梁启超：《论学日本文之益》，《梁启超全集》（第 2 卷），北京出版社 1999 年版，第 324 页。

② 张朋园：《梁启超与清季革命》，吉林出版集团有限责任公司 2007 年版，第 2、24 页。

③ 梁启超：《论学日本文之益》，《梁启超全集》（第 2 卷），北京出版社 1999 年版，第 324 页。

④ 张朋园：《梁启超与清季革命》，吉林出版集团有限责任公司 2007 年版，第 26 页。

⑤ 梁启超：《进化论革命者颉德之学说》，《梁启超全集》（第 4 卷），北京出版社 1999 年版，第 1029 页。

⑥ 梁启超：《复张东荪书论社会主义运动》，《梁启超全集》（第 11 卷），北京出版社 1999 年版，第 3331 页。

做到真正的理解，其原因可能是：由于语言的关系，他没能真正地读到社会主义原著，而仅是凭借日译西学资料一知半解、人云亦云所得。

四、传播的价值取向

从传播的价值取向看，梁启超向国内输入各种西方思想学说，包括社会主义，原是立足于立宪、改良的政治理念和启蒙救国的使命，后来他认为社会主义并不能救中国，因此他译介的社会主义内容相比较其他西方思想，就薄弱得多，而且存在一些偏颇和误解之处。

清末民初的中国处于风雨飘摇中，梁启超具有极强的政治抱负和民族责任感，他最后选择以传播西方思想学说来启蒙救国。通过创办报刊的具体行动来实现他的理想，这从他的办报宗旨可以看出。例如《清议报》，他在《〈清议报〉一百册祝辞并论报馆之责任及本馆之经历》中说："清议报之特色有数端：一曰倡民权，始终抱定此义，为独一无二宗旨。虽说种种方法，开种种门径，百变而不离其宗，海可枯，石可烂，此义不普及于我国，吾党弗措也；二曰衍哲理，读东西硕学之书，务衍其学说以输入于中国，虽不敢自谓有所得，而得寸则贡寸焉，得尺则贡尺焉。《华严经》云：未能自度，而先度人，是为菩萨发心，以是为尽国民责任于万一而已。"① 即明白地指出"倡民权"，以"东西硕学之书"输入中国，目的在于启蒙国民。《新民丛报》，梁启超在 1902 年创刊号上阐明其办报宗旨，说："欲维新吾国，当先维新吾民。""务采合中西道德以为德育之方针，广罗政学理论，以为智育之原本。""务在养吾人国家思想。"② 由此可见，在国难当头之际，梁启超深知探求救国之术刻不容缓，虽然他当时没有定下用何种西方学术思想或哪家思想学说来救中国，但是他认为，先把西方各种思想学说尽量输到中国后再说，只有启蒙、新民才可以救国。于是，梁启超对包括社会主义在内的各种西方思想学说，一开始尽力地向国内引入、介绍，至于"一种学说有没有输入我们社会的价值，应该看我们的社会有没有用它来救济弊害的需要"③。

此时流亡海外的梁启超，一方面关注国内政局的变化，一方面放眼世界，"探索西方富强的缘由，寻找支持西方富强的思想。他发觉西方的富强，不出民权、自由、进化三大极则，他开始对孟德斯鸠、卢梭、达尔文作深入的研读"④，从而撰写了《霍布士学案》《斯片挪莎学案》《卢梭学案》《天演学初祖达尔文之学说及其略传》《进化论革命者颉德之学说》《法理学大家孟德斯鸠之学说》等专论性文章，不遗余力地向国内介绍卢梭、达尔文、颉德、孟德斯鸠等人的生平和思想。这诚如张朋园所说，"梁任公著作等身，三十岁左右所发表的言论，最为丰富，也最富有内涵……其于国人之影响，亦以此时期最为深远。他的影响力，全靠两个不同文化思想的支持，其一为三世之义……另一则为西洋进化

① 梁启超：《饮冰室合集》（文集之六），中华书局 1989 年版，第 54 页。
② 丁文江、赵丰田：《梁启超年谱长编》，上海人民出版社 1983 年版，第 272 页。
③ 陈独秀：《陈独秀文章选编》（中卷），三联书店 1984 年版，第 25 页。
④ 张朋园：《梁启超与清季革命》，吉林出版集团有限责任公司 2007 年版，第 26 页。

论，自由主义及民权思想"①。

后来随着国际时局的变化，梁启超逐渐认识到，西方世界民族国家主义甚嚣尘上，国与国之间的竞争实质是民族国家的竞争，国权高于民权；中国作为世界上备受凌辱的弱国，要想在世界上与民族帝国主义相抗衡，必须抵制其军事侵略，尤其在进入新世纪后必须抵制其经济掠夺，才能在对外竞争中立足于世界民族之林而不败，中国必须迅速养成国家民族主义。"知他人以帝国主义来侵之可畏，而速养成我所固有之民族主义以抵制之，斯今日我国民所当汲汲者也。"② "今日欲救中国无他术焉，亦先建设一民族主义之国家而已。以地球上最大之民族，而能建设适于天演之国家，则天下第一帝国之徽号，谁能篡之？"③ 梁启超此时认为，最迫切需要引入国内的思想理论，应该是能够帮助中国建立一个强大民族国家的思想理论；只有民族国家建立了，才能在对外竞争中取胜，其他一切问题就能迎刃而解，自由、民权、独立也就不在话下了。鉴于此，梁启超抛弃了许多西方思想理论，而集中精力、不惜笔墨地撰写《政治学大家伯伦知理之学说》，向国人极力介绍伯伦知理的民族建国学说，说"弟子誓焦舌秃笔以倡之，决不能弃去者也"④。

梁启超为了启蒙救国，曾以"学案""学说""略传"的专题形式，凭靠"梁启超式的输入"法，详细地介绍、引入、传播西方各种思想学说，琳琅满目，数量可观，影响巨大。在这种大规模输入西方思想学说的大背景下，梁启超译介、引入了社会主义，但是，他传播的社会主义，相比较他引入国内的其他西方思想学说，在内容上要薄弱得多。尽管他在二十多年间撰写了二十几篇（部）涉及、介绍、传播社会主义的文章或著作，但实际情况却是，他是在论述其他某一问题时，顺便稍带地论及了社会主义，而不是专门性地、采用专论的形式来介绍马克思主义的创立者马克思和恩格斯的生平、著作及其主要思想，也不是采用专门性的文章，来介绍马克思主义的两大理论支柱——唯物史观和剩余价值理论的。

相对而言，梁启超1906年发表的《杂答某报》和《驳孙文演说中关于社会革命论者》，1921年发表的《复张东荪书论社会主义运动》和1925年发表的《复刘勉己书论对俄问题》等文章，是介绍社会主义专门性程度较高的长篇论文。然而，这些文章都是因为其他问题而引发的。如《杂答某报》和《驳孙文演说中关于社会革命论者》两文，是1905—1907年梁启超与革命派大论战时，为了批驳革命派"社会革命"论调而撰写的。两文虽然指出社会主义之精神可以参用，但是其内容的重点却是论证今日中国社会革命之"不必行""不可行""不能行"。《复张东荪书论社会主义运动》一文，是在20世纪20年代中国基尔特（即行会）社会主义和马克思主义者论争时发表的，梁启超在文中强调：中国由于处在外国资本主义国家严重剥削压迫下，现阶段应该是走实业救国的资产阶级改良主义道路，而不是走社会主义的革命道路，后者只有等待将来的时间才做。吾"确信此主义（指：社会主义）必须进行"，但"吾以为社会主义所以不能实现于今日之中国者，其总原因在于无劳动阶级"。"故今日中国之社会运动，当以使多数人取得劳动者地

---

① 张朋园：《梁启超与清季革命》，吉林出版集团有限责任公司2007年版，第19页。
② 梁启超：《饮冰室合集》（文集之六），中华书局1989年版，第22页。
③ 梁启超：《饮冰室合集》（文集之十），中华书局1989年版，第35页。
④ 丁文江、赵丰田：《梁启超年谱长编》，上海人民出版社1983年版，第286页。

位为第一义。""劳动阶级成立，然后社会运动得有主体，而新社会可以出现。社会主义
运动不可逾越之阶级，殆如此。"① 在《复刘勉己书论对俄问题》一文中，梁启超"毫不
沉吟"地说："他是帝国主义的结晶，他是帝国主义的大魔王，他是帝国主义的……俗语
说得好：'江山易改，品性难移'，一国的国民性，可是换一面招牌就改得转来吗？俄国
人玩的政治，对内只是专制，对外只是侵略，他们非如此不能过瘾，不管苏不苏，赤不
赤，玩来玩去总是这一套。马克思便是化身的希腊正教上帝，列宁便是转轮再生的大彼
得，全俄人民从前是'沙'的脚下草，现在便照例承袭充当执行委员的脚底泥，中国从
前是'沙'的梦想汤沐邑，现在便是红旗底下得意的抛球场，苏俄啊，你要辨明你不是
帝国主义吗？"② 梁启超撰写此文的目的主要在于：反对苏俄向中国进行"革命输出"，
更反对苏俄替中国革命，呼吁中国青年要警惕。

以上四篇文章，实质上都是梁启超为反对在中国进行共产主义运动、社会革命和苏俄
式的革命而撰写的。在这种思想主旨下，梁启超才提及或介绍、诠释、评价了社会主义。
此时，他认为，社会主义并不适合当前的中国，不能解决中国当下的问题，也不能达到启
蒙救亡的目的。因此，梁启超不可能花较多的时间去关注社会主义，花较大的精力去译
介、引进和传播社会主义（包括马克思主义），他不可避免地对社会主义、马克思主义有
误读、误解之处。关于这一点，前面已经说明，不再赘述。这既是时代的局限，也是梁启
超自身的局限。

当然，我们应该看到，梁启超作为中国译介、传播社会主义（包括马克思主义）的
先驱者之一，他在客观上推动了马克思主义在中国的传播和影响，这是不可抹杀的历史事
实，毋庸置疑。

总结上文，梁启超是中国近代史上一位具有巨大影响力的宣传家、启蒙思想家，他大
规模地介绍、引入和传播了各种西方思想学说，其中包括社会主义。他译介、传播社会主
义，具有鲜明的特点：从传播时间看，他是译介社会主义、马克思主义的先驱者之一，其
传播的时间具有持续性；从译介方式看，他"以中释马"，常以中国古代圣贤和某些传统
思想来比附马克思和社会主义；从译介依据的文本看，因为语言的关系，他极少利用社会
主义原著，而主要依据语言和内容都发生了变化的日译西学著作，来传播社会主义；从传
播的价值取向看，他立足于立宪、改良的政治理念和启蒙救国的使命，向国内输入了包括
社会主义在内的各种西方思想学说，后来认为社会主义并不能救中国，因此他介绍的社会
主义在内容上相比较其他西方思想，就薄弱得多，并且存在一些偏颇和误解之处。我们具
体地了解梁启超译介、传播社会主义包括马克思主义的特点，可以全面客观地了解梁启
超，理解他在中国传播马克思主义进程中的功过得失，既不拔高他的贡献，也不贬低他作
为先驱者的地位。

（作者单位：嘉应学院马克思主义学院）

---

① 梁启超：《复张东荪书论社会主义运动》，《梁启超全集》（第 11 卷），北京出版社 1999 年版，
第 3329、3331、3329、3332 页。

② 梁启超：《复刘勉己书论对俄问题》，《梁启超全集》（第 14 卷），北京出版社 1999 年版，第
4333~4334 页。

唐君毅对佛学的吸纳与发挥

□　王天雨　文碧方

【摘要】唐君毅晚年所构建的心通九境学说，以类似佛家判教的形式对古今中外的重要哲学思想一一剖析，分归不同层次的境界之中。其中，佛教和儒家思想分别属于第八境和第九境。唐氏继承了佛教强调破除执着得到空慧、以因缘和合说明世界本质、众生具佛性而发心修行等重要思想，同时他又归本儒家，注重生命历程的正面价值、用乾坤之义诠释因缘学说、树立心灵主体。可以说，唐氏对佛教既有吸纳又有发挥，并和儒家思想内在沟通、相互融摄，形成了独具特色的唐氏哲学。

【关键词】心通九境；执；主体

一、引　　言

　　作为新儒家代表人物之一，唐君毅的思想体系博大而精深，当今学者对其研究已有不少。单波从心本体论、道德哲学、人文精神、宗教学四个方面来阐述唐君毅的哲学，这四个方面正好可用以粗略概括学者们的研究方向。① 其中，学界对宗教学方面的研究相对较少，且偏重于唐君毅对佛学的理解。从发展历程来说，唐君毅的思想可以分为道德自我、道德理性与心灵本体三个阶段②，最后阶段的思想集中体现在《生命存在与心灵境界》这一晚年著作中。在这一著作中，古今中外的主要哲学思想被归入不同境界，形成了心通九境的理论体系。有学者认为这一体系的建构继承了华严宗的判教思想③，更有学者进一步指出，唐君毅的哲学就是华严哲学④。然而在心通九境中，唐君毅虽然以儒家和佛家同属超主客观境，但仍然以儒家为最高的第九境，佛家则次之。从这一安排入手或许可以作为对唐氏哲学的第一步澄清。

　　把唐氏对佛教义理的理解作为其哲学的一个部分，以第八境和其他境相较而观，可以

---

　　① 单波：《心通九境——唐君毅哲学的精神空间》，人民出版社 2001 年版。

　　② 张倩：《唐君毅哲学的中心观念及其发展》，《哲学研究》2014 年第 5 期。

　　③ 李玉芳、张云江、朱丽晓：《略论华严宗判教思想对唐君毅"心灵九境"理论建构的影响》，《宗教学研究》2008 年第 3 期。

　　④ 周尧：《唐君毅华严哲学研究》，陕西师范大学博士学位论文，2016 年。

更好地澄清唐氏。在第八境中，除了概括佛教基本观念，唐君毅主要论述大乘般若宗与唯识宗思想，兼以天台宗和华严宗思想作为补充。在同时期写成的《中国哲学原论·原道篇》中，唐君毅有对各宗思想较为详细的论述，可作为理解第八境的参考。

二、破执而立所执

唐氏认为，佛教的要义在于破执观空。世人因为执着于自己的欲望而有痴慢贪嗔，破除执着即可生起空慧，最终彻底拔除烦恼而解脱。对于执着本身，唐氏以之为不善的根源而只具有负面价值，但是唐氏并不认为被执着的对象也只具有负面价值。

（一）论执

佛家所说的"执"分为人我执和法我执，人我执是认定有能主宰、为常一的主观自我，法我执是认定所知所见所想的我以外事物为常一的客观存在，两者可辗转增盛，必须同时破除。人之所以有人我执和法我执，在于人执着于我与非我的分别，其中后天形成的自觉地分别人我，称为分别我执，先天具有的不自觉地分别人我，称为俱生我执。依照唯识宗，分别我执又由俱生我执而起，而俱生我执则由末那识而起。唐氏对此解释为：

> 末那识之现行，恒只现行于对现有之意识，加以执持，以使其明限定于一方向，于他方向无明；而末那识即同时为具一根本无明，以覆盖赖耶识中其余一切种子，使不得现行……此不同之一切种子，在无明之所覆盖下，即不见其不同与变异，而末那识即只感其为混然，为常一。亦可说此末那识之无明，化之为混然；吾人即在意识中自谓有常一之我。①

赖耶识涵藏一切种子，能变现一切主客观事物，意识是对主客观事物发生认知，末那识则使意识限定在某一变现的事物之上，而对没有变现的事物及其种子不能分辨。所以，末那识虽然能有某一方向的明，却在此外一切方向皆为无明。只要依末那识而有意识，就同时有无明，以及无明产生的模糊感。这种与认知俱有的模糊感就是自我之感，由于其本质是无明，所以对这种自我的执着是妄执，以认知为这一自我所有，也是妄执，这两种妄执即是俱生我执。属于后天的分别我执，由俱生我执而起：

> 此分别我执之所自成，乃连于"人之贪执其自我生命之存在于未来，而嗔恨其他非我者之存在"之俱生我执，而用种种之观念概念做判断，以分别规定一切事物，何者属于我，何者非属于我，而加大此我与非我之存在间之距离与裂痕；乃使人之自觉的心灵，只更分别地向我与非我之差别而注视，而不复见其为此自觉的心灵所能统摄。②

① 唐君毅：《中国哲学原论·原道篇》，中国社会科学出版社2006年版，第750页。
② 唐君毅：《生命存在与心灵境界》，中国社会科学出版社2006年版，第451页。

人认识的初步为认定我与非我为不同个体，其次依个体表现的不同性相创造种种概念，再运用这些概念对当下感知到的事物进行判断，以形成对事物的认知。分别我执在对事物有所认知之后，更对其做出是否属于我的规定。因为俱生我执以我为常有，则属于我或不属于我皆为常有，执着于这种规定，就会加深人对我的贪执和对非我的嗔恨。俱生我执的根在不自觉境，难以破除，所以必须先破除自觉境中的分别我执，间接减损俱生我执，最终彻底破除执着。唐氏认为分别我执只知我与非我的分别，而不知我与非我的统一，同情共感则既直面非我，又自觉我与非我皆共存于自觉之中，因此同情共感可以超出分别我执，成为破除执着的契机。

人不能认识到我执为妄执，称为痴愚，如果执着自我，就会爱自我、贪为我，从而轻慢不属于我的人或物，也会将认知运用于达成自我目的的手段，从而加重分别我执。一旦人不能达成目的，又会有嗔怒，因此执着将会带来无限的烦恼苦痛。依佛教义，一切有情恒有愿欲和与目的，恒不相同且不相互配合，因此众生难免尔虞我诈、互相争斗，使整个世界化为苦海。此外，在道德实践境中，唐氏认为人对于事物把捉执持之时，会形成心灵的自我限制和封闭，使心灵活动沉入其中，不能与当前的生活境界有真实的感通，变得麻木不仁。甘于生活在这种封闭的境界中，甚至会妨害较高境界中的人。对于这种执着造成的封闭，唐氏同样强调同情共感以超拔旧习。道德实践境位于第六境，低于第八层的佛教境界，因为在道德实践境中，人虽能藉由同情共感以超越执着，却未必能由同情共感而生起慈悲心情，亦未必能有智慧照明所执为空，以救度他人。

（二）论所执

唐氏不反对"执"具有负面意义，但他对于分别我执还有细致的疏解：

> 此分别我执，乃依于人之有种种分别人我之所有种种类概念，并持之以判断人我之事，而又连于人贪执其自我之生命，而排斥非我之不自觉的俱生我执而起……此人之选择概念，或更迭地运用概念之事中，即有其所用之概念，在思想历程中之不断的隐显、屈伸、进退、往来。而此显隐、屈伸、进退、往来，即人之思想之能自己超越其自己之性之表现，亦此思想所在之生命之自己超越其自己之性之表现。此以前文所论者观之，固当说其是一善之流行。①

分别我执因为与不自觉的俱生我执相连，所以在有所分别后更自觉地贪执自我而排斥非我，它运用心灵能分别的能力，达成满足我执的目的，必须超离。但是"分别"是运用概念判断对象而认知对象，这一历程含有超越的意义，所以并非执。仅就"分别"而言，它有正面价值。唐氏认为，概念、知识、哲学思想虽然都可以助成分别我执与分别法执，但它们并非必然与人的分别我执相连结，甚至在某些情形下它们可以帮助人超离分别之执。譬如，对知识的追求只用来消除已有知识的限制；或者对概念知识思想的运用只用来

---

① 唐君毅：《生命存在与心灵境界》，中国社会科学出版社 2006 年版，第 499 页。

先前伸展，以达更广大的境界；或者兼持相对反的概念知识思想，用彼此矛盾破除对其中一方的执着。由此可以说，概念、知识、思想不必然使人陷于执着，也不必然使人境界升进，这取决于运用他们的智慧。依唯识宗，概念、知识、思想可归入不相应行法，即不能用以判断事物为常有；依般若宗可归为俗谛，在真谛中不可说；依天台宗，则既可说为假，又可说为真，俱立俱泯。这都和唐氏的疏解有相通之处，只不过唐氏更加强调概念、知识、思想虽然常被分别我执所执，但它们本身并非只具有负面价值。

在上述疏解中，唐氏进一步表明，"分别"为思想之能，而思想属于生命，那么生命固然应当有正面价值。依佛教义，俱生我执是一切罪恶与污染之本，而生命即是俱生我执的所执，但唐氏认为，生命自身并非"执"：

> 自此生之所以为生之不常其所有，而能无之，又不常无其所有，而能有之之处，看此生之自身，即能不执其所有，亦不止于其所有之无处，并看此生之所以为生，即原无定执，亦对于其所偶有者，能自超越，然后得起生者。①

佛教所谓诸行无常，以生命为幻有而求解脱，忽视了生命本身就能不执其偶有者为常有，并能超越有此有与无此有，不断向前生起。如人有呼吸，呼气然后吸气，吸气而后又呼气，呼吸始终此有彼无，彼起此伏，这就是生命蕴含"无定执而自超越"之理的一种体现。生命的无执和超越还可以体现在死亡上。生命都会死亡，人的我执越深重，死亡带来的痛苦就越深重，佛教把死亡的根源归结为原始的无明而有负面意义，但是唐氏认为死亡也有正面的价值。因为生命有死亡，正为其他生命的生起提供了可能，使得所有生命都能有世间存在，这是一种自然仁德的体现。从人类社会层面来讲，小人因为死亡而不能再作恶，君子则安于死亡以待后人继承他的志向与事业。从生命历程来说，每一次超越都是已有的活动死亡而继之以新的活动。

可以看出，唐氏明确了区别了执和所执的不同价值。佛教通过观照所执为空来破除执着，执与所执俱有俱无，因此所执也连带具有负面的意义。唐氏则分开讨论执和所执，以负面价值只针对执着本身，而阐明所执虽可连于执而有负面意义，但可所执本身可具有正面价值。对于概念、知识、思想来说，运用而后超越，是善之流行；对于生命来说，生命历程涵有无定执而自超越的意义，并且死亡也具有一定德性的意义。

（三）历程中的所执与无执

在唐氏的论述中，可以发现，唐氏以超越和执着对立，有善的意义，而超越又必定在前后相继的历程中表现，这是唐氏哲学独有的特色。"历程"可从三个方面理解。

首先，历程是相继的但前后有间隙。上文引述"分别"并非为不善时，是就概念的更迭运用而说。当心灵运用某个概念时，这个概念在心中显现，当转而运用另外一个概念时，这个概念就会隐退，继之以另一概念的显现。不断由一个概念转向另一个

---

① 唐君毅：《生命存在与心灵境界》，中国社会科学出版社 2006 年版，第 490 页。

概念，就会形成概念相继的历程。生命作为一个自超越的历程也是如此，不同活动的相继发生构成了生命的全部内容。唐氏认为人反观历程而知有过、现、未的相继，于是产生时间观念，依时间的相继性而有空间观念。依佛教真谛之理，如果在求当下所对事物前后或以外的事物，则时空皆非真有。但唐氏认为，历程虽然由相继而有，但在前后活动相继之间，尚有间隙存在。在前一活动结束而后一活动尚未开始之处，有一无所运用而归寂的心灵，这一刹那凡人皆有但通常不能自觉。在归寂的心灵之中，没有具体的内容，也不做安排，没有判断，可以说为"空"。如果说相继是历程动的一面，间隙则是静的一面，动有内容而在时空之中，静超于时空之外而为空，从这一角度来说，历程的动静义又和真谛并不相违。

其次，历程包含相对者但相对者不相碍。唐氏所说的历程绝非持续不变的历程，如果历程中的内容没有变化，则只是执而不能说超越。相继的前后内容，必然有所不同，甚至是完全相对反的，譬如先思上，后思下，先呼气，再吸气。历程中所有的内容并不能并列为人所知，因为相对的双方此显则彼必隐，彼伸则此必屈，相对的内容只能相继出现而为人所知。相对者只在并列而现上矛盾，在相继而现上并不矛盾，因此在历程中相对者得以俱立而无碍。以历程来说无碍，与华严宗说事事无碍义相近而又有不同，华严宗以一切事原无定在而无所不在，交遍互摄，是横观一切事，而从历程来说无碍，是顺观一切事。唐氏又认为华严宗所谓相对者之平等、相反映之无穷，必须依次序所成之相互反映后才可被人理解①，即以历程中的无碍义为必须有，而华严宗的无碍义为不必有。

最后，成德历程中先后顺序不能颠倒。历程虽然包含超越义而为善，但并非只要有思想或生命活动的转变就能提高道德境界，唐氏指出：

> 人之成德，要在循序而成……此中先后之序一乱，而以后为先，则凡此等宗教之说，皆可使人生命心灵之失其与世界之真实之依序感通，以成其德行，而使人沉迷于幻想之境，乃于当下之生命存在，与当前世界中之存在之物，视作其存在于未来之世界，而用之手段工具，而入于一高级之功利主义之途，使人堕入于一更大之迷执罪恶之中。②

"宗教之说"即包含佛教的三世说和因果报应说。人固可不断超越旧有观念或生活习惯而不断升进心灵，但也可能脱离真实世界而只成为一种空想。又或者先思超越现实而后思现实，则可能为超越而超越，仅以现实为手段，而忽略现实的本来价值，不能有真实的感通。在唐氏看来，现实因为可被超越而向未来敞开，以现实为本而不断超越可形成真实而无限的超越历程，先思未来则会对超越的道路形成封闭和限制，使历程具有负面意义。

总而言之，借助历程之义，唐氏可以既说无定执以破执，又正面树立所执。对所执才著即过，形成现在与未来都不为空的真实历程，其中内容互不相同而互不相碍，因此可以

---

① 唐君毅：《生命存在与心灵境界》，中国社会科学出版社 2006 年版，第 607 页。
② 唐君毅：《生命存在与心灵境界》，中国社会科学出版社 2006 年版，第 489 页。

有无限的广度与深度，但在历程的间隙，仍然有无具体内容的空寂所在。历程的含义，容纳了佛教的无分别心和破执义，又肯定了知识和生命的正面价值。

三、重亲因亦重开导因

（一）论因缘

佛教讲求破执，以所见所思等诸行皆为无常，恒由生而灭，但常人毕竟总处在所见所思构成的现实世界中，对于这一世界的产生必须有一说明。佛教于此有不同说法，如《中论》以遮诠的方式说不生，唯识宗以种子变现予以解释，法藏又对种子义加以进一步的说明，但佛教大多认为一切法生起必待因缘。唐氏对法藏的解释最为赞同，同时又有自己的看法。

《中论》言"诸法不自生，亦不从他生，不共不无因，是故说无生"①，破除常识中的因果关系。这可以从因中无果来理解，作为因的事物与作为果的事物所必然有所不同，所以因果不能是自生。既然果中有因以外的内容，这些内容不能从因中得到，也不能说果是由因而生。果不自生、不从他生，但必待因缘而后有。依因缘而有所以并非常有，有所依的因缘所以能相续有，所以说法不常不断。世人又常见现象相继生起，前后不同但彼此不离，所以说不一不异。《中论》否定平常所认为因果关系，只允许说前事后事相继。唐氏认为，这一说可使人不思生灭，但并不能帮助人理解这种相继关系。

《中论》所破的因果，是依常识所见到的事物不能为因来说，唯识宗并未否定这一说法，但是认为经验事物有不属于经验世界的种子为真因。经验世界是种子的现行，一切精神或物质都有与之相对应的种子，两者包含同样的内容。这样建立因果关系虽然能说明常识所认为的因果事物都可以由无到有，但仍然不能说明事物的相继关系，因为倘若种子只是能生，则所有相对应的事物应该都有其现行，而非彼无此有。唯识宗以因缘和合应对这一问题：种子只是现行的亲因，必须依赖已经现行的外缘才能现行为经验事物。

唯识宗以内因外缘相和合说明了世界的本质，但因缘究竟如何和合仍然有待解释。唐氏认为法藏对种子的重新诠释，对此做出了说明。依唯识宗，种子有刹那灭、果俱有、待众缘、性决定、引自果、恒随转六种含义，但这这六义之间相互关联很弱，难以一贯地说明因缘和合。法藏则说种子同时具有空有二义、有力无力二义、待缘不待缘二义。如此一来，刹那灭就是性空有力不待缘；果俱有是性空有力待缘；待众缘是性空无力待援；性决定是有性有力不待缘；引自果是有性有力待缘；恒随转是有性无力待缘。② 唐氏认为：

> 此种子六义，乃唯识义，不自生、不他生、不共生、不无因生，乃般若三论义。今法藏合之为一，即所以融贯唯识宗、般若宗之义，以说缘起。③

---

① 唐君毅：《生命存在与心灵境界》，中国社会科学出版社 2006 年版，第 456 页。
② 唐君毅：《中国哲学原论·原道篇》，中国社会科学出版社 2006 年版，第 798～800 页。
③ 唐君毅：《中国哲学原论·原道篇》，中国社会科学出版社 2006 年版，第 804 页。

这无疑是一种极高的评价，以法藏的因缘说代表佛教最圆融的因缘说。但是，唐氏认为法藏以因缘皆可有力且又必须共立因缘，仍然有难通未尽之处。

（二）论积极义与消极义

在唐氏的论述中，他以积极的创生为亲因，以消极的助成为开导因，两者力用不同，相合为用。唐君毅以常识中的因为开导因，与缘类似，开导因不能生出果，但有助成果产生的功能，唐氏对此有独特的说明：

> 在法相唯识宗以心法中前一心法，为后一心法之开导因，亦为其等无间缘；然不说此为开导因者，自有一功能。今说前一事为后一事之开导因，则要在言此后之一事之前一事，自有其"阻止排斥他事，其功能作用足以妨碍此后一事之功能之出现者"，而亦自有一为其他事之出现之"违缘"之义，以言其为一有功能之开导因。[1]

唐氏认为缘也有力用，只是与种子生的力用相反，是"不生"这一种消极的力用。但不生只阻碍果以外的一切事物生，而对果之生没有阻碍作用，类似为果的出生扫除障碍，开辟道路。经这一划分后，种子为恒有积极力用者，开导因为恒有消极力用者，如果以源头比喻涵藏一切种子的赖耶识，那么开导因就像沟渠，现行就像水流，没有源头必定没有水流，但没有沟渠水流就会泛滥。从这一比喻反观种子和开导因，则可以说，种子不必与果一一对应而为无限多，果由开导因的内容决定，形上根源具有一切内容而生生不已，但受不同开导因的限制使得所生之果有所不同。不过唐氏并没有以消极义超于积极义之上，仍然以积极义为主宰，消极义为辅助。

唐氏建立具有限制、排斥涵义的消极义，体现了对经验事物的重视，也更加贴切常识中的因果关系，可以说兼顾超越和现实。但是唐氏对消极义的应用，远远不限于解释因果关系。他认为，许多宗教中超越的信仰如果发生积极的作用，以之做出积极的理想和追求，容易使人脱离现实世界[2]，如前文在成德的历程中所说。因此应该只以这些信仰做出消极的应用，即只以这些信仰消除断灭见和执迷，如以信来生消除人死无所余、今生不成圣则永不可成圣的想法[3]，加强人成佛成圣的信心。信仰的消极运用使人能不黏着经验事实以思议，具有正面价值。

从以上论述可以看出，唐氏以消极义与积极义为开导因和亲因所分别具有，用以说明事物的产生。同时他也把积极义和消极义都运用在经验中，如超越信仰的积极运用具负面价值，但消极运用具有正面价值。不仅如此，唐氏认为某些事物的积极运用与消极运用都可以产生正面价值，如"礼"可以表现消极义，对人因俱生我执而起的本能和恶习加以节制，也可以表现积极义，如通过祭祀活动就促成人养成诚敬之心，这无疑表现了儒家相对于佛教的优越性。

---

① 唐君毅：《生命存在与心灵境界》，中国社会科学出版社 2006 年版，第 155 页。
② 程志华：《将孔、释、耶、穆及祖先揖入一堂——唐君毅之新宗教思想》，《西南民族大学学报》（人文社会科学版）2010 年第 2 期。
③ 唐君毅：《生命存在与心灵境界》，中国社会科学出版社 2006 年版，第 567~570 页。

如果以积极义和消极义的相辅相成、并行不悖作为抽象的原理，这一原理也可以用来解释世界的本质，从而成为世界的法则，即"道"。唐君毅在论述因果关系时说：

> 前之现实存在对后之现实存在，只能纯自其消极意义之排斥功能上说，同时，前之存在在排斥异类时亦被排斥，即开辟出道路。存在由显入隐，为坤道，功能由屈而伸，为乾道，乾坤互为其根。①

亲因具有能生的积极功能，实有所生就是这一功能发挥效用，由之而有现实事物的"显"。开导因具有排斥的消极功能，将生之时，对亲因所包含的内容有所限制，只允许相应的果生出。但是当开导因限制果以外的内容时，也会同时受到这些内容的排斥，使自身的现实存在消失，也就是所谓的因化果生。开导因对果以外的内容排斥，使其不能生而仍为隐，果以外的内容对开导因排斥，使其不能存而由显归隐，因此可以仅就排斥这一功能来说"隐"。以能生为乾，能排斥为坤，则现实世界的变化生成就是乾坤的发用。乾坤是中国传统思想中用以说明宇宙生成之道的一对经典范畴，"乾"刚健而具有积极义，"坤"柔顺具有消极义。唐氏毫无疑问继承了这一传统，又在自己的哲学语境中予以重新诠释。

按心通九境所说，这种以乾坤说生化的理解，由顺观而来。所谓顺观，观历程的由前到后的变化，从而知道显隐屈伸的道理，这一道理的最高层次是乾坤之道，为儒家所重。与此相对，佛家说不生则是横观而来，即对历程中所有的显相并列而观，先后平等对待，从而知道显相的本质，这一道理的最高层位是缘起性空。佛教讲求先横观，知相空而后破除执着，儒家则讲求顺观，对当前世界有真实肯定而后化除烦恼。横观因缘与事物，就有"无他生，无自生，亦无共生"的理解；顺观因缘与事物，就有生生不息的理解。依横观与顺观所产生的不同理解，导致对经验世界的态度不一，佛教虽然立俗谛以保存对常识的认同，但必说无生而入于真谛，儒家则由生生而只说下学上达。在唐氏看来，现实世界无疑具有不能否认的正面价值，经验事物作为开导因表现出的消极功能与亲因具有的积极功能相合才产生无限的经验世界，在这一点上，儒家顺观要略胜佛教横观。

四、说佛性更说主体

（一）论佛性

心通九境除了讲横观和顺观，还讲纵观。三种观法和体、相、用三者相对应，纵观可以知体，横观可以知相，顺观可以知用。其中体必先竖立，居上位而为相用之主。② 佛教智慧偏重于对相的横观，儒家智慧偏重于对用的顺观，但佛儒两家都对统摄相用的体有立论，如佛教说佛心佛性，儒家说天和本心，从对体的不同说法来看，两家既有相似又有不同。

---

① 唐君毅：《生命存在与心灵境界》，中国社会科学出版社 2006 年版，第 173 页。
② 唐君毅：《生命存在与心灵境界》，中国社会科学出版社 2006 年版，第 21 页。

在佛学中，待缘而生是无自性，能恒常不变是有自性，恒常不变所以是真实的存在，又称真如，真如就是性、就是体。佛是梵语佛陀的简称，意为觉者，具有觉悟真理和使他人觉悟的圆满智慧。佛教说佛性，就是以体具有真实圆满的智慧。与佛性相对的是无明，即没有智慧，或者说为痴。人出生就具有无明，常有所执与由此带来的烦恼，不完全祛除无明则不能具有真实圆满的智慧。完全祛除无明必须经过一段修持历程，这一历程以知缘起性空之正理为起点，然后不断破除执着，保持并增强这一认知，立志追求佛性，之后布施持戒，不断精进，修习禅定以获得解悟。[1]

依唯识宗所说，人之所以能通过修持历程来觉悟，是因为人具有善净种子。善净种子待缘而现行为真知善行，这些现行又反过来增强善净种子，同时减弱恶染种子，最终使其灭尽而不生，则可以超凡境而入佛境。天台宗智𫖮有"无明与法性，合生一切法，于一切法中，见无明即法性"的说法，与这种说法有相似之处。对于智𫖮的说法，唐氏区分了上下两层的理解：

> 自下层所观说，则无明与法性相合相即，亦可相互转变，以由此成彼，以一而二，二而一。自上层能观说，则此能观自只是一法性之明。[2]

法性即是佛性、真如，下层的理解，是以无明和法性相即为用，生出大千世界，上层的理解，是"见此'无明法性相即为用'"为法性之用。后一理解，已经脱离了智𫖮的言内之义，但却可以从中延伸而来，并与唐氏的哲学核心相接。这一见解落脚在"能见"上，即认为唯有法性才能破除无明，所以能见是法性自见。这一自见，可以称为自觉，与"佛"义相合，又和唐氏哲学强调的自觉反观相通。法性虽然和无明相合，又同时能超越这种状态之上，带来解悟的契机，解悟又能增强法性的明照之用，破除无明，乃至最后只有纯然的法性而无无明。唐氏认为，这一契机虽然由法性之用而成为可能，但法性之用却是以无明为缘，有无明下的所见，才引起法性的能见。虽然这并不意味着唐氏以无明具有正面价值，但是见无明却可以作为成就佛性的过渡阶段，又由于常人通常都有无明，这种过渡无疑具有一定的必要性。

天台华严虽然有性具和性起的区别，都不否认众生皆具佛性，也说从众生到成佛仍然需要修持，并且强调修持历程必待缘才会成功。唐氏略有不同，他说众生不仅能成佛，而且只要立志修持，则必能成佛，一世未成佛，来世可继续修持。这可以依起信论三大来说：佛有无量功德和无量智慧，必能成为修持中人的外缘。也可依唯识宗的现行反熏种子来说：人死而种子不断，其来生将为今世所成之种子的现行，使得今生修行，来世得以继续。

唐氏肯定来生的观念，也对轮回观念有平实的理解。唐氏认为：

> 六道之众生即吾人之一心所能为，六道之世界即在当下之一心中。[3]

---

[1] 唐君毅：《生命存在与心灵境界》，中国社会科学出版社 2006 年版，第 465 页。
[2] 唐君毅：《中国哲学原论·原道篇》，中国社会科学出版社 2006 年版，第 731 页。
[3] 唐君毅：《生命存在与心灵境界》，中国社会科学出版社 2006 年版，第 481 页。

六道指地狱、饿鬼、畜生、人、阿修罗、天六种世界，有情生命死后就会依据今生的善恶行径不同，去往不同的世界。但在唐君毅看来，六道的说法其实表现了人心的四种根本烦恼，修罗道象征嗔慢而好征服，畜生道象征痴而无自觉，饿鬼道象征贪心重，地狱道则象征人同时具有贪嗔痴慢。唐氏在此并不是说人将因为今世的恶业善业而在来世受恶报福报，而是说在当下就可转于六道之中。人虽然具有佛性而有成佛的可能，但生命存在有一种与生俱来的堕性①，容易受到贪嗔痴慢的污染而堕落，是否堕落由当下一念的执着或超越决定。至于天和人，唐氏强调"成圣之因缘，在人最多"②，而不以天界为最胜，这正许呼应了唐氏认为成德要循序而成的观点。虽然从理上可说众生皆具佛性，但主体修行之事仍可为无穷。

（二）论主体

众生具佛性而且必能修行成佛，与儒家尤其是阳明心学所说的"良知良能"最为接近，但是佛性与良知在作为"体"的含义上有细微差别。在佛教思想中"佛性""真如"是一超主客而统此主客之形上的绝对真实③，而良知是心之本体，是生的灵觉④，并非超越的形上实在。唐氏认为：

> 此生的灵觉自有一超越的形上根源，使其能继续自超越自己，成其生长发展与流行。此生的灵觉与其超越之形上根源之隔离，亦即此生的灵觉之有破空而出之一创生之活动……其根源，则只是一超越的形上存在，可说是体。生命依之而创生，可见其用。此自无而有，破空而出，无无而有，以及此有非其根源中之所有等，是此创生之相。自此有其有破空无无所成之有而言，此创生之生命，自为一体，以继续依次破空无无之理之道，以自成其用，而自有其相续创生之事，与此事之相。⑤

按照唐氏的说法，心的灵觉创生，是指人由意义的观照可形成自觉的理想，使未存在之行为与其他客观事物得存在⑥，即为学成己、开物成务。从超越的形上根源具有创生的功能来看，它应该就是生命的亲因，但生命中的事却是由心的灵觉而起，因此心的灵觉具有和形上之体相同的积极含义。超越的形上根源是体，心的灵觉从根源而生，可以认为灵觉的创生功能是对根源的继承，但是灵觉却具有根源不包含的意义，因为形上根源虽然具有生命的所有内容，但由于是形上之体，只能真实的空无，心的灵觉却是真实的存有，具有破空和无无的意义。这样的说法，与佛教不生的说法是明显矛盾的，因为所生不能具备能生没有的东西。可以认为，唐氏如此说意在强调灵觉的价值，他认为：

---

① 唐君毅：《生命存在与心灵境界》，中国社会科学出版社 2006 年版，第 371 页。
② 唐君毅：《生命存在与心灵境界》，中国社会科学出版社 2006 年版，第 481 页。
③ 唐君毅：《生命存在与心灵境界》，中国社会科学出版社 2006 年版，第 397 页。
④ 张云江：《"虚灵明觉心"：唐君毅建构形而上学的道德修养基础》，《社会科学研究》2017 年第 1 期。
⑤ 唐君毅：《生命存在与心灵境界》，中国社会科学出版社 2006 年版，第 508~509 页。
⑥ 唐君毅：《生命存在与心灵境界》，中国社会科学出版社 2006 年版，第 655 页。

破空无无之理之道更重要于作为形上存在、生命存在之为存在的根源，一切生命存在，即当说直接依此理此道而生。①

也就是说，生的灵觉可以取代形上根源，作为最根本的道理。与超主客的形上之体不同的是，形上的本体是无心之心，没有任何特定的意向，而心灵则有种种活动，作为"主体"而存在。

具有根本意义的"主体"概念，已经达致思议的极限而触及不可思议境，这种不可思议表现在四个方面：（1）主体不可离其活动之用与相，及其所对境之作用与相，孤立而论其自身为何物。即不能独立描述主体，必须通过事来领悟。（2）对主体之活动之用与相，不能视为一集合体以思主体。即不能简单地认为主体是包含所有用与相的整体，主体仍然有未表现而将表现的内容。（3）主体不可依经验说。即经验只能包括具有时空形式的内容，而主体具有超越时空的内容，如在概念运用中归于寂，可以说为无相之相。（4）主体不可以理性思想中之普遍抽象的范畴概念说。② 也就是说理性中的种种概念，都是依主体创生之相而后有，这些相是在一个历程中次序出现，而非并列出现，所以由这些相所得来的概念可能相互矛盾。如果以概念并列来说主体，则主体是包含矛盾的存在，这是唐氏所断然否定的。综合这四个方面来看，主体不能必然说是形上或是形下，因为主体包含经验而超越经验，内在于诸相而贯通诸相。

虽然作为绝对真实而超主客的佛性与良知本体在内涵上有所区别，但是唐君毅所强调的佛家修持义，与主体之义仍然有交叉之处，可以相贯通。

五、结　论

在心通九境的哲学构建中，唐氏的确把各种哲学思想分判于不同境界之中，作此分判的目的则是"辨其是非，明其局限"。他对于佛教无疑有着较为清晰的理解，从对佛教义理的分疏中，他肯定了佛教破执观空、因缘和合、众生皆有佛性等观点，但对于可以成为所执的知识、思想、生命赋予了正面的价值，强调了涵消极意义的开导因所具有的正面价值，从以超越的形上根源为体下落到以生的灵觉为道德主体。这些观点无疑都有自己的哲学特色，超出了佛教思想的界限，又与儒家思想相连，成为兼涵而又贯通两者的思想。可以说唐氏借用佛教体、相、用三个概念的区别与联系，以灵觉为体、历程为相、积极之乾与消极之坤相辅为用，构建了心通九境体系的核心内容。

（作者单位：武汉大学哲学学院）

---

① 唐君毅：《生命存在与心灵境界》，中国社会科学出版社 2006 年版，第 509 页。
② 唐君毅：《生命存在与心灵境界》，中国社会科学出版社 2006 年版，第 583~588 页。

中国·东亚·世界

论日本奈良平城京对唐代"长安都城文化"的吸收和继承

□ 刘礼堂　田荣昌

【摘要】城市是一个国家政治、经济及文化发展的综合载体,是一个国家文明进程的集约体现和物质象征。而代表封建王朝文明核心的帝都之城,则是封建皇权得以实施,诸种政治、经济、文化等活动得以广泛开展的最集中最突出的中心区域,从地理位置、军事优势、文化先导、政治热度、经济功能等诸方面而言,都是其他非核心区域所无法比拟的。

长安,之所以成为大唐帝国几近三百年的政治、经济和文化中心,正是基于其独特的地理环境,非凡的军事优势,高度发达的经济水平,以及深厚的文化底蕴等综合因素使然。帝都长安,以一种兼收并蓄、宽柔广达的开放态度,向亚洲其他国家,尤其是东亚诸国张开了宽广仁厚的胸怀,不但迎来了多姿多彩的异域文化风情,同时亦将自身丰富绚烂的文化种子播撒向其他国家和地区。深沐大唐长安文化之光,吸收大唐丰富文化养分的东亚诸国中,至为突出者当首推日本。

而作为日本历史上真正大量吸收和承继大唐文化之肇始的奈良时代(710—794),无论从法律制度、佛教礼仪、教育制度、文学艺术,还是从都城建制、田亩税赋、民众生活等方面,均或多或少地取法于大唐文化之优秀因子,并将其发挥至极致。长安都城文化,在东瀛这片富饶的土地上,遍地播撒,广结硕果,而奈良平城京便是"长安都城文化"绽放于日本的一枝迷人之花。

【关键词】奈良时代;平城京;长安都城文化;吸收;继承

一、日本平城京吸收与传承"长安都城文化"的渊源

公元 618 年,大唐代隋而立且国势渐趋强盛,政治、经济、军事及文化等方面呈勃然之势。大唐以前所未有的大一统格局雄踞于东亚,继而逐渐促成以大唐文化为核心的"东亚文化圈",其中呈现出聚合共性趋势特征的,是以唐长安城为模仿和参照对象渐趋兴盛的"东亚都城文化"。然而,"东亚都城文化"的形成并非一日之功,而是东亚诸国历经了近乎三个世纪的取舍和融合逐渐成型的。

日本著名学者木宫泰彦有言："日本中古之文化，全系由唐移植之文化，无论何人绝无异议。"① 那么，大唐"长安都城文化"自然也是日本中古文化舶来之一端，从而也成为学界关于中日文化交流研究方面不可或缺的关键版块。就大唐"长安都城文化"给予日本建筑文化影响方面的研究，形成学界所谓的"都城之学"，时至今日，中外学者的研究成果斐然卓著。

如众所知，隋朝兴而后大兴城作，为中国历史上承续汉代长安城的另一座规模宏大建制完备的封建皇城。李氏王朝延隋血脉，继其衣钵，成就当时世界上传国近乎三百年，最为强大，高度统一的大唐帝国，同时铸就了第一座具有国际化性质的世界大都市——长安城，为东亚诸国都城建兴之滥觞。

古云"自古崤函帝王宅"，便是指长安城乃久为帝王都之意。长安，作为唐代核心区域文明最为持久和最为集中的建筑物质载体，是唐代政治、经济、文化最为集约的综合体现，是地形地貌、人口结构、语言习俗、宗教人文、经济模式、政治形态等多维复杂因素相互结合、交互影响的文明产物。长安，不仅仅是中国历史上诸多王朝定为都城的一座城市，更是中华文明的恒久象征，故此，日本学者妹尾达彦先生将长安称为"融合各种地域文化的世界都市"②，的确是对大唐长安实至名归的精当定位。

而公元7—8世纪，堪称东亚都城文化从肇始至鼎盛的百年传奇时代。居于东北亚一隅的新罗、百济、高丽，以及后起之渤海、与大唐隔海相望的日本，在此时均成为模仿和复制唐长安城的实验者和践行者。日本飞鸟时代的藤原京、难波京，奈良时代的平城京（包括圣武天皇短暂迁入的恭仁京），平安时代的平安京，基本为复制和照搬唐代长安城一脉相承的建筑产物这一认识，已大致成为学界共识。中外研究者如王仲殊、王维坤、李孝聪、田久川、妹尾达彦、木宫泰彦、佐藤武敏等诸位先学在此方面多有卓见，但诸学观点多从宏观角度出发概而言之，分析较为笼统，并未提供深入细致的文献依托和实证。③其他研究者亦曾就奈良平城京之成因、布局、功能等作过概略或粗浅分析，如徐怡涛、罗雪琳等认为日本奈良都城建制是在唐文化直接影响激发下的产物④。冯玮认为奈良朝统治者出于强化集权意图而迁都于象征其集中王权的平城京。⑤ 当然，诸位先学的研究的确令人茅塞顿开，但又未能提供史料实证，深有空说玄理之感。

截至目前，从中日典籍史料入手，就日本都城吸收、模仿与传承长安城的具体动因、建筑模式、建筑风格、都城寺庙构建、政治意图等方面所展开的"文献史料性质"研究

---

① ［日］木宫泰彦著，陈捷译：《中日佛教交通史》，华宇出版社1986年版，第1页。

② ［日］妹尾达彦著，高兵兵译：《长安的都市规划》，三秦出版社2012年版，第51页。

③ 王仲殊：《关于日本古代都城制度的源流》，《考古》1983年第4期，第354~370页；王维坤：《隋唐长安城与日本平城京的比较研究——中日古代都城研究之一》，《西北大学学报》1990年第1期；李孝聪：《中国区域历史地理——地缘政治、区域经济开发和文化景观》，北京大学出版社2004年版，第461页；田久川：《古代中日关系史》，大连工学院出版社1987年版，第156~157页；［日］佐藤武敏著，高兵兵译：《长安》，三秦出版社2013年版，第190~198页。

④ 徐怡涛：《从公元七至十六世纪扶壁拱形制演变看中日建筑渊源》，《故宫博物院院刊》2009年第1期；罗雪琳：《从古代时期日本对外交流中的中国影响看日本文化》，《西安文理学院学报》（社会科学版）2010年第4期。

⑤ 冯玮：《日本通史》，上海社会科学院出版社2012年版，第95~96页。

数量其少，而泛理论性探讨为数不少，故易流于主观，仅具骨瘦未显丰腴，令读者只知其然，不知所以然。因此，如果从奈良平城京都城平面布局、宫殿园艺、市政建设，或者街区坊舍、佛寺塔庙、道路屋宇，甚至名号称谓、尺化比例、民众生活、节日风俗等最能体现长安都城文化特质的中日史料文献入手，做以详细深入分类性梳理，毫无疑问，将更清晰地呈现出奈良平城京与长安城一脉相承的血缘关系和内在文化机理性关联。

笔者认为，飞鸟时代末期，日本朝廷整体从藤原京迁入新都平城京的动机，不仅出于奈良时代特殊的政治、经济及文化等社会物质系统的整体需求；同时，更出于日本统治者对唐都长安文化的向往和崇尚，对大唐雄踞亚洲、国富民强、傲视四极的那种中华核心地位的膜拜和追随。在模仿复制长安都城文化的背后，其主要推动力是日本皇室希冀建立如大唐一样恢弘强盛的封建大一统国家的深远政治意图和权力野心，仿照唐都长安构建奈良平城京耗时耗力之举，无疑是这种政治意图得以实现的重大举措。对于"平城迁都"，不妨作此设想，即，如果没有以唐都长安为核心的大唐文化对日本国全方位的影响，那么，日本国绝无可能形成奈良朝前所未有的大唐文化因子，亦不可能空发奇想，建造出规模宏大、功能完备、地位尊崇的封建制都城平城京。

在当时，日本遣唐使节不惜冒着葬身鱼腹的巨大危险，历尽万难渡波跨海，之后，还要历经夜以继日翻山越岭的陆路艰辛，方能抵达唐都长安，其中的艰险可想而知。但他们热情难歇，不畏风浪侵袭，山高水远，如此多次奔赴长安，这种举动，不仅仅是服从于日本朝廷的行政命令，更多的应是出于唐都长安对他们构成的如"圣城麦加"般的巨大吸引力。唐都长安成为那个时代日本国从皇室到贵族、从僧侣到信徒、从学生到平民等上上下下一心向往的"朝圣之都"。大唐文化，对于日本奈良，可以说是其所有文化形态的母型；平城京，更应被视为唐代长安都城文化在奈良盆地的复制和再造。

二、日本奈良平城京吸收长安都城文化的具体呈现

（一）奈良平城京选址动机源于长安城的堪舆思想

古语云：国强则邦兴，邦兴则民壮，民壮则兵威。而实现此种治国愿景的前提之一就是建立一座地势优越、军事强大、经济领先、文化发达、象征国威，能够代表封建统治者天之骄子身份和承载其至高无上皇权威仪的封建制都城。因此，中国封建统治者在王朝初兴国家治稳之时，大多不惜投入巨大的人力物力，展开一场旷日持久、规模宏大的都城兴建工程，打造出一座能够承载皇权国威的中央城池，此举往往成为新王朝统治者执掌权柄后最最重要的任务之一。

隋王朝结束多年分裂局面，建国兴业，基本沿袭周秦汉之遗制，仍定都于长安。但隋朝命数多舛，公元618年被李氏王朝取而代之。李唐统治者对于帝国都城的选择，起初并未表现出甚于前代的浓厚热情。但在都城定址、建设规模乃至建制设施等方面，却经过慎重权衡，缜密思考，最终决定继续袭用隋都大兴城，仅在隋都原有规模上有所创制，打造出大唐帝国近三个世纪的政治、经济和文化核心——长安城。

但日本古代是否已表现出类似于中华诸多王朝统治者建国伊始打造帝都的意识或倾向，目前尚无确切史料可资明证。飞鸟时代，甚至更早时期，日本史书仅载有零星散乱的

宫城记录，甚至有多次迁"都"的文字纪录，但彼时的"都"似乎仅仅承担"宫城"职能，即使是飞鸟时代后期，被认为是模仿长安城所建的藤原京（仅作为皇城十四年就被朝廷放弃①），也无法被视为象征封建集权国家的"都城"。

实际上，日本早期所谓的"都"，无论城市规模，还是政治意义及文化功能等方面，均远逊于真正意义上的帝国"都城"，充其量是统治者不定期外出巡游往来居住的别宫或行宫，甚至驿站。飞鸟时代末期，天武天皇曾有过建造新都的宏伟计划，但其主体飞鸟净御原宫与计划中的"新都"，实质仍是行宫，不具有代表封建国家政治、经济、文化核心的都城性质。即使在选址方面要举行隆重的敬神祭社、风水勘察、占卜安宅等原始宗教仪式，也只能说明来自大陆的风水堪舆思维很早就存在于日本建筑设计规划的朦胧意识之中。如《日本书纪》卷二十九曾载天武天皇堪舆宫地的记录：

> （天武）十三年（684）二月庚辰，遣净广肆广濑王、小锦中大伴连安麻吕及判官、录事、阴阳师、工匠等于畿内，令视占应都之地。是日，遣三野王、小锦下采女臣筑罗等于信浓，令看地形，将都是地屿。……三月辛卯，天皇巡行于京师，而定宫室之地。②

但日本在进入奈良时代之后，打造皇都的意识跃然而出，遂成为统治者治国经世的要务之一，奈良平城京，就是这样一座体现出浓郁封建皇都性质，发挥帝都皇城功能的都城。因此，从建筑史角度考量，平城京才应被视为日本第一座集中体现统治阶级意志，呈现日本小中华意识，完全发挥日本作为封建国家，从政令、军事、经济及文化等诸多方面施之于邦内，号之于域外的"首都之城"功能的都城。

究其原因，其一，从社会发展意识层次上看，飞鸟及其前代，日本尚处于奴隶社会向封建社会形态逐渐过渡的初始阶段，封建意识尚处于朦胧状态，故而统治者尚未形成明确的国家意识。其二，从经济发展水平衡量，日本国亦不具备建造大规模皇城帝都的物质条件和经济实力。其三，从统治者政治及文化意识层面看，尚无完全模仿和因袭大陆文明，尤其是隋唐都城文化，构筑自身统治亟需，且彰显天皇权力的核心城市，即皇城帝都的文化意识和政治需求。

据史书载录，奈良时代，日本发生过四次较大规模的迁"京"之举：从藤原京至平城京，从平城京到恭仁京，从恭仁京到难波京，再从难波京重返平城京，③ 但相较于其他三座所谓的"京"城，平城京作为都城的时间为 84 年，因此，仅从定都时间跨度上考量，就应被视为日本国第一座真正意义上的固定都城，再之后又从平城迁往平安京，终于稳居千年之久不曾移步，故而，日本都城时代序幕开启的象征非平城京莫属。

再言之，迁都之举，实非儿戏。那么，奈良时代日本国如此频繁的迁都之举，反映出什么问题？如此兴师动众的作法，也许不仅仅是其史书中所概言的"自然灾害（地震）"侵扰所致；可能还有其他更为特殊和深远的因素，譬如政治意图、经济权衡或

---

① ［日］井上清著，天津市历史研究所译校：《日本历史》，天津人民出版社 1974 年版，第 67 页。

② 《日本书纪》卷二十九，日本经济杂志社 1897 年版，第 531~532 页。

③ 冯玮：《日本通史》，上海社会科学院出版社 2012 年版，第 99~100 页。

是文化考量。

自然灾害频发而促使日本统治者迁都平城，笔者认为应作为频繁迁都的次要因素予以考虑。据《续日本纪》卷十六"圣武天皇"条载：

> （天平）十七年……甲寅……是日，通夜地震，三日三夜。美浓国橹馆正仓，佛寺堂塔，百姓庐舍触处崩坏。……五月戊午朔，地震。己未，地震。令京师诸寺，限一七日转读《最胜王经》。……是日，太政官召诸司官人等问：以何处为京？皆言：可都平城。庚申，地震。……辛酉，地震。遣大膳大夫正四位下栗栖王于平城药师寺，请集四大寺众僧，问以何处为京。佥曰，可以平城为都。壬戌，地震，日夜不止。……癸亥，地震。……甲子，地震。遣右大辨从四位下纪朝臣饭麻吕，扫除平城宫。时诸寺众僧率净人童子等，争来会集。百姓亦尽出，里无居人，以时当农要，慰劳而还。乙丑，地震。于大安、药师、元兴、兴福四寺，限三七日令读《大集经》。……丙寅，地震。发近江国民一千人令灭甲贺宫边山火。丁卯，地震。读《大般若经》于平城宫。是日，恭仁京市人徙于平城，晓夜争行相接无绝。[1]

自然灾害促使天皇、官贵及僧众等流露出"群体性"迁都的强烈欲求，应被视为迁都平城京的一种可能；但这并不能被视为促使统治者频繁迁都的主要驱动因素。因为，处于岛国的日本，地震灾害当属常见现象。其史书中有多次地震等自然灾害方面的文字纪录，迁都于任何他处，都会再次出现地震灾害现象，不足以让统治者采取逃避灾害而大举迁都的做法。因此，欲考察日本奈良朝廷迁都平城的动因，政治因素的权重应大于自然灾害因素。

奈良朝定都平城京，最根本的动因当来自于大唐都城文化的逐渐浸入和影响，之后直接效法和复制唐长安城所成。故此，其选址动机，自然亦是隋唐长安城风水堪舆理念的衍生物。日本著名都城学专家妹尾达彦先生认为日本建国的标志是"都城建造"[2]，此说是否意味着日本建立真正意义上的封建集权制国家始于奈良时代？本文重点不在于此，故而略去不言。但由此也许可以说明兴建平城京对于日本真正"立国"的象征意义。

再谈谈长安城选址始末。唐初统治者未重新选择他处营建新都，而是沿用隋大兴城，原因之一，笔者认为，隋都大兴城大致满足唐初统治者兴建都城的意图和要求。

《旧唐书》卷三十八载：

> 京师，秦之咸阳，汉之长安也。隋开皇二年，自汉长安故城东南移二十里置新都，今京师是也。

《唐两京城坊考》载：

---

① 《续日本纪》卷十六，日本经济杂志社 1897 年版，第 258~259 页。
② ［日］妹尾达彦：《东亚都城时代的诞生》，杜文玉编：《唐史论丛（第 14 辑）》，陕西师范大学出版总社有限公司 2012 年版，第 297 页。

唐西京初曰京城。隋之新都也。开皇二年所筑。按周汉皆都隋唐之都城。文王作丰，在今西安府户县。武王宅镐京，在今咸阳县西南。汉都城在唐城西北十三里。自刘聪、刘曜、石勒、苻建、苻坚、姚苌所据，皆汉城也。隋开皇二年始移于龙首原。唐天宝元年曰西京……宫城东西四里，南北二里二百七十步。周十三里，一百八十步，其崇三丈五尺，南即皇城。北抵苑东为东宫，西为掖庭宫……宫城亦曰西内，其正身曰太极殿。……若元正冬，至陈乐设宴会，赦宥罪除旧布新，当万国朝贡，使者四夷宾客则御承天门以听政。①

《雍录》载：

汉、隋、唐皆都渭南，虽位置稍有迁改而相去不逾二三十里……汉都长安，其城在渭之南而咸阳之东也。隋都亦在长安，实汉城东南十三里，隋文名之为大兴城。唐高祖因之，遂以为都，凡其宫朝城市，悉用隋旧第，稍更易故名而已。②

一般而言，中国历代封建王朝，执掌国家政权伊始，大多非常忌讳沿用旧朝宫室城池、宗庙神社等建筑，故而会破坏甚至彻底拆毁旧朝都城。之后不惜一切手段，搜刮民脂民膏，投入巨大民财国资，发动更夫役力，耗费年岁时日，发起一场营造新都的浩繁工程，目的之一，消除旧朝遗痕或晦气，其二，彰显新朝帝王之气势和威仪。

但唐代立国之初，并未兴师动众劳民伤财打造本朝都城，而是袭用隋之旧都，将其原有宫殿城隅、道观寺庙、街市衢衙等仅改易名号而已。究其原因，笔者认为，一方面，唐初天下方定，国力尚微，物质条件、财力储备、人力资源等尚不允许朝廷兴举如此浩繁、耗力费资、骚劳民众的全新建都工事。另一方面，也许是更为重要的原因，在于隋朝营造的大兴城，无论从地理位置的优越性，还是宫室规制的合理性，以及兼顾前代为都的功能延续性，包括军事、风水、天象、五行、水利、运输、供给等综合指标，均比较契合唐初统治者的定都要求和意愿。《管子·乘马》有言："凡立国都，非于大山之下，必于广川之上；高毋近旱，而水用足；下毋近水，而沟防省；因天材，就地利，故城郭不必中规矩，道路不必中准绳。"唐代长安、洛阳两京，似乎均有此地形地因的综合考虑，仅作为陪都的洛阳，即因占据水利军事之便而成为唐代多数皇帝频繁巡幸和居住的城池，地位仅次于长安都，据《旧唐书》卷三十八载：

东都……北据邙山，南对伊阙，洛水贯都，有河汉之象。③

那么，处于国家心脏位置的帝都长安，其建都动机之一，于风水、地理、军事等因素的考虑则更毋庸置疑。

王维坤先生认为，唐长安之所以成为帝都，无疑是唐统治者综合吸收前代如曹魏洛阳

① 《续修四库全书·唐两京城坊考》卷一，上海古籍出版社 2013 年版，第 383 页。
② 程大昌撰，黄永年点校：《雍录》，中华书局 2002 年版，第 1 页。
③ 《旧唐书》，中华书局 1975 年版，第 1420~1421 页。

的宫城建制、街市里坊等多重因素的结果。① 因此，唐长安都城的最终成型是吸收和延续前代都城建制的成果，何况都城文化并不发达的平城京，绝不会凭空而成。那么，平城都的选址动机源于何处？成书于日本平安时代的官修史书《续日本纪》载录了平城京营造始末：

> （和铜）二年二月戊寅诏曰，朕祇奉上玄，君临宇内，以菲薄之德，处紫宫之尊，常以为，作之者劳，居之者逸。迁都之事，未必遑也。
> 平城之地，四禽叶图，三山作镇，龟筮并从，宜建都邑。宜其营构，资须随事条奏。
> 戊寅，巡幸平城，观其地形。
> 十二月癸巳，镇祭平城宫地。
> 辛亥，车驾幸平城宫。
> 九月乙卯，车驾巡抚新京百姓。
> 戊午，车驾至自平城。
> 癸巳，敕造平城宫司，若彼坟垄见发掘者，随即埋殓，勿使露弃。普加祭酹，以慰灵魂。
> 十二月丁亥，车驾幸平城宫。
> 辛酉，始迁都于平城。②

日本迁都平城的文字记录，虽然比较简略，但可以看出天皇迁都之举，是事关千秋、皇基永固之业，因此，从天皇到诸臣均给予极高的重视。同时亦可证明平城京建都之由的措辞和基调，与隋大兴城兴建因由如出一辙。《隋书·高祖纪》载录了隋之大兴城兴建之由：

> 丙申，诏曰："朕祇奉上玄，君临万国，属生人之敝，处前代之宫。常以为作之者劳，居之者逸，改创之事，心未遑也。……此城从汉，凋残日久，屡为战场，旧经丧乱。今之宫室，事近权宜，又非谋筮从龟，瞻星揆月，不足建皇王之邑，合大众所聚。……然则京师百官之府，四海归向，非朕一人所独有。苟利于物，其可违乎！……龙首山川原秀丽，卉物滋阜，卜食相土，宜建都邑，定鼎之基永固，无穷之业斯在。公私府宅，规模远近，营构资费，随事条奏。"仍诏左仆射高颖、将作大匠刘龙、巨鹿郡公贺娄子干、太府少卿高龙叉等创造新都。……丙子，名新都曰大兴城。……三年春正月庚子，将入新都，大赦天下。③

从中国易经风水角度分析，平城京兴建于"四禽叶图"之地，意指选址定都之地有

———————————————

① 王维坤：《隋唐长安城与日本平城京的比较研究——中日古代都城研究之一》，《西北大学学报》1990 年第 1 期。

② 《续日本纪》卷四，日本经济杂志社 1897 年版，第 52~76 页。

③ 《隋书》，中华书局 1973 年版，第 17~18 页。

四种庇护国家的神兽，即青龙、白虎、朱雀和玄武。此四神兽分别居于都城之东西南北，象征着皇权乃天授神佑，显而易见完全袭用中国易经五行及儒家君权神授等思想。而这种思想从最初渗透于都城设计理念，继而延伸到其他方面，比如兵器设计也是以五行之色为核心设计理念。据《续日本纪》卷二十四"废帝（淳仁天皇）"条载：

> （天平宝字）六年（762）春正月丁未，造东海、南海、西海等道节度使料绵、袄、胄各二万二百五十具于太宰府，其制一如唐国新样，仍象五行之色，皆画甲板之形。碧地者以朱，赤地者以黄，黄地者以朱，白地者以黑，黑地者以白，每四千五十具成一行之色。①

而"三山作镇，龟筮并从"所言何意？奈良平城京与飞鸟藤原京同处于奈良盆地，一南一北，间距不过二十余公里。藤原京北有耳成山，东有香久山，西有亩傍山，向南遥望吉野群山②，呈三山围合之势。从风水上而言，三面山峦聚合，呈抱拢之势，似聚宝之盆，意喻可收纳天地四时之气，达至"聚天财、敛紫气、佑皇权"的目的，从而传递出日本统治者欲建立恒久之都，实现王者天下，众心所归的政治愿望。

元明天皇发出的迁都诏书便可窥见其建立皇都的强烈愿望，据《续日本纪》卷四"元明天皇"条载：

> 诏曰：朕祗奉上玄，君临宇内，以菲薄之德，处紫宫之尊。常以为，作之者劳，居之者逸，迁都之事，未必遑也。而王公大臣咸言："往古已将，至于近代，揆日瞻星，起宫室之基；卜世相土，建帝皇之邑。定鼎之基永固，无穷之业斯在。"众议难忍，词情深切。然则京师者，百官之府，四海所归。唯朕一人独逸豫，苟利于物，岂可远乎？昔殷王五迁，受中兴之号，周后三定，致太平之称。安以迁其久安宅。③

但奈良时代之前，日本并未表现出如此强烈兴建帝都的意识，据《续日本纪》卷九"元正天皇"条载：

> 神龟元年（724）十一月甲子，太政官奏曰：上古淳朴，冬穴夏巢。后世圣人，代以宫室，亦有京师，帝王为居，万国所朝，非是壮丽，何以表德。其板屋草舍，中古遗制，难营易破，空殚民财。请仰有司，令五位以上及庶人堪营者构立瓦舍，涂为赤白，奏可之。④

日本上古时代渺远难知，所谓"冬穴夏巢"，仍然处于茹毛饮血、荒蛮蒙昧尚未开化的原始社会阶段。中古时代的"板屋草舍"以茅草树皮搭建而成。至"后代圣人"时代，

① 《续日本纪》卷二十四，日本经济杂志社 1897 年版，第 399~400 页。
② 王仲殊：《关于日本古代都城制度的源流》，《考古》1983 年第 4 期，第 354~370 页。
③ 《续日本纪》卷四，日本经济杂志社 1897 年版，第 52 页。
④ 《续日本纪》卷九，日本经济杂志社 1897 年版，第 152~153 页。

也许为圣德太子吸收大陆文化的伊始阶段，此时，日本统治者已意识到"京师"乃"帝王所居，万国所朝"的独特意义，但并未真正开始大力兴建仿大陆都城体系建制的举动。齐明天皇（655—661）治下，意图采用大陆木构瓦制的方法打造天皇宫阙，但因木材朽烂无法提供建造宫殿所需的大量木材而作罢。据《日本书纪》卷二十六"齐明天皇"条载：

> 冬十月丁酉朔己酉十三，于小垦田造起宫阙，拟将瓦覆。又于深山广谷，拟造宫殿之材，朽溢者多，遂止弗作。①

《扶桑略记》第五"天智天皇"条载：

> 七年（667）戊辰正月十七日，于近江国志贺郡建崇福寺。始令平地，堀出奇异宝铎一口，高五尺五寸。又堀出奇好白石，长五寸，夜放光明。天皇杀左手无名指，纳灯炉下唐石白内，奉为二恩，掌中捧灯。恒供弥勒佛及十方佛焉。自而以还，灵验如在，天下之人无不归依。同寺缘起云：金堂一基，五间桧皮树葺，奉造坐弥勒丈六一躯，并胁侍二菩萨像；讲堂一基，五间桧皮葺，奉造座阿弥陀佛一躯，并胁侍二菩萨像；三重宝塔一基，桧皮葺，奉造坐四方佛，胁侍二菩萨像；灯炉一基，构居唐石白上；钟一口，高六尺；十三间僧房一宇，七间僧房一宇，印藏一宇，炊屋一宇，五间桧皮葺；汤屋一宇，三间桧皮葺；竈（灶）屋一宇，三间板葺；净屋一宇，五间桧皮葺。②

至持统天皇朝（686—697），"官舍始以瓦葺之"③。摈弃"结草茅为舍，以板木覆顶"的传统屋宇遗制的倾向更为突出，而朝向既坚固耐用又彰显帝王气派的大型瓦制建筑风格大幅度过渡。

至于奈良时代，则完全承袭类似唐都长安那样瓦舍构立、主色红白的帝都之制，流露出"君四海，王兆民，邦国家"，建立更加稳固且规模宏伟的瓦舍宫殿，以作为帝王恒久之都，承载封建君主"王天下"的儒家核心统治思想。

从选址的神谕"河洛祥瑞"意义上，也可以肯定是出自大唐河洛神符天授君权的统治思想。从军事角度予以分析，亦可看出其目的与唐长安城的军事意图如出一辙。众所周知，唐长安城地处关中盆地，左据崤函，右合褒陇，北依邙山，南望终南诸峰，有八水环绕，可谓占尽天地山河军事交通诸种便利和优势。依此不难看出，深受唐长安都城文化熏染的奈良朝廷，自然会沿袭唐长安城类似的选址理念和思路，来兴造平城京的深远动机。

从重视程度来看，天皇视兴建新京为重大之举，不仅委派官高位重的大臣亲自监理，还专设造京官职，并组织结构庞大分工详细造新京团队，其重要成员包括"正四位上阿

---

① 《日本书纪》卷二十六，日本经济杂志社 1897 年版，第 457~458 页。
② 《扶桑略记》第五，日本经济杂志社 1897 年版，第 520 页。
③ 《扶桑略记》第五，日本经济杂志社 1897 年版，第 530 页。

倍朝臣宿奈麻吕、从四位下多治比真人池守，为造平城宫司长官，从五位下中臣朝臣人足、小野朝臣广人、小野朝臣马养为次官，从五位下坂上忌寸忍熊为大匠，判官七人，主典四人"①，并给每位封爵赐物，以为督率；而且要奉上币帛，将营造平城京的情况祈告于"神"；还要在选址动工之地，祀天祭地；另外，"若彼坟垅见发掘者，随即埋殓，勿使露弃。普加祭酹，以慰灵魂"②。发现有坟冢尸骸，一定要深为埋殓，足见其敬神示天、尊重亡灵态度之庄严和肃穆，表现出极为浓郁的端仁孝悌的中国传统儒家思想。

再者，从经济方面，因建都迁城对百姓造成侵扰，天皇特发诏书："比者，迁都易邑，摇动百姓，虽加镇抚，未能安堵，每念于此，朕甚愍焉，宜当年调租，并悉免之。"③免除百姓当年调租，给予一定的经济补偿，体现出仁厚宽达的儒家治国思想。以上诸种作法均与隋唐王朝在选址营造新都城时的意图和作法极为相似。

故此可知，平城京选址也绝非草率之举，同样经过详细的现场勘察和缜密的论证分析，而且天皇亲自出马，"巡幸平城，观其地形"④，最终确定将新都选建在三山包围、神兽庇护、宜建都邑的奈良盆地。其选址无疑充分考虑到奈良盆地的自然地理——三山作镇，占尽军事优势；"龟筮并从"——象征风水意义，此种思维绝非凭空而生，应该离不开唐都长安城所承载的风水堪舆思维的直接影响和导向作用。

正如汉、隋、唐均都于龙首山上，自有其无与伦比的地理优势：

> 汉长安城在龙首山上……龙首山来自樊川……张衡《西京赋》曰：疏龙首以抗殿。抗者，引而高之之谓也。……汉世既据其上立未央宫矣……亦皆高出平地，唐大明宫又遂据其趋东之陇，以为之址，故正殿之名含元者，高于平地至四十尺也。……若夫此山方发樊川而未及折东也，其北行之势，垂坡东下，以为平原，是为龙首原也。原有六坡，隐起平地。隋文帝包据六坡，以为都城……唐高祖、太宗建都，因隋之旧，无所改创，特取宫基故名而易之耳。⑤

能被选为国都的地域，必须具备独特的政治、军事、文化等方面的综合优势，其重要性受到李孝聪的特别强调："国都，是国家权力中心，都城的选址在政治、礼制上的意义远远超出了其他因素。……都城位置的优劣，也会对整个国家政治、军事、经济和文化能否持续发展产生很大影响。"⑥

以此看来，仅平城京的选址一项，就显示出日本深受大唐风水堪舆、五行思想综合影响的一面，更毋庸谈及平城京的基本布局了。实际上，平城京的城规格局也是以唐长安城的规制和建构为依托的。

① 《续日本纪》卷四，日本经济杂志社 1897 年版，第 57~58 页。
② 《续日本纪》卷四，日本经济杂志社 1897 年版，第 62 页。
③ 《续日本纪》卷四，日本经济杂志社 1897 年版，第 62~63 页。
④ 《续日本纪》卷四，日本经济杂志社 1897 年版，第 52 页。
⑤ 程大昌撰，黄永年点校：《雍录》，中华书局 2002 年版，第 20~21 页。
⑥ 李孝聪：《中国区域历史地理——地缘政治、区域经济开发和文化景观》，北京大学出版社 2004 年版，第 199 页。

(二) 奈良平城京整体建制因袭长安城规制设计理念

英国学者肯尼斯·韩歇尔认为日本首都的建设动机，是大和国家中央集权体系真正核心的需要，"若没首都，其中央集权体系将没有真正的核心"①。这种认识精炼而准确，但并未体现出日本都城建设动机产生的历史端由。因此，如果要对日本奈良朝廷欲求建立永久都城的心理予以溯源，则应对都城文化所诞生的历史背景作简要梳理。

如前所述，处于"东亚文化圈"内的东亚诸国，其"都城时代"是以大唐都城建设的成功范例作为标志而肇始的。7—8 世纪，长期浸淫于大唐文化强力影响下的周边诸国，逐渐意识到建设长久而稳定都城在政治、经济、文化以及军事等方面的重要意义，方才将目光转向如日中天的大唐文化，将视角首先投注于象征封建君主天授皇权，且设计合理、规制完备、威震四夷的帝都长安城，并逐次以其作为参照母体和模板，复制移植于各自国内。类似情形同样发生于受唐册封，或向唐纳贡的高丽、百济和新罗，以及高丽亡国继之而起的渤海国的都城建制上。

因此，三韩之国与东瀛日本此起彼涨，竞相角逐的都城兴建之风，成就了虽各具特色但又一脉承续的"东亚都城体系"。大唐宗主国与周边册封国（纳贡国）之间的文化流动性、迁移性、向心性及模仿性综合作用的结果是其后驱主动因。毫无疑问，奈良平城京，无疑是在此种文化驱动和因袭的前提下，在这股比肩竞逐的都城文化追从风气中崛地而起的。

举例而言，从册封体制考量，渤海国与灭掉高丽和百济而独存于朝鲜半岛的新罗，均处于向唐纳贡的类似藩国地位，受封于唐国，多次遣使入唐，源源不断地将大唐长安文化引入国内；与此同时，渤海国亦将日本视为睦邻，遣使修好。据此，奈良时代，大唐文化与朝鲜半岛的渤海国、日本国三者之间的文化传递、游离和渲染从未中断。《续日本纪》卷十"圣武天皇"条载渤海与日本通好的细节：

（神龟）四年（727）……八月庚寅，渤海郡使首领高齐德等八人，来著出羽国，遣使存问，兼赐时服。十二月丁丑，渤海郡王使高齐德等八人入京。丙申，遣使赐高齐德等衣服冠履。五年春庚子，天皇御大极殿，王臣百寮及渤海使等朝贺。甲寅，天皇御中宫。高齐德等上其王书并方物。其词曰：武艺启，山河异域，国上不同，延听风猷，但增倾仰，伏惟大王，天朝受命，日本开基。奕叶重光，本枝百世。武艺忝当列国，滥总诸蕃，复高丽之旧居，有扶余之遗俗。但以天涯路阻，海汉悠悠，音耗未通，吉凶绝问。亲仁结援，庶叶前经，通使聘邻，始乎今日。谨遣宁远将军郎将高仁义，游将军果毅都尉德周，别将舍那娄二十四人，赍状并附貂皮三百张奉送。土宜虽贱，用表献芹之诚，皮弊非珍，还惭掩口之诮。主理有限，披膳未期，时嗣音微，永敦邻好。于是，高齐德等八人并授正六位上，赐当色服。仍宴五位以上及高齐德等，给大射及雅乐寮之乐，宴讫赐禄有差。二月，以从六位下引田朝臣虫麻吕为送渤海使。……夏四月壬午，齐德等八人，各赐彩绵绫锦有差。仍赐其王玺书曰：天皇敬问

① ［英］肯尼斯·韩歇尔著，李忠晋、马昕译：《日本小史：从石器时代到超级强权的崛起（第 2 版）》，世界图书出版公司 2007 年版，第 35 页。

渤海郡王，省启俱知，恢复旧怀，聿修曩好，朕以嘉之。宜佩义怀仁，监抚有境，沧波难隔，不断往来。便因首领高齐德等还次，付书并信物彩帛一十匹，绫一十匹，絁二十匹，丝一百絇，绵二百屯，仍差使发遣。归乡渐热，想平安好。①

因此，交游于大唐与日本之间的渤海国，深受中日两国同源且同质文化的交互影响，构筑出与唐长安城规模布局基本相同的都城宫室。这种作法均体现出唐长安都城文化给予渤海国，以及将渤海国视为番邦，自居于小中华文化核心地位之上的日本国的交互传递影响作用。"在保持高丽山城传统的基础上，渤海国更多地向唐朝学习与模仿。渤海建立起以五京制为核心的城市体系：上京龙泉府，东京龙原府，中京显德府，西京鸭绿府，南京南海府。渤海上京龙泉府的考古发掘表明，渤海的都城形制完全仿照唐长安城的布局而设计，只是规模略小而已。"② 奈良平城京自然隶属于类似册封体制影响之下的长安都城文化的直接产物。

一直接受唐政府册封的新罗也不例外："新罗都城金城（今庆州）的街道也是仿照唐朝的里坊制而规划。"③

以此判断，文化制度高度发达的唐朝，作为其权威象征的都城长安，在当时东亚文化圈中，毫无疑问地成为高丽、百济、新罗、渤海和日本等周边诸国相继学习和模仿的对象。

而日本为何要引进唐长安城构建模式打造平城京而非闭门自造城呢？

对于古代国家，尤其是新立的封建王朝，在文化制度尚不健全，经济实力尚不具备，国势尚不稳固的时期，学习和模仿前代或他国先进文化制度也毫不为奇。汉代长安城，亦是在模仿和因袭前代譬如秦代之咸阳城、周代之丰镐两京等都城建制的基础之上营造而成的。隋朝立国之初，其都城大兴城的建设也必然沿袭汉代长安城的建制而成。继之唐兴，其都城营造理念、动机等与前代基本近似或趋同。

关于长安城的总体规模，《旧唐书》卷三十八载：

城东西十八里一百五十步，南北十五里一百七十五步。皇城在西北隅，谓之西内。正门曰承天，正殿曰太极。太极之后殿曰两仪。内别殿、亭、观三十五所。京师西有大明、兴庆二宫，谓之三内。有东西两市。都内，南北十四街，东西十一街。街分一百八坊。坊之广长，皆三百余步。皇城之南大街曰朱雀之街，东五十四坊，万年县领之。街西五十四坊，长安县领之。京兆尹总其事。东内曰大明宫，在西内之东北，高宗龙朔二年置。正门曰丹凤，正殿曰含元，含元之后曰宣政。宣政左右，有中书门下二省、弘文史二馆。高宗已后，天子常居东内，别殿、亭、观三十余所。南内曰兴庆宫，在东内之南隆庆坊，本玄宗在藩时宅也。自东内达南内，有夹城复道，经

———————————————

① 《续日本纪》卷十，日本经济杂志社 1897 年版，第 161~165 页。

② 李孝聪：《中国区域历史地理——地缘政治、区域经济开发和文化景观》，北京大学出版社 2004 年版，第 426 页。

③ 李孝聪：《中国区域历史地理——地缘政治、区域经济开发和文化景观》，北京大学出版社 2004 年版，第 461 页。

通化门达南内。人主往来两宫，人莫知之。宫之西南隅，有花萼相辉、勤政务本之楼。禁苑在皇城之北。苑城东西二十七里，南北三十里，东至灞水，西连故长安城，南连京城，北枕渭水。苑内离宫、亭、观二十四所。汉长安故城东西十三里，亦隶入苑中。苑置西南监及总监，以掌种植。

但奈良平城京总体规模，中日史籍均无具体数据载录。因此，多数研究者对于平城京规模的文字表述仅依赖于日方考古发掘初步采集的非完全数据，但这些数据基本可以说明长安城方正整饬的规划理念与平城京大致规制之间的内在关联性。

有一组研究数据可以为证："平城京基本呈正方形，总体面积大致为长安城的四分之一，东西宽约 4.2 公里（32 町），南北长约 4.7 公里（36 町），中轴线为朱雀大街，左右为东西两京。各宽约 24 米的两条南北大道和九条东西大道把城市切割成 72 个正方形街坊。……京城内有 9 大寺院，分别为兴福寺、元兴寺、纪寺、大安寺、药师寺、唐招提寺、西大寺、法华寺、西隆寺。"① 此组数字精确地呈现了平城京城规格局和官寺略览，可以说与唐长安城格局高度吻合，仅比例不同而已，可谓一座"迷你长安城"。

更为详细的相似及吻合之处尚可做深入细致解读，试析如下：

（1）对称条坊之制。

如众所知，中国古代王朝在兴建都城时多数会将风水堪舆因素作为规划设计的重要部分予以考虑，如周朝之沣镐两京，汉之长安城，魏之洛阳城，隋之大兴城，唐之长安城。风水堪舆思想其实是融合了地理、地质、星象、气象、景观、建筑、生态、军事等多种学科的一种学说，至唐代已成为一门显学，造诣高深者名辈杰出，笃信者上自帝王将相，下至平民百姓，其核心思想源自中国传统哲学所谓的天人合一、阴阳相衡的说法。而左右对称条坊制即为古代城市设计中体现阴阳平衡、天地合音、天圆地方、整饬划一、规范集中等复杂风水堪舆思想的具体表现，同时也是美学意识的具体产物，因此多为中国封建王朝采用，成为都城建设基本通用格局。在"东亚都城文化"最为鼎盛的时期，长安城这种对称平衡的条坊格局多为彼时周边诸国兴建各自都城时所普遍袭用和复制。

日本著名学者木宫泰彦先生亦持此观点，认为自奈良时代起，日本的寝宫、邸宅、寺观、官衙等建筑，皆仿中国人的传统建筑趣味，即左右均齐对称结构。② 张鹏一先生亦对奈良平城京及平安京此种相同布局做了大致比较："中宗景龙三年元明和铜二年西元七〇九年，日本迁都奈良即平城，仿唐长安京城，区分左右，定坊条，如长安城之有宫城，有京城，坊市之别，是为日本有正式京城之始。……七代七十余年，皆都此，至桓武延历十三年，当唐贞元十年，复迁都平安。其京城、宫城、街衢、宫殿，仍仿唐京长安街市。自一条至九条城内分四坊，坊分十六町。十四年，于朱雀门南罗生门之东西，建东寺西寺，仿长安朱雀门街东荐福兴善寺，朱雀门街西之南明总持寺，较之平城京城，规模宏大矣。"③

日本史料亦对这种都城格局有不少文字载录，据《扶桑略记》第六"元明天皇"条载，奈良朝迁都平城京伊始便袭用唐长安城设左右京条坊：

① 冯玮：《日本通史》，上海社会科学院出版社 2012 年版，第 96 页。

② ［日］木宫泰彦著，陈捷译：《中日佛教交通史》，华宇出版社 1986 年版，第 38 页。

③ 张鹏一：《唐代日人来往长安考》，山西人民出版社 2014 年版，第 15 页。

和铜三年（710）庚戌三月辛酉日，始迁都于平城，从难波宫移御奈良京，定左右京条坊。①

《续日本纪》卷十四"圣武天皇"条载：

天平十三年（741），九月辛亥，免左右京百姓调租，四畿内田租，缘迁都也。……己未，班给京都百姓宅地。从贺世山西道以东为左京，以西为右京。②

具体而言，平城京如长安城一样，被划分为两大基本区域，即宫城区和京城区。宫城区居于平城京北侧高地上，俯瞰京城区，名为"内里"，功能类似于唐长安城之皇城；京城区以朱雀大街为中轴线，分为左京和右京，两京均被分为整齐划一的条坊，各有4条，南北走向，呈规整棋盘状；与坊垂直交错的为路，共有9条。每坊的规模为边长约553米的正方形，坊内有东西、南北各3条小路，将坊进一步细分成16个小正方形，即16个坪（町）。③"坊"制设置目的与长安城"坊"制别无二致，既有方便税收的作用，又有加强对坊内居民予以有效管理和互相监督④的目的。同时，平城京坊内还分布有随迁入京的9大寺院，包括东大寺、法华寺、唐招提寺、西大寺、法隆寺等著名仿唐寺院。政府各级行政机构根据各自功能分布坊间四处。左、右京各设有仿长安城的东西市。

当然，平城京的条坊制或许并不如唐长安城108坊那样严格遵循方正中矩的谨严格局，每坊的实际面积亦无法与长安城各坊严格一致，整体综合功能上更不如长安城坊那般多元和丰富，如同萤火虫和白炽灯之间的相似性，这一点实属事实。但平城京条坊制在基本形制上和大体功能上乃完全模仿唐长安城当毫无争议。具体原因也许是受制于自然地理位置的限制，或是平城京建造时间的仓促性以及当时日本国经济实力、技术水平、人力物力等综合因素掣肘所限。而事实上，唐代长安城的建成，也并非仅凭一代之功骤然建成，而是历经前几代王朝百十年的心思和财力渐聚而成，这一点不得不予以考虑。

平城京各坊内所居官员贵族及普通百姓，最初均由奈良朝廷统一班赐宅地，获准后方能自建屋舍。房舍格局亦同于唐长安城模式，即官阶越高，其宅基越靠近皇城或商业区域。平民百姓住宅区则远离皇城，愈向城坊外围甚至坊外延伸。奈良朝廷对于贵族官员在京城建宅有严格的规定，《续日本纪》卷十一"圣武天皇"条载：

天平三年（731）九月戊申，左右京职言：三位已上宅门，建于大路，先已听许，未审身薨，宅门若为处分。敕：亡者宅门不在建例。⑤

---

① 《扶桑略记》第六，日本经济杂志社1897年版，第541页。

② 《续日本纪》卷十四，日本经济杂志社1897年版，第236~237页。

③ 王海燕：《古代日本的都城空间与礼仪》，浙江大学出版社2006年版，第64页。

④ Mark Edward Lewis. *China's Cosmopolitan Empire: the Tang Dynasty*. The Belknap Press of Harvard University 2009, p. 90.

⑤ 《续日本纪》卷十一，日本经济杂志社1897年版，第184页。

官员冠阶三位以上者宅门可开向大路，三位已下当不可开向大路，那么平民百姓宅门应同于长安城，各向坊内开有小门，以供出行之用；同时，各坊之间有土墙予以分隔，以便限制百姓随意聚众或串联，不利于政府的控制和管理。

至奈良后期，这种审批制度随着官员官阶的升陟和权势的与日俱增而逐渐弱化，遂出现官员私占宅地，广建宏宇的不良现象。比较突出的实例有太师藤原惠美押胜（藤原仲麻吕）私建豪宅的情况，被载录于《续日本纪》卷三十四"光仁天皇"条：

> 宝龟七年（776）丙寅，太师押胜起宅于杨梅宫南，东西构楼，高临内里，南面之门，便以为橹，人士侧目，稍有不臣之议。①

可见身居高位的藤原惠美押胜，将其宅第建于天皇内宫杨梅宫之毗邻，规模宏大，引人非议，被视为"不臣"之为；像藤原惠美押胜一样，将豪宅建于皇宫毗邻的现象当不在少数。此种风气与安史之乱后，唐长安城各坊内及京城南郊韦曲、杜曲等近畿之地，由贵族、高官、皇亲贵戚以及节度使等广占土地、遍建豪宅、营构庄园的现象非常类似，似乎成为一个王朝帝王权力与贵族权势此消彼长的政治产物和物质见证。

前述随迁入京的九大官寺亦建于皇城周围毗邻的坊内，浅层目的当然是出于天皇及贵族礼佛祭神，佛寺召开法会、讲经、斋戒，祭期拜祈去世天皇或皇族成员等一系列佛事活动便捷之利；但深层则可见奈良朝官办寺院与朝廷之间，佛教信仰与政治权势之间极为紧密甚至政教逐渐融合的历史倾向。

另一个明显的特点是平城京各坊还仿效唐代长安城设有"条坊官"，即"坊令"一职。考日本史书，关于"坊"及"坊令"设置等方面的记载，最早可见于《日本书纪》孝德天皇（645—654）"大化改新"第二条难波新京制度方面的内容：

> 二年（646）春正月甲子朔……即宣改新之诏……其二曰：初修京师，置畿内国司、郡司、关塞、斥候、防人、驿马、传马，及造铃契，定山河。凡京每坊置长人，四坊置令一人，掌按捡户口，督查奸非。其坊令，取坊内明廉强直，堪时务者宛。里坊长，并取里坊百姓清正强干者宛。若当里坊无人，听于比里坊简用。②

难波京设"坊长""坊令"及"里坊长"官位，不妨看作平城京"坊令"一职的先期范例。两京"坊令"工作内容有许多相同之处，但平城京坊令权力更大，职能更为细化，统管各坊所有民俗户籍事务，督促和征收庸调赋税，按时以令开关坊门，批准或禁止坊内一切商业经营活动，监管货币流通使用情况等。

而且，平城京"坊令"享有阶位，具备"把笏着朝服"的规格和级别，有上朝议政或参举事务等正式官员的资格，这也体现出奈良朝仿大唐官职、官制的进一步完备。据《续日本纪》卷九"元正天皇"条：

---

① 《续日本纪》卷三十四，日本经济杂志社 1897 年版，第 607 页。
② 《日本书纪》卷二十五，日本经济杂志社 1897 年版，第 431～432 页。

神龟三年（726）……九月丁丑，令京官史生及坊令，始着朝服把笏。①

"把笏"制度最早始于养老三年，应该为养老二年（718）遣唐使多治比真人县守从唐归朝后，引入大唐律令制度，天皇令右大臣藤原不比等等朝臣一道撰定律令，在拜朝仪式上所作的一种仪规尝试。又据《扶桑略记》载："养老三年（719）二月壬戌日，百官适令把笏，五位以上牙笏，六位已下木笏。"② 因此坊令官品应低于六位，且开始把笏的时间迟于养老三年；亦可以印证"坊令"一职的设置时间较晚，条坊制度尚处于逐渐摸索和完善的阶段。但京城条坊制不仅确立了奈良平城京都城建制的一种空间格局，而且成为奈良朝廷新官职"坊令"初设之端。条坊制在奈良后期逐渐配设有其他官职，如左京亮、右京亮，官品当为四位上下。

虽然"坊令"制度逐渐成为奈良都城建制不可分割的官职设置，但在更为具体的坊令职能方面，平城京仍然未能达到如唐长安城"坊令"所拥有的权力和担负的职责。但无论如何，"条坊制"为唐代东亚都城格局最基本的设置，此种设置从奈良时代开始，继续为平安时代的平安京布局所袭用，大致延续了一千余年。

可见唐代对称结构的都城格局，跟随大唐文化一起落户于日本，开始扎根于日本国此时的都城设计理念之中。也许其科学合理、易于管理、便于安民、顺应风水的思路，深得日本统治者的认可和垂青，故而无论迁都何处，均会照搬沿用而不会轻易改弦易辙。

（2）城垣之制。

城垣在冷兵器时代当具有军事防御保障治安的功能，因此成为中国古代都城极为重要的组成部分。平城京在初建时，是否亦有类似于长安城由城垣相隔的内、外城之分，有学者认为日本都城在此点上有别于长安城，即平城京并未建有城墙，仅在都城南端建筑一面单墙，即罗城，中央开设唯一的罗城门；而且平城京的罗城门并非用于防御目的，而是朝廷举行迎接外国使节的礼仪性建筑，是平城京律令制国家政治中枢的建筑物③，这种看法也许尚有进一步确证的必要。

"罗城"最早见于日本官方史书《日本书纪》，即天武天皇八年（679）在难波京筑罗城之片言只语，具体功能只字未提。难波京曾为孝德天皇朝廷所在地，而此时天武天皇居于飞鸟净御原宫，难波宫仅为行宫之用，因此迎接外国使臣活动应不会发生于此，故而，罗城非为此用而建。试想，一座象征天皇无上皇威震慑八方的京城，建造一面仅用于接待外国使节的礼仪性单墙，这种做法也许有些匪夷所思。另有学者认为日本都城时代不设城墙的原因，在于日本没有像大唐帝国所面临的四夷外患之忧，故而无需建筑城垣，此种认识亦当斟酌。

日本史书关于"城垣"之制的载录最早应始于齐明天皇朝。齐明天皇元年（655）夏，因原先所居之飞鸟板盖宫遇灾而迁居飞鸟川原宫，次年再迁往飞鸟冈本宫，城垣随冈本宫一并兴建。

① 《续日本纪》卷九，日本经济杂志社 1897 年版，第 158 页。
② 《扶桑略记》第六，日本经济杂志社 1897 年版，第 547 页。
③ 王海燕：《古代日本的都城空间和礼仪》，浙江大学出版社 2006 年版，第 67 页。

（齐明天皇）二年（656）……于飞鸟冈本更定宫地。时高丽、百济、新罗并遣使进调，为张绀幕于此宫地而飨焉。遂起宫室，天皇乃迁，号曰后飞鸟冈本宫，于田身岭冠以周垣。复于岭上两槻树边起观，号为两槻宫，亦曰天宫。时好兴事，乃使水工穿渠，自香山西至石上山，以舟二百只载石上山石，顺流控引于宫东山，累石为垣。时人谤曰：狂心渠损费功夫三万余矣，费损造垣功夫七万余矣。①

从其城垣建造载石船只及耗费人力的数量来看，冈本宫城垣规模一定不小，因此才会引起民众的极大怨情。所以，学界一概否认日本都城城垣之制，实为不妥。那么，规模和布局远超于冈本宫的平城京，设有城垣的可能性极大，毕竟朱雀门的存在也许可以证明平城京照搬照抄长安城建制而设有城垣。

不过，平城京朱雀门作为礼仪用途亦应为事实。据《续日本纪》卷十一"圣武天皇"条载：

天平六年二月癸巳朔，天皇御朱雀门览歌垣。男女二百四十余人，物品已上有风流者皆交杂其中。正四位下长田王，从四位下粟栖王、门部王，从五位下野中王等为头。以本末唱和，为难波曲、倭部曲、浅茅原曲、广濑曲、八裳刺曲之音。令都中士女，纵览极欢而罢。赐奉歌垣男女等禄有差。②

"歌垣"作为日本引自大唐的重要民俗，一般在农桑丰收或国家太平的情况下，或者逢重大时令节日，多由官方统一组织，官民一体，同庆同乐，而朱雀门（罗城门）即作为天皇观览歌垣的仪式性建筑和皇恩施予的重要场所，如同唐大明宫之丹凤门。

当然，目前，有不少学者认为"罗城""罗城门"等称谓始于中国隋唐东西两京，那么，日本难波京、平城京同样的称谓，应该模仿中国隋唐长安与洛阳城的称谓③就毫无疑问了，笔者对此种观点比较认同。设想一下，平城京如未建有军事防御功能和治安保障目的的城墙，那么如何保证城内天皇、皇亲、贵族，以及百姓的人身安全和财产安全。

那么，要证明平城京的城垣之设，深入爬梳记录奈良朝廷各项活动的史书就显得尤为必要。据《续日本纪》卷五"元明天皇"条载：

（和铜）四年（711）……丙子敕：倾闻，诸国役民，劳于造都，奔亡犹多，虽禁不止。今宫垣未成，防守不备，宜权立军营，禁守兵库。……（和铜）五年壬辰，废河内国高安烽，始置高见烽及大倭国春日烽，以通平城也。④

同书卷十二"圣武天皇"条载：

---

① 《日本书纪》卷二十六，日本经济杂志社 1897 年版，第 458~459 页。
② 《续日本纪》卷十一，日本经济杂志社 1897 年版，第 193 页。
③ 王仲殊：《关于日本古代都城制度的源流》，《考古》1983 年第 4 期，第 354~370 页。
④ 《续日本纪》卷五，日本经济杂志社 1897 年版，第 68~71 页。

天平九年（737）四月……然则城墩易守，人民永安者也。……其唯营造城墩，一朝可成，而守城以人，存人以食，耕种失候，将何取给。且夫兵者，见利则为，无利则止，所以引军而旋，方待后年，始作城墩。①

同书卷十六"圣武天皇"条载：

（天平）十七年（745）春正月己未朔，废朝，乍迁新京，伐山开地以造宫室，墙垣未成，绕以帷帐。②

以上几条载录提及"城垣""烽""宫垣""城墩"（类似于烽火台），应该可以说明此类设施具有保护民众，防敌入侵的军事功能。又据"宫垣未成，防守不备"，"墙垣未成"，"营造城墩"等措辞亦可以推知，元明天皇虽于710年迁入平城新京，但当时仅陆续建成主体宫殿部分，而城墙尚未建筑完毕，因此，无法起到军事防备作用，故而要求兵士禁守兵库，防止出现意外情况。另外，天平十二年（740）始，圣武天皇因贵戚藤原氏家族权力日炽，甚至有凌驾于天皇之上、干预朝政的趋势而果断采取疏离贵族，稳固政局的策略，将都城从平城京先迁入恭仁宫，再迁入难波宫，意图削弱贵族权力，稳固天皇地位。但此两宫并非真正意义上的都城，仅起到行宫作用，此不赘言。后因洪水、地震等自然灾害及瘟疫频频暴发，圣武天皇被迫又于天平十七年（745）迁回平城京，故言"乍迁新京……墙垣未成"，可见如此频繁的迁出迁入，要建造完整坚固的城墙，似乎不太可能。

同时，奈良朝廷对于事关民生的农业，在非有外敌侵入的情况下，给予的热度和关注明显要高于军事防备需求，因此，为了不失农时，先待耕种结束之后，"始作城墩"。

基于以上史料载录，我们不妨作此推断，即日本奈良前时代诸多行宫周围所建的"罗城"，应为奈良平城京城墙之雏形，而正式迁入平城京之后，天皇必然会下令修筑发挥军事防御作用的城墙和用于军事通讯目的的城墩（烽火台）。

另据日本史载，平城京城门及道路名称，如"朱雀门""朱雀路""罗城门""南闸""南苑""中门""阁门""重阁门"等称谓，应该可以证明平城京极有可能亦仿照长安城，筑有绕城一周的城墙，"有门有路而四围无墙"，似乎并不符合冷兵器时代都城军事防御及民众安保的目的。即使对于奈良时代的日本，来自域外异族入侵的可能性不大，但宫廷内乱，贵族反叛，京畿稍近区域夷狄侵扰的现象仍屡见不鲜。基于此，平城京在营造之时，如果不考虑城墙防御之备，似乎不符合护佑天皇及族亲人身安全，消除贵族叛乱可能引发军事危机的最基本安保需求；更不符合日本统治者当时意欲建立体制完备，众夷归顺，八方朝贡的"小中华"封建国家的政治愿望。

（3）东西市之制。

东西市作为唐代长安城极为重要的组成部分，是大唐帝国经济发展水平的一种体现，承载着唐代丝绸之路沿线各国商品流通、物资交互，甚至文化交流等重要功能，亦是都城

① 《续日本纪》卷十二，日本经济杂志社1897年版，第208页。
② 《续日本纪》卷十六，日本经济杂志社1897年版，第256页。

居民日常生活、娱乐休闲、节日庆典等活动得以进行的重要场所。东西市里，活跃着操不同语言、穿各色服装的西域胡商，以及承担着不同外交任务的各国使节，他们在这里热情兜售着自己国家的风情物产，或沿街串铺，精心选购着店铺里或摊位上琳琅满目、珍稀罕见的物产和商品。

与日本遣唐使节一同前往长安城的大批学问僧、留学生自然也是东西市的常客。他们不仅肩负着在长安城内广搜书籍、绘画、书法等文化物品的任务，同时也担负着前往东西市选购各种奇珍异玩、美酒茗茶、地方特产等非官方任务；居唐日久的留学生们，亦会将从日本国内所携物资于东西市出售以换取生活必需品。① 东西市俨然成为当时亚洲各国物资互换、商品互通、文化互传的集散地和中转站。因此，东西市如此活跃的商业文化气息，给大批入唐学问僧、留学生们势必留下深刻印象。在他们学成归国后，自然会将这种浓郁的商业文化和理念一同引入日本，将大唐长安城活跃的经济态势呈报于天皇。由此，日本难波京、平城京的诞生，相伴而生的便是初具商业雏形的东西市，毫无疑问，没有唐长安东西市浓郁商业文化气息的影响，何来日本此两京的"东西市"之设。当然，有学者认为，难波、平城两京的东西市，除具备物资互市和商业流通的初级经济职能之外，还应被视为"与神相通的空间，具有仪式性功能"②，此不在本文的讨论范围，恕不赘言。

日本"东西市"最早于文武天皇朝大宝三年（703）在难波京开始设立。据《扶桑略记》"文武天皇"条载：

大宝三年（703）四月，立东西市。③

随后，元明天皇于710年将都城从难波京迁往平城京，东西市亦随之迁入。甚至天平十三年（741），圣武天皇短暂迁离平城京而移都于恭仁京时，东西市亦一并随迁，可见东西市之设对于日本当时的都城而言，有一种"都迁则东西市迁"的必然趋势。东西市因此成为奈良时代日本都城商业经济模式发展壮大，京城民众、商贩、外国使节等群体日常生活及商品经济活动得以开展的重要场所。

平城京东西市亦仿照长安城分别设立于左、右京，东市在左京八条三坊，西市在右京八条二坊，实际并非如长安城东西市那样严格意义上的左右对称。平城京东西市各占地4坪，各坪之间有围墙相隔，以区分各自不同的商业及其他功能。两市均有用于运输物资的漕河，东市有南北贯通的东堀河，西市有西堀河（秋篠川）的水路。④ 唐长安城亦同样设有与东西市相贯通的水路系统，据《旧唐书》卷九载："天宝元年……命陕郡太守韦坚引浐水开广运潭于望春亭之东，以通河、渭；京兆尹韩朝宗又分渭水自金光门，置潭于西市之两街，以贮材木。"由此，平城京仿长安都东西市之漕运，亦是当时其都城发展必备的物资运输系统。

平城京东西市亦设有类似于长安城"市头"一样的官职，称为"市司"，对市人的商

① ［日］木宫泰彦著，陈捷译：《中日佛教交通史》，华宇出版社1986年版，第34~35页。
② 王海燕：《古代日本的都城空间与礼仪》，浙江大学出版社2006年版，第98页。
③ 《扶桑略记》第五，日本经济杂志社1897年版，第537页。
④ 王海燕：《古代日本的都城空间与礼仪》，浙江大学出版社2006年版，第66页。

业活动予以监管，监督商品价格及质量。但在职能方面，长安城因商品交易发达程度远超平城京，其"市头"的职能则更为完备和细化，如负责东西市待沽物品价位、度量及流通货币符合法令规定，填报交易记录，防止市人串通及价格垄断等非常细则的职能。① 但日本史料对于平城京东西市"市头"的职能载录比较粗疏，其原因也许在于平城京当时的商业活动尚不如长安东西市那般发达，基本以物物交换为主要流通方式，甚至货币的使用也不如长安城那样高度活跃，故而其职能未能也不必像长安城市头那般复杂。

与平城京东西市直接关联的还有一个尤为重要的创设点，即货币开始出现并逐渐应用于商业流通环节中。"货币"流通往往被视为商业化较为成熟的标志之一，平城京东西市货币的流通，也是其商业活动进程进一步推动的产物，意味着日本都城以货币流通为载体的商品经济的初步显山露水。

日本史书对于"货币"的发行、流通、材质、新旧钱换算比、钱币铸造令、货币流通模式等均有较为详细的载录，而货币流通活动最集中的区域则为东西市。

日本历史上第一种货币为"和铜开弥"：

> 和铜元年春正月乙巳，武藏国秩父郡献"和铜"……故改庆云五年而和铜元年（708）。……二月，始置催铸钱司。……五月，始行银钱。……八月，始行铜钱。（和铜）二年（709）三月甲申制：凡交关杂物，其物价，银钱四文已上，即用银钱；其价三文已下，皆用铜钱。②

但铜钱似乎并未成为主要的通行货币，从朝廷发布敕诏令新旧钱币并行即可看出，民众对于钱币的使用存在一定的混乱，所以政府不得不制定新旧钱币的换算比例，而且不再限制钱币仅为铜制，亦开始允许银币和金币的流通。

> 天平宝字四年（760）三月丁丑敕：钱之为用，行之已久，公私要便，莫甚于斯。顷者，私铸稍多，伪滥既半，顿将禁断，恐有骚扰。宜造新样与旧并行，庶使无损于民，有益于国。其新钱文曰：万年通宝，以一当旧钱之十。银钱文曰：大平元宝，以一当新钱之十。金钱文曰：开基胜宝，以一当银钱之十。③

为了鼓励民众使用铜钱，对钱币的铸造、流通等予以正规化和合法化，朝廷专门制定了极为严格的钱币铸造令，凡违反者一并归入不得赦免的八种重罪之列，处以极刑。元明朝廷于和铜四年（711）冬十月制定了鼓励民众使用钱币的《蓄钱叙位法》：

> 夫钱之为用，所以通财货易有无也。当今百姓，尚迷习俗，未解其理，仅虽买卖，犹无蓄钱者。随其多少，节级授位。……夫申蓄钱状者，今年十二月内，录状并

---

① Mark Edward Lewis. *China's Cosmopolitan Empire：the Tang Dynasty*. The Belknap Press of Harvard University 2009, pp. 96-97.

② 《续日本纪》卷四，日本经济杂志社 1897 年版，第 51~59 页。

③ 《续日本纪》卷二十二，日本经济杂志社 1897 年版，第 380 页。

钱申送讫，太政官议奏令出蓄钱。敕：有进位阶，家存蓄钱之心，人成逐缗之趣，恐望利百姓或多盗铸。于律，私铸犹轻罪法，故权立重刑，禁断未然。凡私铸钱者斩，从者没官，家口皆流。五保知而不告者与同罪，不知情者减五等罪之。其钱虽用，悔过自首，减罪一等。或未用自首，免罪。虽容隐人，知之不告者与同罪。或告者同前首法。……十一月蓄钱人等始叙位焉。……十二月庚申，又制蓄钱叙位之法，无位七贯，白丁十贯，并为入限，以外如前。①

《蓄钱叙位法》是日本商业经济发展到一定阶段，需要有律令制度与之相配套的必然产物，同时说明此时的商业活动的活跃性和成熟度已远远超过前代那种缺乏法律约束无序混乱的经济模式，也许意味着以东西市为商业核心区域经济模式的确立和进一步的完善化、制度化。蓄钱者可得节级授位；私铸钱者斩，共犯没官，家口处流放，钱币铸造流通及蓄积等经济行为与官阶和刑罚产生直接关联。由此可见，东西市作为平城京商业雏形，不仅奠定了京畿区域商品经济发展的初步模式，而且对于与经济相关律令法条的诞生，官阶官位的授褫均起到了积极促进甚至直接相关作用，这也是日本律令制度体系之下都城文化得以形成的重要而必然的组成因素和制约因素。

实际上，平城京东西市除基本的商品流通物资交换等初具商业雏形的作用外，还承担着惩罚囚徒以警示民众的法律惩戒责罚功能，以及承担着农桑遭灾时，朝廷派专司高价籴米，贱价粜米，以赈济百姓的社会福利救济功能。

奈良朝廷对于东西两市的商业活动、货币流通、物资价位、交易种类、交易时间等均有明确的法令规章，如若违反，将会受到不同程度的惩罚。可见，平城京东西市不仅从经济微观层面融入到京城百姓的日常生活当中，而且从宏观角度亦渗入政府官员的考绩以及日本整体律令制体系之中。

当然，平城京除以上所述几个方面沿袭唐长安城规制而设之外，城市环境也基本模仿唐长安城，将从唐引入的果树植于道路两旁，既起到道路绿化的作用，又可为路人提供解渴之用，此不赘言。

神龟二年（725）十一月，赐灵寿杖并絁绵，中务少丞从六位上佐味朝臣虫麻吕，典铸正六位上播磨直弟兄，并授从五位下。弟兄初赍甘子从唐国来，虫麻吕先殖其种结子，故有此授焉。②

天平宝字三年（759）六月二日，官符云：东大寺普照法师奏状称，道路百姓，来去不绝，树在其傍，足息疲足。夏则就荫避热，饥则摘子啖之，伏愿，城外道路两边，栽种果子树木者，奉敕依奏。③

唐长安城也是如此。据《旧唐书》卷九《玄宗本纪下》载：

① 《续日本纪》卷五，日本经济杂志社 1897 年版，第 69~70 页。
② 《续日本纪》卷九，日本经济杂志社 1897 年版，第 155 页。
③ 《扶桑略记拔萃》，日本经济杂志社 1897 年版，第 573 页。

（开元）二十八年（740）春正月，两京路及城中苑内种果树。①

三、余　论

唐代长安之风由日本遣唐使、学问僧、留学生等大量地引入日本，尤其是奈良朝，以前所未有的热情和激情，像久旱的文化荒漠适逢文化甘霖般地汲取着来自大唐的文化养分，从而，对日本奈良朝产生了前所未有的积极影响，造就了之后平安时代更具有日本民族特色的平安文化和国风文化。所以有学者说："奈良时代和平安时代前期，日本唐风盛行……无论政治制度、伦理道德、学术思想等各方面，都是以中国唐文化为骨子。"②

而奈良平城京对长安都城文化的继承和吸收自然成为日本受容大唐文化尤为重要的环节。本文所讨论的正是奈良平城京直接吸收和承继唐长安都城文化的具体表现。实际上，奈良平城京对"长安都城文化"的吸收与传承，不仅表现在以上几个方面，其他比如平城京佛寺建制、军事设施、祭祀设施、民俗设施等都可反映出长安城都城文化与平城京都城建制之间的内在关联，均有待于做深入梳理和分析。

（作者单位：武汉大学历史学院、西安交通大学外国语学院）

---

① 《旧唐书》，中华书局 1975 年版，第 212 页。
② 刘银红：《隋唐时期中国典籍在日本的流传与影响》，《图书与情报》2001 年第 3 期。

明治日本德育论争中儒教的近代呈现*

□ 聂长顺

【摘要】在 19 世纪 80 年代的德育论争中，日本儒教于各说中的近代呈现多姿多彩：福泽谕吉希望将"周公孔子之教""包罗于自主独立之论中而利用之"；杉浦重刚认为《周易》"亦如今日应用物理之定则于人事"；西村茂树主张"采二教（儒教、哲学）之精粹"＝"真理即儒道之所谓'诚'"；加藤弘之提出"儒教亦可作为一种宗教利用"；丰田小八郎称"儒教实足与国体相辅也"；山崎彦八则称儒家"五伦""本由秩序之根基而生"，"可谓千古不易之教权也"。日本儒教近代化的多样性与建构性，由此可见一斑。
【关键词】明治日本；德育论争；儒教近代化；多样性；建构性

19 世纪 80 年代展开的德育论争是日本近代思想文化史上的大事件。其间，围绕着以何种原理作为道德基础的问题，日本的教育界、知识界、思想界等各界人士接踵登场，异说纷呈；而儒教思想于各说之中各有其定位与展现。复原这一历史景观，有助于理解儒教近代化的多样性和建构性，迄今学界尚无专题研究，是为此文。

一、福泽谕吉："周公孔子之教亦唯望包罗于
自主独立论中而利用之"

1882 年 10 月 21—25 日，福泽谕吉在《时事新报》上分四次连续刊发《学校教育》一文。中上川彦次郎（1854—1901）又将福泽谕吉的口述笔录成书，于同年 11 月由东京的饭田平作出版，是为《德育如何》。和儒教主义论者一样，福泽也认为人心世风存在着必须解决的问题。但关于问题的原因和解决办法，福泽则提出了不同的观点和主张，其核心理念是"公议舆论"和"自主独立"。

---

* 本文为 2013 年度教育部人文社会科学重点研究基地重大项目"近代新名词与传统重构"（项目编号：13JJD770021）阶段性成果，获得东华大学中央高校基金科研业务费"人类共同体视域下的儒学与近代词研究基地"（项目编号：18D111407）资助。

福泽认为，"公议舆论"是"天下之大教场"①；"舆论之面目，即全国人事之全面目，学校教育不过是此全面中之一部分"②。所以他认为，人心世风问题的根本原因，并非像儒教主义者所说的那样在于教育的不完备，而在于由"开国"和"政府之革命"（倒幕维新——引者）引发的"公议舆论"的变换，是与"开进"相伴生的"弊风"。③ 基于此，福泽提出了"教育改良之意见"④：

> 非就其局部直接求得改良，而从天下之公议舆论而导之，使之自然行于其所行，止于其所止，归顺于公议舆论，如从流治水。⑤

他对儒教主义教育"方略"进行了批判，斥之"复古"，不合时宜：

> 着手此变革，亦须顺今日之势而导之，岂能复古哉？……时至开进之今日，而欲复封建世禄之古制，乃自乔木移于幽谷，无论用何等之力，亦不得不断定其终不可行。⑥

福泽认为，儒教本是"元禄年间"之物，是"封建世禄之古制"，而明治与元禄"公议舆论"不同，"教育法"亦随之不同。若要改变少年子弟"不逊轻躁"的世态，必须从变革"公议舆论"着手，因势利导，不能复古。

对于儒教主义加强德育以整顿世风的主张，福泽并不反对，但他反对以"周公孔子之教"作为德育的核心。他继续坚持《劝学篇》昭示天下的"自主独立之精神"：

> 今之世态果不堪不逊轻躁乎？自主独立之精神缺乏之故也。⑦
> 今日于自主独立之教，当先使我一身独立，重我一身，自视其身如金玉，以维持其他之关系而保人事之秩序。⑧

他认为，"自主独立"是维系一切伦常秩序的最高理念；儒家"五伦"亦处其下位，为其支派：

---

① 福泽谕吉口述，中上川彦次郎笔记：《德育如何》，日本东京（饭田平作），1882年，第14页。
② 福泽谕吉口述，中上川彦次郎笔记：《德育如何》，日本东京（饭田平作），1882年，第11~12页。
③ 福泽谕吉口述，中上川彦次郎笔记：《德育如何》，日本东京（饭田平作），1882年，第12~13页。
④ 福泽谕吉口述，中上川彦次郎笔记：《德育如何》，日本东京（饭田平作），1882年，第16页。
⑤ 福泽谕吉口述，中上川彦次郎笔记：《德育如何》，日本东京（饭田平作），1882年，第15页。
⑥ 福泽谕吉口述，中上川彦次郎笔记：《德育如何》，日本东京（饭田平作），1882年，第14页。
⑦ 福泽谕吉口述，中上川彦次郎笔记：《德育如何》，日本东京（饭田平作），1882年，第23页。
⑧ 福泽谕吉口述，中上川彦次郎笔记：《德育如何》，日本东京（饭田平作），1882年，第21~22页。

自主独立之一义，可以仕君，可以事父母，可以全夫妇之伦，可以保长幼之序，可以固朋友之信，自人生居家之细目，至天下之大计，一切秩序，包罗无遗。①

福泽并不否认"周公孔子之教"在"动人心"方面的效用。但他认为其效用的发挥只限于"适合奉此教之国民公议舆论之部分"；至于其余部分，则"常为舆论所制"。②对于儒教主义者"将古来之经典供德育之用"的主张和作法，福泽并不予以指摘。但他认为应该"使其经书之效任于自然，适于今之公议舆论，只在其效所及部分见其效"。关于"自主独立之论"与"周公孔子之教"的关系，福泽总结道：

今日之德教，当从舆论而变于自主独立之旨；周公孔子之教，亦唯望包罗于自主独立之论中而利用之。③

在儒教主义复活之后，福泽谕吉依然走在开化主义的路线上，并捍卫着这条路线。作为重建道德的基准，他采取的是自主独立主义指导下的公议舆论主义。他拒斥儒教主义，却并未摒弃儒教本身。他承认了"周公孔子之教"的存在价值，并经由"公议舆论"，将其囊括在"自主独立论"之中。

二、杉浦重刚：《周易》"亦如今日应用物理之定则于人事"

1886 年 6 月 22 日，杉浦重刚（1855—1924）在《读卖新闻》上发表《人事亦不可离物理之定则》一文，首倡理学主义德育论。后又扩而充之，写成《日本教育原论》一书，于 1887 年 2 月由东京的金港堂出版。杉浦提出了一种"折衷东西古今诸说"的"新主义"④：

余欲离宗教而定道德之大本，依此类推法，应用物理之定则，相信此为最适于当今之道德主义。⑤
余以为，我国以宗教定道德之大本颇难，推物理而应用于人事则为好手段。⑥

亦即用类推的方法，将"理学"的规律应用于人事，以确立"道德之大本"。
杉浦认为，自然科学是近代西方文化、文明的内核与源泉；教育者应将科学思想运用于教育之中：

---

① 福泽谕吉口述，中上川彦次郎笔记：《德育如何》，日本东京（饭田平作），1882 年，第 23 页。
② 福泽谕吉口述，中上川彦次郎笔记：《德育如何》，日本东京（饭田平作），1882 年，第 19 页。
③ 福泽谕吉口述，中上川彦次郎笔记：《德育如何》，日本东京（饭田平作），1882 年，第 23 页。
④ 前揭杉浦重刚：《日本教育原论》，日本金港堂 1887 年版，第 8 页。
⑤ 前揭杉浦重刚：《日本教育原论》，日本金港堂 1887 年版，第 21 页。
⑥ 前揭杉浦重刚：《日本教育原论》，日本金港堂 1887 年版，第 26 页。

洋学之以为神髓者，全在理学。法律、政治、其他百般之事，可谓极其致密，但退而思之，不得不说全由理学之进步致之也。①

西洋文明开化之神髓，在于学理，在于学术，在于实业，皆由其应用而精密且得便宜。今日普通教育亦特别注意发挥理学思想，不可不谓教育家之本务。②

杉浦重刚的"理学"概念确乎做到了他所申明的"折衷东西古今诸说"。他认为，"支那之圣人，数千年前已做人事与物理之比喻，不可思议。其于精密之点虽有欠缺，但其趣不可不谓与今日之学问同"③；儒家经典《周易》即范本。他尝试应用于人事的"物理之定则"主要有两个，即"势力保存论"（The Conservation of Energy）和"波动说"（The Undulatory Theory），并将其与《周易》之理等量齐观。

杉浦之所谓"势力保存论"，即今之所谓能量守恒定律。书中写道："盖此势力保存论，当时理学者之守为本尊者。若扩张之，可应用于任何事物。相信凡行于天地间之事件，皆包有之。"④ 他认为，高僧禁食肉娶妻，视财产如尘埃，"是皆贮蓄势力之手段而博取世间信用之原因"，这和草木通过光合作用"贮蓄太阳之热"，"他日供薪炭之用，得以发热"，同出一理⑤；而此理则早见于中国古典《周易》：

> 《易》亦云："积善之家有余庆，积不善之家有余殃。"……亦前之所谓势力保存论。欲得其结果，须有相当之原因。即于商业要资本，于农业要肥料，皆同一之理，不离物理之定则者也。⑥

关于"波动说"（波动性理论），杉浦写道："近来物理之定则中有波动说，谓凡百般事件，论其形，皆有波动之象。如水面起波……一高一低，一凹一凸……此亦可应用于人事。"他认为：

> 易经全体，殆基于此波动说。如称《周易》三字诀之"不远复"（《周易》复卦初爻—引者），最得波动之意。⑦
>
> 即如《周易》，出于圣人之作，其说与"波动说"颇合符节。其中"仰观天文，俯察地理"云云，亦如今日应用物理之定则于人事。⑧

他还将《周易》乾卦所示"潜龙"—"见龙"—"飞龙在天"—"亢龙之悔"的升降过程，与"气象学"所示春夏秋冬四季气温的升降做类比，认为二者"甚同"；并推而

---

① 前揭杉浦重刚：《日本教育原论》，日本金港堂1887年版，第33页。
② 前揭杉浦重刚：《日本教育原论》，日本金港堂1887年版，第41页。
③ 前揭杉浦重刚：《日本教育原论》，日本金港堂1887年版，第26页。
④ 前揭杉浦重刚：《日本教育原论》，日本金港堂1887年版，第9页。
⑤ 前揭杉浦重刚：《日本教育原论》，日本金港堂1887年版，第10~11页。
⑥ 前揭杉浦重刚：《日本教育原论》，日本金港堂1887年版，第13~14页。
⑦ 前揭杉浦重刚：《日本教育原论》，日本金港堂1887年版，第15~16页。
⑧ 前揭杉浦重刚：《日本教育原论》，日本金港堂1887年版，第17页。

广之，认为"近取一身之例，所谓一盛一衰，必有者也；一国亦然。此征于历史，最为明了"。①

杉浦认为，"今日理学之最可贵一点，在于预知事物"②。由于数学的运用，"理学"对于事物的"预知"更加精准；而在这点上，《周易》也毫不逊色：

> 盖通易学之奥义者，似可与达于数学之奥义者等同。③

杉浦重刚的德育方案，时称"理学宗"，亦可谓之"物理定则"主义，乃西方的科学主义在东方的反映。不过，从他对《周易》的态度和诠解手法上来看，这一主义又可以理解为"通过与西洋'理学'相类比，使东洋传统道德特别是易经的教训作为德育思想得以再生的尝试"④。依学理而言，杉浦之说不免牵强附会；但历史地看，却不失为别具一格的"折衷古今东西"的文化图式。对于这一图式，除了政教社同人菊池熊太郎及其门生早濑巳熊起而应和之外，并未获得广泛赞同。

三、西村茂树："采二教（儒教、哲学）之精粹"

1886 年 12 月，西村茂树在帝国大学举办了三天关于国民道德的个人公开演讲，讲稿整理后，于翌年 4 月由东京的西村金治刊印，题名"日本道德论"。西村认为，世界上讲求道德的"教"虽然很多，总分两种："世教"和"世外教"（或谓之宗教）。原生于中国的"儒道"、欧洲的哲学是"世教"；印度的佛教、西方的耶稣教是"世外教"。"世教以道理为主，世外教以信仰为主，皆以固结人心，使人去恶从善者也。"⑤

西村主张采用"世教"即"儒道"，以"立道德之教"。其理由有三：其一，它"三百年来行于上等社会，士人以上之精神品行皆其所陶冶，故其遗传之力有不可容易消除者"。其二，"就其效验上言之，此教有重人伦五常之道、崇尚社会之秩序、巩固人之志操、抑轻薄之风之益"。其三，历史地看，维持日本江户时代近"三百年之太平"及后来"废霸府，复兴王政"，开国进取，"建文明之基"等，"皆儒学之功"。⑥

但他又认为，"专以儒道立本邦道德之基础，在今日亦所不能"⑦。其理由有五：其一，"儒道之理论"与"考究极其精微"的近代"西国诸学""不免相互窒碍"。其二，"儒道禁戒之语多，奖励之语少，故有安于退守而乏进取之弊端"。其三，"儒道利于尊者，不利于卑者。尊者有权理而无义务，卑者有义务而无权理"，用于整顿国家秩序，不免"过重过轻之弊"。其四，"男尊女卑之教多……与今日今后之时势颇多抵牾"。其五，

---

① 前揭杉浦重刚：《日本教育原论》，日本金港堂 1887 年版，第 16 页。

② 前揭杉浦重刚：《日本教育原论》，日本金港堂 1887 年版，第 19 页。

③ 前揭杉浦重刚：《日本教育原论》，日本金港堂 1887 年版，第 33 页。

④ 前揭下村育世：《杉浦重刚的传统与近代科学》，《一桥社会科学》第 7 号，2009 年 8 月，第 168~169 页。

⑤ 西村茂树：《日本道德论》，日本东京（西村金治），1887 年，第 1~2 页。

⑥ 前揭西村茂树：《日本道德论》，日本东京（西村金治），1887 年，第 18~19 页。

⑦ 前揭西村茂树：《日本道德论》，日本东京（西村金治），1887 年，第 21 页。

"是古非今"。西村还特别申明,其所举五条,"唯言儒道为日本道德之基础之不适当,而非言儒道之教有瑕疵也。儒道固为世界大教之一而具至正至醇之理……决非后生之可容喙者也"①。

至于"西国之哲学",西村承认与"支那之儒道"相比,其长处在于"以理为师,不以人为师,故卓识之士出,每在古人所见之上更为一层发明,历经岁月,其学问渐渐精密深远"。但他又认为,若专以它作为"本邦道德之基础",亦不免有所缺失,因为:其一,"重论知而轻论行"。其二,"无治心之术"。其三,"立异说而排击古人之说"。其四,学派众多,"若依其一,则有偏倚之患"②。

在进行多方比较、论证之后,西村茂树昭示了自己的"一定之主义":

> 吾一定之主义,采二教(儒教、哲学)之精粹而弃其粗杂也,取二教之精神而弃其形迹也,采二教归于一致之处而弃其不归于一致之处也。如此者何也?曰:天地之真理是也。真理即儒道之所谓"诚"(或谓"天理""天道")、《中庸》之所谓"诚者,天之道也"者是也。余欲作为日本道德之基础者,即此真理。
>
> 确立一定之主义,而后采诸教之说,则诸教之说虽多,亦皆为我主义之注脚,而更足以明其本义。譬如大将之纪律俨然,虽有士兵百万,亦悉从其指挥,如臂之使指一般。③

继而,西村还在直接"验于事实之外",提出了"与事实间接契合"的五种"求真理之法",即"推度法""折中法""权衡法""良心判断法""多闻阙疑法"。"所谓推度法,即如见流水而推度其源。所谓折中法,即有东西二端之论,各具一理,采其中而定为真理。……所谓权衡法,即有二反对之意见,皆有道理,权其轻重而采其重……所谓良心判断法,即以吾良心直接判断而得真理。……所谓多闻阙疑法,即真理中有可疑者而不能决时,广据名家之言,唯采其可信部分,其不可信部分,姑让之于日后。"④

很难想象西村是运用他所说的方法找到他的"真理"的。他的视野确乎涉及了古今东西,但他的思路却始终连接着朱子学"理唯一"的大命题。他所说的"真理"实际上仍是《中庸》之"诚"、儒家之"理"。他所标榜的真理主义实际上就是儒教主义,只不过与元田永孚相比,仿佛增大了这一主义的扩容量而已,可以说是一种以"折中""集成"的名义"改装"的儒教主义。

四、加藤弘之:"儒教亦可作为一种宗教利用"

1887年,加藤弘之即在西村茂树的弘道会和大日本教育会等场合发表演说,阐发他的宗教主义德育方案,并于同年11月12日在东京的哲学书院出版了《德育方法案》一

---

① 前揭西村茂树:《日本道德论》,日本东京(西村金治),1887年,第22~23页。
② 前揭西村茂树:《日本道德论》,日本东京(西村金治),1887年,第24~25页。
③ 前揭西村茂树:《日本道德论》,日本东京(西村金治),1887年,第27页。
④ 前揭西村茂树:《日本道德论》,日本东京(西村金治),1887年,第30~31页。

书。加藤认为，"论定德育主义"无异于"论定国民全体之风气、思想"①，远非"学者、教育家"所能承担②。依他之见，德育基础的确定，并非成于新造，而是对于既有文化资源的采择。他借鉴"外国"的情形，提出了自己的观点：

> 小生素以为，以定宗教主义之德育为宜；宗教主义之德育外，绝无有效力者。

至于哪种宗教用于德育为好，加藤认为，任何人包括总揽教育大权的文部大臣都没有论定的资格。因此他提出：

> 日本所有之宗教，以不加选择，皆用于德育为好。神道、佛教、耶稣教等等均可。儒教虽非宗教部类，但亦有宗教性质，可以宗教视之。且迄维新前，其于维持上等社会德育至为重要。故此儒教亦可作为一种宗教归入前述部类利用。③

至于"将神、儒、佛及耶稣诸教用于德育之方法"，加藤的基本设计是：

> 在公立中小学校中，每校设置前述四教之修身科，使学生各就其所愿所信之教派，信神道者入神道修身科，信佛道者入佛道修身科，信儒教者入儒教修身科，信耶稣者入耶稣教修身科。④

修身科的教师由祠官、僧侣、儒者和耶稣教传教士充任；此四教在学校中展开"生存竞争"，优盛劣衰；德育因之推展实施，浸染人心。

加藤之所以主张以宗教主义为德育的根本，除参照"外国"情形之外，也是基于他对宗教和德育共通性的认知与把握。依他之见，宗教和德育的根本契合点在于"令人敬畏最不可思议之主宰"：

> 德育本不依据智识，而依据感情，故须有令人敬畏、最不可思议之主宰。若无如此主宰，便无感情发生。⑤
> 德育须据宗教主义。……若无出于主宰命令之道德，便无所谓教育。⑥

另一方面，加藤认为，德育的主旨在于培育"爱他心"；而"爱他心"则是诸教共通元素：

---

① 加藤弘之：《德育方法案》，日本哲学书院1887年版，第10页。
② 前揭加藤弘之：《德育方法案》，日本哲学书院1887年版，第18页。
③ 前揭加藤弘之：《德育方法案》，日本哲学书院1887年版，第18~19页。
④ 前揭加藤弘之：《德育方法案》，日本哲学书院1887年版，第40页。
⑤ 前揭加藤弘之：《德育方法案》，日本哲学书院1887年版，第12页。
⑥ 前揭加藤弘之：《德育方法案》，日本哲学书院1887年版，第19~20页。

> 道德之大主旨，在于爱他心，即儒谓之仁，佛谓之慈悲，耶稣谓之爱。①

依他之见，"爱他心"分三类，即"自然能的或同感的爱他心""感情的或道德教的爱他心"以及"智识的或利害的爱他心"②；而"道德教的爱他心之教育即德育"③。

> 道德教即以如此不可思议之势力养成爱他心。既明此，则德育无论如何皆须由教祖、圣人之流派实施。此外别无他道。④

此外，他认为"一般人民不能轻易脱离宗教世界"⑤；将宗教用于德育，也有着收取功效的现实基础。

五、丰田小八郎："儒教实足与国体相辅也"

1889年5月，大阪的前川源七郎出版了丰田小八郎的《德育警策》。他对儒教推崇备至，称其"独不语怪力乱神，其超群离俗，绝不可及"⑥，并"以儒教之忠仆自任，以孔子之铮臣自期"，"大声疾呼"：

> 当今我邦之德育，当据儒教。⑦

其理由主要有三点：

第一，"道德关于智力者少，关于感情者多。故欲启发之，不可不诉诸感情"；而"儒教"恰恰就是"感情之教"，"今儒教之说彝伦也，曰忠臣，对君有感情者也；孝子，对双亲有感情者也"⑧，因而它最适用于德育。

第二，它是"天则之教""自然之理"，因而与日本原有的"道德风习"不仅"不相拒"，而且"相辅""相容"，"故若施诸学校，则其费力少，其得益多，犹筑堂宇于磐石之上，穿池沟于卑湿之地"⑨。

第三，"儒教非自彼来者。自彼来者，唯载籍是耳；其实材，吾邦自古有之，而浸渐数千年。故国风之秀粹者，多资于儒教"⑩。

其中，第三点最为重要，丰田的儒教主义的基本特质由此可见。他不仅没有把"儒

---

① 前揭加藤弘之：《德育方法案》，日本哲学书院1887年版，第21页。
② 前揭加藤弘之：《德育方法案》，日本哲学书院1887年版，第21页。
③ 前揭加藤弘之：《德育方法案》，日本哲学书院1887年版，第37页。
④ 前揭加藤弘之：《德育方法案》，日本哲学书院1887年版，第39页。
⑤ 前揭加藤弘之：《德育方法案》，日本哲学书院1887年版，第15页。
⑥ 丰田小八郎：《德育警策》，日本大阪（前川源七郎），1889年，第41页。
⑦ 前揭丰田小八郎：《德育警策》，日本大阪（前川源七郎），1889年，第61页。
⑧ 前揭丰田小八郎：《德育警策》，日本大阪（前川源七郎），1889年，第38页。
⑨ 前揭丰田小八郎：《德育警策》，日本大阪（前川源七郎），1889年，第42~43页。
⑩ 前揭丰田小八郎：《德育警策》，日本大阪（前川源七郎），1889年，第45~46页。

教"看作外来之物，而认为"其实材，吾邦自古有之"，而且将日本的"国粹""国体"概念注入其中，使之成为"儒教"的核心理念与最高旨归：

> 凡物必有粹。……爱日本之情，可谓日本人之粹。……至于唯尊崇一天万乘之皇帝，奉戴天壤无穷之皇室，则求之世界万国，征之东西千古，而绝对无双，尤可称之为我国粹中之至粹。此虽实出于高祖之余烈、列圣之垂统，亦安知非儒教培之溉之助长之哉？何以言之？曰：儒教，以尊王爱国为骨髓，以忠孝仁义为肺肝。此不唯不与旧惯相悖，实足与国体相辅也。①

可以说，丰田小八郎的儒教主义是"国粹儒教主义"或"国体儒教主义"（笔者语）。

如前所述，西村茂树认为"专以儒道立本邦道德之基础，在今日亦所不能"，并陈述了五点理由。对此，丰田小八郎逐条反驳，针锋相对，认为"儒教大中至正，亦无瑕疵"②，"其于德育，无不足也"③。不过，他也有"为儒道惜者"，那就是"其经散乱无序，说道只言不全"，比如《论语》。

但他对《中庸》却评价很高，称："唯《中庸》一书，首尾贯通，脉络相连，而其理义深远，有不可测者。"④ 他甚至认为《中庸》的"三达德"与近代心理学"智、情、意"三分法及其所揭示的心理过程规律相符合：

> "夫智、仁、勇，天下之达德也"，实不磨之名言也。盖人心由智、情、意三者而成，始于知之，中于感之，成于选之，此心理学者之所称道，举世之所认可也。不知觉间，智、仁、勇亦与之一揆。⑤

他还申述说："吾之所谓道德者，兼言智勇。"⑥ 亦即说，他的道德概念和《中庸》一致，包括智、仁、勇三个层面。据此，他提出了"修身教授三要"，即"训诲""模范""练熟"，并依次以"知""仁""勇"配之加以诠释："训诲，知也，阐道明德是也。模范，仁也，躬行以垂范，兼示古今之善行是也。练熟，勇也，惯于实践，熟于躬行是也。"依他之见，德育应该是人在智、仁、勇三方面平衡发展。他说："筹国家教育而倡武强偏长，或张兵士体操而专气质锻炼，盖偏于所谓勇者而遗仁者，非矫枉过正者乎？似过犹不及。是亦余之一忧也。噫，能慰吾忧者，其非在善用儒教乎？"⑦

---

① 前揭丰田小八郎：《德育警策》，日本大阪（前川源七郎），1889 年，第 46~47 页。
② 前揭丰田小八郎：《德育警策》，日本大阪（前川源七郎），1889 年，第 48 页。
③ 前揭丰田小八郎：《德育警策》，日本大阪（前川源七郎），1889 年，第 52 页。
④ 前揭丰田小八郎：《德育警策》，日本大阪（前川源七郎），1889 年，第 54 页。
⑤ 前揭丰田小八郎：《德育警策》，日本大阪（前川源七郎），1889 年，第 55 页。
⑥ 前揭丰田小八郎：《德育警策》，日本大阪（前川源七郎），1889 年，第 56 页。
⑦ 前揭丰田小八郎：《德育警策》，日本大阪（前川源七郎），1889 年，第 59 页。

六、山崎彦八：""'五伦'可谓千古不易之教权也"

1889 年 4 月，东京文海堂出版了山崎彦八的《日本道德方案》。山崎认为，"盖道德之形体，依国家之组织而建标准者也"①。因而他提出了"锻炼主义"道德概念：

> 锻炼主义之道德，铸造帝国日本今日紧急至切之道德上之习惯风俗之谓也。②
> 锻炼的道德，即将来日本实行之道德形体。③

"锻炼的道德"有两种："社会的道德"和"个人的道德"。前者即"国家生存所必要之道德"；后者即"就父子兄弟姐妹及自他主从等关系"而讲明的人们应当遵守的道德。④ 山崎所注重的是前者。

至于"社会的道德"的基本规格，山崎提出，"以二气三质造就将来之日本国民"⑤。所谓"二气"，即"卑屈"和"名誉"，亦称"二元气"；所谓"三质"，即由文部大臣森有礼创意、天皇近侧元田永孚修改之后确定的师范教育要培养的"三气质"，即"顺良""威重"和"信爱"。山崎认为，他所说的"二元气"可配"三气质"："顺良即卑屈；信爱、威重即名誉。"他希望"将来之帝国人民，当为国家而卑屈，为国家而燃名誉之念"。他甚至认为"国家之元气，实在于此二气三质"⑥。

至于"养成此二气三质之根基"即德育的根本，山崎指出：

> 作为养成此二气三质之根基，最近要者，莫过于解明"秩序"二字。⑦
> 名誉与卑屈，实由秩序来。⑧

山崎认为，德育不是"讲学"，而是"以精神磨练为主，指示进退举动之方术"⑨；"锻炼的道德当在中小学德育中练习"⑩；而"造道德之空气最为紧要"，其要领则是：

> 以秩序为主义，以实践为目的，造道德之空气。

山崎显然是要"将中小学校作为一帝国之模型"，"使中小学校成一立宪王国"；而维

① 山崎彦八：《日本道德方案》，日本文海堂 1889 年版，第 82 页。
② 前揭山崎彦八：《日本道德方案》，日本文海堂 1889 年版，第 81 页。
③ 前揭山崎彦八：《日本道德方案》，日本文海堂 1889 年版，第 94 页。
④ 前揭山崎彦八：《日本道德方案》，日本文海堂 1889 年版，第 94 页、第 97 页。
⑤ 前揭山崎彦八：《日本道德方案》，日本文海堂 1889 年版，第 95 页。
⑥ 前揭山崎彦八：《日本道德方案》，日本文海堂 1889 年版，第 87~88 页。
⑦ 前揭山崎彦八：《日本道德方案》，日本文海堂 1889 年版，第 88 页。
⑧ 前揭山崎彦八：《日本道德方案》，日本文海堂 1889 年版，第 89 页。
⑨ 前揭山崎彦八：《日本道德方案》，日本文海堂 1889 年版，第 109 页。
⑩ 前揭山崎彦八：《日本道德方案》，日本文海堂 1889 年版，第 112 页。

持这个"王国"秩序的"纪律"即"道德上的法律",则不外乎"二气三质"及"五伦"。①

山崎彦八的"锻炼主义"的实质,在于依照国家的需要"铸造"国民道德。作为道德构筑的基准或依据,其最高理念是"秩序"——"帝国日本"所急需且必要的"秩序"。故其关于德育基准的思想,实可名之"国家秩序主义"(笔者语)。

须格外提及的是,山崎彦八还依据其"秩序"概念,对儒教"五伦"做了新的诠解。他认为,"五伦"之说"本由秩序之根基而生","其间自有名誉、卑屈之成分","三气质""亦含蓄于此五伦之中"。它虽然是"孔孟主义道德之骨子",却"非孔孟所专有","不可依世之古今、国之文野而变更",是超时空的存在:

> "五伦"非旧时之道德,而当成新日本之新道德。②
> 孔孟道德中有"五伦",可谓千古不易之教权也。③

户城传七郎在该书《总评》中论道:"著者之主义,终究在于孔孟主义之总合的原理。然此主义于日本社会之势力,今殆呈归于绝无之象。苟欲复兴、改造之,则宜先自此主义之根柢论辩,证明其所以足可大用。"④ 这既是对山崎彦八的国家秩序主义的点评,也是对"孔孟主义"的评判。

仅就 19 世纪 80 年代的德育论争这一语境而言,日本儒教的近代呈现即可谓多姿多彩,包括自主独立化、科学化、哲理化、宗教化、日本化(国粹化或国体化)乃至超时空的绝对化,等等。无论哪种呈现,都属于近代言说的有机组成部分。与其说是旧物的残存,不如说是新知的资源或素材。亦即说,儒教的近代性,与其说是固有的,不如说是在被采用的过程中被赋予的。

(作者单位:武汉大学中国传统文化研究中心)

① 前揭山崎彦八:《日本道德方案》,日本文海堂 1889 年版,第 116~117 页。
② 前揭山崎彦八:《日本道德方案》,日本文海堂 1889 年版,第 90~91 页。
③ 前揭山崎彦八:《日本道德方案》,日本文海堂 1889 年版,第 94 页。
④ 户城传七郎:《总评》,山崎彦八:《日本道德方案》,日本文海堂 1889 年版,第 3 页。

大隈重信"教化的国家论"解析 [*]

□ 马冰洁

【摘要】 大隈重信是日本著名的政治家、教育家,他一生致力于日本的各项改革的同时,也关注日本近代发展的转型。在第一次世界大战之后,大隈重信敏锐地意识到西方资本主义体制存在根本缺陷。因此他试图在西方体制之外寻找解决问题的方案,提出了"教化的国家论"。"教化的国家论"主张通过日本的传统道德和中国周代的政治教育体制来缓和民主宪政与天皇制之间的矛盾,解决日本当时存在的社会问题与劳动问题。分析大隈重信"教化的国家论",可以帮助我们了解日本在回归"东方传统"时存在的矛盾与困难,以及近代政治与教育的局限如何使日本走上了法西斯主义的道路。

【关键词】 大隈重信;教化的国家;教育;传统道德

大隈重信"教化的国家论"是大隈重信去世前两三年的教育论,可谓其一生教育理念的最后总结。此论发表于 1920 年前后,正是国际社会发生重大变化的时期。一方面,在辛亥革命、俄国革命的影响下,大正民主运动蓬勃发展,日本的社会、政治、文化各方面都要求贯彻自由民主;另一方面,随着垄断资本主义的发展,日本社会的矛盾,如失业、贫富差距扩大等问题也日益突出。在这样的背景之下,有两个重要的问题是大隈重信作为一个政治家、教育家必须思考的:第一,如何调和民主宪政和天皇制国家之间的矛盾;第二,如何解决日本当时存在的社会问题和劳动问题。以这两个重要问题为前提,大隈重信最终提出了"教化的国家论"这一教育理念。

一、"教化的国家论"的背景

从明治五年,日本政府颁布了"学制"(日本第一部规定近代学校制度的教育法令)以来,近代日本的教育就开始呈现出几个明显的特点。首先是在教育中贯彻天皇制的国家主义,使公共教育成为一种国民教化的手段。虽然在这种自上而下的教育统制中,有地方民众的反抗以及自由民权运动者的批判,但是统治阶级在公共教育中贯彻天皇制国家主义这一点上是非常坚定的。在这种教育理念之下,对于天皇和国体的信仰成为国民的精神支

———————————————————
[*] 本文受华中师范大学中央高校基本科研业务费项目(项目编号:CCNU19A03003)资助。

柱，用来克服各种问题。无论是外交关系的紧张还是国内的经济危机和社会问题，都可以通过天皇发布诏书来解决，避免动荡和争议。其次是精英教育和民众教育的分化。以教育敕语为代表的针对一般民众的义务教育强调德育，不要求知识的启蒙和觉醒。但面向少数知识分子和富裕阶层的高等教育，则对科学和人文教育持有一种积极态度。通过精英教育培养出的人才大多被吸纳到政府国家中枢，成为官僚或者是其他政治团体的成员，在社会中发挥指导作用。也就是说，教育在精英和一般民众之间出现了断层。就近代日本而言，这两种教育模式缺一不可。国家需要教化的国民来顺应国家的各项政策，缓解社会矛盾，同时也需要具有自由思想的知识分子为国家和社会的发展出谋划策。受到日俄战争及战后经营的影响，日本国民教化迎来了一个高峰期。这种教化不仅存在于学校教育中，还体现在如青年团体、妇女团体和在乡军人会的演讲中。教化的内容涉及生活的各个方面，包括国家主义和国民道德等。虽然在这个时期国民教化已经有了固定模式，但是也有国民积极地争取教育的主动权。比如文学家与谢野晶子就提出，应当在教育中贯彻民主主义，打破教育领域的官僚制。她主张通过民选来任命教育委员，反对官僚和特权阶层制定教育制度。① 可以说，明治末期到大正初期是国家加强教育统制，民众争取自由、民主两股潮流并存的时期。

在这样的时代背景之下，大隈重信这样的具有特殊身份的政治家（既代表政党政治，又与藩阀政府有千丝万缕的关系）选择何种教育理念，就成为一个非常值得关注的问题。在探讨大隈重信"教化的国家论"之前，首先应当对大隈重信的基本立场有一个明确的认识。毫无疑问，大隈重信本人对天皇制国家观并无异议。正如他在《本邦教育史略》一文中开篇即强调日本的国体："日本国民由族制上之关系，戴天御中主神之系统为元首，上古称天神之御子曰天孙，而以他诸神之系统辅佐之，以成国家，至今不渝，其奉一系之天子即天皇者，诚为世界无俦之国体，可称为神国者也。"② 在论述日本崛起的原因时还指出："日本自开辟之初，一系相承，无累朝易姓之事，国于群岛无他邦侵犯之虞，其历史一如完璧。绵绵二千五百年以至今日，其能如是者原因虽多，试提其要，有三端焉。曰继绍神国久而健存，曰发挥地灵禀有特质，曰封建割据磨砺智能。"③ 在大隈重信看来，天皇集政治权力和精神信仰于一身，是神国的象征和一切法律的依据，天皇所具有的宗教权威可以完美地解释日本的特殊性，为明治政府的各项近代化政策提供合理依据。虽然大隈重信在 1881 年（明治十四年）3 月提出的"机密宪法意见书"是以英国宪法为基准制定的，和伊藤博文等人的主张有很大的不同，但是在建立以天皇为中心的国家体制方面，大隈重信并没有站在藩阀政府的对立面。

日本在明治维新之后以近代化为目标，如果只强调天皇的主体性，将国民放在绝对客体的位置，必然会导致国民的反政府倾向，使国家陷入危险之中。大隈重信虽然肯定天皇具有至高无上的权威，但是他并不认同藩阀政府对民权思想的压制，特别是通过教育的统制来阻碍宪政思想的普及。大隈重信希望在不损害天皇权威的前提下，尽可能地保护立宪

① 鈴木慎一：《大隈重信の教化的国家論について—戦間期教育論の批判的克服のために》，《社会科学討究》1983 年第 2 期，第 176 页。
② 大隈重信：《日本开国五十年史》，上海社会科学院出版社 2007 年版，第 491 页。
③ 大隈重信：《日本开国五十年史》，上海社会科学院出版社 2007 年版，第 1 页。

政体和国民权益，培养国民的宪政精神。1910 年大隈重信出版了《国民读本》，并在序言中写道："国民读本，是为了阐明大日本的国体和国民性，概括当前立宪政体下的国家组织纲领和国民责任，指明忠君爱国的新意义，彰显日本国民的理想。希望能用这本书作为中等学校和补习学校的教科书，用以启发将来享有帝国臣民的权利义务、担负大日本帝国理想责任的青年男女的思想。他们应当共同支持国家的发展，增进国民的福祉，发扬国体的精华。相信此书能弥补当今教育的不足，让一切国民，不分贵贱男女老少，自觉其人格和本分。"①《国民读本》虽然强调忠君爱国，但其重点在于培养民众的宪政精神。虽然日本已经开设了议会，大隈重信也组建了新的政党与藩阀对抗，但是普通国民的政治思想尚未成熟，还不太了解宪政的本意。选举经常会出现弃票、人情票，乃至贿选，当选的议员与民众的关系并不密切，这从根本上违背了立宪政体的初衷。代议制政治的基础，是国民能够选举出贤能的人作为代表。如果国民没有一定的文化素养和责任感，就无法实现真正的政党政治。因此，如何通过教育培养具有宪政精神的国民，是大隈重信作为教育家必须要解决的一个问题。

虽然大隈重信在倡导天皇制国家观的同时也强调宪政精神，但不可否认的是，当时教育在总体上趋于保守。1890 年 10 月发布的《教育敕语》提纲挈领地阐明了"忠孝"二字是日本国体之精华，教育的根本目的是为了培养忠臣孝子，造就"义勇奉公"的"忠臣良民"，以辅弼天皇："朕惟我皇祖皇宗肇国宏远，树德深厚，我臣民克忠克孝亿兆一心，世济其美，此我国体之精华，而教育之渊源亦实存乎此。"在此精神的指导下，全体国民无论是在行为上还是意识上，都要无条件地追随天皇。天皇是国家的主体、内政外交的最高决策者、价值世界的最高权威。"明治十四年政变"之后，伊藤博文、井上毅等明治政府实权者为了维护藩阀政府的政治权力，在体制上仿效德国，在国家导向上趋于保守。政府通过强化官僚制度、优待公立学校和扩张师范院校的方式将针对一般国民的义务教育置于政府的干预之下。正如伊藤博文在《帝国宪法制定之由来》一文中指出："日本制定宪法其要端之须考核措处者亦不少。而调和融合各等阶级之利害因而振作国民之新元气，使适于立宪公同之生活，固为其主要之眼目。凡国之据立宪君主制者莫不匀和其民人各级之利害。惟日本宪法，不仅求其匀和，又期国家之所职有生生之元气……当是时有持极端欲以民主政治行之国中者举政府施设不问其是非而诽议之。于是政府欲保护其行政之效，亦不能不将豫防之策。盖日本之为国面积狭而民口少。行政非有确实之效力能巩固其国民之结合，则不可以图国家之富强。故政府亦尽力以遏民主思想持极端者。"② 政府虽然在表面上推行宪政，但是一直以民主的思想"极端"为由进行各种压制。虽然大隈重信为了学问能独立于政府之外创办了早稻田大学，但是这种尝试几乎影响不到国家教育统制的整体趋势。如何调和宪政和国体之间的矛盾，成为大隈重信教育思想中不可回避的问题。站在天皇制国家和民主宪政两个立场之上，大隈重信在其人生的最后阶段提出了"教化的国家论"。以《大日本帝国宪法》和《教育敕语》为代表的国家观和民主宪政之间存在着看似无法逾越的巨大鸿沟，因此在分析"教化的国家论"时，必须要明确大隈重信提出的解决方案究竟是对这种矛盾的克服还是妥协。

① 大隈重信：《国民读本》，日本丁未出版社 1910 年版，第 1~2 页。
② 大隈重信：《日本开国五十年史》，上海社会科学院出版社 2007 年版，第 89 页。

二、"教化的国家论"的构成

大隈重信发表的与"教化的国家论"相关的文章，主要是《论教化的国家》和《教化的国家与新教科书》，收录在 1922 年出版的《大隈侯论集》中。大隈重信通过这两篇文章完整地构建了"教化的国家论"的理论体系，在日本 20 世纪二三十年代的世界观和文化观中，极具代表性。在分析大隈重信"教化的国家论"的构成时，首先需要以这两篇文章为范本，明确大隈重信提出此种国家构想的原因。

1918 年 11 月，德国宣布投降，标志着第一次世界大战以同盟国的失败而告终。"一战"带来的巨大人员伤亡和经济损失，使日本思想界开始重新思考西方近代文明的价值导向及其制度存在的缺陷。日本长期以德国作为近代化范本，德国的失败，迫使人们开始重新审视近代国家体制中存在的一些问题。"一战"的结果，使大隈重信得出了两个结论：首先，东西文明调和的机运已经在日本成熟。大隈重信认为地理上的分隔决定各民族有不同的思想和信仰，但是随着时代的发展，一定会有一个唯一的真理出现。以中国、印度为代表的东方文明和以欧洲、美国为代表的西方文明在日本开始融合。历史上文明调和的方式有两种，一种是自然的，一种是人为的。自然的方式是依靠科技进步和文化交流来缩短人与人之间的距离，而人为的方式则是通过竞争来实现文明的飞越（即战争）。但是无论采用何种方式，无论是东学西渐还是西学东渐，日本都会成为文明调和之地。其次，欧美文明存在着根本缺陷。"一战"的破坏导致欧洲国家出现经济危机，包括美国也受到了牵连。在欧美，社会问题因为战争而进一步深化，劳资问题蔓延，滋生了无政府主义与革命。大隈重信认为，不平等的现象与危险的思想相结合，会导致法律的失效和秩序的混乱，俄国爆发了革命，巴尔干半岛和德国也在革命的边缘。在他看来，社会主义思想是危险的，是绝望之人心中的幻想，解决起来非常困难："社会主义的产生绝不是一朝一夕的事情。追根溯源，自产业革命之后萌发至今，已经历经了一个世纪的岁月，可谓根深蒂固。他们的运动是如今的一大忧患，绝不可等闲视之。为此我不禁怀疑今日的欧洲文明藏有很大的弱点。欧洲的思想家、实践家、哲学家、宗教家、政治家、法律家、实业家，皆绞尽脑汁无法去除这个忧患，他们自己也意识到了这个弱点无法摆脱当前的困境，就算发挥基督教的神力也无法解决。"①

既然西方的路线无法解决当下的社会问题，那么大隈重信就不得不从日本的传统出发去寻求方案。在他看来，西方文明和制度的根本缺陷源自缺乏政治道德，日本有一种不被情势所动摇的坚实的国民性，能通过建设道德的国家（教化的国家），惠及全世界："我相信文明的中心，最能发扬其精华者在于政治。政治是统治、管理、经营国家的非常重要的中枢机构。所以中国的儒学思想以政治为主，力图消除一切弊害。从古至今，凡推行健全政治的国家就会繁荣，国民享受幸福。反之国家就会衰颓，国民陷入穷厄。"② 大隈重信追溯欧洲近代政治文明的源头——希腊和罗马，指出希腊和罗马这样的国家会亡国，是因为缺乏合理的政治，致使道德沦丧。他强调，古时像中国和罗马这样的帝国，君与民之

---

① 大隈重信：《大隈侯論集》，實業之日本社 1922 年版，第 522 頁。
② 大隈重信：《大隈侯論集》，實業之日本社 1922 年版，第 523 頁。

间是征服与被征服的关系，专制的权力者无论如何强调施行善政、废除恶政，君民之间也没有事实上的信任关系，不过是君主通过专制镇压国民而已。

事实上，大隈重信有一个基本的观点，就是东西文明的精神在本质上存在不同："如果将东西两文明做一个大致的区分，那么西洋是权力主义，东洋是道德主义。"① 相对于东方讲究礼义的"性善说"，西方基督教的"性恶说"更容易催生专制主义，建立只有法制没有道德的国家。虽然欧洲各国也有人倡导自由主义和"性善说"，但这并不足以化解作为主流的权力主义。因此西方只有权利义务的观念，人情道德未见发展。东西方文明最大的不同就是政治道德，欧美近代制度最大的缺陷就是权力主义，过于强调以理治国："若论个人道德，我承认欧美也很发达，有很多长处，但是我的论点不在于此。在个人道德方面，东西方没有大的差别，但个人聚集形成国家，在国家道德，即政治道德方面东西方存在着很大的差距。个人道德是私德，国家道德是公德。政治道德理应是一般公民必须遵守的最高公德，但是欧美只讲个人道德，不讲政治道德，因此以法律禁令为主。道德以情为本，法律禁令以理为本。人相互联结遂成国体、国家，毫无疑问，人与人联结的要素在于情。人与人之间以情为主，治理国家却只以理行事，这难道不是现代欧美国家的弊害吗？我相信这是导致这次大战惨祸最大的原因。"②

西方文明方法论的基础，是理性的启蒙。西方的科学技术和法制宪政，都离不开理性。大隈重信将"一战"爆发的原因归结到理性之上，是他反对理性、提倡道德的基本原因。虽然在《论教化的国家》一文中，大隈重信没有详细说明西方缺乏哪些政治道德，但是他在大正二年（1913）的《新日本》杂志上发表了文章，提到了"大正时代的三大革新"，即政治革新、社会革新和教育革新。③ 文章虽以论述日本近代化所面临的问题为主，实际上却涉及了西方民主宪政本身存在的不足，即缺乏"政治道德"的地方。例如，自美国独立和法国大革命以来，主张个人权利的社会契约论和天赋人权说广为流传，但是能参与政治的人始终占少数。少数的资本家掌握着政治权力，真正的民意不一定能通过选举制传达至议院成为国家意志。不仅如此，政党之间还存在着党争之弊："世界的思潮因为这次的大战，发生了很大的动乱，以至出现了直接否定国家政府的学说。即便不至于此，也有危及宪法政治根本的思潮出现，即直接参与政治活动的人陷入到一种党弊中，将国家的前途孤注一投。有责任感的普通国民对此感到厌烦，逐渐远离政治，无论政界的风云如何变幻都漠不关心，致使人心逐渐倾向于权力主义。在职业政治家之间，政权的争夺非常盛行。"④ 这是一种恶性循环，当普通民众因为厌恶党争而拒绝参加政治活动之后，议会选举就丧失了意义。大隈重信敏锐地观察到，这种趋势在宪政最为发达的英国已经出现，就连美国放弃门罗主义，插手各国事务的原因也并非出于国家利益的考虑，而是党派的利益。

西方固有的政治体制，因为欧美文明过于偏重理性主义这一缺陷，陷入了权力主义，

---

① 大隈重信：《大隈侯論集》，實業之日本社 1922 年版，第 527 頁。
② 大隈重信：《大隈侯論集》，實業之日本社 1922 年版，第 529 頁。
③ 鈴木慎一：《大隈重信「教化的国家論」の構成—その「内容」と「教化」の構造》，《社会科学討究》1983 年 10 期，第 77 頁。
④ 大隈重信：《大隈侯論集》，實業之日本社 1922 年版，第 535 頁。

也就是利己主义之中。近代日本政治制度完全仿照西方,西方民主宪政本身存在的不足,加上日本近代政治较为保守的侧面,如天皇制、藩阀政治和潜在的军国主义等,只能使问题更加严峻。大隈重信相信,一味地追随欧美的脚步,无法从根本上解决日本国内的社会问题,更无法解决日本面临的国际问题。基于这种基本认识,他开始尝试从东方的"情",也就是政治道德层面寻求调和民主宪政与天皇制,解决社会问题和劳动问题的方法。从《论教化的国家》一文中可以看出,大隈重信尝试寻找日本自身具备的超脱于"权力主义"之外的一些"优点",即日本成为"教化的国家"的可能性,其中最核心的一个观点,就是日本是事实上的道德国家。大隈重信分别从历史和现实这两个层面对此进行了论述:首先,日本的集团性社会依靠道德维系,人与人之间通过道德结合起来,每个人都知道礼教。固有的神道结合佛教的慈悲、儒教的仁义,形成了一种民族性,在任何时代都不曾消失。就连武家建立的德川幕府,也以文化统治为主,可见日本自古就有追求"教化的国家"的理想。其次,日本在事实上存在着非常和谐的君臣关系:"在中国,道德说只存在于思想中,与现实无关。这(道德说)虽然不是日本的思想,却自日本建国之初就成为客观存在。我天皇为日之子,君临此国,出于宗族之情待国民如慈父母。如此,三千年来的光辉历史传承至今,因此君主没有任何卑鄙的欲望,若有欲望也只是希望人民幸福安宁……古今从未有耽于享乐的欲望,这是日本超越万国,成为完善的道德国家的基础。"[1] "然而,经过王政复古,随着封建制度的瓦解,佛教衰颓,原本是地方自治体中心的檀那寺的和尚失势。社会中,小学儿童有教师来教导,一家之主这样的成人却没有任何的顾问。我国固有的道德氛围逐渐稀薄,欧美的权力主义趁机而入。人们只偏重权利和义务的一面,党弊的增加使得国民厌倦政治。政治和国民分离的趋势让我感到忧虑,因此提出'教化的国家'一案供大家评判。"[2] 在明确了西方权力主义的缺陷,以及日本具有成为教化国家的基础之后,大隈重信开始探索如何通过教育改革来复兴东方的传统文化,使日本成为一个由道德联结起来的国家。

毫无疑问,国民教育最重要的便是教育的内容与形式,因此教育改革应当从这两方面入手。关于教育内容的改革,大隈重信首先提出教科书的改良。他认为,通过编纂新的教科书,建立以道德为基础的教育,是解决社会问题,实现教化国家的重要条件。日本国内教育设有很多与德育相关的科目,但因为没有前后一致的中心思想,无法取得很好的效果,所以新教科书必须有清晰且贯穿始终的中心思想。在《教化的国家和新教科书》一文中,大隈重信明确指出应当以日本独特的国民性和古典的道德作为德育的中心。日本独特的国民性,指的是尊崇皇室,坚持发展的"大和魂":"在我国,自建国以来、神话时代以来、皇祖皇宗三千余年以来,有一种维护国家统一、巩固民族团结的国民性,即大和魂。此大和魂既尊崇万世一系、历史悠久的皇室,又积极地追求无穷无尽的进步与发展。"[3] 大隈重信认为,不同于一般宗教的悲观与厌世,日本万世一系的神话是非常乐观且充满生机的,不会磨灭人的进取精神。这代表日本的国民性的优越,可使人避免陷入陈腐之中。大隈重信强调,大和魂不是为了国家统一而高举的标语,而是以经过三千年锤炼

① 大隈重信:《大隈侯論集》,實業之日本社 1922 年版,第 530 頁。
② 大隈重信:《大隈侯論集》,實業之日本社 1922 年版,第 541 頁。
③ 大隈重信:《大隈侯論集》,實業之日本社 1922 年版,第 553 頁。

的优秀的道德精神为要素，正如天皇代代流传的三神器所包含的智、仁、勇。八咫镜代表智，即奇魂，指的是如同当代自然科学研究那样追求进步的理性的心；天丛云剑代表勇，即荒魂，指的是抵御外敌的勇敢的心；八尺琼勾玉代表仁，即幸魂，指的是追求和平的心。这三种精神深深地埋藏在日本国民的心中，构成国民性的基础，理应成为当代道德教育的核心思想。

除此之外，大隈重信还提出应当将古典道德精神引入新教科书："我国国民性深处潜藏的道德精神，在政治层面的表现，就是我反复倡导的教化的国家。"① 他认为，在丰富的古典道德精神中，最重要的就是神道的"清净"，也就是正直。这是一种自律主义，一种将自我之力发挥到极致的精神："在日本的国语中，道德用语极少，只有'清'和'诚'这两个字。正因为道德要素非常简单，所以这两个字是诸善行、诸正业之源。身和心若清如明镜，那其中倒映出的万物的影像，用理智的角度去看就是'真'，用道德的角度去看，就是'善'，用审美的角度去看就是'美'。这就是真、善、美一致的境界……人有疑虑之心，若无洒脱的心境，就会滋生猜忌引发嫉妒，诸罪恶都根植于此。"② 因此大隈重信指出，必须以正直、不虚伪作为信仰的要素。结合儒家的观点，就是所谓的"中庸之道""何为中庸？程子对此进行了解释。不偏为中，不倚为庸。中是天下的正道，庸是天下的定理。"③ 中庸之道虽然是中国儒家的理念，但是很好地解释了日本的"皇祖皇宗之道"，因此应当加入到新版的教科书中作为当代德育的一部分。大隈重信虽然提出以古典的精神作为道德教育的中心思想，但并没有提及采用何种教材："重要的是教育传扬我国古典的精神。只要是对解释这种精神有裨益的材料，无论是来自佛教、儒教，还是来自西方文明，都可以使用。但是，如何摄取材料并写入教科书中，这是一个值得探讨的问题。事关重大我不能妄下判断私自草拟方案，所以我于此处敞开胸襟，向一般的学者、有识者和教育家叩请高见。"④ 缺乏具体的实施方法，只在抽象的层面进行描述，这无疑是"教化的国家"论所具有的局限性之一。

在确定了教育内容之后，接下来需要探讨的就是教育形式的转变，即如何建立一个与传统道德相对应的教育体制。在《论教化的国家》一文中，大隈重信详细地介绍了中国周代的地方制度和教育制度。他认为，周代从政教两方面治国，以家庭、乡党、国家这种基于人伦的金字塔的形式构建起国家的统治与教育，是最完美的道德国家的模型。国家的教化应该通过在地方和中央设立不同级别的学校来实现。小学和中学作为地方小规模集体的核心，大学作为中央的核心，小型的共同体汇集成大规模的共同体，然后形成一个国家。学校体系以大学为顶点，不同级别的学校设置在与其相应的共同体之中，承担起教化社会的责任。在这种教育形式中，教师被赋予了除教授知识以外更高的职责。处在基层的小学教员，不仅是儿童教师，还是地方民众道德上的楷模，社会的先觉者。学校所属的自治团体的一般民众也是小学教员需要负责的对象。他们通过演讲等团体活动将地方上的人聚集起来，给予他们精神上和物质上的教化："（教员）如果想着自己的一言一行能直接

① 大隈重信：《大隈侯論集》，實業之日本社1922年版，第557頁。
② 大隈重信：《大隈侯論集》，實業之日本社1922年版，第559頁。
③ 大隈重信：《大隈侯論集》，實業之日本社1922年版，第560頁。
④ 大隈重信：《大隈侯論集》，實業之日本社1922年版，第569頁。

感化全自治团体的人，那么自然变得严谨自持，能成为乡党的模范。如此，就能受到乡党中少儿及其父兄的信任和尊敬，正如宗教全盛期檀那寺的和尚一样，地方民众有什么无法谅解的、不明白的事，或有争议的时候，自然会聚集到学校校长那里听取他的意见。如此，冰冷的权利义务的思想可以被道德的温情所缓和，养成乡党相亲的良风美俗，保证自治团体的和平。"①

大隈重信称这种让全国的教育机关合作来教化社会的方式为"贤哲政治"。国家应当指派优秀的人才从事小学教育，驻扎在乡党成为当地的贤哲、君子，负责地方教化。为了实现这一目的，他提出应当改善小学教员的待遇，并将校长的地位置于郡长之上。教育是精神的工作，虽然教员要甘于朴素的生活，但过于朴素，其在文化活动中的感化力就降低了。因此必须给小学教员一定的名誉、地位、报酬来吸引人才到基层教育中。相应的，学校也必须实现全面的社会化，在校内设置聚会场所，让民众无论贫富贵贱都能来学校接受教化："让校长在校内居住，校舍之外营造有大厅的宿舍，将其作为校长的住宅。正如寺庙的和尚在本堂侧面的小房间里住一样。这样，校长就可以利用课余时间，在大厅里接待有事而来的乡党父兄。此外，地方上有很多形形色色的团体组织，如生产组织、同业组织、青年会等。它们的势力逐渐壮大，也需要聚会场所。这时候就可以将校舍供其使用，以实现学校的全面的社会化。"②

在地方教师利用广泛的人情关系将地方民众团结为一个个紧密的共同体的同时，将一切教育机关的中心设置在大学，让学者在大学的大学院从事各领域的研究，并将其成果尽可能的社会化、通俗化，通过巡回、通俗教育等方式让所有民众都有机会在学校听讲，申请学位。大学、中学和小学的联结，使中央和地方共同体形成金字塔形的稳固关系，而理想国中的"贤哲政治"在这样的条件下就容易实现了："全国有两万到三万的小学校，此外还有各种补习学校、中学校、师范学校、专门学校、大学校等。这些教育机关有机地结合在一起，共同从事社会的教化，自然会促进智慧道德的进步。（民众的）政治自觉也因此发达，养成健全的权利义务的观念，刷新代议制的基础。像美国那样由营业性的职业政治家掌控政治的弊端，自然会被改正。如此，柏拉图的理想国家所憧憬的贤哲政治就可以实现了。我万分期待，真的贤能者、能代表全部国民利益的代议士，可以被选举出来。"③

除了派遣优秀的教师承担教化职责，大隈重信还提出小学应当聘请校医，除了负责儿童的健康之外，还要执掌公共卫生，提高一般民众的身体素质："各小学都有校医管理儿童卫生，应该扩大其职能、给予俸禄让其在学校负责地方上的公共卫生，从体操和卫生内外两方面，促进乡党全体体育的进步。"④ 大隈重信极力主张在小学体育中加入军队体操和军事训练，让儿童从小就形成组织的、合理的、共同的行为习惯。这么做的目的主要有两个：首先，校内军训可以锻炼国民的心性，解决社会和劳动问题："让地方上的子弟接受普通的预备军训，不单是为了准备战争。就算没有任何变故，国民在其一生中，在其事业上，也应当具备坚韧不拔、有规律、有节制的精神和强健持久的体力。这可以让国民集

① 大隈重信：《大隈侯論集》，實業之日本社 1922 年版，第 543 頁。
② 大隈重信：《大隈侯論集》，實業之日本社 1922 年版，第 544 頁。
③ 大隈重信：《大隈侯論集》，實業之日本社 1922 年版，第 549~550 頁。
④ 大隈重信：《大隈侯論集》，實業之日本社 1922 年版，第 546 頁。

体生活的能量和效率增大，当下全世界困扰的社会问题和劳动问题就能减少。"① 在大隈重信的意识中，社会问题和劳动问题最根本的解决方法是提高社会总生产力，这离不开国民强健的体力和坚韧的精神，因此教化国家的基层组织——学校应当承担起让国民身体和精神健全的责任。其次，校内军训还可以缩短兵役年限、削减军费，这与实现"教化的国家"是相辅相成的："若此方法发挥功效，那么就无需征兵令规定的两年或三年的兵役期了。入伍后的实地教育只需要一年以内就足够了。"② "实现如此庞大的组织（教化的国家）需要耗费很多资金，但如果在其他方面努力节约，拿出这么多的教育经费并不困难。况且此制度如能取得完整的效果，大部分的行政将委托给地方自治团体，中央行政简化可以节约经费。新教育制度若有成效，常备军的人数缩减，也能节约经费。"③

由以上的分析可知，无论是教育内容的改革还是教育形式的转变，大隈重信最终目的，即"教化的国家论"的本质，还是为了解决欧美政治存在的缺陷和日本国内存在劳动问题和社会问题："今日欧美诸国都苦于应对社会主义运动和劳动运动，因为其国家组织的基础存在一大缺陷。我相信，当我国实施了这种新的教育制度，建立了道德的国家、教化的国家，就不会像现在一样，受到来自世界险恶思潮的威胁。我国甚至可以很好地引导欧美，净化当今世界污浊的空气，给全人类带来永久的和平。"④ 大隈重信相信，如果能通过道德教育构建起一个教化的国家，就能缓解民主宪政与天皇制之间的矛盾，甚至让日本远离社会主义，弥补世界资本主义的缺陷。

三、"教化的国家论"的评价

大隈重信的"教化的国家论"作为一种教育理论，是其思想体系的一部分，受到其作为政治家的一贯的思维模式的影响。因此在评价"教化的国家论"的时候，不仅需要考虑 1920 年左右的时代背景，还应当结合大隈重信本人的思想特点加以考察。

首先，大隈重信提出"教化的国家论"的根本原因，是为了解决日本国内存在的民主宪政和天皇制之间的矛盾，以及世界范围内普遍存在的由于垄断资本主义发展所带来的社会问题和劳动问题。大隈重信虽然敏锐地觉察到了欧美的资本主义体制在根本上存在着缺陷，但却没有意识到天皇制本身存在的问题。比如代议制下国民没有养成健全的权利义务的观念，政治被职业政治家所掌控，这些问题的形成固然和欧美代议制本身存在的缺陷有关，但更直接的原因是天皇制下具有封建色彩的君臣观对民众自由民主思想的束缚。民众对天皇和国体的信仰，天皇在政治和精神上拥有的绝对权威，在大隈重信看来，反而是日本优越性的体现。民主宪政和天皇制之间的矛盾只是暂时的，最终可以凭借传统的道德和教化使民众屈从于天皇为中心的国家主义，而社会主义运动也能因此而平息。"教化"这个词本身就具有浓厚的感情色彩，其实是一种理想主义道德论。大隈重信主观地认为日本政治的基础在情不在理，将道德作为解决一切问题的手段，这不符合客观事实，在现实

---

① 大隈重信：《大隈侯论集》，实业之日本社 1922 年版，第 547 页。
② 大隈重信：《大隈侯论集》，实业之日本社 1922 年版，第 547 页。
③ 大隈重信：《大隈侯论集》，实业之日本社 1922 年版，第 550 页。
④ 大隈重信：《大隈侯论集》，实业之日本社 1922 年版，第 550~551 页。

中也难以实现。

其次，大隈重信在"教化的国家论"中提出了调和的原则。《论教化的国家》开篇就提到，东西文明调和的时机在日本成熟，东方的"情"可以解决西方以理性为主的权利义务的思想中的缺陷。他希望通过调和处理现实中的对立关系，无论是个人权利与国家权力、自由与义务、利己主义与利他主义，还是国与国之间的对立，大隈重信都主张用调和的方式来解决。然而这种调和思想的自我中心性是非常显著的。在理解日本的对外关系时，视角完全放在了日本，对先进国家是竞争者的立场，对落后国家则站在了指导者的立场。在评价东西方文明差异时，认为西方崇尚权力主义缺乏政治道德，而日本是事实上的道德国家，其论证的标准和依据也是以本国为中心的。可以看出，大隈重信的东西文明调和论，也就是"教化的国家论"的理论基础，具有很强的唯心性，缺乏客观的论据。因此"教化的国家论"很难在现实中实现。

最后，关于大隈重信对教化国家构造的设想，他以周代的社会和教育体制为蓝本，希望通过各级学校联结地方共同体，构建金字塔形的社会体系。在整个系统中，人才根据其能力被配置在金字塔相应的位置，成为各个共同体政治、道德、学问、艺术等各方面的指导者。在地方共同体构成的大的集体中，集体的利益排在第一位。整个国家是各种有自治权利的共同体结成的有机体，通过道德联结起来，以家庭乡党之间人伦感情来调和矛盾、维持秩序。处在金字塔最高点的就是天皇，天皇代表着超时间的永恒与道德。大隈重信将皇室、儒学和欧洲古典哲学融合在了一起，抽象出一种前近代的社会关系，用这种关系来解决近代存在的各种问题，从某种意义上来讲其实是一种尚古主义。事实上，这种社会关系虽然具有巨大统合力，但自上而下的教化很容易给法西斯思想动员提供便利。天皇崇拜虽然在明治初期有利于政府推动各项近代化政策的实施，但长久来看，不仅不利于民主宪政的发展，反而使日本在面临危机时更容易被独断的国家权力带入歧途。

综上所述，大隈重信的"教化的国家论"，虽然是其试图解决日本近代化问题的一种尝试，但是这种教育理念并没有超脱于天皇制国家观，既无法从根本上解决民主宪政和天皇制之间的矛盾，又无法解决垄断资本主义发展所带来的社会问题和劳动问题。但大隈重信在"一战"后敏锐地意识到西方资本主义存在的缺陷，并尝试在西方的近代体系之外寻找日本社会转型的方法，这种精神是值得肯定与借鉴的。然而，教化的思想存在风险。近代日本以教化为名，将有独立思想的教师和民众视为被蒙蔽、需要教化的对象。这使得民众争取教育自由的运动被法西斯式的皇国教育所压制，民主、自由的政治主张被排除在国家政治之外，最终导致日本走向了法西斯主义。

（作者单位：华中师范大学历史文化学院）

日本右翼记者德富苏峰的中国认识[*]

——以《中国漫游记》为对象

□ 赖雅琼

【摘要】作为近代日本最为著名的新闻记者、思想家、历史学家，德富苏峰一生多次到访中国，并于 1918 年出版了《中国漫游记》，详细记述了其中国考察的见闻与感想。通读游记，我们不难发现，德富关注中国的重点始终没有离开"中国是什么""中国将走向何处""如何与中国交往"这样的三大基本问题。作为一名新闻记者，德富苏峰的中国游记基于实证主义立场，直接而生动地再现了近代中国的风土人情与社会状况，对日本的中国认识的形成与转变产生了深远的影响。不过，究其根本，可以说德富苏峰的中国考察是以拓展视野为契机，以付诸实践为方法，贯穿了以中国为"工具"、实质是"为了日本"的动机。

【关键词】德富苏峰；右翼记者；《中国漫游记》

以甲午战争为契机，两千年来中日两国的文明地位发生了彻底的、根本性的逆转，深刻影响了中日之间、东亚地区乃至整个世界的政治格局。在这一文明观念转型的历史大背景下，一大批日本知识分子亲赴中国考察，通过自身的中国研究或者中国纪行，开始向这一历史大叙事接近，成为近代日本"中国形象"的诠释者或者确认者。近代日本知识分子撰写的中国见闻录或者中国游记详细记叙了这一时期中国在社会、经济、文化、军事等方面的状况，具有独特的历史观与时代性，真实地反映了日本社会的主流思潮。[①] 不仅如此，这一系列的中国纪行文相继在日本出版，甚至多次再版，成为风靡日本的畅销书籍，对近代日本的中国认识产生了极大的影响。[②]

近年来，以日本知识分子的中国书写为文本的中日关系史研究，成为中国学界关注的

---

* 本文为国家社会科学基金项目"现代日本学者想象与重构中国形象的研究"（项目编号：15BWW002）、福建省社科基金青年项目"近代以来的日本战争宣扬与右翼记者德富苏峰的研究"（项目编号：FJ2016C102）阶段性成果。

① 可参见小岛晋治（监修）：《幕末明治中国见闻录集成》（20 卷）、《大正中国见闻录集成》（20 卷），日本游摩尼书房 1997 年版。

② 中国学者王升远曾指出，日本新闻家、政治家将在北京对中国政局的观察及认识与评论及时地回馈到国内，其影响上自决策当局，下至一般百姓的中国时局认识及其对中日关系走向的理解与判断。详见王升远：《都市空间与文化殖民》，三联书店 2017 年版，第 80 页。

焦点之一。本论选取的研究对象是近代日本最为著名的新闻记者、思想家、历史学家——德富苏峰。1886 年，德富苏峰以发表著作《将来之日本》为契机名扬日本文坛，其后陆续创办了报刊《国民之友》《国民新闻》①，是日本大众传媒业的开创者之一，被称为"日本的梁启超"。1897 年，德富出任松方内阁的内务部参事，由此正式步入政坛，其后更是被敕选为贵族院议员，长年以评论家的身份活跃于政界，成为日本军国主义政府的御用喉舌。作为主战政策的重要发言人，德富利用其所创办的报刊大肆宣扬对外侵略扩张的国家主义思想，参与起草"占领台湾意见书""太平洋战争宣战诏书"，且于 1942 年出任"日本文学报国会"及"大日本言论报国会"会长，② 日本战败后被定为甲级战犯，是近代日本极具代表性的右翼新闻记者、国家主义者乃至帝国主义者。"二战"后，美国曾一度下令销毁德富所著述的一系列教科书，足见其影响之大、危害之深。③

1917 年，德富苏峰再度到访中国，并将其见闻感想以日记的形式连载于《国民新闻》，而后结集出版了《中国漫游记》（1918）。中国学者王向远曾指出，德富苏峰的中国游记在当时影响较大，到中国旅行的作家，都提到自己读过德富的游记，这似乎是来中国之前必做的准备。④ 本论拟以该游记为对象，围绕日本著名中国学家竹内实提出的三个问题——"中国是什么""中国将走向何处""如何与中国交往"展开考察，⑤ 阐述德富苏峰此次中国游历的核心内容，勾勒其尝试构建的中国形象，进而站在跨文化形象学的立场⑥就这样的中国认识与形象塑造展开批判性考察。

一、中国是什么

1917 年 9 月 15 日，德富苏峰在秘书山崎猛和报社同事玉生武四郎的陪同下启程前往中国。德富一行先是乘船至朝鲜，再乘坐列车经鸭绿江大铁桥进入东北三省，而后游历了北京、天津各地以及长江流域的主要城市，最后考察了山东的曲阜、泰安、济南等地，并于 12 月 6 日由青岛踏上归途，历时共 2 个月 21 天。

针对此次中国考察的动机，德富在游记的卷首就直接指出："我的基本思想都是出于对中国及中国人士的莫大同情……我们日本人也应该好好考虑一下和中国的关系，解决中

---

① 甲午战争爆发后，《国民新闻》的发行量持续飙高，从 1890 年的每日七千份暴增到每日两万份。1905 年，《国民新闻》的发行量甚至达到每日五万两千份，影响力甚广，此时期也成为该报发展的黄金时期。参见叶纮麟：《跟随帝国的脚步：德富苏峰认识中国的视角》，台湾大学政治学系中国大陆暨两岸关系教学与研究中心 1998 年版，第 43 页。

② 赤泽史郎：《德富苏峰与大日本言论报国会》，日本山川出版社 2017 年版，第 22 页。

③ 周力：《从"如火如荼野心"到"日本膨胀论"（上）——日本侵华御用文人德富苏峰》，《共产党员》2015 年 7 月，第 56 页。

④ 王向远：《中国题材日本文学史》，上海古籍出版社 2007 年版，第 86 页。

⑤ 吴光辉、余项科：《"第三个问题：如何与中国交往"——竹内实的现代中国形象研究》，《国际社会科学杂志》（中文版）2009 年第 2 期，第 17 页。

⑥ 跨文化形象学是通过设定"他者形象是自我意识的延续"，或者说"异域形象作为文化他者"的理论假设，以西方的中国形象为切入点，重点阐述在西方现代性的自我确证、自我怀疑、自我合法化、自我批判的动态结构之中的中国形象的形成与异化的过程。参考周宁：《跨文化研究：以中国形象为方法》，商务印书馆 2011 年版，第 19~21 页。

国问题的关键，不应该仅仅靠一些枯燥的书本知识，而应该依靠对中国的真挚的同情心。"① 从这样一系列充满强烈政治气息的话语之中，不难看出德富此次的中国之行绝非单纯的观光旅行，而是带着极为明确的政治目的——解决中国问题。不仅如此，"同情"一词的反复出现，也突出了德富对待中国的傲慢态度，即站在"文明之国""进步之国"——日本的立场，来谋求与"野蛮之国""落后之国"——中国之间的"亲善"。

（一）哈尔滨

> 松花江水杳漫漫，杰阁瑶园霸业残。
> 士女何关家国事，战云尤未度兴安。②

到达中国之后，德富苏峰并不急于奔赴南满洲，而是于奉天短暂停留后，便乘特快列车赶往哈尔滨。这一时期，满洲以长春为界，南面归属日本，北面则是俄国管辖范围。哈尔滨隶属北满，作为重要的工业城市，是俄国经营远东的战略策源地。"这里拥有松花江，地跨吉林、黑龙江两省，南制盛京，位居东三省上游，成为东三省的咽喉。而且再加上东接沿海，西连内蒙，哈尔滨正处于四通八达的好地段。平时这里可以作为物资聚散的中心地，战时可作为兵站基地。"③ 就此而言，德富之所以将哈尔滨作为中国考察的首站，可以说是认识到作为东三省的咽喉，哈尔滨在地理上所拥有的绝对优势，其四通八达的位置不仅在经济方面至关重要，在军事方面也将发挥"重要作用"。

长达四天的哈尔滨之旅中，德富苏峰参观了俄国人居住的以东清铁路为中心的"新市区"、与新市区隔松花江相望的"商业区"、中国人自治管理的"傅家甸"，对哈尔滨落后的经济、社会状况，以及俄国人松散的治理态度表达了强烈的不满："俄国人做事效率之低实在不亚于中国"，"革命党的社会政策发展到这个程度就不免有点滑稽了"。④ 在德富看来，俄国统治之下的哈尔滨经济发展迟缓，各类资源皆没有得到有效的开发利用，而俄国"十月革命"的爆发更是使哈尔滨处于"百事俱废"的状态。就此，德富在游记中感慨道："我们的日本帝国虽拥雄兵于远东，却没有一丝一毫的举动，只是旁观这溃败的状态。呜呼，这到底是谁的责任呢。"⑤ 不难看出，德富之所以不辞辛苦远赴哈尔滨，是垂涎俄国在北满洲的权益，而俄国十月革命对哈尔滨的发展所造成的巨大冲击，更让他觉得痛惜的同时亦深感天降良机。正是基于此种复杂心态，在离开哈尔滨之际德富写下了本节开头的诗句，大胆预言日本不会放弃北满，战云即将到来。

（二）汉口

离开哈尔滨后，德富一行考察了东北三省以及京津地区，游览山川古迹、走访政要名

---

① 德富苏峰：《中国漫游记 七十八日游记》，刘红译，中华书局 2008 年版，第 15 页。
② 德富苏峰在离开哈尔滨之际所作的诗，兴安指兴安岭。
③ 德富苏峰：《中国漫游记 七十八日游记》，刘红译，中华书局 2008 年版，第 38~39 页。
④ 德富苏峰：《中国漫游记 七十八日游记》，刘红译，中华书局 2008 年版，第 40、42 页。
⑤ 德富苏峰：《中国漫游记 七十八日游记》，刘红译，中华书局 2008 年版，第 44 页。

人，并于 10 月 30 日自北京出发，乘坐京汉线列车直赴"大有希望"的城市——汉口。汉口自古被誉为"楚中第一繁盛处"，地处长江西北、汉江以北地域，不仅是长江流域船运方面的交通要塞，更是连接京汉铁路和粤汉铁路的重要枢纽。这一时期，英国、俄国、日本、法国、德国等都在汉口设有租界，呈龙虎盘踞之势，争相抢占这一战略要地。在游记中，德富写道："汉口被称为'九省通衢'，处于四通八达的咽喉处，因此汉口在中国占有很重要的经济地位绝非偶然之事。特别是今天，湖北更成为南北冲突的缓冲地带。……汉口在政治上的地位也是很重要的。"[①] 可见，德富之所以由北京直接奔赴汉口，同样是认识到这座"九省通衢"所占据的地理要势，及其将在中国的经济、政治、军事层面发挥的"关键作用"。

在濑川总领事的带领下，德富先后考察了位于汉口的日本租界，拜访了湖北督军兼省长王占元，参观了大理石喇嘛塔与黄鹤楼，并访问了日本的屯驻军兵营与英国人经营的"竞赛俱乐部"。对于汉口的景色，德富似乎没有给予太多的关注，只是提到黄鹤楼虽然刚经过大雨的冲洗，但四周仍然"臭气熏天，几乎没有下脚的地方"[②]。与此相对，德富更多地着眼于日本在汉口的势力扩张范围，对于日本人、日本企业在当地的稳步扎根，他表示十分满意："当时此地日本人只有一千，现在有二千；当时像乞丐的巢穴一样的日本租借，现在正在建造牢固的护岸工程。……三井、三菱、正金、日清汽船、台湾银行、住友、铃木等大企业的实力都比原来增强一倍。"[③] 与此同时，德富亦极大地肯定了日本驻屯军的存在意义，并强调了汉口驻军的重要性："我们这支部队维护了长江流域的和平，不光当地的日本人，连外国人也承认这一点，就是中国人也这样认为。……毫无疑问，屯驻军的存在无论是在精神上还是在物质上，都起着重要的作用。"[④] 整体而言，在汉口游历的时间虽然长达 3 天，但德富的主要行程并非游山玩水，而是拜访中国政要、视察日本租界兵营、会晤日本友人及欧美名流，此次汉口之行的意图可谓不言自明。

（三）青岛

12 月 2 日，德富一行乘坐山东铁路列车抵达终点站——青岛，开始最后 4 天的考察。青岛地处山东半岛东南部、胶东半岛东部，与朝鲜半岛隔海相望。1914 年，日本出兵从德国手中强占青岛之后，便以此为据点不断扩张在山东的势力范围。不仅如此，就在德富此次中国之行的启程之际，日本天皇正式批准了所谓《青岛守备军民政部条例》，公开对外宣布在青岛实施"民政"。可以说，这一时期的日本已将青岛与台湾、朝鲜一视同仁，意图将"占领地"强行变为"殖民地"，而德富此次的青岛之行，亦充分契合了日本军国主义政府的这一图谋。

抵达青岛之后，德富苏峰随即造访了司令官邸，与本乡司令官促膝长谈。次日一早，又冒着风雪严寒，参观了战争遗址——会泉岬炮台与旭山伊尔奇炮台，[⑤] 其后前往日本东

---

① 德富苏峰：《中国漫游记 七十八日游记》，刘红译，中华书局 2008 年版，第 136~137 页。
② 德富苏峰：《中国漫游记 七十八日游记》，刘红译，中华书局 2008 年版，第 138 页。
③ 德富苏峰：《中国漫游记 七十八日游记》，刘红译，中华书局 2008 年版，第 135 页。
④ 德富苏峰：《中国漫游记 七十八日游记》，刘红译，中华书局 2008 年版，第 140 页。
⑤ 即现今的汇泉角炮台与太平山炮台。

和公司，并拜会了日本友人。当晚，德富参加了司令官邸举办的晚餐会，与本乡司令官详细探讨了"民政"的实施情况。他表示，中国人之所以反抗，是由于对民政还不够了解，"我只是遗憾我们没有很好地进行说明，而且也不能把这个责任单纯地归咎于陆军司令部身上"①。直至第三日，德富才动身前往崂山，不过对崂山的景色并未给予太多关注，而是将考察的重点置于德国人如何改造贫瘠的土地这一问题，"把青岛从没有一草一木的大自然变成了现在绿树葱郁的美林好景"，感慨原本满是岩石的荒山野岭在德国人的悉心经营下变得树木林立、生机盎然。对此，德富甚至作诗一首，表达对恺撒的"感谢"之情，以及对从德国手中"接管"青岛一事的无限骄傲与欣喜。

> 凿山填海枉艰辛，筑出新都寂寞滨。
> 铁拳天子何功德，经营业就付他人。

整体而言，通过对中国主要城市的考察，德富苏峰最直接的感受，应该说就是中国的物产富饶、地质肥沃。在游记中，他极力呼吁日本政府务必加紧对中国的棉花、木材、煤矿、大豆、铁矿等资源的勘察、开采及利用。尤其是东北三省，德富并不满足于对南满洲的占领，"满洲真正富饶的地区还是在关东洲以北，更确切说，是在奉天或者长春以北"②。其次，德富从中国"衰落"与"残败"的表象中，看到了所谓的"生机"与"希望"。此次中国之行，德富虽然目睹了中国各地的荒凉景象，感到无比惋惜和痛心③，但并未因此心灰意冷、绝望叹息，而是从中看到了日本所谓的"机遇"与"责任"，从而将关注的焦点置于日本在华权益扩张这一问题之上。换言之，在德富看来，中国的"衰落"反衬出日本的"年轻"，中国的"残败"反衬出日本的"兴盛"，中国的"无力"反衬出日本的"强大"，中国作为一个负面的形象，成为日本确立文化自信、证明自身显性存在的一面镜子。

二、中国将走向何处

辛亥革命之后，中日两国关系发生着急剧的变化，日本转而支持北洋军阀政府，试图促成中国南北的分裂。1915 年，正值第一次世界大战进入胶着状态，日本政府借机向袁世凯政府提出"对华二十一条"，殖民中国的野心昭然若揭。就在这一时期，在这样的历史背景之下，作为日本军国主义政府代言人的德富苏峰亲赴中国深入考察，可以说带着浓厚的政治色彩，或者说极为明显地试图为日本军国主义政府出谋划策、以言论报国的政治动机。借助此次中国之行，德富拜会了近 40 位政界及思想界的名人，就中国的现状以及未来局势展开探讨。他将中国的思想界分为三大派系，即提倡军国主义思想的"北方派"、提倡民权自由主义思想的"南方派"、提倡传统孔孟之道的"复辟派"。德富专程拜

---

① 德富苏峰：《中国漫游记　七十八日游记》，刘红译，中华书局 2008 年版，第 246 页。
② 德富苏峰：《中国漫游记　七十八日游记》，刘红译，中华书局 2008 年版，第 67 页。
③ 例如游记中所提到的杂草丛生、残垣断瓦的昭陵，臭气熏天、无下脚之地的黄鹤楼，满眼干荷枯苇的大明湖等。

访了各大派系的代表，记录了会面的情况、部分交谈内容及自身的感想，并就"中国将走向何处"这一问题展开分析。

"北方派"代表无疑是北洋政府的总统冯国璋与总理段祺瑞。到达北京后，德富一行随即拜访了这两位中国政界的要人。袁世凯逝世后，北洋军分裂为以冯国璋为首的直系、段祺瑞为首的皖系、张作霖为首的奉系，派系混战不断、矛盾重重。显然，德富也十分清楚这一状况，他指出："冯富有协调性，弱点是优柔寡断，段勇猛果然但树敌太多。前者有兵权懂学识，后者缺少王安石的学问和治国方策，偏重武道。……但是，现在两个人的境遇属于同患难的时候，这本来至少应该成为两人互相配合到一致的契机。"① 在德富眼中，冯国璋属于重文的温和派，而段祺瑞则是好武的激进派，就二者的性格与经历而言，合则能相辅相成，离则足以相互为敌，而他们却选择了后者。

"南方派"代表人物则是有"长江三督"之称的湖北督军王占元、江西督军陈光远以及江苏督军李纯。这一时期，为防止皖系势力南扩，同属直系的三位督军结成联盟，齐力维护长江流域的稳定和平。在武昌，德富苏峰参加了王占元举行的午餐会，指出王督军机智而又不失军人质朴的一面，"他为了等待天下大势所趋的时机的到来而不轻举妄动，从这一点可以看出他的机敏"②，肯定了王督军为人处世的方略以及为维护南方和平所作的贡献。在南昌，德富应邀参加了陈光远的早餐会，用餐期间与陈督军高谈阔论，话题从南昌铁路的延长问题一直扩展到欧洲大战后的东亚形势，他赞赏陈督军是"一个性格非常好的军人"③。在南京，德富拜访了李纯，在交谈之后指出李督军为人非常机敏而毫无破绽，并表示"现在社会上都在说李纯要与李烈钧同谋反对段祺瑞，宣布江苏独立。但就我所见，李纯决不会轻举妄动的"④。整体而言，拜会过"南方派"三位领袖人物之后，德富苏峰分析指出，三位督军都希望以和平方式解决当前混乱的政治局面，所以目前皆表现出一种观望的态度，并认为现在中国南北能够保持平衡状态是长江一带各位督军的功劳。

"复辟派"的代表人物，德富苏峰主要拜访了清末重臣岑春煊与李鸿章之子李经迈。作为元老级人物，岑春煊在政界享有很高的声望，长年为南北双方的团结而奔波，在政治上有很强的生命力。在上海，德富约见了岑翁，与其就当今中国的政治形势展开交谈。德富认为岑翁刚毅清廉，"既不像北方那样讲究武力，也不像南方那样讲究民主，他讲究的是孔孟之道的政治主义"⑤。当岑翁批判日本政府向北方提供资金和武器，导致南北无法调停，难以完成统一大业之际，德富也表示不得不认同他的说法，并赞赏"中国的老一辈里，能有这样一个杰出的人物，实在是不能错看的"⑥。与此同时，德富亦在上海拜访了李经迈。在交谈中，李经迈提到在中国要实行共和政治还早了三百年，他的梦想是实现

① 德富苏峰：《中国漫游记 七十八日游记》，刘红译，中华书局 2008 年版，第 86~87 页。
② 德富苏峰：《中国漫游记 七十八日游记》，刘红译，中华书局 2008 年版，第 137 页。
③ 德富苏峰：《中国漫游记 七十八日游记》，刘红译，中华书局 2008 年版，第 148 页。
④ 德富苏峰：《中国漫游记 七十八日游记》，刘红译，中华书局 2008 年版，第 159 页。
⑤ 德富苏峰：《中国漫游记 七十八日游记》，刘红译，中华书局 2008 年版，第 182 页。
⑥ 德富苏峰：《中国漫游记 七十八日游记》，刘红译，中华书局 2008 年版，第 183 页。

欧亚之间的帝国大同盟。对此，德富虽然没有具体记录"欧亚大同盟理论"的内容，但仍然表示这件事非常重要，他认为不管好坏如何，不管观点是否得当，李经迈将来一定会成为中国一个举足轻重的人物。可以说，在德富看来，"复辟派"仍然具有较强的实力及势力，虽然不足以与"北方派"和"南方派"构成三足鼎立之势，但将来仍会在中国政坛继续发挥重要作用。

在目睹中国政界及思想界的混乱之后，德富在游记中明确指出，南北之间很难达成协议、恢复和平局面："北方派"大权在握、兵力充足，虽然冯段二人内部争斗激烈，但却能一致对外，而且背后有日本政府的支持；"南方派"希望通过和平方式来解决当前混乱的局面，却又不愿完全妥协，因而表现出一种观望的姿态；"复辟派"沿袭孔孟之道的政治主张，致力于建立一个全新的理想化的政治体系，在中国仍具有一定的影响力。德富分析指出，如果把"北方派"喻为战国时期的秦国，那么"南方派"就是楚国，"今日的秦灭不了楚，楚也灭不了秦。这样下去，只是相互对峙、对打下去罢了"，"如果能有使南北统一的人物出现的话，那么四万万生灵也会得以安生了。可是政治家们整日就是热衷于讨论买办，发战争财，实在让人无法忍受"。① 对德富而言，中国只是在不断重复着秦楚大战的局面，而中国的军阀与官僚更是忙于争权夺势，置天下苍生于不顾，因此中国人依靠自身无法完成国家的统一大业，那么唯一的选择只能是借助外部的力量。

三、如何与中国交往

1917年，正值"五四运动"前夕，中国的新文化运动蓬勃发展，民族意识不断觉醒。与此同时，适逢张勋复辟失败，中国国内处于军阀割据的状态，各派系之间的争斗剑拔弩张。身为新闻记者的德富苏峰敏锐地捕捉到了这样的时代变化，在针对中国的主要城市进行考察，并拜会过各派系的代表之后，尝试就中日关系的未来走向展开分析。中国自古以来被称为文明的国度，是周边国家和民族争相学习、模仿的对象，如今却沦为列强竞相瓜分权益的半殖民地半封建国家。面对这样一个中国，日本应该如何与之交往？这就成为德富必须直面和思考的根本问题。在游记中，他直接给出了自己的答案——"日中亲善"，并具体提示了实现"日中亲善"的三个基本要素：军事力量、利益、思想及感情。

所谓军事力量，是指日本拿出自身充分的武力彻底地支持中国。即无论何时，日本都要以自己的武力，在远东形势上做出支持中国的姿态，并以此为己任，同时还要以一定要成功的决心和势力去贯彻它。

利益是指日本不能只从中国得到利益，也要让中国得到利益。换句话说，日中两国之间在民间要互惠。所谓互惠，就是要分配彼此的利益。

思想及感情就是指要找出两国之间能够引起共鸣的地方，不是仅仅停留在今天所谓的同文同种之类的外交辞令上，而是找出两国人民之间真正在思想感情上相互依存

① 德富苏峰：《中国漫游记 七十八日游记》，刘红译，中华书局2008年版，第283、139页。

的纽带来。①

在德富看来，"如何与中国交往"这一命题的答案，就是日中结成所谓的"攻守同盟"，即培养共通的思想与感情，中国向日本提供铁矿、棉花、木材、煤炭等经济物资，而日本在军事上承担支持中国、守卫中国的责任，从而实现"互取其长，互惠互利"。换言之，中国不足以维继自我，故而需要他者的提携；中国自身无法完成统一，故而需要借助他者的力量。既然中国是需要一个他国对其加以引导、加以改造的国家，那么足以承担这一重担的，无疑是强大兴盛、同文同种的邻国——日本。正如德富在游记中指出的，"他们到底意识到自己是亚洲人了吗？他们到底意识到中国和日本的关系比和其他任何国家的关系都紧密深切吗"②，试图通过一种合理的操作方式，借助地理位置、风土习俗、语言文化、种族肤色的共性来论证"日中亲善"这一答案的"合理性"与"合法性"。

上述三要素中，德富苏峰认为日本在华的"军事力量"正稳步扩充，"利益"方面也得到良好发展，因此加强"思想及感情"的沟通是当务之急，而最为有效的手段则是"语言"与"宣传"。语言，意指日本人主动学习汉语，并向中国人普及日语。在肯定同文书院为培养汉语人才所作的贡献之际，德富亦为学习日语的中国人数量的锐减感到痛心，"我在这个问题上想警示朝野的诸位有识之士，要想解决这个问题，办法并不多，只有几个，那就是，怎样才能在中国多开设一些教授日语的学校，或者在现有的学校里开设日语课程"③，呼吁日本当局通过办学来强化日语在中国的影响力。其次，作为一名新闻记者，德富亦深感宣传的重要性，并且痛斥日本政府对华宣传工作的不足。他指出，以德国为首的欧美国家的宣传活动，"自开战以来就以异乎寻常的力量席卷了整个中国，他们几乎毫不间断地通过报纸、杂志、小册子或者图画等各种方式进行宣传"④，而日本却毫无作为、缺乏应有的努力，应该从根本上、彻底地找出日中两国之间思想感情的共同点，并将其作为两国"亲善"的纽带加以培植、大力宣扬，在精神上加强对中国的控制与统治。

综上所述，就"如何与中国交往"这一命题而言，德富始终认为一个"强大兴盛却物资匮乏"的日本，具有与"衰弱无力却资源丰富"的中国实现"互惠互助"的合理性；作为一个历史上曾向中国派"遣唐使"的东亚国度之日本，犹如报恩一样具有"提携"中国、促进"日中亲善"的合法性。中国学者王升远曾指出，近代以来，在日本思想界，站在福泽谕吉式的近代文明论立场上，认为已成为东亚文明国的日本应引领守旧落后的中国走向进步者为数甚众。⑤ 同样，德富苏峰亦无法摆脱这样的时代局限性。就在这样的二元对立的逻辑框架之下，中国不仅成为日本反观自身、审视自我的一面镜子，也成为一个

① 德富苏峰：《中国漫游记 七十八日游记》，刘红译，中华书局 2008 年版，第 266 页。
② 德富苏峰：《中国漫游记 七十八日游记》，刘红译，中华书局 2008 年版，第 274 页。
③ 德富苏峰：《中国漫游记 七十八日游记》，刘红译，中华书局 2008 年版，第 263 页。
④ 德富苏峰：《中国漫游记 七十八日游记》，刘红译，中华书局 2008 年版，第 271 页。
⑤ 王升远：《都市空间与文化殖民》，三联书店 2017 年版，第 46 页。

需要日本在军事、经济以及精神方面加以引导、加以改造的国度，成为一个被有意地贴上"东洋"的标签，"协力"日本与西方相对抗的工具。

四、小　结

如何评价德富苏峰的中国之行，如何把握德富苏峰的中国认识，进而如何评价德富苏峰所构建的中国形象？就此而言，我们既需要回归历史，在一个历史的语境下来把握作为右翼新闻记者的德富苏峰之"中国认识"的直接性，同时也需要站在一个批判性的立场来审视这样的"中国认识"之背后所潜藏的"日本情结"。

不言而喻，作为第一手研究资料，德富苏峰的中国认识具有一定的参考价值。作为一名资深的新闻记者，德富十分重视基于现场的实证调查，深入中国各地展开考察，在此基础上就中国的现状与未来、中日关系等问题进行思考。在游记中，德富基于自身的所见所闻，详细记叙了从东北三省到京津地区，再到长江流域、黄河流域等主要城市的政情民风、军事动向等，记录了与政界及思想界的重要人物的交谈情况，真实而全面地再现了北洋军阀政府统治下的中国所呈现出的混乱复杂、日渐式微的局面，突显了其深厚的汉学功底与敏锐的洞察力。这样的观察结果与真实感受的记录作为一手史料，为后世学者的中日关系史研究提供了重要的参考资料。

其次，不得不指出，德富苏峰的中国认识存在着巨大的局限性。身为一名新闻记者，德富虽然具有着极高的人文素养，却容易为直面的"现实"所左右，为所谓"国家的理想"所左右，且他本人一心希冀成为日本军国主义政府的御用文人，进而跻身政坛、指点江山。在提及创办报刊《国民新闻》的动机时，德富就曾说过："我的初衷是以办报纸来达到改良的目的。我最热心的，第一是政治改良，第二是社会改良，第三是文艺改良，第四是宗教改良"①，将政治的改良置于第一位，可见德富对参政一事是十分之热衷。但是，过于强烈的政治诉求也必然降低作为一名记者所应具有的客观性与判断力。在看待中国、认识中国之际，德富苏峰就融入了过多个人的政治意图，掺杂着强烈的国家主义思想，造成其中国认识的巨大局限性。也就是说，德富在中国展开考察的"重点"部分，是有助于其向日本军国主义政府谏言的所谓"战略要地"及"政界要人"，而忽略了中国广袤的农村地区以及广大的无产阶级，并没有构成一个完整的中国群像。这种局部的、片面的、带有目的性的中国认识，也导致德富对中国未来局势、对中日关系走向的误判，间接促成了日本陷入战争泥沼、最终一败涂地的惨痛局面。②

整体而言，德富苏峰的中国游记基于新闻记者的实证主义立场，生动而直接地再现了近代中国的风土人情、社会状况等，对日本的中国认识的形成与转变产生了深远的影响。不过，究其根本，可以说德富苏峰的中国认识从一开始就排斥了传统的、汉学式的中国研究，而只是将中国的现实、中国人的现实拉入到考察视野之中，通过再现中国、解剖中

---

① 山本文雄：《日本大众传媒史》，诸葛蔚东译，广西师范大学出版社2007年版，第59页。
② 详见王向远：《日本对中国的文化侵略》，昆仑出版社2005年版，第67页。

国、批判中国，确立日本近代化发展的一种"合理性"与"合法性"。① 正如日本学者子安宣邦所指出的，日本一味把"东洋的专制""东洋的停滞"之名披在中国身上，并试图将中国从东亚文明中心的位置上赶下来，正在于自认为欧洲文明嫡系的日本，意图登上东亚新文明构图的中心。② 德富苏峰在《中国漫游记》中所构建起来的中国认识或者中国形象，正是呈现出这种极具"目的性"的特征，也就是将中国当作日本树立自身存在价值，实现以日本为中心的所谓"大东亚共荣"的工具或者方法。就此而言，德富苏峰，或者说大多数近代日本知识分子的中国考察，是以拓展视野为契机，以增长知识为手段，以付诸实践为目的，贯穿了以中国为"工具"、实质是"为了日本"的动机。

（作者单位：厦门大学外文学院）

---

① 早稻田名誉教授、中日关系史学家——安藤彦太郎曾指出："日本人的中国研究，一向是分为研究古典的中国和研究现实的中国两个完全不同的领域进行的……日本人非常尊敬古典的中国——即古代的中国，但对现实的中国则加以轻视或蔑视。他们拥有这样两种分裂的中国观。"安藤彦太郎：《日本研究的方法论》，卞立强译，吉林人民出版社 1981 年版，第 2 页。

② 子安宣邦：《东亚论——现代日本思想批判》，赵京华译，吉林人民出版社 2004 年版，第 40～41 页。

威尔基访华述论*

□　何飞彪

【摘要】威尔基访华处在战时中美关系的重要节点，上承居里第二次访华，下启宋美龄访美。太平洋战争后，中美两国因战略分歧衍生出许多具体矛盾，而居里访华非但没有缓和中美矛盾，反而加深了蒋介石对美国的不满，使中美关系更趋恶化。威尔基访华是中美两国政府及其个人意愿共同作用下的产物。威尔基以其个人特质及亲华言行赢得了中国各界的好感，在两国间营造了友好亲善的氛围，为后续宋美龄访美作了很好的铺垫。威尔基访华基本实现了中美两国政府及其个人等三方的意图，有利于战时中美关系的平稳发展。

【关键词】蒋介石；威尔基；居里；中美关系

1942 年 9 月 27 日至 10 月 7 日，威尔基进行了为期十天的访华活动。太平洋战争后，中美两国虽然目标一致，但因战略分歧而衍生出许多具体矛盾，两国关系亟须改善。威尔基访华是战时中美关系的重要节点，一方面缓和了中美两国间的矛盾，另一方面为中美关系的后续发展奠定了良好的基础。目前学界对威尔基访华的研究主要涉及了中国国际形象建构、与宋美龄访美的关系等问题。① 然而，对威尔基访华本身的前因后果反而关注不够。美国政府为什么在居里第二次访华结束仅半月又决定派遣威尔基作为特使来华访问？中国方面对威尔基访华是什么态度？威尔基访华期间又开展了哪些活动？最后，威尔基访华给战时中美关系究竟带来了哪些影响？本文将围绕上述问题展开探讨，以冀深化对战时中美关系的认识。不当之处，敬祈方家斧正。

一、威尔基是改善中美关系的适当人选

威尔基访华是中美两国政府及其个人意愿共同作用下的产物。1941 年 2 月 17 日，威

---

* 本文系国家社科基金抗日战争研究专项工程"世界法西斯战争（含中国抗战）史档案资料收集整理及研究"（项目编号：16KZD020）的阶段性成果。

① 何萍：《抗战时期中国形象的建构：基于国际友人视角》，《重庆社会科学》2012 年第 9 期；杨天石：《关于宋美龄与美国特使威尔基的"绯闻"》，《百年潮》2003 年第 10 期；朱坤泉：《1942 年—1943 年宋美龄访美与抗战后期的中美关系》，《抗日战争研究》1996 年第 3 期；徐旭阳：《1942 年—1943 年宋美龄访美原因、经过及效果》，《华中理工大学学报》（社会科学版）1997 年第 1 期。

尔基在结束访英后向外界透露有意赴华参访。① 太平洋战争爆发后，中美两国正式成为名副其实的盟友，威尔基访华意愿更加强烈。在邀请威尔基访华问题上，中国驻美人员内部意见并不统一。宋子文因顾虑到美国政府的态度，向蒋介石建议"以婉转饰词推托为宜"②。然而熊式辉则认为"非利害关系"不足以改变美国既定的对华政策③，因此主张邀请威尔基访华以对"美方朝野皆能一种刺激作用"④。最终蒋介石接受了宋子文的建议，坚持在美国政府态度明朗后再作回应。⑤ 直至 8 月 22 日，在接到罗斯福的来电后⑥，蒋介石才顺势要求宋子文向威尔基发出邀请⑦。

事实上，罗斯福所派特使居里于 8 月 7 日方结束访华。为何时隔才半月罗斯福又主动派遣特使来华呢？另外，罗斯福又为何选定威尔基作为访华的特使呢？这其中的缘由颇值得加以探讨。

首先，太平洋战争后，中国战略地位凸显，因而中美关系在美国整个对外关系中更具重要性。

对美国而言，中国的重要性主要体现在以下两个方面。其一，中国是美国战时打败日本法西斯的重要伙伴。美国一方面需要中国军队拖住日军主力，以减轻美军的压力；另一方向还需要中国为对日反攻提供基地。⑧ 其二，中国是美国争夺战后世界领导权的重要盟友。蒋介石曾多次向美方明确表态支持美国对于战后世界的安排。⑨

威尔基作为曾参与美国总统大选的在野党领袖，在美国政坛举足轻重，其地位远非居里可比，因此罗斯福派遣他访华正可彰显美国政府对中美关系的重视。

其次，居里访华非但没有弥合中美两国在战略上的分歧，反而加深了蒋介石对美国的不满。

太平洋战争后，中国认为美国重欧轻亚，从而忽略了中国的战略诉求。为了缓和中美矛盾，罗斯福特别委托居里带来信函加以解释。罗斯福声称美国对各盟国一视同仁，并无

---

① 《威尔基准备来华》，《申报》，1941 年 2 月 18 日，第 6 版。

② 《宋子文电蒋中正》，1942 年 3 月 24 日，《蒋中正总统文物·革命文献》，台湾"国史馆"藏，数位典藏号：002-020300-00036-001。

③ 《熊式辉函蒋中正》，1942 年 5 月 12 日，《蒋中正总统文物·特交档案》，台湾"国史馆"藏，数位典藏号：002-080106-00023-011。

④ 《熊式辉电蒋中正》，1942 年 7 月 14 日，《蒋中正总统文物·革命文献》，台湾"国史馆"藏，数位典藏号：002-020300-00036-002。

⑤ 《熊式辉电蒋中正》，1942 年 7 月 14 日，《蒋中正总统文物·特交文电》，台湾"国史馆"藏，数位典藏号：002-090103-00002-035。

⑥ 《罗斯福函蒋中正》，1942 年 8 月 22 日，《蒋中正总统文物·革命文献》，台湾"国史馆"藏，数位典藏号：002-020300-00036-003。

⑦ 《蒋中正电宋子文》，1942 年 8 月 24 日，《蒋中正总统文物·特交文电》，台湾"国史馆"藏，数位典藏号：002-090103-00002-036。

⑧ Memorandum of Conversation, by the Ambassador in china（Gauss），United States Department of State. *Foreign relations of the United States diplomatic papers*, 1942. *China* . Washington, D. C. : U. S. Government Printing Office, 1956. pp. 109-114.

⑨ 《蒋中正电宋子文》，1942 年 6 月 21 日，《蒋中正总统文物·特交档案》，台湾"国史馆"藏，数位典藏号：002-080106-00023-006。

轻视中国战区之意，希望蒋介石能够从世界全局出发理解美方的行为。①

只是事与愿违，居里访华非但没有实现协调中美两国战略之目标，反而加深了蒋介石对美国的不满。蒋介石认为居里实乃政客，"对我惟以其个人之利益为前提"②，而其态度则带有"威胁与示惠之意"③。蒋甚至还认为美国与英国本质一样，都视中国为"次等民族"④，心目中完全没有"中国军队与中国战区"⑤。罗斯福当然不可能因为蒋介石的不满就改变既定战略，所以他也只能空言安慰。在罗斯福看来，派遣威尔基访华是"易于施行"并可"增进中美两国合作"的举措。⑥

最后，威尔基一方面本人确有访华意愿，另一方面他的个人特质确有助于达成罗斯福改善对华关系的目的。

1940 年大选失利后，威尔基曾多次出国参访，一方面借以增加对国际事务的认识，另一方面吸引新闻媒体的注意，从而为再次竞选总统蓄积政治能量。⑦ 威尔基长期以来关心并支持中国的抗战事业，访华意愿一直都很高，从而为罗斯福任命其访华特使提供了先决条件。

此外，威尔基还有下列两点罗斯福看重的个人特质。其一，威尔基在美国政坛素以亲华著称，故遣其访华有利于增强中国各界对美国的好感。威尔基长期担任美国援华总会的名誉主席，"在各项援华运动中，几乎没有一次没有威氏参与"⑧。果不其然，威尔基访华消息传出后，中国舆论立即赞扬道："威氏此行若实现，象征美国朝野对抗战中国之一致关切与重视，定促进中美人民间之了解，而加强合作，也就是加强中美的同盟关系。"⑨ 其二，威尔基虽然与罗斯福分属不同党派，但是两人的外交政策主张却基本一致。他们两人都反对孤立主义，主张美国应当肩负起保卫世界和平自由的职责，并推动建立战后世界新秩序。⑩ 罗斯福认为威尔基"真是国家需要用人之际天赐的良才"，如没有他的协助，美国甚至可能"还没有租借法案和选征兵役法以及其他许许多多的东西"，所以"罗斯福对于威尔基的敬意远超过他遇到过的任何其他政敌"。⑪ 因此，罗斯福在向蒋介石介绍威

① 《罗斯福函蒋中正》，1942 年 7 月 4 日，《蒋中正总统文物·革命文献》，台湾"国史馆"藏，数位典藏号：002-020300-00034-003。

② 《蒋介石日记》，1942 年 8 月 6 日。

③ 《蒋介石日记》，1942 年 8 月 7 日。

④ 《蒋介石日记》，1942 年 7 月 25 日，上星期反省录。

⑤ 《蒋介石日记》，1942 年 8 月 8 日，上星期反省录。

⑥ 《罗斯福函蒋中正》，1942 年 9 月 16 日，《蒋中正总统文物·革命文献》，台湾"国史馆"藏，数位典藏号：002-020300-00034-025。

⑦ 《魏道明电蒋中正》，1942 年 9 月 27 日，《蒋中正总统文物·特交文电》，台湾"国史馆"藏，数位典藏号：002-090103-00002-046。

⑧ 《欢迎威尔基先生来华》，《大公报（重庆版）》，1942 年 7 月 11 日，第 3 版。

⑨ 《欢迎威尔基先生来华》，《大公报（重庆版）》，1942 年 7 月 11 日，第 3 版。

⑩ 《介绍威尔基 美新闻处致本报专文》，《大公报（重庆版）》，1942 年 8 月 30 日，第 2 版；另见《威尔基先生及其言论》，《大公报（重庆版）》，1942 年 10 月 3 日，第 3 版；《一个美国人的信条——威尔基先生言论续载》，《大公报（重庆版）》，1942 年 10 月 4 日，第 3 版。

⑪ ［美］舍伍德：《罗斯福与霍普金斯——二次大战时期白宫实录》下册，福建师范大学外语系编译室译，商务印书馆 1980 年版，第 240 页。

尔基的信函中说："彼为反对党名义上之领袖，彼对于政府之外交政策以及作战事项，皆竭力予以拥护，并协力以造成今日国内精诚团结之现象"，其访华"必能产生良好之结果"。① 当然，由于身份的不同，威尔基所肩负的使命与居里也不相同，他更多的是扮演亲善使者的角色。对于这一点，国民政府高层是有明确认知的。蒋介石认为威尔基访华是为了"共和党对太平洋与中国之政策预树基础也"②。

总体来看，威尔基访华的酝酿过程大致可分为三个阶段：第一，威尔基对外透露访华意愿；第二，罗斯福为改善中美关系许可并支持威尔基访华；第三，国民政府正式向威尔基发出邀请。

可以说，国民政府在酝酿阶段的态度不算积极。其中缘由主要有下列两点。其一，罗斯福亲信霍普金斯才是国民政府一直争取来华访问的首选对象③，因为他可以直接影响美国政府的决策④。6月1日，宋子文当面向罗斯福表示："霍为总统最忠实之友，且眼光远大，可贯彻总统对于我国盛意，舍霍君实难有适当人负此重任。"⑤ 其二，当时国民政府正准备派遣宋美龄访美，自可将中方的诉求直接向美方传达。⑥

然而在威尔基访华敲定后，国民政府的态度转而变得相当积极。因为国民政府希望通过威尔基访华达到以下三个目的。第一，将中方诉求透过威尔基转达给美国朝野，"如援助不积极之情况，及我国之需要"，"表面托其转致罗总统，实可借此对民众宣传"。⑦ 第二，吸引美国民众对中国的关注，进而转变美国部分对华"意趣淡漠"民众的观念。⑧ 第三，为美国未来政情变化预做准备。罗斯福虽然赢得了第三次总统选举的胜利，但是因为违背宪政惯例而饱受对手攻击⑨；而共和党则在参、众两院选举中分别增加十席、四十七席⑩，故而威尔基很有可能卷土重来成为美国下一任总统。

---

① 《美国总统罗斯福自华盛顿致蒋委员长介绍威尔基来华访问函（译文）》，秦孝仪：《中华民国重要史料初编——抗日战争时期》第三编《战时外交（一）》，台湾中国国民党中央委员会党史委员会，1981年，第749页。

② 《蒋介石日记》，1942年9月19日。

③ Mr. Lauchlin Currie to President Roosevelt，United States Department of State. *Foreign relations of the United States diplomatic papers*，1942. *China*. Washington，D.C.：U.S. Government Printing Office，1956. p.88.

④ 《宋子文致蒋介石代拟霍布金斯访华邀请函稿电（1942年5月27日）》，吴景平、郭岱君编：《宋子文驻美时期电报选（1940—1943）》，复旦大学出版社2008年版，第158页。

⑤ 《宋子文致蒋介石报告与罗斯福会谈情形电（1942年6月1日）》，吴景平、郭岱君编：《宋子文驻美时期电报选（1940—1943）》，复旦大学出版社2008年版，第161页。

⑥ 《史迪威日记》，1942年7月1日，〔美〕约瑟夫·W.史迪威：《史迪威日记》，黄加林等译，世界知识出版社1992年版，第109页。

⑦ 《魏道明电蒋中正》，1942年9月27日，《蒋中正总统文物·特交文电》，台湾"国史馆"藏，数位典藏号：002-090103-00002-046。

⑧ 《宋子文电蒋中正》，1942年8月28日，《蒋中正总统文物·特交文电》，台湾"国史馆"藏，数位典藏号：002-090103-00002-039。

⑨ 《温毓庆电蒋中正》，1940年10月29日，《蒋中正总统文物·特交档案》，台湾"国史馆"藏，数位典藏号：002-080200-00527-118。

⑩ 〔美〕舍伍德：《罗斯福与霍普金斯——二次大战时期白宫实录》下册，福建师范大学外语系编译室译，商务印书馆1980年版，第238页。

综上所述，威尔基的个人特质使他成为在特殊时空背景下改善中美关系的适当人选。

二、威尔基在华期间的活动

国民政府在威尔基莅华前就对其在华期间的活动作了周密的布置。依照日程安排，分别由经济部长翁文灏、教育部长陈立夫、宋美龄、国民党中央党部秘书长吴铁城陪同威尔基参观工矿企业、文教机关、社会福利机构以及社团组织，而翻译工作则由董显光、沈昌焕等留美官员担任。① 可以说，威尔基在华期间的活动基本上是国民政府精心安排的，以至于史迪威颇为吃味。②

在威尔基的访华行程中，与蒋介石的会谈自然是重中之重。威尔基的真诚与直率赢得了蒋介石的信任，让他得以将对美方的不满尽情吐露。

威尔基莅华前，蒋介石对美国不满之处主要有以下三点。第一，美国实行"先欧后亚"的战略，忽略了中国战场的战略地位，"今日各同盟国对远东战事仍漠然置之，视为非同盟国共同之事，且对中国单独应战之艰危情势不加实际急速之援助，殊为中国军民对同盟国最大之失望"③。蒋介石甚至认为此一战略有违军事常识，因为在两线作战中，先易后难方可事半功倍，否则会使"战事无限制延期"④。第二，在中美两国实际交往过程中，中方对美国来华人员奉若上宾，而美方则对中国使美人员颇为轻视，导致蒋介石有不平之感。⑤ 第三，美国在外交政策上过分倾向英国，"美国战略、政略无不随从英国转移，甚至立国主义与自由民主精神亦将受英国之影响而变化"⑥。

在会谈中，威尔基对蒋介石上述不满之处分别作出了令其满意的回应。首先，在战略问题上，威尔基认为对美国而言，欧洲战场与亚洲战场同等重要。⑦ 他向蒋介石承诺将尽

---

① 《李惟果呈蒋中正招待威尔基日程》，1942 年 10 月 1 日，《蒋中正总统文物·革命文献》，台湾"国史馆"藏，数位典藏号：002-020300-00036-011。

② 《史迪威日记》，1942 年 10 月 2 日，[美] 约瑟夫·W. 史迪威：《史迪威日记》，黄加林等译，世界知识出版社 1992 年版，第 140 页。

③ 《蒋中正电熊式辉》，1942 年 5 月 23 日，《蒋中正总统文物·特交文电》，台湾"国史馆"藏，数位典藏号：002-090103-00002-057。

④ 《蒋中正电宋子文熊式辉下次太平洋作战会议开会时提案要旨》，1942 年 6 月 12 日，《蒋中正总统文物·革命文献》，台湾"国史馆"藏，数位典藏号：002-020300-00017-001。

⑤ 《熊式辉电蒋中正关于军事事宜与美协商经过情形》，1942 年 5 月 13 日，《蒋中正总统文物·特交档案》，台湾"国史馆"藏，数位典藏号：002-080103-00057-009；《蒋中正电嘱熊式辉暂不透露调回军事代表仅表示将调回国俾予要职》，1942 年 7 月 10 日，《蒋中正总统文物·筹笔》，台湾"国史馆"藏，数位典藏号：002-010300-00049-041。

⑥ 《蒋介石日记》，1942 年 6 月 27 日。

⑦ 《蒋委员长在重庆接见威尔基先生商谈印度问题、美国援华问题、战后中美合作问题及英苏问题谈话纪录》，秦孝仪：《中华民国重要史料初编——抗日战争时期》第三编《战时外交（一）》，中国国民党中央委员会党史委员会，1981 年，第 773 页。

力解除中美两国因误会而产生的隔阂，"俾大量军用品得源源输入中国"①。其次，在中美关系问题上，威尔基认为两国不管是战时还是战后都应当加强合作，甚至不排除促成美国与中国缔结同盟关系。② 威尔基提出这一观点是出于两点考虑。其一，他敏锐地察觉到"东方人民已从沉眠中警醒过来"，而"中国将成为新世界之中心"。③ 其二，在中美英苏四大国中，惟有中美两国在意识形态和国家利益上基本一致。④ 最后，在对英政策问题上，威尔基更强调美国外交政策的独立性，一方面不顾英国的反对，大声疾呼开辟第二战场⑤；另一方面，他也反对英国继续维持违背历史潮流的帝国主义政策⑥，并且主张秉持美国立国精神，支持印度独立⑦。

蒋介石对于威尔基的上述回应深感满意，甚至称赞其为南京国民政府成立以来美国政府所派遣的第一位能与他当面交流有关世界大局意见的"第一流政界人物"。⑧ 此外，威尔基也提出了两项令蒋介石不大认同的意见：其一，他建议蒋今后对中共采取比较宽大的政策，以争取苏联的合作与支持⑨；其二，威尔基向蒋介石重申他在访苏时就已提出的尽

① 《蒋委员长在重庆接见威尔基先生听其报告对中国发展工合运动之意见及交换有关战后问题之意见谈话纪录》，秦孝仪：《中华民国重要史料初编——抗日战争时期》第三编《战时外交（一）》，中国国民党中央委员会党史委员会，1981年，第754页。

② 《蒋委员长在重庆接见威尔基先生商谈印度问题、美国援华问题、战后中美合作问题及英苏问题谈话纪录》，秦孝仪：《中华民国重要史料初编——抗日战争时期》第三编《战时外交（一）》，中国国民党中央委员会党史委员会，1981年，第765页。

③ 《蒋委员长在重庆接见威尔基先生商谈印度问题、美国援华问题、战后中美合作问题及英苏问题谈话纪录》，秦孝仪：《中华民国重要史料初编——抗日战争时期》第三编《战时外交（一）》，中国国民党中央委员会党史委员会，1981年，第766页。

④ 《蒋委员长在重庆接见威尔基先生听其报告对中国发展工合运动之意见及交换有关战后问题之意见谈话纪录》，秦孝仪：《中华民国重要史料初编——抗日战争时期》第三编《战时外交（一）》，中国国民党中央委员会党史委员会，1981年，第756页。

⑤ 《蒋委员长在重庆接见威尔基先生商谈印度问题、美国援华问题、战后中美合作问题及英苏问题谈话纪录》，秦孝仪：《中华民国重要史料初编——抗日战争时期》第三编《战时外交（一）》，中国国民党中央委员会党史委员会，1981年，第771~772页。

⑥ 《蒋委员长在重庆接见威尔基先生商谈战后稳定太平洋局势问题谈话纪录》，秦孝仪：《中华民国重要史料初编——抗日战争时期》第三编《战时外交（一）》，中国国民党中央委员会党史委员会，1981年，第777页。

⑦ 《蒋委员长在重庆接见威尔基先生商谈印度问题、美国援华问题、战后中美合作问题及英苏问题谈话纪录》，秦孝仪：《中华民国重要史料初编——抗日战争时期》第三编《战时外交（一）》，中国国民党中央委员会党史委员会，1981年，第768页。

⑧ 《蒋委员长在重庆接见威尔基先生商谈印度问题、美国援华问题、战后中美合作问题及英苏问题谈话纪录》，秦孝仪：《中华民国重要史料初编——抗日战争时期》第三编《战时外交（一）》，中国国民党中央委员会党史委员会，1981年，第770页。

⑨ 《蒋委员长在重庆接见威尔基先生商谈印度问题、美国援华问题、战后中美合作问题及英苏问题谈话纪录》，秦孝仪：《中华民国重要史料初编——抗日战争时期》第三编《战时外交（一）》，中国国民党中央委员会党史委员会，1981年，第767~768、773~774页。

快开辟欧洲第二战场的主张，而这意味着美国将投入更多资源在欧洲战场上①。此前，蒋介石已收到第九战区参谋长吴逸志的电报，内称：开辟欧洲第二战场，"于我国至为不利"，因为"美既全力注意欧洲战场，对亚洲战场心力分散"，结果"将使日本坐大"。②

总体来看，威尔基与蒋介石会谈的共识远多于分歧，"两人对于远东政策已心心相印完全一致也"③，并且他的态度也缓解了蒋对美国的不满情绪。

除了与蒋介石的会谈，威尔基还在国民政府的安排下出席了众多公开活动。综括威尔基在这些活动中的言论，主要有以下四点。第一，称赞蒋介石及中国抗战对世界所作出的贡献。9月30日，在朱绍良、谷正伦为他举行的晚宴上，威尔基表示：假如没有中国五年来的艰苦抗战，"今日吾人之作战殆不可能"，所以"美国今日之援华已非仅出于美国政府之'政策'，而系导源于全美人民对华之永恒友谊"。④ 10月3日，在蒋介石为他举行的欢迎宴会上，威尔基更是当面恭维蒋是"当代的质正伟人"，"是一个对于未来具有卓见的人物"。⑤ 第二，表态美国将加大援华力度。10月3日下午，威尔基在对中央训练团全体学员的演说中表示：中国抗战五年急需各种武器补充，而美国武器生产量近来大增，承诺将"以最迅速的方法，在最短的时间内，将最多量的武器运到中国来"⑥。第三，鼓舞抗战信心，强调最后胜利必属于民主国家。⑦ 威尔基还提出反攻的时期业已来临，盟国应当加强合作，公平分配美国生产的军火，使资源得到最合理的运用，争取尽快打败法西斯轴心国集团。⑧ 第三，宣扬民族平等，倡导在战后建立自由平等的新秩序。10月6日晚，威尔基在对中国民众的广播中表示要摧毁"殖民地时代的不合理现象"，反对恢复"过去帝国主义的陈腐制度"，呼吁解放所有遭受蹂躏的国家，以建立未来世界的新秩序。⑨ 10月7日上午，威尔基在新闻招待会上再度重申，"以国治国之帝国时代，必因此次战争而告结束"⑩。

威尔基的上述言论赢得了中国各界的赞扬。《大公报》认为威尔基离华前所发表的声明，"有丰富的情感，有高超的眼光，有远大的见识，每字每句都响亮有劲"，如能将其

---

① 《蒋委员长在重庆接见威尔基先生商谈印度问题、美国援华问题、战后中美合作问题及英苏问题谈话纪录》，秦孝仪：《中华民国重要史料初编——抗日战争时期》第三编《战时外交（一）》，中国国民党中央委员会党史委员会，1981年，第771~772页。

② 《吴逸志电蒋中正》，1942年10月4日，《蒋中正总统文物·特交文电》，台湾"国史馆"藏，数位典藏号：002-090103-00004-036。

③ 《蒋委员长在重庆接见威尔基先生商谈战后稳定太平洋局势问题谈话纪录》，秦孝仪：《中华民国重要史料初编——抗日战争时期》第三编《战时外交（一）》，中国国民党中央委员会党史委员会，1981年，第778页。

④ 《欢宴席上演说》，《大公报（重庆版）》，1942年10月3日，第2版。

⑤ 《威尔基答词》，《大公报（重庆版）》，1942年10月4日，第2版。

⑥ 《威尔基参观中训团 对全体学员演说 迅速以大量武器援华》，《大公报（重庆版）》，1942年10月4日，第2版。

⑦ 《成都大学生前 威尔基讲词》，《大公报（重庆版）》，1942年10月4日，第2版。

⑧ 《威尔基昨在重庆发表声明》，《大公报（重庆版）》，1942年10月8日，第2版。

⑨ 《威尔基昨对我全国播讲》，《大公报（重庆版）》，1942年10月7日，第2版。

⑩ 《中国各地欢迎威氏极感动 谓对此盛情将永志不忘》，《大公报（重庆版）》，1942年10月8日，第2版。

付诸实施，"一定大大增强所有同盟国家的团结，大大提高所有同盟国家的战斗力，并大大确定战后世界的光明"。①《新华日报》也对威尔基提供的卓见表示"兴奋和感悦"，希望他回国后，"将这次来华所见，和我们对美国的期望，转告全美人民"，"使中美两大民族国家的友谊，在共同的目标和理想的基础上，更进一步的团结起来"。②

10月10日，英美两国同时宣布废除对华不平等条约，为威尔基访华画上了圆满的句号。因为两者赓续发生，所以美国《时代周刊》在评论威尔基访华时表示："中国人民对欢迎威尔基所抱热切的希望，已经受到了大大的鼓舞"，"几十年来西方国家与中国不正常的关系，恐怕就要结束了"。③

三、对威尔基访华的评价

威尔基访华确实是当时国内外高度瞩目的外交事件，例如《纽约时报》关于此事的报道就多达61篇。④ 全程陪同威尔基访华的国民党宣传部副部长董显光事后向蒋介石报告称："不论威尔基氏能否为继任美国总统，其为此后五六年中美国政界之重要人物，当为不易之事实。故我国此次招待之盛，足以发生重大之影响，亦可断言。盖威氏谓目光远大之政治家，手腕灵活之政客，无所顾忌，言所欲言，而其所定政策又与我民族利益符合无间，将来足为我国际上一大助手，亦可于今日断言之。"⑤ 那么该如何评价这一国际瞩目的外交事件呢？或者说，威尔基访华究竟给当时的中美关系带来了什么影响呢？

总的来说，威尔基访华基本上实现了中美两国政府及其个人事前的意图，可谓"三赢"。

首先，对美国政府而言，威尔基访华一方面切实缓解了蒋介石对美不满情绪，另一方面增强了中国各界对美国的好感，从而有利于中美关系的改善。

经过与威尔基的实际接触，蒋介石对他产生了与居里完全不同的观感。蒋认为威尔基是"直率坦白之资本家"，"无官僚习气"⑥，而且"政治思想与常识颇丰"⑦。对于双方的会谈，蒋认为"双方谈话，均甚坦白洽意"，因为威尔基不但同意"中美两国同盟之意见"，而且"对英国帝国主义甚为嫌恶"。⑧ 总之，在蒋介石看来，威尔基访华"结果可

① 《全力反攻确保自由——听了威尔基先生的声明》，《大公报（重庆版）》，1942年10月8日，第2版，社评。

② 《盟邦贵宾的伟论——读威尔基先生临别谈话》，《新华日报》，1942年10月8日，第2版，社论。

③ 《美国时代周刊报导威尔基在华民众热烈欢迎与参观潼关前线遇险情形》，1942年10月10日，《蒋中正总统文物·革命文献》，台湾"国史馆"藏，数位典藏号：002-020300-00036-023。

④ 笔者利用《纽约时报》数据库检索所得，可能尚有遗漏。

⑤ 《董显光呈蒋中正》，1942年9月27日，《蒋中正总统文物·革命文献》，台湾"国史馆"藏，数位典藏号：002-020300-00036-022。

⑥ 《蒋介石日记》，1942年10月3日。

⑦ 《蒋介石日记》，1942年10月5日。

⑧ 《蒋介石日记》，1942年10月5日。

说十分圆满"①，影响极佳，从此"对美外交又多一方助力"②。

为什么威尔基能完成居里未完的使命呢？主要是因为威尔基态度谦逊，以平等的姿态与蒋介石交谈，认真倾听蒋的意见，从而使蒋的民族自尊心得到了满足。长期以来，因国势衰弱，中国有求于美国，蒋介石在处理对美关系时多持忍辱负重之立场，然而太平洋战争之后，蒋希望在国际舞台上获得平等待遇。其中缘由大致有二。其一，太平洋战争初期，日军在东南亚地区势如破竹，惟有在中国长沙却遭受重创。这一反差提高了蒋的自信心，使他希望打破英美传统对华轻蔑之观念，"使彼等知我中华民族固有之精神与文化为不可侮"③。其二，中国深受帝国主义侵略之苦，对亚洲殖民地半殖民地人民的心理感同身受，所以蒋介石自认可提供最切实可行的战略意见。④

其次，对中国政府而言，威尔基访华带来了以下三个正面效应。

第一，吸引了大批美国新闻媒体对中国的关注，将中方对美方的情感及诉求传到了美国国内，有利于增加美国民众的对华好感度。

中方对威尔基的热情款待赢得了美国舆论的赞许。《纽约先锋论坛报》在社评中指出："重庆对威尔基所表现之自然而非常之欢迎，威尔基本人及任何美国人必能感到此为战乱之世界中所能获得之最大热情"，这种热情欢迎"实使加强中美关系之希望不致徒成为一句空言"。⑤ 此外，中方的诉求也通过美国媒体传达给了美国各界。《纽约时报》专门刊载了中美文化协会委托威尔基向美国政府转达的备忘录内容。⑥ 中美文化协会是由史汀生、宋美龄担任名誉会长，并由孔祥熙担任会长的半官方组织，所以该备忘录所载六项内容实际上反映了中国各界对美国的核心诉求。⑦

第二，为国民政府推动美国加快废除对华不平等条约提供了重要契机，从而为中美关系的后续发展创造了良好的基础。

废除对华不平等条约是抗战以来中国国际地位提高的产物。在威尔基来华前，中国已与英美两国就废除不平等条约问题进行了相当一段时间的谈判。早在1941年4月，转任外交部长的原驻英大使郭泰祺在返国途中顺道访问美国时就已向美国政府提出废约问题，并获得了美方的初步同意。⑧ 因为英国并不甘愿完全放弃在华特权，而美国又希望能够与

---

① 《蒋介石日记》，1942年10月31日，本月反省录。

② 《蒋介石日记》，1942年12月31日，本年反省录。

③ 《蒋介石日记》，1942年1月31日，本月反省录。

④ 《蒋中正电罗斯福》，1942年1月7日，《蒋中正总统文物·革命文献》，台湾"国史馆"藏，数位典藏号：002-020300-00029-005。

⑤ 《美报回响　重视威氏在渝备受欢迎》，《大公报（重庆版）》，1942年10月5日，第2版。

⑥ Willkie Quite Chungking. *New York Time*, Oct 9, 1942, p. 5.

⑦ 《中美文协致威尔基备忘录申述当前中国人民希望》，《大公报（重庆版）》，1942年10月8日，第2版。

⑧ 《郭泰祺电王宠惠》，1941年4月29日，《蒋中正总统文物·革命文献》，台湾"国史馆"藏，数位典藏号：002-020300-00046-001；《郭泰祺电外交部》，1941年5月6日，《蒋中正总统文物·革命文献》，台湾"国史馆"藏，数位典藏号：002-020300-00046-002。

英国同一时间宣布，所以谈判一直拖延下来。①

威尔基访华为国民政府推动美国加快废除对华不平等条约提供了一个契机。因为威尔基历来主张民族平等，所以蒋介石等人想借威尔基访华之东风加以推动，"令民间可以发动要求美国取消不平等条约之呼吁"②。10 月 5 日，王世杰约见《大公报》主笔王芸生，希望该报发表一篇以"请美国率先即时放弃不平等条约之特权"为主旨的文章，"以促成威尔基氏及美国注意"。③ 次日，《大公报》果然发表了由侍从室第二处主任陈布雷撰写④，题为"希望美国首先放弃对华不平等条约"的社评。社评表示不平等条约是套在中国人民身上的"枷锁"，"根本摧残了中国国家的独立尊荣，剥蚀了中国民族的生存大权"，希望"美国首先宣布放弃对华不平等条约"，以"彰明同盟国家的道义权威"。⑤ 社评发表后，美国驻华大使高斯立即将其摘要报告美国国务卿。⑥ 当废约消息传来后，王世杰下意识地认定"此举之发生与威尔基访华之行及日前《大公报》之社论，有极大关系"⑦。

第三，威尔基返美后通过广播、图书等形式高调宣传其访华之行，进一步在美国国内营造了对华友好的氛围，为后续宋美龄访美作了很好的铺垫。

10 月 27 日，威尔基向全美民众发表广播演讲，而听众超过了三千六百万。⑧ 他呼吁美国应加强对中国等盟国的援助，否则将会使美国在"在东方所获得之友情颇受消损"。另外，他还表示东方人民已经觉醒，旧的帝国主义方式已与时代脱节，未来应当是自由平等的新世界。⑨ 威尔基的广播赢得了大部分美国民众的支持。魏道明向蒋介石报告称："威氏演说发表后，博得民间广大同情"，而"美国人士对我国同情颇为热烈"。⑩

此外，在威尔基撰写的《天下一家》一书中，专门辟有四章来谈论其访华之行。该书出版后，在短时间内销量就破百万，并被美国"战时图书评议会"评为战时必读书。他在书中向美国各界呼吁重视中国抗战的地位与作用。他希望美国民众能够体认到"东方的觉醒"，不要简单地用美国价值观来衡量中国。他还称赞国民政府在西北地区的经济

① 参见王建朗：《英美战时废约政策之异同与协调》，《抗日战争研究》2003 年第 3 期。

② 《蒋介石日记》，1942 年 10 月 4 日。

③ 《王世杰日记》（上册），1942 年 10 月 5 日，林美莉编辑校订，台湾"中央研究院"近代史研究所 2012 年版，第 460 页。

④ 《陈布雷撰新闻稿：希望美国率先自动表示放弃对华不平等条约》，1942 年 10 月 5 日，《蒋中正总统文物·革命文献》，台湾"国史馆"藏，数位典藏号：002-020300-00046-005。

⑤ 《希望美国首先放弃对华不平等条约》，《大公报（重庆版）》，1942 年 10 月 6 日，第 2 版。

⑥ The Ambassador in china（Gauss）to the Secretary of State，Oct 8，1942，United States Department of State . *Foreign relations of the United States diplomatic papers*，1942. *China* . Washington，D. C. ：U. S. Government Printing Office，1956. p162.

⑦ 《王世杰日记》（上册），1942 年 10 月 10 日，林美莉编辑校订，台湾"中央研究院"近代史研究所 2012 年版，第 461 页。

⑧ QUICK AID IS URGED. *New York Time*，Oct 27，1942，p. 18.

⑨ 《威尔基返美后之播讲词》，《大公报（重庆版）》，1942 年 10 月 28 日，第 4 版。

⑩ 《魏道明电蒋中正》，1942 年 11 月 4 日，《蒋中正总统文物·特交文电》，台湾"国史馆"藏，数位典藏号：002-090103-00002-052。

开发活动。他直接称赞蒋介石不管是作为一个常人还是作为一个领袖，"都比他在民间传统中的声望，要来得伟大"①。这样一部对华充满赞美之词的书在美国畅销，自然有利于营造对华友好氛围。

最后，对威尔基个人而言，他的辛勤付出确实提高了其自身在美国国内的声望。据《大公报》驻美记者严仁颖的观察，自威尔基完成东方之行，并出版《天下一家》一书后，在美国国内"真可以说是身价十倍了"，加上对美国现行政策的不满，"美国的一般老百姓，渐渐对于这位在野比较具有前瞻性的政治家，产生了很大的信仰"。②

当然，中美两国间的结构性矛盾不可能因为威尔基的一次访问就轻易解决。一方面威尔基回国后两年就逝世，未能如中方所愿成为美国继任总统；另一方面美国依然坚持先欧后亚的战略，无力满足中国的各项诉求。总体来看，威尔基访华的最大意义在于营造了中美友好亲善的氛围，"更使我立国精神共同之中美两大民族，增加感情上之密切联系"③，从而推动了中美关系的改善。

威尔基访华之所以能够改善中美关系，一方面当然与威尔基个人特质及其努力分不开，另一方面更是因为战时中美关系的特殊性。从历史经验来看，客观上美国曾多次在国际舞台上为中国主持公道，因而容易获得中国各界的信任。④ 从立国精神来看，国民政府所奉行的三民主义，与林肯主张的民有、民治、民享理想，殊途同归。⑤ 从现实来看，在反法西斯战争的大局面前，中美两国合则两利分则两害。从国家利益来看，太平洋地区的和平与繁荣符合两国共同的利益，所以两国不但战时需要团结合作，而且战后亦需"亲密提携"。⑥

四、结　语

太平洋战争后，由于美国奉行"先欧后亚"的战略，中美两国间的矛盾分歧开始凸显。居里访华非但没有解决这些矛盾分歧，反而加深了蒋介石对美国的不满，中美关系更趋恶化。威尔基访华是中美两国政府及其个人意愿共同作用的产物。他在访华期间有效回应了中国各方的诉求。威尔基访华从加快英美废除对华不平等条约的步伐、缓解蒋介石对美不满情绪、吸引美国媒体大量报道中国以及返美后开展对华友好宣传等四个方面促进了中美关系的改善。从结果和影响来看，威尔基访华达到了中美两国政府及其个人三方的既定目标：对国民政府而言，增强了美国各界对华好感，为宋美龄访美作了良好铺垫；对美

① ［美］威尔基：《天下一家》，刘尊棋译，中外出版社1943年版，第86~87、87~88、96、106页。

② 严仁颖：《威尔基先生会见记》，《旅美鳞爪》，沈云龙主编：《近代中国史料丛刊续编》，第50辑，台湾文海出版社1978年版，第65页。

③ 《欢迎美国总统代表威尔基致词》，秦孝仪主编：《总统蒋公思想言论总集》，第19卷，中国国民党中央委员会党史委员会，1984年，第323页。

④ 《欢迎威尔基先生》，《大公报（重庆版）》，1942年10月3日，第2版，社评。

⑤ 《欢迎威尔基先生》，《中央日报》，1942年10月3日，第2版，社论。

⑥ 《欢迎威尔基先生》，《时与潮》1942年第13卷第6期，第3页，社论。

国政府而言，显示了美国朝野的对华善意，缓解了蒋介石的对美不满情绪，改善了中美关系，同时也有助于进一步宣扬国际主义外交；对威尔基本人而言，提高了他自身的政治声望，蓄积了再次参选总统的政治能量。但需要指出的是，中美关系能够改善的根本原因在于当时两国之间的共同利益远大于矛盾分歧。

（作者单位：武汉大学历史学院）

妊娠期的禁忌与规则[*]

——哈萨克人①与中国汉人文化的比较分析

□ 丁拉（Saikeneva Dinara）

【摘要】妊娠期是过渡礼仪中的一个过渡阶段，是孕妇的"边际状态"。世界上各民族都有妊娠期中孕妇必须遵守的一些饮食和行动禁忌。哈萨克人和古代中国汉人都认为，孕妇在这个阶段中是不洁的，有特殊的伤害能力，同时，这个时期她也容易受到伤害。为了避免出现这些问题，人们创造了许多在日常生活中必须遵守的禁忌。其中饮食禁忌特别注意食品对胎儿的健康影响，行动禁忌是为了避免在无意间对胎儿或邻人带来损害。两族文化的妊娠禁忌有同有异，由之可以说明某些文化人类学的理论问题。

【关键词】禁忌；妊娠期；哈萨克人；习俗；文化比较

世界上所有民族，在各自的发展中，都创造了多种多样的禁忌文化。人们认为，在具体的人生阶段中，某些特定的行为会对他们产生消极影响。为了避免这些消极影响，就需要在日常生活中遵守一些禁忌规则。

根据范热内普（Arnold van Gennep）的观点，妇女妊娠时，她与胎儿处于一种"边缘状态"。所谓"边缘状态"，是指"从身体上与巫术-宗教意义上在相当长时间里处于一种特别的境地；游移两个世界间"。② 在这个状态中，她不仅容易受到伤害，而且容易伤害他人。为了应对这种特殊的状态，她的家庭，乃至周边社会，都会采取特殊的措施。

在自然状态下，人不可避免地会发生各种变化，比如，生长、成年、生育、疾病、衰老，人的社会地位也可能随之发生变化。范热内普认为在半文明社会中，"人生每一变化都是神圣与世俗间之作用与反作用——其作用与反作用需要被统一和监护，以便整个社会不受挫折或伤害。从一群体到另一群体，从一社会地位到另一地位的过渡被视为现实存在之必然内涵"③。

按照范热内普对"过渡礼仪"的归纳，在妊娠时，妇女会经历：

---

* 本文是国家社会科学基金重大项目"中国传统礼仪文化通史研究"（项目编号：18ZDA021）阶段性成果。

① 本文所称"哈萨克族"或"哈萨克人"，均指哈萨克斯坦的哈萨克人。

② ［法］范热内普：《过渡礼仪》，张举文译，商务印书馆 2010 年版，第 14 页。

③ ［法］范热内普：《过渡礼仪》，张举文译，商务印书馆 2010 年版，第 3 页。

（1）分隔礼仪：孕妇被象征性地同日常生产与生活隔离开，不能参加特定的社会活动；

（2）边缘礼仪：有利于妊娠或分娩的礼仪或禁忌，且包含分隔礼仪；

（3）聚合礼仪：妇女结束分娩之后重归生产生活的礼仪；

（4）保护礼仪。

范热内普提到，保护礼仪和分隔礼仪会相互结合，不容易作出清楚分类。① 根据弗雷泽、特纳、拜布林、范热内普的研究，② 各地民族在妊娠期中的禁忌，有普遍的相似性。总的来说，在妊娠期的"过渡礼仪"中，从分隔到聚合，妇女是"危险"和"不洁"的。她不能参加共同的活动，不能做饭，在性生活方面也有禁忌。遵守具体的规则和禁忌，可以确保社会的稳定和平安。在妊娠期中，妇女处于"隔离状态"。分娩后，母亲和孩子需要通过参加"净化"礼仪而得到新的社会地位。

家庭和社会在妊娠期中的礼仪参与，表现出个体和社会之间的紧密关系。个体或部分人因为触犯禁忌或违反规定而招致的危险，有可能会对整个社会造成损害。因此，妊娠期中的孕妇，以及她的家庭和周围社会都需要遵守特定的规则与禁忌。

作为邻邦的哈萨克斯坦和中国，前者属于游牧文明，后者以汉族为主体的广大区域属于农业文明。虽然两种文化差异较大，但在过渡礼仪中仍可以看到某些相似之处。这些相似性可能是历史上文化交流的结果，也有可能是出于文化的普遍性。本文研究的妊娠禁忌，涵盖面很广，包括饮食文化、生育礼仪、社会规范、世界观等多方面内容。而一项具体的禁忌，又可体现在不同的日常或礼仪场合，且蕴含着古老的意义。本文的工作，是分析这些禁忌的起源。不同于现有研究，我们不但尝试指出哈萨克人与中国汉人文化的共性和差异，而且将利用多种材料和人类学的"遗留"（survivals）③ 分析法，重新还原一些古老的观念。同时，本文将运用跨语言研究方法和跨文化分析法，将两种文化置于世界文化背景中加以比较。

一、哈萨克人孕妇的饮食禁忌

摄取食物是人类日常生活中必不可少的一环。阿鲁秋诺夫（Арутюнов）用民族学的研究方法，考察了不同民族的饮食文化，使我们了解到不同社会中的传统行为准则、礼仪风貌、人际关系与秩序。④

---

① ［法］范热内普：《过渡礼仪》，张举文译，商务印书馆 2010 年版，第 11 页。

② 詹姆斯·乔治·弗雷泽：《金枝》，徐育新等译，大众文艺出版社 1998 年版。特纳（Victor Turner）：《象征之林：恩登布人仪式散论》，赵玉燕、欧阳敏、徐洪峰译，商务印书馆 2006 年版。拜布林（А. К. Байбурин）：《传统文化中的仪式：东斯拉夫仪式的结构-符号分析（Ритуал в традиционной культуре. Структурно-семантический анализ восточнославянских обрядов）》，圣彼得堡（Спб）：纳乌卡（Наука），1993 年。

③ ［英］爱德华·泰勒：《原始文化》，连树声译，上海文艺出版社 1992 年版。

④ 阿鲁秋诺夫：《国外亚洲民族饮食比较类型学经验（Этнография питания народов зарубежной Азии. Опыт сравнительной типологии）》，莫斯科（М）：纳乌卡（Наука），1981 年，第 3 页。

哈萨克人的游牧生活，使他们与自然的关系十分紧密，这决定了该民族独特的饮食习俗。游牧民族主要的食物是肉、奶等畜牧产品，所以妊娠期间的饮食禁忌也与之有关。

首先，孕妇禁食骆驼及兔肉。在哈萨克人的传统观念中，如果孕妇吃了骆驼肉，她的妊娠期会如骆驼那样延长到十二个月。哈萨克文化研究者莎哈诺娃（Н. Ж. Шаханова）认为这个解释出现的时间较晚。她以为这个禁忌的早期意义与骆驼的象征内涵有关。在某些突厥文化中，骆驼是象征男性强壮生育能力和劳动能力的图腾，不能随便食用。① 再如，如果乌兹别克人孕妇的妊娠期过长，人们会将其从骆驼腹下的一边拉到另一边，以消除恶运。② 吉尔吉斯人的无子妇女为了治疗不孕，也会从驼腹下走过。③ 如果某位哈萨克人孕妇没有吃过骆驼肉，但其妊娠期还是延长，久不生产，人们会以为孕妇可能在外出做客时误食了骆驼肉。为了加快分娩，他们会让孕妇再吃一次骆驼肉，或者从骆驼腹下走过，抑或是从躺着的骆驼的脖子上方跨过去。④

孕妇也不可吃兔肉。人们认为如果孕妇吃了兔肉，生出的孩子就会有兔唇。但莎哈诺娃认为，在早期的突厥文化中，这个禁忌的意义与禁食驼肉一样，也与生育能力有关系。阿尔泰突厥人外出时如果能找到兔子的头盖骨，会被看作一个吉兆。哈萨克人民间形容一个人的喜悦时也会说："他高兴得就像找到了七只兔子。"⑤ 他们都认为兔子是生育能力的象征，会给人们带来子孙，也会使牲畜繁殖增多。孕妇如果吃掉生殖能力的象征符号（如骆驼、兔子），对正常的生育来说是一种凶兆，对个人、家庭和社会无疑都是不利的。

其次，孕妇不能吃有生理缺陷或性情凶狠的动物。

人们认为，孕妇吃某些动物时，会将这些动物的特点传给婴儿。比如，有些地区的哈萨克人孕妇不能吃鱼，否则会生出哑巴或流口水的孩子。⑥ 孕妇也不能吃狼的肝脏，否则孩子就会心肠冷酷、残酷无情。孕妇还需避免吃动物踝骨上的肉，否则孩子会长得软弱；但可以吃大腿肉，这样孩子会长得白白胖胖。⑦

综上，哈萨克人的饮食文化受到感染巫术的影响。孕妇在妊娠期要注意入口的食物，

① 莎哈诺娃：《哈萨克族的传统文化世界（民族纲要）［Мир традиционной культуры казахов (этнографический очерк)］》，阿拉木图（Алматы）：哈萨克斯坦（Казакстан），1998 年，第 71 页。

② 斯涅萨列夫（Г. П. Снесарев）：《康居乌斯别克族穆斯林前的迷信与仪式遗存（Реликты домусульманских верований и обрядов у узбеков Хорезма）》，莫斯科（М）：纳乌卡（Наука），1969 年，第 318 页。

③ 西马克夫（Г. Н. Симаков）：《19 世纪末—20 世纪初吉尔吉斯民俗娱乐的社会职能（Общественные функции киргизских народных развлечений в конце XIX-начале XXвв.）》，列宁格勒（Л.）：纳乌卡（Наука），1984 年，第 121 页。

④ 莎哈诺娃：《哈萨克族的传统文化世界（民族纲要）［Мир традиционной культуры казахов (этнографический очерк)］》，阿拉木图（Алматы）：哈萨克斯坦（Казакстан），1998 年，第 71 页。

⑤ 莎哈诺娃：《哈萨克族的传统文化世界（民族纲要）［Мир традиционной культуры казахов (этнографический очерк)］》，阿拉木图（Алматы）：哈萨克斯坦（Казакстан），1998 年，第 72 页。

⑥ 莎哈诺娃：《哈萨克族的传统文化世界（民族纲要）［Мир традиционной культуры казахов (этнографический очерк)］》，阿拉木图（Алматы）：哈萨克斯坦（Казакстан），1998 年，第 72 页。

⑦ 托列巴耶夫（А. Т. Толеубаев）：《19—20 世纪初哈萨克族家庭中伊斯兰前的仪式遗存（Реликты доисламских верований в семейной обрядности казахов［XIX- начало XX в.］）》，阿拉木图（Алма-Ата）：格里木（Гылым），1991 年，第 62 页。

因为孕妇有可能传给孩子这个动物的品质，也有可能因误食图腾动物而给个人、家庭和社会造成消极影响。

二、哈萨克人孕妇的生活行为禁忌

游牧生活很艰苦，妇女必须要从事体力工作。虽然孕妇一直到分娩都需要做家务，但是她不必做过于沉重的工作。同时，孕妇不能晚上单独外出或者独居家中，家人也不会告诉外人孕妇受孕的情况，他们认为，此时孕妇很容易受到怀有恶意的人及邪神的影响。家庭成员会用暗示的方式表达此事："她的脚重"（аяғы ауыр）或"腹中有粥"（ишинде кожеси бар）。

孕妇不能剪头发，人们认为剪发会折损孩子的寿命，因为哈萨克人认为头发是活力的源泉。

孕妇在妊娠晚期不能使用带尖头的东西，以免流产或早产。哈萨克人不让孕妇用纺锤，认为用纺锤会使孩子被脐带缠绕。① 也不让孕妇跨过拉紧的线、套马索、系马绳、扒刊（"bakan"，一种杖），以为会导致家里的男人得病，还会伤害孩子。因为这些东西也是男性生殖能力和家庭财富的象征。

从妊娠中期开始，家庭会严格控制孕妇接触周围的人。孕妇不能参与葬礼，要避免见到家庭中某些有灾祸的人，还要严格地禁止她与没有生育能力的人交流。因为他们会诅咒她得上邪病，偷走繁殖力量，伤害胎儿。哈萨克人认为有一些巫术会伤害孕妇，其中不能生育的人若使用巫术，伤害程度会更强。比如，心怀恶意或者不能生育的人把自己的头发缠在青蛙骨头上，再贴在孕妇衣服上，会使孕妇流产且不能再受孕。②

相反，孕妇的家人乐意让她与有威力的、有才能的人接触，认为这些人的美好品质会传给孩子。第一次出现胎动时，孕妇旁边应该有美丽而高尚的人，因为孕妇胎动时看到谁，孩子就会像谁。所以孕妇的婆婆（她有经验）不会让坏人及残疾的人靠近她。③ 哈萨克人还认为两个孕妇不可互相接触，否则将来的孩子会感染疥疮。

哈萨克人的生育礼仪受巫术影响非常大。他们认为在妊娠期中遵守某些规定会保护孕妇和婴儿。饮食和一些日常的禁忌会使孕妇避免受到周围环境的有害影响。哈萨克人特别迷信感染巫术的损害，所以不让孕妇接触某些东西、吃某些菜、看或者听不得体的内容。他们非常注意将来婴儿的性格、健康和道德水平。因此哈萨克人孕妇的妊娠变成了一种严肃的、痛苦的事情，她们受到社会生活多方面的限制。这样，孕妇、胎儿和社会才会安全

---

① 耶儿纳扎罗夫（Ж. Т. Ерназаров）：《哈萨克族的仪式：象征与礼仪（Семейная обрядность казахов：символ и ритуал）》，阿拉木图（Алматы）：西哈萨克斯坦区历史与考古中心（ЗКО центр истории и археологии），2003 年，第 78 页。

② 托列巴耶夫（А. Т. Толеубаев）：《19—20 世纪初哈萨克族家庭中伊斯兰前的仪式遗存（Реликты доисламских верований в семейной обрядности казахов ［XIX- начало XX в.］）》，阿拉木图（Алма-Ата）：格里木（Гылым），1991 年，第 41 页。

③ 托列巴耶夫（А. Т. Толеубаев）：《19—20 世纪初哈萨克族家庭中伊斯兰前的仪式遗存（Реликты доисламских верований в семейной обрядности казахов ［XIX- начало XX в.］）》，阿拉木图（Алма-Ата）：格里木（Гылым），1991 年，第 63 页。

地过渡到生活的新阶段。

三、中国汉人孕妇的饮食禁忌

传统中国文化中，也有很多关于孕妇和胎儿健康和保护的禁忌。古人认为："儿在胎，日月未满，阴阳未备，腑脏骨节皆未足，故自初迄于将产，饮食居住皆有禁忌。"①

作为典型的农耕文明，古代中国汉人的粮食和蔬菜供给较为丰富，而且，蔬菜种类及饮食都呈现出多样化的特点。饮食的多样化，导致各地的禁忌也各有不同。孕妇在妊娠时会对饮食有更强烈的欲望，人们为了子嗣的健康着想，特别注意孕妇的需求。"除了提倡、鼓励孕妇吃某些食物之外，同时又禁止、限制孕妇吃某些食物，生怕孕妇吃错东西，影响胎儿生长，故由此派生出种种饮食禁忌。"② 这些饮食禁忌中，有些同"感染巫术"（contagious magic）关系紧密。正如罗梅君（Mechthild Leutner）所指出的那样：

> 某些饮食禁忌，不是因为营养价值——社会学者邱雪峨这样认为——而是由于这些饮食的形状与特征：孕妇吃"臭豆腐"，小孩子将来会口臭并骂人；孕妇吃辣椒，小孩眼睛会发炎；生葱和大蒜会引起皮肤病；槟榔造成胎衣不完整。③

这些食物禁忌并非来自营养，而是来自它们给予人的主观感觉。

某些饮食禁忌没有得到清楚的解释，但究其原因，都来源于食用它们会对孕妇造成损害的观念。比如："妊妇食兔子生缺唇，犬肉令子无声音并缺唇"④；"妊娠食驴马肉，延月"⑤。

又如，早在唐代时，就有禁止孕妇吃干鲤鱼的说法，《千金方·养胎论》称："妊娠吃干鲤鱼，令子多疮。"⑥ 至今河南仍有一些地区，有禁止孕妇吃鱼的习俗，据说会使婴儿皮肤上生鱼鳞刺。⑦ 鲜姜外形"多指"，民间以为孕妇吃了生姜，生下的孩子就会"多指"。⑧《千金方·养胎论》还说："妊娠食鳖，令子项短。"⑨ 这大概是由于鳖常将头缩进壳中的缘故，也是联想产生的禁忌。这些都是感应联想的结果。这些饮食禁忌反映了中国民间"同类互感"的巫术观。人们以为食物的外形和内质可能对胎儿造成影响。

---

① （唐）孙思邈：《千金方》，刘清国等校注，中国中医药出版社 1998 年版，第 33 页。
② 姚伟钧、方爱平、谢定源：《饮食风俗》，湖北教育出版社 2001 年版，第 59 页。
③ ［德］罗梅君：《北京的生育、婚姻和葬礼》，王燕生、杨立、胡春春译，中华书局 2001 年版，第 18 页。
④ 黄晖：《论衡校释》，中华书局 1990 年版，第 53 页。
⑤ （宋）朱端章编，（宋）徐安国整理：《卫生家宝产科备要》，杨金萍点校，上海科学技术出版社 2003 年版，第 16~17 页。
⑥ （唐）孙思邈：《千金方》，刘清国等校注，中国中医药出版社 1998 年版，第 33 页。
⑦ 任骋：《中国民间禁忌》，作家出版社 1991 年版，第 187 页。
⑧ （宋）陈自明：《妇人大全良方》，人民卫生出版社 1992 年版，第 324 页。
⑨ （唐）孙思邈：《千金方》，刘清国等校注，中国中医药出版社 1998 年版，第 33 页。

四、中国汉人孕妇的行为禁忌

虽然妊娠期最要紧的是控制饮食，但是在中国古人看来，孕妇和胎儿也会被周围某些东西或人影响，所以孕妇在行动上也必须遵守某些禁忌。

受孕之后孕妇要在许多生活方面注意安全。首先，孕妇对周围的人和事物的态度也会影响胎儿的外貌和品性。张华《博物志》中记载，女子在妊娠期要做到"不听淫声，不视邪色，以此产子必贤，明端正寿考，所谓父母胎教之法，故古者妇人妊娠必慎所感，感于善则善，感于恶则恶矣"①。又如，《妇人大全良方·娠子论》就认为：

> 子在腹中，随母听闻。自妊娠之后，则须行坐端严，性情和悦，常处静室，多听美言，令人讲读诗书，陈说礼乐，耳不闻非言，目不观恶事，如此则生男女福寿敦厚，忠孝贤明。不然，则生男女多鄙贱不寿而愚顽，此所谓外象而内感也。昔太妊怀文王，耳不听恶声，目不视恶色，口不出恶言，世传胎教之道，此之谓也。②

这种"外象而内感"的胎教观认为，孕妇在妊娠期间接触的美丑善恶都会直接反映到未来胎儿身上。

即使孕妇非常注意饮食禁忌，非常注意自己对周围人和事物的态度，对自己的生活环境也处处留心，她仍然难免受到来自鬼神及巫术的侵害。古人认为，夜间室外多鬼祟，因此禁止孕妇夜间外出。有些民俗禁止孕妇坐在房檐下，认为会使胎儿中风；有些则禁止孕妇在葡萄架下乘凉，认为鬼怪多在此处出没，而使其中邪气产下怪胎——葡萄胎。浙江有的地区认为孕妇不能跨越绳索，因为绳索像胎儿脐带，会使胎儿"绕脐生"。③

孕妇还不可以参与丧葬活动，"民间认为丧葬是'凶事'，怀孕是喜事。孕妇接触丧葬是'凶冲喜'，会冲犯孕妇，对胎儿不利。并且有的人认为，孕妇接触丧葬之类的事情，会导致阴魂附体，使胎儿受害"④。

中国很多地方都相信有胎神，而且认为它对孕妇及胎儿的影响举足轻重。很多有关民间禁忌的书都对它有所介绍，比如任聘的《民间禁忌》认为：

> 胎神是专门负责胎儿的神灵，俗以为它常常存在于孕妇的周围。迷信的人对胎神又敬又畏，因为它能保佑胎儿也能损伤胎儿。胎神又叫胎魂、胎煞。据说能与胎儿的魂魄交通，并按一定的时刻有规律地呈现在某一方位并附着于某些物体之上。人们不得触犯它，伤害它，否则，便会殃及胎儿，严重的将导致横生倒养、换胎、损胎或胎死腹中。⑤

① （西晋）张华：《博物志》，中华书局 1985 年版，第 8 页。
② （宋）陈自明：《妇人大全良方》，人民卫生出版社 1992 年版，第 306 页。
③ 万建中：《中国民俗通志·生养志》，山东教育出版社 2005 年版，第 109 页。
④ 郑晓江主编：《生育的禁忌与文化》，中央编译出版社 2014 年版，第 136 页。
⑤ 任聘：《民间禁忌》，天津人民出版社 2004 年版，第 69 页。

古人认为胎神分娩之前每一个月会移动自己位置。为了避免冲撞胎神，孕妇及其家人要注意某些禁忌。比如："在孕妇房中的任何一处，诸如门、床板、器具上钉钉子。民间俗信认为钉钉子，会伤害胎神，从而使胎儿四肢不全，以防将胎儿'钉死'"①。又如，"如果随意移动孕妇房内的箱子、桌凳、柜子等，会冲犯胎神，导致孕妇流产，或是生下的婴儿五官不全"②。

民间"胎神"信仰源远流长，日常生活中无意的行动有可能导致流产或者难产。所以在孕妇妊娠期间，孕妇的家人要注意安定，不要打扰处于身心不安状态的孕妇。

另一方面，古代人们认为，妊娠是与月经、分娩及坐月子一样不洁的事情。孕妇是不洁的，因此对孕妇有很多忌讳。例如，认为孕妇会亵渎神明，因此忌讳孕妇接触神事，她不可参与祭祀，不可进入寺庙。

在中国台湾，还有一种禁忌：孕妇接触孕妇，会"喜冲喜"，即不洁对不洁，会更加不洁，对双方及胎儿都不利。③ 此外关于孕妇间相互接触，还有所谓"换胎"的说法。所谓"换胎"，有两种说法，第一种即孕妇们相互接触后双方腹中的胎儿相互调换；第二种，清人徐珂在《清稗类钞》中提到古代湖北地区，有一种禁忌叫"换胎"，即："所见之物入其妇中，换去其本来之胎也"。所以妇人怀孕之时，房间里的人物画像要扔掉或藏起来，或者去掉人物画像的眼睛："以铁刺其目，云其目破即不为患矣。"④

另外，有些民俗还禁止孕妇接触新娘，认为孕妇会冲克新娘。

有些地区孕妇不能随便去其他人家拜访，因为孕妇会伤害到别人家的孩子或者小猪。为了避免受到不利影响，人们会在门口挂着格筛。这样，孕妇一望即知，就不会去有小孩或小猪的人家了。⑤

五、比 较 分 析

上面提到的中国汉人文化和哈萨克人文化中的妊娠习俗，其内涵都是维持妊娠期间的宇宙秩序，并保护孕妇及孩子。这种风俗在世界各个民族文化中都普遍存在。虽然中国汉人文化和哈萨克人文化具有不同的世界观和生活方式，但是在妊娠禁忌上却有很多相同或相似的看法。

第一，女性在妊娠期有禁忌，这种禁忌与传统观念中的"感染巫术"关系紧密。两个文明都相信，如果孕妇吃了某种动物的肉，她的妊娠期会延长。一般认为，这个"相信"属于"感染巫术"，即"同类互感"（即拉丁语 abyssus abyssum invocat）。当然，此观点似乎值得商榷。因为，作为游牧民族的哈萨克人肯定知道马的怀孕期也比较长（骆驼孕期一般为 390 天左右，马 335～342 天），所以孕妇如果不吃骆驼，她们也应该不吃马肉，但事实并非如此。因此，上文莎哈诺娃关于骆驼象征内涵的观点或许更加在理，将上

① 林永匡、袁立泽：《中国风俗通史·清代卷》，上海文艺出版社 2001 年版，第 180 页。
② 郑晓江主编：《生育的禁忌与文化》，中央编译出版社 2014 年版，第 137 页。
③ 郭立诚：《中国生育礼俗考》，台湾文史哲出版社 1979 年版，第 77 页。
④ （清）徐珂：《清稗类钞·迷信类·鄂妇妊忌》，中华书局 1986 年版，第 4683 页。
⑤ 张劲松、谢基贤编：《古今育儿习俗》，辽宁大学出版社 1988 年版，第 32 页。

述现象解释为感染巫术，很可能是早期的观点被遗忘后出现的附会。至于中国汉人孕妇禁食驴马肉的真正原因，则尚待进一步研究。

第二，同样的观点也出现在有关兔子的认识中。两个民族都认为孕妇食用兔肉，会导致孩子有残缺。莎哈诺娃认为孕妇不可食用兔子，也是因为兔子是突厥人的生育象征。在古代中国也有与兔子有关的风俗，如在某些地方农历正月初一有"挂兔头"的习俗。宋陈元靓《岁时广记》引《岁时杂记》载："元旦取兔头，或兼用面蛇，或以竹筒盛雪水，与年幡面具同挂门额。"①

中国神话中的月兔，似乎也跟生殖能力有关系。月亮属于阴性，是女性的代表文化符号。月亮上的兔子正在以杵捣药。在全球文化符号系统中，杵臼几乎都是性交的象征。而兔子也与生殖能力有联系，比如复活兔和魔术中用的降福的兔脚。复活兔是古德国神话中的 Easter 春天之神的象征，是生殖能力符号。"兔子脚"在世界上很多民族文化中都有带来好运的作用。由此可推知古代中国文化中，兔子应当也是生殖能力及好运的象征。因此，中国汉人孕妇禁食兔肉，也可以用象征和过渡礼仪的"边际状态"的观点解释，这同前文哈萨克人孕妇禁食具有生育能力的象征骆驼和兔子应是相似的。孕妇"边际状态"中有特殊的损害力量，所以妊娠期时食用骆驼和兔肉会带来一些不利后果。

第三，两个民族都重视女性妊娠期的态度。人们认为孕妇无意的行为及态度会导致流产或者影响胎儿的健康。孕妇的道德更是受到重视。因为女人在妊娠期的言行举止会传导给孩子，使其受到影响。这些看法用"感染巫术"加以解释，才更为合理。

此外，两个民族都不允许孕妇参与葬礼，忌讳两个孕妇见面和接触，但是原因迥异。在中国汉人文化中，人们认为两个孕妇相见会导致"换胎"；而哈萨克人的理由则是，相见会导致将来的孩子感染疥疮。产生这种差异的原因暂不明确。

第四，两个民族都不让孕妇跨过拉紧的线，以及接触线类的东西，认为如果这样，肚子里的孩子会被脐带绕颈。

第五，为了避免孕妇受到不利的影响，哈萨克人和中国汉人都对孕妇的出行有所限制。他们都不允许孕妇在夜晚单独出行，因为担心会受到恶鬼的威胁及伤害。同样地，两者也不允许除家人以外的其他人进入房间打扰孕妇，担忧孕妇会受到不好的影响。

由此，两种文化中的孕妇禁忌，大部分可以用巫术来解释。这些禁忌出现的原因，在于某些东西或食品有特殊的魔力，以及孕妇不恰当的态度和周围人的行为也会影响孩子。

以上内容可归结为表1：

表1　　　　　　　　　　**哈萨克人与中国汉人文化妊娠禁忌相似处**

	文　化		禁 忌 原 因
	哈萨克人	中国汉人	
饮食	不可吃骆驼肉	不可吃驴马肉	妊娠期会延长
	不可吃兔肉		孩子会有兔唇

───────────────

① （宋）陈元靓：《岁时广记》，《丛书集成初编》，商务印书馆1939年版，第60页。

续表

文　　化		禁 忌 原 因
哈萨克人	中国汉人	
行为	不能在夜晚单独出门	夜间室外多鬼祟
	不能使用尖头的东西	会流产
	不可跨过拉紧的线	胎儿会被脐带绕颈
	不参与葬礼	会导致阴魂附体，使胎儿受害
	不可剪头发	会伤害胎儿
其他	控制孕妇的周围人	会影响胎儿的外貌及品性
	重视孕妇妊娠期的态度	

当然，中国汉人和哈萨克人文化中妊娠期的禁忌与规则也有相当多的差异，参见表2。

表2　　　　　　　　　哈萨克人与中国汉人文化妊娠禁忌的差异

中国汉人	禁忌原因	哈萨克人	禁忌原因
不可接触新娘	会伤害新娘	孕妇可以接触新娘	偶遇孕妇预示新娘会很快受孕
不可随便进入其他人家	会伤害婴儿或动物幼崽	没有这样看法	
两个孕妇不可接触	会导致"换胎"	两个孕妇不可接触	孩子会感染疥疮

　　在古代中国汉人文化中，孕妇的家人会限制她的行为。在保护孕妇和胎儿之外，人们也认为孕妇是"四眼人""双体人"；换句话说，孕妇是"不洁"的人。"四眼""双体"两词可以解释孕妇异于常人的状态，这样，她视线所及之处会伤害到新婚者、婴儿、动物幼崽等。在某种程度上，由于腹中婴儿此时的状态也异于常人，并且他（或她）与孕妇一体共存，所以孕妇的"不洁"状态会加倍。

　　哈萨克人文化中，家人也要隔离孕妇，但是与中国汉人文化有区别，他们不允许孕妇和他人接触则主要是出于保护孕妇的目的。哈萨克人文化中，两个孕妇不可相互接触，但是孕妇可以参加娱乐的社会活动，如婚礼。若新婚夫妇偶遇孕妇，对其而言是吉祥的兆示，这预示着新娘也会很快受孕。

　　哈萨克人和中国汉人关于妊娠期时的禁忌看法，可以用马利诺夫斯基①和拉德克利夫·布朗（Radcliffe-Brown）②结构功能论解释：首先，妊娠期禁忌对孕妇和胎儿具有保护作用。其次，妊娠禁忌还有保护社会的作用。因为健康的孩子不仅对家庭非常重要，是家族的延续，也是整个社会发展的根本。人们规定孕妇的言行举止的禁忌，无非是想使她

---

①　［英］马林诺夫斯基：《巫术科学宗教与神话》，李安宅译，中国民间文艺出版社1986年版。
②　［英］拉德克利夫·布朗：《社会人类学方法》，夏建中译，山东人民出版社1988年版。

生出健康的孩子，因为残疾儿童会破坏社会固有的生活秩序。这些禁忌中的巫术功能，都在于增进个人与社会之间的相互理解，加强社会成员之间的团结。

对这两个民族的文化禁忌进行比较，不得不提到乔治·默多克（George P. Murdock）的跨文化理论。他创造了文化普遍性概念，认为不同文化会有同样的风俗，不一定是受到了外来文化的影响。① 法兰兹·博厄斯（Franz Boas）认为每个文化都有自己独特的历史，没有必要经历所谓共同的发展阶段。②

美国人类学家克拉克·威斯勒（Clark Wissler）指出了文化的九个基本共性：语言、物质文化、艺术、神话和科学、宗教信仰、家庭和社会系统、政府、战争、财产。他认为文化同质性比异质性更普遍，这些共性出现的原因是各个人种都有相同的生物性，他们所需的东西，都会受到自然地理及其他多方面的限制。③

哈萨克人和中国汉人的妊娠禁忌风俗与自然环境的关系非常密切。虽然很多禁忌可以用医学知识来解释，但是很多禁忌可能仅仅与巫术有关，因为巫术也深深根植于当时人们的原始知识和实用技艺当中。哈萨克人和中国汉人文化中的妊娠禁忌与规则存在诸多相似之处，这些共同点可能有古代中哈文化交流的结果，但其中很大一部分应当是各自独立产生的。这恰可作为上述理论的证明。

（作者单位：武汉大学历史学院）

————————————

① 乔治·默多克：《社会结构（Social structure）》，麦克米兰出版公司（The MacMillan Company）1949 年版。

② 法兰兹·博厄斯：《民族学的方法（Methods of ethnology）》，《美国人类学家（American anthropologist）》第 22 卷第 4 期，1920 年，第 311~321 页。

③ ［美］克拉克·威斯勒：《人与文化》，钱岗南、傅志强译，商务印书馆 2004 年版。

书评·札记

以独特的视角探寻明清小说名著的艺术魅力

——评《明清小说名著导读》

□ 程国赋

　　清代学者焦循《易余籥录》卷十五提出："一代有一代之所胜"，将楚骚，汉赋，魏、晋、六朝至隋五言诗，唐代律诗，元曲，明八股分别作为一代文学的代表。王国维在《宋元戏曲史》中进而提出"一代有一代之文学"的观点。胡适《文学改良刍议》在前人基础上强调进化论文学观："文学者，随时代而变迁者也。一时代有一时代之文学。"他对《水浒传》等明代小说给予很高的评价，视为一代文学的代表，从而丰富了"一代有一代之文学"观点的内涵。

　　明清时期是中国古典小说创作的辉煌时期，以《三国演义》《水浒传》《西游记》《金瓶梅》《儒林外史》《红楼梦》为代表的章回小说，以"三言""二拍"为代表的白话短篇小说以及以《聊斋志异》为代表的文言小说，均取得很高的艺术成就。武汉大学陈文新教授在中国古典小说研究领域成就卓著，最近，他即将在商务印书馆出版《明清小说名著导读》（简称《导读》），全书分为十章，对《三国演义》、《水浒传》、《西游记》、《金瓶梅》、"三言"、"二拍"、《聊斋志异》、《隋唐演义》、《儒林外史》、《红楼梦》、《阅微草堂笔记》等小说名著进行导读，以白话小说为主，兼顾文言小说，书末附《主要参考书目》，为读者提供进一步深入研究的参考。作者在细读文本的基础上，根据大量翔实的资料，结合学术界已有的研究成果，就明清小说名著的作者、版本、题材内容、人物形象、艺术成就、国内外影响等做了相当全面、具体的分析，通读之下，笔者认为，该书体现以下特色和优势：

一、分析明清小说名著的视角独特

　　研究视角的运用是学术研究取得突破和创新的重要前提和基础，《明清小说名著导读》采用了丰富多样的研究视角，笔者试述如下：

　　第一，名著的视角。近年来，在中国古典文学研究领域，普遍存在"选题难"的问题，尤其是在博士生、硕士生的学位论文写作方面。明清文学的研究也不例外，在这种情况下，明清文学创作中一些二、三流的作家、作品越来越多地成为学位论文的研究对象，这种现象自身是无可厚非的，但是也存在着一些研究者对二、三流的作家、作品评价过高的情况，甚至把这些作家、作品与名著相提并论，这种评价是不客观、不准确的。明清时期的小说名著代表着这一时期小说创作的最高成就，无论是作为学术研究，还是作为文学欣赏，都值得我们予以高度重视。陈文新先生选择明清小说名著作为分析、论述的对象，让读者在文本阅读、仔细品味中体会到明清小说名著给我们所带来的丰富的艺术享受。

第二，社会文化的视角。评论作家、作品，离不开其所产生的特定时代，法国丹纳著《艺术哲学》指出："艺术品的产生取决于时代精神和周围的风俗。"《导读》在分析明清小说名著时，往往以特定的社会文化的视角展开论述，例如，第三章《〈西游记〉导读》第二节《〈西游记〉的复杂内涵》分析《西游记》与佛道二教的复杂关系，讨论《西游记》的政治意涵，探讨《西游记》与政治、现实社会的关系，认为"《西游记》也是一部可以从政治角度加以阐释的小说，小说中的许多描写，很容易让人联想到现实政治的种种情形"。第四章《〈金瓶梅〉导读》分析《金瓶梅》借助宋代社会深刻反映明代的社会现实。第五章《"三言"、"二拍"导读》分析其中一些作品重塑了商人的形象，否定了"无商不奸"的传统观念。作者认为，"三言""二拍"中这种崭新的商人形象，与社会生活中新的商人群体的出现密切相关。作者结合特定时代的社会文化来分析明清小说名著，使读者对作品的人物塑造、情节设置等有了更深层次的认识与理解。

第三，海外的视角。作者注重考察明清小说名著在海外的影响。例如第二章《〈水浒传〉导读》考察《水浒传》在海外的传播，第三章《〈西游记〉导读》第四节《〈西游记〉的影响》、第四章《〈金瓶梅〉导读》第四节《〈金瓶梅〉的艺术魅力与深刻矛盾》等分析《西游记》《金瓶梅》在朝鲜、日本以及西方世界的广泛影响。

第四，比较的视角。比较是鉴别事物真伪，探寻事物特点、规律的重要方法和视角。《导读》一书多次运用比较的视角进行论述，例如第九章《〈红楼梦〉导读》提到，胡适1960年11月20日在给苏雪林的信中写道：《红楼梦》比不上《儒林外史》；在文学技术上，《红楼梦》比不上《海上花列传》，也比不上《老残游记》。作者以比较的方式，从婚姻与恋爱、责任与感情、儒家与道家等三个层面加以论述，得出结论，阐述《儒林外史》与《红楼梦》的异同，认为《儒林外史》和《红楼梦》这两部一流小说，分别与传统文化中不同的层面（如儒、道）相对接，源流不同，宗旨各别。又如，第十章《〈阅微草堂笔记〉导读》第四节《〈阅微草堂笔记〉中的狐鬼》将《聊斋志异》与《阅微草堂笔记》关于狐鬼的描写进行比较，从而挖掘《阅微草堂笔记》这部小说的艺术独特性。

二、注重从动态的视角揭示小说名著形成、发展的轨迹，分析小说人物形象、性格的演进历程

《明清小说名著导读》第一章《〈三国志演义〉导读》第一节《〈三国志演义〉的成书、作者与版本》考察《三国志演义》的成书主要受到历史资料、民间故事、文人改编等三个因素的影响；第二章《〈水浒传〉导读》第一节《〈水浒传〉的成书过程》、第三章《〈西游记〉导读》第一节《〈西游记〉故事的流变及其作者问题》则对《水浒传》《西游记》等小说名著的成书历程加以勾勒，关注世代累积型小说名著故事的动态演变轨

迹；第五章《"三言"、"二拍"导读》考察话本小说自宋元至明清兴盛、繁荣与衰落的过程；第九章《〈红楼梦〉导读》从《红楼梦》对世情书、才子佳人小说、艳情小说的扬弃与超越，考察《红楼梦》对人情小说传统的继承与超越的历程；第十章《〈阅微草堂笔记〉导读》第一节《纪昀的小说观念》首先分析清代以前文言小说观念演进的历程，认为《四库全书》的总纂纪昀最终确立"子部小说"这一术语的内涵和话语优势，进而分析纪昀小说观念的内涵。

在揭示人物形象的演变过程时，《导读》也往往采取动态分析的方法，例如第一章《〈三国志演义〉导读》中，作者以关羽为例，据《三国志》裴松之注引《山阳公载记》认为历史上不可能有关云长义释曹操一事。元代《三国志平话》所写，亦不似有意放曹，而《三国志演义》则不仅强调关公是有意放曹，而且强调这是"义释"，"华容道义释曹操"正是为塑造关羽这个"义绝"的人格典范，而对史实加以改造。通过从动态的视角揭示小说名著形成、发展的轨迹，分析小说人物形象、性格的演进历程，有助于读者对小说故事的整体演进历程，对小说创作主旨，创作倾向的变化，人物、情节的演进等有着整体的认识与把握。

三、研究态度客观、严谨，分析细致、全面

《明清小说名著导读》一书关注学术界的研究状况、主要观点，并提出自己的看法，如第一章《〈三国志演义〉导读》指出，《三国志演义》"成书于元末明初"说得到学界公认。但一些学者不满足于笼统地说"元末明初"，试图获得更精确的结论，陆续提出了五种成书年代说："元代中后期"；"元末"；"明初"；"明中叶"；"宋代乃至以前"。作者认为，比较而言，较稳妥的表述依然是：《三国志演义》成书于元末明初，而成于明初的可能性更大一些。第三章《〈西游记〉导读》、第四章《〈金瓶梅〉导读》讨论《西游记》《金瓶梅》的作者也是如此。

《导读》一书对小说名著中的人物形象做了细致的分析，如第二章《〈水浒传〉导读》分析林冲性格、形象的演变，认为造成民反的主要原因是官府之逼。《水浒传》细致而真实地展示了林冲被逼上梁山的过程。作者常常在对比中分析人物，第二章《〈水浒传〉导读》将林冲与武松进行对比。第九章《〈红楼梦〉导读》对在《红楼梦》描写的数百个人物之中选择贾宝玉、林黛玉、薛宝钗、王熙凤等进行重点分析。

《导读》一书对小说名著艺术特色的分析客观、准确，如第二章《〈水浒传〉导读》，从注重细节描写，人物形象塑造取得卓越成就，悬念手法的生活化，《水浒传》的叙述语言、描写语言和人物语言等四个方面论述《水浒传》的艺术成就，第五章《"三言"、"二拍"导读》分析"三言"对白话短篇小说艺术的发展有着重要贡献，体现在四个方面：（1）故事情节完整曲折，长于运用巧合、悬念等艺术手法。（2）善于用对话、行动以及细节描写等手法塑造人物，其中女性形象尤为突出。（3）在人物心理的描写和剖析方面，"三言"的成就也十分可观。（4）语言通俗易懂，口语化特征明显。第八章《〈儒林外史〉导读》分析《儒林外史》的八种笔法：（1）用正笔、直笔写"书中第一人"；（2）把诗境移入小说；（3）用直接心理描写揭示"礼贤下士"的表演意味；（4）戏拟"三顾茅庐"；（5）含泪的讽刺；（6）让不同的局内人对同一人物展开评价；（7）局内人

相互讽刺造成一箭双雕的讽刺效果；（8）拆谎的技巧。以上分析有助于读者加深对明清小说名著艺术的理解与阅读，从而获得更好的阅读效果。

综上所述，笔者认为，陈文新先生的《导读》一书为明清小说名著进行导读，以独特的视角，客观、严谨的学术态度，细致、具体的文本分析，为读者揭示了明清小说名著高超的艺术成就和强烈的艺术感染力。通过阅读《导读》一书，可以为我们更好地认识和了解明清小说名著的人物和情节，体会到中华优秀传统文化给我们带来的美好的艺术享受。

（作者单位：暨南大学文学院）

读张昭炜《阳明学发展的困境及出路》

□ 汪学群

　　张昭炜君嘱我为其大著《阳明学发展的困境及出路》写个书评。翻阅此书，主要围绕着"考察阳明学发展至再传弟子后，阳明后学的发展创新、发展中的困境、重大理论问题评判以及如何在困境中探寻出路"（《序论》，中国社会科学出版社 2017 年版，第 1 页）展开，包括以下五个方面：从王阳明到方以智，以青原会馆的传心堂传心法脉贯彻全书；重点诠释传心主线的邹元标和方以智，并着力阐释阳明学发展所遇的困境及出路；以邹元标疏抗首辅张居正夺情、邹元标与冯从吾主持首善书院讲会、方以智与施闰章延续青原讲会三个重要事件为轴，展现明万历时期到清初阳明学发展的外部环境；选择阳明后学如江右王门、泰州学派、浙中王门、止修学派四大门派，评判各门派发展中的困境及出路探寻；以良知道体、实致良知、道体与功夫、学作圣、时为五个要旨，尤其是良知道体，阐释阳明后学的思想价值。该书内容非常丰富，讨论所涉及的问题也十分广泛，我仅以邹元标、方以智两个关键人物略带问题发些感想。

　　关于邹元标，昭炜君之所以选择他为切入点，在于邹氏的家学渊源，邹元标的父亲邹潮私淑阳明弟子江右王门重镇的罗洪先，读王阳明著作，深受其影响，而邹元标本人则师从江右王门再传弟子胡直、王时槐、万廷言等，邹氏父子显然师承江右王门的衣钵。邹元标又与阳明后学的其他学派，如泰州学派、浙中王门、止修学派等有着明确的师承关系，因此，邹氏对这些流派宗旨有深切的体悟，似乎承担着整合阳明后学各派的责任。昭炜君以邹元标的论述为视角集中对江右王门、泰州学派、浙中王门、止修学派学说进行评判，其顺序是由致良知（收摄）、良知致（放任良知）、良知化（良知流行）、良知学转折（止修别子为宗）展开，揭示良知学说的演进。如以工夫论为例，"江右王门主张收敛静定，功夫所至即是本体；泰州学派看重心要放，功夫即是本体流行；无功夫支撑的本体容易导致虚阁空寂，浙中王门的修悟合一即强调功夫与本体均要致其极；止修学派以止至善与修身为宗，止与修均是从功夫层面上入手"（《序论》，中国社会科学出版社 2017 年版，第 15 页）。在吸取四大门的同时，邹元标予以创新，以"学"为宗旨，学为觉、为孝，展现觉之愿学义、觉之一体义、觉之时义、收摄归一等。邹元标又热心于办书院讲学，凝聚阳明后学诸弟子，建立阳明后学学术网络，俨然学术盟主。他的思想以明道、觉世为宗旨，所谓明道是继承阳明学的核心精神，阐扬阳明学的道德论、功夫论、境界论，也包括纠偏阳明后学各派流弊，试图在思想上予以创新；觉世则是承担学术领袖的职责，尤其是当阳明学遭遇抵制时敢于挺身维护，同时也承担起阳明学以道德修养启心立命的角色，凡此都可以把他看成为阳明学解困及寻求出路的先锋。然而在晚明，随着书院的衰败、朱子学的再度兴起，尤其是明朝的灭亡，内在因素与外部环境相互交织，使得如日中天的阳明学必然要走下坡路。

至于方以智，昭炜君认为，在明清之际阳明后学一蹶不振之时，方氏异军突起，承担起为阳明后学疏困、寻找出路的责任。方以智之所以担当此任，是因为方氏一门，从学术传承而言，其曾祖父方学渐属于阳明后学的泰州学派，与阳明后学有广泛的交集，并参与邹元标、冯从吾主持的首善书院讲会，后经历祖方大镇、父方孔炤三代承传，到方以智手里，方氏之学得以彰显。从外在环境来看，方以智历经清替明的历史剧变，其生死得到真正的考验，而随着时代的变化，明清之际的学术思想也发生转变，凡此对其思想必然产生影响。这集中体现在方以智后学所录的《传心堂约述》中，此书引入江右王门讲会中心，即吉安府青原会馆五贤（王阳明、邹守益、罗洪先、欧阳德、聂豹）中的传心法脉，并以方以智为殿，视其为阳明学的最后传心者。这样方以智与邹元标后先呼应，成为阳明学精神的传承人，也是阳明后学发展困境中寻找出路的领路人。昭炜君主张方以智传心，在吸收评判阳明后学的基础上，从三冒、中五、真实主体追问及展开、时乘中五、全仁全树、核仁核室等方面发展阳明学，试图在困境中探寻新出路。

纵览学术界，讨论阳明后学的著述往往平铺开来，或以地域，如沿袭黄宗羲所谓浙中王门、江右王门、南中王门、楚中王门、北方王门、粤闽王门、止修学派、泰州学派的划分；或以思想划分，如嵇文甫所分的王门左派、右派、中间派，以及冈田武彦的现成派、归寂派、修正派，等等。而昭炜君则以邹元标、方以智为轴心，突显他们在阳明后学中的作用，尤其是置阳明后学于晚明与清初这一学术背景加以纵向探讨，并结合当时的社会，彰显其学术史、思想史与社会史相结合的理路，比时下单纯哲学史的分析要符合实际、厚重得多。总之，昭炜君的探索是新颖、独特的，是值得肯定的。

当然昭炜君的讨论也有些可以商榷之处。如书名为"阳明学发展的困境及出路"，与书的内容相比，似乎有些泛，因为书内容的重点是谈邹元标与方以智。以明清之际为例，寻求阳明学新发展的不只有方以智。晚明思想以阳明后学为主，其末流的空疏导致明清之际的学者对其进行批评与修正，朱子学参与其中并以此为助力得以重新发煌，经学在批评宋儒疑经风气之下也开始复兴，而晚明以来的社会动荡导致关心世道人心及评说时政等经世思想的出现，凡此无疑对明清之际的阳明后学产生影响，对阳明学的修正与改造势在必然。当时的代表人物有孙奇逢、李颙、陈确、黄宗羲等。在学术上，他们继承明代而来，以理学为宗主，尤其尊奉王学。但明清之际的社会剧变使他们开始反思自身学派所出现的危机，改造阳明学，不同程度地接纳朱子学，或试图调和朱、王，或以为朱熹与王守仁互补，使自己与晚明空疏的阳明后学区别开来。在思想上，孙奇逢以心为本的道德实践论，李颙的体用之学，陈确的心性情统一、辨《大学》为伪书等惊世骇俗之论，黄宗羲的心性论与政治及史学思想等方面的探索，无疑为日趋走入瓶颈的阳明后学拓展了新领地。凡此也应该被视为为阳明学发展疏解困境、寻求出路。

又如关于方以智的学术定位。他的学术重点在于汇通，方氏家学虽有理学包括心学的成份，但也重视经学，主张把理学纳入经学之中。对此，他指出，治经"太枯不能，太滥不切。使人虚标高玄，岂若大泯于薪火。故曰：藏理学于经学"（《青原志略·凡例·书院条》，康熙年间版）。其依据是"圣人之经，即圣人之道。各安其业，即各乐其天，盖谓道不离器"（《青原志略》卷三《仁树楼别录》，康熙年间版，第 232 页）。面对晚明阳明后学离经言道的学术空疏，他强调，如同道不离器一样，道也不离经，所谓经道合一。按着这一逻辑，不存在脱离经学的理学，只有在经学范围之内谈理学，也就是说理学属于经学的一部分。可以说他所提出的"藏理学于经学"命题概括了其学术用心，与顾炎武"理学即经学"唱为同调，也是当时大多数学者所持的观点。以上观感仅愿与昭炜君共勉。

（作者单位：北京师范大学历史学院暨中国社会科学院历史研究所）

两岸书卷字今音异同专题述要

□ 范新干　范景行

一

　　"两岸书卷字今音异同专题"是国家社科基金重大项目"两岸书卷字今音异同专题研究与信息平台建设"的略称。本专题的关键词"书卷字",即是现代普通话口语里没有既成读音的字,除极少数音源不明者之外,都已注上了今音。收字、注音最多的是《汉语大字典》(第二版)和《中文大辞典》(第八版)①,各自注有 40000 来条书卷字今音。《大字典》出自大陆;《中文》出自台湾②,二者分别代表两岸的书卷字今音现状。其主流固然无可非议,但同时也存在不少有问题的今音。加上书卷字今音的研究与整理又是一个做得很不够的弱项,以致这一大批问题今音在现代书面语读书音系统中造成严重混乱,给汉语文化的学习、研究、教学、交流、传播等方面,造成了较大的困扰。这些问题今音的整理研究,无疑是汉语言文字学科一项势在必行的前沿性工作,本专题基于上述背景应学术之需而开展书卷字今音研究。

　　两岸等地的汉语言文字实为一体,在维系祖国统一和维护民族安定方面起着极其重要的作用,目前在实现两岸统一这个伟大目标的进程中,更需要这种一体化的语言文字进一步发挥其"维系"和"维护"作用。本专题研究的目标正在于彰显两岸一盘棋的书卷字今音整改要素,从而进一步增强汉语言文字的一体化特质。

　　综上所述,本专题研究既是学术、文化工作的需要,同时,对提升中国的国际影响,对加强中华民族的大团结,对促进海峡两岸的统一,都具有非常重要的现实意义。

　　书卷字是大陆、台湾两地学者给注上的今音,书卷字今音两岸现状的总和,才是书卷字今音迄今为止的完整现状。显然,只有综合两岸的注音现状,才便于认知书卷字今音全貌,才有利于全面深入地展开研究,书卷字今音研究的路径,应以《大字典》和《中文》

---

　　① 《汉语大字典》(第二版),湖北崇文书局、四川辞书出版社 2010 年版;《中文大辞典》(修订普及本第 8 版),台湾华冈出版有限公司 1990 年版。此二书分别简称为"大字典"和"中文"。

　　② 有的著述说《中文大辞典》与日本诸桥辙次的《大汉和辞典》有雷同之处,据调查,《大汉和辞典》只注有通用字的今音而没注书卷字的今音,足见《中文》至少在书卷字古今音音注方面全然是台湾的原创。

为窗口，由两岸比较而切入。这种比较视野下的两岸书卷字今音，不外乎"异""同"两个方面。

"异"，即是同一被注对象两岸注为不同今音的情况。举例来说，"A"字某音项，此一方注作甲今音，另一方注作乙今音，条件相同的一字今音就这样形成了两岸歧异。歧异的双方多为对等性并立的关系，再就是正误对立等关系。无论是哪一类歧异它们都给现代书面语读书音方面制造了混乱，其违理性质毋庸赘述。

"同"，粗略而言包括两类情况：一是一律性的；一是非一律性的。同条件诸字音项常有两岸全都注作同一今音的情况。例如中古来母唐韵开口和从母至韵合口的书卷字，《大字典》和《中文》凡有所收，前一类（"哴、桹"等字）全都注的是 láng 音，后一类（"崪、槎"等字）全都注的是 cuì 音，这就是一律性的两岸同一今音。前者注的是同一个正确今音，后者注的是同一个错误今音①，一律性的两岸同一今音不外乎这两大类型，这其中的哪一类，都不会给书面语读书音构成混乱，即便是诸方均为错误今音，也无碍于书面语系统的实用方面。本专题旨在研究两岸书卷字的今音混乱问题，一律性的两岸同一今音既然不引起混乱，因此没有必要把它纳入本专题的研究范畴之内。

同条件诸字音项还常有被歧成几种今音的情况，见于这种状况中的两岸同一今音，都属于非一律性之类。比方说，音源等方面条件全同的 9 个书卷字，其中的 A、B、C、D、E 几字今音两岸存在 zhēn-zhēng 歧异，F、G、H、I 几字两岸同为 zhēng 音；又如音源等条件全同的"A""B""C""D""E""F"诸书卷字今音，前三例两岸同为 bīn；后三例两岸同为 pīn。前一大类，一方面是 A 今音与 B 今音的歧异，一方面是同注 B 今音；后一大类，一方面是同注 A 今音，一方面是同注 B 今音。这其中，同条件诸字音项总体上都是一种混乱的今音局面，这类情况下的同注一音，表面上是同一性的局面，实质上则隐含着歧异，无论同注的是一个正确今音还是一个错误今音，都属于一种特殊格局下的今音混乱局面。

两岸书卷字的歧异今音和非一律性的同一今音，都是已给书面语读书音造成了混乱的问题今音，计约 8000 组（16000 多条），本专题即把研究对象锁定在这两个方面。

联系有关的学术史来看，书卷字今音方面，迄今为止的研究工作主要见于大陆、台湾两地学术界，主要经历了两个阶段。一是 2005 年以前的研究，两岸计有十几个篇章，大多是讨论书卷字今音误注问题。二是 2005 年至今的研究，两岸计有 20 多篇论文，大多是考论书卷字今音歧异问题；此外大陆还有一部专著②，研究的也是书卷字今音歧异专题。

联系两岸书卷字的今音现状来看，问题今音多种多样，今音误注的情况只占其中一个很小的部分；今音歧异的涵盖面虽比误注要广阔得多，但也有局限。试看例子：

A1. 瞺 huì《广韵》乌外切（《大字典》第 5 册 2696 页）

A2. 瞺 ［广韵］乌外切 huì（《中文》第 6 册 1162 页）

---

① 音源等方面条件全同的书卷字常有被歧成多个正确今音或错误今音的情况，本文之中，"同一个正确（错误）今音"之类表述并非赘言。

② 范新干：《书卷字今音歧异研究》，上海古籍出版社 2014 年版。

B1. 霺（二）wèi《集韵》乌外切（《大字典》第 7 册 4346 页）

B2. 霺 乙．［集韵］乌外切 wèi（《中文》第 10 册 1538 页）

乌外切为影母泰韵合口，今音应为 wài 或 wèi①，huì 音不合于反切。A 组两岸注的是同一个错误今音；B 组两岸注的是同一个正确今音。同音源的书卷字音项，歧成了两类同注一音的情况，违理性质显而易见，却因不存在今音歧异的表征而被拒于问题今音门外。如上所述，"今音异同"则是一个富有涵盖性的总"症状"，从这个方面展开，举一纲而众目张，书卷字今音的种种缺失，差不多可以尽收眼底。这种新视野下的书卷字今音研究，自然可以从小范围走向广阔空间，进入一个全新的境界。

"歧异"研究已在一定程度上拓展了"误注"研究，"异同"研究则可以进一步把书卷字今音研究前沿阵地中需要拓展和充实的环节作为新生长点加以提升，书卷字今音研究专题可以由此而跃上一个新的高度。

二

本专题的重心是两岸异同今音整理研究，其中的主要工作是，从具体的异（同）今音切入，逐字逐音项展开考论，提出整改建议。试看一例，以见一斑。

"蟘"字敕德切的今音

蟘 tè《集韵》敕德切（《大字典》第 7 册 3089 页）

蟘 ［集韵］敕德切 tè（《中文》第 8 册 476 页）

内证：敕德切，反切不误；被注字"蟘"，属于生僻文言词；除敕德切之外，古代并无可与现代 tè 音相对应的音切存在；与今为 tè 音的字，也不存在通假、异体或古今字的关系，这些情况表明："蟘"的上述今音，不可能是与反切不相合的现代既成读法；也不会是撇开注中反切，另依古音异读而折合的结果；也不会是因为字的同用、通用等缘故，撇开注中反切，另依有关相应之字所作的改读处置。可以肯定，这个 tè 音是本乎敕德切产生的。

敕德切（《广韵》作徒得切），为曾摄开口一等入声德韵定母地位，据常识而知，中古这一音节演变至今应为 dé 音，注作 tè 音，声母声调都不合于反切。该音项的今音属于双方同注一个误音的情况。

外证：被注字"蟘"，《汉语大字典》和《中文大辞典》以外，还作为字头见收于其他一些辞书等海内外文献，全都注的是 tè 音。换言之，现行辞书等文献只要是收了该字条的，一律以 tè 音为注。

---

① 参看范新干：《僻音字的今音歧异问题》，《国学研究》第二十五卷，北京大学出版社 2010 年版。

敌德（徒得）切小韵书卷字共有 14 个①，"螣"字之外，《汉语大字典》还注有 5 例 tè 音和 2 例 dé 音；《中文大辞典》还给其他 12 个书卷字注了 tè 音——所收诸字没有一例注作 dé 音的情况。全小韵诸书卷字，合于反切的 dé 音与不合反切的 tè 音为 2 与 13 之比。

小结："螣"字敌德切 tè 音，虽不合音变规律，但合于该小韵书卷字的注音倾向，而且在两岸等地的音注中已有广泛而又"资深"的影响，作为书面语读书音，已在现代汉语普通话中生了根，具有不可改变的"积非成是"之势。至于敌德（徒得）切的 dé 音，虽合于音变规律，但不合于该小韵书卷字的注音倾向，在全小韵书卷字的既成今音中属于极少数派。保留 tè 音与改 tè 为 dé，前者不会引起同小韵书卷字既成今音的大量更动；后者则需更动一大批书卷字的既成今音，否则就不能达成两岸等地的一致。常识告诉我们，对这种既定的今音音注，改动的幅度不宜过大，否则便会在一定程度上给有关专业的学习、研究、教学和有关文化的交流等方面带来一些新的混乱。书卷字今音的整理，理应以提高语文效用和促进语文工作为主旨，如果整理之后会给语言文字的职能活动造成一定的不便，这样的整理也就变成了一种得不偿失的作法。综上所述，"螣"字敌德切音项，不宜于拘泥古今对应而更改为 dé 音，因此建议保留 tè 音。

整理工作的基本环节大致如上所述。内证方面，从被注字形音义入手，联系辞书体例（包括某些潜规则）、音韵常识等方面辩证被注今音。外证方面，基于横向比较辩证被注今音，先从《大字典》和《中文》这两部辞书切入，联系同小韵其他书卷字的今音展开比较；再从海内外其他辞书切入，就被注今音展开比较。

内证旨在给被注今音验明身份，辩证力求深邃。外证旨在弄清被注今音的"共时性"地位，辩证力求宏通，不能只作抽样调查，而应广搜博采，穷尽搜集。凡是跟被注今音相关的注音信息，古代的、现代的、两岸的、港澳的、东亚的、东南亚的、欧美的，等等，都要囊括进来，以便由两部辞书的窗口而跃入一个广阔空间，让被注今音能够从一个巨大的历史画面中获得全方位的观照。

小结中蕴含着一种平稳过渡的基本理念，这是两岸异同今音整改方面一个总原则。具体来说就是，既要考虑到今音更动方面的运作，又要做到以既定的注音现状为重，因此，明明是误注之类也不能单凭古今语音对应规律见"误"则改，其他种类的异同局面则更不可能简单地依照古今线索进行运作。通常采用因其固然求大同而去小异的程序进行运作，这其中的异同今音是一个整体——由若干小类聚汇成的大整体，牵一发则动全身，每改动一个例子都会涉及许多相关方面。16000 多条异同现象的整理研究，需要爬梳的是比这个数字多得多的书卷字今音及其一系列相关问题。两岸书卷字今音异同专题研究远远不是单凭一本"古今音手册"对号入座就能解决问题的单纯工作，而是一个复杂而又浩大的工程。

平稳过渡还需要一种具有高度统一性的审音机制用作支撑。这需要立足于海峡两岸和海外华语区这一广阔背景，需要由政府最高管理机构牵头，沟通多边，达成共识，共同运

———————————

① 本专题研究中，"某某切小韵书卷字"之类表述，一般用来称说《广韵》（《集韵》）中同小韵的书卷字，有时还兼赅其他韵书、字书中地位相同的书卷字。

作，统一调控，由此建构"一盘棋"的审音机制，借以避免地域性局限和历史性偏见，摆脱种种随意性等既往缺点的阴影，从而保证两岸异同今音整理的质量①。

（作者单位：华中师范大学语言与语言教育研究中心、湖北铁道运输职业学院运输管理系）

———————————

① 参看范新干：《海峡两岸书卷字今音歧异整理构想》，《汉语学报》2014 年第 1 期。

会议综述

"礼学与中国传统文化"国际学术研讨会综述*

□ 田成浩

　　2018 年 11 月 10 日、11 日，由武汉大学中国传统文化研究中心主办的"礼学与中国传统文化"国际学术研讨会，在武汉珞珈山庄举行。来自中国大陆、港台地区以及韩国、日本、美国等高校与科研机构的专家学者，围绕礼学文献研究、礼乐制度与古代国家治理、古代礼乐思想研究、礼仪实践与古代日常生活等主题，展开深入研讨。会议共收到 68 篇论文，分散在 3 个小组中进行讨论。

　　本次会议规模大，水平高。参会论文涉猎广泛，具有跨时段、跨地域、跨学科的特色。考古材料与出土文献、民间文献、域外文献的运用，更是一大亮点。开放、包容、多元的视野与思路，将礼学研究推向了新高度。《光明日报》、《中国社会科学报》、中国社会科学网先后登载了报道与评述。① 以下依据会议四大主题，对会议论文予以简评。

一、礼学文献研究

　　礼学文献是传统礼学的关注重点。本次会议中的相关成果，大致包括两部分：一是围绕"三礼"的基本研究，二是对其他礼学文献的研究。

　　围绕"三礼"的训义考释，主要集中在名物与仪节考证上。王锷《说袥》结合先秦两汉文献，考察"袥"的三种涵义。关于《周礼》"五齐"中的缇齐，贾公彦、孙诒让与刘善泽对郑注的解释不同。朱红林《说"下酒"》辨析诸说，并参考考古材料，赞同刘氏"'下酒'为'若下酒'之误"的观点。骆瑞鹤《授几仪考述》，从行礼动机、器物

　　* 本文是国家社会科学基金重大项目"中国传统礼仪文化通史研究"（项目编号：18ZDA021）阶段性成果。

　　① 覃力维：《新内涵 新方法——"礼学与中国传统文化"国际学术研讨会综述》，《光明日报》，2018 年 12 月 29 日，第 11 版；明海英：《挖掘优秀传统礼仪时代价值》，《中国社会科学报》，2018 年 11 月 14 日；明海英：《探索优秀传统文化生发路径：礼学与中国传统文化国际学术研讨会在武汉举行》，中国社会科学网，2018 年 11 月 12 日（http://www.cssn.cn/lsx/zgs/201811/t20181112_4774202.shtml）。

形制、授受之人、授受仪节等角度探究《仪礼》中的授几仪。钟诚《〈仪礼〉揖礼的礼法与礼义考释》，归纳了揖礼的三种用例与礼义，并解读其与让礼的异同。

"三礼"以外的礼学文献，吸引了与会者的更多注意。

首先，关于"三礼"衍生文献的研究。张涛《成伯玛与中古三礼总义之学》，搜集成氏《礼记外传》的佚文，分析该书的体例、篇目，并追溯"三礼总义"类文献的缘起。他还考察《四库全书总目》中"通礼"与"三礼总义"的不同，证明四库馆臣在文献分类上的失误。郭善兵《略论魏了翁对古代礼制的考释及特点、得失》，剖析魏氏《周礼折衷》一书，阐述其主要内容、不足之处与研究特点。元人敖继公的《仪礼集说》一度危及郑玄的礼学地位，蒋鹏翔《再论〈仪礼集说〉》，解析敖氏与郑玄的根本分歧，对该书的学术价值给予客观评价。

礼图是衍生文献的重要一类。丁鼎《中国礼图学的历史、现状与发展趋势》，分四个时段论述古代礼图学的流变史，还分析 20 世纪以来礼图学的状况、特点与趋势。南宋杨复的《仪礼图》被四库馆臣批评为"漏略"。马延辉《论杨复〈仪礼图〉之学术价值》，结合该书特点与版本质量予以反驳，肯定其原有的学术水平。

其次，出土材料拓展了礼学文献的范围。来国龙《马王堆丧服图考》，探讨长沙马王堆汉墓《丧服图》中的题记断读与图表复原问题。西山尚志《上博楚简〈民之父母〉的儒道融合》，将竹书与《礼记·孔子闲居》相结合，判断文本的思想性质。徐渊《〈穆天子传〉卷六盛姬之丧礼典性质刍议》，将汲冢竹书《穆天子传》中的相关仪节、器物陈设与礼经相比较，推断文本属性与成书时代。

最后，针对各类有关文献的补阙、探索。老一辈礼学专家吕友仁先生发表的《观察礼学对大学文科教材影响的一个视角》，辨析了《古代汉语》（王力主编）中的 21 处礼学失误。他指出，经学在教育体系中的长期缺位，是常识性错误频出的主要原因。陈戍国先生《论〈四库全书·集部〉的古代礼学文献》，提出"四库全书经、史、子、集四部之文，皆有礼在其中"的观点。梁满仓《曹操"春祠令"校勘问题二则》，探讨中华书局 1959 年版《三国志》裴注所引的建安二十一年"春祠令"，纠正原有校勘的失误。李慧玲《成也〈礼记〉，败也〈礼记〉——〈古诗为焦仲卿妻作〉中刘兰芝文学形象解读》，从经学与文学的关系出发，分析文学形象的塑造。

二、礼乐制度与古代国家治理

礼制史是礼学、史学领域的一个生长点。新的研究材料和研究路径，突破以往旧说，改写了某些"礼学常识"。

首先，甲骨、金文资料继续推动殷周礼制的探索。针对"上帝不受殷人祭祀"的观点，郭旭东《"方帝"卜辞与殷人祭帝之礼》，主张卜辞中的"方帝"就是祭祀上帝，并解析上帝之祭不如祖先之祭隆重的原因。罗新慧探讨礼制与西周祭祖范围的问题。刘源《从"赐贝"到"册命"——金文所见殷周文化制度的继承与变革》，考察殷商文化制度及其在西周前期的延续，还分析西周册命制度的确立。贾海生《赐服制度与设官分职》根据古籍与金文，梳理、阐释西周册命礼中的命服与配饰，进而辨析弁师、司服这两个"治服饰之政"的官职。李志刚《礼创造了神：神灵形象与商周尸礼研究》，依据礼经、

《山海经》，探讨立尸原则、神灵形象展现的媒介、礼仪对神灵形象的创造作用等问题。

其次，围绕秦汉魏晋礼制的考察。传世典籍与已有研究往往使人认为秦不重儒，儒学对秦没有影响。杨勇《秦简祠祀律令及相关问题》，依据岳麓秦简中的祠祀律令，分析秦祠祀制度的渊源及影响，阐明儒生、儒家在其中的作用。金龙溪《从极庙到郊祀——秦汉国家祭祀的系统化》，论述秦帝国构建的"象征天极与先帝结合的祭祀体系"，揭示汉代对此体系的继承、发展与"汇合"。阿部幸信《漢代における即位儀礼・郊祀親祭と"天子之璽"》，考察汉代"天子之玺"在即位礼与郊祀礼中的使用，阐释该印玺的本质意义。曾磊《秦汉社会礼仪中的用色考察》，以白色与丧礼、降礼的关系为例，探索礼仪用色与信仰问题。杨英《曹魏、西晋郊礼重构及其对郑玄、王肃说之择从》，重点讨论西晋《新礼》对世家大族政治理想的实践与调试。

再次，有关唐宋礼制的成果。祭礼方面，吴丽娱《从天与祖的儒道祭祀论中古郊庙礼之变迁》，解析唐玄宗时期郊庙祭礼的两大变化，阐释天宝年间"儒、道两组天帝祖宗祭祀系统"的政治意义。王美华《皇帝祭天礼与五代十国的正统意识》，比较南北政权祭天礼的差异，还探究五代后期的新政权对祭天礼降低重视的原因。关于宋真宗年间的天书降临与东封西祀，学界已有"涤耻说""证明赵宋合法性说"等观点，汤勤福《宋真宗"封禅涤耻"说质疑》提出新见。他将视角扩展至太宗年间围绕皇位传承的斗争中，剖析真宗个人面临的合法性危机及其应对策略。宾礼方面，尹承《〈大唐开元礼〉宾礼渊源考》，考证迎劳蕃主、遣使戒蕃主见日、蕃主朝见、皇帝宴蕃主等仪节的来源。

关于明堂建筑，吕博《唐初明堂设计理念的变化》，考察唐太宗、高宗时期围绕明堂设计的争议，分析其背后的政治派别态势；主张五室、九室之争的实质是对郑、王学说的取舍。王刚《五方帝，五行观与明堂礼——北宋皇祐二年明堂大礼五室布局引发的思考》，探究明堂五室布局"四正""四维"的争议以及争议出现的原因。

礼仪与城市空间的关系是一个新话题。金相范《五代时期都城开封的崛起与国家仪礼》，梳理关于开封建都、迁都的议论，探究礼仪职能在后周都城建设中的凸显。朱溢《南宋大礼卤簿制度及其实践》，论述南宋对大礼卤簿的重建，还从统治者的态度、临安的城市空间、新造器物性能出发，分析卤簿制度在实践中的制约因素。

此外，围绕专礼的通代研究，理清源流，观察演变。针对清儒"乡饮酒礼与养老礼异名同实"的看法，顾涛《论乡礼的礼义及其鹊巢化》指出，汉以前的乡礼就是乡饮酒礼；东汉以来重建的乡饮酒礼实际上是一种养老礼；乡礼的古义被置换。他将这种变化称为"礼仪的鹊巢化"。下仓涉《〈通典〉凶礼议初探》，详细梳理、考察了《通典》中两汉至南北朝的丧礼制度与学术争议。

三、古代礼乐思想研究

多种学科、多维视角的介入，使得礼乐思想的探索突破了哲学和思想史研究框架，产生了诸多新思考。

首先，宏观阐述儒家礼乐思想，加强现实关怀，是参会者的共识。彭林《礼乐教化与儒家的修齐治平之道》，讨论中国礼治的起始与内在依据，认为修齐治平之道皆以礼贯穿其中。郭齐勇《儒家礼乐文明的人文精神及其现代意义》，从终极关怀、社会治理智慧与生态智慧、道德理性与君子人格、艺术与美学精神等方面讨论传统礼乐文明，并对其现代意义做了重点阐发。黄怀信《说"礼"——以诸〈礼〉为例》，认为礼是社会成员共同遵守的社会规范。龚建平《儒家礼乐互建思想与社会和谐》，兰甲云《行礼乐之道，致中和之德——孔子道德理想实现的必由路径》，都注重提炼礼乐思想的现实意义。

其次，礼学思想的个案与断代研究，仍是重要着力点。学界普遍认为，《新书》的礼学思想是受荀子影响而来的。工藤卓司《〈贾谊新书〉的礼学来源》，比较《新书·容经》与先秦礼说，对此提出商榷。陈壁生《郑玄的"古今"之辨》，考察郑玄用时间概念调和今古文经差异的做法。邓声国《两晋时期〈丧服〉诠释略论》，分别探讨西晋、东晋《丧服》研究的概况与特色。潘斌《时代学风与宋儒通经致用的经典诠释取向》，分析宋儒依据礼经来修身齐家、移风易俗、议政论政、议礼制礼的活动。殷慧《朱子三礼学体系的特点和价值》，从"《仪礼》为本""《周礼》为纲""《礼记》为传"等方面，论述朱熹礼学思想。汪中文《陈瓖生平及其家书概述》，分析清代陈瓖继承朱子礼学遗训、坚守儒家理想的人生观念。田中有纪《江永的礼学与科学》，以乐律、历法研究为视角，观察清人江永将科学知识与古礼研究相结合的尝试。

再次，礼法关系也是学者讨论的焦点之一。长期以来，礼、法被分别作为儒家、法家的代表符号。周启荣《"礼法儒家"：从先秦文献论儒家政治思想中"法制"的重要性》，分析"法""礼"的多重意涵以及儒家对法令的重视，主张不能混淆先秦"法"字与现代法律，从而纠正旧说。董恩林《礼：中国古代的犯罪预防学》，从礼的起源、内容、意义出发，阐述礼的犯罪预防学的价值。武树臣、马小红《中国古代以礼为核心的"混合法"体系借鉴》，分别考察以礼、以宪法为核心的混合法体系，论述前者对于当代法治的借鉴意义。

最后，考古学、语言学、社会学等学科的介入，丰富了礼乐思想研究的维度。曹建墩《礼、宗教与中国早期文明的生成模式》，探索礼治传统在中原地区进入文明中的作用。贾晋华《义和仪在早期礼文化发展中的合一和分离》，结合语文学、思想史、文化史的方法，分析"义（義）"的音、形、意。水野卓《春秋时代的"乐"——从音乐与国家统治的关系出发》，梳理"乐"的三层涵义，检视乐与政治、时代背景间的互动。金秉骏《从权利概念看古代礼学》，参考韦伯等人的理论，认为礼、礼学分别是"二维""三维"权力的工具，具有维持权力的作用。

四、礼仪实践与古代日常生活

与会者的着力点还广泛分布在古代礼俗、礼仪教化以及区域社会、异域海外等各方面，大大拓展了礼学研究的内容与范围。

首先，关于早期礼俗的讨论。郭静云（Olga Gorodetskaya）《铸造永生容器：夏商丧礼的一个角度》，以盘龙城的残损青铜器与明纹符号为线索，探究楚商丧葬的核心观念，并发现丧葬礼仪中存在模拟冶炼技术的现象。吴飞《三年丧起源考论》，从解读毛奇龄的观点出发，论证斩衰三年、齐衰三年是东夷之俗与周人服制组合的结果。吕静《两汉丧仪中的新元素：漆面罩及铜镜功用之考察》，通过追溯早期铜镜的取光功能，考察西汉墓葬中"面罩附饰铜镜"的文化意义。施宇莉《乐浪漆箧图像所见汉代礼俗》，根据朝鲜乐浪彩篋冢的出土材料论述相关礼俗，分析忠孝、仁义风尚对边郡的影响。郑雯馨《东周至两汉祷祠的类型演变探论》，解析祷祠沦为淫祀的因素，并探索此后祷祠依然存续的原因。

其次，考察地方礼制实践，探讨政权、礼仪与民间教化的关系。熊术之《嘉靖初期陈凤梧的地方礼治》，爬梳山东、应天相关的公文碑，分析陈凤梧对洪武礼法因地制宜的调整。赵克生《明清乡贤祠祀的演化逻辑》，依据方志与文集，从祠祀规制、管理体制、地方人物祠祀系统等方面，阐述乡贤祠祀的变迁。张焕君《孔庙祭祀与乡村教化——以山西现存乡村孔庙及方志碑刻为中心》，介绍现存乡村孔庙的基本情况，探索当地官吏的态度，并论述这些孔庙对移风易俗、弘扬教化的作用。任慧峰《经义、奏疏与判词：清前期关于继嗣问题的争论与困境》，梳理经学讨论、律令变更与地方要员的疏议，还关注到基层官吏结合礼法、人情灵活判决的案例。

再次，民间社会礼仪文化的研究，依靠民间文献的整理而展开。杨华《酬世文献与中国传统礼制的下移》，从调查、分析民间酬世文献出发，讨论应酬活动与传统礼制的互动，并阐述民间日用礼书与礼制下移的紧密关系。王振忠《太平天国以后徽州祭祀礼仪的重整》，则以徽州抄本《祭神祀祖大例集记》为主要材料。他考证该书作者及吴氏宗族组织，论述书中的祭祀礼仪，还通过歙县迎神赛会观察区域社会的发展史。

最后，儒家礼乐文明在东亚文化圈的传播，借助域外文献的研究而彰显。针对"儒教礼仪对日本没有影响"的观点，吾妻重二《日本近世における儒教喪祭儀礼——『家礼』と日本》，结合日本近世各派学者的著述与丧祭实践，论证朱熹《家礼》对日本思想界的广泛影响。佐藤トゥイウェン《ベトナムの「家訓」文献から見た伝統倫理》，搜集、整理了 119 件越南《家训》，认为其中的伦理要求与中国儒家的礼仪规范、人格理想紧密相关。

此次礼学会议，是国家社会科学基金重大项目"中国传统礼仪文化通史研究"（项目编号：18ZDA021）的一部分。围绕礼学与中国传统文化，话题丰富，可研究的内容十分广泛。正如会议主办方杨华教授在总结中所说，礼学研究已经取得比较丰硕的成果，学术机构和发表园地增加，从事研究的学术队伍壮大，海外汉学界的热情有增无减，研究资料大有扩充，研究的维度和视角大有拓展，礼学研究与中国文明的未来走向关系紧密。这些特点在本次会议中均有充分体现。突破纯粹的三礼文献研究，携手推进涵盖更多学科、更广领域的"广义的礼学研究"，成为与会者的共识。

（作者单位：武汉大学历史学院）

儒家哲学与文化 "儒家心性之学" 学术研讨会综述

□ 李 想

2018 年 12 月 14 日至 16 日，武汉大学中国传统文化研究中心 "2016 年度教育部人文社会科学重点研究基地重大项目 '阳明心学的历史渊源及其近代转型研究'（项目编号：16JJD720014）" 课题组与湖南师范大学哲学系在长沙市联合举办了一场重要的学术大会，会议主题为 "儒家哲学与文化 '儒家心性之学' 学术学术研讨会"。会议共收到来自武汉大学、湖南师范大学、中国人民大学、复旦大学、四川大学、华东师范大学、中国社科院、清华大学、台湾大学等高校和研究单位的专家学者的与会论文 80 余篇，它们以多种视角与方法对先秦以降主要阶段的儒家心性学进行了多层次和多维度的阐释，值得注意的是会议代表明显的年轻化，中青年学者显著崛起，表现出知识的现代化和问题意识的新锐化。可以说，这是一次近年来少见的如此大规模的儒家心性学的专题讨论会，具有里程碑的意义。

心性学是中国哲学的显著特征，中国哲学史的核心内容之一为心性学史，这可以见之于对心性的阐发代不乏人，并且儒学的发展或多或少伴有心性学的转化或深化。会中论文虽不乏综贯的论述，如蔡方鹿讨论了中国哲学史上各家各派的心性学及其基本特征，认为儒家是以伦理道德为核心的心性学，但又吸收了佛道两家的心性学资源；陈中认为孔子两次开示 "一以贯之" 之道，阳明以 "致良知" 作解，表明阳明把握到孔子的心性学为性命天道一如之学，而孔子高弟之不能解，则反映出性命惟艰与信仰沉沦，此来亦非一时一世，西方哲学自黑格尔时代以后逻各斯中心的消解，呈现出犹如庄子所感叹的道术为天下裂的态势，近世东方外患内忧同在，陷入对正面意义的彻底否定，然而性命惟艰与信仰沉沦的自觉非悲观论调，而是生生不息积极勇猛力气的表现，君子为之求诸己而有圣凡之战与重归本心的自我救赎。但更多的是专人专题的讨论，由于与会论文较多，现分为先秦儒家的心性学、象山心学（包含宋代理学）、阳明心学及其后学和现代新儒学等模块，依序对心性学方面的文章进行简要的介绍。

先秦时期的心性学为儒家心性学的创始期，张京华反省中国哲学史的叙述，认为哲学（心性之学）应以《尚书》的 "人心惟危，道心惟微" 为肇端的标志，认为古今有关心性的讨论，几乎不外乎人心危、道心微的命题范围，并主张依照学术史，心性学的渊源应上推至尧舜和三代。刘乐恒发掘孔子的 "心学"，旨在以此作为儒家心性论的源头，认为孔子以心论仁，仁心感通中对仁的自觉本于心的自觉，孔子大概主自然人性论，虽然它有向告、孟、庄、荀发展的可能，但还是与孟子的人性论关系最为相得，其博文与约礼是一种 "心学" 意义的修养工夫论。邓名瑛认为《中庸》的道德工夫以诚和中作为其形上基础，人性与天道相贯通，含着自然、社会和宗教三层意涵，并论述《中庸》初步解决了道德工夫的可能性和必要性问题，以及道德工夫所包含的路径、原则、基本方法与环节和保证等系统内容，阐发其现代启示。张晚林认为人性并非物质性存在，而是存在论意义上的超越绝对的存在，孟子的人性论契合着天，承认人为宗教性的存在，由性善讲到心之四端蕴含着 "宗教动力学"，即人有宗教性至善的祈向、愿力与禀赋，人性恶意味着人性随境迁移不能自我作主、自我立法而祈向 "天"、至善，就此而言荀子所持为性恶论，人性只有性善论和性恶论，欲由性恶论而求善，必然暗含着一条通向性善论的隐线，否则善即不可能。刘永春认为孟子所主张的 "一本" 就是指人生而就有的恻隐之心，恻隐说与墨子的简爱说本质上并不相似，它本身即呈现为有区分的爱，不存在刘清平所论的 "一本" 原则与恻隐说的冲突，也意味着刘清平认为孟子的恻隐说存在深度悖论的论断不能够成立。李景泽试图用生物进化论、基因科学和博弈论等新工具来审视孟子的性善论，认为达尔文的进化论思想支持孟子的作为人的本能的 "四心" 说，但在动物是否有 "四心" 上有所分歧，进化心理学和基因能帮助解释亲子之情和亲缘之情，进化博弈论则提示善恶更多的是一种不同条件下的选择策略，现代进化心理学并不是先天决定论者，主张先天是内因，但欲由人性来实现社会理想的教训是："所有的乌托邦都是地狱"。彭婷认为孟子并非以善论性，而是从根源与实现两方面由性论善，四端之善心为人的类生命意识在个体内心的不同体现，孟子论性的第二重意涵是要人通过反求与扩充四心察知与充养其类群生命意识、实现类群之个体生命的价值。王兴国认为荀子的人性论是性朴、性恶和性伪动态辩证的三元一体结构；性朴是就材朴而论不能有价值的判断和主张，性朴论进入群与社会，则必然表现出性恶，人性恶得到克服与改变即为性伪；既有先天的遗传的自然本能性及表现于社会中的恶，还有后天的 "伪" 性，表现于社会礼法之统中的善；"伪" 与 "天心""认识心""识心" 相关。林桂榛认为孟子就天论性，就伦理言天人性命，就价值信念言天道天德与人命人性，持性本善、性已善论；荀子持性朴论，就材言功能之性，就性言伪，就伪言礼义教养与礼法约束。陈民镇论述了清华简《心是谓中》首章的心论与《荀子》最为契合。

象山心学是宋明理学重要的组成部分，象山认为其学乃是由读《孟子》而得，可知其学也是对先秦儒家心性学的继承与推进。欧阳祯人阐发《荆州日录》中基于 "心即理" 的 "大惧大疑" 的质疑与批判精神，认为它具有方法论和思想史、文化史意义，无论对古代的科场还是现在的学界官场都深具批判的意义；象山的 "道外无事，事外无道" 是对 "天即理" 的批判转进，下启阳明的 "致良知" 之学；象山 "艺即是道，道即是艺" 是 "文以载道" 的极端表述，其目的还是礼乐教化，虽不乏独特之处，承认 "艺" 在人学中的地位，但不可能见出孔子独立于专制主义的自由人格，有取消 "艺术" 独立性之嫌；这反映出象山的复杂性和特殊价值。肖雄诠释了象山的 "工夫论诠释学"，表明价值引导的因素即"求血脉"参与到诠释中，而工夫境地的不同也使诠释有异。何静论述了杨简的彻底的心本论，此心相当于阳明的心之体或良知，故而杨简有"毋意"（不起思议）的工夫论，构成"心—毋意"的结构，他的工夫论受到佛学的启示，反对程朱的格物说，主张格物即是毋意、不起意，对阳明的工夫论、本体论、"四句教"和《大学问》等有所启迪。汪银阶、刘辉兵和龙永芳对郭店简心性学和象山心学进行了比较研究。陈强和邱蓉分别阐释了象山德育问题以及心性思想和当代教育的关系。在朱子学方面，王心竹认为朱熹以佛"理"之"虚"是"空"中无儒家义理，又以其心统性情批评佛家误识心性，甚至视心能起灭天地即将心本体化为性，但又对佛学的"识心见性""无情有性"和真心妄心说有吸收，总之，对佛教心性论，朱熹既批评佛教破坏人伦秉彝，又吸收了佛学中的形上学趣味和方法。陈畅以理学道统论审视理学义理建构及其政教机制，朱子道统论不仅仅源于与佛教竞争，主要是回向"三代之治"政教理想的产物，理学家的历史叙事表明他们把性理作为礼乐制度的基石，从而达到礼乐秩序与个体道德在性理层面统合为一体，道心人心说表明性理学本身蕴涵着个体性与公共性的恰当平衡结构，要重构日常生活的公共性（神圣性）。陈晓杰认为朱熹将"天地之心"理解为天地生生不息的运作，此"心"为比喻义，而非真有实体之"心"，亦不能等同于"天地之理"；天地之"生生不已"为"一元之气"的流转，预设了"天（地）—创生—万物"的结构且以天为根源性的存在，此过程又非全然是自然主义的性格，进而言之"天心"相比于"天地之心"其含义则较宽泛；人与物"各得夫天地之心以为心"思想，既指万物得"天地之理"，又表明万物在现实世界的行为就是"天地之理"的展现。陈仁仁论述了宋儒及此后学者对"复见天地之心"的心性学内涵的阐释。王广从理一分殊角度论述朱子的人性论，"性之本"为"理一"，纯粹至善，而"气质之性"为"分殊"，有善有恶。张万强、吴晓东和洪明超、文碧方分别对王安石的人性思想和程伊川的心性论结构有所揭示，高晓锋和邹啸宇分别对湖湘学派胡宏的心性论和外王学进行了阐发。

  阳明心学及其后学是儒家心性学的一个高峰期，此论题的会议论文也最多。邹建锋考察了"阳明前学"中黄润玉、薛瑄、吴与弼、陈真晟和陈献章及其后学的心性学演变，吴与弼偏向的静中体验意思到陈献章则形成一股新的学术思潮，至陈的弟子林光、张诩更是把主静之学推进到更精深的地步，湛若水则将主静之学与宋代经学融合，开出偏向博文约礼的学术形态；可以说，"阳明前学"开启了良知学的繁荣发展。黄晶将认为有意向性特征的感受与不具有意向性特征的感受状态不同，感受所指向的意向对象是价值，感受的认知功能不是对"物之什么（was）"的确认，而是对价值的感触，即感受与感触为对同一过程的不同描述，阳明的知行合一为心灵与事物的会面引发了心动，对事物的知见而引发心灵的某种感受或情绪，其中事物为承载着某种意义的东西，意味着"知"与"行"之间是严格的意义对应关系，它以意义与心灵状态的本源关联即理为基础，知行隔断并没有切断此关联。朱小明认为阳明心学中作为心之本体的良知无善无恶，其发用为意念则有善有恶，只有本体论的善，无本体论上的恶，恶是善的偏离和异化，基督宗教神学也认同人性的本然之善、人性的迷失和人性的回归，上帝及其命令是善的根源，对此的偏离为"罪"，但儒学强调成圣成贤的道德潜质内在于每个人的生命自身，基督教彰显人对于恶的无力感以及由此滋生的对上帝的绝对依赖感，儒耶不存在精神本质的差异，应该在它们的对比中发现更为客观真实的人性论。邓国元认为"天泉证道"中有三种观点，即阳明的"四句教"、钱德洪在"定本"前提下对"四句教"的理解，以及王畿提出的"四无说"，王畿语境中的"四有说"并非指钱德洪对"四句教"的理解，而是指阳明的"四句教"，为对阳明"四句教"的一种特别"措辞"；王畿所谓"四无说"乃"从无处立根基"的"正心""先天之学"，"四有说"为"从有善有恶上立根基"的"诚意""后天之学"。彭树欣认为刘元卿接受了江右学派、浙中王学、泰州学派的影响，尤以耿定向的影响为最，最终归宗孔孟，他的"一气说"以气作为万物一体的最终根基，其求仁之学则发挥仁的体用一贯、"仁根于心"的"不容已"和孔子开启人的本心之仁术之巧，建立四端充达说的工夫论以辟佛和矫后儒之弊，并对理欲关系和格物说作了新的诠释，化解天理人欲的矛盾，确立格物说的本体论即诚体或独体，建构了全面而系统的可以视为其哲学思想的总纲的体用合一论。张昭炜介绍吴应宾的生平与著述，阐明其著《宗一圣传》对"有无之辨"的批评和救正。焦堃考察王阳明的传统策略，认为阳明有意识地利用其身份地位吸引学生，聚徒讲学，支持书院等，面向社会各个阶层传道，但其弟子还是以中下层士人为主体。程海霞论述了阳明心学在三年悟道之"中期"的发生过程和形态。邢起龙以心灵哲学框架与范式诠释阳明心学的成圣心理机制与途径。郭坦论述了王阳明从善之源、善之端和成善工夫等方面对孟子性善论的发挥。对于明末理学，胡栋材考察明清之际儒家的人性论及其伦理学的新进展，认为程朱理学人性论的二元论范式，基本上以"习""气"为"性习之辨"论域中的负面因素，陈确的"变化习气"论和"慎习则可以复性论"、王夫之的"习与性成"论以及"性者天道，习者人道"论和颜元的"习染"论以及"习行论"，否认义理之性和气质之性的分判，重视"习"的积极意义，肯认道德主体的感性需求在人性实现过程中的重要性，由"性习之辨"的重省可见儒家传统伦理现代化的内生动力。杨柳岸和樊鹤平分别对王夫之的"四端为情说"和"理欲合性说"作了阐发。

现代新儒学认为心性学为儒学的基础内容，将心性学推进到一个新的高度。万国崔认为熊十力、唐君毅和牟宗三，在吸纳或生发民主、科学的新主题，汲取西学的某些方法、概念以及框架的基础上，以"心性"理解道统之"道"，基于"道"或"教"的层面、并注重道统思想的宗教功用来创发其心性道统论，其特征为明言道统、道观内圣宗教化（立足宗教言道统）、神化孔孟推崇宋明和返本开新的外王说等。谢远笋从"自我""国家"和"中立性原则"三方面探究了牟宗三的政治哲学与社群主义、自由主义的异同。张俊考察了牟宗三"新外王时期""佛学时期"和"康德译注时期"对分别智与圆融智的反思、分判与融通，且将其融铸自己的哲学体系建构之中。刘风雪论述了熊十力在《读经示要》对《儒行》的诠释所体现的经世思想和以天下为己任的担当精神。

另外，会议论文还讨论了其他时期与领域的相关议题，如肖航论述了《白虎通义》中的"心"，王琦考察了董仲舒的人性论建构，郭晓丽分析了倭仁《为学大指》的身心修养观，周欣论析了朝鲜时代韩元震《近思录著说劄疑》的心性义理思想，问永宁阐发了伊斯兰哲学对蒋湘南的深刻影响，等等。

由此可知，与会论文对儒家心性学这一专题的讨论涉及多视角、多方法、多层面，尤其对先秦儒学和宋明理学中的心性学的讨论比较充分，重新审视了儒学中的人性及其善恶等核心问题，也关注到出土文献中的心性学。对儒家心性学讨论得如此深且广，为近年来所鲜见，表明儒学心性学这一古老的资源依然富有鲜活的生命力，深受学人的关注，昭示着儒学心性学新的历史发展机遇。

（作者单位：武汉大学国学院）

"明清以来的社会结构与社会变迁"学术研讨会综述

□ 仇慧君 李 成

2018 年 12 月 1 日至 2 日,"明清以来的社会结构与社会变迁"学术研讨会在武汉大学振华楼举行。此次会议由武汉大学中国传统文化研究中心和武汉大学历史学院共同举办。来自北京大学、南开大学、中山大学、复旦大学、浙江大学、武汉大学等高校及科研机构的 50 余位学者,围绕"明清以来的社会结构与社会变迁"主题,从经济史、城市史、政治制度史、社会史等多角度展开,进行了深入讨论。现将有关论文观点加以整理归纳,扼要介绍如下。

一、经济史

经济是社会发展的命脉。有关明清以来国家与地方财政政策的变化等,引起许多学者的关注及思考。

云南大学李园在《从钞立财入到钞衰财竭、钞银易位:明代财政危机形成的货币思考》一文中从财政与货币的关系角度出发,讨论明代中期的财政危机:一方面建立在宝钞基础上的国家货币制度崩坏,国家货币白银化,另一方面又面临国内白银供给不足的严重问题。

湖北省社科院陈新立《州县官的银两:清代田房税契与地方财政关系浅探》一文探讨了长期不受理财者重视的田房契税,在清代被地方官利用,于体制外建立起地方非正式经费体系。认为晚清时期,地方督抚势力崛起,整顿契税、提高税率,使田房契税逐渐成为地方财税收入之大宗,并迫使清廷从轻税制转向重税制。

华中师范大学郑成林、李升涛《清代后期四川场市的管理机制与权力关系——以南部县为中心的讨论》一文以清代后期四川南部县为中心,分析了场市的管理机制与权力关系,将南部县场市实行的"场头、客总负责制",概括为"县域公产分享机制"。场头、客总按照"民呈官批"的形式产生,民间社会议定场头、客总人选的过程,就是场市相关利益方对场市管理权的划分过程。场头、客总负责制勾连了市场层级与行政层级,其外部形态是以经济联系为基础,政治联系为保障的权力体系。

江西省社科院庞振宇《清末商办铁路的困局——对江西咨议局议员审议南浔铁路议案的考察》一文借助清末南浔铁路议案审议过程中江西咨议局议员的不同态度，来揭示咨议局内部的分化。南浔铁路的修筑，反映了在近代化道路上艰难前进的中国在利用外债和维护主权上的两难困境，而这种困境直接导致了咨议局的内部分化。

晋商博物馆孟伟等《城市与城市的金融关联：同治年间上海与京师之间的汇兑——以蔚长厚票号上海分号通年总结账为重点》一文通过分析蔚长厚票号上海分号通年总结账，揭露了清末上海与京师之间的金融联系。在对山西票号账簿等大量民间文书的量化分析基础上，指出所有山西票号分号的增设和收撤都始终贯彻的原则是：尽可能地形成独立自我的"闭合循环"，实现白银货币的"收交平衡"。

武汉大学罗凯《辛亥革命后湖北官钱局之清理》着重论述辛亥革命后，中央与鄂省为恢复湖北官钱局革命之前兴盛局面采取的种种措施，包括选派总办、统筹全局，清理官票、维持信用，理查债务、厘清纠葛以及筹谋将官钱局改组为现代银行，但终未能挽救官钱局颓败的局面。

南昌大学杨福林《抗战时期国民政府外汇流出管制述论》一文梳理了抗战时期国民政府外汇管制政策，认为国民政府外汇流出管制先后经历了通过限制法币提存、外汇购买审核、限制商品进口、国际合作封存国内外资金等四种方式，呈现出渐进的演变过程。外汇管制虽对维护金融稳定、蓄积力量支持抗战等有一定意义，但在一定程度上维护了英美的利益，也在客观上为日本套取外汇提供了便利。

市场在社会经济发展中扮演着重要作用。丽水学院林源西《市场、政府与农业生产结构的变迁——以民国以来浙江省松阳县为例》一文，结合民国以后浙江松阳县农业生产结构变迁，说明了农作物选择对农业生产结构的影响，而市场和政府又是影响农民农作物选择的关键因素。

贸易也是促进经济交流和发展不可或缺的因素。武汉大学刁莉、王敏芬《北路贸易中的旅蒙商与旅俄商（1727—1911）》一文一反以往将"俄蒙商人"作为商人群体进行研究的传统思路，认为应对旅蒙商与旅俄商两种商人群体有所区分，二者在交易程序、交易方式、商品种类及交易公平性上的都有异同，并以"第一大旅蒙商号"大盛魁为切入点进行个案分析，指出清廷的边疆政策是导致两商人群体贸易行为差异的重要原因。

二、城市史

城市近代化转型、城市市政的发展、城市之间的相互联系以及城市公共空间等问题亦是学界关注的焦点。学者们以武汉为切入点，深入讨论了清代以来武汉的城市发展情况。

湖北省社科院潘洪钢、江汉大学潘浩《清代商品经济发展与武汉三镇合一》一文以经济因素为主线，突破武汉城市史研究中汉口为重的传统观念，阐明清代以来商品经济的发展过程中武昌、汉阳的重要地位和作用，商品经济的发展促使武昌、汉口、汉阳之间的联系日益密切。

江汉大学方秋梅《市政发展与近代中国城市社会结构的变迁初探》一文注意到市政发展对近代中国城市社会结构变动的影响，市政建设的开展促进了城市社会群体的新陈代谢、促进城市商人社会地位不断发生变化，市政管理的革新导致市政管理人员的结构性变动。

江汉大学罗翠芳《民国中期汉口自杀、公共卫生与疾病问题之考察》一文运用量化分析的方法，统计分析 1928—1936 年汉口市的自杀情况，包括自杀者的籍贯、年龄、职业、性别以及自杀的方式、原因，亦对汉口的公共卫生问题以及疾病问题进行了计量分析。

湖北大学刘文祥《武昌城市格局的近代转型》一文从防洪水利工程的修筑、交通建设以及武昌城垣的拆除等三个方面，论证了武昌地区城市格局的近代转型。

江汉关博物馆陈玥在《中国城市地权建构的路径选择——以清末武汉后湖清丈为案例》一文中，讨论清末对"官荒"地国有与私有的定性问题，透过清末武汉后湖清丈案例，分析其性质从国有到私有的转变，揭示了近代城市地权建构中国有与私有的博弈过程。

三、政治制度史

政治制度史是传统史学研究的中心话题。

复旦大学张海英所作的报告《明清商帮发展的制度因素探讨》从政治制度角度梳理了明清商帮发展的原因，商帮兴起于明中后期，明清政府的相应政策是一个商帮崛起不可或缺的因素。一方面，由明至清，政府工商政策趋向宽松，且颁发了一些保护商人利益的恤商法令，提供了比较有利于商业发展和提高商人地位的社会环境；另一方面，商人地位也逐步得到提升，商人可以通过科举考试步入仕途，同时捐纳制度更为商人入仕提供新的捷径。

延安大学梁曼容《明代宗室法律地位的上下分野与宗室法律特权的有限变动》一文认为虽然宗室在明代法律上确实是拥有特殊地位的群体，但其内部已经出现分化，宗室的法律地位因爵位高低发生分野，亲王的法律地位自始至终都没有变化，相比之下，郡王、将军而下宗室的法律地位却有所松动。

武汉大学龚世豪《明代官员乘轿风尚论析》一文从明代官员乘轿制度、官员乘轿风尚、朝廷应对措施及乘轿风尚之影响等四个方面分析得出，与乘轿风尚相比，乘轿制度具有一定的滞后性，至明后期，制度僵化，由乘轿而引起的僭越礼制愈演愈烈。

中山大学胡宸在《制度设计与"意外后果"：明代"官搭民烧"的制度性考察》一文中借助"结构化"理论，突破传统资本主义萌芽思维，从政治角度考察明代景德镇"官搭民烧"制度，得出官搭民烧并非先进的生产关系取代落后的生产关系的必然结果，而是社会结构化的"意外后果"。

湖北省社科院朱晓燕《宫廷与地方：以康雍乾时期清宫御用玻璃厂为例》一文对清代玻璃制造宫廷与地方系统进行系统分析，在具体玻璃制造过程中，宫廷与地方相互联系，但起决定作用的仍然是皇权，皇帝的个人审美观和价值观对工匠成造活计起到了决定性的影响，通过控制工艺生产环节和单向、自上而下的分配，实现皇权在物质生产领域的绝对化。

武汉大学仇慧君《清代的地方基层组织变革——以"字号"为切入点的考察》一文讨论明清以来出现在里甲、保甲、乡地（约）等基层行政制度中的"字号"，已经超脱鱼鳞图册字号所仅有的"编排土地次序"的意义,而衍生出介于最底层行政单元"村"和县之下"里",将户口编排与赋役催征结合起来的一种行政单元。

武汉大学李成《清朝奉祀生制度初探》一文梳理了清代奉祀生制度,指出奉祀生的定义、类型、职责等,并以桐城张泽奉祀生为例,说明制度的实态与制度的运行有很大出入,清代规定的奉祀生呈请、承充制度在实际执行过程中产生很多新的变化,清廷又不断默认这种变化。

四、社会史

明清以来的地方社会日益受到学术界的重视。

河北师范大学张昂霄《从"盗贼渊薮"到"科举之乡"——明清时期广东程乡(嘉应)社学建设与地方秩序》一文探讨了明清社会与地方社会的关系,明清两代程乡由"盗贼渊薮"到"科举之乡"的转变过程中,社学扮演着重要角色:一方面,社学的内容由风俗教化逐渐向科举取士靠拢;另一方面,社学的设立也不再是官方的单方面行动,而得到了基层社会内部的有力配合。

武汉大学王汉东《清中晚期县级官文书的解读与地方社会变迁——以安徽西河古镇宪谕、宪示碑刻为中心》一文对晚清安徽西河古镇的碑刻进行解读,兼论西河集镇永安堂、泽及堂的建成与产权归属争讼,并在此基础上分析了宪谕产生的行政流程。

上海理工大学刘振华《"武化"与"匪化":近代豫西南社会生态演变及影响》一文考察了豫西南在民国时期因传统社会秩序崩坏,地方精英与普通民众在追逐社会权利和社会财富过程中逐渐呈现"武化"与"匪化"的特点。在此过程中,地方精英出现分化,一部分因为掌握地方武装而成为地方势力的控制者,另一部分则囿于传统观念而失势。

浙江大学庞毅《地方脉络下的庙产兴学研究——以长沙陶公庙为例(1905—1924)》一文从地方能动性视角出发,以长沙陶公庙为个案,分析了地方社会在庙产兴学过程中的能动性,一定程度上打破了国家政府借庙产兴学来挤压社会资源推行现代化,进而控制地方社会的企图。

信阳师范学院孙兵《清咸同年间山东州县团练抗粮抗官活动与官府应对——兼与"团练势力极度膨胀"说商榷》一文对孔飞力等学者提出的"团练势力崛起"等观点提出异议,以清咸同年间山东州县的团练抗粮抗官活动为例,认为各地团练权势扩张也自有其限度,多数民团对于官府威权多有妥协性,其对于清朝统治的威胁和负面影响应该也是有限的。

武汉大学贾勇《书院与地方社会关系研究——以明代汉江流域为中心》一文利用汉江流域书院数量与进士数量的量化分析,来探讨书院与地方社会的关系。认为在汉江流域,书院业已成为地方人才培养的重要机构,并通过教学、讲会、祭祀等活动,日益成为地方施行教化的重要场所和推动力,同时,与当地社会保持着良性互动的模式,也为教育事业与地方关系提供了有益借鉴。

胥吏、宗族是地方社会所关注的两个重要群体。

南开大学常建华所作的报告《清乾嘉时期湖北保甲职役新探——以刑科题本为基本资料》以清代刑科题本为基本史料,指出清乾嘉时期湖北的保甲仍持续占据绝对数量,社会职役呈现保甲化与统一化的特色，这与江西等省份社会职役"地保化"不同，或是由于保甲制的普及以及作用较为突出所致。

复旦大学冯贤亮所作的报告《地方、家族与社会：明清之际魏塘钱氏的姻亲网络与政治变动》构筑出明清之际嘉善魏塘钱氏的婚姻网络，以及明清之际钱氏族人的生存状况，深入探讨 17 世纪中叶中国社会的变化和地方政治，从更深层次揭示出地方、家族与社会的关系，揭示了整体历史变动以及"地方"与"全国性舞台"应该存在的互动表现。同样是对宗族婚姻网络的考察，泰山医学院李园在《浅析明代中后期山陕商人家族的婚姻》一文中梳理了明代中后期山陕商人的婚姻网络，其联姻方式包括且不限于官商联姻、商商联姻，乃至世代联姻，商人借以通过联姻来提升自己的社会地位，逐步参与到国家的政治生活中。安徽大学张绪《一个手工业家族的历史变迁：清代芜湖濮氏家族再研究》一文则以安徽芜湖濮氏家族为例进行了长时段考察，濮氏于清康熙中期创立"万兴"钢坊，晚清受西方机器工业的冲击而衰落，其兴衰过程展示了中国传统手工业在近代西方工业文明影响下的历史变化；同时濮氏家族仍然积极追求科举入仕，并积极参与地方公益慈善事业，体现了中国传统社会文化对于个人以及家族发展与变迁的历史惯性。

北京大学赵世瑜在其报告《多元的标识，层累的结构——以太原晋祠及周边地区的寺庙为例》中引入"礼仪标识"的概念，以太原晋祠及周边村庙这些礼仪标识为线索，展示华北地区长程历史复杂性和多元性的一个面相，通过勾勒晋祠及周边村庙的变化轨迹，认识这一地区结构过程的差异性。

除上述之外，武汉大学张建民《贫富相须与保富救荒：传统社会后期贫富观的新动向》一文关注传统社会后期贫富观的转变问题。认为当下如何有效、充分发挥富户救荒的作用及与国家荒政间的关联等问题成了新的话题，提出宋代以前的均平、抑富右贫倾向在此后发生了显著的变化，并在救荒、济贫等触及社会变革及社会控制层面的问题提出了新的见解。

武汉大学王美英《孙宝瑄的阅读实践与思想转变》以孙宝瑄读书实践为切入点，以《忘山庐日记》为史料，考察清末民初士人群体思想转变的过程以及在新思想与旧制度之间挣扎的思想转变历程。同样是对近代人物的考察，湖南省社科院杨乔《魏光焘对近代教育的贡献》一文则以晚清名臣魏光焘在各地实施的与教育相关举措为研究对象，在其任甘肃、新疆布政使，陕甘、云贵、闽浙总督等职上，通过创建新式学堂、派学生赴日本留学、推广舆地教育等措施，为近代教育的发展作出重要贡献。

南昌航空大学廖声丰等在《民间文献：清代山西茶商的茶规及其学术价值浅论》一文中以清代山西茶商为例，在肯定《茶叶规程》这一特殊性民间文献的重要价值及学术意义的基础上，对民间文献"茶叶规程"进行了细致解读。认为现存的"茶规"则用最原始的"记录"给出了"历史真实与细节"，对于中国经济史的创新与整合来说，其中蕴含的方法论意义，值得重视。

南昌大学廖艳彬等《传统延续与近代转型：民国江西泰和县槎滩陂水利社会的演变》一文透过对江西泰和县槎滩陂水利系统的个案，展示出民国时期槎滩陂水利社会的传统延承与近代变革的双重特征，尤其是近代化转型，"官民合修"体现国家管理近代化转型的努力及其向地方社会渗透的缩影。

湖北省社科院朱隼婧《1912—1937 年上海书刊编辑群体工资状况研究——以商务印

书馆、中华书局为中心》一文聚焦于 20 世纪 20 年代民营出版业的发展情况，以商务印书馆与中华书局的编辑群体为中心，探讨学历、社会经验、专业知识对 1912—1937 年上海编辑群体薪资差异产生的影响。

　　总体而言，本次研讨会既集中诸多著名学者，也有一批近年来崭露头角的青年学人加入；在研究内容上，涉及经济史、城市史、政治制度史、社会史等多个方面，也广泛运用了新方法、新史料、新理论。会议的成功召开，将对明清社会经济史的学科建设起到一定的推动作用，亦能为国内相关研究领域提供有益借鉴。

（作者单位：武汉大学历史学院）

武汉大学中国传统文化研究中心大事记（2018年1—12月）

□ 李小花

1月

10日至11日，吴光正参加中国宗教文学史审稿会。

29日，郭齐勇在腾讯北京总部大楼演播厅应邀演讲《修己安人与重开王道》，由腾讯儒释道频道直播，后来视频经整理挂上。

31日，郭齐勇应邀在国家图书馆演讲《儒家的乐感文化与忧患意识》，此为北京大学与国图共同主办的"孔子、儒学、儒藏——儒家思想与儒家经典 名家系列讲座"之第10讲，最后一讲，有近200名听众。

本月，冯天瑜《封建考论》《中国思想家论智力 上古神话纵横谈》由湖北人民出版社出版。

2月

2日，郭齐勇在汉口应邀为武汉市百多名高中语文教师演讲《中国优秀传统文化》，由接力图书公司承办。

3月

8—12日，吴根友访问日本东北大学经济学部、人文学部，分别做了《对罗尔斯两个正义原则的反思》《庄子〈齐物论〉中"坐忘"一词新解》两场报告。

18—23日，吴根友访问英国阿伯丁大学孔子学院，作《〈庄子〉内七篇与海德格尔的生死观之比较》演讲（英文演讲，王爱菊现场翻译）。

22日，周荣赴南京大学仙林校区参加"全国高校图书馆古籍保护与整理工作研讨会"，以南京大学和武汉大学图书馆所藏古籍珍本为例，作了题为"重视高校图书馆馆藏珍本的学术价值"的发言。

22日下午，人文社会科学研究院院长王培刚、副院长马淑杰、平台处副处长陶军等一行五人前来调研我中心发展建设情况。

王培刚院长一行先后考察了我中心的科研室、资料室和办公室等，并与我中心的杨华主任以及储昭华、余来明、曾晖副主任进行了交流，了解中心的建设情况和发展需求，研究和讨论中心未来的发展方向。中心领导对近期的工作进行了简要汇报，列举创新举措，谈论今后努力的方向。社科院领导表示，中心新的领导班子要充分利用已有的优势，调动专兼职人员的积极性，营造良好的文化氛围，提升中心的影响力，力争打造一个文史哲教学与研究的大平台。

23 日，郭齐勇应邀在孝感生物工程学校大报告厅为孝感市中小学教师等 300 人演讲《国学、经学概论》。此为国学知识培训首讲，由华中师范大学教育学院与孝感市教育局主办，武汉大学国学院为学术支持单位。

24 日，郭齐勇应邀在孝感生物工程学校报告厅为孝感市中小学教师 150 人演讲《诸子学、儒学导论》。

29—30 日，吴根友在安徽师范大学文学院做了两场报告，一是对教师的，《如何提高国家人文社科课题的命中率?》二是对学生：《我是如何走上哲学之路的?》

31 日，胡治洪在湖北省孝感市作讲座：《儒家传统的源流、内涵及其真精神》，听众为孝感市中小学教师。

4 月

2 日，中心召开基地重大项目进展报告会。陈文新、谢贵安、欧阳祯人、任放、周荣等五位项目负责人，分别从科研团队建设、科研成果发表、科研经费使用、相关学术活动开展等方面，对各自承担的项目进展作了报告。各项目自 2016 年 12 月获批立项以来，在科研团队建设、科研成果发表等方面都取得了长足进展，已举行了"科举制度与中国文化暨第十五届科举制与科举学国际学术研讨会""2017 年象山心学学术研讨会"等颇具影响力的学术活动，还创办了《阳明学研究》等学术刊物。

8 日，中心举办"哲学史与思想史背景下的阳明学通史"工作坊。这是"阳明学文献与思想"第一期工作坊。本次会议由中心张昭炜副教授召集，中国社会科学研究院、湖北大学、中南民族大学等高校和科研机构的十余位师生参加了本次工作坊，就与阳明学有关的思想史与哲学史两大课题展开了深入讨论。

10 日，周荣赴厦门参加"第二届海峡两岸佛医论坛"，提交论文《大医禅师游化问题诸异说述论》。

14 日、21 日，郭齐勇在本校星湖园应邀为浙商银行南京分行中层干部班演讲《领导人修养与中国管理智慧》。

14 日，杨华为孝感中小学教师师资培训班讲授《礼制与中国传统文化》。

16—20 日，周荣赴台北参加"第六届古籍保护与流传学术研讨会"，发表论文《地方文献在明清佛教史研究中的价值》。

20 日，杨华在武汉市社会主义学院参加"中华文化与民族复兴高端论坛"，与华中科技大学欧阳康进行对话。

22 日，郭齐勇在荆州出席湖北省中华文化促进会主办的"智者大师文化论坛"，作大会主题演讲:《智者大师"观心"思想的现代价值》。

25 日,周荣在湖北省图书馆与阳海青老馆长共同主持"荆楚文库方志编学术价值及编纂体例研讨会",会间作了题为"佛教方志和地方志中的佛教文献"的发言。

27 日,陈伟在中南财经政法大学法学院法律文化研究院讲座《岳麓秦简法律文献的学术价值》。

27 日,胡治洪在湖北省孝感市讲座:《全球语境中的儒家论说》,听众为孝感市中小学教师。

27 日,吴根友在长江大学文理学院讲座,主题是:国学基本精神与当代大学生人格修养。

28 日,郭齐勇在湖南大学岳麓书院出席该院主办的"比较宗教与哲学工作坊"第一期"天命与上帝:中西比较与儒耶对话",发表《中国哲学与中西哲学比较》。

本月,中心制定《武汉大学中国传统文化研究中心科研奖励办法》,以提高中心科研成果的质量和档次,推动中心学科建设和科研事业持续、稳定、健康发展,加快人才队伍建设,扩大中心影响力。

张昭炜编校《易余(外一种)》由上海古籍出版社出版。

5 月

3 日,杨华在武汉市社会主义学院为武汉市民主党派干部高级研修班学员,作了题为"中国传统文化与国家文化软实力建设"的讲座。

4 日,吴根友在湖北经济学院思政部讲座,主题是:国学基本精神与当代大学生人格修养。

4 日,吴根友参加哲学学院的禅宗国际学术会议,提交文章《净慧的佛经解释学思想》。

8 日,陈伟在吉林大学古籍研究所作讲座:《〈史记〉之表新考》。

9 日,杨华为湖北省民宗委天主教修女培训班作了题为"儒家礼仪制度及其现实意义"的讲座。

9 日,吴根友参加北京高等人文研究院"精神人文主义"工作坊。提交发言提纲:"精神人文主义如何安顿多元文化?"

11 日,郭齐勇应邀在南京大学哲学系演讲《中国哲学的特色》,该校百多名师生听讲。

11 日,吴根友在上海交通大学人文学院哲学系讲座,主题是"技术·真理与乌托邦——道家'道技'思想的现代启示"。

12 日,吴根友在上海交通大学法学院,与高全喜对谈,主题是"道家政治哲学对话"。

12 日,薛梦潇在云南师范大学、云南大学分别作题为"早期中国的时间大一统"与"先秦秦汉的时间秩序"的报告。

13 日,郭齐勇在武大哲学院应邀为复旦大学哲学院办的企业家国学班演讲《现代哲学家熊十力的思想》。

19 日,郭齐勇在北京大学高等人文研究院出席"首届精神人文主义"工作坊,发表

《杜维明精神人文主义的新贡献》。

20 日，郭齐勇应邀在北京三智书院演讲《〈周易〉经传的智慧》，系第 33 期一介讲堂公益讲座，近百名市民听讲。

24—26 日，吴根友赴韩国首尔参加韩国语文学会学术会议，提交大会主题发言文章：《"意义"能对"力量"吗——中国传统人文经典的当代意义》。

26 日，郭齐勇应邀在红安天台寺为数十名僧人居士等演讲《道不远人，弘扬乐教》。

26 日，胡治洪在武汉市中华文化学院讲座：《中华文化与中国禅宗》，听众为湖北省中华文化学院、武汉市中华文化学院、武汉大学、华中师范大学师生。

26—27 日，姚彬彬应邀参加台湾玄奘大学宗教与文化学系主办的"传统、现代与后现代——第十六届'印顺导师思想之理论与实践'"学术会议（台湾桃园），提交论文《"人间佛教"概念成立与日本"佛陀人间论"之关系考》，作会议学术报告并担任小组讨论召集人。

本月，郭齐勇《中国文化精神的特质》由生活·读书·新知三联书店出版。

6 月

6 日，吴根友在浙江大学哲学系讲座，主题是"技术·真理与乌托邦——道家'道技'思想的现代启示"。

7 日，郭齐勇应邀在省政府外事侨务办为数十名干部讲《〈论语〉选讲》。

8 日，卢烈红应河南理工大学文法学院邀请为该院部分教师及全体 2016、2017 级中文专业学生作题为"有关同源词的几个问题"的学术报告，并受聘为该校客座教授。

9 日，郭齐勇在本校弘毅大酒店出席国家文化软实力协同创新中心等主办的"新时代文化软实力建设理论研讨会"，发表《王阳明治国理政的智慧》。

9 日，杨华参加"新时代文化软实力建设理论研讨会"，作了题为"国民素质与国家文化软实力建设：重读梁启超《新民说》"的会议发言，此会议由武汉大学国家文化软实力协同创新中心等主办。

9 日，聂长顺在广东外语外贸大学东方语言文化学院研究生"名师讲坛"作讲座：《作为方法的元田永孚——对丸山真男的质疑》。

9 日，聂长顺在广东外语外贸大学东方语言文化学院研究生"名师讲坛"作讲座：《中日间"革命"概念的往还与变迁》。

16—17 日，吴光正参加华中师范大学"文本世界的内与外"会议，提交论文《陈义高的诗歌创作及其文学史意义》。

20—24 日，聂长顺在德国鲁尔都市孔子学院做题为"'幼儿园'：从德国经日本到中国"的学术报告。

22—24 日，钟书林在武汉大学主办"汉唐写本文化研究"国际研讨会。

22—24 日，吴光正参加武汉大学"汉唐写本文化研究"国际研讨会，提交论文《朱思本的诗歌创作》。

23 日，吴根友组织并参加比较哲学研究中心与哲学学院共同举办的学术会议："'一带一路'与多元哲学、文化之比较"学术研讨会。

23 日，王林伟参加武汉大学哲学学院"一带一路与多元哲学、文化之比较"学术研讨会，提交论文《自律道德：孟子与康德之比较》。

24—27 日，聂长顺在法国巴黎大学狄多罗学院孔子学院作题为"卢梭民约论的东传与中国的回响"的学术报告。

27—30 日，聂长顺在英国阿伯丁大学孔子学院作题为"斯宾塞'社会进化'概念的东传与中国的回响"的学术报告。

本月，冯天瑜《劝学篇》（中华经典名著全本全注全译）由中华书局出版。

郭齐勇、刘强主编，湖北经心书院组编《斯文在兹：两届中国书院高峰论坛论文集》由崇文书局出版。

郭齐勇主编《阳明学研究》第三辑由人民出版社出版。

7 月

3—8 日，吴根友赴德国杜伊斯堡大学哲学系，出席世界青年哲学家圆桌会议，提交论文：《民本与民主思想异同之比较》。

5 日，吴根友在杜伊斯堡大学哲学系参加政治哲学工作坊，主题是："'民本'与现代民主思想之异同比较研究"。

9—10 日，吴根友出席德国特立尔市城市建设委员召开"德中空间的差异性证明：马克思并未过时——纪念马克思诞辰 200 周年的会议"，提交论文：《马克思主义在习近平治国理政思想中的继承与发展》（会议地点：罗伯特·舒曼之家 Auf der JÜngt 1, 54293 Trier）。

10 日，杨华在德国杜伊斯堡-埃森大学孔子学院作了题为"中国传统婚礼及其近代转变"的演讲。

13—15 日，杨华在德国特里尔大学汉学系参加"朱熹与朱子学研究"国际学术研讨会，提交并宣读论文《朱熹与宋代的乡饮酒礼变革：兼论礼制对宋代地方官僚政治的回应》。

16 日，吴光正在呼和浩特参加教育部社会科学委员会语言文学新闻传播学和艺术学学部工作会议，提交论文《元代的族群与文化》。

16 日，郭齐勇应邀在哲学院为珞珈国学大学生公益高端研修营一百二十人讲《四书及其现代意义》。

20—23 日，胡治洪在安徽省安庆市参加"儒学当代开展的路径与问题学术研讨会"，提交论文《儒家文化纵横谈》。该会议由山东大学易学与中国古代哲学研究中心、南京大学儒佛道与中国传统文化研究中心、安庆师范大学马克思主义学院主办。

21 日，郭齐勇应邀在经心书院第 35 场读书会为百多人导读冈田武彦先生《王阳明大传》。

28 日，郭齐勇应邀在星湖园为山东济宁市培训班 60 位学员讲《儒释道三教的人生智慧与心理调节》。

31 日，郭齐勇应邀在江西白鹿洞书院文统重开盛典作主旨发言《道统、正学的意义》。

31 日，杨华担任中山大学珠海分校"历史考古与文明研究生暑期学校"导师，讲授《出土简帛与楚地丧祭礼制研究》课程。

本月，郭齐勇主编《中国哲学简史》由华东师范大学出版社出版。

聂长顺等合著《中华思想文化术语》（第6辑），由外研社出版。

8月

2日，郭齐勇应邀在江西白鹿洞书院讲《中国文化的精神特质》。

2—3日，周荣赴河南汝州参加"风穴寺与汝州文化研究"国际学术会议，提交论文《汝州风穴寺与明清鼎革之际地方文化秩序的重建》。

3—5日，钟书林参加北京大学主办中国文选学研究会第十三届年会暨"百年《文选学》研究回顾与展望"国际学术研讨会，提交论文《萧统与陶渊明的文学史定位——以〈文选〉为中心》。

5日，郭齐勇应邀在鄂州恒大酒店为中建三局干部培训班二百人讲《王阳明的人生与思想智慧》。

8—11日，吴根友出席国际中国哲学会主办，陕西师范大学承办的"和谐与正义：道德实践与社会重建"国际学术会议，提交论文：《从"泛化"的哲学史观考察唐诗中的"自由"一词的多重意义》。

9—10日，郭齐勇在陕西师大出席国际中国哲学会主办，陕西师范大学承办的"和谐与正义：道德实践与社会重建"国际学术研讨会，发表主题报告：《儒家对社会道德重建的可能贡献》。

12—16日，吴根友出席国际哲学团体联合会与北京大学共同主办的第二十四届世界哲学大会，提交论文《中国哲学的新形态与发展趋势》（14号下午发言）。

12—14日，卢烈红应邀参加由河北大学主办的"修辞创造与汉语发展演进全国学术研讨会"，作大会报告《台湾修辞学研究的成就与特点》。

13—15日，郭齐勇在北京出席国际哲学团体联合会与北京大学共同主办的第二十四届世界哲学大会，在"当代中国哲学发展"分场上报告论文：《论中国哲学智慧》。

17—18日，姚彬彬应邀参加中央民族大学东亚佛教研究中心主办的"法藏与东亚佛教研究国际研讨会"，提交论文《法藏〈一乘教义分齐章〉对唯识学思想的创造性诠释》，并作会议学术报告。

18—22日，钟书林参加敦煌研究院主办的2018敦煌论坛："敦煌与东西方文化的交融"国际学术研讨会，提交论文《敦煌遗书P.2555陷蕃组诗研究与唐代开元盛世的边疆格局及唐蕃关系》。

21日，郭齐勇应邀在汉阳中铁大桥局讲《王阳明的坎坷人生与思想智慧》，一百五十人现场听，另有几千人通过视频收看。

24日，郭齐勇应邀在星湖园为浙商银行无锡分行中层干部班二十多人讲《〈礼记〉的哲学智慧》。

24—26日，杨华参加第四届礼学国际学术研讨会，提交论文《民间日用类中的礼学文献》（上海，青浦金泽工艺社）。

24—27日，胡治洪在浙江省绍兴市参加"心学的系谱、精髓和角色"学术研讨会暨中华孔子学会2018年年会，提交论文《〈大学〉朱王之争与熊十力的评论》。该会议由中华孔子学会、浙江大学中国思想文化研究所、浙江稽山王阳明研究院、稽山书院主办。

本月，冯天瑜《月华集》由湖北人民出版社出版。

郭齐勇《中国人的智慧》由中华书局出版。

9 月

3 日，郭齐勇应邀在武汉工商学院演讲《〈论语〉选讲》，两百多名师生听讲。

14—16 日，晏昌贵参加楚文化与长江中游早期开发国际学术研讨会（武汉大学历史学院、国学院，日本东北学院大学，美国加州大学洛杉矶分校主办），提交论文《朋郢考》。

15 日，吴根友赴吉林大学哲学社会学院，参加吉林大学哲学系成立 60 周年暨社会学系成立 30 周年纪念大会。

17—18 日，杨华到北京参加岳麓书院的"国学大典"评奖活动，担任评委。

19 日，杨华参加清华大学经学研究院成立大会（北京）。

20 日，杨华参加编钟出土 40 周年学术研讨会（湖北省博物馆）。

20—23 日，刘国胜参加首都师范大学"第三届简帛学的理论与实践学术研讨会"。

21—23 日，吴根友参加董平主持的秋季辩论赛。

22 日，吴根友参加贵阳孔学堂"'仁爱'与'博爱'，何者优先?"论辩会（董平主持，黄玉顺、罗传芳、吴根友与会）。

26—28 日，胡治洪在山东省曲阜市参加第五届"尼山世界文明论坛"，提交论文《当今人类危机与儒家救治之道》，作大会主题报告。该会议由尼山世界文明论坛组委会主办。

27—29 日，吴根友出席贵阳孔学堂"轴心时代与中国"国际学术研讨会，作为大会主题发言人之一，提交文章《"世界历史"与比较哲学的起点——读雅斯贝尔斯〈历史的起源与目标〉一书》。

28 日，郭齐勇参加新洲问津书院祭孔典礼，宣读祭文。

本月，冯天瑜《明清文化史散论》由湖北人民出版社出版。

张昭炜注释《性故注释》（《理学丛书》）由中华书局出版。

10 月

2 日，郭齐勇应校友会邀请，在老图书馆，于武汉大学 1994 级校友毕业 20 周年返校大会上演讲《漫谈人生与人生哲学》，近百人参加。

12—13 日，吴根友参加长江学者论坛。

19—20 日，吴光正参加浙江大学道教与地方文化国际学术研讨会，提交论文《马臻的宗教实践与诗歌创作》。

20—21 日，郭齐勇在本校出席哲学院与国学院主办的"中国哲学史的多元书写范式暨纪念萧萐父先生逝世十周年学术讨论会"，发表《纪念恩师——萧萐父先生评传》。

20—21 日，吴根友参加"中国哲学史的多元书写范式暨纪念萧萐父先生逝世十周年学术研讨会"，提交论文：《即哲学史讲哲学——再论哲学与哲学史的关系》。

21 日，杨华参加武汉大学第二届珞珈智库论坛，参与座谈，讨论主题为"国家文化遗产政策"。

23 日，郭齐勇在武汉图书馆出席武汉中华文化学院主办的"美好生活的追求需要美学"高端对话，讲中国美学的特点。

24 日，郭齐勇新书《中国人的智慧》发布暨研讨会，发表《中国智慧随想》。

24—25 日，吴根友参加教育部学部委员会议。

25 日，吴根友应北京大学哲学系道家文化研究中心邀请，给学生做了《道论与人文实证主义——清代哲学及其方法》的报告（孟庆楠主持，陈鼓应先生出席）。

25 日，聂长顺在厦门大学通识教育课程作讲座：《冷眼向洋看世界——第一岛链话今昔》。

26—27 日，吴光正参加 2018 文学遗产中国古代小说研究论坛（上海师范大学），提交论文《金元全真教传记书写》。

27 日，郭齐勇在贵阳孔学堂出席学术委员会 2018 年年会，吴根友参加。

27 日，由武汉大学中国传统文化研究中心主办，"阳明心学的历史渊源及其近代转型研究"课题组协办，以"心学传统的现代阐释及其未来走向"为主题的学术研讨会在丰颐大酒店九楼会议室隆重举行。武汉大学、华东理工大学、复旦大学、中山大学、湖北省社科院、湖北大学、黄山学院等高校和科研机构的十一位青年学者汇聚一堂，共飨学术盛宴。

27 日，王林伟主办并参与"心学传统的现代阐释及其未来走向"会议，提交论文《牟宗三与康德哲学》。

26—28 日，卢烈红应邀参加由湖北大学主办的"第十八届全国近代汉语学术研讨会"，作大会报告《关于"只如"类话题、背景提示标记句的几个问题》。

30—31 日，"日本文学中的中国意象"国际学术研讨会在武汉大学举办。本次研讨会由本校外国语言文学学院和中国传统文化研究中心联合举办，中国日本文学研究会协办，本校区域与国别研究所东亚研究中心、"日本近代文学与战争关系研究"青年学者学术团队、"概念史视域中的中西日文化互动研究"青年学者学术团队共同承办。中国日本文学研究会常务副会长魏大海（中国社会科学院外国文学研究所研究员）、国际日本文化研究中心名誉教授铃木贞美、早稻田大学名誉教授千叶俊二、早稻田大学教授堀诚、北京师范大学教授王志松、北京语言大学教授周阅等国内外二十余位知名学者应邀出席。中心副主任余来明参加会议并作主题报告。

11 月

1 日，吴根友参加北京教育部教指委会议。

1—4 日，刘国胜参加清华大学"简帛老子四古本与出土道家文献学术研讨会"。

2—6 日，卢烈红担任团长，率领武汉大学 4 位教师应邀参加在韩国首尔由延世大学主办的"第十二届汉文佛典语言学国际学术研讨会"，作大会报告《唐宋禅宗语录"只如"类话题、背景提示标记句的发展》，并主持了一场分会场讨论。

3 日，杨华参加吴浩坤先生逝世周年追思会暨《吴浩坤先生纪念文集》首发与《中国甲骨学史》再版仪式，提交论文《待其从容，然后尽其声：回忆我的导师吴浩坤》。

3 日，王林伟参加华东师范大学哲学系"天道·历史·人性·文化：船山与中国哲学"会议，提交论文《试论王船山的唯识学思想》。

8—12 日，刘国胜参加湖北省博物馆"湖北出土简帛日书国际学术研讨会"。

8—12 日，晏昌贵参加"湖北出土简帛日书国际学术研讨会"，提交论文《睡虎地汉简日书"死失图"复原》。

9—11 日，杨华主办"礼与中国传统文化"国际学术研讨会，提交论文《酬世文献与中国传统礼制的下移》。

9—11 日，卢烈红应邀参加华中科技大学主办的"第二届华中大语言论坛"，作大会报告《〈汉语大词典〉考订二则》，并主持一场大会报告。

10—11 日，"礼学与中国传统文化"国际学术研讨会在武汉大学召开。此次会议由武汉大学中国传统文化研究中心主办，来自日本、韩国、美国、中国各高校与学术机构的70 余位专家学者出席会议，就礼学文献、礼仪制度和礼学思想、礼法关系等问题展开了深入讨论。

10—11 日，晏昌贵参加武汉大学中国传统文化研究中心主办的"礼学与中国传统文化"国际学术研讨会。

15—19 日，杨华参加全国政协第 129 期政协干部培训班（青岛）。

16—17 日，吴根友参加浙江大中国哲学史年会。

16—17 日，李天虹在北京参加"纪念清华简入藏暨清华大学出土文献研究与保护中心成立十周年国际学术研讨会"。

16—18 日，胡治洪在浙江省杭州市参加"中国哲学的本来、外来与未来"学术研讨会暨中国哲学史学会 2018 年年会，提交论文《熊十力量论思想梳释》。该会议由中国哲学史学会、浙江大学哲学系、浙江大学中国思想文化研究所主办。

17 日，应南岳佛教协会邀请，姚彬彬赴衡阳南岳大庙为当地宗教工作人员举办学术讲座：《中国近代唯识学思潮的源流》《从人生佛教到人间佛教》。

17—18 日，"明清史学与中国史学近代转型"学术研讨会在武汉大学召开。此次会议由武汉大学中国传统文化研究中心、历史学院主办，谢贵安牵头，来自全国各大高校的48 名史学理论与史学史、明清史研究专家齐聚珞珈山，研讨明清史学在近代转型中诸多有价值的议题。

17—18 日，王林伟参加中山大学哲学系"现象学与易学"会议，提交论文《试论船山易学之现象学意蕴》。

18 日，陈伟在中国人民大学国学院讲座《岳麓秦律令可靠性及价值》。

18 日，吴根友出席北京岳麓书院-凤凰网第三届国学成果奖颁奖典礼。

23—24 日，吴根友参加孝感湖北省哲学史学会年会。

24 日，杨华参加汤勤福主持的国家社科基金重大项目"中国传统礼制变革及其现代价值"的结题评审会（上海师范大学）。

25 日，卢烈红在黄石召开的湖北省语言学会换届大会上当选为湖北省语言学会会长。

25—26 日，吴根友参加并主持中山大学哲学系博士生学位论文答辩会议，任答辩主席。

29 日，郭齐勇在振华楼哲学院演讲《国学与人生——中国智慧》，百余师生听讲。

29 日，卢烈红应邀到北京大学中文系讲学，作了题为"汉语话题转移标记的历史发展"的学术报告。

30 日，卢烈红应邀到清华大学中文系讲学，作了题为"语气副词'将无'相关问题考论"的学术报告。

30 日—12 月 1 日，吴根友参加并主持贵阳孔学堂科季学术论辩，主题："儒家的人禽之辨对于机器人有效吗?"

30 日—12 月 3 日，晏昌贵参加北京大学藏秦简数术书审稿会（北京大学出土文献研究所）。

本月，钟书林《五至十一世纪敦煌文学研究》由中国社会科学出版社出版。

薛梦潇《早期中国的月令与"政治时间"》由上海古籍出版社出版。

张昭炜主编《阳明学文献整理与研究的新进展》由上海古籍出版社出版。

12 月

1 日，卢烈红应邀参加清华大学主办的"明清官话与方言"工作坊，作主题报告《明清小说转移话题标记考述》。

1—2 日，吴根友参加中国社会科学院、上海研究院主办的中国哲学现状讨论会。

1—2 日，聂长顺参加北京外国语大学、北京师范大学主办的中华思想文化术语国际传播与中国话语体系建设学术研讨会，提交论文：《近代"革命"再考察》。作主旨报告：《文化的溯源与建构》。

1—2 日，姚彬彬参加中国无神论学会主办的"中国无神论学会 2018 年学术年会暨第五届会员代表大会"，提交论文《"经典"的魔力崇拜——近年神秘主义的一种新热潮》，作会议学术报告，并在本届年会上增选为新一届学会理事。

2 日，"明清以来的社会结构与社会变迁学术研讨会"在武汉大学举行。此次会议由武汉大学中国传统文化研究中心和历史学院共同主办。来自北京大学、中山大学、南开大学、湖北大学等五十余位专家学者参与了这场学术聚会。

5 日，聂长顺在中国社科院哲学所东方哲学研究室作"思辨东方系列讲座"：《"革命"概念在日本的变迁》。

5—8 日，杨华参加第三届中英高等教育人文论坛，宣读论文《传统中国的时分制度和时间观念》（香港中文大学，祖尧堂）。

7—8 日，吴根友参加中山大学哲学系（珠海校区）三教汇通学术研讨会。

8—9 日，王林伟参加武汉大学哲学学院"心性问题的哲学进路"研讨会，提交论文《论心灵的执态》。

11 日，聂长顺在东华大学国家级特色专业建设点特色课程"亚洲共同体服饰与文化"作讲座：《卢梭民约论东传与中国回响》。

14—16 日，"儒家哲学与文化：儒家心性之学"研讨会在湖南师范大学举行。此次会议由武汉大学中国传统文化研究中心和湖南师范大学哲学系共同主办。90 余位专家学者出席会议。

21—22 日，周荣作为特邀嘉宾赴长沙参加"中国古籍保护协会民间古籍收藏工作委员会成立大会"，作了题为"民间文献刍议"的发言。

15—16 日，吴根友组织并主持武汉大学比较哲学与文化发展战略研究中心的学术会议。

15—16 日，王林伟参加武汉大学哲学学院"比较哲学的理论、方法与哲学著作的翻译：安乐哲比较哲学思想"学术研讨会，提交论文"Confucian Ren-Xing and Role Ethics Revisited"。

16—20 日，刘国胜参加韩国国立庆北大学主办的"通过简牍资料看古代东亚史研究国际论坛"。

17—20 日，李天虹在韩国济州岛参加"通过简牍材料看古代东亚史研究国际论坛"。

26 日，姚彬彬应邀参加"安徽省赵朴初研究会第三届会员大会"，被聘请为学会"学术顾问"。

本月，郭齐勇《中国思想的创造性转化》由上海教育出版社出版。

聂长顺等合著《中华思想文化术语》（第 7 辑）由外研社出版。

吴光正主编《第二届中国宗教文学史编撰国际研讨会论文集》由佛光文化有限公司出版。